Jerome L. Singer, Kenneth S. Pope (Hrsg.)
Imaginative Verfahren in der Psychotherapie

Reihe
Innovative Psychotherapie und Humanwissenschaften
Band 24
Herausgegeben von
Hilarion Petzold

Jerome L. Singer, Kenneth S. Pope (Hrsg.)
Imaginative Verfahren in der Psychotherapie

Junfermann-Verlag · Paderborn
1986

© Junfermannsche Verlagsbuchhandlung, Paderborn 1986
Amerikanische Ausgabe: Copyright ©: 1978
Plenum Press, New York
Lektorat: Christoph Schmidt
Übersetzung aus dem Amerikanischen: Irmgard Hölscher und
Angelika Fischer (Kap. 3)
Einband-Gestaltung: Christof Gassner
Alle Rechte vorbehalten.
Nachdruck oder Vervielfältigung des Buches oder von Teilen
daraus nur mit ausdrücklicher Genehmigung des Verlages.
Gesamtherstellung: Junfermann Druck & Service, Paderborn

CIP-Kurztitelaufnahme der Deutschen Bibliothek
Imaginative Verfahren in der Psychotherapie
Jerome L. Singer; Kenneth S. Pope (Hrsg.).
(Übers. aus d. Amerikan.: Irmgard Hölscher).
— Paderborn: Junfermann, 1986.
(Reihe innovative Psychotherapie u. Humanwissenschaften; Bd. 24)
Einheitssacht.: The power of human imagination <dt.>
ISBN 3-87387-204-8
NE: Singer, Jerome L. (Hrsg.); GT; EST

ISBN 3-87387-204-8
ISSN 0720-2385

Inhalt

Vorwort 7

Teil I Einführung und Überblick 11

1 Jerome L. Singer, Kenneth S. Pope, Anwendung der Imaginations- und Phantasietechniken in der Psychotherapie .. 13

Teil II Die psychoanalytisch orientierte Anwendung des imaginativen Erlebens 49

2 Mardi J. Horowitz, Die Kontrolle der visuellen Vorstellungskraft und therapeutische Intervention 51
3 Joseph Reyher, Aufdeckende Psychotherapie: Die Verwendung von Bildern und Sprache zur Konkretisierung psychodynamischer Prozesse 67
4 Joseph E. Shorr, Kategorien des imaginativen Erlebens in der Therapie und ihre klinische Anwendung 117

Teil III Mentale Imaginationstherapien 147

5 Hanscarl Leuner, Die Grundprinzipien des Katathymen Bilderlebens (KB) und seine therapeutische Effizienz 149
6 Eric Greenleaf, Aktive Imagination 195
7 Anees A. Sheikh, Eidetische Psychotherapie 231
8 Nicole Fabre, Der gelenkte Tagtraum nach Desoille 263

Teil IV Arbeit mit Imagination in der Verhaltenstherapie 289

9 Joseph R. Cautela und Leigh McCullough, Verdecktes Konditionieren: Eine lerntheoretische Perspektive der Vorstellungskraft 291
10 Alan E. Kazdin, Verdecktes Modellernen: Die therapeutische Anwendung von Imaginationsübungen 323

Teil V Weitere Anwendungen der Imagination 351

11 *K. David Schultz*, Imagination in der Behandlung von Depressionen 353
12 *Susan Frank*, Stellen Sie sich einfach vor, wie ich mich fühle 385
13 *Doris Signer-Brandau*, Imagination in der Gestalttherapie 431

Teil VI Zusammenfassung............................. 451

14 *Donald Meichenbaum*, Warum führt die Anwendung der Imagination in der Psychotherapie zur Veränderung? 453

Mitarbeiterverzeichnis 469

Personenregister 470

Sachregister 477

Vorwort

Die Psychologie wie auch die anderen Wissenschaften, die sich mit psychischer Gesundheit beschäftigen, haben die wichtigen adaptiven Möglichkeiten, die die menschliche Vorstellungskraft bietet, zumindest in der ersten Hälfte unseres Jahrhunderts praktisch ignoriert. Unsere Fähigkeit, Anblicke, Geräusche und andere sinnliche Erfahrungen durch einen Prozeß des Zentralhirns anscheinend verdoppeln zu können, bleibt weiterhin geheimnisvoll, fast übernatürlich. Und weil die Vorstellungskraft eine extrem private Erfahrung ist, war sie für die experimentellen Psychologen schwer zu messen. Sie wandten deshalb ihre Aufmerksamkeit dem beobachtbaren Verhalten zu, das sich bei Tieren und Menschen leicht untersuchen läßt. Psychoanalytiker und andere, die mit emotional Gestörten arbeiteten, nahmen imaginative Informationen weiterhin ernst, solange sie in Form von Traumberichten, Übertragungsphantasien und als Anzeichen für Halluzinationen oder Wahn auftraten. Generell standen also eher die fehlangepaßten Aspekte des Phänomens im Mittelpunkt des Interesses, die Verzerrungen und Abwehrmechanismen oder die „regressiven" Qualitäten von Tagtraum und Bildfolgen.

Der vorliegende Band entstand aus zahlreichen Untersuchungen eines der Autoren, die den Schluß nahelegten, daß Tagtraum und der Strom des Bewußtseins nicht einfach Manifestationen anhaltender Kindheitsphänomene im Leben des Erwachsenen sind. Die Ergebnisse weisen eher darauf hin, daß imaginative Sequenzen ein wesentliches System der Kodierung und Transformation von Informationen darstellen, eine menschliche Grundfähigkeit, die unvermeidlich einen Teil der Speicherprozesse des Gehirns bildet, und ein enormes Potential, das adaptiv genutzt werden kann. Ein Begleitband, „The Stream of Consciousness", herausgegeben von *Kenneth S. Pope* und *Jerome L. Singer* (New York, Plenum Press 1978) enthält Teile der grundlegenden Theorie und experimentellen Forschung, die ein systematisches wissenschaftliches Verständnis der Natur der Imaginationsabläufe als Teil des Erfahrungsflusses ermöglicht.

Dieses Buch befaßt sich mit einer neuen Richtung der klinischen Anwendung unseres Begriffs der Vorstellungskraft und der dazugehörigen Phantasie- oder Tagtraumaktivitäten. Ein Teil der Methoden kann natürlich auf frühe Experimente von *Freud* („Bildassoziation"), *Jung* („aktive Imagination") und *Schultz* („autogenes Training") zurückgeführt werden; die meisten der in diesem Buch vorgestellten Methoden sind aber erst in den letzten Jahren als systematische Behandlungsmethoden entstanden. Eine frühere Arbeit (*Singer, J. L.*, Imagery and Daydream Methods in Psychotherapy and Behavior Modification, New York, Academic Press, 1974; dt.: Phantasie und Tagtraum, Imaginative Methoden in der Psychotherapie, Pfeiffer Verlag, München) hat auf die Koexistenz der Arbeit mit der Vorstellungskraft bei sehr unterschiedlichen Behandlungsmodalitäten von der Psychoanalyse über die europäischen psychisch-imaginativen Ansätze zu den amerikanischen und britischen Ansätzen der Verhaltensänderung hingewiesen. Dieser Band bringt zum ersten Mal die führenden Praktiker und Theoretiker dieser Methoden zusammen. Er soll ein Forum bieten für die Präsentation systematischer Beispiele von praktischer klinischer Anwendung imaginativer und Phantasie-Methoden bei den psychoanalytischen, kognitiven und behavioristischen Richtungen und den Ansätzen mit psychischer Imagination, die sich in Europa entwickelt haben. Es mag verfrüht sein, eine systematische Integration der verschiedenen Anwendungsmöglichkeiten der Imagination für klinische Zwecke zu versuchen. Das verbindende Prinzip dieses Buches ist jedoch die Annahme, daß Imaginationen bzw. Bildfolgen, die wir Tagträume oder Phantasien nennen, ungeheure adaptive Behandlungsmöglichkeiten bei emotionalen Störungen oder auch allgemein für die Selbstentwicklung besitzen.

Das Buch ist in sechs Teile gegliedert. Der erste Teil beinhaltet ein Kapitel der Herausgeber, das einen Überblick über die Bereiche klinischer Anwendungen der Imagination gibt sowie Phantasie und Imagination mit Grundprozessen der Psychologie in Zusammenhang bringt. Es gibt zumindest einen Wegweiser für mögliche Konvergenzen der unterschiedlichen Richtungen. Der zweite Teil stellt die Anwendungsbereiche der Imagination zusammen, die eng mit der psychoanalytischen oder psychodynamischen Richtung der Psychotherapie zusammenhängen. Der dritte Teil befaßt sich mit der europäischen Entwicklung der psychischen Imagination oder gelenkten Tagtraumtechniken, die von *Jung*, *Schultz* und *Desoille* beeinflußt sind; außerdem bringt er Beispiele von Behandlungen, in denen die Imagination im Zentrum des therapeutischen Vorgehens steht. Der vierte Teil bringt Beispiele für die Ansicht führender amerikanischer Verhaltenstherapeuten über den Wert des imaginativen Erlebens in Behandlungen, wobei die Behandlungsziele präziser spezifiziert und experimentelle Forschungen stärker berücksichtigt werden. Der fünfte Teil liefert breitere Anwendungsmöglichkeiten für den Gebrauch der Imagination, ihre Bedeutung für die Behandlung in Kliniken, für präventive Maßnahmen und für die Verbindung zu humanistischen oder körperorientierten Ansätzen der Persönlichkeitsentwicklung. In diesem Teil finden sich auch detaillierte Beispiele einer spezifischen Forschung, die neue Maßstäbe setzt für die systematische Anwendung der Imagination in unterschiedlichen Behandlungsfeldern und Präventivmaßnahmen. Der sechste Teil beinhaltet den Versuch, vom Standpunkt einer in Entwicklung begriffenen neuen Richtung der kognitiven Verhaltensänderung auch mögliche Grundlagen für eine Beantwortung der Frage herauszustellen, warum imaginative Methoden bei so vielen unterschiedlichen theoretischen Systemen der Psychotherapie zu Persönlichkeitsveränderungen führen. Jeder Autor bietet eine ausführliche Bibliographie an, um den Klinikern und Forschern, die sich mit Imagination oder Psychotherapie allgemein beschäftigen, die vorhandenen theoretischen oder empirischen Untersuchungen, die den jeweiligen Ansätzen zugrunde liegen, zugänglich zu machen.

Kenneth Pope erarbeitete einen Teil des Materials zu diesem Buch mit Hilfe eines Stipendiums des National Institute of Mental Health. Wertvolle Hilfe beim Schreiben und Neuschreiben von Teilen des Manuskripts leistete *Judith McBride, Lisa Rosenberg, Murial Jarmak* und *Virginia Hurd*. Die Herausgeber erhielten bibliographische Hilfe von *Lawrence Rosenberg* und *John Caldeira*.

Jerome L. Singer
Kenneth S. Pope

Zur deutschen Ausgabe

Im dritten Teil wurde ein Kapitel von *Nicole Fabre* „Der Gelenkte Tagtraum nach Desoille" eingefügt (die Übersetzung aus dem Französischen besorgte *Brigitte Schellander*). Im fünften Teil wurde das Kapitel 12 im Original von *J. D. Geller* ersetzt durch einen Beitrag von *Doris Signer-Brandau* über die Bedeutung der Imagination in der Integrativen Gestalttherapie.

Christoph J. Schmidt
Lektorat

Teil I
Einführung und Überblick

1 Anwendung der Imaginations- und Phantasietechniken in der Psychotherapie

Jerome L. Singer und *Kenneth S. Pope*

1. Einleitung

In der Psychologie herrschte in bezug auf die Bewußtseinsströme eine sehr viel größere Prüderie als in bezug auf Sexualität. Die Menschen des viktorianischen Zeitalters gingen so weit, die Klavierbeine zu verhängen, um auch im Gespräch über Möbelstücke die Wörter „Bein" oder „Fuß" und somit eine sexuelle Anspielung vermeiden zu können. Das kommt den meisten von uns heute reichlich lächerlich vor. Betrachten wir aber die psychologische, psychiatrische oder psychotherapeutische Literatur der letzten 70 Jahre, stoßen wir auf einen seltsamen Widerwillen, die sich ständig verändernde Konstellation von Erinnerungen, Sinneseindrücken, Antizipationen, Phantasien, rationalen Gedanken und Bildern, die unsere Bewußtheit in jedem Augenblick ausmachen, anzuerkennen, zu beschreiben oder ernsthaft zu untersuchen. Nur ein Psychologe wird es nicht erstaunlich finden, daß in Lehrbüchern über das Denken (*Bourne, Ekstrand* und *Dominowski* 1971; *Johnson* 1955) jeder Verweis auf Bewußtseinsströme und Tagträume fehlt, daß Einführungen in die Persönlichkeit (*Mischel* 1971) oder in die Adoleszenz (*Seidmann* 1960) Imagination und Phantasie ignorieren können. Doch die Überbetonung, die die Psychologie auf „öffentliches" bzw. beobachtbares Verhalten legte, verhinderte bis vor kurzem praktisch jeden ernsthaften Hinweis auf Bewußtseinsströme, abgesehen vielleicht von solch glatten, distanzierenden, gesellschaftlich akzeptablen Kodewörtern wie „Epiphänomen".

Diese Verdrängung ist nicht mehr total und absolut. Aspekte der Bewußtseinsströme sind mittlerweile legitime Forschungsthemen. Wissenschaftler interessieren sich z. B. für die Rolle der Imagination in so verschiedenen Bereichen wie der Untersuchung des Gedächtnisses (*Paivio* 1971), der willentlichen Kontrolle des Herzschlags (*Schwartz* 1973), der Verbesserung von sportlichen Leistungen (*Suinn* 1976) und der Krebsbehandlung (*Simonton* und *Simonton* 1975). Obwohl dieser Themenbereich seit *William James*, der ihn in die Forschung eingeführt hat, in seiner reichen Vielfalt und Komplexität in zunehmendem Maße berücksichtigt wird, bleibt er dennoch relativ vernachlässigt und fällt hauptsächlich in den Bereich der schönen Künste.

Es waren in der Tat Schriftsteller, Maler und Filmemacher, die *James'* Herausforderung begeistert aufnahmen. Die Aufregung, die *James Joyce* in den frühen Jahrzehnten unseres Jahrhunderts mit seinem Versuch hervorrief, das zu schaffen, was *Edmund Wilson* „vielleicht das wahrhaftigste Röntgenbild, das je vom normalen menschlichen Bewußtsein gemacht wurde" (*Wilson* 1922) genannt hat, spiegelt die Ernsthaftigkeit wider, mit der Schriftsteller die Einsichten von *William James* aufgenommen haben.

Der schönen Literatur unmittelbar vor dieser Zeit wie auch der psychologischen Literatur in der ersten Hälfte unseres Jahrhunderts fehlte eine entscheidende Dimension menschlicher Erfahrung und somit die Verbindung zum wirklichen Leben. *Virginia Woolf* schrieb bedrückt:

„Aber manchmal, immer häufiger, während die Zeit vergeht, kommt argwöhnisch ein flüchtiger Zweifel, ein Anfall von Rebellion, wenn die Seiten sich in der üblichen Art füllen. Ist so das Leben?" (*Virginia Woolf* 1925/1953, S. 154).

Sie hat diesen verleugneten Aspekt des Lebens sehr intensiv ausgedrückt, nicht nur in ihren literarischen Werken, auch in der folgenden theoretischen Passage:

„Betrachte für einen Moment einen gewöhnlichen Verstand an einem gewöhnlichen Tag. Der Verstand empfing eine Myriade von Eindrücken — triviale, phantastische, flüchtig oder eingegraben mit stählerner Schärfe. Sie kommen von allen Seiten, ein unaufhörlicher Regen unzählbarer Teilchen, und während sie fallen, während sie sich zu dem Leben von Montag oder Dienstag gestalten, fällt die Betonung seit je immer wieder unterschiedlich ... Leben ist keine Reihe symmetrisch arrangierter Wagenlampen, sondern ein glänzender Schein, eine halbdurchsichtige Hülle, die uns vom Anfang des Bewußtseins bis zu dessen Ende umgibt ... Laßt uns die Teilchen aufzeichnen, wie sie auf den Geist treffen, und in der Reihenfolge, in der sie kommen; laßt uns das Muster aufspüren, das jeder Anblick und jedes Geschehen im Bewußtsein hinterläßt, wie unverbunden und unbegreiflich es auch erscheint" (*Virginia Woolf* 1925/1953, S. 154-155).

Während die Dichter nach literarischen Techniken suchten, um Bewußtseinsströme auszudrücken, erkannten Filmemacher wie *Sergej Eisenstein* die Möglichkeit, die die beweglichen Bilder für die Darstellung des Fließens der subjektiven Erfahrungen boten. *Eisenstein* (1942) hoffte, durch Techniken wie Montage und Teilbilder im Zuschauer dieselbe fortlaufende Denkerfahrung hervorzurufen, die im Geist des Künstlers oder der Charaktere des Films abliefen.

2. Das Hindernis in der Entwicklung von Psychologie und Psychotherapie: Ein Vorurteil zugunsten des verbalen und gerichteten Denkens

Die Behavioristen, die über den Bereich der öffentlichen, direkt beobachtbaren Phänomene hinauszugehen wagten, waren nicht wie die Künstler frei von den Zwängen wissenschaftlicher Methoden. Zahlreiche Studien konzentrieren sich auf Ergebnisse von spezifischen gerichteten Denkaufgaben oder von individuellen Zügen des Denkens, wie z. B. die Lebendigkeit von Bildern, den seelischen Kreislauf von Blockierungen und die Strategien zum Erinnern sinnloser Silbenpaare. Diese Arbeit ist sehr wichtig, weil sie unser Verständnis der seelischen Prozesse fördert; als Ganzes genommen und verglichen mit unserer subjektiven Erfahrung der Bewußtseinsströme aber führt sie uns dazu, *Virginia Woolfs* Frage wiederaufzunehmen: „Ist so das Leben?"

Unsere so hochgeschätzten experimentellen Methoden haben die Tendenz verstärkt, die strukturierten, gerichteten bzw. „rationalen" Aspekte des Denkens zu untersuchen, insbesondere die Aspekte, die bei der Durchführung von diskreten, einfachen, leicht meßbaren Laboraufgaben sofort ersichtlich sind. Es scheint, als sei die menschliche Psyche nur dazu geschaffen, sich mit den Subtests der „Wechsler Adult Intelligence Scale" zu beschäftigen, als seien alle übrigen Aktivitäten lästig, ablenkend, pathologisch oder „Sand im Getriebe". Erst in neuester Zeit haben wir uns an die sorgfältige wissenschaftliche Untersuchung der persönlichen Ansichten über zwischenmenschliche Beziehungen, über ethisches und moralisches Denken und über die „alltäglicheren" Erfahrungen mit Humor, Kunst und Sport gewagt. Doch sogar diese Untersuchungen bleiben oft innerhalb des Rahmens einer sehr strukturierten rationalen Problemlösung.

Auch die Psychoanalyse hat dem Fließen unserer Erfahrung nicht voll entsprechen können, obwohl sie es war, die unsere Aufmerksamkeit auf die „Unterseite" des Denkens — die irrationalen, begehrenden und „selbstsüchtigen" Aspekte unserer persönlichen Erfahrungen — gelenkt hat. Obwohl *Freud* sich der Art und Weise, in der magisches, kindliches, phantastisches Denken in die seelischen Prozesse des Erwachsenen hineinspielt, so sehr bewußt war, tendierte er doch zu der Annahme, daß der durchanalysierte erwachsene Mensch hauptsächlich auf ein sekundärprozeßhaftes Denken bauen würde. Die adaptive, lustvolle oder bereichernde Qualität des Wunsch- oder Imaginationsdenkens wurde zugunsten des gerichteten, logischen Denkens heruntergespielt.

Freuds ausführliches Bemühen, einen umfassenden Überblick über die seelische Entwicklung zu geben, ist einer der vielen Gründe für die Hochachtung, die wir ihm schulden (*Rapaport* 1951, 1960). Doch die verschiedenen strukturellen Charakteristika (Es, Ich, Überich; Unbewußtes, Vorbewußtes, Bewußtes; primäre und sekundäre Prozesse) wurden zu verschiedenen Zeiten entwickelt und passen nicht recht zueinander (*Gill* 1963). Vielleicht ist es besser, daß uns *Freud* keine erstarrte und fertige Theorie hinterlassen hat, so daß wir leichter weitergehen können und dadurch eher seine Bereitschaft, die menschliche Seele zu untersuchen, schätzenlernen, als uns an sein spezifisches Verständnis davon zu klammern.

Ernst Kris (1951) war einer der Analytiker, der über das übermäßig rationale Verständnis des menschlichen Denkens hinauszugehen suchte. Er schlug vor, von der „Regression im Dienste des Ich" zumindest beim kreativen Denken zu profitieren. Doch auch hier ist eine Voreingenommenheit für rationales, gerichtetes Denken offensichtlich: Vertrauen in Phantasien, Imaginationen oder primärprozeßhaftes Denken ist „regressiv", ein Rückfall in eine primitivere Form des Denkens. Es ist traurig, daß wir die Fähigkeiten des Dichters, unsere persönlichen Erfahrungen durch lebendige Bilder, schöpferische Wortkombinationen und ein empfängliches Ohr für die Satzmelodie zu bereichern, als eine „regredierte" menschliche Fähigkeit abqualifizieren. Wenn wir den von Melodien überströmenden Geist *Beethovens* oder *Schuberts*, das lebendige Wechselspiel der Bilder bei *Ingmar Bergman* oder *Robert Altman* als ein primitiveres Denken begreifen als das eines Mathematikers, der algebraische Probleme löst, oder eines Juristen, der sich durch die komplexe Argumentation eines Falls arbeitet, so sagt das wahrscheinlich mehr über die Schwächen unserer Theorie aus als über die vermeintlichen Schwächen von Einbildungskraft, Phantasie oder kreativer Imagination.

Es gibt ermutigende Anzeichen einer Änderung. Die neuere, erhöhte Bewußtheit von den differenzierten Prozeßkapazitäten des Gehirns und seiner funktionalen Asymmetrie für verbal-quantitative und bildlich-räumliche Repräsentationsfähigkeiten deutet an, daß der wirkliche Prozeß des Denkens sehr viel komplexer ist als zuvor angenommen (*Bogen* 1969; *Gazzaniga* 1967, *Sperry* 1968; *Schwartz, Davidson, Maer* 1975; *Rodin, Singer* 1977). Manche Untersuchungen legen nahe, daß der Fluß unserer subjektiven Erfahrung oft eher durch den Rückgriff auf ferne Erinnerungen, fließende Bilder, nebensächliche Einbildungen und phantasievolle Antizipationen bestimmt wird als durch den strukturierteren, rationalen Prozeß der Konzentration auf die gerade vorhandene Situation (*Pope* 1977). Wir haben an anderer Stelle die verschiedenen Versuche dargestellt, Arbeiten zusammenzustellen, die beiden Bereichen Rechnung tragen: dem verbalen wie dem nonverbalen Denken; den in die Termini „Primär-" wie „Sekundärprozeß" gefaßten seelischen Aktivitäten; der Ideation im Dienst einer spezifischen Aufgabe wie auch der Ideation im Dienste einer scheinbar indirekten oder nutzlosen Aufgabe. Wir haben versucht, eine umfassende, systematische Theorie des Fließens der menschlichen Erfahrung zu umreißen (*Pope, Singer* 1978a; *Pope, Singer* 1978; *Singer* 1977). Ein Begleitband (*Pope, Singer* 1978c) stellt einige neuere Arbeiten vor, die die Bewußtseinsströme wissenschaftlich untersuchen. In diesem Band beschäftigen wir uns damit, wie der erstaunliche Reichtum und die Vielfalt der menschlichen Erfahrung (besonders im Bereich der so oft vernachlässigten Fähigkeit zu Imagination und Phantasie) untersucht, anerkannt, bewertet und effektiv in den psychotherapeutischen Prozeß eingebracht werden können. Diesem Bereich werden wir uns im Folgenden zuwenden.

3. Therapie und Imagination

Immer häufiger neigen Therapeuten aller möglichen und unmöglichen Richtungen dazu, im Menschen nicht nur die Fähigkeit zu Verhalten, Emotionen und rationalem Denken, sondern auch zur Imagination zu sehen. Frustriert von den verbalen Spiegelfechtereien neurotischer Patienten beschäftigen sich psychoanalytische Therapeuten geschickt mit anscheinend beziehungslosen visuellen Szenerien, die der Patient sich vorstellt (vgl. zu dieser Therapieform Kap. 2 von *Horowitz* in diesem Band). Therapeuten, deren Schwerpunkt auf Körperhaltung und -bewegung liegt, können den Patienten auffordern, einen kreativen Tanz zu erarbeiten und vorzuführen. Die Biofeedback-Therapeuten haben von ihren Patienten gelernt, daß die Imagination einer friedlichen Szene eine wirksame Methode zur Verstärkung der Alpha-Wellen, zur Verlangsamung des Herzschlages und zur Senkung des Blutdrucks ist. Bei der Behandlung physiologischer Beschwerden mit solchen „Denk"-Techniken sollten wir ruhig auf *Satchel Paige* zurückgreifen, der vor langer Zeit in seinen „Sechs Regeln für ein langes Leben" schrieb: „Wenn dein Magen mit dir streitet, leg dich hin und beruhige ihn mit friedlichen Gedanken." Sogar behavioristische Therapeuten (vgl. Kap. 10 von *Kazdin*), die es theoretisch schon aus Tradition ablehnen, nicht offen beobachtbare Verhaltensweisen zu beachten, können großes Vertrauen in die imaginativen Fähigkeiten des Klienten setzen. Bei der Behandlung von Phobien durch systematische Desensibilisierung, oft beschrieben als der klassische Konditionierungsprozeß, kann so verfahren werden, daß man den Klienten auffordert, das gefürchtete Objekt oder die Situation mit stufenweise abnehmender Unmittelbarkeit zu imaginieren. Alternativ dazu können Arbeitsverfahren angewandt werden, um die Häufigkeit eines bestimmten Verhaltens zu steigern, und zwar indem man den Patienten auffordert, sich das gewünschte Verhalten und sofort anschließend eine angenehme, belohnende Konsequenz vorzustellen (vgl. Kap. 9 von *Cautela* und *McCullough*).

Die verschiedenen Anwendungsbereiche von Imagination — in klassischer und neofreudianischer Psychoanalyse, in der neueren europäischen Tagtraum-Therapie wie z. B. *Desoille*s „Le Rêve Eveillé Dirigé" (vgl. Kap. 8 von *Fabre*), in verschiedenen verhaltenstherapeutischen Techniken — scheinen eine Basis für die Verbindung der heterogenen Auffassungen zu liefern, die für die moderne Psychotherapie kennzeichnend sind (*Singer* 1974). Eine sorgfältige Analyse der menschlichen Imagination in Hinblick auf ihre Verwendung, ihre Ausdrucksweisen und ihre Beziehung zu anderen menschlichen Fähigkeiten kann uns eine Grundlage schaffen für ein Verständnis der Gemeinsamkeiten verschiedener Therapieformen, nicht nur in bezug auf Techniken, sondern auch auf Zielvorstellungen.

4. Kognitive und expressive Dimensionen

Horowitz unterscheidet in seinem Aufsatz drei Hauptmodalitäten, die er enaktiv (*enactive*), imaginativ (*image*) und lexikalisch (*lexical*) nennt. Die Dimension der Darstellung umfaßt den motorischen Bereich des Lebens. Vermutlich hängt sie mit den kortikal-motorischen Bereichen und dem limbischen System zusammen. *Geller* (1978) behandelt diesen Bereich ausführlich; hier ist jedoch der Hinweis auf *Freud*s Annahme wichtig, daß die durch diese Modalität verursachte körperliche nonverbale Aktivität weniger bewußt kontrolliert werden kann als die Sprache und daß wir sie deshalb weniger leicht verbergen können. Deshalb erschließt sie für die Therapie eine Informationsquelle in bezug auf Material, das der Patient anders nicht mitteilen kann oder will. *Geller* zitiert *Freud* (1905a, G.W. Bd. 5, S. 240):

"Wer Augen hat zu sehen und Ohren zu hören, überzeugt sich, daß die Sterblichen kein Geheimnis verbergen können. Wessen Lippen schweigen, der schwätzt mit den Fingerspitzen; aus allen Poren dringt ihm der Verrat."*

Die imaginative Dimension hängt anscheinend mit der rechten Hirnhälfte zusammen. Ihre Funktionen sind visuelle und auditive Imagination, räumliche Repräsentation, musikalisches Denken, Phantasie und emotionale Komponenten des fortschreitenden Denkens. Horowitz zeigt auf, daß das imaginative Denken die kontinuierliche Informationsverarbeitung nach der Wahrnehmung ermöglicht und bei Phänomenen wie Träumen und Tagträumen den aufkommenden Ideen und Gefühlen die sinnliche Gestalt verschafft. Als Kodierungssystem arbeitet die bildliche oder räumliche Repräsentation eher mit parallelen als mit linearen Prozessen, d. h., wir imaginieren z. B. das Gesicht eines Freundes in einer augenblicklichen Gestalt (*Paivio* 1971; *Singer* 1974).

Das lexikalische System wird größtenteils durch die linke Hirnhälfte koordiniert. Seine Hauptfunktionen sind Sprache und grammatische Organisation, Begriffsbildung, Schlußfolgerungen und abstrakte Verallgemeinerungen. Dieses verbale oder linguistische System funktioniert linear; d. h., es braucht Zeit, bis ein Satz geäußert ist. Die lexikalische Dimension mit ihren abstrakten, analytischen Eigenschaften ist besonders wirkungsvoll bei der Integration höchst unterschiedlicher Phänomene in eine sprachliche Bezeichnung oder Formel, was dann später extrem schnelles Erinnern ermöglicht. Zur Verdeutlichung stelle man sich einmal die Menge von Gegenständen vor, die die verbale Bezeichnung „Fahrzeug" umfaßt, oder die heterogenen Phänomene, die mit der Formel „$E=MC^2$" zusammengefaßt werden.

Obwohl die meisten Verhaltensweisen komplexe Kombinationen dieser Systeme einschließen, gibt es doch wesentliche Unterschiede in ihren Implikationen. Das lexikalische System z. B. ermöglicht uns, mit Hilfe von linguistischen Formeln wie „wenn ... dann", „nicht dies, aber jenes", „nicht dies, wenn nicht jenes", „dies und jenes, aber nicht das", „erst dies, dann das" zu abstrahieren. Werden Vorgänge sprachlich kodiert (verbal oder mathematisch), werden sie abstrakt und verlieren ihre unmittelbare Wirkung auf unsere Erfahrung; so werden sie

---

* Die kürzlich erschienene Veröffentlichung von *Julian Jaynes* „The Origin of Consciousness in the Breakdown of the Bicameral Mind" (*Jaynes* 1977) stellt die faszinierende und einfallsreiche Hypothese auf, daß die Entwicklung des menschlichen Sinns für persönliche Erfahrung und persönliches Denken erst relativ spät in der Evolution (ca. 1400 v. Chr.) eingesetzt hat, und zwar im Zusammenhang mit der Abnahme der Überzeugung, die rechte Hirnhälfte sei die Quelle der „halluzinatorischen Stimmen", d. h. der direkten Kommunikation mit den Göttern.

weniger emotional, stellen weniger zwingende Forderungen und verringern die lebhafte Hier-und-jetzt-Herausforderung zu einer Prozeßstimulierung, die *Tomkins* (1962, 1963) für die Basis der Affekte hält. *Bruner* drückt das so aus: „Ist Sprache erst einmal zum Übersetzungsmedium von Erfahrung geworden, so hat dies einen zunehmenden Verlust an Unmittelbarkeit zur Folge" (*Bruner* 1968, S. 407).

S. M. Ulam, der große Mathematiker und Physiker (Mitglied des Los-Alamos-Teams und Entdecker der Monte-Carlo-Methode zur Erforschung von Problemen, die für eine vollständige Definition zu komplex sind und nur durch ein komplettes Gleichungssystem erklärt werden können), macht den spezifischen Unterschied zwischen lexikalischem und imaginativem System besonders deutlich. Er differenziert zwischen mathematischem (lexikalischem) und physikalischem (imaginativem) Denken:

„Das Gefühl für physikalische Probleme unterscheidet sich wesentlich vom rein theoretischen mathematischen Denken. Die Art von Imagination, die man braucht, um physikalische Phänomene vorauszuahnen oder abzuschätzen, ist schwer zu beschreiben. Nur sehr wenige Mathematiker scheinen sie in annähernd ausreichendem Maße zu besitzen" (*Ulam* 1976, S. 147).

Weiter stellt er die Unmittelbarkeit und die Wirkung der visuellen Imagination auf physikalisches Denken dar:

„Ich stellte bald folgendes fest: Wenn man ein Gespür für nur ein Dutzend anderer Strahlungen (radiations) und nuklearer Konstanten hat, kann man die subatomare Welt fast greifbar imaginieren und das Bild dimensional und qualitativ manipulieren, bevor man die präzisen Relationen berechnet" (*Ulam* 1976, S. 148).

Die Übersetzung dieser Bewegungen in das lexikalische (linguistische oder mathematische) System bedingt ein hohes Maß an Verkleinerung, Distanzierung und Verlust der emotionalen Wirkung:

„Und ich schilderte ihm meine Überraschung darüber, daß $E=MC^2$ — woran ich natürlich glaubte, was ich aber irgendwie nicht richtig ‚fühlen' konnte — tatsächlich die Basis der ganzen Angelegenheit war und eine Bombe zustande bringen könnte. Die Arbeit des ganzen Projektes hing von diesen wenigen Zeichen auf einem Stück Papier ab" (*Ulam* 1976, S. 157).

Wir behaupten in diesem Kapitel, daß man die enaktiven und imaginativen Systeme nicht einfach als frühe Entwicklungsstufen betrachten kann, die durch das verbale oder lexikalische System ersetzt werden müßten, sondern wir gehen davon aus, daß alle drei Systeme in ihren komplexen Wechselbeziehungen von gleicher Wichtigkeit sind. Imaginationen, Tagträume und Phantasien müssen nicht unbedingt als „regressive" Phänomene oder als Manifestationen eines „primären" oder unreifen Prozesses betrachtet werden, wie es so manche psychoanalytische Richtung vorschlägt. Wie *Schachtel* (1959) bemerkt hat, führt das wachsende Einbeziehen „leerer" verbaler Klischees und Abstraktionen in die individuelle Sozialisation zu einem bedauernswerten Verlust von direktem Kontakt mit Erfahrungen, die im konkreten, modalitätsspezifischen Imaginationssystem enthalten sind. Wir reagieren auf große Dichter, weil sie uns durch die detaillierte Beschreibung bestimmter Bilder, Klänge oder auch Gerüche die Möglichkeiten direkter Erfahrung vermitteln. Die abstrakten Schlußzeilen in *Keats'* „Ode an eine griechische Vase": „Schönheit ist Wahrheit, Wahrheit Schönheit", könnten uns verblüffen oder uns kalt lassen, wenn er ihr nicht lebendige Bilder und Phantasien über die auf der Vase dargestellten Figuren vorangestellt hätte. *Shakespeare* überragte seine Zeitgenossen nicht nur wegen der Vielzahl der in seinen Stücken und Gedichten verwandten spezifischen Bilder, sondern auch durch den großen Bereich von sinnlichen Darstellungsformen. Er stößt uns mit der Nase auf das, was wir erfahren sollen. Falstaff ist „ein altes Faß voll Eingeweide". Hamlet beschreibt seinen Onkel als „vom Mehltau befallene Ähre" und sagt den dänischen Höflingen bei der Suche nach der versteckten Leiche des ermordeten Polonius: „Wo ihr ihn nicht binnen dieses Monats findet, so werdet ihr ihn wittern, wenn ihr die Treppe zur Galerie hinaufgeht."

In der Therapie sind die enaktiven, imaginativen und lexikalischen Systeme von gleicher Wichtigkeit. Ein Patient benutzt zum Beispiel die lexikalische und die enaktive Äußerungsform zur Beschreibung einer langen, entsetzlichen Geschichte voller Tragödien, die in der Erklärung gipfelt: „Mir geht es entsetzlich schlecht." Der Therapeut könnte dann über diese Dimensionen hinaus den Fluß des enaktiven Denkens berücksichtigen, der sich in unverkennbarem Lächeln, einer „Siegerhaltung" und subtilen kleinen Gesten manifestiert, die der Therapeut nur schwer in imaginatives oder lexikalisches Denken übersetzen kann, die aber einfach mit „sich schlecht fühlen" nicht zusammenzupassen scheinen. Ein anderer Patient wird vielleicht auf der lexikalischen Ebene stark, sicher und wissend sein und im ersten Gespräch beispielsweise sagen: „Ich glaube, ich komme aus einer typisch ödipalen Familie — Sie wissen schon, eine aufopfernde Mutter und ein starker Vater, der mir ein Gefühl von Unzulänglichkeit vermittelt hat. Ich habe meinen Vater gehaßt und meine Mutter geliebt. Wirklich!" Für den Therapeuten wird eine solche abstrakte und distanzierte Erklärung wenig nützlich sein, solange sie sich nicht an lebendige Einzelheiten aus dem Leben des Patienten knüpfen, solange der Patient keine spezifischen Gedächtnisbilder produziert, die in klar zu erkennenden Einzelheiten eine Interaktion zwischen Eltern und Kind wiedergeben, oder solange er den Inhalt des Satzes nicht auch im enaktiven/physischen/motorischen Bereich erlebt, d. h. etwa durch Verspannung der Magenmuskulatur, durch Fäusteballen beim Gedanken an den Vater oder Weinen beim Gedanken an die Mutter.

Inwieweit bieten diese drei Systeme eine Basis, um zu verstehen, was die unterschiedlichen Therapieformen in bezug auf Methode, Technik und Zielvorstellung gemeinsam haben? In der folgenden Tabelle, die auf früheren Arbeiten von *Horowitz* (1970, 1975) und *Singer* (1974) basiert, werden in kurzer Form die Beziehungen zwischen den verschiedenen Therapieformen im Hinblick auf den Ausdruck ihrer Methoden und Ziele durch die enaktiven, imaginativen und lexikalischen Modalitäten dargestellt.

Die Vertreter der verschiedenen Schulen werden es leicht übelnehmen, wenn sie den Eindruck bekommen, daß ihre Methoden sehr viel komplexere Absichten und Vorgehensweisen beinhalten, als in der Tabelle dargestellt. Trotzdem kann man davon ausgehen, daß hier einige wesentliche Unterschiede zwischen den Therapieformen herausgestellt werden. Die klassische psychoanalytische Methode hat z. B. die umfassende Reorganisierung der gesamten Persönlichkeit zum Ziel. Sie basiert größtenteils darauf, dem Patienten bei der Übersetzung der vielen Formen des inneren Monologs, der verbalen freien Assoziationen und der Bewußtheit von versuchenden enaktiven Bewegungen in konkretere Manifestationen der Imagination zu helfen. Innerhalb dieses Prozesses können zahlreiche Hindernisse auftreten. Der eine Patient wird sich vielleicht unerbittlich auf der lexikalischen Ebene bewegen und Stunden mit abstraktem Reden verbringen. Ein anderer wird aufkommende Gefühle, die zu schmerzhaft sind, um in diesem Augenblick anders erfahren werden zu können, „ausagieren". Wieder ein anderer ist sich vielleicht flüchtiger visueller Imaginationen bewußt, aber unfähig, sie deutlich zu „sehen" oder wiederzuerkennen. Mit diesen elaborierten, konkreten Manifestationen der Imagination arbeitet die psychoanalytische Methode. Sie versucht, für solche konkreten Erfahrungen differenziertere und adäquate Bezeichnungssysteme zur Verfügung zu stellen, die dann den effektiven, integrierten Gebrauch der enaktiven, imaginativen und lexikalischen Methoden beim normalen Denken und bei kognitiver Bewertung vergrößern können.

Im Gegensatz dazu betonen viele europäische Imaginationsmethoden die Übersetzung verbaler Erfahrung in Imagination als den Kernpunkt der Methode und versuchen infolgedessen nicht, die imaginativen Erfahrungen systematisch in Sprachmuster oder linguistische Kodes umzuformulieren. Im Endeffekt wird eine Änderung in der Grundströmung der kontinuierlichen symbolischen Repräsentationen gesucht, die Teil der menschlichen Erfahrung sind. Dahinter steht die Überzeugung, daß solche Änderungen zu wirksamen Modifikationen nicht nur in der Erfahrung, sondern auch im Verhalten und in den zwischenmenschlichen Beziehungen führen können. Deshalb ist die verbale Kodierung und die lexikalische Formulierung der „Imaginationsreisen", die für den Verlauf der Therapie kennzeichnend sind, nur von geringer Bedeutung.

Der gestalttherapeutische Ansatz (zumindest wie er von *Perls* in den Wochenend-Demonstrationsgruppen „in Aktion" formuliert wurde; vgl. *Perls* 1970) versucht Körperhaltungen, die man auch erstarrte Formen des enaktiven Gedächtnisses nennen kann, in Imaginationen zurückzuübersetzen, was oft mit assoziativen frühkindlichen Erinnerungen oder mit gegenwärtiger Erfahrung verbunden ist. Die systematische Rückübersetzung solcher Imaginationen in ein verbales Kodesystem ist dabei meist auf ein Minimum beschränkt, weil das Ziel der Behandlung mehr in der Erweiterung direkter Erfahrung liegt als in intellektuellem Verstehen oder in linguistischer Kodierung.

In diesem Kapitel wollen wir uns hauptsächlich auf spezifische praktische Anwendungsmöglichkeiten des Bilderlebens, der Imagination, der Körperbewußtheit, des Fließens des enaktiven Denkens, der Tagträume und Phantasien konzentrieren, die dem Therapeuten zur Verfügung stehen, die aber auch im Alltag anwendbar sind, sei es als Form der Entwicklung des Selbst oder zur Vorbeugung von Störungen. Die Darstellung dieser Ansätze verschiedener Psychotherapieformen soll nicht umfassend sein, sondern soll vielmehr Möglichkeiten einer systematischen Analyse der imaginativen und der enaktiven (genauso wie der lexikalischen) Fähigkeiten aufzeigen, die wir alle zu besitzen scheinen.

5. Psychoanalyse und verwandte psychodynamische Methoden

Freuds Gebrauch einer imaginativen Assoziations-Methode entstand aus seiner frühen Arbeit mit der Hypnose. In der Zeit vor dem Erscheinen der „Traumdeutung" betonte er sogar das imaginative Assoziations-System stärker; er hielt den Kopf des Patienten und ermutigte ein Fließen von visuellen Bildern. Dieses Vorgehen verschob sich später zur verbalen freien Assoziation, und man könnte argumentieren, daß *Freud* einen Teil der Kraft, die dieser Methode innewohnt, verloren habe, weil er den Patienten die Freiheit zu einem eher verbalassoziativen Verhalten gegeben hat. (*Reyher* 1963; *Singer* 1974). Es ist

Tabelle I: Technische Unterschiede in der psychotherapeutischen Anwendung der Imagination[1]

Kodierungssysteme

1. verbal-linear (*Horowitz'* lexikalische Ebene) (Funktion der linken Hirnhälfte)
2. motorisch-kinästhetisch (*Horowitz'* enaktive Ebene) (limbisch-motorische Bereiche etc.)
3. Imagination (visuelle, auditive und räumliche) — gleichzeitig (*Horowitz'* imaginative Ebene)[2]

Therapeutische Orientierung	Ziele bzw. Symptome	Richtung der Systemverschiebung oder „Technik"
1. Hypnose	Symptom-Erleichterung oder verbesserte Erinnerungen	Intensive Konzentration auf jedes Kodierungssystem einzeln. Motorisch-verbale Imagination
2. Psychoanalyse a) Traumdeutung b) Übertragungsanalyse	Einsicht und Ich-Erweiterung a) Widerstand überwinden, Vergrößern des ideational-integrativen Affekts b) Identifizieren unbenannter Kindheitsphantasien und Elternerinnerungen c) Schärfung des Urteilsvermögens im interpersonalen Bereich nicht nur während der Behandlung, auch im Alltag	Imagination → verbal-linear Imagination → verbal-linear → Integration des Verbalen und der Imagination
3. *Reichs* Charakteranalyse *Perls'* Gestalttherapie	Befreiung und Neuausrichtung von Energie	motorisch-kinästhetisch → Imagination → motorisch

Therapeutische Orientierung	Ziele bzw. Symptome	Richtung der Systemverschiebung oder „Technik"
4. Europäische Imaginationsmethoden (*Desoilles* gelenkter Tagtraum)	Resymbolisierung, Symptomerleichterung	verbal-linear → Imagination (1) → Imagination (2)
5. *Gendlins* Fokussieren (*Rogers*)	erweiterte Selbst-Bewußtheit	verbal oder motorisch → imaginationsaffektiv
6. *Kellys* Therapie der persönlichen Konstrukte	verbesserte Rollenunterscheidung und Rollendarstellung	verbal → Imagination → verbal → motorisch
7. *Wolpes* systematische Desensibilisierung	Erleichterung phobischer Symptome	motorisch → Imagination → motorisch
8. Verdeckte Aversionskonditionierung (Verhaltensmod.)	Symptom-Erleichterung, Kontrolle von Zwängen und ungewollten Gedanken oder Verhalten	Imagination → motorisch → Imagination (1) kinästhetisch (2)
9. *Banduras* symbolische Mediation	Symptom-Erleichterung und Selbstregulierung	(Wahrnehmung) → Imagination → motorisch
10. *Ellis'* rational-emotive bzw. kognitive Theorie	Symptom-Erleichterung, Selbstregulierung, Selbstbestätigung	Verbal (1) → Imaginationsaffekt → Verbal (2)

[1] Aus *Singer* (1974)
[2] Das Imaginations-System ist normalerweise enger an Affektausdruck und Erfahrung gebunden

möglich, daß die reine Imagination *Freud* verdächtig schien und daß er durch seine Betonung des Rationalen dazu neigte, die visuelle oder die rein auditive Imagination, die die Träume und Phantasien charakterisiert, als regressive Phänomene anzusehen, die letztlich in verbale Formulierungen übersetzt werden müssen. Es war *Freud* aber klar, daß man das Unbewußte nur durch konkrete Manifestationen von Imagination, wie sie sich in Träumen oder in der Analyse von Übertragungsphantasien darstellen, erreichen kann. Es ist jedoch möglich, daß er ernstlich die adaptive Kraft der menschlichen Imagination unterschätzte, was zu der relativen Langsamkeit und der oft beträchtlichen Redundanz geführt hat, die für die moderne psychoanalytische Methode im klinischen Interventionsverlauf kennzeichnend sind.

Einzelne Psychotherapeuten und Psychoanalytiker haben sich schon immer auf die Fähigkeit des Patienten zur Imagination verlassen, um offensichtliche Abwehr oder Widerstand zu umgehen. *Ferenczi* (1950) war in seiner klinischen Arbeit sehr sensibel für Hemmungen der motorischen Aktivität, und er war imstande zu zeigen, daß diese oft wichtige Einsichten in langanhaltende Phantasien oder irrationale Ängste des Patienten vermitteln können, wenn sie in Imaginationen übersetzt werden. Er brachte es fertig, einen Patienten eine Angewohnheit, wie z. B. beim Sitzen mit den Beinen zu baumeln, unterdrücken zu lassen, und fand dann, daß diesem Patienten Imaginationen kamen, die oft wichtige Phantasien zutage förderten. Diese Übertragung von motorischer Aktivität in Imagination wurde natürlich auch von *Reich* übernommen und wurde ein regelrechtes Merkmal der Gestalttherapie.

Ein einfaches Beispiel aus der klinischen Erfahrung eines der Autoren soll andeuten, wie nützlich der Wechsel von verbalen Mustern zum Imaginations-System beim Eröffnen von Wegen zum besseren Verständnis durch den Patienten wie auch als Indikation innerhalb der therapeutischen Sitzung sein kann. Die Patientin, eine Frau Anfang 50, begann eine Sitzung mit wiederholten Bemerkungen, daß sie nichts zu sagen wüßte, daß ihr nichts einfalle und daß sie sich unbehaglich fühle, weil es keine Möglichkeit gäbe, anzufangen. Sie stimmte zu, sich einen Moment lang zurückzulehnen, ihre Augen zu schließen, jedes Bild, das auftauchte, sich soweit wie möglich entwickeln zu lassen und dieses dann zu erzählen. Ihr Bericht lautete: „Ich sehe ein sehr klares Bild von siamesischen Zwillingen — komisch ist, daß ich keine Babies sehe, sondern ganz deutlich zwei Männer, die seitlich verbunden sind — einer ist alt und einer jung."

Patientin und Therapeut lachten über dieses seltsame, unrealistische Bild. Für den Therapeuten stand dieses Bild in direktem Zusammenhang mit dem Material, das sie am Ende der letzten Sitzung vorgelegt hatte. Die Patientin war einige Minuten lang still und spielte das Bild im Geiste noch einmal durch. Plötzlich und ohne Aufforderung fiel auch ihr der gleiche Zusammenhang auf. Sie hatte sich in den letzten Monaten immer unbehaglicher gefühlt, weil ihr erwachsener Sohn und ihr Mann, die mittlerweile auch geschäftlich zusammenarbeiteten, sich näher waren als je zuvor und sie oft von der Beziehung, die sie nicht nur über die Arbeit, sondern auch über sportliche Ereignisse herstellten, ausschlossen. Die Lebhaftigkeit und Klarheit des Bildes halfen ihr, ganz plötzlich das Ausmaß ihres Gefühls, ein Außenseiter in ihrer Familie zu sein, zu erkennen, und sie begann darüber nachzudenken, welche Möglichkeiten in ihr selbst lägen, diese Erfahrung nicht noch zu verstärken, sondern sich eher von ihrer Abhängigkeit von Mann und Sohn zu befreien.

Dieses kleine Beispiel demonstriert das kristallisierende Potential unserer Imaginationsfähigkeit. Im Endeffekt produzierte diese Frau eine Art Wachtraum, der eine dramatische Metapher ihrer Erfahrung von wachsender Isolation und ihres Neides auf die wachsende „Bindung" zwischen Vater und Sohn darstellte. Sie konnte das auch verbal formulieren und erkennen, daß die Ablehnung der Nähe zwischen Vater und Sohn zwecklos war. Diese Beziehung könnte eher als eine natürliche Entwicklung für die zwei Männer begrüßt werden und schließt sie nicht automatisch von der vollen Teilnahme an den Freuden des Familienlebens aus. Es zeigte ihr die Notwendigkeit auf, einen neuen Sinn für ihre eigene Identität als Individuum wie auch innerhalb der wiederhergestellten Familiengruppe zu entwickeln, der dem gegenwärtigen Lebensabschnitt angemessen ist.

Ein anderer Patient des Autors blockierte im Verlauf der Therapie, nachdem er bedeutende Fortschritte gemacht hatte. Der junge Mann in den Zwanzigern unterbrach das Schweigen in den Sitzungen nur mit vagen, weitschweifigen Berichten über eine eher allgemeine Unzufriedenheit. Er bewegte ständig seine Hände, hauptsächlich zum Kettenrauchen. Er rutschte auf dem Stuhl herum und beschäftigte sich zeitweilig damit, den Stuhl zurechtzurücken, an seiner Kleidung herumzuspielen und das Fenster auf- oder zuzumachen. Der Therapeut machte den folgenden Vorschlag: „Wenn Sie das nächste Mal das Gefühl haben, irgend etwas tun zu wollen — nach einer Zigarette greifen, die Sitzhaltung verändern, was auch immer —, könnten Sie das unterlassen und sehen, was dann passiert." Der Patient beschimpfte den Therapeuten, daß er „diesem physischen Kram" zu viel Aufmerksamkeit schenken würde, entschied sich aber schließlich dafür, es zu versuchen. Er kicherte ein- oder zweimal verlegen, wenn er versuchte, sich nicht zu bewegen und dem, wie ihm schien, überwältigenden Verlangen, nach einer Zigarette zu greifen, zu widerstehen. Dann blieb er einige Zeit still und fing an zu weinen. Später war er fähig, einen Teil dieser Erfahrung in Worte zu fassen. Er hatte zu Anfang, als er bewegungslos dasaß, das Bedürfnis, eine Zigarette anzuzünden. Danach hatte er mehr und mehr das Gefühl, so schnell wie möglich aus dem Raum rennen zu müssen. Er konnte diesem Gefühl nur unter größten Schwierigkeiten widerstehen. Er fing dann an, sich im Geiste aus dem Raum rennen zu sehen. In diesem Tagtraum folgte ihm der Therapeut zu seiner Überraschung nicht. Der Patient imaginierte sich selbst, wie er in eine große Dunkelheit rannte, die ihn verschluckte. Niemand war bei ihm, keiner kam, um nach ihm zu sehen, er war absolut allein. Dieses Gefühl von Einsamkeit mit seinen Begleiterscheinungen von Trauer, Panik und Schrecken stieg in ihm hoch und brachte ihn zum Weinen.

In dem oben geschilderten Fall findet das Material, das über das lexikalische oder imaginative System nicht erreichbar ist, seinen Eingang in die Therapie über das enaktive System. Der ständige Bewegungsdrang des jungen Mannes wurde beachtet und aufgeklärt. Er erfuhr seine körperliche Aktivität deutlicher als das nervöse Bestreben, aufzustehen und zur Tür zu rennen. Dies wurde noch klarer, weil er seine imaginativen Fähigkeiten benutzte, um Bilder vor seinem geistigen Auge ablaufen zu lassen. Schließlich konnte er über die Diskussion seiner Erfahrung auch seine lexikalische Fähigkeit fruchtbarer machen.

Es ist hierbei wichtig, sich Gedanken über den Gebrauch der Couch in der klassischen Psychoanalyse zu machen und darüber, wie dieser Gebrauch die enaktiven, imaginativen und lexikalischen Systeme beeinflußt. Forschungen von *Pope* (1977) belegen, daß die Körperhaltung das Fließen des Bewußtseins wie folgt beeinflußt: Der Geist einer liegenden Person ist generell eher auf entfernte Erinnerungen, Antizipationen, Phantasien und imaginierte Bilder gerichtet als der einer sitzenden. Darüber hinaus ist die Tendenz zu Träumereien und Tagträumen größer, und wir schenken dem „Hier und Jetzt", den Geräuschen und Bildern aus der Umgebung, die uns beständig bombardieren, weniger Aufmerksamkeit. Das Sich-Zurücklehnen auf der Couch erhöht also die Wahrscheinlichkeit, daß unbenannte, aber im Gedächtnis bewahrte visuelle und auditive Imaginationen wieder hervorgeholt werden können. Bestimmte Erinnerungen und Assoziationen, die in erster Linie im enaktiven System gespeichert sind, können wachgerufen werden. Wenn sich ein Erwachsener in Gegenwart eines anderen, sitzenden Erwachsenen hinlegt, dann stellt das eine psychologische Situation wieder her, die Ähnlichkeiten mit dem frühkindlichen Verhalten hat, als das Kind z. B. ins Bett gebracht wurde und vielleicht von einem dabeisitzenden Erwachsenen eine Geschichte erzählt bekam. Bereits die Natur der sozialen Situation, die in der klassischen Psychoanalyse hergestellt wird, beinhaltet eine Betonung der imaginativen Komponenten, wie z. B. den Rückruf von Träumen oder Phantasien. Dies vergrößert die Wahrscheinlichkeit, daß der Patient kindliche Erinnerungen und Haltungen, wie sie in der Übertragung reflektiert werden, wiederherstellt (*Singer* 1974).

Reyher (1963) hat die imaginative Assoziations-Methode innerhalb eines psychoanalytischen Rahmens mehr als jeder andere neuere Kliniker weitergebracht. Er hat mit Nachdruck den Wert von ausgedehnteren Perioden rein imaginativer Assoziation betont und zahlreiche Forschungsdaten zur Verfügung gestellt, die aufzeigen, daß nicht nur die Verbalisierung während solcher imaginativen Assoziations-Sitzungen freier von Abwehrmechanismen sind, sondern daß auch die physiologischen Indizien emotionaler Erregung so gut wie die Verhaltensindizien das größere „Involviertsein" des Patienten unterstützen, wenn solche Methoden angewandt werden. *Reyher*s Konzept der „aufdeckenden Psychotherapie" (*Emergent Uncovering Psychotherapy*) verdient ernsthafte Betrachtung als wichtiger Teil der kontinuierlich sich weiterentwickelnden psychodynamischen Therapien; eine Methode, die die oft übermäßig verlängerte verbale Rationalisierung und Abwehr, die so viele der ungerichteten psychoanalytischen Sitzungen charakterisieren, vermeidet.

Eine der Hauptfunktionen des imaginativen Systems ist die Möglichkeit zu direkter zwischenmenschlicher Kommunikation, die oft frei von der übermäßigen Abstraktion verbaler Formulierungen ist. Die sogenannte gleichschwebende oder freifließende Aufmerksamkeit, die *Freud* dem Analytiker während der Sitzung empfahl, beinhaltet bestenfalls den Versuch, die Erfahrungen, die der Patient beschreibt, in Bilder zu übersetzen. Wir glauben, daß der Therapeut den Kontakt mit den realen Erfahrungen des Patienten verlieren kann, wenn er das Material des Patienten in verbale Formulierungen wie „ein typischer Ich-Überich-Konflikt" oder „offensichtlich eine frühe Verschiebung des oralen Konfliktes" übersetzt. Da scheint es für den Therapeuten eher sinnvoll, Bilder zu schaffen, die soweit wie möglich versuchen, die Beschreibung des Patienten zu konkretisieren. Wenn der Patient einen Bericht über einen Strandspaziergang mit einem engen Freund liefert, sollte der Therapeut in der Imagination diesen Spaziergang tatsächlich reproduzieren und sich soweit wie möglich in die Erfahrung, die der Patient beschreibt, einfühlen. Dabei besteht natürlich die Gefahr, daß der Therapeut zwangsläufig an den Erfahrungen des Patienten vorbeigeht, weil er oder sie selbstverständlich auf andere Erinnerungen zurückgreifen muß, um diese Bilder zu reproduzieren. *Tauber* und *Green* (1959) haben dieses Thema lange und gründlich untersucht. Sie haben die Gefahr der Gegenübertragung und der Möglichkeit, dem Patienten die eigene persönliche Erfahrung aufzudrängen, erkannt, machen uns aber auch darauf aufmerksam, daß die persönlichen Bilder des Therapeuten die Abläufe zwischen Therapeut und Patient klären können.

Ein Beispiel: Als eine Patientin eines der Autoren eine Szene aus ihrer frühen Kindheit schilderte, versuchte der Therapeut, sich die Gruppe, die um den Tisch saß, vorzustellen. Er erkannte plötzlich durch die Darstellung der Frau eine Diskrepanz zwischen der Zahl der Kinder, die mit den Eltern zusammen waren, und ihrem ursprünglichen Bericht über die Anzahl ihrer Geschwister. Eines der Kinder fehlte. Danach gefragt, wurde sie verwirrt, versuchte die Kinder in der visuellen Imagination, die sie beschrieben hatte, zu zählen, und gab in zwei Versuchen verschiedene Zahlen an. Nach der Sitzung, die gerade zu Ende ging, ging sie nach Hause und überdachte die ganze Episode noch einmal. Dabei erlebte sie eine erlösende und dramatische Serie von Erinnerungen an einen Bruder, der gestorben war. Während er sehr krank lag, hatte sie mit einem Ball an der Seite des Hauses gespielt, und ihre Großmutter war zur Seitentür herausgekommen und hatte ärgerlich geschrien: „Willst du der Tod deines Bruders sein?"

Wie *Tauber* und *Green* aufgezeigt haben, kann in manchen Fällen der Therapeut ganz eigene Phantasien oder Tagträume entwickeln, in denen erkennbar wird, was der Patient implizit mitteilt oder was die Schwierigkeit in der Interaktion Patient — Therapeut ausmacht. Einer der Autoren z. B. wurde sich einer lebhaften Imagination einer Galapagos-Schildkröte, die an einem Sandstrand entlangkroch, bewußt, während ein Patient frei assoziierte. Er dachte ein wenig darüber nach, unterbrach schließlich den Patienten und erzählte ihm das Bild. Beide zusammen erkannten dann schnell, daß der Patient während des vorangegangenen Teils der Sitzung extrem blockierte, weil er versuchte, mit einer besonders schwierigen und peinlichen Situation fertig zu werden, die sich kurz davor ereignet hatte.

Die Berücksichtigung der spontanen Phantasien des Therapeuten kann von unschätzbarem Wert sein im Umgang mit Gegenübertragung und anderen Situationen, in denen die Abwehr des Therapeuten den therapeutischen Prozeß behindern kann. Einer der Autoren führte eine psychoanalytisch orientierte Spieltherapie mit einem siebenjährigen Jungen durch. Die Sitzungen waren durch die überschäumende Zuneigung, die der Junge zeigte, durch seine Freude an den Sitzungen und sein einfallsreiches Spiel eine wahre Wonne für den Therapeuten, und er war sich ständig der Zuneigung für diesen Patienten bewußt. Trotzdem blieb die Behandlung stecken. Während einer Sitzung fand der Junge einen Papp-Becher im Papierkorb, ging zum Waschbecken, füllte den Becher mit Wasser und begann zu trinken. Der Therapeut, der selten in das freie Spiel des Jungen eingriff, hätte es in diesem Fall fast getan. Schließlich konnte man nicht wissen, was vorher in dem Becher gewesen war — Farbverdünner, Putzmittel, vielleicht ein anderes Gift? Der Therapeut hatte dann eine flüchtige visuelle Phantasie, in der der Junge an dem Gift in dem Becher starb. Er dachte über die Tatsache nach, daß er in bezug auf den Jungen Todesphantasien hatte, unabhängig davon, welche Gefahr nun wirklich darin lag, daß das Kind aus einem weggeworfenen Becher trank. Das führte dann dazu, daß er sich seines Ärgers und seiner aggressiven Gefühle dem Jungen gegenüber bewußt wurde, Gefühle, die er als „unannehmbar" unterdrückt hatte, vor allem, weil sie auf solch ein attraktives, verletzliches kleines Kind „abzielten". In dieser Situation konnte der Therapeut also einiges von seinen Gefühlen durch das imaginative System in die Therapie einbringen, Gefühle, die ihm anders nicht zugänglich waren. Das Ergebnis war doppelt nützlich: Einmal konnte er schwierige Gegenübertragungspunkte erkennen und mit ihnen umgehen. Außerdem konnte er sich effektiv auf die Art einstellen, in der der Junge subtil Gefühle des Ärgers ans Licht brachte oder provozierte.

Wir haben schon früher bemerkt, daß das imaginative System auch eng mit künstlerischem und oft humorvollem Ausdruck verwandt ist. Innerhalb der psychoanalytischen Sitzung kann ein direkterer Gebrauch der Imagination nicht nur dem Therapeuten, sondern auch dem Patienten helfen, das kreative Potential zu erkennen, das uns allen in diesem Medium gemeinsam ist. Tatsächlich ist den Patienten oft aufgefallen, wieviel sie träumten und wie interessant ihre Träume sind, nachdem der Therapeut sie dazu ermutigt hatte, obwohl sie vorher der Meinung waren, daß sie nur selten träumen. Wenn überhaupt, dann liegt eine der wirklichen Gefahren der Psychoanalyse als Form klinischer Intervention darin, daß das uns allen innewohnende, ein wenig narzißtische Interesse, das wir an unseren Träumen und Phantasien haben, sich als ständig stärker werdende Erfahrung verselbständigt. Dadurch setzen dann Leute die psychoanalytische Behandlung jahrelang fort, obwohl es nur wenig Anzeichen für eine Verbesserung ihrer zwischenmenschlichen Beziehungen oder ihrer Symptome außerhalb der Sitzungen gibt.

Es gibt im Behandlungsprozeß Zeiten, in denen eine lebendige Imagination dem Therapeuten wie dem Patienten helfen kann, ihre Beziehung zu überprüfen und eine neue Ebene gegenseitigen Verständnisses zu finden. Der Patient eines der Autoren z. B. redete und redete während zahlreicher Sitzungen und produzierte nur langweiliges Material. Der Therapeut erlebte die Sitzungen im nachhinein wie jemand, der keine Aktien besitzt, den täglichen Börsenbericht erlebt. Es schien für den Patienten besser, diese Methode abzubrechen und statt dessen zu versuchen, eine Serie von zusammenhängenden Imaginationen zu produzieren. Der Therapeut hatte nur wenig Hoffnung, daß dieser extrem langweilige und biedere Mensch irgend etwas dazu tun würde, aber er war fasziniert, als der Patient beinahe sofort eine Bilderserie abspulte, die sehr lebendige Kampfszenen zwischen japanischen Samurais enthielt. Als Therapeut und Patient diese Imaginationen näher untersuchten, stellte sich heraus, daß dieser Mann eigentlich eine sehr viel reichhaltigere und lebhaftere Imaginationsfähigkeit besaß, als beide angenommen hatten. Wichtig waren natürlich das direkte Auftauchen von unterdrücktem Ärger und der Wunsch nach einem abenteuerlichen Leben. Genauso wichtig war aber, daß Patient und Therapeut sich mehr für die Interaktion untereinander interessierten und daß der Patient ein größeres Interesse an der Hilfe, die ihm sein eigenes inneres Leben bot, bekam.

In einem anderen Fall redete eine Frau, die eine jahrelange psychotherapeutische Geschichte hatte, ständig und ausführlich über eine ganze Reihe physischer Symptome. Eine Sitzung nach der anderen verging über der Beschreibung der vielen Frustrationen, die ihr die Versuche, die jeweiligen Spezialisten zum Ernstnehmen ihrer Symptome zu bringen, eintrugen. Einer der Autoren schlug der jungen Frau vor, eine Form der europäischen Imaginationsreise auszuprobieren, sich also selbst in ein Feld oder einen Wald zu imaginieren und von diesem Punkt aus eine ganze Reihe von Bildern entstehen zu lassen. Nachdem sie dies ein wenig mit der *Jacobsen*schen progressiven Entspannungstechnik und anderen Imaginationsübungen „zum Aufwärmen" geübt hatte, entwickelte sie zur Überraschung des Therapeuten eine Reihe sehr ausführlicher Bilder. Dabei wurde deutlich, daß sie ein sehr feines und sensitives Gefühl für Natur, für Farben, Formen und Töne besaß, auch einen ausgesprochenen Sinn für Ästhetik, der künstlerisches Verständnis einschloß. Diese Erfahrung belebte die Interaktion zwischen Therapeut und Patientin sehr, weil beide jetzt erkannten, wieviel persönlicher innerer Reichtum und Möglichkeiten durch ihre abwehrende Beschäftigung mit Symptomatologie unterdrückt worden waren.

Es ist wohl deutlich geworden, daß wir in diesem Kapitel die strukturellen Charakteristika von Imagination und deren Beziehung zu größerer Selbstbewußtheit, Einfühlungsvermögen und positiven Affekten besonders hervorheben. Selbstverständlich haben die psychoanalytischen Methoden traditionell die inhaltlichen Implikationen der Imagination, also ihre Beziehung zur Dynamik früher Kindheitskonflikte usw., betont. Wir wollen die Bedeutung mancher Ergebnisse dieser Methoden nicht schmälern, betonen aber, daß die imaginativen und enaktiven Systeme als wichtige Ich-Funktionen und als Mittel zur effektiveren Bewältigung zu leicht übersehen werden. Der Durcharbeitungsprozeß in der Psychoanalyse hat den Patienten oft bei der Entwicklung ihrer imaginativen und enaktiven Fähigkeiten geholfen; allerdings ist dies so gut wie nie systematisch in der psychoanalytischen Literatur verarbeitet worden (vgl. aber die Kombination von psychodynamischen und rein imaginativen Vorgehensweisen in Kap. 7 von *Sheikh*). Man könnte argumentieren, daß die psychoanalytische Methode geradezu eine Trainingsform besitzt, nach der der Patient den wie folgt beschriebenen Prozeß durchmachen kann:

Ein junger Mann betritt einen Raum voller Menschen und fühlt sich plötzlich sehr unbehaglich. Besonders ärgert ihn eine Person, die anscheinend gerade in einer kleineren Gruppe das große Wort führt. Früher hätte er jetzt vielleicht den Raum verlassen oder hätte sich zu der Gruppe gestellt und schließlich mit dem Mann Streit angefangen, jetzt aber hat er gelernt, seine Wahrnehmungen und Gedanken sofort zurücklaufen zu lassen, noch während er den Raum betritt. Dadurch wird ihm klar, daß sein Gefühl des Unbehagens von einer oberflächlichen Ähnlichkeit zwischen diesem Mann und seinem Stiefvater herrührt, der ihn in seiner Kindheit ständig in seinen intellektuellen Fähigkeiten gedemütigt hatte. Er hat jetzt also ein System zur Verfügung, durch das er mit verschiedenen, plötzlich auftretenden irrationalen Gefühlen fertig werden kann, die in der Vergangenheit in impulsiven, oft gleich danach bereuten Handlungen ausbrachen.

Wir wollen hervorheben, daß imaginatives und enaktives Denken oft Teil einer umfassenden Sammlung privater Kognitionen und Bewältigungsfähigkeiten werden kann. Psychoanalytiker merken oft, daß Patienten den Therapeuten als eine Art imaginären Begleiter benutzen, als jemanden, mit dem man im Geist in schwierigen Situationen redet. Dieses Verhalten muß nicht unbedingt als exzessive Besetzung oder Abhängigkeit betrachtet werden. Oft ist es eine natürliche

Phase in einem Lernprozeß, in dem der Patient nach und nach aufnimmt, was ihm der Analytiker über den Prozeß der Selbsterkenntnis und der steigenden Selbstbewußtheit beibringt. Bei der erfolgreichen Analyse sollte sich diese Funktion des Therapeuten nach und nach auflösen und die Funktion der Selbsterkenntnis mehr und mehr automatisieren und ich-synton werden. Wenn wir diesen natürlichen Ablauf erkannt haben, können wir ihn von Zeit zu Zeit aktiv anregen, um so dem Patienten die Möglichkeit zu geben, seine oder ihre Imaginationsfähigkeit zur Bewältigung potentiell bedrohlicher oder furchteinflößender Situationen zu benutzen. In einigen Fällen haben wir Patienten mit besonderen Ängsten vor bestimmten Ereignissen oder Reisen ermutigt, die Anwesenheit des Therapeuten zu imaginieren oder ihm einen Brief über die Ereignisse zu schreiben. Diese Methode hat sich als sehr nützlich erwiesen. Sie hilft nicht nur bei der Bewältigung der Belastung, sondern auch bei der Formulierung der Art der Schwierigkeiten und der Entwicklung alternativer Strategien für den Umgang mit der Situation.

Die Methode selbst stammt aus eher psychodynamisch orientierten Behandlungsverfahren, läßt sich aber mit der neueren Entwicklung in der sogenannten kognitiven Verhaltensmodifizierung (cognitive behavior modification) und der augenblicklichen Tendenz in den Kurzzeit-Interventions-Verfahren, die sich an Selbstregulierung und Selbstkontrolle orientieren, vergleichen (vgl. in diesem Band Kap. 14 von *Meichenbaum*; auch *Schwartz, Shapiro* 1976). *Meichenbaum* spricht darin die Frage an: „Warum führt die Verwendung der Imagination in der Psychotherapie zur Veränderung?" und vermutet, daß die auf der Imagination aufbauenden Therapeuten Veränderungen erreichen,

„weil sie 1. den Patienten dazu ‚verführen', ihn überzeugen und ihm beibringen, daß seine Imaginationen zu seinem fehlangepaßten Verhalten beitragen; 2. den Patienten lehren, sich seiner Imaginationen bewußt zu werden, sie zu steuern und ihr Auftreten innerhalb der fehlangepaßten Verhaltenskette zu beobachten und sie dann unterbrechen zu können; und 3. weil sie ändern, was der Patient beim Erleben der Imagination zu sich selbst sagt und was er tut. Die Folge dieser Abläufe ist für den Patienten das Gefühl der Kontrolle über seine Imaginationen und sein ‚Innenleben' und nach einiger Zeit dann auch über sein zwischenmenschliches Verhalten."

Es bleiben wichtige Unterschiede bestehen in den Zielsetzungen zwischen den psychodynamischen Vorgehensweisen, die ein besonderes Gewicht auf die frühen Ursprünge und auf eine dynamische Kausalanalyse der emotionalen Probleme des Erwachsenen legen, und den neueren kognitiven Verhaltensmodifizierungs-Methoden, die hauptsächlich die eher unmittelbare Analyse der fehlangepaßten Verhaltensmuster fokussieren. Man sollte jedoch beachten, daß beide Methoden steigenden Gebrauch von der Imagination machen, einerseits, um für das Problem des Patienten Formulierungshilfen zu geben, andererseits, um dem Therapeuten eindeutige Techniken in die Hand zu geben, um die Fähigkeit, mit dem Alltag umzugehen, und das Selbstverständnis des Patienten neu zu schulen.

Für den aktiven Gebrauch der Imaginationsmethoden scheint es innerhalb der psychodynamischen Tradition mehr und mehr Raum zu geben. *Shorr* stellt in diesem Band eine Reihe von Imaginations-„Anweisungen" vor, die dem Patienten eine Hilfe bei der Konkretisierung des interpersonellen Problems und der Identifikation existentieller Schwierigkeiten bieten. *Leuner*, ein anderer Autor dieses Bandes, hat die Methode des katathymen Bilderlebens zur Aufdeckung wesentlicher Motivationsschwierigkeiten systematisiert: Bringt man einen Patienten dazu, auf einer Imaginationsreise einen Berg zu besteigen, lassen sich aus der Beschreibung Schlüsse über Ehrgeiz, Machtbedürfnis usw. ziehen; läßt man ihn einen Fluß bis zur Quelle zurückverfolgen, erhält man wichtige Aufschlüsse über die Mutter-Kind-Beziehung und ein Gefühl für wichtige, frühkindliche Bindungserfahrungen. Die Anwendungsmöglichkeiten der menschlichen Imagination sind fast unbegrenzt, wenn der Patient diese Dimension erst einmal als adaptive Kraft und nicht nur als Form regressiver Erfahrung akzeptiert hat.

6. Direktere Formen der klinischen Intervention

Es ist verblüffend, daß die vielen Formen der klinischen Kurzzeitintervention, die in den letzten 15 Jahren als Reaktion auf die lange Dauer und den begrenzten Anwendungsbereich der Psychoanalyse oder anderer persönlichkeitsverändernder psychodynamischer Therapien entwickelt wurden, sich dennoch mehr und mehr auf die persönlichen Erfahrungen als entscheidendes Behandlungsmerkmal verlassen haben. Bei *Wolpes* systematischer Desensibilisierung, die wahrscheinlich den effektivsten und sicherlich den wissenschaftlich am gründlichsten abgesicherten Ansatz der neuen Verhaltenstherapie liefert, wird deutlich, daß er sich eher auf die persönliche Imagination des Patienten als auf sein sichtbares Verhalten verläßt. Der Behaviorismus, entstanden als Reaktion auf die nach innen gerichtete Orientierung der Psychologie um die Jahrhundertwende, hat also eher zu einer gründlichen Beschäftigung mit der Art der menschlichen Imagination geführt als zu den direkt beobachtbaren Reiz-Reaktions-Verbindungen. Die neueren Untersuchungen der Basisliteratur über die Technik der systematischen Desensibilisierung haben deutlich gemacht, daß der kritische Faktor in der Behandlung nicht so sehr die Hierarchie der Angstauslösung mit ihrer Reihenfolge von der kleinsten zur größten phobischen Situation oder die Anwendung der Entspannungstechnik ist. Als wesentlicher Punkt erweist sich vielmehr immer wieder die vom Patienten benutzte Imagination (*Singer* 1974). Und klarer wird, daß bei vielen Phobien (und gerade dieses Symptom wird mit der systematischen Desensibilisierung ja besonders wirksam behandelt) die Angst vor der Situation das Individuum davon abhält, dem phobischen Objekt oder der phobischen Situation jemals nahe genug zu kommen, um eventuell feststellen zu können, daß sie tolerierbar sind. Erst wenn man durch eine Serie von Imaginationen nach und nach an die Situation herangekommen ist, wenn sie in einer Vielzahl von imaginierten Umgebungen ausprobiert worden ist, wird ein tatsächliches Angehen im realen Leben möglich, oft mit der Konsequenz, daß die Phobie relativ rasch verschwindet.

Kazdin weist in seinem Beitrag (Kap. 10) darauf hin, daß wir das kritische „Ingredienz" in der Wirksamkeit solcher Techniken wie der systematischen Desensibilisierung noch immer nicht richtig verstehen. Zumindest haben einige Forschungen gezeigt, daß plausible Placebo- oder „pseudo-therapeutische" Strategien genauso gute Ergebnisse erzielen können. Solche Forschungen machen noch einmal deutlich, daß der kritische Faktor in solchen Behandlungen nicht der Konditionierungseffekt ist, sondern eher der Wechsel in den persönlichen Antizipationen, in den Bildern, der Selbst-Kommunikation und den Tagträumen des Patienten, der in bezug auf die Situationen, wegen denen er behandelt werden will, stattgefunden hat.

Verhaltenstherapeuten benutzen in steigendem Maße auch die Aversionsmethoden. Der Patient imaginiert extrem schlimme und unangenehme Konsequenzen aus bestimmten Situationen und übt das wieder und wieder. Will er dann diese ungewollte oder unsoziale Handlung ausführen, erinnert er sich der unangenehmen Konsequenzen und läßt sich daher oft davon abhalten. Wenn ihm dann noch eine Reihe von anschaulichen, alternativen Imaginationen zur Verfügung gestellt wird, durch die er oder sie durch imaginierte Belohnung in seinem Verhalten unterstützt wird, kann eine beträchtliche Flexibilität erreicht werden.

Ein Patient des Autors versuchte z. B., eine für ihn nicht akzeptable Neigung zu unpersönlichen Affären mit Homosexuellen zu kontrollieren. Unterschiedliche, extrem schreckliche Imaginationen halfen ihm, dieses seit langem andauernde zwanghafte Verhaltensmuster relativ schnell aufzugeben. Er belohnte sich im Geiste aber auch durch die

Imagination von erfolgreichen, dauerhaften Beziehungen zu Frauen. Berücksichtigt man die lange Geschichte seiner unpersönlichen homosexuellen Beziehungen, hat er es überraschend schnell fertig gebracht, eine sehr viel komplexere, dauerhafte und befriedigende heterosexuelle Beziehung, die schließlich zu einer glücklichen Ehe führte, aufzubauen. In diesem Fall hatte der Therapeut vorher lange versucht, durch eher traditionelle analytische Methoden mit dem Patienten die Dynamik herauszufinden, die seinem als ungewollt und aversiv erlebten Verhalten möglicherweise zugrunde lag; aber erst nach der Einführung der systematischen Aversions-Imaginations-Behandlung bemerkte der Patient eine positive Änderung (*Singer* 1974).

Auch über die Methode des stellvertretenden, verdeckten oder symbolischen Modellverfahrens gibt es ausführliche und sorgfältig abgesicherte Literatur. *Kazdin* wertet sie aus und diskutiert sie in seinem Kapitel „Verdecktes Modell-Lernen: Die therapeutische Anwendung von Imaginationsübungen". Der Patient imaginiert andere Personen, die frei von Phobien handeln oder impulsives Verhalten durch Selbstkontrolle erfolgreich steuern können. Hier wird einmal mehr deutlich, daß Menschen nur zu oft Verhaltensmuster von selbstzerstörerischen Handlungen aufbauen und aufgrund ihrer Ängste oder auch mangelnder Erfahrung keine alternativen Methoden dieser Verhaltensweisen antizipieren können. *Meichenbaum* und *Turk* (1976) haben aufgezeigt, daß auch den Patienten, die zur erfolgreichen Imagination alternativer Verhaltensweisen fähig sind, oft systematische Selbstinstruktionen fehlen, die sie während des Lernprozesses stützen könnten. *Meichenbaum* (1974) hat eine ganze Reihe solcher Selbstinstruktions-Techniken für das, was er „Streß-Impfung" nennt, entwickelt. Diese Techniken benutzen eine Kombination von verbalen Selbstbeschreibungen und auch Bildern zur Hilfe in Streß-Situationen oder aber leisten durch deren Antizipation die von *Janis* so bezeichnete „Sorgenarbeit" („work of worrying") als wirksame Bewältigungsstrategie. Im Rahmen dieser Verfahren liegt das Schwergewicht auf der Fähigkeit des Individuums, Imaginationen zur Ablenkung, zur Verlagerung der Aufmerksamkeit oder aber zur Herstellung sehr starker Erfahrungen, die vielleicht sogar zu psycho-physischen Gegenaktionen führen können, zu benutzen. *Turk* (1977) hat uns in einer Reihe von genialen Untersuchungen gezeigt, daß Menschen durch Imaginationen (oder anderen Mitteln der Selbsterkenntnis) eine große Menge an Schmerz ertragen können, wodurch alternative „Kontexte" hergestellt werden können oder es sogar zu einem Biofeedback, das die Schmerzen unterbricht, kommen kann.

Die Effektivität der Imagination findet in der Vielzahl der Selbstregulierungsverfahren immer mehr Beachtung. Die Autoren fanden es oft therapeutisch sinnvoll, Patienten mit relativ mäßigen Depressionen zu Imaginationen über friedliche Naturszenerien oder ähnliche positive Bilder anzuregen. Man wollte sehen, ob die Stimmung sich dadurch wenigstens zeitweise ändern könnte und so dem Patienten ein effektiveres Verhalten zum Aufbrechen des Schneeballeffekts des depressiven Affekts ermöglicht werden könnte. *Schultz* legt in seinem Kapitel ausführliches Forschungsmaterial vor, das eindeutig demonstriert, daß schwer depressive, hospitalisierte männliche Patienten durch Imaginationen über Selbstwertsteigerung oder über positive Naturszenen das Ausmaß der Depression verringern und eher wieder Lachen und andere positive Emotionen zeigen konnten. Es ist interessant, daß die Imaginationsmethoden je nach der Art der Depression unterschiedlich wirksam waren. Für Patienten, deren depressive Symptomatologie anscheinend eher mit frühen Erfahrungen von Liebesverlust und verringertem Selbstwertgefühl zusammenhing, waren Imaginationen zur Selbstwertsteigerung effektiver. Patienten, deren Depression eher von Überich-Konflikten herrührte, empfanden das Fokussieren auf positive Imaginationen zur Ablenkung als wirksamer. Im Gegensatz zu Theorien über Depression als nach innen gerichtete Aggression reduzierten aggressive Phantasien allein noch nicht notwendig die Depression des Überich-Konfliktes. Eher schienen die mit den friedlichen Naturszenen verbundene Ablenkung und der damit zusammenhängende positive Affekt wirksam.

Imagination ist natürlich in zunehmendem Maße zur Steigerung sexueller Erregung benutzt worden. Gegenüber früheren Annahmen, daß Phantasien und Tagträume Formen der Triebunterdrückung seien, erweist sich mittlerweile immer mehr, daß die Imagination einen Kontext für steigende sexuelle Erregung liefert und daß dies in bestimmten Fällen von sexuellen Schwierigkeiten besonders wirksam sein kann (*Singer* 1975; *Hariton* und *Singer* 1974; *Kaplan* 1974). Es ist festzuhalten, daß in der neuen multimodalen therapeutischen Richtung von *Lazarus* (1976), in der rational-emotiven Therapie von *Ellis* (1973) wie auch in anderen, neuen Kurzzeit-Interventions-Techniken die Betonung immer mehr auf das systematische Training der Patienten in der Bewußtheit von und dem Gebrauch ihrer eigenen Imagination gelegt wird, um mit einer Vielzahl von unterschiedlichen Verhaltensweisen wie auch der Sexualität umgehen zu lernen.

*Frank*s Arbeit in diesem Band demonstriert deutlich, daß junge Erwachsene zunehmend einfühlsamer werden, wenn sie Gelegenheit bekommen, sich ihrer kontinuierlichen Imaginationsfähigkeiten durch Tagebücher über ihre Träume und den gegenseitigen Austausch ihrer Träume und Tagträume (*ohne Interpretation*) bewußt zu werden. Diese Tatsache konnte in unterschiedlichen objektiven Untersuchungen nachgewiesen werden. Diese Gruppe war im Vergleich mit verschiedenen Kontrollgruppen fähiger, die unausgesprochenen Inhalte in der Kommunikation anderer zu identifizieren, die durch Gesichtsausdruck oder Tonfall gezeigten Emotionen anderer zu erkennen und im Ganzen sensitiver für die affektiven Dimensionen der menschlichen Erfahrung zu werden.

Generell gibt es eine wachsende Zahl von Beweisen dafür, daß die systematische Anwendung imaginativer Methoden für die Behandlung unterschiedlichster neurotischer Zustände wirksam sein kann: sie kann interpersonelles Verhalten wie Unsicherheit oder Schüchternheit verändern, sexuelle Schwierigkeiten und Gewichtsprobleme behandeln und sozial unerwünschtes Verhalten wie exzessives Trinken oder antisoziale Handlungen und Impulse verbessern helfen. Wir stehen immer noch am Anfang, wenn es darum geht, spezifische, mehr oder weniger wirksame Facetten der Imagination und das Ausmaß, in dem Individuen zur Imagination fähig sind, zu identifizieren oder Techniken zu finden, die die Imaginationsfähigkeit vergrößern (*Singer* 1975).

7. Selbsteffizienz (self-efficacy) und Imagination

Ein Hauptthema bei der Anwendung der Imagination in allen psychotherapeutischen oder verhaltensändernden Therapien ist die Frage nach dem Maß der Selbstkontrolle, die der Patient erreichen kann, da Imagination doch etwas sehr Persönliches ist (*Singer* 1974). *Bandura* (1976, 1977a, b) hat bei der Entwicklung seiner durchschlagenden Theorie des sozialen Lernens die kognitiven Prozesse und die Bedeutung der Selbsteffizienz betont, um so eine Verhaltensänderung zu erzielen. Er argumentiert, daß psychologische Verfahren wie die verschiedenen Psychotherapieformen oder andere Methoden, die Persuasion oder Placebo-Suggestion beinhalten, dem Individuum eigentlich die Mittel zur Stärkung der persönlichen Imaginationen über seine „Erwartungen von Selbsteffizienz" zur Verfügung stellen (*Bandura* 1977). Übersetzt man *Banduras* formale Sprache, so heißt das: Unsere Projektionen auf die Zukunft beinhalten Erwartungen über die Ergebnisse von bestimmten Handlungen und auch über unsere Imaginationen oder Selbstverbalisierungen von unseren Fähigkeiten zur Durchführung der Handlungen. Dieser Ansatz stellt eine Neuentdeckung von

*Lewin*s (1935) Schwerpunkt der „Mittel-zum-Zweck-Erkenntnis" (*means-end-cognizance*) dar; ein Konzept, das schon lange zur Analyse der Phantasie-Projektionen verschiedener sozialer Klassen oder pathologischer Gruppen verwandt wird (*Singer* und *Sugarman* 1955). Erkenntnisse von Selbst-Effizienz in Form von Imaginationen, Phantasie oder Selbstgespräch entscheiden oft darüber, ob wir bestimmte Verhaltenstypen übernehmen, und wenn, wie lange wir sie beibehalten oder wieviel Mühe wir darauf verwenden. Die persönliche Vorstellung davon, daß man etwas wirklich bewältigen kann, hilft in Situationen, die vermeintlich gefährlich oder peinlich sind oder auf andere Art abgelehnt werden. Solches Beharrungsvermögen zahlt sich oft durch das Erlebnis aus, daß man mit diesen Situationen umgehen kann. Somit wird das Gefühl von Selbsteffizienz gestärkt.

Man kann in der wachsenden Bedeutung der Selbst-Konstrukte (*self-constructs*) in den Theorien des sozialen Lernens und des kognitiven Stils (*Witkin* und *Goodenough* 1976) eine potentielle Integration der psychodynamischen Theorien sehen. Die Psychoanalyse benutzt z. B. das Konzept der introjizierten Elternfiguren oder Ich-Ideale als Schlüssel für die persönliche Selbst-Verstärkung oder die symbolische Modellbildung, die das Verhalten steuern. *Bandura*s Methode geht einen Schritt darüber hinaus zu einer operationalen Formulierung von den Komponenten der persönlichen Erfahrung als Beitrag zu Selbsteffizienz oder Selbstverstärkung (*Bandura* 1976, 1977a, b). Wir müssen lernen, die Größe, Allgemeinheit und Stärke unserer Erwartungen im Hinblick darauf einzuschätzen, wie gut wir Situationen bewältigen können.

Unsere Erwartungen basieren auf dem, was wir tatsächlich erreicht haben, und auf Beobachtungen anderer, d. h. der Eltern oder Geschwister, in ähnlichen Situationen. Sie hängen auch von mehr oder weniger überzeugenden Suggestionen anderer ab, d. h., ein Placebo-Effekt führt uns in unseren Imaginationen über die Zukunft zu dem Glauben, daß eine bestimmte Droge zusätzlich zu den Abwehrkräften des Körpers oder das Durchlaufen einer bestimmten Art von Psychotherapie uns fähiger macht, mit bis dahin erschreckenden oder schwierigen Umständen fertig zu werden. Verbale Persuasion kann unsere Haltung auch dann verändern, wenn wir logische Widersprüche in unseren eigenen Überzeugungen feststellen. Dieses Prinzip ist in *Ellis'* rational-emotiver Therapie von zentraler Bedeutung. Derselbe Effekt tritt auch in der Psychoanalyse ein, wo „Einsicht" oft die Erkenntnis des Patienten meint, daß ein langgehegter Glaube oder ein Verhaltensmuster ein bis in das erwachsene Leben reichendes Kindheitsmißverständnis, eine dumme elterliche „Suggestion" oder eine unreife Phantasie war. Solche Einsicht kann zu einem Wechsel in den imaginierten zukünftigen Bewältigungsmöglichkeiten des Patienten führen. In der Sprache der Transaktion könnte der Patient sagen: „Ich muß nicht länger den Narren oder Hanswurst spielen, um bei der Arbeit mit den anderen zurechtzukommen; ihren Respekt und ihr Interesse kann ich einfach durch gutes Arbeiten erwerben."

Eine Theorie der Selbsteffizienz muß auch die Feedback-Effekte der emotionalen Erregung berücksichtigen. Das tatsächliche Erlebnis furchterregender oder unangenehmer Situationen hinterläßt eine Erinnerung an die Erfahrung eines negativen Affekts. Manchmal kann sogar ohne die Erfahrung von Versagen oder Aversion allein der Glaube an mangelnde Fähigkeiten zur Bewältigung einer Situation zu starken negativen Affekten führen, wenn eine solche Situation imaginiert wird. Hier können Methoden wie systematische Desensibilisierung, Implosionstherapie oder symbolische Modellverfahren den Patienten bei der Erkenntnis helfen, daß der negative Affekt, der mit den imaginierten Situationen verbunden ist, reduziert werden kann. Die Methoden können den Patienten zusätzlich das Gefühl vermitteln, daß sie die Fähigkeiten zur Bewältigung solcher Situationen auch in der Wirklichkeit besitzen. Es ist anzunehmen, daß wir depressiv werden, wenn wir eine Reihe von Fehlschlägen erlebt haben (oder uns unsere Eltern schon früh davon überzeugt haben) und deshalb keine Imaginationen über positive Ergebnisse in unserem Leben mehr zustande bringen. *Starker* und *Singer* (1975) haben festgestellt, daß depressive Patienten weniger angenehme oder sehnsüchtige Tagträume haben als andere psychiatrische Patienten. Eine neuere Studie von *Rizley* (1976) legt nahe, daß depressive College-Studenten meist genauer in ihren Angaben über ihr Versagen oder die Grenzen ihrer Kenntnisse waren als die nichtdepressiven, die eher dazu neigten, ihre Leistungen und Möglichkeiten zu überschätzen. Hoffnungen und Effizienz-Phantasien können Leistungen unterstützen und die schwächenden Effekte depressiver Stimmungen vermeiden, wenn sie nicht allzu unrealistisch sind.

Es ist anzunehmen, daß unsere Fähigkeiten, in der Imagination eine Vielfalt von Möglichkeiten durchzuspielen, durch bestimmte Arten von Psychotherapie ausgebaut werden können. Wir können die Imagination in das Repertoire unserer Fähigkeiten, Situationen zu bewältigen, aufnehmen, wenn wir gelernt haben, mit ihr umzugehen. Die Bewußtheit von dieser Fähigkeit erweitert dann das spezifische Gefühl der Effizienz, das wir in bestimmten Situationen erfahren. Es bleibt noch abzuwarten, ob man von einem generalisierten Gefühl von persönlicher Effizienz sprechen kann; eine Position, die *Bandura* in Frage stellen würde. Aber zumindest können wir individuell differenzieren hinsichtlich des Bereichs der möglichen Situationen, die konfrontiert werden müssen, und dem persönlichen Gefühl von Bewältigungsmöglichkeiten für diese Situationen: also eine Art quantitativer Messung der Ich-Stärke?

8. Präventive und konstruktive Gebrauchsmöglichkeiten der Imaginationsfähigkeiten

Abschließend wollen wir noch einige präventive und konstruktive, alltägliche Implikationen der Imagination, so wie wir sie verstehen, aufzeigen. Wir müssen uns dabei außerhalb der nachweisbaren, extensiven Forschungsergebnisse bewegen, obwohl die Punkte, die wir ansprechen wollen, in zunehmendem Maße durch systematische Studien belegt worden sind.

8.1 Imagination und adaptiver Eskapismus

Unsere Neigungen zu Tagträumen und Phantasien sind zu oft schädlich genannt worden, weil sie als eine Art Flucht vor den Schwierigkeiten des Alltags oder den Herausforderungen der direkten zwischenmenschlichen Interaktion gedient haben. Es steht außer Frage, daß viele von uns die Imaginationen und Phantasien tatsächlich für solche fehlangepaßten eskapistischen Zwecke benutzen. Dies hat zu der exzessiven Beschäftigung mit den negativeren Aspekten von Tagträumen und Imaginationsfähigkeiten geführt (*Singer* 1975). Tatsache ist aber, daß in vielen Situationen eine Art gesunder Eskapismus die beste Möglichkeit ist, um die Realität, der wir uns gegenübersehen, zu bewältigen. Auf langen Zugfahrten, in Wartesaal-Situationen, kurz, in sozialen Umgebungen, die wir nicht ändern können, kann das Verlagern der Aufmerksamkeit weg von den Gefahren, den Zwängen oder auch nur der Langeweile der Umgebung helfen, die Zeit zu vertreiben und emotionale, oft sogar psychophysiologische Reaktionen (*Schwartz* und *Shapiro* 1976), die zur Selbstzerstörung führen können, zu vermeiden.

Menschen leiden an Schlafstörungen, weil sie sich Sorgen wegen am anderen Tag anstehender Handlungen machen, die sie natürlich in der Nacht zuvor nicht ausführen können. Die beste Möglichkeit, Schlaf zu finden, ist wahrscheinlich eine wiederkehrende, gemäßigt ausgebaute Phantasie, die interessant genug ist, um von unerledigten Dingen des Alltags abzulenken, aber nicht so spannend, daß sie den natürlichen Schlafvorgang abhält. Man hat herausgefunden, daß sich dazu besonders gut Imaginationen über Ballett oder andere sportliche Aktivitäten eignen. Es gibt also eine Reihe von einfachen Anwendungsmöglichkeiten unserer Fähigkeit, uns über die Imagination straflos dem Möglichen wie dem Unmöglichen gegenüber zu verhalten.

8.2 Selbstbewußtheit und Imagination

Imagination gehört mehr als jede andere menschliche Eigenschaft einzig uns selbst. In diesem Sinn können wir unsere Fähigkeiten zur spielerischen Schwerpunktsänderung bei der Kombination von Charakteren, bei der Erinnerung an schöne Ferien oder der Antizipation von angenehmen Reisen nicht nur benutzen, um der Gegenwart zu entfliehen, sondern auch, um mehr über für uns wesentliche Dinge herauszufinden. Ein Tagebuch über Träume und Tagträume, das man auf Themen wie Macht, Leistung, Sexualität, Interesse für und Verständnis von anderen, Naturverständnis und Umgang mit furchtbesetzten Situationen untersucht, kann uns nach und nach eine Art Muster unserer generellen Motivationsstruktur und ein Verständnis von der Art der Rolle, die wir spielen möchten, liefern.

Wir können auch eine Bewußtheit über die Natur der Kreativität oder unseres spielerischen inneren Wesens selbst erreichen. Wieweit können wir uns z. B. beim Lesen eines Buches so in den Handlungsablauf vertiefen, daß wir unsere Aufmerksamkeit kaum noch davon lösen können? Diese Art der Absorption (in vieler Hinsicht eng verwandt mit den intensiven Imaginationen des hypnotischen Zustands) kann uns auch eine Menge Aufschluß über unseren Wunsch nach tieferer Erfahrung und nach Befreiung von den Oberflächlichkeiten der Alltagsbeziehungen geben.

Natürlich enthüllen unsere Phantasien auch unsere kleinlichen oder sozial weniger wünschenswerten Tendenzen: Eifersüchte, Neid auf den Erfolg anderer, Haß und Vorurteile. Aber auch hier kann die Erkenntnis der Stärken und Schwächen der eigenen Imaginationsebene bei der Bewältigung helfen. Die meisten Weißen in unserer Gesellschaft können sich durch Traum- oder Tagtraum-Imaginationen sehr schnell latente Vorurteile gegenüber farbigen Minderheiten bewußt werden. Wir sind vielleicht selbst über solche Tendenzen unter unserer liberalen Fassade erstaunt, müssen uns aber nun nicht von Schuldgefühlen überwältigen lassen. Schließlich reflektieren unsere Gedanken und Phantasien eine ungeheure Breite von kultureller Erfahrung. Die Bewußtheit über solche Tendenzen kann vielmehr unsere Aufmerksamkeit für die Art und Weise, in der sich solche Vorurteile in das Verhalten einschleichen, schärfen, und wir können so solches Verhalten effektiver vermeiden.

8.3 Imagination, Selbstregulierung und Biofeedback

Es wird immer klarer, daß eine Hauptdimension der menschlichen Variation mit dem Grad der vom Individuum erlernten Fähigkeiten zur Selbstregulierung oder Selbstkontrolle zusammenhängt. *Strupp* (1970) z. B. argumentiert, daß die hauptsächlichen Implikationen der verschiedenen Psychotherapieformen in dem Maße bestehen, in dem die Individuen ihre Emotionen oder impulsiven Handlungen kontrollieren lernen. Unsere Imagination kann in wesentlichen Punkten als ein Hauptfaktor der Selbstkontrolle angesehen werden. Wenn wir in imaginierten Handlungen ausprobieren, was wir in der Zukunft tun wollen, lernen wir etwas über die Möglichkeiten und Grenzen unserer Handlungsfähigkeiten. Wir können, wie oben angedeutet, die Imagination zur Kontrolle negativer Affekte oder zur Verstärkung positiver Erfahrungen oder des sexuellen Genusses benutzen. Imagination hat spezielle Vorzüge, weil sie nur von uns selbst kontrolliert werden kann. Dazu kommt das immer größere Wissen über das integrierte Verhältnis unserer Imaginationen zu kontinuierlichen Körperprozessen, z. T. mit Feedback-Konsequenzen, wie die Arbeit von *Schwartz* und *Shapiro* nahelegt. Immer mehr Forschungen im Bereich der behavioristischen Medizin deuten darauf hin, daß wesentliche Behandlungsmethoden bei physischen Krankheiten wie z. B. Hypertonie den systematischen Gebrauch der Imagination und damit verwandter Techniken zur Verringerung des Blutdrucks oder zur Minderung anderer fehlangepaßter physischer Verhaltensweisen einschließen.

Der Imagination kommt also eine ungeheure Vielzahl von Möglichkeiten im Bereich der Selbstkontrolle und Entwicklung zu. Auf dem Gebiet des Sports zeigen immer mehr Arbeiten, daß systematisches geistiges Training in Visualisierung und Phantasie tatsächlich zu besseren Leistungen im sportlichen Wettbewerb führen. Football-Spieler wie *O. J. Simpson* (1977) berichten über wesentliche Fortschritte im Spielstil durch geistige Antizipation. Auch die Forschungsreihen von *Richardson* (1969) und *Suinn* (1976) haben deutliche Fortschritte der Sportler nach geistigem Training gezeigt. Auf dem Gebiet der sozialen Rolleneinübung sind diese Erkenntnisse wahrscheinlich noch nicht genügend berücksichtigt worden. Die zahlreicher werdenden Anstrengungen im Bereich der effektiveren sozialen Interaktion, der Techniken zur Selbstsicherheit, zur effektiveren Rollenverteilung zwischen Männern und Frauen schließen die antizipatorische Imagination ein. Wir müßten nicht mehr so viel Angst vor der Zukunft haben, wenn wir uns angewöhnen würden, verschiedene mögliche Szenerien durchzuspielen und dann die vernünftigste auszuwählen, wobei festzuhalten ist, daß die Entscheidungen nach jeder tatsächlichen Erfahrung wieder überprüft werden können.

8.4 Imagination und kreative und ästhetische Erfahrung

Wie schon früher bemerkt, steht die Dimension der Imagination den höchsten Ebenen der menschlichen Leistungen im Bereich der Künste sehr nahe. Beim Lesen einer Geschichte liefert uns unsere Fähigkeit, uns nahezu vollständig in den vom Autor vorgegebenen Rahmen hineinzuversetzen und mit ihm oder ihr in fremde Welten zu reisen, eine ganze Reihe von Imaginationen und Bildern, die über das Lesen hinaus immer wieder eine Rolle in unserem Geist spielen. Nicht nur die reale Erfahrung, auch Erinnerung und Antizipation machen den Wert der Kunst aus. Deshalb ist einer der Hauptgründe für die Ablehnung des Fernsehens aus ästhetischer Sicht der geringe Raum, der für Imagination und Phantasie bleibt; die Aufmerksamkeit bleibt durch die Schnelligkeit und Stärke der Eindrücke fast völlig auf das Gerät beschränkt. Bücher, Radio oder Theater lassen da größere Freiräume.

Die Fähigkeit, uns in die Charaktere anderer Menschen zu vertiefen, gibt uns noch dazu die Chance, während unseres kurzen Aufenthalts auf diesem Planeten viele Leben zu leben. Wir brauchen keine Angst zu haben, schizophren zu werden, wenn wir mit Hilfe von Literatur, Kunst oder Oper andere Ichs (alter-egos) entwickeln. Natürlich kann man sich bei wesentlichen sozialen Ereignissen nicht in solche Erfahrungswelten zurückziehen. Aber es gibt oft genug Gelegenheiten, bei denen diese Dimension uns stützen oder die Perspektive unseres Lebens erweitern kann. Durch die Vielzahl ihrer Möglichkeiten ist die Phantasie auch eng mit dem Humor verwandt. Wir können Situationen auf den Kopf stellen und uns von Zeit zu Zeit durch die Originalität unserer Einfälle verblüffen lassen. Die Erkenntnis, daß diese Originalität immer unsere persönliche Fiktion bleibt, reizt uns zum Lachen. Wir können den ausgefallenen Humor von *Donald Barthelme* oder *Woody Allen* deshalb schätzen, weil wir uns selbst diese phantastischen Möglichkeiten zugestehen.

Religion und Philosophie können für uns auf viele Arten konkret werden und sowohl unseren Sinn für Beziehungen vertiefen wie auch gelegentlich ein zusätzlicher Quell des Humors sein. Betrachten wir uns doch selbst wie das Schlußbild eines Chaplin-Films: Wir gehen durchs Leben, auf den Sonnenuntergang zu, und während wir dem fernen Horizont entgegen wandern, kann es lustig sein, im Geiste einen kleinen Seitensprung zu machen oder den Gürtel hochzuziehen, wie Charlie es zu tun pflegte; eine Geste, die vielleicht genau die entscheidende Prise Humor und Bescheidenheit für die Reise sein könnte.

Literatur

Bandura, A., Effecting change through participant modeling, in: *Krumboltz, J. D., Thoresen, E.* (Hrsg.), Counseling Methods, Holt, Rinehart and Winston, New York 1976.
—, Social learning theory, Prentice Hall, Englewood Cliffs, New Jersey, 1977a; dt.: Sozial-kognitive Lerntheorie, Klett-Cotta, Stuttgart 1979.
—, Self-reinforcement: Theoretical and methodological consideration, *Behaviorism*, 1977b.
Beck, A. T., Depression, Harper & Row, New York 1967.
Bogen, I. E., The other side of the brain, *Bulletin of the Los Angeles Neurological Societies*, 1969, 34, 135-162.
Bourne, L. E., Ekstrand, B. R. und *Dominowski, R. L.*, The psychology of thinking, Prentice-Hall, Englewood Cliffs, New Jersey 1971.
Bruner, J. S., The course of cognitive growth, in: *Wason, P. C., Johnson-Laird, P. N.* (Hrsg.), Thinking and reasoning, Penguin, Baltimore 1968.
Eisenstein, Sergei, The film sense, Harcourt Brace, New York 1942; dt.: Vom Theater zum Film, Verlag Die Arche, Zürich 1960.
Ellis, A., Humanistic psychotherapy: The rational-emotive approach, Julian Press, New York 1973.
Freud, S., Der Witz und seine Beziehung zum Unbewußten (1905), Ges. W. Bd. 6, Fischer, Frankfurt 1969[4].
—, Bruchstück einer Hysterie-Analyse (1905a), Ges. W. Bd. 5, S. 161 ff., Fischer, Frankfurt 1961[3].
Gazzaniga, H. S., The split brain in man, *Scientific America*, 1967, 217, 24-29.
Geller, J. D., The Body, Expressive Movement, and Physical Contact in Psychotherapy, in: *J. L. Singer, K. S. Pope* (Hrsg.), The Power of Human Imagination, Plenum Press, New York 1978, S. 347-378.
Gill, M., Topography and systems in psychoanalytic theory, *Psychological Issues*, Monograph 10, International Universities Press, New York 1963.
Hariton, E. B., Singer, J. L., Womens fantasies during sexual intercourse: Normative and theoretical implications, *Journal of Consulting and Clinical Psychology*, 1974.
Horowitz, M. J., Image formation and cognition, Appleton-Century-Crofts, New York 1970.
—, Intrusive and repetitive thought and experimental stress, *Archives of General Psychiatry*, 1975, 32, 1457-1463.
James, W., The principles of psychology, 2 Bde., Dover, New York (1890), 1950.
Janis, I. L., Human reactions to stress, in: *Borgotta, E., Lambert, W.* (Hrsg.), Handbook of personality theory and research, Rand-McNally, New York 1968.
Jaynes, J., The origin of consciousness in the breakdown of the bicameral mind, Houghton-Mifflin, Boston 1977.

Johnson, D. M., The psychology of thought and judgment, Harper & Row, New York 1955.
Kaplan, H. S., The new sex therapy, Brunner/Mazel, New York 1974.
Kris, E., On preconscious mental processes, in: *Rapaport, D.*, (Hrsg.), Organization and pathology of thought, Columbia University Press, New York 1951.
Lazarus, A. (Hrsg.), Multimodal behavior therapy, Springer, New York 1976; dt.: Multimodale Verhaltenstherapie, Fachbuchhandlung f. Psychologie, Frankfurt/M. 1978.
Lewin, K., A dynamic theory of personality, McGraw-Hill, New York 1935.
Meichenbaum, D., Cognitive behavior modification, General Learning Press, Mossistown, New Jersey, 1974: dt.: Kognitive Verhaltensmodifikation, Urban & Schwarzenberg, München, Wien, Baltimore 1979.
—, *Turk, D.*, The cognitive-behavioral management of anxiety, depression and pain, in: *Davidson, P. O.* (Hrsg.), The behavioral management of anxiety, depression and pain, Bruner, Mazel, New York 1976; dt.: Angst, Depression und Schmerz, Pfeiffer, München 1980.
Mischel, W., Personality, Wiley, New York 1971.
—, Toward a cognitive social learning reconceptualization of personality, *Psychological Review*, 1973, 80, 252-283.
Paivio, A., Imagery and verbal processes, Holt, New York 1971.
Perls, F., Gestalt therapy verbatim, Bantam, New York 1970; dt.: Gestalttherapie in Aktion, Klett, Stuttgart 1975.
Pope, K. S., The flow of consciousness, unveröffentlichte Doktorarbeit, Yale University, 1977.
—, *Singer, J. L.*, Some dimensions of the stream of consciousness: Towards a model of on-going thought, in: *Schwartz, G., Shapiro, D.* (Hrsg.), Consciousness and self-regulation, Plenum, New York 1978a.
—, *Singer, J. L.* (Hrsg.), The stream of consciousness, Plenum, New York 1978b.
—, *Singer, J. L.*, Determinants of the stream of consciousness, in: *Davidson, G., Davidson, R.* (Hrsg.), Human consciousness and its transformation, Plenum, New York 1978.
Rapaport, D., Organization and pathology of thought, Columbia University Press, New York 1951.
—, The psychoanalytical theory of motivation, in: *Jones, M. R.* (Hrsg.), Nebraska Symposium on Motivation, University of Nebraska Press, Lincoln, Nebraska, 1960.
Reich, W., Character analysis, 2. Aufl., Orgone Institute Press, New York 1945: dt.: Charakteranalyse, Fischer, Frankfurt 1978.
Reyher, J., Free Imagery: An uncovering procedure, *Journal of Clinical Psychology*, 1963, 19, 454-459.
Richardson, A., Mental imagery, Springer Verlag, New York 1969.
Rizley, R. C., The perception of causality in depression: An attributional analysis of two cognitive theories of depression, unveröffentlichte Dissertation, Yale University, 1976.
Rodin, J., Singer, J. L., Laterality of eye shift, reflective thought and obesity, *Journal of Personality*, 1977.
Schachtel, E., Metamorphosis, Basic Books, New York 1959.
Schwartz, G., Biofeedback as therapy: Some theoretical and practical issues, *American Psychologist*, 1973, 28, 666-673.
—, *Davidson, R. J., Maer, F.*, Right hemisphere lateralization for emotion in the human brain: Interactions with cognitions, *Science*, 1975, 190, 286-288.

—, Shapiro, D. (Hrsg.), Consciousness and self-regulation: Advances in research, Bd. I und II, Plenum, New York 1975-77.
Seidman, J. M. (Hrsg.), The adolescent. A book of readings, überarb. Aufl., Holt, Rinehart & Winston, New York 1960.
Seligman, M. E. P., Helplessness, Freeman, San Francisco 1975; dt.: Erlernte Hilflosigkeit, Urban & Schwarzenberg, München 1979.
Simonton, O. C., Simonton, S. S., Belief systems and management of the emotional aspects of malignancy, Journal of Transpersonal Psychology, 1975, 7, 29-47.
Simpson, O. J., Zeitungsinterview, New Haven, Conn., Jan. 1977.
Singer, J. L., Imagery and daydreaming methods in psychotherapy and behaviour modification, Academic Press, New York 1974; dt.: Phantasie und Tagtraum. Imaginative Methoden in der Psychotherapie, Pfeiffer, München.
—, Imaginative play and pretending in early childhood: Some educational implications, Journal of Mental Imagery, 1977, 1, 127-144.
—, Sugerman, D., Some thematic apperception test correlatives of Rorschach human movement responses, Journal of Consulting Psychology, 1955, 19, 117-119.
Sperry, R., Hemisphere disconnection and unity in conscious awareness, American Psychologist, 1968, 23, 723-733.
Starker, S., Singer, J. L., Daydream patterns and self-awareness in psychiatric patients, The Journal of Nervous and Mental Disease, 1975, 161, 313-317.
Strupp, H. H., Specific vs. non-specific factors in psychology the problem of control, Archives in General Psychiatry, 1970, 23, 393-401.
Suinn, R. M., Body thinking: Psychology for Olympic champs, Psychology today, July 1976, 10, 38-43.
Tauber, E. S., Green, M. G., Prelogical experience, Basic Books, New York 1959.
Tomkins, S., Affect, imagery and consciousness, Bd. I und II, Springer, New York 1962-1963.
Turk, D., A multimodal skills training approach to the control of experimentally produced pain, unveröffentlichte Dissertation, University of Waterloo, 1977.
Ulam, S. M., Adventures of a mathematician, Scribner's Sons, New York 1976.
Wilson, E., Review of Ulysses, New Republic, 1922, 3, 164.
Witkin, H. A., Goodenough, D. R., Field dependence revisited, Research Bulletin, Educational Testing Service, 1976.
Woolf, V., Modern fiction, in: The common reader, Harcourt, Brace, New York 1953 (1925).

Teil II
Die psychoanalytisch orientierte Anwendung des imaginativen Erlebens

Einführung

Die im Teil II zusammengefaßten Kapitel enthalten Arbeiten von Psychotherapeuten und Theoretikern, die sich bestimmten Aspekten der psychoanalytischen Persönlichkeitstheorie und der Psychopathologie verpflichtet fühlen. Der bedeutende Erforscher der Imagination und der psychopathologischen Prozesse, *Dr. Horowitz*, hat wesentlich zu einer Verbindung von Ansätzen der menschlichen Informationsverarbeitung mit der psychodynamischen Konflikttheorie der klassischen Psychoanalyse beigetragen. Sein Beitrag zu diesem Band liefert ein eng auf die kognitive Psychologie bezogenes System, das für die unterschiedlichen Anwendungsbereiche des imaginativen Erlebens und der Phantasie eine Orientierungshilfe geben kann.

Die Kapitel von *Reyher* und *Shorr* beschreiben weitreichende Anwendungsmöglichkeiten der Methoden des Imaginierens und Phantasierens innerhalb des psychoanalytischen Systems. *Reyhers* Ansatz beinhaltet eine Fortsetzung der klassischen „freien Assoziation", wobei er jedoch eher die visuelle als die verbale Assoziation betont. Das wirft die Frage auf, wie sich die Psychoanalyse entwickelt hätte, wenn *Freud* an seiner anfänglichen Betonung der Bild-Assoziation festgehalten hätte, anstatt sie um 1900 auf die verbale zu verlegen. *Shorr* geht von einer aktiveren Form der Intervention mit einer stärkeren Lenkung durch den Therapeuten aus. Beide Beiträge bewegen sich innerhalb des theoretischen Rahmens von *Freud* und *Sullivan*. *Reyher* hat bereits wichtige Beiträge auf dem Gebiet der experimentellen Forschung über die Imaginationsprozesse geleistet, und *Shorr* hat angefangen, an einem Fragebogen über das imaginative Erleben zu arbeiten.

2 Die Kontrolle der visuellen Vorstellungskraft und therapeutische Intervention
Mardi J. Horowitz

1. Einleitung

Die visuelle Vorstellungskraft ist in der gesamten überlieferten Medizingeschichte Teil therapeutischer Intervention gewesen. Bei der Behandlung, die den Bittstellern in den Äskulap-Tempeln der griechischen Antike zuteil wurde, spielten z. B. Träume eine bedeutende Rolle. In unserer Zeit gibt es eine Flut von Imaginationstechniken in vielen Bereichen der Psychotherapie (*Singer* 1974). All diese Imaginationstechniken verändern normalerweise die Kontrolle der Patienten über ihre visuelle Vorstellungsweise. Durch die Interventionen des Therapeuten ändern sich die Regulierungsprozesse. Diese Interventionen können — wie z. B. bei der klassischen psychoanalytischen Theorie — interpretierend sein. Interpretationen sagen der Person, was sie gerade tut. Die Konzentration der Aufmerksamkeit auf spezifische Prozesse oder Inhalte führt zu veränderter Kontrolle, besonders dann, wenn eine zusätzliche Willensanstrengung hinzukommt. Interventionen können auch lenkend sein. Dabei sagt man jemandem, wie er die Kontrolle des Willens über den Gedankenfluß ändern kann. Dieses Kapitel bietet ein theoretisches Modell für das Verständnis der visuellen Vorstellungsweise an, für die Kontrollen, die die Verbildlichung der Ideen in dieser Form beeinflussen, und dafür, wie Interpretation oder Lenkung visuelles Denken und subjektive Erfahrung verändert.

2. Bildgestaltung als Repräsentationsweise

Die für den bewußten Ausdruck von Bedeutungen zur Verfügung stehenden Repräsentationsweisen umfassen die enaktive, bildliche und lexikalische Repräsentation (*Horowitz* 1978). Beim normalen wachen Denken verschmelzen diese Repräsentationsmodi, und die reflektierende Bewußtheit unterscheidet sie nur selten. In Abbildung 1 wird dieses multimodale Denken symbolisch als Zentrum der Aufmerksamkeitssphäre dargestellt. In dem Maße, in dem man sich der Peripherie nähert, nimmt diese Verschmelzung ab. Man kann sich bewußtmachen, daß ein Gedankengang eher bildhaft als verbal, eher in Gehörbildern als in lautloser Sprache abläuft oder daß ein Fluß von Wortbedeutungen keine sensorischen Qualitäten hat. Jede Repräsentationsweise hat, wie in Tabelle I ausgeführt, ihren eigenen Anwendungsbereich und eigene strukturierende Eigenschaften.

Enaktives Denken beschreibt Information in Probehandlungen mit geringen Muskelanspannungen. Konkurrierende Handlungstendenzen können verglichen werden, und der Fluß des enaktiven Denkens kann sich in mikroskopisch kleinen Gesten und im Gesichtsausdruck widerspiegeln (*Haggard, Isaacs* 1966).

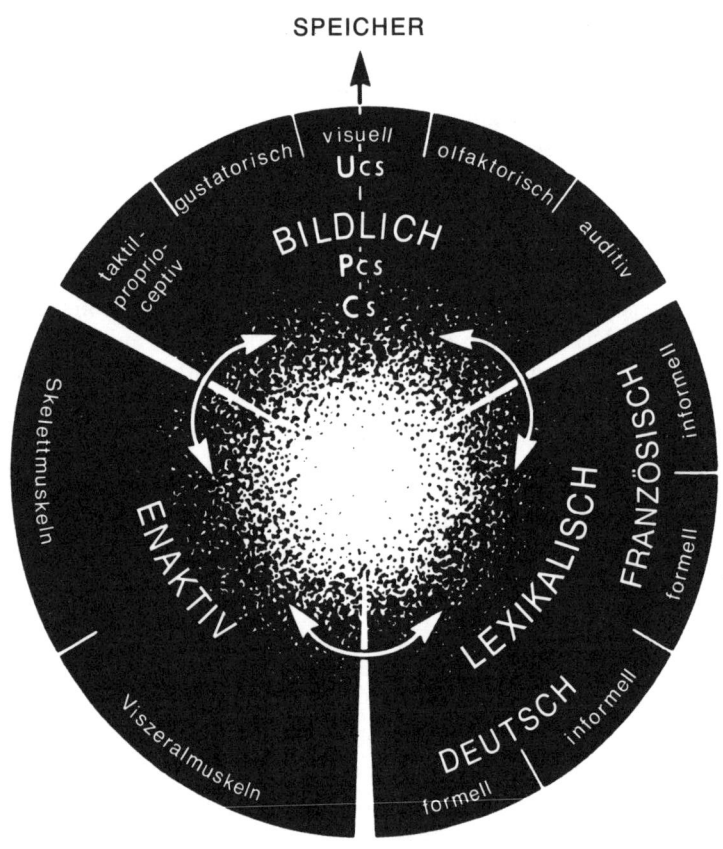

Abb. 1: Repräsentationssysteme des Denkens

Tabelle 1: Abriß der Repräsentationsweisen (aus *Horowitz* 1978, S. 89)

Modus	Subsysteme	Beispiel für strukturierende Tendenzen	Beispiel der Feststellung	Beispiel für komplexe Einheiten der dargestellten Information
Enaktiv	Skeletale Neuromuskulatur Viszerale Neuromuskulatur	Durch Gerichtetheit und Stärke, durch operationelle Endergebnisse	X tut dies.	Gesten, Gesichtsausdrücke, Haltungen
Bildlich	Visuell Auditiv Taktil-kinästhetisch Olfaktorisch-gustatorisch	Durch simultanes Geschehen, räumliche Beziehungen, konkrete Kategorisierung von Ähnlichkeiten und Unterschieden	X ist so. X ist wie Y. X ist da, und Y ist da. X und Y passieren zusammen. X tut Y dies.	Introjekte, Körperbilder, Beziehung zwischen Selbst und Objekt
Lexikalisch	(verschiedene Sprachen?)	Durch Reihenfolge und lineare Struktur, durch abstrakte Kategorisierung	*Wenn* X und Y, *dann* Z. *Weil* X + Y → Z	Satzteile oder Sätze, Erzählungen und Geschichten

Bildliches Denken ermöglicht die fortgesetzte Informationsverarbeitung im Anschluß an die Wahrnehmung und kann z. B. in Träumen und Tagträumen entstehenden Ideen und Gefühlen sensorische Gestalt verleihen.

Lexikalisches Denken besteht im wesentlichen aus Wortbedeutungen und grammatischer Struktur. Begriffs- und Urteilsbildung und abstraktes Generalisieren sind in diesem Modus am sichersten.

Alle Repräsentationssysteme setzen sich aus Subsystemen zusammen. Enaktive Systeme können z. B. durch funktionale Aktivitäten wie unterschiedliche Arbeitsbereiche oder Sport strukturiert sein. Die bildlichen Systeme sind in sensorische Bereiche unterteilt: Hören, Sehen, Riechen, Schmecken, Fühlen und Eigenwahrnehmung. In diesem Aufsatz geht es um das visuelle Repräsentationssystem. Das lexikalische System wird z. B. durch verschiedene Sprachen mit ihren unterschiedlichen Vokabularien und grammatischen Regeln strukturiert.

Entstehende Gedanken tauchen in einem System auf. Die Information kann dann von einem Repräsentationssystem in ein anderes übersetzt werden (in Abb. 1 durch Pfeile gekennzeichnet). An den Grenzen der Systeme verhindern oder erleichtern Regulierungsprozesse die Übergänge.

3. Der Nutzen des Bildsystems

Visuelle Bilder sind private Erfahrungen, die nur selten als „Bilder", sondern meist durch Übertragung in Worte mitgeteilt werden. Vielleicht wegen der frühen Entwicklung der Bildformation noch vor der Bildung von Bewußtsein oder Überich, vielleicht auch wegen der Privatheit, die dieser Repräsentationsweise innewohnt, machen die Bilder oft die Gedanken bewußt, die vom lexikalischen Repräsentationssystem zensiert werden. Diese Eigenschaften führen zu dem extremen Bildgebrauch, den man in klinischen Umgebungen beobachten kann: Zeitweilig scheint der spontane Bildfluß wie ein unmittelbarer Ausdruck des unbewußten Denkens, wie *Freud* (1900) und später *Jung* (1916, bei der Erläuterung seiner Technik der „aktiven Imagination") behauptet haben; zeitweilig ist der Rückzug auf Bilder aber auch ein Rückzug von verbaler Kommunikation, also eine Form von Widerstand (*Kanzer* 1958).

Traumbilder oder Phantasiebilder in wachem Zustand transportieren oft auch erste Bewußtheit von einem neu entstehenden Thema. Andere klinische Beobachtungen haben gezeigt, daß gerade in dieser Repräsentationsweise präverbale Erinnerungen (*Kepecs* 1954) und ungelöste traumatische Episoden nach langer Zeit der Verdrängung wieder in das Bewußtsein gelangen können (*Horowitz* 1970, 1976). Sogar wenn ein Thema die Bewußtheit anfänglich nicht in Bildform erreicht hat, ist die Ausdehnung der Gedanken auf die Bildform oft mit intensivierten Gefühlen verbunden. Die Bilder können die Intensität eines Wunsches oder einer Angst deutlich machen, weil sie bestimmte Handlungen zwischen Personen aufdecken. Bilderfahrungen können schließlich eine quasi-perzeptive Qualität haben, die der Person eine Interaktion mit ihnen erlaubt, als ob sie eine „Wirklichkeit" wären, auch wenn sie gänzlich internalen Ursprungs sind. Geläufige Beispiele dafür sind die Erfahrung von introjizierten „Objekten" und die zeitweilig bestärkenden Phantasien über fehlende Objekte, z. B. Nahrungsphantasien einer verhungernden Person, Phantasien von einem getrennten Geliebten oder die eingebildeten Gefährten eines einsamen Kindes.

Wenn dies der Nutzen des Bildsystems ist, stellt sich die Frage, was Therapeuten motiviert, eher Interventionen zu benutzen, die die Entstehung von Bildern fördern, als solche, die ein fortdauerndes lexikalisches Denken begünstigen. Das primäre Ziel besteht darin, die Verdrängung auszuschalten und zurückgedrängte Gedanken ans Licht zu bringen. Das nächstwichtigste Ziel ist die Ausschaltung der teilweisen Verdrängung bei den komplexeren Abwehrmechanismen der Isolation und des Ungeschehen-Machens, um die Teile des Denkens aufzudecken, die Emotionen erregen können.

Meist ist das Material, das dann in der Bildform ausgedrückt wird, aus traumatischen Erinnerungen, konfliktbeladenen, interpersonalen Phantasien und verleugneten, aber dynamisch starken Selbstbildern zusammengesetzt. Der Konflikt zwischen den gegenwärtig bewußten Haltungen und den Wünschen und Ängsten in den aufkommenden Bildern bringt die emotionalen Reaktionen auf die erlebten Bilder zutage. Danach kann dieser Konflikt — hoffentlich — durchgearbeitet werden. Die Übersetzung der Bilderfahrung in Wortbedeutungen ist ein Schritt bei der Durcharbeitung dieser Konflikte. Dies erweitert die Bewußtheit von Bedeutungen und verändert den früheren Zustand der Zensur.

4. Ein Modell des Bildsystems

Nach der Beschreibung einiger Eigenschaften des Bildsystems betrachten wir nun ein Modell dieses Systems, damit wir uns auf die möglichen Standorte für die Entstehung von Zielen, auf die die Abwehrmechanismen gerichtet sind, konzentrieren können. Abbildung 2 stellt ein solches Modell in Form einer visuellen Metapher dar.

Das Gehirn nimmt Reize als Information in Form von Bildern auf. Die Information wird dann in die enaktiven oder lexikalischen Formen umgewandelt, die der normalen zwischenmenschlichen Kommunikation entsprechen.

Eine Zeitlang findet der Prozeß des Bild-Denkens in unterscheidbaren Gedankengängen statt, strukturiert durch Prinzipien, die entweder den Primär- oder den Sekundärprozessen nahestehen. Die gleiche Reizsituation wird auf verschiedene Weisen erwogen; gelegentlich gibt es Vergleiche, ja sogar Konkurrenz bei diesen Formen, bevor die endgültige Interpretation eines Reizes oder die Entscheidung für eine bestimmte Handlung erfolgt.

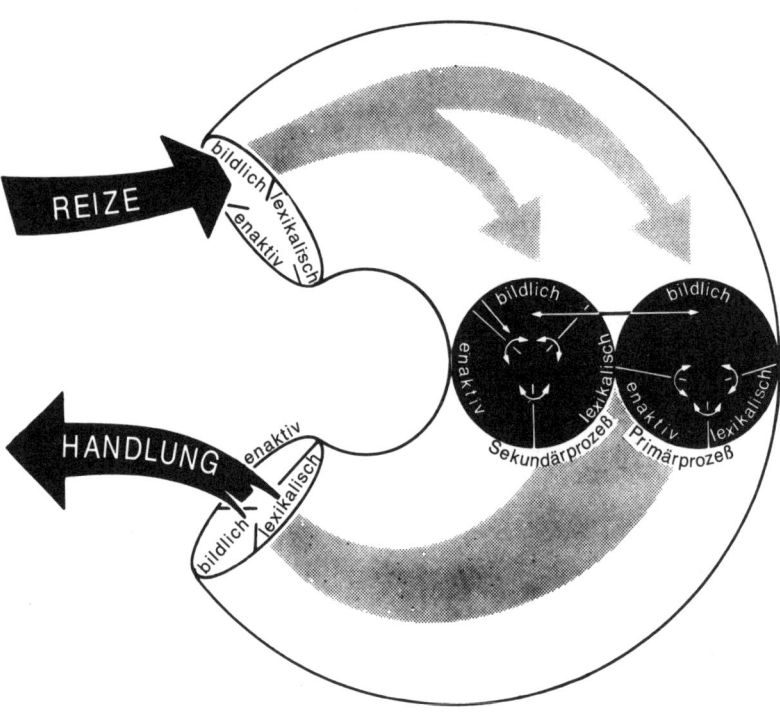

Abb. 2: Die Metapher der „schwarzen Röhre" (mit minimaler Komplexität)

Das visuelle System erhält Informationen aus mindestens vier, wahrscheinlich aber fünf Quellen (s. Abb. 3). Eine ist der perzeptive Input einschließlich internaler Empfindungen. Die zweite Quelle, die innere Information, umfaßt sowohl die Schemata, die für das Konstruieren von perzeptiven Bildern notwendig sind, als auch den Speicher des Langzeit-Gedächtnisses und die Phantasie. Der dritte Input entspringt den Kodierungen früherer Episoden, die in einer Art Kurzzeit- oder aktivem Gedächtnis gespeichert werden, das sie immer wieder darstellen kann. Der vierte Input ist die Übersetzung von Gedankenzyklen aus anderen Repräsentationsweisen. Die hypothetische fünfte Quelle entspringt parallelen Bildformungs-Systemen. Uns interessiert hier der Eingang von Information eines primärprozeßhaften Bildformungs-Typs in ein Bildsystem, das durch Sekundärprozesse reguliert wird. Das Errichten von Abwehr kann durch Regulierung jeder dieser Quellen erreicht werden.

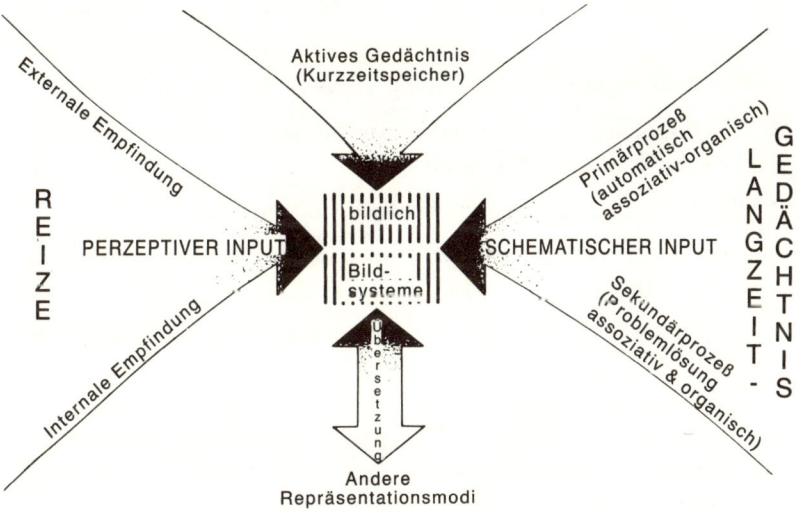

Abb. 3: Input-Modell für die Bildsysteme

5. Abwehr und der Prozeß des Durcharbeitens

Durcharbeiten beinhaltet die Erkenntnis und die Versöhnung von Diskrepanzen zwischen Wirklichkeit und Phantasie, zwischen gegenwärtigen Möglichkeiten und inneren Einstellungen oder Zielen. Erkenntnis und Konfrontation bedeuten, daß Gedanken und Gefühle, die normalerweise abgewehrt werden, jetzt innerhalb einer sicheren und therapeutischen Beziehung ausgedrückt werden können. Dieser Prozeß verlangt eine Veränderung der Abwehrhandlungen und (ganz allgemein) eine Veränderung der Hemmungsmanöver, die die Verdrängung ermöglichen. Das Modell der hier vorgestellten Repräsentationsweisen illustriert die Punkte, an denen Hemmungen den freien Informationsfluß in Form von visuellen Bildern verhindern. Jetzt können wir uns den therapeutischen Interventionen zuwenden, die auf die Veränderung solcher Hemmungen abzielen. Das Vorhandensein einer therapeutischen Beziehung wird dabei vorausgesetzt.

6. Techniken zur Veränderung von Hemmungsprozessen

Die fünf häufigsten Hemmungen für den Zugang von Information zum visuellen Bild-System werden in Abbildung 4 folgendermaßen dargestellt:

1. Das Mißlingen einer Zuordnung verbaler Begriffe zu Bildern;

2. Das Gegenteil, also Vermeiden von Bildassoziationen zu Inhalten, die verbal ausgedrückt werden;

3. Nichtbeachten vager oder flüchtiger Bildepisoden;

4. Verhindern primärprozeßhafter oder spontan fließender Typen der Bildformung;

5. Nichtübersetzen enaktiver Repräsentationen in imaginatives Erleben.

Zur Illustration finden sich in Tabelle II etwas übertriebene Beispiele für interpretative und lenkende Interventionsweisen (*Horowitz* 1978). Die lenkenden Bemerkungen in der Tabelle sind vergleichsweise freundlich; sie schlagen dem Patienten Veränderungen seiner Denkform vor. Bei den Techniken der „gelenkten Phantasie" und der Verhaltenstherapie ist die Lenkung weitreichender, weil sie spezifische Inhalte begreifbar machen will. Sowohl die Auswahl der deutenden oder lenkenden Intervention für einen bestimmten Typ von Hemmung als auch zeitliche Abstimmung, Dosierung und Nuancen der Intervention sind von der gegenwärtigen Übertragungssituation und den möglichen Übertragungsthemen abhängig, die hier nicht diskutiert werden können.

Abb. 4: Topologie der Hemmungsprozesse, die das Entstehen von visuellen Bildern beeinflussen

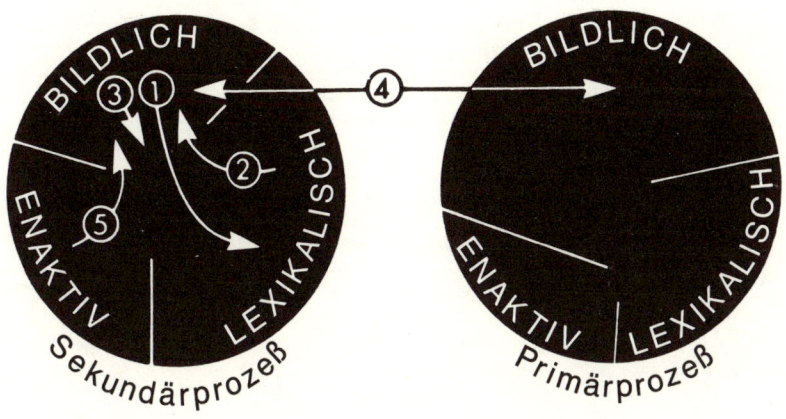

Welche Aussagen kann man aber über die unterscheidenden Merkmale dieser Techniken für denselben Hemmungstyp machen, ohne allzusehr auf die Wahl zwischen Deutung und Lenkung einzugehen? Lenkende Interventionen gleichen denen eines Lehrers. Wenn man eine zurückgebliebene Entwicklung vermutet, d. h., wenn der Patient noch nicht gelernt hat, verschiedene Denksysteme anzuwenden, wenn die Hemmung also eine seit langem bestehende Begrenzung des kognitiven Stils darstellt, dann kann eine einfache, lenkende Aussage dem Patienten helfen, neue Wege in seinen Denkprozessen zu lernen. Deutende Bemerkungen sind natürlich auch verdeckte Anregungen. Der Patient hört aus solchen Bemerkungen Andeutungen heraus, daß er das, was er — laut solcher Bemerkungen — vermieden hat, versuchen soll auszuführen. Aber deutende Bemerkungen geben mehr Information; das erfordert wiederum stärkeres Schlußfolgern oder größeres Wissen auf der Seite des Therapeuten. Ist diese Information genau und der Zeitpunkt gut gewählt, dann können Interpretationen dem Patienten zu größerer Kontrollfähigkeit verhelfen. Er kann bewußt wählen, ob er die hemmenden Prozesse, die durch unbewußte Entscheidungen in Bewegung gesetzt wurden, fortsetzen will oder nicht.

Die bei der deutenden oder lenkenden Intervention möglichen Irrtümer beeinflussen ebenfalls die Auswahl des technischen Stils durch den Therapeuten. Lenkende Intervention (speziell das Vorgeben bestimmter Inhalte bei den Techniken der „gelenkten Phantasie") kann den Pa-

Tabelle II: Abwehrende Hemmungen und Muster-Interventionen (aus Horowitz 1978, S. 340)

Art der Hemmung	Beispiel für deutende Interventionen	Beispiel für lenkende Interventionen
1. Bilder, die nicht mit Wortbedeutungen assoziiert werden	„Sie lassen es nicht zu, diese Bilder zu beschreiben, die Sie sehen, weil Sie Angst haben, klar darüber nachzudenken und mir diese Gedanken zu erzählen."	„Beschreiben Sie mir Ihre Bilder in Worten." „Sagen Sie mir, was das Bild bedeutet."
2. Lexikalische Darstellungen, die nicht in Bilder übersetzt werden	„Sie lassen es nicht zu, diesen Gedanken visuell zu denken, weil Sie Angst vor den Gefühlen haben, die dann auftauchen könnten."	„Denken Sie in visuellen Bildern, und berichten Sie mir alles, was Sie erfahren."
3. Vage Bilder (vorbewußt), nicht intensiviert (bewußt)	„Sie haben Angst, dieses flüchtige Bild in Ihrem Geist wirklich deutlich werden zu lassen, weil Sie Angst davor haben, sich schlecht zu fühlen oder falsch zu handeln, wenn Sie es tun."	„Versuchen Sie, diese Bilder festzuhalten und sie ‚scharf einzustellen'."
4. Keine gegenseitige Übersetzung von Sekundär- und Primärprozeß-Bildern	„Sie haben Angst davor, Tagtraumbilder zuzulassen, weil Sie Angst haben, daß bizarre Gedanken Sie überwältigen und Sie die Kontrolle verlieren."	„Lassen Sie jetzt eine Art Traum darüber entstehen."
5. Enaktive Darstellungen, die nicht in Bilder übersetzt werden	„Sie haben Angst davor, das, was sich in Ihrem Gesichtsausdruck und Ihrer Haltung andeutet, zu visualisieren; Sie fürchten, daß das resultierende Selbstbild Sie beschämen könnte."	„Versuchen Sie, sich selbst mit dieser Haltung und diesem Gesichtsausdruck zu visualisieren."

tienten in eine passive Position bringen. Die lenkenden Handlungen des Therapeuten werden dann zu einer realen Keimzelle für die Entwicklung einer Übertragung, in der der Therapeut einem Elternteil ähnelt, der dem Patienten sagt, was er zu tun hat. Er wird damit zu einer Person, die der Patient, der den Vorschlägen offen oder verdeckt entspricht oder ihnen trotzig widersteht, verantwortlich machen kann. Deutende Intervention kann falsche Informationen übermitteln, die der Patient dann glauben oder aber gegen den Therapeuten verwenden kann. Z. B. kann der Therapeut ein Verhalten als Abwehr interpretieren, das in Wirklichkeit auf mangelnde Regulierungsfähigkeit zurückzuführen ist; diese Interpretation wird dem Patienten nicht zu größerer Kontrolle über seine Denkprozesse verhelfen.

7. Hervorrufen und mißlungene Hemmung von Bildern

Vermeiden von Bildern kann dem Bedrängen durch Bilder gegenübergestellt werden. Solche Episoden von unerwünschten Bildern sind komplexer, weil sie aus einem aktiven Hervorrufen oder aber aus dem Mißlingen ihrer Hemmung resultieren können. Ein Beispiel für die Interpretationen eines Falles, bei dem imaginatives Erleben durch Bahnung vorliegt. Angenommen, der Patient wird von Emotionen überflutet, weil er lebhafte Bilder von einer schmerzhaften Erinnerung produziert hat. Der Therapeut kann dann die Übertragungsbedeutungen so interpretieren: „Sie produzieren furchterregende Bilder von diesem Ereignis und regen sich selbst auf, weil Sie hoffen, daß ich Sie trösten muß, wenn ich Sie weinen sehe." Dies ist zwar eine gebräuchliche Interpretation einer Übertragung (obwohl ohne Bezug zu einem früheren Bild), vermittelt aber auch Informationen darüber, wie kognitive Prozesse benutzt werden. Diese Information ist in dem Satz: „Sie produzieren furchterregende Bilder" enthalten. Solch eine Information verbessert die Position des Patienten ein wenig, wenn er seine Denkprozesse bewußter auszuwählen versucht.

Entspringen diese furchterregenden Bilder aber hauptsächlich einem Hemmungsversagen, wäre eine solche Interpretation fehl am Platze. In diesem Fall würden lenkende Bemerkungen dem Patienten helfen, die Kontrolle wiederzuerlangen. Man könnte z. B. sagen: „Denken Sie über diesen Gedanken in Worten nach. Sie sind traurig, wenn Sie sich an dieses Ereignis erinnern. Was hat es für Sie bedeutet?" Zuweilen schlagen Therapeuten aber auch sehr viel dramatischere Übergänge zu anderen Systemen vor als Möglichkeit, Kontrolle zu erlangen; *Beck*

(1970) hat z. B. einem Patienten mit bedrängenden Bildern gezeigt, wie er sie durch Händeklatschen stoppen kann. Man kann auch die Aufmerksamkeit auf ein anderes Thema ablenken, oder, wenn man beim selben Thema bleibt, spezifische Bilder vorschlagen, wie es Verhaltenstherapeuten praktizieren. Bei der systematischen Desensibilisierung z. B. arbeitet der Therapeut mit phobischen Bildern: Er stellt eine Hierarchie der Bilder von den am wenigsten bis zu den am meisten Angst auslösenden zusammen und sagt dem Patienten genau, wann, wie lange und was er imaginieren soll. Durch dieses Vorgehen lernt der Patient, die Bilder zu kontrollieren, denn wenn der Therapeut ihm Anfang und Ende seiner Bilder vorschreiben kann, kann er das selbst auch.

8. Komplexere Abwehrhandlungen

Abwehrhandlungen wie Ungeschehenmachen und Isolierung sind komplexer als Verdrängung, weil sie vielfältige kognitive Prozesse beinhalten. Ein kurzes klinisches Beispiel illustriert das Spiel der Abwehrmechanismen an den Grenzen der Repräsentationssysteme:

Ein Patient mit einer Zwangsneurose beschrieb sehr früh im Verlauf einer psychoanalytischen Psychotherapie eine Situation mit seinem Vorgesetzten. Er verbarg seinen Haß auf diesen Mann vor sich selbst.

Der Vorgesetzte gab ihm mehr Arbeit, als er selbst glaubte, bewältigen zu können. Bei dem Versuch, seine Reaktion zu beschreiben, schwankte er zwischen Gefühlen von Respekt und von Abneigung für die Art, in der ihm der Vorgesetzte mitgeteilt hatte, er solle versuchen, mehr Arbeit zu übernehmen. Beim Sprechen brachte er in seinen Sätzen Elemente des Ungeschehenmachens ein: Er bewunderte die Festigkeit des Vorgesetzten, mochte es aber nicht, mehr Arbeit zu bekommen; er respektierte den Vorgesetzten, aber der Vorgesetzte war zu autoritär; er hatte ihm widersprochen, aber nur sehr vage, usw.

Wesentlichster Repräsentationsmodus ist hier das lexikalische System. Es eignet sich für das Ungeschehenmachen aufgrund seiner zeitlich aufeinanderfolgenden Organisation. Der Therapeut versuchte, den Patienten dazu zu bringen, an seinem Ärger festzuhalten: Hatte er nicht gesagt, daß er den Vorgesetzten nicht mochte, als er ihm die Zusatzarbeit gab?

Der Patient beschwerte sich über die Art, in der der Therapeut „nicht mochte" sagte. Die Formulierung sei zu stark, manchmal bewundere er den Vorgesetzten, manchmal fühle er weniger Respekt. Danach war der Patient eine Zeitlang still und berichtete dann die Imagination einer Tür, auf die ein rotglühendes Brandeisen gerade einen Pfeil eingebrannt hatte. Er konnte sich nicht denken, was das Bild bedeuten könnte, empfand aber eine vage Angst.

Wir wollen die beiden Zustände noch einmal betrachten: In dem einen denkt der Patient verbal und teilt den geistigen Inhalt mit. In dem anderen verlegt er sich auf Bilder und kommuniziert eine Zeitlang überhaupt nichts. In dem ersten Zustand bekundet er wenig Emotionen, im zweiten berichtet er, er habe Angst. Wir wissen aus anderen

Quellen, daß er in beiden Zuständen eine klare Darstellung seiner selbst als wütend und destruktiv vermeidet. Im lexikalischen Zustand erreicht er die Vermeidung durch den Gebrauch neutraler Wörter wie „respektieren" und „nicht respektieren" und durch die Veränderung der Beschreibung sogar von diesen sehr milden Haltungen vor sich selbst. Die grammatischen Bedingungen fixieren Subjekt und Objekt als Selbst oder Andere: Er respektiert den Vorgesetzten oder respektiert ihn nicht.

Im Gegensatz dazu sind die Impulse im Bild-System ziemlich klar: Die Tür wird durch das eindrucksvolle Brandeisen gebrannt. Der Patient vermeidet es, sich selbst als wütend zu sehen, indem er die Selbst- und die Objektbestimmung offenläßt. Symbole sind vorhanden (die Tür, der Pfeil, das Eisen, brennen), aber er identifiziert sich mit keinem. Statt dessen hat er Angst. In dieser Art Bild-Denken kann seine Position als Subjekt oder Objekt der Handlung unklar bleiben; entweder ist er die beschädigte Tür und hat deshalb Angst, oder er ist das außer Kontrolle geratene, verletzende Eisen und hat Angst, jemanden zu verletzen.

Sogar während er diese Bilder in Worte übersetzt und an bestimmte, auf ihn selbst bezogene Bedeutungen denkt, kann er immer noch alles ungeschehen machen durch Jonglieren mit Worten (*Salzman* 1968), indem er von sich nicht mehr als Opfer, sondern als Aggressor spricht, mit der sich daraus ergebenden Aufhebung von Ärger durch Angst und von Angst durch Ärger. Natürlich ist dann das Endergebnis nur ein vages Gefühl von Schuld und Selbstzweifel.

Fassen wir zusammen: Eine bestimmte Abwehrhandlung, wie z. B. das Ungeschehenmachen, kann in verschiedenen Repräsentationssystemen in unterschiedlicher Weise zustande kommen. Ein Teil der Information dringt in jedes System ein, und der Gebrauch beider Systeme kann das vergrößern, was bekannt ist. Im lexikalischen System sind Subjekt und Objekt festgelegt, aber es werden entgegengesetzte Interaktionen behauptet, um die schützende Verwirrung beizubehalten. Im Bildsystem wird die emotionale Qualität der betrachteten Handlung klar, aber die Selbstbestimmung als Opfer oder Aggressor bleibt unklar. Die Trennung der Systeme führt zu der Isolierung des Denkens vom Affekt. Der Therapeut aber kann die Informationen aus beiden Systemen benutzen. Er kann die emotionalen Hinweise den Bildern entnehmen und die gedanklichen den Worten. Die Information kann aus beiden Zuständen zusammengesetzt werden, Abwehr-Codes können entschlüsselt und die darunterliegende Bedrohung erkannt werden.

Die Intervention, die dem Patienten helfen soll, Abwehrhaltungen aufzugeben, um die Bedrohung offenzulegen und mit ihr umzugehen, ist ein sehr viel längerer Prozeß. Sie umfaßt die Interpretation des Abgewehrten, die Art der Abwehr und die unterschiedlichen Manöver zu ihrer Aufrechterhaltung. Die Veränderung des kognitiven Stils beinhaltet, daß der Patient lernt, Informationen zusammenzusetzen und beide Darstellungssysteme zu benutzen, so wie es auch der Therapeut getan hat.

9. Zusammenfassung

Es gibt verschiedene Systeme für die Repräsentation des Denkens. Normalerweise verbindet und „instrumentiert" das Denken diese Systeme, doch hat jedes System seinen besonderen Anwendungsbereich und ist unterschiedlich strukturiert. Manchmal, speziell bei Konflikten, bei denen aufkommende Gedanken und Gefühle durch Kontrollmechanismen vermieden werden, können diese Systeme als getrennte Mittel zum Ausdruck von Bedeutungen erfahren werden. Abwehr wird durch Kontrolloperationen an den Grenzen aller Systeme erreicht. Ein Verständnis der kognitiven Prozesse kann dem Therapeuten helfen, die Intervention — deutend oder lenkend — zu wählen, die auf der Ebene liegt, auf der der Patient Informationen verarbeitet. Solche Interventionen können den Patienten in eine Position von größerer Kontrolle bringen, an einen Punkt, an dem er sich entscheiden kann, Denken auf neue Art zu erfahren: bewußter, ausdrucksvoller und erweiterter.

Literatur

Beck, A. T., Role of fantasies in psychotherapy and psychopathology, *Journal of Nervous and Mental Disease*, 1970, 150, 3-17.
Freud, S., Die Traumdeutung (1900), Ges. Werke Bd. 2/3, 5. Aufl., Fischer, Frankfurt/M.
Haggard, E. A., Isaacs, K. S., Micromomentary facial expressions as indicators of ego mechanism in psychotherapy, in: Gottschalk, L. A., Auerback, A. H. (Hrsg.), Methods of research psychotherapy, Appleton-Century-Crofts, New York 1966.
Horowitz, M. J., Image formation and cognition, Appleton-Century-Crofts, New York, 2. Aufl. 1978.
—, Stress response syndroms, Aronson, New York 1976.
Jung, C. G., Über die Archetypen des kollektiven Unbewußten (1955), Ges. Werke Bd. 9, I, Olten, Freiburg 1976.

Kanzer, M., Image formation during free association, *Psychoanalytic Quarterly*, 1958, 27, 465-484.
Kepecs, J. G., Observations on screens and barriers in the mind, *Psychoanalytic Quarterly*, 1954, 23, 62-77.
Salzman, L., The obsessive Personality, Science House, New York 1968.
Singer, J. L., Imagery and daydream methods in psychotherapy and behavior modification, Academic Press, New York 1974; dt.: Phantasie und Tagtraum. Imaginative Methoden in der Psychotherapie, Pfeiffer, München 1976.

3 Aufdeckende Psychotherapie: Die Verwendung von Bildern und Sprache zur Konkretisierung psychodynamischer Prozesse

Joseph Reyher

1. Einleitung

Spontane Bildvorstellungen sind für interpersonale Beziehungen uncharakteristisch; Bilder beim Einschlafen oder beim Aufwachen, nächtliche Träume, Tagträume, Phantasien und Halluzinationen gehören in den persönlichen Bereich. Spontane Bildvorstellungen sind unberechenbar und idiosynkratisch und daher für die Zwecke der meisten interpersonalen Beziehungen bedeutungslos. Wie wir sehen werden, wirken spontane Bildvorstellungen sowohl in interpersonalen Beziehungen als auch in privaten Gedankengängen aversiv. Im ersten Fall untergraben sie die Selbstschutzfunktion von Sicherheitsoperationen, im zweiten bieten sie sich als Mittel zur Befriedigung angstauslösender, unbefriedigter Bedürfnisse und zur Abbildung verdrängter Impulse an.

Ebenso wie das freie Assoziieren sind spontane Bildvorstellungen nur unter der Voraussetzung anerkannt, daß ein Individuum (der Klient) sich verpflichtet hat, alles zu berichten, was ihm in den Sinn kommt, wenn ein anderes Individuum (der Therapeut) es auffordert, Bildvorstellungen (freie Vorstellungen) zu beschreiben (Grundregel). Im Widerspruch zu dieser Verpflichtung und ihrer Einhaltung durch den Klienten steht jedoch die Angst, die durch den ersten, einleitenden Akt der in der Grundregel vorgeschriebenen Selbstoffenlegung ausgelöst wird. Daraus folgen durch die Angst ausgelöste Kompromisse im Verhalten, die einen Prestigeverlust vermeiden sollen und unter dem Begriff „Sicherheitsoperationen" (*Sullivan* 1980) zusammengefaßt werden. Diese Verhaltensweisen erwecken den Eindruck, als komme der Klient seiner Verpflichtung nach, während er gleichzeitig den Prozeß unterbricht, z. B. durch Fragen. Sicherheitsoperationen wirken angstmindernd, indem sie die interpersonale Beziehung auf die vertraute und relativ sichere Gesprächsebene zurückverlagern.

Zwei weitere Angstfaktoren untergraben im Laufe der Entwicklung den Entschluß des Klienten, die Grundregel einzuhalten. Falls sich beim Einsetzen von Bildvorstellungen triviale, kindische, anstößige oder bizarre Bilder einstellen, fühlt sich der Klient dadurch vermutlich erniedrigt und nimmt zu rettenden Sicherheitsoperationen Zuflucht, die diesen Prozeß unterbrechen. Falls die Bildvorstellungen anhalten, kommt irgendwann der Augenblick, wo auch harmlos erscheinende Bilder Angst auslösen, und der Klient öffnet rasch die Augen. Diese Bilder stellen sich als angstbeladene Träger (Derivate) von dissoziierten Vorstellungen und verdrängten Impulsen heraus.

Zweifellos tragen die beschriebenen, angstgetriebenen Verhaltensweisen zu unserer Unkenntnis spontaner Bildvorstellungen bei, denn es handelt sich hier um homöostase-ähnliche Mechanismen zur Vermeidung eines Verlustes an Selbstachtung und des damit verbundenen spezifischen Schmerzes. Weitere mögliche Gründe für unsere Unkenntnis sind die Motive des Beobachters und/oder des Imaginierenden. Diese Motive führen fast immer dazu, daß nicht der freien, sondern der gelenkten Bildvorstellung der Vorzug gegeben wird, z. B. der systematischen Desensibilisierung, gelenkten Imaginationstechniken, Zufallslernen und Problemlösung. Sowohl Psychotherapeuten als auch Forscher fordern Individuen nur ungern zu Handlungen auf, die zu verwirrenden Reaktionen einschließlich Angst und Ärger führen könnten und sinnlos erscheinen. Mit anderen Worten, ihre eigenen Sicherheitsoperationen (der Wunsch, in den Augen des potentiellen Imaginierenden gut dazustehen) lassen sie davon absehen. Diese Scheu davor, auf spontanen Bildvorstellungen zu bestehen, ist einer der zentralen Punkte in der Ausbildung angehender Psychotherapeuten, die sich größtenteils von den ablehnenden Reaktionen des Klienten eingeschüchtert fühlen. Schließlich muß man Freudianer alter Schule sein, um spontanen Bildvorstellungen als Triebderivaten Bedeutung beizumessen, aber es ist fraglos unorthodox, Bildvorstellungen anstelle von freiem Assoziieren zu verwenden, zumal *Freud* nach anfänglicher Verwendung von Bildvorstellungen (Konzentrationstechnik) wieder davon abkam.

Zur Beobachtung spontaner Bildvorstellungen muß die interpersonale Situation so strukturiert sein, daß Sicherheitsoperationen erkannt und ausgeräumt werden. Dieses Verfahren der Strukturierung wird als „aufdeckende Psychotherapie" bezeichnet, da es schrittweise ein weites Spektrum psychodynamischer Prozesse konkretisiert und zwei Quellen der Angst identifiziert — eine nach *Sullivan* und eine nach *Freud*. Auf diese Weise wird Psychotherapie zu einem verläßlichen, für den Psychotherapeuten erlernbaren und den Klienten erlebbaren Verfahren.

2. Verfahren zur Konkretisierung und Differenzierung von Bewußtheit und interpersonalem Verhalten

Die räumliche Anordnung ist informell (d. h., der Therapeut sitzt nicht hinter dem Schreibtisch), am besten sind zwei gleiche Stühle mit einem Liegesessel oder einer Couch in der Nähe. Ich halte *Sullivan*s Ausdruck „teilnehmender Beobachter" zur Bezeichnung des Therapeuten und „Mitarbeiter" für den Klienten für gut gewählt. Obwohl die erzeugten Phänomene mit den bei *Sullivan* beschriebenen identisch sind, ist wegen der geplanten Interventionen die Gesprächsführung sehr unterschiedlich. Der Therapeut interveniert an sogenannten Einstiegspunkten (ein Anzeichen von Angst, der Ausdruck von Widerstand, ein Symptom oder eine Sicherheitsoperation). Diese Art der Intervention verstärkt den Druck zur Selbstoffenlegung des Klienten, falls gewisse Richtlinien (Kommentare, nicht-direktives Nachhelfen und Fragen zur interpersonalen Situation) befolgt und keine Deutungen angeboten werden. Diese dem Therapeuten auferlegten Beschränkungen sichern die Objektivität der von beiden Beteiligten beobachteten Phänomene. Nicht der Therapeut interpretiert, sondern der Klient erlebt, vorausgesetzt das Verfahren ist affektiv. Wenn die Aufdeck-Techniken funktionieren, hat die Objektivität des Verfahrens sowohl für das betroffene Individuum als auch für die Wissenschaft wichtige Implikationen. Für den Klienten bedeutet sie, daß er sich auf die Gültigkeit seiner Entdeckungen verlassen kann, und der stärkeren Differenzierung der Bewußtheit der eigenen Person entspricht eine Steigerung der Ich-Stärke, wobei Ich-Stärke definiert ist als die Fähigkeit, die durch Selbstoffenlegung ausgelöste Angst zu akzeptieren. Da die Anwendung der Methode neutral und invariant ist, wird sie zu einem nützlichen Instrument der Wissenschaft.

2.1 Selbstoffenlegung (self-disclosure)

Selbstoffenlegung bedeutet ein hohes Risiko für die Selbstachtung des Klienten, da er im Laufe seiner persönlichen Entwicklung für die Enthüllung seiner innersten Gedanken ebenso wie für die gewöhnlichen Mißerfolge des Alltags verspottet, erniedrigt oder lächerlich gemacht worden ist. Die Psychotherapie bringt demnach die Selbstachtung des Klienten in Gefahr und erzeugt damit Angst. Diese Angst ist es, die den Gedanken, einen Psychotherapeuten aufzusuchen, so erschreckend macht. Sogar langjährige Therapieklienten erleben weiterhin diese Angst beim Akt der Selbstoffenlegung, denn sie sind stärker daran interessiert, das Wohlwollen und die Achtung des Therapeuten vor ihnen zu erhalten und zu steigern. Durch ihre Verpflichtung zur Aufrichtigkeit und ihre größere Bewußtheit sind sie jedoch eher fähig, ihre Angst zu identifizieren, deren Ursprung zu erkennen und eine Sicherheitsoperation in dem Augenblick aufzugeben, in dem sie manifest wird. Insbesondere erkennen sie, daß sie ihre Ablehnung der eigenen Person auf den Therapeuten projizieren und daher vom Therapeuten ebenfalls Ablehnung erwarten. Wie *Sullivan* bemerkt, richtet sich die Aufmerksamkeit wie ein Suchscheinwerfer auf die Anzeichen, die Probleme der Selbstachtung erkennen lassen.

2.2 Einstiegspunkte: Die Exploration der Selbstwahrnehmung

Während des Erstinterviews lenkt der Therapeut die Aufmerksamkeit des Klienten auf dissoziiertes Verhalten (z. B. das Ballen der Faust) und Ausdruck von Affekten oder Ängsten. Diese Schwankungen im Ablauf des Klientenverhaltens werden als Einstiegspunkte (entrée points) bezeichnet und erfordern einen Kommentar (*Wallen* 1956). Dieser lenkt lediglich die Aufmerksamkeit des Klienten auf das betreffende Verhalten („Sie ballen die Faust") und setzt ihn damit unter Erklärungsdruck. Angstmanifestationen (physiologischer Art oder im Verhalten) treten ebenso wie Sicherheitsoperationen in den Anfangssitzungen häufig auf. Übliche Indikatoren von Angst sind Reaktionen des autonomen Nervensystems wie Erröten, Erblassen, Schlucken; des somatischen Nervensystems wie Zucken, Zittern, Stottern oder Verhaltensreaktionen wie ziellose Bewegungen, Änderung der Körperhaltung und Unterbrechung des Blickkontakts. Am deutlichsten reagieren in diesem Zusammenhang die Füße: sie wippen, kreisen oder werden angewinkelt.

Diese Schwankungen im Verhaltensablauf können mit einem bestimmten Thema in Zusammenhang stehen oder auch mit einer Reaktion auf das Verhalten des Therapeuten, was eine Beziehung zwischen Klient und Therapeut impliziert. Beispielsweise beobachtet der Therapeut, daß die Wangen des Klienten sich röten, und sagt in neutralem Ton: „Ich glaube, Ihre Wangen werden rot" und wartet auf eine Äußerung von seiten des Klienten über die Bedeutung dieses Verhaltens. Dagegen dienen Deutungen und Konfrontation nur allzuhäufig dem Therapeuten als Sicherheitsoperation zur Stärkung der eigenen Position. Dies untergräbt die Rolle des Klienten als Mitarbeiter und polarisiert die Beziehung in ein Lehrer-Schüler- oder Eltern-Kind-Verhältnis. Da außerdem der Sinngehalt einer Deutung als beschämend erlebt wird, wirkt sie auf die meisten Klienten als schmerzhafte narzißtische Kränkung (eine Minderung der Selbstachtung aufgrund von sich widerspiegelnder negativer Bewertung). Manche Klienten können jedoch ihr Gekränktsein und ihren Zorn nicht ausdrücken, weil der Therapeut ja lediglich seine Pflicht tut. Sie müssen ihre Gefühle unterdrücken und den Anschein erwecken, als dächten sie ernsthaft über diese Deutung nach. Sonst könnte der Therapeut sie ja für schlechte Klienten halten oder zornig werden und sich mit seinem größeren Wissen rächen. Die Klienten stehen unter einem ungeheuren Druck zu heucheln (eine Sicherheitsoperation), d. h. etwa zu sagen: „Hm, das ist ja interessant", um dann fortzufahren: „aber ..." oder das Thema zu wechseln — wieder eine Sicherheitsoperation.

Eine Exploration der subjektiven Bewußtheit des Klienten sollte von den Reaktionen auf einen Kommentar ausgehen. Diese Exploration zeigt häufig einen Konflikt gegensätzlicher Motive der Selbstoffenlegung einerseits und der gleichzeitigen Unterdrückung der damit verbundenen erniedrigenden Vorstellungen andererseits. Häufig erzeugt dieser Konflikt Angst und löst Sicherheitsoperationen aus, damit eine narzißtische Kränkung vermieden wird, beispielsweise Leugnen, Rationalisierung usw.

Ein Kommentar veranlaßt den Klienten, sich auf das zu konzentrieren, was gerade in ihm vorgeht. Manchmal sind Klienten in der Lage, bis zu ihrer Angst und/oder deren Ursache durchzustoßen. Klienten mit einer geringen Neigung zu psychologischer Denkweise oder schwacher Motivation zur Selbstexploration werden am ehesten jede Bedeutung der Angstindikatoren abstreiten. Die Psychotherapeuten akzeptieren dieses Leugnen zwar, aber natürlich verwerten sie diese Information für sich, indem sie im weiteren Gespräch davon ausgehen, daß der Klient etwa gemachte Beobachtungen, Deutungen oder Empfehlungen nicht berücksichtigen würde. Durch Konzentration auf die Realitätsprobleme und frustrierten Wünsche des Klienten kann eine ausreichende Motivation zur Selbstexploration entwickelt werden. Für die Klienten, die auf die Bedeutung ihrer Kontingenzreaktionen neugierig sind, haben nicht-direktive Techniken in Verbindung mit Kommentaren einen hohen Aufdeckeffekt bei unterdrücktem Material. Es gibt viele Möglichkeiten, den Klienten sanft vorwärtszudrängen, z. B. „Hm, hm", Wiederholung affektgeladener Worte und jede Feststellung, die den Klienten ermutigt, in einer bestimmten Richtung fortzufahren: „Das ist interessant" oder „Wie war das?" oder „Können Sie darüber mehr sagen?" Spiegelung sollte vermieden werden, falls die affektgeladenen Gedanken nicht sehr eindeutig sind, andernfalls ist eine Spiegelung in Wirklichkeit eine Deutung.

Allein die Sprache bietet eine Fülle von Einstiegspunkten, hauptsächlich die vagen, bedeutungsarmen Worte, die wir alle gebrauchen, um unsere wahren Gefühle zu verbergen. Dazu gehören Worte wie „durcheinander", „beunruhigt", „verwirrt", „besorgt", „unwohl" oder „nicht gut beisammen" und solche umgangssprachlichen Ausdrücke wie „durchgedreht", „flippig" oder „ausgeklinkt". Der Therapeut prüft diese Unterdrückung affektgefärbter Gedanken, indem er fragt: „Durcheinander inwiefern?" oder „Können Sie mir dazu mehr sagen?" Diese Verwendung inhaltsarmer Worte und Ausdrücke vermittelt dem Hörer die Illusion von Selbstoffenlegung, während gleichzeitig die Affekte weiterhin unterdrückt werden. Umschalten von einem Wort, dessen erste Silbe bereits ausgesprochen ist, auf ein anderes ist ein Beispiel bewußter Korrektur und bietet eine besonders effektive Möglichkeit, den Klienten darauf aufmerksam zu machen, daß er seine Worte in ganz bestimmter Weise wählt (Unterdrückung), um einen ungünstigen Eindruck beim Therapeuten zu vermeiden. Das gleiche gilt für abgebrochene Sätze. Der Therapeut gibt den nötigen Kommentar mit der Frage: „Können Sie diesen Gedanken vollenden?" Wenn und falls der Klient in der Lage ist, das ausgelassene Wort wiederzufinden oder den abgebrochenen Satz zu vollenden, sagt der Therapeut: „Was heißt das für Sie?" oder Ähnliches. Falls der Klient keine Verbindung zu den untergründigen, affektgefärbten Gedanken herstellen kann, achtet der Therapeut auf die Intensivierung der Angst und die Mobilisierung neuer Selbstschutzmanöver. Durch Konzentration auf die Sprache kann der Therapeut den Klienten am ehesten dazu verhelfen, sich ihres Wunsches nach einem guten Eindruck und ihrer Angst bei der Vorstellung eines schlechten Eindrucks bewußt zu werden.

Viele Klienten fühlen sich durch einen Einstiegspunkt bloßgestellt und sträuben sich dagegen, sich näher mit ihm zu befassen. Gehen sie dann ihren Widerständen gegen die Konsequenzen eines Kommentars auf den Grund, so entdecken sie an sich Eigenschaften, zu denen sie nicht stehen können, ein Bedürfnis zu leugnen, zu rationalisieren oder ihr Verhalten um jeden Preis zu rechtfertigen (alles Sicherheitsoperationen). Vielleicht entdecken sie an sich den Wunsch, für vollkommen gehalten zu werden oder nie die Beherrschung über sich und andere zu verlieren. Zorn, feindselige Gedanken gegenüber dem Therapeuten, Rückzug und paranoide Vorstellungen sind nicht selten. Die Konzentration auf Widerstände führt die Klienten zur Exploration ihrer Charaktermerkmale, und dies ist ihnen unangenehm, denn dies ist die Seite ihrer Persönlichkeit, die nach außen in Erscheinung tritt, ihr sichtbares Selbst. Charaktermerkmale bilden die Berührungsfläche in interpersonalen Beziehungen, in denen die meisten von uns etwaigen Bekundungen von Mißbilligung aus dem Wege gehen. In der aufdeckenden Therapie hat die Konzentration auf Widerstände Vorrang vor allem anderen. Natürlich ist dies die Regel in psychoanalytisch orientierten Psychotherapien.

Um ängstlichen Klienten, die eine große Zahl von Einstiegspunkten anbieten, nicht als sadistischer Inquisitionsrichter zu erscheinen, kann der Therapeut auf einen Kommentar verzichten und statt dessen etwa folgende Bemerkung machen: „Sie wirken nervös." Wenn dies den Klienten nicht zur Selbstoffenlegung anregt, beobachtet der Therapeut im folgenden das Verhalten des Klienten auf in der Situation improvisierte Sicherheitsoperationen und andere Kontingenzreaktionen hin. Wichtig ist der sparsame Gebrauch des Wortes „warum", das uns so leicht von der Zunge geht, da es eine Wertung impliziert und daher Rationalisierungen auslöst. Da es dem Benutzer eine Machtposition verleiht, fungiert es häufig als Sicherheitsoperation, besonders für Psychotherapeuten. Es handelt sich um eine interpersonale Verhaltensweise, die schwer modifizierbar ist.

Kommentare müssen vorsichtig angebracht werden, denn sie stehen im Widerspruch zu dem Bestreben des Klienten, vor dem Therapeuten als intakte und achtbare Person dazustehen. Da solche Kommentare im Grunde genommen eine Kritik sind, kann der Klient sie als Ausdruck einer feindlichen Haltung des Therapeuten wahrnehmen. In den Anfangsgesprächen sollte der Therapeut den Klienten bei der Verbalisierung seiner Reaktionen unterstützen. Um diesen stärkeren Druck zur Selbstoffenlegung zu schaffen, ist etwa folgende Bemerkung denkbar: „Haben Sie sich gefragt, was ich wohl für einen Eindruck von Ihnen habe, als ich Sie auf dieses Zucken aufmerksam gemacht habe?" Eine solche Bemerkung, die als interpersonale Frage bezeichnet wird, führt normalerweise zu Kontingenzreaktionen, und der Klient ist vielleicht manchmal verblüfft, womit ein Einstiegspunkt gegeben ist. Eine solche Frage kann als die gefürchtete Konkretisierung der geheimen Überzeugung des Klienten aufgefaßt werden, der Therapeut habe etwas gegen ihn. In diesem Moment kann die Verwendung nichtdirektiver Techniken dem Klienten bei der Verbalisierung seiner Selbstablehnung und ihrer Projektion helfen.

2.3 Freies Assoziieren mit geschlossenen Augen

Mit der Zeit sind die meisten Klienten in der Lage, ohne offenkundige Einstiegspunkte oder Sicherheitsoperationen mit der Therapiesituation umzugehen. Der Therapeut verstärkt daraufhin den Druck zur Aufdeckung, indem er den Klienten auffordert, sich zurückzulegen (in einem Liegesessel oder auf einer Couch in der Nähe), frei zu assoziieren und hierüber lückenlos zu berichten, während beide einander zugewandt bleiben. Freies Assoziieren verstärkt den Druck zur Selbstoffenlegung, da der Klient sich mit der Instruktion implizit zur Mitarbeit verpflichtet, bevor ihm die Bedeutung der Formulierung „lückenlos berichten" bewußt wird. Gewöhnlich folgt der Klient der Forderung des Therapeuten, um nicht sein Mißfallen zu erregen. Sobald der Klient jedoch die Augen schließt, wird eine neue Quelle der Angst aktiviert, wodurch er in eine Situation des Double bind gerät. Die Aufforderung an den Klienten, lückenlos zu assoziieren, bedeutet die Forderung an ihn, seine Gedanken vollständig offenzulegen, ohne die Hilfe schützender, kontrollierender oder korrigierender Sicherheitsoperationen. Manche Klienten verspüren angesichts dieser Forderung plötzliche Angst und deutlichen Widerstand und reagieren mit Sicherheitsoperationen, die der Situation angepaßt sind, z. B. „Das kann doch nicht Ihr Ernst sein", „Das ist doch albern", „Ist das Großvaters Psychoanalyse?" oder übertriebener Bescheidenheit: „Sowas kann ich gar nicht gut." Abwertende Bemerkungen heben die eigene Selbstachtung, weil man etwas anderes herabsetzt. Bescheidenheit erreicht das gleiche, weil sie mit dem Eingeständnis einer Unzulänglichkeit den eigenen Mut beweist. Dies wirkt nicht nur der vom Klienten erlebten Minderung der Selbstachtung entgegen, sondern kommt einer entsprechenden Bemerkung des Therapeuten zuvor, die eine schwerere narzißtische Kränkung bedeuten würde. Zudem heischt Bescheidenheit Bestätigung. Aufgabe des Therapeuten ist es, die Formulierung der Sicherheitsoperation des Klienten zu wiederholen und je nach Bedarf mit weiteren nicht-direktiven Techniken zu intervenieren, um die verborgenen schmerzhaften Affekte und Gefühle der Unzulänglichkeit zu Tage zu bringen. Bei den Klienten, die die Augen öffnen (Einstiegspunkt), bestehen diese in der Wiederholung der Anweisung nach einem Kommentar („Sie haben die Augen geöffnet") und nicht-direktiver Frage („Wie erklären Sie sich das?"). Bei den Klienten, die zwar nicht die Augen öffnen, aber stumm bleiben (Einstiegspunkt), erfolgt eine sofortige Überprüfung ihrer Unfähigkeit zum freien Assoziieren, selbstverständlich durch Kommentare und nicht-direktive Techniken.

Neben dem verstärkten Druck zur Selbstoffenlegung schafft freies Assoziieren ein Gefühl der Unzulänglichkeit, da Kriterien zur Beurteilung der eigenen Leistung fehlen (*Stern* 1974). Dieses Unzulänglichkeitsgefühl läßt die Klienten annehmen, der Therapeut beurteile sie aufgrund bestimmter, ihnen nicht mitgeteilter Kriterien negativ. Sie öffnen die Augen, um den Therapeuten anzusehen. Die Exploration ihrer augenblicklichen Bewußtheit zeigt häufig ein Bedürfnis nach Absicherung, das jedoch unterdrückt oder geleugnet wird. Diese Sicherungsoperationen treten zurück hinter der primären Sicherheitsoperation des Verbergens bzw. eines Verhaltens, das eine wichtige Selbsteinschätzung wie „Das schaff' ich schon" oder „Ich lasse mich nicht erschüttern" vermitteln soll. So wird eine ohnehin komplexe Situation häufig für die Klienten weiter kompliziert durch parallel auftretende, aber unvereinbare Wünsche: einerseits soll der Therapeut durch ihre psychische Ausgewogenheit beeindruckt werden, andererseits bedeutet ja schon die Annahme der Rolle des Klienten in einer Therapie ein zumindest partielles Nicht-Funktionieren.

Viele Klienten behaupten, ihnen kämen bei geschlossenen Augen nur triviale oder bruchstückhafte Gedanken. Der Therapeut stellt daraufhin die Frage: „Können Sie sich an diese Gedanken erinnern?" Da diese Frage den Klienten drängt, unterdrücktes Material freizulegen, achtet der Therapeut besonders genau auf Einstiegspunkte. Der Klient geht normalerweise darauf ein, blockiert aber, sobald er einen Widerstand spürt. Der Therapeut reagiert mit einem Kommentar: „Es sieht aus, als wäre hier etwas für Sie schwierig", und daraufhin ergibt sich häufig, daß sich die unterdrückten positiven oder negativen Vorstellungen oder Affekte auf den Therapeuten beziehen. Als unmittelbare Wirkung der Verbalisierung dieser Punkte durch den Klienten nimmt im folgenden die Unterdrückung ab.

Außer dem verstärkten Bedürfnis nach Sicherheitsoperationen aufgrund der interpersonalen Bedrohung der Selbstachtung (Antizipation einer narzißtischen Kränkung) fördert die liegende Stellung ein Gefühl der Passivität — für manche Klienten eine pathogene interpersonale Situation — und Verletzlichkeit (Fehlen ausreichender Selbstschutzmechanismen). Viele Klienten zögern, der Aufforderung, sich zurückzulegen, Folge zu leisten, und wenn sie es tun, schließen sie häufig nur widerstrebend die Augen. Diese Konkretisierung von Widerstand bringt einiges in Bewegung, denn sie zeigt den Klienten, daß ein unverstandener Teil ihrer selbst sich dem Geschehen widersetzt. Das reizt nicht nur ihre Neugier, sondern definiert auch das unmittelbare Ziel der Psychotherapie, nämlich die Analyse von Widerständen. Wenn die Klienten schließlich die Augen schließen, normalerweise nach einer Exploration ihrer augenblicklichen Gefühle, öffnen sie sie häufig wieder nach wenigen Sekunden, manchmal unwillkürlich, und beschreiben weiterhin Symptome, verwenden Sicherheitsoperationen und schauen den Therapeuten an. Diese Verhaltensweisen und Reaktionen leiten über zu vermehrter Exploration ihrer unmittelbaren Gefühle. Ebenso wie Widerstände können diese sehr wichtig sein, da der Klient erkennt, daß seine Symptomreaktionen durch einen Prozeß verursacht werden, der sich außerhalb seines Bewußtseins abspielt. Die Exploration der augenblicklichen Gefühle zeigt häufig ein Gefühl der Unzulänglichkeit (geringe Selbstachtung) als pathogenen (symptomauslösenden) Faktor. Diese Gefühle verursachen auch ein zwingendes Bedürfnis nach Rückversicherung durch den Therapeuten; daher öffnet der Klient die Augen, um im Ausdruck des Therapeuten Anzeichen von Billigung oder Mißbilligung zu entdecken. Er hofft auf erstere, befürchtet aber letztere, die er für wahrscheinlicher hält.

Zur Illustration des hier Gesagten folgt ein wörtlicher Auszug aus dem Therapieprotokoll eines 23jährigen selbstbezogenen Mannes, der sich wegen vorzeitiger Ejakulation in Behandlung begeben hatte. Seine Techniken zur Bewältigung von Umweltstreß waren angemessen, und er war erfolgreich in seinem Lehrerberuf.

2.4 Verbalisierung von unterdrücktem und dissoziiertem Material: Klinisches Beispiel

Therapeut: Ich möchte Sie jetzt bitten, etwas zu tun, das uns vielleicht weiterbringt. Können Sie sich zurücklehnen, die Augen schließen und alles beschreiben, was Ihnen in den Sinn kommt?

Klient: Gut. (Hält die Augen einige Sekunden geschlossen und öffnet sie dann wieder.)

T: Ich sehe, daß Sie die Augen wieder geöffnet haben.

K: Ach so, ich wußte nicht, wie lange ich sie zumachen sollte. (Sein Widerstand wird rationalisiert und wahrscheinlich *nicht* bewußt erlebt. Statt eine Interpretation des Widerstandes zu geben, wird die Handlung, die ihn auslöste, noch einmal wiederholt, damit der Widerstand deutlicher erlebt wird.)

T: Können Sie bitte die Augen wieder zumachen und alles beschreiben, was Ihnen in den Sinn kommt?

K: Gut. (Etwa 20 Sekunden vergehen.) Ich merke nur einen heftigen Schmerz, ein heftiges Kneifen in der Brust.

T: Das ist interessant. Außerdem sehe ich, daß Ihre Augen offen sind.

K: Ja, ich habe sie wohl einfach aufgemacht, als dieses Kneifen kam.

T: Ist der Schmerz jetzt da?

K: Nein.

T: Ich frage mich, was es mit dem Schmerz und dem Öffnen der Augen wohl auf sich hat?

K: Keine Ahnung. (Er ist sich seines Widerstandes nicht bewußt, rationalisiert ihn aber auch nicht, was einen entscheidenden Vertrauenszuwachs bedeutet. Das Ganze wird noch einmal wiederholt, um seine Kompetenz zu steigern.)
T: Was halten Sie davon, die Augen jetzt wieder zu schließen?
K: Meinetwegen. (Man beachte den implizierten Widerstand.)
T: Würden Sie sie wohl zumachen? (Nach zehn Sekunden hat K. die Augen immer noch nicht geschlossen.)
T: Ich sehe, Ihre Augen sind immer noch offen.
K: Ich mach' sie zu. (Sein Widerstand hat wahrscheinlich die Befürchtung ausgelöst, ich könnte böse auf ihn werden, weil er die Augen nicht schließt; er zögert.)
T: Es würde vielleicht helfen, wenn Sie mir sagen könnten, was jetzt gerade in Ihnen vorgeht.
K: Nichts Besonderes. (Bewußtes Zurückhalten — Unterdrückung.)
K: Ehrlich gesagt, habe ich gerade versucht, mich zu entschließen, die Augen zuzumachen.
T: Sie haben versucht, sich zu entschließen?
K: Es ist mir einfach schwergefallen, mich dazu zu entschließen. (Die erstmals verbalisierte Erfahrung von Widerstand ist sehr wichtig und wird genutzt, um mehr Vertrauen und Verständnis zu schaffen.)
T: Es ist interessant, wie ein Teil von Ihnen sich gegen etwas wehrt, was der andere will.
K: Das ist interessant, wirklich. (Druck zur Aufdeckung wird verstärkt, indem K. aufgefordert wird, seine Gefühle wahrzunehmen).
T: Können Sie mir sagen, was Sie fühlten, als Sie sagten: „Ich mach' sie zu"? (K. rutscht auf dem Stuhl hin und her und vermeidet Blickkontakt, Einstiegspunkt.) Haben Ihre Bewegungen in diesem Moment etwas damit zu tun, wie Sie sich fühlen?
K: Also, ich — ich komme mir albern vor. (Minderung der Selbstachtung.) Sie haben mich gebeten, die Augen zuzumachen, und ich hab' das getan und sie dann aber wieder aufgemacht. Sie haben mich gebeten, sie wieder zuzumachen, und ich hab's nicht gleich gemacht. (Der Klient ist nahe daran, Gefühle der Unzulänglichkeit und des zwangsläufig daraus entstehenden Zorns gegen sich selbst zu verbalisieren. Das Wort „albern" ist ein Einstiegspunkt.)
T: Sie sagen, Sie haben sich albern gefühlt.
K: Es kommt mir dumm vor, daß ich meine Augen nicht zumachen und zulassen kann.
T: Verurteilen Sie sich jetzt?
K: Wahrscheinlich.
T: Wahrscheinlich?
K: Naja, ich enttäusche Sie. Ich kann nie was richtig machen. Manchmal hasse ich mich.
T: War es schwer, mir das zu sagen?
K: Ja.
T: Gibt es dafür irgendeinen besonderen Grund?
K: Sie werden merken, was für ein Idiot ich bin, und mich für einen hoffnungslosen Fall halten.
T: Heißt das, daß ich es ablehnen würde, mit Ihnen zu arbeiten?
K: Ja.
T: Sind Sie davon überzeugt?
K: Nein.
T: Sie sind sich nicht sicher darüber?

K: So wie Sie reden und dreinschauen, ist es offenkundig, daß Sie mich nicht wegschicken werden.
T: Wie fühlen Sie sich jetzt?
K: Besser.
T: Was ist mit den Schmerzen in der Brust?
K: Die sind weg.
T: Überrascht Sie das?
K: Ja, jetzt wo ich dran denke.
T: Würden Sie gerne mehr darüber herausfinden? (Dies ist eine entscheidende Probe auf seine Ich-Stärke.)
K: Ja.
T: Gut, dann schließen Sie Ihre Augen wieder, und beschreiben Sie alles, was Ihnen in den Sinn kommt, ohne irgend etwas auszulassen.
K: Also gut, ich werde nervös und angespannt, mein Herz klopft wahnsinnig, und ich möchte die Augen aufmachen.

Die Bedeutung dieser ersten Interaktionen kann nicht hoch genug eingeschätzt werden, denn der Klient erlebt Symptome, die er nicht erklären kann. Er erlebt Widerstand in Verbindung mit Angst und/oder Symptomen und akzeptiert den Versuch, diese Reaktionen zu verstehen, als das Ziel der Therapie. Falls der Klient genügend Ich-Stärke und Motivation besitzt, dieses unmittelbare Ziel zu akzeptieren, ist für die aufdeckende Therapie ein guter Anfang gemacht.

Das freie Assoziieren mit geschlossenen Augen geht weiter:
K: Hören Sie, der Schmerz ist wieder da, und ich würde am liebsten den Atem anhalten. (Er öffnet die Augen und sieht den Therapeuten an.)
K: Was glauben Sie, woher das kommt?
T: Wie fühlen Sie sich gerade?
K: Gut.
T: Was ist mit dem Schmerz in der Brust und dem angehaltenen Atem?
K: Die sind weg.
T: Hm, sobald Sie die Augen schließen, möchten Sie sie wieder öffnen, und Sie spüren Symptome. Ist Ihnen das jemals aufgefallen, wenn Sie allein sind und die Augen zumachen?
K: Nein. Heißt das, es hat etwas damit zu tun, daß ich sie hier zumache?
T: Was glauben Sie?
K: Ich weiß nicht. Meinen Sie, es hat was mit Ihnen zu tun?
T: Ich bin nicht sicher. Wie fühlen Sie sich?
K: Ich habe Angst. Wissen Sie, ich war noch nie bei einem Therapeuten. Vielleicht halten Sie mich ja für verrückt oder schwul oder was. (Bisher unterdrückte Gedanken werden ausgesprochen, vermutlich, weil sein Vertrauen in die Beziehung gewachsen ist. Er ist nicht mit Unverständnis konfrontiert oder abschätzig behandelt worden.)
T: Wie fühlen Sie sich, wenn ich Sie auffordere, die Augen zu schließen?
K: Genauso – ich habe Angst.
T: Würde es Ihnen etwas ausmachen, jetzt die Augen zu schließen?
K: Nein. (Er schließt die Augen.) Ich habe immer noch Angst und würde am liebsten die Arme vors Gesicht halten, um mich zu schützen. Komisch, ich mußte gerade an meinen Vater denken, wie er mir beim Essen eine Ohrfeige gegeben hat, als ich klein war.

(Diese krasse Übertragungsreaktion oder parataktische Verzerrung gibt dem Geschehen eine neue Richtung).
T: Können Sie damit etwas anfangen?
K: Sie sind nicht mein Vater, aber irgendwie erwarte ich anscheinend von Ihnen die gleiche Behandlung, wie ich sie von meinem Vater bekam.
T: Sie erwarten die gleiche Behandlung von mir?

Obiges Beispiel zeigt, wie der Klient Zusammenhänge zwischen objektiven Ereignissen erfuhr: Schließen der Augen, Symptome, Widerstand. Nachdem ihm klarwurde, daß der kritische (pathogene) Faktor darin bestand, daß er den Therapeuten nicht sehen konnte, konnte er spüren, daß von seinem Vater und dem Therapeuten die gleiche Bedrohung ausging. Da er selber die Schlüssel zu seiner eigenen Erfahrung entdeckte, wurde durch die Aufdeckung seine Selbstachtung gehoben und sein Vertrauen gestärkt.

2.5 Relevante experimentelle Untersuchungen

Zwei Untersuchungen von *Stern* gaben die ersten experimentell gewonnenen Aufschlüsse über Sicherheitsoperationen. In der ersten Untersuchung (1974) verglich *Stern* drei Bedingungen, um den Zusammenhang zwischen dem Öffnen oder Schließen der Augen und dem Auftreten von Primärprozessen bei männlichen College-Studenten zu prüfen. Die drei Bedingungen waren: freies Assoziieren mit offenen Augen, freies Assoziieren mit geschlossenen Augen und freies Imaginieren mit geschlossenen Augen. Es wurde nicht versucht, eine Beziehung zu den Versuchspersonen aufzubauen. Zu Beginn forderte der Versuchsleiter die Versuchsperson kurz auf, sich in einen Liegesessel zu setzen, und gab ihm dann Anweisungen für eine der drei Versuchsaufgaben, um danach absolutes Schweigen zu wahren. Entgegen den Erwartungen erbrachte die Erfassung von Primärprozessen nach der Holt-Methode keinen Unterschied zwischen den drei Bedingungen. Beide Arten des freien Assoziierens waren in gleichem Maße pathogen (angsterzeugend), und überraschenderweise waren beide bedeutend stärker pathogen als das freie Imaginieren. Die höhere *Pathogenizität* der beiden Arten des freien Assoziierens kam insofern unerwartet, als *Stern* angenommen hatte, daß die Bedingung visueller Imagination mit einem hohen Grad an Triebrepräsentation und Eindringen von Primärprozessen gekoppelt sein würde. Bei allen drei Bedingungen traten kurz nach Versuchsbeginn Anzeichen der Angst auf und verteilten sich gleichmäßig über die Dauer der zehnminütigen Sitzungen. Anscheinend hängt also die Angst eher mit der unspezifischen Aufgabenstellung als mit der Aktivierung unterdrückter triebgesteuerter Impulse zusammen.

*Stern*s Einstufung der Versuchsbedingungen nach der Bedrohung, die sie jeweils für die Selbstachtung der Versuchsperson darstellen, war fruchtbar. Bei beiden Arten des freien Assoziierens sah sich die Versuchsperson einer ungewöhnlichen Aufgabe gegenüber, bei der Kriterien zur eigenen Einschätzung der erbrachten Leistung fehlten. Dem geheimnisvollen Versuchsleiter wurde unterstellt, er kenne solche Kriterien, behalte sie aber für sich, womit er den Versuchspersonen das Gefühl der Unzulänglichkeit (Minderung der Selbstachtung) und Angst vermittelte. Für die Versuchsbedingung „freies Imaginieren" traf dies weniger zu, da die Versuchspersonen aufgefordert wurden, eine bestimmte Aufgabe zu erfüllen, bei der eine Selbsteinschätzung möglich war; d. h., man konnte Bilder sehen und beschreiben. Die Tatsache, daß die Versuchsperson Bilder „sieht", erfüllt die gestellte Aufgabe, damit ist die Bedrohung (Minderung der Selbstachtung) geringer als beim freien Assoziieren.

In seiner zweiten Untersuchung (1975) gelang es *Stern*, die Bedrohung bei freiem Assoziieren mit geschlossenen Augen durch zwei verschiedene Anweisungen zu steuern. Um die Bedrohung zu maximieren, wurde den Versuchspersonen bei der einen Versuchsanordnung zu verstehen gegeben, daß sie die gewünschte Leistung nicht erbrachten. Um die Bedrohung so gering wie möglich zu halten, erhielt eine andere Gruppe das Feedback, sie tue, was erwartet werde. Eine dritte Gruppe erhielt überhaupt kein Feedback. Wie in der ersten Untersuchung wurden die Versuchsprotokolle auf Zeichen von Angst durchgegangen, jedoch zeigte sich diesmal kein Unterschied zwischen den verschiedenen Versuchen; dagegen ergab sich eine Korrelation zwischen verminderter Selbstachtung, verbalisierter Angst, Gesamtzahl der Symptome (Zeichen der Angst) und Zugehörigkeit zum weiblichen Geschlecht.

Bei der Korrelation der Anzahl von Angstzeichen mit der Anzahl gesprochener Worte ergab sich eine kurvilineare Beziehung, die darauf schließen läßt, daß die Versuchspersonen, die die Situation als am bedrohlichsten empfanden, sowohl Äußerungen über ihre Assoziationen als auch ihre Angstsymptome am stärksten unterdrückten. Dagegen waren diejenigen, die sich weniger bedroht fühlten, offener auch hinsichtlich ihrer Symptome. Obwohl sie vielleicht weniger Angstsymptome erlebten, zeigten sie proportional mehr. Mit abnehmender Bedrohung nehmen Sprechen und Angstsymptome an Häufigkeit zu, bis ein Scheitel- oder Wendepunkt erreicht ist, auf den Abnahme der Angstsymptome bei wachsender Sprechhäufigkeit folgt. Diese kurvilineare Funktion wurde kürzlich von *LeBaron* (1976) bestätigt.

Die zitierten Untersuchungen zeigen, daß die Häufigkeit von Angstäußerungen durch die Art der Aufgabenstellung und des Feedbacks beeinflußt werden kann, und deuten darauf hin, daß die Symptomhäufigkeit eine Funktion der Minderung der Selbstachtung ist.

3. Konkretisierung von Verdrängung und verdrängten triebgesteuerten Impulsen

Ohne Zweifel fördert die Exploration der subjektiven Bewußtheit, besonders während des freien Assoziierens mit geschlossenen Augen, bei den Klienten die differenziertere Wahrnehmung ihrer selbst und anderer in einer interpersonalen Beziehung erheblich. Die Klienten erkennen allmählich, wie eine solche Beziehung durch Projektion ihrer geringen Selbstachtung und die Vielzahl der dadurch verursachten Sicherheitsoperationen verarmt. Dennoch leiden viele Klienten weiterhin unter dem Gefühl der Unzulänglichkeit und sind unsicher im Umgang mit anderen. Zentrale Symptome haben sich als nicht therapierbar erwiesen. Andere Mittel müssen gefunden werden.

Immer, wenn ein Klient in der Lage ist, frei zu assoziieren, ohne offenkundige Einstiegspunkte oder Sicherheitsoperationen an den Tag zu legen, kann der Therapeut visuelles Imaginieren mit der Frage einleiten, ob er irgendwelche Bilder oder Vorstellungen vor seinem geistigen Auge bemerkt hat. Fast alle Klienten werden dies verneinen. Der Therapeut kann dann fortfahren: „Ich möchte Sie bitten, alle Bilder zu beschreiben, die Ihnen in den Sinn kommen, und jedes Gefühl oder körperliches Empfinden zu erwähnen, das Ihnen auffällt." Die meisten Klienten verbalisieren Widerstand in irgendeiner Form: sie sehen nichts, oder Bilder tauchen rasch auf und verschwinden wieder, bevor sie erkennbar werden. Einige Klienten öffnen sogar die Augen und sagen, sie könnten das nicht oder sie wollten einfach nicht weitermachen. Der Therapeut lenkt ihre Aufmerksamkeit auf ihren Widerstand, der zwar in diesem Falle greifbar und deutlich vorhanden, aber scheinbar unerklärlichen Ursprungs ist. Eine direkte Verbindung zu der Beziehung zwischen Klient und Therapeut scheint nicht zu bestehen. Auch reizen diese unerklärlichen Ursachen die Neugier des Klienten, was ihn dazu bringt, die Augen zu schließen und weiterzuarbeiten. Die Klienten, bei denen gar keine Bilder auftauchen, kann der Therapeut häufig mit Fragen anregen wie: „Können Sie sich Ihr Auto vorstellen?" oder „Können Sie sich vorstellen, wie ihre letzte Mahlzeit ausgesehen hat?" Nach diesem ersten Erfolg sagt der Therapeut: „Jetzt beschreiben

Sie bitte alle Veränderungen, oder welche anderen Bilder vor Ihrem geistigen Auge erscheinen."

Nach kurzem Widerstand und gelegentlich heftigem Auftreten von Symptomen sind die meisten Klienten in der Lage zu imaginieren. Die typischen Bild-Vorstellungen zu Anfang bestehen aus einer quasi-photographischen Abbildung banaler Alltagserfahrungen. Nichts scheint ungewöhnlich; aber über kurz oder lang werden bei harmlosen Bildern oder Szenen (z. B. eine hochhackige Sandale; ein Bootsbug, der durchs Wasser pflügt; eine Ente mit langgestrecktem Hals; ein Katzenfisch, der im Rinnstein liegt und mit plötzlichem Zappeln mit dem Bauch nach oben auf dem Bordstein landet; eine junge Kuh von hinten, die den Kopf wendet und den Klienten anschaut) bestimmte Körperreaktionen auftreten. Zu den üblichen Symptomreaktionen, aufgeführt in einer Symptomreaktionsskala (*Burns, Reyher* 1976, *Stern* 1974), gehören am häufigsten: verbalisierte Angst, Angstindikatoren (Zittern, trockener Mund, beschleunigter Puls), psychosomatische Symptome (Schmerz hinter den Augen, Kopfschmerz, Schwindel, Übelkeit) und hysterische Symptome (taubes Gefühl, Empfindung des Schwebens, Lähmung). Häufiger Ausdruck von Widerstand ist beispielsweise: „Ich will die Augen nicht schließen", „Meine Augen sind unwillkürlich aufgegangen", „Ich kann keine Bilder mehr sehen" oder „Ich will nicht mehr weitermachen".

Das Mißverhältnis zwischen einem harmlosen Bild und dem Auftreten dazu parallel laufender Kontingenzreaktionen erregt oft die Neugier des Klienten; es wirkt wie ein Rätsel, das er im günstigen Falle lösen möchte. Zuweilen allerdings liegt die Neugier ausschließlich auf seiten des Therapeuten, und der Klient sträubt sich fortzufahren. Mit diesem Sträuben wird umgegangen wie mit jedem anderen Einstiegspunkt. Die anschließende Aufdeckung enthüllt dieses Mißverhältnis als ein Anzeichen für ungenügende Verdrängung. Das bedeutet, daß die abstoßenden, angstauslösenden Ziele und Objekte bestimmter triebgesteuerter Impulse direkten Ausdruck in den Bildvorstellungen und im Verhalten des Klienten finden. Die Vermutung, es handele sich um Indikatoren, wird zur Gewißheit, wenn auf wiederholte Aufforderungen, sich diese Bilder erneut vorzustellen, Kontingenzreaktionen folgen, die bei anderen Bildern ausbleiben. Erstere werden daher „heiße Bilder" genannt.

Unzureichende Verdrängung wird durch eine operationale Definition konkretisiert, die Ziele und Objekte eines verdrängten triebgesteuerten Impulses hingegen nicht. Falls der Klient motiviert ist fortzufahren, erscheinen die verdrängten Impulse in krasseren Bildern, oft in sehr unwahrscheinlicher und bizarrer Darstellung. Bildvorstellungen sind offenbar zum Ausdrucksmittel für verdrängte Impulse und ihre dissoziierten Ziele geworden, beispielsweise: „Ein Adler greift meinen Vater am Eßtisch an", „Ich sehe meinen Vater; jetzt packe ich jemanden beim Pimmel und werfe ihn über meine Schulter", „Ich sehe mich selber nackt vor meiner Klasse stehen, ich habe eine Erektion. Ich scheiße und knalle mit einer Peitsche über ihren Köpfen", „Ich schaue hoch in ein Gesicht über mir. Ich krieche meiner Mutter die Nase hoch. Die Seiten sind glatt und ohne Rotz oder Haare". Der thematische Zusammenhang kann mit der Intensivierung der verdrängten Impulse verschwinden, beispielsweise: „Ich sehe eine V-förmige Fernsehantenne, dann einen Fisch, jetzt sehe ich eine Raupe." Mit weiterer Intensivierung der verdrängten Impulse wird der innere Zusammenhang einer Wahrnehmung schwächer, und es tauchen nur noch Bruchstücke auf: „Ich sehe einen Mund, dann ein Ohr, jetzt ein Auge." Diese Bruchstücke werden oft auf kreative Weise zu neuen Wahrnehmungen zusammengefügt: „Mein Vater und ich gehen fischen, und er holt einen Riesenfisch mit einem Elephantenrüssel an Land" oder „Ich sehe das Ungeheuer von Loch Ness mit dem Kopf von Teddy Roosevelt" oder „Ich schaue runter auf meinen Schwanz und sehe eine lange, spitze gläserne Röhre. Jetzt sehe ich eine Frau mit gespreizten Beinen, aber statt der Vagina sehe ich eine Steckdose."

Voraussetzung der Interpretation der hier beschriebenen Bildderivate als objektive Indikatoren für verdrängte Impulse und ihre dissoziierten Ziele ist ihre Koppelung mit Äußerungen von Angst und Schuldgefühl. Die Angst kann verbalisiert werden oder sich im Symptomverhalten ausdrücken. Schuldgefühle äußern sich im allgemeinen in Ekel, Selbstabwertung und der Erwartung (Projektion) von Ablehnung durch den Therapeuten. Ohne diese Begleiterscheinungen wird ein Klient die Bedeutung krasser bildlicher Darstellungen von Triebwünschen nicht verstehen. Nur wenn sie vorhanden sind, wird ihm die Anpassungs- und Selbstschutzfunktion von Verdrängung klar, immer vorausgesetzt, daß der Therapeut durch Verzicht auf Interpretationen seine Objektivität gewahrt hat. Die Aufdeckung ist vollständig, wenn der Klient in der Lage ist, die vorher verdrängten triebgesteuerten Affekte und Impulse zu erleben und ihre abstoßenden Ziele zu verbalisieren. Leider dauert es viele Monate, bis Konkretisierung Erleben einschließt. Manche Klienten beenden die Therapie nach einer krassen und schmerzhaften Konkretisierung. Beispielsweise erzählte ein impotenter junger Mann, die ganze Woche habe ihn eine Fernsehreklame verfolgt, in der eine Frau Teppiche verkaufte. Ich bat ihn, sich zurückzulegen und sich diese Reklame vorzustellen. Er beschrieb eine reife, attraktive Frau, die einen Teppich aussuchte und sich drauflegte und mit dem einen Zipfel ihr Becken zudeckte. Dann sah er einen erigierten Penis, losgelöst, der sich auf sie zubewegte und etwa zweieinhalb Meter vor ihr stehenblieb. Ein Tropfen Flüssigkeit bildete sich an der Spitze des Penis und verwandelte sich in einen Fisch, der auf sie zuschwamm. Als der Fisch näherkam, zog die Frau, jetzt nackt, den Teppich zurück, und der Fisch schwamm halb ihre Vagina hinauf und blieb dort stecken, so daß nur noch der Schwanz zu sehen war. Die Frau lachte wie eine Wahnsinnige, als der Fisch versuchte, sich durch heftige Schwanzbewegungen zu befreien. Schließlich gelang ihm das, aber er war nur noch ein Skelett, und die Frau war jetzt die Mutter des Klienten. Seine Angst war so akut, daß er die Augen öffnete und mehrere Sitzungen lang die Arbeit mit freiem Imaginieren nicht fortsetzen wollte. Obwohl er seine ödipalen Wünsche erkennen konnte, war es ihm nicht möglich, seine Lustgefühle und entsprechende Affekte zu erleben. Seine extreme Angst konnte er schließlich dahingehend verbalisieren, er wolle seinen Gefühlen gegenüber seiner Mutter nicht weiter auf den Grund gehen.

Der skeptische Leser sollte das veröffentlichte Material über vergleichbare Aufdeckung durch Bildvorstellungen nachschlagen (*Morishige* 1971; *Morishige, Reyher* 1975; *Reyher* 1968, 1977b). Obwohl freie Bildvorstellungen je nach Person mehr oder weniger bizarr ausfallen, ist die erneute Imagination eines Traumbildes eine besonders wirksame Methode zur Intensivierung unterdrückter Impulse (*Morishige, Reyher* 1975; *Reyher* 1977a) und zur Auslösung bizarrer Bildvorstellungen. Zunehmend bizarre Bilder sind anscheinend auf stärker werdende Angst zurückzuführen und dienen als Schutzmechanismus. Klienten, die man als Personen mit hysterischen Zügen beschreiben könnte, berichten häufig hochdramatische und bizarre Bilder. In der klassischen *Freud*schen Psychoanalyse gilt Bizarrheit als das Werk von Primärprozessen; jedoch erwies sich die Überprüfung eines alternativen Begriffssystems als ebenso wirtschaftlich wie vielversprechend.

4. Modi der Informationsverarbeitung

Offenbar verfügt der Mensch über zwei wichtige Modi der Informationsverarbeitung (*Reyher* 1977b). Der eine verläuft über das Nervensystem und bildet Wahrnehmungen aus der elektro-chemischen Abbildung der auf die Rezeptoren einwirkenden Energie (*Reyher* 1977b). Die der Wahrnehmung zugrundeliegenden Prinzipien oder Funktionen bestimmen auch den Abruf von Wahrnehmungen (Bildern) aus unserer kodierten Wahrnehmungserfahrung. Dieser Modus wird *analogisch-synthetischer Modus der Informationsverarbeitung* genannt. Der zweite Modus, mit dessen Hilfe wir gesprochene und geschriebene Symbole verstehen und verwenden können, wird als *semantisch-syntaktischer Modus der Informationsverarbeitung* bezeichnet. Der semantisch-syntaktische Modus besteht aus voneinander unabhängigen expressiven und rezeptiven Komponenten. Hören ist etwas anderes als Sprechen. Hören ist die Transformation von der digitalen (Worte) auf die analoge (kortikales Potential) Ebene, während Sprechen die Transformation von der analogen zur digitalen Ebene darstellt. Hören ist der rezeptive, Sprechen der expressive semantisch-syntaktische Modus. Der expressive Modus wiederum ist unterteilbar in *begrifflich-verbale* Darstellung (abstrakte Bezugsgegenstände) und *abbildend-verbale* Bezugsgegenstände (Worte zur Bezeichnung konkreter Objekte).

Wesentliche Besonderheiten des expressiven semantisch-syntaktischen Modus sind die Darstellung und Kommunikation von Bedeutung über Symbole und Syntax. Das bedeutet, daß der Sprechende oder Schreibende Träger (*Morpheme*) gebraucht, die etwas anderes darstellen sollen als sich selbst (nämlich den Bezugsgegenstand) und aufgrund einer Übereinkunft in bestimmter Reihenfolge angeordnet sind. Hierbei handelt es sich nicht um passive, spontane Prozesse. Die Mitteilung eines Gedankens ist aktiv, interpersonal, und der Sprechende bzw. Schreibende erfaßt unmittelbar die Bedeutung dessen, was er mitteilen möchte.

Der analog-synthetische Modus faßt nicht nur Wahrnehmungen, sondern auch Bilder zusammen. Normalerweise sind die uns im Wachzustand vor Augen tretenden Bilder abbildhaft, d. h., sie werden aus dem Speicher kodierter Wahrnehmungserfahrungen abgerufen. Abbilder sind keine semantischen Darstellungsträger, sondern werden von dem Imaginierenden lediglich wie eine optische Wahrnehmung registriert. Weder Bilder noch Wahrnehmungen sind kognitive Prozesse. Sie werden mühelos mit Hilfe von gestalttheoretischen Organisationsprinzipien zu Wahrnehmungsstrukturen zusammengefaßt und gleichzeitig durch die Aufzeichnung früherer Wahrnehmungen im Gehirn moduliert. Diese Modulation sensorischer Eindrücke durch frühere Erfahrungen wird nach dem Grad physischer, funktionaler oder qualitativer Ähnlichkeit gesteuert. Bei Bildvorstellungen ist die sensorische Information auf interozeptive, propriozeptive und intrapsychische Reize beschränkt, die auch Triebe, d. h. reaktionserzeugende Reize, einschließen können. Bedürfnisse des Selbst, besonders solche, die mit unerfüllten Anerkennungswünschen zusammenhängen, steuern den Abruf von Wahrnehmungen und liefern die thematische Organisation (Synthese) solcher Wahrnehmungen, die für die Erfüllung dieser Wünsche relevant sind. Diese kennen wir als Tagträume. Es handelt sich dabei um Abbildungen von ich-syntonen Wünschen.

In nächtlichen Träumen und heißen Bildern werden ich-dystone triebgesteuerte Impulse und ihre dissoziierten Ziele indirekt abgebildet, da eine direkte bildliche Darstellung mit zu großer Angst verbunden wäre. Daher ist in diesen Fällen die Identifikation des Bezugsgegenstandes nicht eindeutig. Indirekte und unwillkürliche bildliche Darstellung der Ziele und Objekte eines triebgesteuerten Impulses wird nicht semantisch vermittelt, daher ist die Bedeutung nicht erkennbar. Indirekte bildliche Darstellung verläuft über Ähnlichkeiten (physische, funktionale oder qualitative) wie beispielsweise der Beziehung zwischen Kuh und Mutter oder Schlange und Penis. In der klassischen psychoanalytischen Nomenklatur werden sie treffend als Triebderivate bezeichnet. Als solche sind sie Indikatoren für einen Prozeß. Ein Indikator steht für nichts anderes als sich selbst („Phallussymbol" ist eine Fehlbezeichnung, da die darstellende oder symbolische Funktion fehlt), er zeigt nur an, daß irgendein Prozeß abläuft. In unserem Falle können wir über die Natur dieses Prozesses allerdings nur Vermutungen anstellen, denn die Derivate eines gegebenen triebgesteuerten Impulses können in unendlich vielfältiger Gestalt auftreten. Leider vermitteln die wenigsten Derivate dem Außenstehenden die entscheidenden Aspekte der Ähnlichkeit. Triebderivate sind daher individuell unterschiedliche und unzuverlässige Anhaltspunkte für die Diagnose, und ihre Bedeutung ist nicht bekannt. Eine objektive Beurteilung ihrer Bedeutung kann erst nach der Identifikation durch den Imaginierenden erfolgen, auch wenn sie dem Beobachter offenkundig erscheint. Bildhafte Triebderivate sind leichter zu entschlüsseln als die begrifflich-verbalen Derivate beim freien Assoziieren, da sie ihrem Bezugsgegenstand in irgendeiner Hinsicht ähneln. Begrifflich-verbale Derivate sind durch semantisch vermittelte Vergleiche, Übereinstimmungen, Anspielungen und Symbolisierung verschleiert. Freies Assoziieren beruht auf dissoziierten Begriffen, die aus Zielen verdrängter Impulse bestehen, wohingegen freies Imaginieren die Wahrnehmungen dieser Ziele abbildet.

Aufzeichnungen zeigen, daß eine reine Bilddarstellung zu konkret für die Wiedergabe von Affekten und Gefühlen wie Liebe, Loyalität, Verehrung, Transzendenz, Zionismus, Sozialismus, Demokratie usw.

ist. Solche Inhalte werden durch begrifflich-abstrakte Darstellung vermittelt, wobei gleichzeitig konkrete Illustrationen dazu auftauchen können. Sowohl unsere experimentellen Untersuchungen (*Reyher* 1977a) als auch klinische Beobachtungen zeigen, daß freies Imaginieren verdrängte triebgesteuerte Impulse verstärkt. Für die Kognition (Verstehen) dieser Impulse ist die begrifflich-verbale Kennzeichnung der dissoziierten Affekte und der mit den Zielen und Objekten dieser triebgesteuerten Impulse verbundenen Inhalte erforderlich.

5. Klinische Beispiele

In den beiden folgenden Protokollen achte der Leser besonders auf die Unterschiede im Gebrauch von begrifflich-verbaler Darstellungsweise (abstrakter Bezugsgegenstand), abbildend-verbalen Bezugsgegenständen (Worte zur Bezeichnung konkreter Objekte) und Derivaten in Bildform. Sowohl abbildende als auch begrifflich-verbale Darstellung laufen über das Bewußte (wir wählen unsere Worte) bzw. über kognitive Mitteilung von Bedeutung über Symbole (Worte und ihre Bezugsgegenstände); anders ist es bei spontaner Triebrepräsentation in Bildern vor dem geistigen Auge. Diese Bildvorstellungen erscheinen ohne unser Zutun.

Das folgende Protokoll stammt von einer hochintelligenten, selbstbezogenen, alleinstehenden Frau, die unter sexueller Inaktivität, Anorgasmie und der Isolation wichtiger Gefühlsbereiche litt. Ihre Mechanismen zur Bewältigung von Umweltstreß waren außergewöhnlich gut, und sie hatte sich die verschiedensten Fähigkeiten angeeignet.

„Ich dachte an zwei Bilder, die allein meinen Vater zeigen. („Können Sie die Bilder beschreiben?") Ja, die waren fast gleich. Sie zeigen ihn stehend mit Blick in die Kamera. Er hat einen ganz leichten Anzug an, ein Bild zeigt ihn mit Hut, das andere ohne. Er sieht ganz jung aus und sehr schmal ... Der Raum verändert sich. Ja, da ist ein riesiger Abstand zwischen uns. („Wie weit bin ich weg?") Der Raum ist sehr lang, und Sie sind am anderen Ende ... („Erzählen Sie mir, was Sie vor Ihrem geistigen Auge sehen und was für körperliche Gefühle und Emotionen Sie bemerken.") Ich habe wieder an einen kleinen Jungen und ein kleines Mädchen gedacht. („Der kleine Junge, der dem kleinen Mädchen unter den Rock faßt?") M-mhm. Es kommt mir vor, als ob ich manchmal nervöser (die Verbindung zwischen unbewußten Trieben und körperlichen Symptomen war in früheren Sitzungen herausgearbeitet worden) oder angespannter wäre als normal; als ob die geringste Kleinigkeit mich aufregt. („Was sehen Sie?") Nichts. Nein, jetzt hab' ich das Gefühl, als kippe die Stuhllehne nach hinten. („Beschreiben Sie weiter jede Kleinigkeit, ganz gleich was es ist.") Mir ist sehr kalt. — Mir ist einfach sehr kalt, und es sieht aus, als würde es hell. — Es ist sehr kalt. — Ich sehe nur dieses Licht. („Beschreiben Sie einfach alles, was Sie sehen und fühlen.") Mir ist sehr kalt — ich, hm, kommt mir vor, als ob ich mich entspanne und ich habe so zwei Löffel in den Händen, in jeder Hand einen Löffel. — Ich dachte daran, ich sah mich eine Treppe oder sowas hinunterlaufen in diesen viel zu großen Schuhen. Mir ist einfach so kalt. Also, ich denke daran, meinen

Mantel zu holen, um mich warmzuhalten. Ich habe wohl ein bißchen Angst. Ich weiß nicht. („Beschreiben Sie weiter alles, was Ihnen auffällt.") Ich dachte an den kleinen Jungen und die Geschichte draußen in der Schule, die Jungen, die sich prügelten. („Sehen Sie etwas vor sich?") Ich dachte an die Fische, die wir in der Schule haben, und ich dachte, daß einer einen besonders großen Bauch hat, und an die habe ich gedacht. Und ich hab' mich selbst gesehen, wie ich diese Fische kneife. („Wie Sie den Bauch des Fisches kneifen, den großen Bauch?") Ich werde, ja, richtig entspannt, und dann kommt was, was mir Angst macht. („Den Fisch in seinen dicken Bauch zu kneifen?") Ich dachte an ... ich sehe etwas wie die Rücken von zwei Leuten, ich weiß nicht. Es hat irgendwas mit, hm, einem Nabel oder so zu tun. („Ein Nabel, Rücken von zwei Leuten, ein Nabel. Sagen Sie mir alles, was Sie sehen oder fühlen.") Meine Augen, ich kann sie immer so schlecht zuhalten. Ich hab' an Geld in der Schule gedacht. Ich dachte an zwei Jungens in der Schule und an Geld. Ich sehe — ich sah jemand Großes, der sich nach vorn beugt, und er hat ein Segelboot, ein kleines Spielzeugboot, und ich sah, wie die Segel hochgingen. Ich kriege Angst. („Das macht Ihnen Angst?") Ich dachte — als Sie das sagten, dachte ich an den Mann, mit dem ich befreundet war, der ein Segelboot hatte. („Können Sie ein Bild von diesem langen Fisch mit dem dicken Bauch sehen?") Wenn ich den Fisch in den Bauch kneife, muß er. („Urinieren oder Verdauung?") Verdauung ... ich habe gerade daran gedacht, wie ich einen Fisch gesehen habe und einer aus der Klasse fragte, was denn da von dem Fisch runterhängt, und ich es ihm erklärt habe ... ich denke daran, wie ich meinem Vater die Knie in den Bauch drücke. („Was passiert jetzt? Wenn Sie Ihrem Vater die Knie in den Bauch drücken?") Ich habe auch daran gedacht, wie ähnlich die Exkremente, die da an dem Fisch hängen, dem Penis meines Vaters sein könnten oder so. („Das letzte Mal, als Sie daran dachten, wie Sie Ihrem Vater auf dem Bauch saßen, war Ihnen bewußt, daß hinter Ihnen seine Genitalien waren. Sie dachten, wenn Sie zurückrutschen, würden Sie draufsitzen.") Wie ich das sagte, habe ich mir gewünscht, ich hätte es nicht gesagt, oder ich würde mich nicht daran erinnern. („Was passiert jetzt?") Ich dachte darüber gerade nach, und ich dachte an Geschlechtsverkehr. Ich dachte daran, weil, wissen Sie, als ich an den Penis dachte, war er erigiert, und ich dachte daran, wie ich darauf säße. Als ich dachte, saß ich auf dem erigierten Penis. („Ihr Vater mit dem erigierten Penis? — Sie zucken ein bißchen zusammen, runzeln die Stirn.") Ja, mich stört, daß ich das sagen möchte: ich glaube nicht, daß das mein Vater ist. Das dachte ich gerade. („Wieso stört Sie das?") Ich, hm, einfach, weil — ach, ich weiß nicht. Ich mag einfach die Vorstellung nicht, daß das was ist. („Ein Teil von Ihnen mag die Vorstellung nicht, der andere wohl. Sie taucht immer wieder auf.") Ich — hm, ich weiß nicht. Ich mußte einfach aufhören, über ihn nachzudenken. Zum Beispiel habe ich eben daran gedacht, was ich machen werde, wenn ich von hier weggehe."

Klientin A ist ein gutes Beispiel dafür, wie Bildderivate von genitalsexuellen Impulsen, die mit ödipalen Wünschen zusammenhängen, bewußt werden und wie diese Impulse durch fortgesetzte spontane Bilder intensiviert werden. Klient B ist ein gutes Beispiel für begrifflich-verbale Darstellung von Affekten und Gefühlen, anscheinend seine Reaktion darauf, daß während des Auftauchens von Bildderivaten die mit ödipalen Wünschen verbundenen sexuell-genitalen Impulse stärker werden. B war ein 21jähriger, selbstbezogener, impotenter Mann von durchschnittlicher Intelligenz, der im College versagte. Seine Ich-Stärke und Fähigkeit zur Bewältigung von Umweltstreß waren erheblich geringer als bei A.

„Ich fühl' mich jetzt irgendwie angespannt. Ich denke gerade daran, was ich für ein Gefühl hatte, als ich Ihnen von Susan erzählte. Jetzt ist es das gleiche. Mein Hinterkopf ist heiß, meine Muskeln angespannt, die Beine fühlen sich taub an, und mir ist unheimlich heiß. Ich sehe rechts einen Wald und hinter mir eine Mauer oder sonst irgendwelche Hindernisse. Ich kann zum Beispiel dieses dreieckige Feld sehen, mit der Spitze zum Bauernhaus hin. Dabei fällt mir meine Einstellung zu Ihnen ein, daß Sie in meinem Unbewußten herumgraben. Ich glaube, ich finde mich im Moment ziemlich gut, weil ich meine Probleme so deutlich sehe. Kommt mir so vor, als könnte ich mich selbst analysieren. Komisch, jetzt bin ich mir meines Penis' unheimlich bewußt. Weiß nicht warum. Meine Hand liegt wohl ziemlich dicht daneben auf dem Bauch. Denke an meine Mutter; das Gefühl ist fast überwältigend. Fühlt sich an wie ein Gang, den sie versperrt. Als wäre es am anderen Ende des Ganges dunkel, und ich will an ihr vorbei und sehen, was da ist. Meine Kehle und mein Mund sind trocken. („Was sehen Sie?") Sowas wie einen Besenstiel. Wie einen erigierten Penis. Jetzt bin ich mir meines Penis gerade unheimlich bewußt. — („Was passiert jetzt?") Ich kriege Kopfschmerzen. Es ist schwarz mit kleinen goldenen Punkten, als ob ich irgendwo ganz weit in die Ferne schauen würde. Ganz weit weg sehe ich den Himmel, das Feld und den Zaun. („Ich sehe, daß Sie sich am Hals kratzen?") Ja, mich juckt's und kribbelt's überall. Auf der Nase, auf den Wangen und am Hinterkopf. Ich versuche mich möglichst zu entspannen. Wie in einem Science-fiction-Roman, das oberste Prinzip ist Nicht-Anstrengung. Ich glaube, so fühle ich mich — mich gar nicht anstrengen. Mutter — weich, unter anderem. („Was ist dieses andere?") Oh, nicht beängstigend, aber bremsend, mich hemmend, mich nicht machen lassend, was ich will. Ich sehe sie fast dreieckig."

Bei Susan scheint es sich um ein Bildderivat der Mutter des Klienten zu handeln, und bei dem dreieckigen Feld um ein Bildderivat ihres Schamhaars. Diese Vermutungen bestätigen sich (nachträgliche Bestätigung), als der Klient auf seinen Penis aufmerksam wurde. An diesem Punkt vermittelt die begrifflich-verbale Darstellung vier affektiv gefärbte Vorstellungen von seiner Mutter: sie war frustrierend, erdrückend, sinnlich attraktiv (weich) und zornauslösend. Fortgesetzte Bildvorstellungen verstärkten offenbar die mit seinen ödipalen Wünschen zusammenhängenden sexuell-genitalen Impulse. Trotz der Kraßheit der bildlichen wie auch der begrifflich-verbalen Darstellungsträger erkannte der Klient in dieser Sitzung ihre Bedeutung nicht (Einsicht durch Aufdecken). An diesem Punkt würden die meisten Therapeuten den Irrtum begehen, zu interpretieren. In der aufdeckenden Therapie geschieht nichts dergleichen. Der Ausbruch von Symptomen beim Klienten und seine *„belle indifférence"* ihnen gegenüber sind systematisch wichtig im Zusammenhang mit anderen Forschungen zur Frage posthypnotischer Konflikte (*Silverman* 1976). Diese Untersuchungen haben gezeigt, daß der Grad der Verdrängung teilweise die spezifische Symptomausprägung bestimmt; d.h., es gibt eine feste Reihenfolge oder Sequenz von Symptomen beim Aufheben der Verdrängung. Das Protokoll von Klient B illustriert diese Progression der Psychopathologie.

Die unmittelbare Wirkung des Wechsels von begrifflich-verbaler zu bildlich-abbildender Darstellung im Bewußtsein ist die offenkundige Verstärkung triebgesteuerter Impulse und ihrer verdrängten Ziele und Objekte. Der Grad dieser Verstärkung wird an parallel ablaufenden Körperreaktionen und der Kraßheit der bildlichen Darstellung dieser Wünsche deutlich. Im Widerspruch zur orthodoxen psychoanalytischen Theorie erwecken die beiden Protokollbeispiele, ebenso wie viele andere, den Eindruck, daß spontane Bildvorstellungen nicht die versteckte Erfüllung eines verdrängten Wunsches bedeuten, sondern lediglich die Darstellung eines Ziels oder Objekts eines verdrängten triebgesteuerten Impulses über Derivate ermöglichen. Dieses erneute Vergegenwärtigen heißer Bilder oder Träume durch den Klienten hat im Gegensatz zur begrifflich-verbalen Darstellung anscheinend einen hohen Intensivierungseffekt auf triebgesteuerte Impulse, da es sich dabei um spontane Bildvorstellungen mit besonders enger Verbindung zu einem zentralen Trieb oder Triebkomplex (beispielsweise Ödipus-Komplex) handelt.

6. Experimentelle Untersuchungen über Triebintensivierung

Eine Untersuchung von *Reyher* und *Smeltzer* (1968) bestätigt unsere klinischen Beobachtungen über Triebintensivierung durch freies Imaginieren. In einem zahlenmäßig ausgewogenen Verhältnis ließen wir unsere Versuchspersonen mit Worten oder Bildvorstellungen auf kraß sexuelle oder aggressive Worte und auf Bezeichnungen von Familienbeziehungen reagieren. Wie erwartet, wurde bei Bildvorstellungen stärkere Triebpräsenz, erhöhtes Abwehrbedürfnis und weniger erfolgreiche Abwehr beobachtet als bei verbalem Assoziieren. Ebenso war bei Bildvorstellungen die Frequenz der galvanischen Hautreaktion höher als bei verbaler Assoziation. Angstauslösende triebgesteuerte Affekte und Impulse finden demnach durch Bildderivate direkteren Ausdruck als durch begrifflich-verbales Assoziieren.

Morishige und *Reyher* (1975) konnten nachweisen, daß Traumbilder hinsichtlich einiger elektrophysiologischer Werte im allgemeinen heißer sind als die durch freies Imaginieren (spontane Bildvorstellungen) gewonnenen und daß sich bei der aufdeckenden Therapie (erneutem Vergegenwärtigen heißer Bilder) die Deutlichkeit der Triebdarstellungen bei Versuchspersonen aus dem Kreis der Klienten steigerte, bei studentischen Versuchspersonen jedoch konstant blieb. Unverzerrte Abbildung latenter Trauminhalte wurde bei mehreren Klienten-Versuchspersonen dadurch erreicht, daß sie sich diese zusammen mit anderen heißen Bildern (bestimmt durch galvanische Hautreaktion, Zeichen von Angst im Verhalten, Symptomen, Widerstand) erneut vergegenwärtigten.

Ein Auszug aus einem wörtlichen Protokoll einer der Klienten-Versuchspersonen (Klientin A), die aufgefordert worden war, sich einen Traum noch einmal vorzustellen, verdeutlicht die Intensivierung unterdrückter Impulse und direkte Abbildung des latenten Trauminhalts. Der manifeste Trauminhalt war, sie sei aufgewacht und habe dann Angst bekommen, weil sie sich weder bewegen noch aufwachen konnte. Irgendwie fand sie sich im Badezimmer vor dem Waschbecken wieder und versuchte, sich Wasser übers Gesicht zu schütten, konnte jedoch die gewölbten Hände nicht bis ans Gesicht bringen. Dann sah sie in den Spiegel und erblickte sich selber wie in einem Photonegativ. Sie erwachte nun wirklich, voller Angst, und brachte den Traum nur sehr widerwillig in die Untersuchung ein.

(„Beschreiben Sie noch einmal den Traum, und beachten Sie alle Bilder, die vor Ihr inneres Auge treten.") „Ich lag im Bett. Und ich konnte nicht aufwachen. Ich versuchte aufzuwachen und versuchte, die Hände zu bewegen, aber sie wollten sich nicht rühren. Ich versuche, versuchte aufzuwachen und konnte mich überhaupt nicht bewegen, und ich lag im Bett und dachte, wenn ich mir Wasser ins Gesicht schütten könnte, würde ich davon aufwachen. Ich sehe jetzt verschiedene Bilder. („Können sie sie beschreiben?") Ich sehe einen Mann, der vor der Toilette steht und uriniert. („Beschreiben Sie das Bild.") Er hält einfach seinen Penis und uriniert. Ich ging ans Waschbecken und versuchte, an das Wasser zu kommen, und konnte es auf meinen Händen spüren, aber nicht näher drankommen. Wenn ich die Hände ans Gesicht hielt, spürte ich nichts. Also sah ich in den Spiegel, und da war überhaupt nichts, und ich war bloß ein Negativ (anderes Geschlecht). („Beschreiben Sie, was Sie sehen.") Ich sehe es nicht wirklich. Ich habe es nur so in Erinnerung — daß da nichts war außer schwarz-weiß. Dann sehe ich die Toilette, aber die ist nicht an der richtigen Stelle. („Ist der Mann noch da?") Nein. („Was passiert jetzt?") Ich habe versucht, den Mann vor der Toilette zu erkennen. („Was hatte er an?") Ein kariertes Hemd, aber ich bin gar nicht sicher, ob es ein Mann ist. Ich glaube, ich könnte es sein. („Sehen Sie den Penis jetzt?") Ich weiß nicht. („Was geschieht?") Nichts. (Widerstand.) Ich dachte gerade, mir wurde gerade bewußt, daß ich — keine Maschine bin. („Fühlen oder spüren Sie bei diesem Gedanken irgend etwas?") Ich merke gerade, daß ich das Licht nicht angeknipst habe. (Widerstand.) („Sehen Sie sich oder die Person, die anscheinend Sie ist, bei der Toilette?") Das war, als ich mich gesehen habe, wie ich ins Waschbecken hinunterschaute ... und meine Hände zusammenlegte, um das Wasser darin zu halten. Plötzlich sah ich, wie sich meine Hände zum Penis bewegten. Ich sah die Gestalt. („Wie sieht der Wasserhahn im Becken aus?") Es ist ein Doppelhahn ... mit heiß und kalt an den Seiten. (Hoden.) („Sehen Sie den Hahn selbst?") Oh, der kommt in der Mitte hoch ... ich weiß nicht ... ich würde mich gern aufsetzen und die Augen öffnen oder so. (Widerstand.) („Sehen Sie irgend etwas?") Nein. („Wissen Sie, warum Sie die Augen öffnen möchten?") Wahrscheinlich, weil es Zeit ist für eine Pause oder so."

Dramatische Fälle von Aufdeckung wie der hier beschriebene liefern zwingende klinische Beweise für psychischen Determinismus — die in allen Punkten genaue Übereinstimmung zwischen allen Details der manifesten und der latenten Trauminhalte (verdrängte Wünsche). Man beachte, daß das Bild des Wasserhahns für ein erneutes Vergegenwärtigen zu heiß war.

7. Begriffseinordnung

Durch die Möglichkeiten der Konkretisierung in der aufdeckenden Psychotherapie ist die Überprüfung vieler von praktizierenden Analytikern gemachten Beobachtungen von einer Intuitionssache zu einer Frage rein empirischer Dokumentation geworden. (*Reyher* 1977 a). Dies gilt besonders für *Freud*s, *Sullivan*s und *Horney*s Beobachtungen, wobei die beiden ersten größere Bedeutung haben. Eine Schwäche ihrer theoretischen Konstrukte ist jedoch, daß sie kaum operationalisierbar sind. Besonders trifft das auf *Freud*s metapsychologische Erklärungen zu. Tatsächlich ist gerade das einzige von uns nicht verifizierte empirisch begründete Konstrukt von zentraler Bedeutung für seine metapsychologischen Erklärungen, nämlich das der Ersatzbefriedigung (Wunscherfüllung) durch nächtliche Träume. Träume gelten als eine Art psychisches Sicherheitsventil. Nach unseren Ergebnissen verschafft die erneute Vergegenwärtigung solcher nächtlicher Träume keine Erleichterung, sondern verstärkt noch die verdrängten Impulse und die dissoziierten Möglichkeiten zu ihrer Befriedigung, verschärft vorhandene Symptome und bringt weitere hervor.

Sowohl *Freud* als auch *Sullivan* begriffen Angst als einen Reiz zum Schutz gegen innere und zur Antizipation äußerer Gefahren, jedoch unterschieden sie sich erheblich, was den jeweiligen Schwerpunkt und die Art der vermittelnden Mechanismen angeht. *Freud* legt das Hauptgewicht auf die erste Kategorie (Instinkte), *Sullivan* dagegen auf die zweite (interpersonale Beziehungen). Die von mir entwickelten psycholinguistischen Konstrukte decken sich nicht völlig mit den ihren, weil die aufdeckende Therapie mit anderen Methoden arbeitet. Die mit Hilfe dieser Methoden produzierten Phänomene scheinen einige Begriffsfragen zu klären, besonders hinsichtlich der Natur psychischen Leidens, seiner Ursachen und Folgen. Die Konstrukte der Dissoziation und Verdrängung sind beide hilfreich und scheinen unterschiedliche Mechanismen zu repräsentieren und unterschiedliche Funktionen zu erfüllen. Wenn ein Trieb operationalisiert wird als jede Konstellation, die zu einer Reaktion führt, kann zwischen endopsychischen und intrapsychischen Trieben unterschieden werden. Intrapsychische Triebe werden von unseren Vorstellungen über uns selbst und andere bewirkt, besonders wenn wir mit realen oder imaginierten Beziehungen zu anderen Menschen beschäftigt sind; endopsychische Triebe dagegen entstammen einem biologischen Substrat.

7.1 Intrapsychische Triebe

Viele reaktionserzeugende Affekte werden durch einen Wandel der Selbstachtung hervorgerufen, besonders solche, die mit einer befürchteten narzißtischen Kränkung oder den Nachwirkungen einer tatsächlich erlittenen Kränkung zusammenhängen. Da sie in öffentlichen oder interpersonalen Situationen entstehen, sind sie gut operationalisierbar. Wenn wir uns bedroht fühlen (Antizipation einer Kränkung) oder eine Kränkung tatsächlich erleiden, sind wir bestrebt, entweder unsere Selbstachtung zu erhalten (das Gesicht zu wahren), einen erfahrenen Verlust so gering wie möglich zu halten (unsere Haut zu retten) oder unsere Selbstachtung zu heben (Imagepflege). Diese Handlungen fallen in verschiedene Kategorien von Sicherheitsoperationen und werden oft, wenn auch nicht immer, von unterschiedlichen Affekten begleitet. Erhaltung der Selbstachtung ist charakterisiert durch solche Sicherheitsoperationen, die ein Sinken der Selbstachtung durch Rechtfertigungen verhindern sollen, z. B. Entschuldigungen, Rationalisierungen, Externalisierung usw. Geringhalten des Verlustes zeichnet sich durch disjunktive Sicherheitsoperationen aus. Sie unterbrechen einen ungünstigen Verlauf interpersonaler Ereignisse, unter dem wir bereits leiden und in dem wir von jedweder Handlung eine weitere Verschlechterung erwarten; Beispiele dafür sind: „Ohne mich", „Nein, danke", „Mach du das", „Ich will nicht" usw. Hebung der Selbstachtung äußert sich in Sicherheitsoperationen, die darauf abzielen, andere zu beeindrucken (ein positives Bild von uns zu geben), um eine Bedrohung abzuwenden, z. B. Prahlerei, Lügen, Übertreibung, Angabe, Alleswissertum, Herabsetzung, Gefälligkeit, Umgänglichkeit etc.

Wir alle bemühen uns in erster Linie, auf andere einen guten Eindruck zu machen (ein Bild von uns zu geben), besonders auf Personen, die uns wichtig sind (Familie, Freunde, das andere Geschlecht, unsere Vorbilder und Lehrer), und dementsprechend sind wir bestrebt, einen negativen Eindruck zu vermeiden. Wir achten auf Zeichen der Billigung (positive Rückmeldung) oder Mißbilligung (negative Rückmeldung) im Verhalten anderer und hoffen, daß öffentliche Anerkennung (Ehrung) der Lohn für unsere positiven Bemühungen wie Loyalität, gute Leistung, Arbeit, guten Charakter etc. sein wird. Wir fürchten öffentliche Mißbilligung (Beschämung). Andere zum Lachen zu bringen, Interesse zu bekunden, Zustimmung, Bestätigung unserer Meinung sind alles übliche Ausdrucksformen der Billigung. Ehrungen (Begrüßung eines Helden, Verleihung des Nobelpreises usw.) werden nur aufgrund besonderen Verdienstes erworben.

Diese positiven und negativen Rückmeldungen können wir uns nicht selber geben. Was wir selbst von uns halten, ist zweitrangig. Beispielsweise wären diejenigen unter uns, die allein ungeniert in der Nase bohren, beschämt, wenn sie dabei in der Öffentlichkeit beobachtet würden. Das gleiche gilt für Onanieren und andere Gewohnheiten in der Intimsphäre. Wir haben Angst davor, daß andere kleinliches, rachsüchtiges und boshaftes Verhalten bei uns erkennen. Allen unseren Klienten macht es große Schwierigkeiten, das Mißverhältnis zwischen ihrer Selbsteinschätzung und der Einschätzung durch andere zuzugeben. Innengeleitetes Verhalten ist in unserer Kultur ein positiver Wert, und Klienten erwarten vom Therapeuten, daß er sich dieser positiven Wertung anschließt. Einige von uns, deren Wertsystem eher innen- als außengeleitet erscheint, richten vielleicht in Wirklichkeit ihr Verhalten nach einer abwesenden Bezugsgruppe von einer oder mehreren lebenden oder verstorbenen Personen aus (Held oder religiöse Gestalt). Ein klinisches Beispiel mag dies verdeutlichen. Ein Klient, der zu spät und außer Atem zum Termin erscheint, wird sich fast immer gleich beim Eintritt entschuldigen. Dies ist eine standardisierte Sicherheitsoperation (man hält sich an die Regeln der Höflichkeit), die automatisch und ohne weitere Überlegungen eingeschaltet wird. Nimmt man sie jedoch als Einstiegspunkt, kommt man zu nützlichen Erkenntnissen. Die Exploration der subjektiven Bewußtheit zeigt, daß der Klient die Tatsache wiedergutmachen will, daß er den Therapeuten hat warten lassen, wohl in der Annahme, dieser warte nicht gern auf Klienten. Dies macht eine Frage zur interpersonalen Situation erforderlich: „Haben Sie sich auf dem Weg hierher gefragt, was ich wohl denke?" Eine solche Frage führt meist zu der Erkenntnis, daß dem Klienten die Möglichkeit einer Mißbilligung sehr klar vor Augen stand und daß er hoffte, ihr durch eine atemlos hervorgebrachte Entschuldigung zuvorzukommen oder den Therapeuten durch die Angabe von Gründen für die Verspätung beschwichtigen zu können (Sicherheitsoperation). Die Klienten sagen jedoch ungern, daß das Hauptmotiv für die Entschuldigung der Wunsch war, den Eindruck, den der Therapeut von ihnen hat, zu ändern. Natürlich stellt man eine solche Entschuldigung nicht in Frage, denn die gleiche Problematik taucht aus denselben oder anderen Gründen in abgewandelter Form immer wieder auf, und an jedem dieser Punkte kann mit einer Frage zur interpersonalen Situation eingehakt werden. Die meisten Menschen sehen sich eben ungern als so abhängig von ihrer Umgebung und erwarten dementsprechend Ablehnung. Jedenfalls stellt sich in den meisten Fällen heraus, daß die Klienten nur ungern zugeben oder überhaupt den Gedanken akzeptieren, daß ihre Hauptsorge die war, der Therapeut könne sie für gedankenlos, verantwortungslos, unaufrichtig, oberflächlich usw. halten. Wenn sie schließlich die wahre Ursache ihrer Besorgnis erkannt haben, steigert dies oft ihre Motivation zur Offenheit in ihren engen persönlichen Beziehungen oder vielmehr in den Beziehungen, die eng sein sollten.

Die Wünsche, die durch die Exploration der subjektiven Bewußtheit zutage gefördert werden, sind nicht so geartet, daß die Klienten sie gerne zugeben oder anderen einprägen. Der *Jung*sche Begriff der *persona* ist hier hilfreich. Wir haben ein öffentliches und ein privates Ich. Einen Großteil unseres wachen Lebens verwenden wir auf Steigerung (Erfolg — Kompetenz — Anerkennung) bzw. auf die Vermeidung einer Minderung (Versagen — Unzulänglichkeit — Ablehnung) unserer Selbstachtung, entweder in der Realität oder in Phantasien zum Ausgleich. Menschen mit geringer Selbstachtung neigen dazu, eine negative Rückmeldung von wichtigen Personen zu erwarten, wodurch Sie sich selbst hemmen, während Menschen mit hoher Selbstachtung positive Rückmeldung erwarten und sich von daher verwirklichen können.

7.1.1 Syntonie und Dystonie*

Jede Veränderung der Selbstachtung, gleich in welcher Richtung, hinterläßt eine Spur von verwandten Affekten und Emotionen. Zur besseren Verständigung wird der Begriff *Syntonie* zur Bezeichnung der angenehmen Affekt-Komponente bei einer Steigerung der Selbstachtung verwendet, der Begriff *Dystonie* zur Bezeichnung der unangenehmen, schmerzhaften Affekt-Komponente bei sinkender Selbstachtung. Syntonie ist gekennzeichnet durch Worte wie Befriedigung, gute Laune, Freude, Euphorie, Glück, Ekstase usw. und bildet daher nicht das zentrale Thema dieser Arbeit.

Dystonie entsteht immer dann, wenn wir spüren, daß eine wichtige und/oder persönliche Vorstellung von uns selbst durch unser eigenes

---

*) In diesem Abschnitt wird der Begriff der *Dystonie* nicht im neurologischen und psychiatrischen, sondern im psychoanalytischen Sinn verwendet. Im ersten Fall bezeichnet Dystonie eine abnorme muskuläre Tonizität, im letzteren psychische Disharmonie.

oder das Verhalten anderer ins Wanken geraten ist. Dies ist eine narzißtische Kränkung, denn diese bestimmte Vorstellung ist ein wichtiger Bestandteil unserer Persona. Für die meisten von uns haben einige Vorstellungen Vorrang vor andern (*Rokeach, Reyher, Wiseman* 1968), Ehrlichkeit kann beispielsweise wichtiger sein als Ordnung, Loyalität wichtiger als Pünktlichkeit, Unabhängigkeit besser als Abhängigkeit. Da unsere Bemühungen, auf andere einen guten Eindruck zu machen, frustriert werden, entsteht Zorn in Verbindung mit Schuldbewußtsein und Schmerz bei der Erkenntnis, daß wir versagt haben. Wir haben andern und uns selbst gegenüber versagt. Dystonie folgt auf dem Fuß. Wenn ein Sportler im Wettkampf einen Fehler macht, können wir oft alle ihre Bestandteile aufs anschaulichste beobachten: Wir sehen heftigen psychischen Schmerz, der sich in verzerrtem Gesicht und Stöhnen äußert; Zorn richtet sich gegen die eigene Person — ausgedrückt in Schlägen und Selbstbestrafung — oder nach außen —, dann wird die Schuld auf das Gerät geschoben (der Golfschläger an den nächsten Baum geworfen); Schuldbewußtsein äußert sich in Niedergeschlagenheit und der Behauptung, man sei miserabel und tauge nichts; und Sicherheitsoperationen kommen zum Vorschein — Entschuldigungen, Lügen, simulierte Verletzungen und andere Verhaltensweisen, die einen Prestigeverlust verhindern helfen.

Die Komponenten der Dystonie werden auf die Aufforderung zum freien Assoziieren mit geschlossenen Augen hin oft konkretisiert. Es treten Angstindikatoren auf, beispielsweise werden die Augen geöffnet, um im Verhalten des Therapeuten Hinweise auf Billigung oder Mißbilligung zu finden (Schuldgefühle), oder es wird indirekt Rückversicherung verlangt — eine Sicherheitsoperation.

In schweren Fällen kann Dystonie ein Leben zerstören, da der Betroffene jedes Risiko vermeidet. Die Alternativen zum Vermeidungsverhalten sind Selbstmord, Psychose oder Einsiedelei. Ausgeprägte Dystonie verursacht heftigen Leidensdruck, erfüllt den Betroffenen mit Selbstvorwürfen und Angst, verschärft durch die Erwartung, daß Freunde und Verwandte ihn im Stich lassen werden. Dieses schuldbeladene, schmerzhafte Selbstgefühl wird weiter kompliziert durch den durch dauernde Frustration hervorgerufenen Zorn. Ein solcher Zorn muß entweder verdrängt, gegen andere oder gegen die eigene Person gerichtet werden, was jeweils unterschiedliche, schwerwiegende Folgen hat. *Horney* (1950) hat die Selbstverachtung ihrer Klienten und die Mittel (Sicherheitsoperationen), die sie anwandten, um eine Verletzung ihres übersteigerten Stolzes auszugleichen oder zu vermeiden, anschaulich beschrieben.

Schlaf kann vorübergehend Erleichterung bringen. Solange wir wach sind, suchen wir nach Mitteln, den Schmerz zu lindern oder uns zu betäuben. Essen ist eine Möglichkeit der Linderung, zudem kann es uns, als Nebeneffekt, vor den Gefahren des Marktes der Liebesbeziehungen bewahren, wenn wir erst einmal dick und unansehnlich geworden sind. Ausgleichende romantische Phantasien betäuben dann wieder den Schmerz der sexuellen Deprivation und Einsamkeit. Dicksein ist Zuflucht.

Manche Menschen betäuben ihre Dystonie mit Alkohol und geben sich gleichzeitig kompensatorischen oder heroischen Phantasien hin, z. B. der Vorstellung, sie machten am Spieltisch oder durch ein raffiniertes Geschäft ein Vermögen. Andere verändern ihre Wahrnehmung durch Drogen, um auf solche Weise die Syntonie zu erlangen, die ihrem Leben sonst fehlt. Wieder andere unterstützen kompensatorische Phantasien durch harte Arbeit und Hingabe an ein bestimmtes Ziel. Sie werden zu Strebern oder *„workaholics"*, deren zentrale kompensatorische Phantasien nur dadurch zu verwirklichen sind, daß sie die Besten in ihrem Fach werden. Einige wenige riskieren sogar ihr Leben bei der Besteigung des Mount Everest oder indem sie in einem Faß die Niagara-Fälle hinunterfahren.

Das heftigste Leiden tritt dann auf, wenn frühkindliche Gefühle des Ungeliebtseins, Gehaßt-, Verlassen- oder Getötet-Werdens durch die Eltern über Bildvorstellungen wieder auftauchen, beispielsweise: „Ich sehe mich selbst zwischen meinen Eltern stehen. Ich bin noch ein Baby. Sie schlagen mir den Kopf ab, dann sieht es so aus, als ob sie sich an irgend etwas in meinem Hals zu schaffen machten." Solche Bilder entstehen vermutlich durch Vorstellungen, die sich über den von *Sullivan* zutreffend als *parataktisch** bezeichneten Erfahrungsmodus entwickelt (d. h., zu einer emotionalen Störung geführt) haben.

7.2 *Dissoziation*

Dissoziation ist die Unfähigkeit des Erkennens (auf begrifflich-verbalem Wege) von negativen Vorstellungen über die eigene Person oder andere (Personifizierung) aufgrund zu starker aversiver Dystonie. Da zu ihrem Verständnis begrifflich-verbale Mittel nötig sind, wäre die ausschließliche Verwendung von freiem Imaginieren wirkungslos.

---

*) *Parataxie:* Verzerrung und Verschiebung zwischenmenschlicher Beziehungen durch Übertragung falscher subjektiver Vorstellungen und Wertungen auf den Partner. (Anm. d. Red.)

Wenn sie nicht verboten wird, kann begrifflich-verbale Darstellung all das ergänzen, was an konkreten Aspekten dieser Personifizierung vor dem geistigen Auge des Klienten erscheint. Klient B ist ein gutes Beispiel für das Ineinandergreifen beider Arten der Informationsverarbeitung. Er zeigte immer dann Kontingenzreaktionen, wenn er begann, eine negative Auffassung (Verkörperung der bösen Mutter) von seiner Mutter kognitiv zu erfassen, z. B. die kalte, lieblose Mutter und die aufdringliche, sexuell provozierende Mutter. Um dies zu verhindern, vermied er die Benennung all der Merkmale ihrer Person oder ihres Verhaltens, die für diese Personifizierungen relevant waren. Wenn die Dissoziation einer Personifizierung oder einer Vorstellung durch die vollständige Benennung aller relevanten Merkmale aufgehoben ist, folgt eine differenziertere, der Wirklichkeit entsprechende Wahrnehmung der betreffenden Person.

Dissoziation und Verdrängung sind sich insofern ähnlich, als beide durch den mit Schuldgefühlen befrachteten seelischen Schmerz der Dystonie verursacht werden, die eine Begleiterscheinung bei verminderter Selbstachtung ist. Hier endet die Ähnlichkeit jedoch schon, denn die auslösenden Mechanismen scheinen unterschiedlich zu sein. Dissoziation impliziert die Unterbrechung einer Mikrogenese (*Werner* und *Kaplan* 1953) der Kognition, die sich auf verschiedene Weise äußern kann: *Freud*sche Fehlleistung; den Faden verlieren oder nicht wissen, warum wir etwas gesagt haben; sich in einem Satz verheddern; grundloses Seufzen oder Weinen; Niedergeschlagenheit ohne ersichtlichen Grund; uneingestandene und uns belastende Identifikation mit Kriminellen; ständige Stimmungsmache für den Benachteiligten oder den Sieger; usw.

Der eindrucksvollste Hinweis auf eine Unterbrechung der kognitiven Mikrogenese ist die sogenannte prekognitive Aura (*Reyher* 1977a). Bei der Beschreibung heißer Bilder verbalisieren manche Klienten ihren Widerwillen fortzufahren, obwohl ihnen die Bedeutung eines bestimmten heißen Bildes unbekannt ist. Fast scheint es, als wäre ihnen ihre Aversion vage bewußt, ohne daß sie sie jedoch verbalisieren könnten. Wir betrachten dies als Hinweis auf eine Unterbrechung der kognitiven Mikrogenese, nicht als Nachweis eines vorbewußten Systems im Sinne der *Freud*schen Psychoanalyse. Immer stellt sich heraus, daß eine neu entstehende Konzeption einer bereits vorhandenen und für die Selbstachtung bedeutsamen widersprechen würde (*Rokeach* et al. 1968), z. B. „Ich bin kein Mann (keine Frau)", „Ich bin pervers", „Meine Mutter liebt mich nicht", „Ich bin ein eitler schlechter Mensch". Psychopathologische Beispiele für das Ausagieren dieser dissoziierten Selbstvorstellungen sind Verhaltensweisen wie Wechsel der Persönlichkeit (multiple Persönlichkeit) und Perioden der Trunksucht. In diesen Fällen sind die Methoden zum Selbstschutz (nämlich die der Amnesie) Extrembeispiele der Unterbrechung des normalen Prozesses der Begriffsbildung (Kognition). Die Unterbrechung der kognitiven Mikrogenese tritt vermutlich an dem Punkt auf, wo Begriffe und Wahrnehmungen integriert werden, und manifestiert sich in beginnender Dystonie, verursacht durch die stärker werdenden verdrängten Impulse.

Verdrängung unterscheidet sich insofern von Dissoziation, als sie die Hemmung der dystonieerzeugenden Triebziele (Begriffe) und Triebobjekte (Wahrnehmungen) impliziert. Wir sehen also, daß Verdrängung von Impulsen mit der Dissoziation von Begriffen verbunden ist und vermutlich einen neurophysiologischen negativen Koppelungsmechanismus einschließt, der die Impulsintensität herabsetzt (*Reyher* 1963; *Reyher, Basch* 1970; *Sommerschield, Reyher* 1973). Die von uns gewonnenen Daten berechtigen nicht zur Hinzuziehung psychoanalytischer metapsychologischer Erklärungen.

Offenbar ist Verdrängung der Dissoziation nachgeordnet; d. h., Impulse, die sich auf unzulässige Ziele richten, müssen gehemmt werden, um die Dissoziation aufrechtzuerhalten. Glücklicherweise sind nicht alle möglichen Triebziele und Objekte inakzeptabel (einer bedeutsamen Selbsteinschätzung zuwiderlaufend); andernfalls wäre es unmöglich, durch Verschiebung den für die meisten von uns unumgänglichen Ödipus-Komplex aufzulösen.

7.2.1 Angst und die Auslösung von Dystonie

Dissoziation bedeutet nicht unbedingt die Verdrängung von Impulsen. Dies gilt besonders für dystonieauslösende Situationen in der Öffentlichkeit (eine Theateraufführung oder eine Prüfung). Diese Dystonie wird nicht durch einen triebgesteuerten Impuls verursacht. Nehmen wir zum Beispiel jemanden, der Schreibmaschine schreiben lernt. Wenn er immer wieder den gleichen Fehler macht, stellt sich der bekannte, mit Schuldgefühlen beladene Schmerz ein, der auch Zorn auf die eigene Person, nicht aber Angst einschließt. Die Angst würde allerdings dann einsetzen, wenn der Schüler eine Prüfung auf sich zukommen sieht, während er noch Fehler macht. Diese Angst ist ein Indikator für die Antizipierung öffentlich bekanntwerdenden (interpersonalen) Versagens und verletzten Stolzes (Widerlegung einer wichtigen Selbsteinschätzung). Begleitet wird sie vom Auftreten von Schuldgefühlen und Schmerz (Gefühl der Unzulänglichkeit) und von Sicherheitsoperationen, die die Minderung der Selbstachtung aufhalten und es ermöglichen, den Zorn nach außen zu wenden, beispielsweise durch Kritik am Kurs und/oder Lehrer. Dieses Angstgefühl entsteht aus der Befürchtung einer bekannten potentiellen Bedrohung. Wenn der Schüler tatsächlich durch die Prüfung fällt, wird die Dystonie dissoziiert und durch Sicherheitsoperationen verdeckt (wie beispielsweise Rationalisierungen, Entschuldigungen, „Saure-Trauben"-Einstellung usw.) Wenn wir uns erinnern, ist diese Erinnerung von Dystonie begleitet (wir erinnern uns lieber an angenehme Erlebnisse). Wieder fehlt die Angst, und zwar aus dem gleichen Grund. Falls allerdings unsere Leistungen in dem Kurs von uns wichtigen Personen überprüft werden, dann wird die Angst erneut erlebt. Angst ist eine Funktion der Antizipierung einer interpersonalen Bedrohung.

Für manche Leute, besonders für Männer mit betont männlichem Auftreten, kann ein Symptom oder Indikator von Angst Triebeigenschaften haben und Sicherheitsoperationen auslösen. Ein offensichtliches Zeichen von Angst, beispielsweise Stottern, macht eine Wiederholung um so wahrscheinlicher. Wir beobachten auch, daß Dystonie (Verlegenheit) Sicherheitsoperationen auslöst (wie etwa die Entschuldigung: „Ich denke schneller, als ich sprechen kann") und verdecktes Verhalten (Vermeidung bestimmter Worte) auslöst. Sichtbarer Ausdruck von Angst widerlegt besonders für den Beobachter die Vorstellungen, die für die Selbstachtung des Betreffenden wichtig sind. Diese Vorstellungen werden in der Persona verkörpert als „Ich bin hart im Nehmen", Ich bin tapfer", „Ich habe keine Angst", „Ich bin der Größte", „Mich kann nichts erschüttern", „Kein Problem für mich". In diesem Zusammenhang scheint Angst lediglich der Indikator einer Bedrohung zu sein, die Triebeigenschaften liegen erst in der Bedrohung selber.

Klienten zeigen, daß bei Psychopathologie und Abwehr einschließlich der Sicherheitsoperationen Angst nicht das primäre psychische Motiv ist. Eher scheint es, als besäße der mit Schuldgefühlen befrachtete Schmerz der Dystonie eine Signalfunktion. Hauptanhaltspunkt hierfür ist die Tatsache, daß unsere Klienten einen Schmerz verbalisieren, der im allgemeinen im Zusammenhang mit Gefühlen von Schuld, Verlegenheit (einer Form des Schuldbewußtseins), Ekel und Selbsthaß empfunden wird. Beim Auftauchen dieser Affekte fehlt die Angst häufig, obwohl sie vorher während des Aufdeckungsprozesses durchaus vorhanden war. Sie scheint also mit der Antizipierung einer narzißtischen Kränkung durch den Therapeuten zusammenzuhängen. Diese Beobachtung bestätigt die Vorstellung der Psychoanalyse von der Signalfunktion der Angst, widerspricht jedoch der These, daß dieses Signal Mechanismen in Gang setzen soll, die noch stärkere Angst vermeiden.

Wenn Angst lediglich die Befürchtung einer unmittelbar bevorstehenden narzißtischen Kränkung anzeigt, hat sie noch nicht einmal Signalfunktion. Diese Interpretation stützt sich auf die Tatsache, daß einige Individuen das Empfinden von Angst verbalisieren (Zwangsneurotiker), andere hingegen (Hysteriker) nicht. Diese Unterschiede zwischen Individuen sind anscheinend davon abhängig, wie stark jeweils die Dystonie ist, wenn eine bestimmte Selbsteinschätzung widerlegt wird. Selbsteinschätzungen sind von unterschiedlicher Wichtigkeit für die Selbstachtung, wobei die wichtigsten in einem frühen Lebensabschnitt, insbesondere vor dem Erreichen der kognitiven Reife, erworben wurden (*Sullivans* parataktischer Erfahrungsmodus). Diesen frühen autonomen Einschätzungen, die das Wertsystem und die Liebe der Eltern repräsentieren (nach *Freud* das Über-Ich), stehen zwangsläufig prägenitale und ödipale Wünsche entgegen. Das Ausmaß der dadurch ausgelösten Dystonie zeigt sich an der Stärke der empfundenen Angst. Daß zu der Aktivierung dieser frühen Einschätzungen nicht unbedingt ein Publikum nötig ist, zeigt sich an Angstträumen, Angstzuständen beim Alleinsein, irrationalen Schuldgefühlen und Depression. Da sie autonom und unabhängig von interpersonaler Aktivierung auftreten, personifizieren wir diese Werturteile und Rückmeldungen als „Stimme des Gewissens", Über-Ich oder introjizierte Objekte.

7.3 Sicherheitsoperationen und Impulsabwehr

Sicherheitsoperationen unterscheiden sich von den Abwehrmechanismen der klassischen psychoanalytischen Theorie insofern, als sie nur in der realen oder imaginären interpersonalen Situation existieren. Jedes Verhalten kann Teil einer Sicherheitsoperation werden, z. B. wiederholtes Kopfnicken, mechanisches Gelächter, Gesten (Schulterzucken), Grimassen, gefrorenes oder plötzliches Lächeln. Diese Verhaltensweisen erhalten ihren Sinn nur durch die interpersonalen Wünsche des Individuums, bei anderen einen positiven Eindruck zu erwecken und die erwünschten positiven Rückmeldungen zu erhalten.

Höchstwahrscheinlich ist derjenige, der eine Sicherheitsoperation anwendet, sich über ihre Auslöser und ihre Bedeutung nicht im klaren; ihm ist möglicherweise nur ihr sichtbarer Bezug bewußt, wie bei einer Bemerkung über das Wetter, dem Weitertragen von Klatsch, der Pointe eines Witzes. Unter Umständen werden die Regeln des Anstands verletzt, beispielsweise durch einen Witz bei einer Beerdigung; Sensibilität für andere kann durch Prahlerei abstumpfen; Bekannte können durch Aufdringlichkeit abgestoßen, Arbeitgeber durch Unterwürfigkeit oder Widersetzlichkeit verärgert werden; eine Liebesaffäre kann durch sexuell provozierendes Verhalten oder den Wunsch nach sexuellem Abenteuer zerstört werden, usw.

Eine Sicherheitsoperation ist ein Paradox. Obwohl sie Ablehnung oder Mißbilligung ausgleichen und/oder Bestätigung auslösen soll, erwartet das bedrohte Individuum letztlich Mißbilligung — diese Überzeugung läßt es vor Blickkontakt zurückschrecken. Das sichere Gefühl der Ablehnung wird durch den Erfolg seines Werbens um Bestätigung nur abgeschwächt. Es sucht das Gefühl der Sicherheit, kann es aber nicht realisieren. Da Sicherheitsoperationen keine Schonung vor der sie auslösenden Angst bieten können, treten sie auch dann immer wieder auf, wenn sie ihren Zweck verfehlen. Wenn wir der Dystonie in manchen interpersonalen Situationen ausgesetzt sind, sind wir hilflos, manche von uns mehr, manche weniger. Der Betroffene achtet in den Äußerungen seines Gegenübers genau auf etwaige verborgene Beleidigungen und sucht in dessen Ausdruck nach Schmunzeln, spöttischem Lächeln, einer gehobenen Augenbraue, Schärfe in der Stimme usw. Die genaue Beobachtung anderer führt meistens zur Fehlinterpretation von Zeichen (imaginäre Beleidigung) und zur Bestätigung der erwarteten Ablehnung. Die Anzeichen für positive Bestätigung, die wahrgenommen werden, finden keine Beachtung, obwohl dies der eigentliche Zweck der Sicherheitsoperation ist. Dadurch werden die vorhandenen Gefühle von Dystonie zum Auslöser ständig neuer Sicherheitsoperationen.

Sogar das Anzünden einer Zigarette symbolisiert eine widersinnige, in der Kindheit erlernte Art, Dystonie abzubauen. Es aktiviert eine oder mehrere der Selbsteinschätzungen: „Ich bin erwachsen", „Ich bin hart im Nehmen", „Ich bin kultiviert" und fungiert als Sicherheitsoperation in bedrohlichen Beziehungen des Erwachsenendaseins, besonders bei Cocktailparties oder beim Eintreten in eine unbekannte Bar. Wie bei den meisten Sicherheitsoperationen ist der Linderungseffekt minimal und flüchtig, aber er wird endlos wiederholt, da die Grundvoraussetzungen, die die Sicherheitsoperation auslösen, unverändert bleiben. Schließlich wird Rauchen dadurch zur Gewohnheit, daß ein ursprünglich unangenehmer Geschmack eine angenehme Bedeutung erhielt. Sicherlich schaffen bestimmte Strukturen prägenitaler Wünsche und Fixierungen beim Einzelnen die Veranlagung zu bestimmten Sicherheitsoperationen und psychoanalytischen Abwehrmechanismen, aber in der Krise des interpersonalen Hier und Jetzt bekommen Belange der Selbstachtung Vorrang vor allen anderen Trieben, sogar vor dem Selbsterhaltungstrieb, was sich z. B. in der Annahme einer lebensgefährlichen Herausforderung oder eines Duells äußern kann. Sicherheitsoperationen entgehen unserer Aufmerksamkeit, da ihr wahrer Zweck mit unserem Bild von uns selbst und, was noch wichtiger ist, dem Eindruck, den wir auf andere machen wollen, nicht in Einklang zu bringen ist. Bilder, die wir oder andere von uns haben oder haben sollen, können eines oder alle aus der folgenden Aufzählung und noch weitere einschließen: „Ich bin aufrichtig", „authentisch", „offen", „mit mir im Einklang", „harmonisch", „rational", „fair", „ehrlich" usw.

Eine mildere Form der Dystonie können wir in den *faux pas* des Alltags beobachten, z. B. beim Vergessen des Namens eines Freundes, bei der Vorstellung eines Bekannten mit dem falschen Namen, Umstoßen eines Weinglases bei einer Abendeinladung, oder beim Vergessen des Protokolls oder der Etikette bei einem wichtigen gesellschaftlichen Ereignis. Schüler spüren sie, wenn sie auf eine vom Lehrer vor der ganzen Klasse gestellte Frage die Antwort schuldig bleiben oder durch eine Prüfung fallen. Die meisten von uns kennen den Schmerz, der sich einstellt, wenn uns ein Irrtum nachgewiesen wird, wenn wir beleidigt, abgewiesen, getadelt werden, und die darauf folgende panische Suche nach einer Sicherheitsoperation, die uns hilft, das Gesicht zu wahren. Solche Sicherheitsoperationen können bis zu physischer Gewalt, Mord oder paranoiden Vorstellungen gehen.

Nicht alle Sicherungsstrategien sind schlecht. Ohne die üblichen Klischees über das Wetter und das automatische „Wie geht's?" wären wir voneinander isoliert, und unser Gefühl der Unzulänglichkeit wäre noch stärker. Wer bezweifelt, daß der Wunsch, einen guten Eindruck zu machen bzw. einen schlechten zu vermeiden, hohe Motivationskraft besitzt, sollte versuchen, mit unmodischer oder farblich nicht zusammenpassender Kleidung in die Schule oder zur Arbeit zu gehen. Und wenn jemand die Notwendigkeit von Umgangsformen und Manieren anzweifelt (ergänzende Sicherheitsoperationen), sollte er versuchen, grußlos an Bekannten oder Kollegen vorbeizugehen. Die meisten von uns können sich nicht dazu überwinden, denn die daraufhin einsetzende Dystonie ist zu stark.

Die Widerstandskraft von Sicherungsstrategien gegen Aufgabe oder Veränderung ist ein Maß für die Intensität unserer Gefühle von Unzulänglichkeit und Selbstabwertung. Versuche der Bestätigung oder Ermahnungen nützen nichts, weil diese Gefühle völlig irrational sind und aus unserer Kinderzeit stammen. Nach unseren klinischen Erfahrungen mit aufdeckender Therapie sind sie geprägt durch negative Bewertungen durch uns selbst und andere, lange bevor wir uns durch logisches und kausales Denken dagegen wehren konnten (Sullivans parataktischer Erfahrungsmodus). Logische oder rationale Appelle wie in der rational-emotiven Therapie nach Ellis helfen wenig bis gar nichts. Wenn der Klient auf solche Appelle nicht anspricht, kann dies sein Gefühl von Unfähigkeit und Schuld sogar noch verstärken. Manche unserer Klienten reagieren positiv, da sie das Wohlwollen und die Aufrichtigkeit des Therapeuten spüren, wenn sie ihre Gefühle offenlegen. Aber selbst das reicht nicht in den vielen Fällen, wo negative Selbsteinschätzung außerhalb des Bewußtseins (unterbrochene Mikrogenese) durch verdrängte prägenitale, ödipale oder Tötungswünsche entsteht. Diese fördern im Bewußtsein das Gefühl, wertlos, nicht liebenswert oder sogar verachtenswert zu sein. Symptomtherapien wie beispielsweise die Verhaltenstherapie können in diesen Fällen nichts ausrichten.

7.4 Endopsychische Triebe

Unsere klinischen Erfahrungen mit aufdeckender Therapie haben gezeigt, daß Hunger, Durst und die endopsychischen Triebe der Ausscheidung nicht in spontanen Bildvorstellungen zum Ausdruck kommen. Es kann durchaus geschehen, daß endopsychische Triebe, mit Ausnahme der Sexualität, sich während der Sitzung verstärken, ohne daß die Bilder, die der Klient sieht, auch nur den geringsten Hinweis auf diese Aktivierung geben. Das heißt nicht, daß die Klienten nicht willkürlich Vorstellungen über die Befriedigung dieser Triebe formen können, wenn sie es wollen. Das auffallende Fehlen endopsychischer Triebe sagt wahrscheinlich nichts aus über deren Bedeutung für das Leben oder die Probleme der Klienten, denn für sie sind ihre Bilder ohnehin größtenteils irrelevant. Auch unsere studentischen Versuchspersonen (Morishige, Reyher 1975) beschreiben keine bildliche Darstellung der Befriedigung endopsychischer Triebe. Möglicherweise ruft die zwingende Beharrlichkeit dieser Triebe eine Anpassungsreaktion zur Linderung hervor (Motilität). Der Versuch der Ersatzbefriedigung (z. B. Essen oder Urinieren) über Imagination ist erfolglos, obwohl bei längerer Deprivation das Individuum in einem vergeblichen Versuch der Triebbefriedigung entsprechende Bildvorstellungen vor sein geistiges Auge rufen mag.

Der Sexualtrieb ist einzigartig in seiner Verbindung von neurohumoralem Substrat und diffusen kortikalen Projektionen. Diese Verbindung erklärt vielleicht seine Allgegenwart in Träumen und freien Bildvorstellungen in Gestalt von Derivaten in Bildern. Der Ausbruch hysterischer Symptome im Verlauf der aufdeckenden Therapie läßt darauf schließen, daß die verdrängten Ziele (Vorstellungen) und Objekte des Sexualtriebs durchaus nicht nur in Bildern, sondern auch in anderen Systemen (hysterischen Symptomen) als Derivate Ausdruck finden können (*Burns, Reyher* 1976), ebenso wie Suggestion in der Hypnose Systeme beeinflußt, die der Kontrolle des Willens entzogen sind (*Reyher* 1977b). Sowohl Hypnose als auch hysterische Symptome sind mit Steuerung durch die rechte Hirnhälfte in Zusammenhang gebracht worden. *Stern* (1977) berichtet, daß hysterische Symptome gehäuft in der linken Körperhälfte auftreten (im Verhältnis 5:2), was natürlich darauf hinweist, daß sie über den analog-synthetischen Modus der Informationsverarbeitung im Nervensystem vermittelt werden. Da prägenitale und ödipale Wünsche frustriert werden müssen, muß ihre Intensivierung zu sekundären Gefühlen von Schuld und Zorn führen. Diese sekundären Triebe treten in Träumen, freien Bildvorstellungen, hysterischen Symptomen, sexuellen Funktionsstörungen, Perversionen und schizophrenen Vorstellungen in Erscheinung. Unsere Protokolle zeigen, daß sie durch die synthetisierende Funktion des analogsynthetischen Modus der Informationsverarbeitung vermischt werden. Diese Vermischung liegt den Konstrukten der Verdichtung und der Überdetermination (*Reyher* 1977a) zugrunde, die zusammen mit der Verschiebung die Hauptbestandteile von Primärprozessen bilden. Nur der Sexualtrieb ist endopsychisch, Zorn und Schuld sind intrapsychische Triebe.

7.5 Freies Imaginieren: die Mechanismen des Abrufs von Bildern

Zur Erklärung des Entstehungsprozesses von Bildern während des freien Imaginierens nehmen wir an, daß Triebe durch den analog-synthetischen Modus der Informationsverarbeitung mit der Wahrnehmung gekoppelt sind und daß das Abrufen von Wahrnehmungen (Bildern) aus der kodierten Wahrnehmungserfahrung des Individuums über die gleichen Prozesse verläuft wie die ursprüngliche Entstehung der Wahrnehmung. Anstelle der Reaktivierung von kodierten Bildern wegen ihrer Ähnlichkeit mit aktuellen Bildeindrücken, wie im Falle der Wahrnehmung, werden Bilder aus der kodierten Wahrnehmungserfahrung des Individuums deswegen erinnert, weil sie Wahrnehmungen ähneln, die Ziele und Objekte verdrängter Triebe darstellen, nicht die dazugehörigen Begriffe. Die Unterscheidung zwischen Wahrnehmungen und Begriff ist nicht neu und wird durch Bezeichnungen wie *pars pro toto* und *Transduktion (Rapaport* 1959) gekennzeichnet. *Freud* (1924) benutzte diese angenommene Trennung zur Erklärung der Schizophrenie, *Werner* und *Kaplan* (1953) bezeichneten sie als „physiognomisches Denken". Trennung von Wahrnehmung und Begriff wird offensichtlich bei der Durchsicht von Protokollen, die ein Fortschreiten von immer krasserer bildlicher Triebrepräsentation bei der Konkretisierung zeigen (*Reyher* 1968) und aus der plötzlichen Abbildung der wahren Ziele und Objekte (*Morishige, Reyher* 1975). Die hier zitierten Protokolle sind gute Beispiele für den ersten Fall. Wie schon früher erwähnt, wird sogar der Zusammenhang einer Wahrnehmung schwächer, und die Bilder treten als einzelne, zusammenhanglose Fragmente auf, von denen jedes allerdings wiederum mit solchen Wahrnehmungen zusammenhängt, die die Ziele und Objekte der verdrängten Triebe verkörpern (Verschiebung). Wenn unvereinbare Fragmente zu phantastischen Bildern zusammengebracht werden (Verdichtung), werden die Bilder immer bizarrer. Wir sehen daran, daß das Prinzip des Primärprozesses (Verschiebung und Verdichtung) nicht auf das dynamische Unbewußte beschränkt ist, sondern vielmehr im Zusammenwirken von analoger und synthetischer Funktion des analog-synthetischen Modus der Informationsverarbeitung unsere visuell-räumliche Welt formt. Der semantisch-syntaktische Modus gibt ihr Sinn. Es ist anzunehmen, daß Dystonie einen homöostatischen Mechanismus aktiviert, der verhindert, daß Wahrnehmungen durch den semantisch-syntaktischen Modus ihren individuellen und konventionellen Sinn erhalten. Wenn der Abruf von Bildern tatsächlich denselben Prinzipien unterliegt wie Wahrnehmung, dann könnte den Merkmalsdetektoren eine entscheidende Bedeutung zukommen. Sowohl *Rock* (1970) als auch *Ganz* (1971) nehmen an, daß Merkmalsdetektoren lahmgelegt werden müssen, damit Wahrnehmung eintreten kann. Das bedeutet, daß Merkmalsdetektoren in den semantisch-syntaktischen Modus eingreifen und ihn daran hindern, Wahrnehmungen für einen späteren Abruf zu identifizieren und auszuwählen, sobald sie erst einmal durch die Merkmalsdetektoren „eingestimmt" sind. Mit anderen Worten, sie müssen dann lahmgelegt werden, wenn sie eine Hinweisfunktion aufgrund von Ähnlichkeit ausüben. Die Enthemmung von Merkmalsdetektoren erfüllt eine homöostatische Funktion bei der Verringerung von Dystonie, die zerstörerisch wirkt und durch die Trennung von Wahrnehmung und Begriff eine Anpassung (Konkretisierung des Denkens) beeinträchtigt. Eine kodierte Wahrnehmung, die Übereinstimmungen mit anderen, einen verdrängten Wunsch darstellenden Wahrnehmungen aufweist, ist abgestimmt und wird wahrscheinlich wieder auftauchen, wenn der Wunsch aktiv und angstauslösend wird. Diesem heuristischen Modell kann eine weitere Annahme hinzugefügt werden, um ihm größeres Erklärungspotential zu geben und die Tagesreste von Träumen zu erläutern. Wir können annehmen, daß hier ein Rezenz-Effekt eintritt; d. h., je frischer die Kodierung einer Wahrnehmung (Erinnerung), desto höher die Wahrscheinlichkeit, daß sie abgestimmt und wieder abgerufen wird. Jede Wahrnehmung wird also um so leichter abgerufen, je frischer sie ist und je mehr Übereinstimmungen sie mit solchen Wahrnehmungen hat, die für dissoziierte Vorstellungen stehen.

Dieses heuristische Modell des Abrufs von Wahrnehmungen erklärt die Unwahrscheinlichkeit und Bizarrheit von freien Bildvorstellungen, Träumen, psychotomimetischen Drogen und Schizophrenie. Wenn es bei der Intensivierung von Dystonie eine Schwelle gibt, oberhalb derer die Integration von Begriff und Wahrnehmung verhindert wird, müßten alle Methoden der Herabsetzung der Dystonie durch Drogen, Alkohol, transzendentale Meditation „unser Denken normalisieren".

7.5.1 Abbildung und Selbsteinschätzung

Im Verlauf des freien Imaginierens fällt auf, daß bildliche Derivate von Selbsteinschätzungen, die das Selbstbewußtsein des Individuums steigern, nicht vorkommen, z. B. „Ich bin schlau", „cool", „kann einiges verkraften"; jedoch tauchen gelegentlich kritische Selbstbilder in Gestalt von Karikaturen auf. Die abstrakteren Selbsteinschätzungen wie „Ich bin ein liebevoller Mensch", „gesetzestreu", „nicht vertrauenswürdig" scheinen nie Bildderivate zu produzieren. Möglicherweise erfordern abstrakte Vorstellungen jeder Art ausschließlich begrifflich-verbale Darstellung, da sie durch lautloses Sprechen (nicht geäußerte Gedanken) ausgedrückt werden, aber dies ist nicht nachgewiesen. Wahrscheinlicher ist, daß diese Selbsteinschätzungen in einem späteren Entwicklungsstadium erworben werden und daher für die Selbstachtung weniger zentrale Bedeutung haben.

7.5.2 Abbildung und Sicherheitsoperationen

Sicherheitsoperationen werden im Verlauf des freien Imaginierens selten oder nie abgebildet. Dies hat seinen Grund in der Unmittelbarkeit der interpersonalen Situation. Eine erwartete oder reale narzißtische Kränkung erfordert direkte und unverzügliche Gegenmaßnahmen. Falls eine Sicherheitsoperation nicht sofort entworfen werden kann, wird der Klient die Augen öffnen, um im Gesicht des Therapeuten Anzeichen von Billigung oder Mißbilligung zu entdecken, vorausgesetzt natürlich, das Gefühl der Unzulänglichkeit ist nicht so groß, daß es Leugnen oder Gleichgültigkeit verursacht (Sicherheitsoperation). Ein weiterer mutmaßlicher Grund für das Fehlen von Sicherheitsoperationen in Bildvorstellungen liegt auf der gleichen Linie wie der Grund für das Fehlen abstrakter Selbsteinschätzungen. Eine Sicherheitsoperation wird durch den expressiven semantisch-syntaktischen Modus der Informationsverarbeitung vermittelt. Eine Abbildung kann die semantische Beziehung zwischen einem Wort und seinem Bezugsgegenstand nicht darstellen.

7.6 Aufdeckung: Pathogenese und Therapie

Aufdeckung bedeutet die Erkenntnis dystonieauslösender, abwertender Vorstellungen über die eigene Person, die bisher der Dissoziation — einer Unterbrechung der Mikrogenese — unterlagen, sowie das Erleben der triebgesteuerten Impulse, die diese Mikrogenese in Gang setzten und bisher gehemmt (verdrängt) waren. Chronische neurotische Symptome und Angstreaktionen sind ein Zeichen für die Unterbrechung der kognitiven Mikrogenese durch prägenitale und ödipale Wünsche auch bei solchen Individuen, die ausreichende elterliche Fürsorge erfahren haben und eine positive Selbsteinschätzung entwickeln konnten. Bei fehlender elterlicher Fürsorge kann es zu Schizophrenie kommen, da es hier um keine positive Selbsteinschätzung zu kämpfen gilt, sondern es existiert lediglich negative Selbsteinschätzung und die Erwartung negativer Rückmeldung. Im Gegensatz zum Neurotiker versucht der Schizophrene nicht, durch Sicherheitsoperationen eine positive Selbsteinschätzung aufrechtzuerhalten, vielmehr zieht er sich aus der interpersonalen Interaktion zurück und stellt die Kommunikation ein. Da der expressive semantisch-syntaktische Modus nicht mehr aktiv ist, erfüllt der analog-synthetische Modus das Bewußtsein mit seinen eigenen Produkten (Primärprozeßdenken).

Wir sehen also, daß Aufdeckungstechniken pathogene Prozesse aktivieren, allerdings ist der Rahmen hierfür glücklicherweise die Beziehung zu einer Person, der es nur darum geht, gute Arbeit zu leisten. Wird der Klient dazu benutzt, andere Bedürfnisse des Therapeuten zu befriedigen, tritt wahrscheinlich unkontrollierte Gegenübertragung ein, und diese ist eine Bedrohung für den Klienten, da er auf das expressive Verhalten (analog-synthetische Darstellungen) des Therapeuten reagiert. Die Affekte auf seiten des Therapeuten sind eine Bedrohung, da sie unterdrückt und damit gefährlich sind. Um diese Bedrohung abzuwenden und Selbstoffenlegung von seiten des Klienten zu fördern, muß auch der Therapeut Gefühle offenlegen, sobald sie ihm bewußt werden (Liebe, Lust, Zorn, Schuldgefühl, Bewunderung usw.). Hieran wird deutlich, daß beide Beteiligten in dieser Beziehung zusammenarbeiten. Der Erfolg der Aufdeckung scheint davon abzuhängen, daß immer wieder die Erwartungen des Klienten, der Therapeut beurteile ihn insgeheim negativ, widerlegt werden. Angesichts „vernichtender" Eröffnungen und der Beobachtung des Verhaltens in jedem Moment bleibt der Therapeut bei seinem akzeptierenden, nachfragenden Verhalten. Diese Haltung wirkt den projizierten Selbstbeurteilungen des Klienten entgegen und ermöglicht die Bildung einer positiven Selbsteinschätzung. In dieses *Rogers*sche Verhalten spielen *Freud*s Verständnis eines dynamischen Unbewußten und *Sullivan*s teilnehmende Beobachtung mit hinein.

Konkretisierung und Aufdeckung werden sich nur dann einstellen, wenn das Individuum so unter Dystonie leidet, daß es bereit ist, sich auf Selbstoffenlegung einzulassen, und wenn es die Möglichkeit erhält, sowohl den semantisch-syntaktischen als auch den analog-synthetischen Modus der Verarbeitung triebgesteuerter Impulse und der mit deren Zielen zusammenhängenden Begriffen zu erleben. Diese klinischen Beobachtungen wurden bestätigt durch die Tatsache, daß es *Burns* und *Reyher* (1976) nicht gelang, eine hypnotisch ausgelöste, stark mit ödipalen Wünschen befrachtete Paramnesie (eine erfundene Geschichte) aufzudecken, trotz stark formulierter posthypnotischer Suggestionen zu ihrer Löschung. *Morishige* und *Reyher* (1975) zeigten, daß studentische Versuchspersonen keine fortschreitend deutlichere Abbildung unterdrückter Impulse während der Bildvorstellung in der aufdeckenden Therapie zeigen. Jedoch waren heiße Bilder (Bilder, die entsprechende Kontingenzreaktionen hervorrufen) deutlich vorhanden. Neben der Tatsache, daß in diesen Fällen keine Möglichkeit gegeben war, Sicherheitsoperationen mit Selbstschutzfunktion durchzuarbeiten, spielt sicher beim Versagen von posthypnotischer Suggestion und aufdeckender Therapie das Fehlen der Verpflichtung auf Selbstoffenlegung eine Rolle, die nur von Therapieklienten unter Leidensdruck eingegangen werden kann.

Die Phänomene, die in unseren klinischen und experimentellen Untersuchungen auftraten, scheinen von der Art der gestellten Anforderungen unabhängig zu sein. *Schofield* und *Platoni* (1976) konnten ihre Versuchspersonen im Experiment nicht dazu bewegen, bizarre Bilder zu produzieren, trotz der ausdrücklichen Anweisung, „verrückte" Bilder zu „sehen". Ebensowenig scheinen solche Bilder mit Suggestibilität zusammenzuhängen. Eine neuere Untersuchung (*Reyher, Wilson, Hughes* 1978) hat gezeigt, daß bei verbalisierten freien Bildvorstellungen die Suggestibilität wesentlich niedriger war als bei nichtverbalisierten Bildvorstellungen und formaler Hypnose. Dieses Ergebnis, mit dem wir gerechnet hatten, wurde der Aktivierung des expressiven semantisch-syntaktischen Modus zugeschrieben, während derer die verbalisierten freien Bildvorstellungen, eine Funktion der linken Hirnhälfte, vermutlich die Antithese zur Suggestibilität, einer Funktion der rechten Hirnhälfte, bildeten (*Gur, Gur* 1974; *Reyher* 1977b).

8. Schlußfolgerung und Konsequenzen

8.1 Gültigkeitsbereich

Manchem Forscher mag es widersinnig erscheinen, daß sich viele der empirischen und operationalen Konstrukte von *Freud* als auch *Sullivan* als wohlbegründet erwiesen haben. Dies ist jedoch keineswegs verwunderlich, da die Daten nicht homogen sind; sie beziehen sich auf unterschiedliche phänomenologische Bereiche. Hieran zeigt sich ein allgemeines Prinzip, das in den Naturwissenschaften selbstverständlich ist, in den Verhaltenswissenschaften jedoch leicht außer acht gelassen wird: die Beobachtungsbedingungen (Nebelkammer oder bloßes Auge) entscheiden darüber, welche Phänomene überhaupt beobachtet werden können, und die beobachteten Phänomene erfordern einen unterschiedlichen theoretischen Bezugsrahmen (Quantentheorie oder Gravitationsgesetz). Für die aufdeckende Therapie bedeutet das, daß die Phänomene, die durch interpersonale Techniken hervorgerufen werden, sich von den mit Hilfe von Imaginationstechniken erzielten grundlegend unterscheiden. Die beiden phänomenologischen Bereiche werden von zwei unterschiedlichen Modi der Informationsverarbeitung verursacht und erfordern unterschiedliche Theorien. Das heißt, daß die Theorien von *Freud* und *Sullivan* sich nicht antithetisch, sondern komplementär zueinander verhalten. Einer der wichtigsten Gründe für das Fortdauern der Kontroverse ist die Tatsache, daß die Vertreter beider Schulen in unkritischer Weise weit über die jeweilige Datenbasis hinaus verallgemeinern; d. h., Phänomene aus dem Bereich des expressiven semantisch-syntaktischen Modus der Informationsverarbeitung sind durch Theorien, die aus dem Bereich des analog-synthetischen Modus abgeleitet wurden, nicht erklärbar und umgekehrt. Die beiden phänomenologischen Bereiche sind unvereinbar. Beispielsweise können nächtliche Träume nicht mit dem Begriff der Sicherheitsoperation erläutert werden, sowie umgekehrt der Begriff der Sicherheitsoperation nicht mit Traumarbeit zu erklären ist. Theorie ebenso wie Therapie müssen sowohl *Freud*sche als auch *Sullivan*sche und vielleicht noch weitere Theorieelemente umfassen, wenn Verfahren zur Konkretisierung relevanter Phänomene entwickelt werden.

8.2 Können spontane Bildvorstellungen symbolisch sein?

In seltenen Fällen mag ein Klient Bilder beschreiben, die an den *Jung*schen Symbolismus erinnern, aber diese Möglichkeit ist wegen fehlender Kriterien oder Mittel zur Konkretisierung ungewiß. Auf jeden Fall treten Archetypen, ein kollektives Unbewußtes und Reste aus einer Urvergangenheit unter experimentellen Bedingungen freier Bildvorstellungen oder im Sprechzimmer nicht auf. Ebensowenig finden wir die üblichen symbolischen Bezüge, wie ein Kreuz für Christentum, Hammer und Sichel für Kommunismus oder Hakenkreuz für den Nationalsozialismus; noch Ad-hoc-Symbole wie einen Polizisten für Recht und Ordnung oder einen Planwagen für den amerikanischen Pioniergeist; noch Natursymbole wie die Sonne für Zeugungskraft oder einen Vogel für Fliegen. Unsere Protokolle bestätigen einhellig die These von *Werner* und *Kaplan* (1953), daß Bildvorstellungen und Traumbilder keine Symbole, sondern bestenfalls *Protosymbole* sind. Ein Protosymbol hat immer eine Ähnlichkeit mit seinem Bezugsgegenstand (z. B. Kuh und Mutter), selbst dann, wenn das Bild willkürlich zur Darstellung eines Bezugsgegenstandes gewählt wurde, was bei freien Bildvorstellungen natürlich nicht der Fall ist. Für den Imaginierenden bedeuten Bilder nur sich selbst in ihrem tatsächlichen Bezug. So war ein Penis niemals ein Symbol für männliche Macht und Freiheit. Tatsächlich ist der Penis fast immer indirekt als heißes Bild dargestellt (Phallussymbol), und wenn männliche Genitalien offen dargestellt werden, ist dies immer ein Merkmal abstoßender, verdrängter, triebgesteuerter Impulse und dissoziierter Vorstellungen. Erst in begrifflich-verbaler Rede wird der Penis zum Symbol. Ein Symbol erfordert *per definitionem* einen bewußten Akt denotativer Bezugnahme und kann nicht auf Ähnlichkeit zu seinem Bezugsgegenstand beruhen. Frauen, die sich als Feministinnen bezeichnen und *Freud* wegen seiner Penisneid-Theorie verächtlich machen, spüren heftige Dystonie, wenn ihre öffentlich propagierten und engagierten Ansichten (Selbsteinschätzungen, von denen sie andere überzeugen wollen) mit ihren eigenen spontanen Bildvorstellungen in Widerspruch geraten. Diese Ergebnisse sollten nicht dahingehend interpretiert werden, daß alle Frauen, die die Frauenbewegung gutheißen und *Freud* ablehnen, dissoziierte Vorstellungen darüber hätten, einen eigenen Penis zu besitzen. Die obigen Behauptungen und Argumente gelten ebenso für männliche Homosexuelle mit dissoziierten Vorstellungen über den Besitz weiblicher Geschlechtsorgane.

8.2.1 Bildliche und begrifflich-verbale Darstellung der Ziele und Objekte triebgesteuerter Impulse

Nach der organismischen Theorie des Spracherwerbs (*Werner, Kaplan* 1953) sind die undifferenzierten Triebziele und Objekte (Wünsche) beim Kleinkind in ein Substrat von Wahrnehmung, Motorik und Affekten eingebettet. Mit zunehmender Entwicklung von Wahrnehmung und Kognition werden die Wünsche stärker differenziert nach verschiedenen Mitteln der Befriedigung (verschiedene Nahrungsmittel); andere Möglichkeiten der Befriedigung außer der oralen treten auf, und schließlich ist das Kind in der Lage, diejenigen Ziele und Objekte seiner Wünsche zu verbalisieren, die sozial statthaft sind. Semantisch-syntaktische Darstellung (Symbolisierung) hat zwar die Oberhand gewonnen, die analog-synthetische Darstellung im Verhalten jedoch nicht ersetzt, die außer Bildvorstellungen auch andere, vielleicht alle biologischen Systeme einschließt (*Reyher* 1977b). Die kindlichen Triebziele und Objekte, einschließlich der prägenitalen Sexualität, werden allmählich unvereinbar mit den sich entwickelnden Selbsteinschätzungen des Kindes, aber nicht ausgelöscht. Sozial anerkannte, erwachsene Ziele und Objekte prägen nur unser Wachsein, nicht unsere nächtlichen Träume oder freien Bildvorstellungen.

8.3 Kreativität

Die neuen und veränderten Wahrnehmungen, die durch Verschiebung (analoge Funktion) und Verdichtung (synthetische Funktion) hervorgerufen werden, wirken sich auf die kreative Lösung von Problemen aus. Ein Beispiel ist *Kekulé*s Entdeckung der Molekularstruktur von Benzol (*Gordon* 1961), hervorgerufen durch eine traumartige Vision tanzender Moleküle, die eine sich in den Schwanz beißende, kreiselnde Schlange bildeten. Obwohl die Schlange höchstwahrscheinlich ein Derivat eines verdrängten triebgesteuerten Derivates war, erkannte *Kekulé* ihre Bedeutung für ein anstehendes Problem und unterbrach seine Träumerei. Wie andere (*Sheehan* 1972) beobachteten, kann auf eine Zeit ergebnisloser Bemühung und Verwirrung eine Flut von Bildern folgen.

Zwei experimentelle Untersuchungen stimmen mit dem heuristischen Modell überein, obwohl sie auf Konstrukten der klassischen

Psychoanalyse aufbauten. In einer Untersuchung von *Gur* und *Reyher* (1976) erhielten hypnotisierte Versuchspersonen die Anweisung, sich die Aufgaben des Kreativitätstests nach *Torrance* bildlich vorzustellen und wichtige Reaktionen in Spontanvorstellungen zu beschreiben. Das Ergebnis war, daß Bildvorstellungen in Verbindung mit Hypnose, nicht aber Bildvorstellungen allein, die Leistungen bei den figuralen Aufgaben verbesserten. Ebenso trat die erwartete Zunahme von Triebdarstellungen ein. Ich interpretiere diese Ergebnisse dahingehend, daß die durch freies Imaginieren aktivierten Triebe Derivate in den kodierten Elementen der Aufgaben fertig vorfanden und sie leicht abrufen konnten, da sie so frischen Ursprungs waren. In einer anderen Untersuchung sprach *Davé* Personen an, die bei der Lösung eines Problems nicht weiterkamen. Nach der bildlichen Vorstellung der einzelnen Elemente des Problems wurden diese Elemente als Reize für drei aufeinanderfolgende durch Hypnose ausgelöste Träume verwendet. Fast alle Versuchspersonen in dieser Gruppe überwanden den toten Punkt, in einer rational-kognitiv-therapierten Gruppe dagegen fast keine. In einer Kontrollgruppe hatte überhaupt keine der Versuchspersonen Erfolg. Nach der Aufteilung der Kontrollgruppe auf die beiden Behandlungsgruppen waren nur die der Traum-Gruppe Zugeteilten erfolgreich. Wie erwartet ergab sich zunehmende Triebaktivierung, und einige der Träume waren überaus bizarr und konfliktgeladen. Die Traumprotokolle ähnelten eher den von Therapieklienten als von studentischen Versuchspersonen (*Morishige, Reyher* 1975; *Wiseman, Reyher* 1975). Die Lektüre einiger dieser Protokolle bestätigte eindeutig den Standpunkt der Psychoanalyse (*Freud* 1915, *Rapaport* 1967) und das heuristische psycholinguistische Modell; d. h., Wahrnehmungen wurden abgerufen, weil sie in einigen ihrer Merkmale den Wahrnehmungen ähnelten, die Ziele und Objekte verdrängter triebgesteuerter Impulse verkörpern.

8.4 Konsequenzen für die Theorien von Freud und Sullivan

Leider befaßte sich *Sullivan* nach seinen empirisch begründeten klinischen Beobachtungen nicht mit dem gleichen Eifer mit der Entwicklung systematischer Konstrukte. Ebenso wie die *Freud*schen Begriffe *Ego* und *Libido* eignen sich auch *Sullivan*s Konstrukte *Selbstsystem* und *Dynamismus* nicht zur Operationalisierung und empirischen Verdeutlichung. *Sullivan* ging *Freud*s systematischer Eifer ab, aber das könnte sich als Glück im Unglück herausstellen, denn wir können von seinen genauen klinischen Beobachtungen profitieren, ohne uns mit dem Nachweis oder der Widerlegung eines großen Theoriegebäudes belasten zu müssen.

Die begriffliche Koppelung der vier in den analog-synthetischen und semantisch-syntaktischen Modi der Informationsverarbeitung vertretenen Funktionen mag als ökonomische Alternative zur psychoanalytischen Metapsychologie dienen, auf die, nach Freud, durchaus verzichtet werden kann, ohne daß die klinische Basis der Psychoanalyse damit ins Wanken gerät. Die Konstrukte Besetzung, Gegenbesetzung, Libido, Es, Ich und Über-Ich sind unnötig. Wie oben schon erwähnt, sind die zentralen Prinzipien von Ersatzbefriedigung (Wunscherfüllung) durch Bildvorstellungen und nächtliche Träume unvereinbar mit der Zunahme von Störungen beim erneuten Vergegenwärtigen sowohl heißer Bilder als auch von Träumen (Reyher 1977a). Unabhängig von den theoretischen Präferenzen des Forschers identifizieren die Konkretisierungsverfahren in der aufdeckenden Psychotherapie grundlegende Prozesse, die überraschend gut operationalisiert, beeinflußt und gesteuert werden können.

Literatur

Burns, B., Reyher, J., Activating posthypnotic conflict: Emergent uncovering psychotherapy, repression, and psychopathology, *Journal of Personality Assessment*, 1976, 40, 492-501.

Davé, R. P., The effects of hypnotically induced dreams on creative problem solving. Unveröffentl. Magisterarbeit, Michigan State-University, 1976.

Freud, S., Das Unbewußte (1915), Studienausgabe Bd. III, Fischer, Frankfurt 1975.

Ganz, L., Sensory deprivation and visual discrimination, in: H. L. Teuber (Ed.), Handbook of sensory psychology (Vol. 8), New York: Springer-Verlag, 1971.

Gordon, W. J., Synectics: The development of creative capacity, New York: Harper & Row, 1961.

Gur, R. L., Gur, R. E., Handedness, sex, and eyedness as moderating variables in the relation between hypnotic susceptibility and functional brain asymmetry, *Journal of Abnormal Psychology*, 1974, 83, 635-643.

Gur, R. E., Reyher, J., Relationship between style of hypnotic induction and direction of lateral eye movements, *Journal of Abnormal Psychology*, 1973, 82, 499-505.

Gur, R., Reyher, J., The enhancement of creativity via free imagery and hypnosis, *American Journal of Clinical Hypnosis*, 1976, 18, 237-249.

Horney, K., The collected works of Karen Horney, New York: W. W. Norton, 1950.

LeBaron, S., Visual imagery and posthypnotic conflict in relation to psychopathology. Unveröffentl. Magisterarbeit, Michigan State University, 1976.

Morishige, H. H., A psychophysiological investigation of anxiety and repression during free imagery recall, dream recall, and emergent uncovering. Unveröffentl. Dissertation, Michigan State University, 1971.

Morishige, H., Reyher, J., Alpha rhythm during three conditions of visual imagery and emergent uncovering psychotherapy: The critical role of anxiety, *Journal of Abnormal Psychology*, 1975, 84, 531-538.

Rapaport, D., Organization and pathology of thought, New York: Columbia University Press, 1959.

Reyher, J., Hypnosis. Dubuque, Iowa: William C. Brown, 1968.

—, Spontaneous visual imagery: Implications for psychoanalysis, psychopathology and psychotherapy, *Journal of Mental Imagery*, 1977a, 2, 253-274.

—, Clinical and experimental hypnosis: Implications for theory and methodology, in: W. E. Edmonston (Ed.), Conceptual and investigative approaches to hypnosis and hypnotic phenomena. Annals of the New York Academy of Sciences, New York: New York Academy of Sciences, 1977b.

Reyher, J., Basch, J. A., Degree of repression and frequency of psychosomatic symptoms, *Perceptual and Motor Skills*, 1970, 30, 559-562.

Reyher, J., Smeltzer, W., The uncovering properties of visual imagery and verbal association: A comparative study, *Journal of Abnormal Psychology*, 1968, 73, 218-222.

Reyher, J., Wilson, J. G. Hughes, R., Suggestibility and type of interpersonal relationship: Special implications for the patient-practitioner relationship, *Journal of Research in Personality*, 1978, in press.

Rock, I., Perception from the standpoint of psychology, in: *Perception and its disorders*, Research Publication A.R.N.M.D. (Vol. 47), 1970, pp. 1-11.

Rokeach, M., Reyher, J., Wiseman, R., An experimental analysis of the organization of belief systems, in: M. Rokeach (Ed.), Beliefs, attitudes, and values, San Francisco: Jossey-Bass, 1968.

Schofield, L. J., Platoni, K., Manipulation of visual imagery under various hypnosis conditions, *American Journal of Clinical Hypnosis*, 1976, 18, 191-199.

Sheehan, P. W., A functional analysis of the role of visual imagery in unexpected recall, in: Sheehan (Ed.), The function and nature of imagery, New York: Academic Press, 1972.

Silverman, L. H., Psychoanalytic theory, „The reports of my death are greatly exaggerated.", *American Psychologist*, 1976, 31, 621-637.

Sommerschield, H., Reyher, J., Posthypnotic conflict, repression, and psychopathology, *Journal of Abnormal Psychology*, 1973, 82, 278-290.

Stern, D. B., The uncovering properties of visual imagery, verbal association with eyes closed and verbal association with eyes open: A comparative study. Unveröffentl. Magisterarbeit, Michigan State University, 1974.

—, Signs of anxiety during three verbal association conditions. Unveröffentl. Dissertation, Michigan State University, 1975.

—, Handedness and lateral distribution of conversion reactions, *Journal of Nervous and Mental Diseases*, 1977, 164, 122-128.

Sullivan, H. S., Die interpersonale Theorie der Psychiatrie, S. Fischer-Verlag, Frankfurt/M., 1980.

Wallen, R. W., Clinical psychology: The study of persons, New York: McGraw-Hill, 1956.

Werner, H., Kaplan, B., Symbol formation: An organismic-developmental approach to language and the expression of thought, New York: John Wiley & Sons, 1953.

Wiseman, R. J., The Rorschach as a stimulus for hypnotic dreams: A study of unconscious processes. Unveröff. Dissert., Michigan State University, 1962.

Wiseman, R. J., Reyher, J., Hypnotically induced dreams using inkblots as stimuli: A test of Freud's theory of dreams, *Journal of Personality and Social Psychology*, 1975, 27, 329-336.

4 Kategorien des imaginativen Erlebens in der Therapie und ihre klinische Anwendung

Joseph E. Shorr

1. Einleitung: Funktion des imaginativen Erlebens

Die Psycho-Imaginationstherapie ist ein phänomenologischer und dialogischer Prozeß. Die Betonung liegt dabei auf der subjektiven Bedeutung, die durch die Art und Weise des wachen imaginativen Erlebens gewonnen wird.

Die phänomenologischen Aspekte basieren auf der Annahme, daß das Individuum sich darüber bewußt werden muß, wie es sich selbst in Beziehung zu anderen definiert und wie es sich von anderen definiert fühlt, z. B.:

Wie ich mich selbst sehe. Wie ich dich sehe, wenn du mich siehst.
Wie ich dich sehe. Wie du mich siehst, wenn ich dich sehe.

Die phänomenologische „Ein-Sicht" steht im Kontext der Theorie der interpersonalen Beziehungen von *Harry Stack Sullivan* (1953) und *R. D. Laing* (1962). Zusammengefaßt heißt das: Die Entwicklungsfaktoren der Persönlichkeit stehen in Beziehung zu Bestätigung oder Nichtbestätigung durch andere. So muß jedes Kind in seiner Entwicklung zwei Grundbedürfnisse in bezug auf die wichtigsten Personen in seinem Leben erfüllen. Das erste ist das Bedürfnis, sich von anderen zu unterscheiden. Das zweite ist die Suche nach Bestätigung oder Anerkennung durch die anderen. Diese Bedürfnisse sind gleichzeitig vorhanden. Werden sie nicht erfüllt, entwickelt das Kind falsche Positionen.

Wird eine Person in ihrem wahren Selbst nicht bestätigt, entwickelt sie Strategien, um die Bestätigung eines falschen Selbst sicherzustellen. Die Sicherheitsvorkehrungen, in die sie sich verwickelt, dienen zum Erhalt der Identität auch in der Abwesenheit von wahrer Anerkennung.

Ein Hauptbestandteil therapeutischer Interaktion beschäftigt sich mit dem Abtrennen des eigenen Selbstbildes von dem zugeschriebenen Selbst, das in der Kindheit von den wichtigsten Bezugspersonen definiert worden ist. Kurz, die „wahre" Identität soll sich entwickeln und die „fremde" Identität nach Möglichkeit ausgelöscht werden.

Diese „Ein-Sicht" in interpersonale und intrapersonale Interaktionen und die individuellen Strategien innerhalb des Selbst und innerhalb anderer Beziehungen gewinnt man am besten durch systematische Verwendung des wachen imaginativen Erlebens. Die Imaginationen eines Menschen können aufzeigen, wie er seine Welt und seinen Umgang mit ihr strukturiert, und die klaren individuellen Unterschiede beleuchten, auf die wir uns, als Therapeuten, einstimmen müssen.

Imaginatives Erleben bietet einen elementaren Weg zum Selbst und zu den Anderen, einen Weg, auf dem Gedanken, Wünsche, Erwartungen und Gefühle sehr effektiv reaktiviert und neu erfahren werden können. Dabei sind visuelle Imaginationen vorherrschend. Es gibt seit kurzem überzeugende Beweise dafür, daß phänomenologisch bei den Ebenen der bewußten Mechanismen die visuelle dominiert (*Posner, Nissen, Klein* 1976).

Anders als andere Kommunikationsformen ist imaginatives Erleben in der Vergangenheit eines Menschen meist nicht bestraft worden und unterliegt deshalb in der Gegenwart weit weniger der persönlichen Zensur. Deswegen ist imaginatives Erleben eine wirksame projektive Technik, die ein sehr schnell gewonnenes und dabei äußerst genaues Profil der individuellen Persönlichkeit und ihrer Konflikte liefert.

Die Methode besteht darin, den Patienten aufzufordern, die Augen zu schließen und seinen Bildern zu vertrauen. Dann schlägt der Therapeut eine angemessene imaginative Situation vor, um das gewünschte Material zu erhalten.

In diesem Kapitel will ich versuchen, Imaginationen für die therapeutische Interaktion systematisch zu kategorisieren.

Fromm (1955) hat gesagt, daß man aktivere Methoden als die konventionelle freie Assoziation braucht, um dem Patienten den Zugang zu stärkeren Gefühlen zu ermöglichen:

„Es gibt andere aktive Methoden, die freie Assoziation zu stimulieren. Angenommen, Sie haben die Beziehung des Patienten zu seinem Vater analysiert, brauchen aber noch mehr unbewußtes Material, als er bisher in seinen Assoziationen angeboten hat. Sie sagen also dem Patienten: ‚Konzentrieren Sie sich jetzt auf das Bild Ihres Vaters, und sagen Sie mir das erste, was Ihnen dazu einfällt.' Bitte achten Sie darauf, daß es einen Unterschied macht, ob man den Patienten auffordert: ‚Was fällt Ihnen zu Ihrem Vater ein?' oder ihm sagt: ‚Konzentrieren Sie sich, fokussieren Sie jetzt auf Ihren Vater!' Oder: ‚Stellen Sie sich jetzt ein Bild Ihres Vaters vor, und erzählen Sie mir, was Sie bedrückt.' Es scheint sich zunächst nur um einen leichten Unterschied in der Formulierung zu handeln, in der Wirkung jedoch besteht ein großer Unterschied. Eine andere Möglichkeit, freie Assoziationen zu fördern, ist die, dem Patienten das Bild einer bestimmten Situation vorzugeben und ihn dann zu fragen, was ihm dazu einfällt. Sie sagen z. B.: ‚Nehmen

Sie an, daß morgen früh Ihr Telefon klingelt und der Anrufer Ihnen sagt, daß ich gestorben bin. Was fällt Ihnen dazu ein?' Sie werden feststellen, daß dabei sehr interessante freie Assoziationen zutage treten."

Die Imagination wird als zentraler Kern des Bewußtseins angesehen und als ein wichtiger Zugang zu der einzigartigen Welt des Individuums. Die aktive Einführung in die imaginativen Stituationen und ihr bewußter Gebrauch wird als stimulierendes Untersuchungswerkzeug benutzt, als Weg, der Handlungsmöglichkeiten eröffnen kann. Dem Patienten wird ermöglicht, Phantasie und Realität sicherer und offener zu erkunden, sie zu unterscheiden, damit zu experimentieren und sie zu integrieren; all das im Kontext einer kooperativen therapeutischen Beziehung und Begegnung.

Die Kombination der imaginativen Situationen und ihre mögliche Reihenfolge ergibt sich aus der Richtung, in die die Reaktionen des Patienten weisen. Was legt er zur Untersuchung offen? Wem will er sich stellen? Wohin geht er? Wozu ist er bereit? Was scheint er zu leugnen?

Es ist unklug, den Patienten zum Imaginieren zu drängen, wenn nach einer langen Pause keine Imaginationen mehr auftreten; man sollte sich dann entweder anderen imaginativen Situationen oder eventuell Gegenwartsproblemen zuwenden. Der Patient muß davon überzeugt werden, daß Material für Bewußtheit und Bedeutung immer zur Hand ist, unabhängig vom imaginativen Erleben.

2. Techniken der Psycho-Imaginationstherapie

In der Psycho-Imaginationstherapie werden vier Techniken benutzt: 1. „Beende den Satz"; 2. die Frage des meisten und des wenigsten; 3. die Frage des Selbst und des Anderen und 4. die imaginative Situation (IS). Die Essenz der phänomenologischen Methode ist jedoch die Qualität des allgegenwärtigen wachen imaginativen Erlebens, die sich in der imaginativen Situation herauskristallisiert.

Das theoretische Ziel bei der Anwendung der imaginativen Situationen basiert nicht nur darauf, festzustellen, wie der Patient seine Welt sieht. Es geht auch darum, mit der Zeit „das geschlossene System der inneren Realität zu öffnen". *Fairbairn* (zitiert nach *Guntrip* 1964) beschreibt diese innere Welt als „statische innere Situation", die ihrem Wesen nach so lange von jeder Veränderung ausgenommen ist, wie sie in sich geschlossen bleibt. Je mehr Patient und Therapeut fähig sind, diese „dichte kleine innere Welt" zu erkennen, um so einfacher ist es nach meiner Überzeugung, mit der Gesamtheit des Patienten und seiner Welt umzugehen.

Aus der Aufforderung an den Patienten, sich in bestimmten strukturierten Situationen zu imaginieren, können Reaktionen entstehen, durch die Gefühlszustände ins „Hier und Jetzt" gebracht werden, die ihre Wurzeln in der Vergangenheit haben. Verstärkt man die Situationen mit den Patienten und ermutigt sie, mit ihren Handlungen innerhalb der imaginierten Situation zu experimentieren, verhilft man ihnen letztlich zu größerer Handlungsfreiheit in ihrer äußeren Realität.

Obwohl ich interessante Ergebnisse erzielt habe, wenn ein Patient unter Anleitung (in der Imagination) in ein Haus ging und erzählte, was er oder sie dort sah, war es doch sehr viel aufschlußreicher, wenn ich vorschlug, einen signifikanten „Anderen" in die Situation einzuführen, oder wenn der Patient dies von selber tat. Dann konnte ich den Patienten dazu bringen, mir nicht nur zu erzählen, wie er sich in den verschiedenen Teilen des Hauses gefühlt hat, sondern auch, wie er sich in den Beziehungen zu den anderen Personen in der Situation erlebt hat.

Manchmal ist es so wichtig, einen hohen Spezifikationsgrad zu entwickeln, daß die imaginative Situation derart ausschließlich auf einen bestimmten Patienten zugeschnitten ist, daß sie nie mehr bei jemand anderem angewandt werden kann.

Je mehr sich der Patient an diese Art Therapie gewöhnt, desto weniger muß man ihm Interpretationen liefern. Mit Hilfe bestimmter Gegenkontrollen, also der Methode des „meisten und wenigsten", der Satzvervollständigungstechnik und der Technik des „Selbst und der Anderen" wird es möglich, dem Patienten zu helfen, sich auf größere Bewußtheit einzulassen, so daß er gezwungen ist, sich der Wahrheit selbst zu stellen.

Bestimmte Typen der Bildkategorien stammen aus imaginativen Produktionen von Hunderten von Patienten, Teilnehmern an imaginativen Workshops und Studenten aus Kursen über die Anwendung des imaginativen Erlebens. Für Lehrzwecke werden diese spezifischen Imaginationskategorien getrennt betrachtet, damit der erfahrene Therapeut, der mit Imaginationen arbeitet, ein systematisches Verständnis von der Bedeutung bestimmter Imaginationen und der zu erwartenden allgemeinen Reaktionen auf sie erwerben kann.

Die vielfältigen Imaginationsinstruktionen sollen eine umfassende und systematische Anleitung für den klinischen Gebrauch bieten. Ich möchte aber Therapeuten und Patienten auch darin bestärken, in der Therapie ihre eigenen Imaginationen zu benutzen, um imaginative Szenen entwickeln zu können, die zu größerer Bewußtheit führen.

Die Psycho-Imaginationstherapie will das Individuum mit Hilfe seines eigenen imaginativen Erlebens in eine bestimmte Situation bringen, die eine sinnvolle Folge von Interaktionen hervorrufen kann; sinnvoll nicht nur deshalb, weil Hauptprobleme in den wichtigen Bereichen des Lebens des Patienten erhellt werden, sondern auch, weil sie ihm ermöglicht, Erfahrungen noch einmal zu durchleben. *Singer* (1974) sagt: „Shorr benutzt eine fast unendliche Menge von Bildern, die sehr stark auf die spezifischen Charakteristika des Patienten und die spezifischen Entwicklungen in der Therapie zugeschnitten sind."

Die aus der imaginativen Produktion des Patienten in Interaktion mit dem Therapeuten resultierenden dialogischen Prozesse, durch die mehr Bewußtheit erreicht und Veränderung ermöglicht werden soll, sind hier nur ganz am Rande berücksichtigt worden, da das Aufnehmen von kompletten Dialogen über den Rahmen dieses Kapitels hinausgehen würde.[1]

Ein anderer Schwerpunkt der Psycho-Imaginationstherapie ist die subjektive Bedeutung. *Escalona* hält das psychische imaginative Erleben für eine einzigartige Gelegenheit, die Integration von Wahrnehmung, Motivation, subjektiver Bedeutung und realistischem abstrakten Denken zu untersuchen (1973). Der Imaginierende beginnt im Verlauf der Beschreibung seines Bildes, dies auf etwas Wesentliches in seinem persönlichen Leben zu beziehen. Ereignisse, Einstellungen, Gefühle und Motivationen werden mit dem Bild in Verbindung gebracht und können benutzt werden, um weitere interpersonelle Konsequenzen zu erforschen.

Es ist bei jeder Art von imaginativem Erleben, Tagträumen oder Träumen möglich, zu Bildern zu kommen, die die Zensur des Individuums unterlaufen. Ich will versuchen nachzuweisen, daß Personen, die aufgefordert werden, auf spezifische Imaginationstypen zu reagieren, in ihren Produktionen bestimmte Reaktionsmuster zeigen. Dies ist selbstverständlich kein Absolutum, da ein Mensch seine Konfliktbereiche, seine Art der Abwehr oder auch sein Fokussieren auf bestimmte Bilder von Veränderung in allen der von mir kategorisierten Imaginationstypen zeigen kann. Dennoch kann man durch das systematische Angebot einer bestimmten Art von Imagination manche Dinge eher offenlegen als andere. Bei der Selbstbild-Imagination fordere ich die Person z. B. so zur Imagination auf (IS): „Es gibt Sie zweimal. Ihr eines

---

[1] Wörtliche Berichte über Therapeut-Patient-Interaktionen anhand von Tonbandprotokollen finden sich in *Shorr, Psycho-Imagination Therapy* (1972) und *Psychotherapy through Imagery* (1974).

Ich schaut Ihrem anderen Ich durchs Schlüsselloch zu." Aus der Reaktion der Person kann man nicht nur auf das Selbstbild, sondern auch auf Konfliktbereiche, Abwehrmechanismen und unbewußte Einstellungen schließen. Trotzdem führe ich Selbstbild-Imaginationen als separate Kategorie ein, weil sie ausnahmslos eine sonst vielleicht übersehene, zusätzliche Dimension von Bewußtheit bringt, die zum Gesamtverständnis beiträgt.

Das Prinzip für die Kategorisierung beinhaltet die Regeln für die Eingruppierung von Wesensmerkmalen auf der Basis einiger gemeinsamer Attribute. Wir kommen nun auf die Imaginationskategorien mit gemeinsamen Attributen zu sprechen.

3. Spontanes imaginatives Erleben

Spontanes imaginatives Erleben kann auf zwei Arten angewandt werden. Eine Methode besteht darin, den Patienten aufzufordern, irgendwelche Bilder, die er „sieht", hochkommen zu lassen und sie dann zu berichten. Im Flusse dieser Bildfolge erweisen sich meist einige Bilder als affektbeladen; diese Bilder können dann als Transportmittel für weiteren Dialog oder als möglicher Auslöser für Emotionen dienen.

Die zweite Methode besteht darin, den Patienten die ersten fünf aufeinanderfolgenden Bilder, die ihm einfallen, berichten zu lassen. Dann fragt man ihn, auf welches der fünf Bilder er am meisten reagiert. Über das ausgewählte Bild kann dann ein Dialog entstehen oder ein Gefühl ausgelöst werden. Gelegentlich kann man den Patienten auch auffordern, in seiner Imagination das Bild zu „werden", auf das er am stärksten reagiert, und bestimmte Sätze zu vervollständigen, so als sei er das Bild. Man kann dieselben Satzvervollständigungsfragen für alle fünf Bilder benutzen.

Es folgt ein Beispiel eines 33jährigen Mannes mit einer Biographie von gewalttätigem Verhalten.

Die fünf aufeinanderfolgenden Bilder sind 1. ein See, 2. ein Baum, 3. ein Motorrad, 4. eine Frau und 5. Tod in einer Art Kapsel wie der, die durch den Woody-Allen-Film tanzt.

Da er sofort sehr stark auf das fünfte Bild reagierte, forderte ich ihn auf, sich als Tod zu imaginieren und diese Sätze so zu vervollständigen, als ob er das Bild sei.

Ich fühle mich *einsam*.

Das Eigenschaftswort, das mich am besten beschreibt: *Macht*.

Ich wünschte ich *hätte anderes zu tun, als Leichen abzuholen*.

Ich muß *Leichen einsammeln*.

Ich brauche *Urlaub*.
Im Geheimen *mag ich diese Arbeit nicht, aber Gott hat sie mir aufgetragen*.
Ich will *meine Arbeit tun*.
Man soll mich nie *unverantwortlich* nennen.

Ausgehend von diesen Antworten, entwickelte sich ein bedeutungsvoller Dialog. Ich will hier keine Interpretation versuchen, aber es ist wohl offensichtlich, daß in kurzer Zeit eine Menge klarwerden kann.

Die fünf aufeinanderfolgenden Bilder bieten noch die andere Möglichkeit, den Patienten zu fragen, ob er einen Sinn in dem Muster der Bilder finden kann. Manchmal ist es auch sinnvoll, um weitere fünf Bilder zu bitten, entweder in derselben Sitzung oder auch später.

Spontanes imaginatives Erleben kann zusätzlich angeregt werden, wenn man den Patienten imaginieren läßt, eine Straße entlang zu gehen und alles zu berichten, was er sieht.

Die am meisten verbreitete Form der menschlichen Imagination ist spontan und entsteht ohne ersichtliche Stimulation durch irgendeine spezifische Quelle vor unserem „inneren Auge". Die Begründerin des Begriffs der „spontanen Imagination", *Augusta Jellinek* (1949), drückt dies zutreffend aus: „Diese Bilder sind Erfahrungen, so als ob sie unabhängig auftreten würden und wir nur Zuschauer und nicht Quelle dieser Produktionen wären." Jeder, der eine Person aufgefordert hat, „irgend etwas zu imaginieren, was gerade kommt", weiß, daß für die imaginierende Person die Überraschungen nicht aufhören, daß sie Entdeckungen macht, lacht oder erschrickt; genauso kann aber auch der Therapeut von den unerwarteten Imaginationen überrascht werden. Normalerweise fließen die Imaginationen in einem fortlaufenden Strom von Szenen und Handlungen.

In dem Maße, in dem eine Person ihrer spontanen Imagination im Verlauf des therapeutischen Gesprächs vertrauen lernt und anfängt, durch sie Bedeutung und Richtung zu erkennen, kann sie auch außerhalb der therapeutischen Situation darauf vertrauen und eigene Bedeutungen und Richtungen daraus ableiten.

4. Gelenktes imaginatives Erleben

Nach der spontanen Imagination oder in Fällen, in denen Patienten freiwillig Bilder anbieten, die ihnen „jetzt" kommen oder die sie schon früher hatten und jetzt auf ihre Bedeutung untersuchen wollen, ist gelenktes Imaginieren die gebräuchlichste Methode. Belastende Bilder, die der Patient einbringt, sollten auf alle Fälle auf Bedeutung und Gefühlsgehalt untersucht werden, da sie dem Bedürfnis nach gelenkter Imagination vorangehen.

Gelenkte Imagination kann den Fluß der Imaginationen, der ständig in unserem Geist abläuft, kanalisieren. Es gibt Zeiten, in denen der spontane Imaginationsfluß anscheinend ohne Motiv oder ersichtliche Kohärenz in endlosen Szenen und Sequenzen weitergeht. Mit Hilfe der gelenkten Imagination kann man den Fluß eindämmen und Kohärenz und Integration in die Produktion bringen. Meine Erfahrung bestätigt die Aussage von *Horowitz* und *Becker* (1971), wonach die Genauigkeit der Instruktionen, über visuelle Bilder zu berichten, die Tendenz, sowohl Bilder zu entwickeln als auch darüber zu sprechen, verstärkt.

Der Therapeut sollte den Imaginationsfluß so weit wie möglich laufen lassen, bevor er neue Imaginations-Situationen anbietet. Der Dialog sollte erst begonnen werden, wenn der Fluß aufzuhören scheint.

Beiläufige Bemerkungen des Patienten während des Imaginierens dürfen nicht ignoriert werden. Es gibt z.B. konkurrent motivierte Personen, die nur anscheinend kreativ wirkende Imaginationen anbieten wollen. Diese Personen werden vielleicht sagen, daß sie nur langweilige Imaginationen haben, und müssen so weit unterstützt werden, daß sie auch wirklich alles berichten können. Ihnen muß man auch versichern, daß jede Imagination signifikant ist und potentielle Bedeutung hat.

5. Selbstbild-Imagination

Wir alle haben eine Theorie über uns selbst, über die Art von Person, die wir sind. Unser Selbstverständnis von kompetent oder inkompetent, anziehend oder abstoßend, ehrlich oder unehrlich usw. hat einen enormen Einfluß auf unser Verhalten. Persönlichkeitstheoretiker haben Konzepte wie Selbstachtung, Selbstbewußtsein, Selbstverneinung, Selbstzweifel, Selbstrespekt usw. geschaffen. Es gibt eine Menge Beweise dafür, daß jeder von uns ein „Selbstsystem", eine Reihe von Einstellungen über sich selbst besitzt. Über dieses System definieren wir uns. Unlösbar mit unserer Selbstdefinition verknüpft jedoch ist die Wahrnehmung davon, wie andere uns sehen. *Sullivan* (1953) hat festgestellt, daß unser Denken, unsere Bilder und unser Verhalten sich immer, auch wenn wir allein sind, auf andere, reale oder imaginierte Personen beziehen.

Das individuelle Selbstbild oder die Selbstdefinition kann in jeder Art von imaginativem Erleben, Tagtraum oder Traum offenbar werden. Konzentriert man sich aber auf die Imaginationen, die jemand über sich allein in einer Situation hat, kann im Zusammenhang mit den dazugehörigen Gefühlen ein sehr viel klareres Bild entstehen.

Selbstbild-Imaginationen kann man wie folgt kategorisieren:
1. Imaginative Situationen, in denen die Patienten imaginieren sollen, daß sie doppelt sind. Dann sollen sie Dinge wie „sich küssen", „sich umarmen", „auf dem eigenen Schoß sitzen", „sich hochheben" usw. imaginieren. Dabei können Einstellungen zu Ich-Akzeptanz oder Nicht-Akzeptanz, Scham oder Ekel vor sich selbst auftauchen. Diese Selbstbeobachtung kann Konflikte und Abwehrstile offenlegen, die dem Patient bisher verborgen blieben.
2. Wieder imaginative Situationen, in denen der Patient sich doppelt imaginieren soll. Dann soll er „sich selbst durch ein Schlüsselloch betrachten" oder imaginieren, daß „ihr zwei euch in Sesseln gegenübersitzt und euch unterhaltet." Das hilft uns, uns selbst zu sehen und mit uns zu sprechen.
3. Imaginative Situationen, in denen sich der Patient doppelt sieht und einer davon Hilfe braucht, z. B.: „Sie sitzen in einem Boot — gleichzeitig ist Ihr anderes Ich im Wasser mitten im Ozean. Was tun Sie?" Diese und andere imaginative Situationen ähnlicher Art zeigen die Einstellung des Patienten zu Selbsthilfe oder zum Annehmen von Hilfe.
4. Eine andere Gruppe von imaginativen Situationen, die Selbstbilder in Verbindung mit Erinnerungsbildern ans Licht bringen können, sind z. B. „Imaginieren Sie sich im Klassenzimmer" oder „Ein Bild von Ihnen auf dem Spielplatz".

6. Duales imaginatives Erleben

Die Psycho-Imaginationstheorie basiert auf der Voraussetzung, daß innere Konflikte einer Person durch die Opposition zweier starker und unvereinbarer Kräfte zustande kommen, die jeweils nicht ohne Schmerz, Furcht, Schuld oder andere emotionale Strafen befriedigt werden können. Wird man sich dieser antithetischen Kräfte, dieser Ambivalenz in sich selbst bewußt, fängt man natürlich an, die komplementären Gegensätze innerhalb der Erfahrung zu erkennen. Ist dies einmal erreicht, kann der Patient versuchen, seine Reaktionen auf reale Situationen zu verändern; er kann letztlich Konflikte negieren und seine eigene Persönlichkeit neu aufbauen.

Ein recht bemerkenswertes Phänomen tritt dann auf, wenn jemand zwei verschiedene Kräfte, Puppen, Bäume, Tiere, Impulse etc. imaginieren und dann jedes mit dem anderen kontrastieren soll. Bei der

Mehrzahl der berichteten Imaginationen (allerdings nicht in allen Fällen) läßt sich eine wie immer geartete Bipolarisierung beobachten. Das läßt sich noch deutlicher demonstrieren, wenn man den Imaginierenden jedem der zwei Bilder ein Adjektiv zuordnen läßt. Die Adjektive können in irgendeiner Art gegensätzliche Kräfte widerspiegeln. Um diese gegensätzlichen oder kontrastierenden Kräfte noch zu verstärken, soll der Patient das eine Bild zum anderen sprechen lassen und dann die Antwort vom zweiten Bild zum ersten imaginieren. Das kann dann nochmals umgedreht werden, indem das zweite Bild das erste anspricht und dies dann antwortet.

Duale Imagination ist so fruchtbar, daß man sie in viele Richtungen weiterentwickeln kann. Ich will hier einige Richtungen aufzeigen:

Erstes Bild		Zweites Bild
Aussage des Bildes an die Person	Person	Aussage des Bildes an die Person

Eine andere Richtung:

Erstes Bild		Zweites Bild
Aussage der Person an das Bild	Person	Aussage der Person an das Bild

Eine andere Richtung:

Vorschlag, daß das erste und das zweite Bild zusammen einen Weg entlang gehen (oder jedenfalls irgendwie zusammen auftreten) und sich der Art ihrer Interaktion bewußt werden.

Eine andere Richtung:

Erstes Bild		Zweites Bild
Die unwahrscheinlichste (oder schwierigste) Aussage des Bildes an die Person	Person	Die unwahrscheinlichste (oder schwierigste) Aussage des Bildes an die Person

Eine andere Richtung:

Erstes Bild		Zweites Bild
Aussage des Bildes an eine signifikante Person im Leben der Person	Person	Aussage des Bildes an eine signifikante Person im Leben der Person
oder		oder
Aussage der signifikanten Person an das Bild		Aussage der signifikanten Person an das Bild
oder		oder
Aussage des Therapeuten an das Bild		Aussage des Therapeuten an das Bild
oder		oder
Aussage des Bildes an den Therapeuten		Aussage des Bildes an den Therapeuten

Es gibt keine absolute Formel für die Anwendung der dualen Imagination. Wenn ich dem Patienten vorschlage, zwei Bäume, zwei Tiere oder zwei Frauen zu imaginieren, stelle ich meistens fest, daß einige Bilder neutral und andere gefühlsbesetzt sind. Man kann im voraus nur schwer sagen, auf was der Patient mit starken Emotionen reagieren wird. Deshalb schlage ich vor, den Patienten zuerst mit den vermutlich neutralen Bildern arbeiten zu lassen und sich der affektbesetzten Imagination in dem Maße zu nähern, in dem der Patient bereit ist, sich mit gefühlsbeladenem Material auseinanderzusetzen.

Die Betonung liegt auf der Bewußtheit von Konflikten; auf der spezifischen Art, in der der Patient seine Welt betrachtet; auf dem Dialog, der daraus folgen kann; auf dem Freisetzen von Gefühlen und auf der Bereitschaft, sich auf fokussierende Annäherung einzulassen wie bei der kathartischen Imagination oder den imaginativen Aufgaben.

Die Erfahrung mit der dualen Imagination als Mittel zur Entdeckung von Konfliktbereichen und erweiterter Bewußtheit kann man generell so einordnen:

1. Vergleich von zwei gegenständlichen Bildern: zwei Schaukelstühle, zwei Tische, zwei Räume, zwei Badewannen, zwei Häuser etc.
2. Vergleich von zwei nichtmenschlichen, aber lebendigen Bildern: zwei Blumen, zwei Bäume, zwei Tiere etc.
3. Vergleich von zwei menschlichen Bildern: zwei Frauen, zwei Männer, zwei Kinder etc.
4. Bilder, in denen die Person in Beziehung zu Kräften oder Impulsen verglichen wird, z.B.: „Über Ihnen ist eine Kraft. Was fühlen Sie, was tun Sie?" etc. „Sie schlafen nachts auf einem Feld, erwachen und spüren Schritte auf Ihrem Körper. Auf welchem Körperteil und von wem?" Oder: „Sie gehen einen Weg entlang, und jemand klopft Ihnen auf die Schulter" etc.
5. Vergleich zwischen einem doppelten Selbst: „Sie sind in einer Höhle. Sie sind auch außerhalb der Höhle. Rufen Sie sich." Oder: „Sie sind in einem Boot auf dem Meer und gleichzeitig auch im Wasser. Werfen Sie ein Seil von sich im Boot zu sich im Wasser." usw.
6. Vergleich von zwei Körperteilen einer Person: „Imaginieren Sie, was Ihr Herz zu Ihrem Kopf sagt." „Was sagt Ihre linke zu Ihrer rechten Gehirnhälfte?"
7. Vergleich der Körperteile einer Person mit denen einer anderen: „Was sagt Ihr Herz zu dem Herzen einer anderen Person?" „Was sagt das Herz einer anderen Person zu Ihrem Herzen?"
8. Vergleich zwischen zwei unterschiedlichen räumlichen Richtungen: „Sie laufen einen seichten Fluß entlang und sehen auf beiden

Ufern etwas." Oder: Sie sehen etwas vor sich, dann drehen Sie sich um. Was sehen Sie dann?" Bild vorn und Bild hinten.

9. Kombinierte Kategorien der dualen Imagination: „Imaginieren Sie zwei verschiedene Tiere in menschlichen Situationen" oder irgendeine andere Kombination von dualen Imaginationskonzepten, die beim Imaginieren kreativ auftauchen und möglicherweise Konfliktbereiche umreißen können.

Die dualen Bilder repräsentieren oft den Konflikt der beiden Teile des Selbst, d. h. Selbst versus Selbst. Zu anderen Zeiten ist es vielleicht Selbst versus eine andere Person. In jedem Fall kann man sich mit Hilfe der dualen Imagination seiner inneren Konflikte und der Konflikte mit anderen bewußt werden. Das natürliche Ergebnis des Berichts über die dualen Bilder ist der Dialog, der zu weiteren Konfliktbedeutungen führt.

Läßt man einen Patienten zwei bipolare Bilder zusammen imaginieren und sie dann als ein Bild sehen, kann er bei dem Versuch große Schwierigkeiten erleben. Manche Leute protestieren und behaupten, daß das unmöglich sei. Eine Person brachte die Bilder zusammen und ließ sie dann explodieren, um sie zum Verschwinden zu bringen. Offensichtlich ist es um so schwieriger, die beiden Bilder zu einer Einheit zusammenzubringen, je stärker bipolar sie angelegt sind.

Bei sehr distanzierten oder schizoiden Personen konnte ich nach Anwendung des dualen Imaginierens Änderungen in ihren Imaginationen beobachten, sobald die Distanz zu weichen begann. Was vorher langweilig und begrenzt erschien, wird lebhafter, begann sich zu erweitern und auszudehnen. Bei manchen distanzierten Personen kommt es vor, daß sich eins der dualen Bilder bei der Überprüfung als das „heimliche Selbst" herausstellt.

7. Körper-Imaginationen

Wir alle tendieren dazu, das Bild unseres Körpers durch die Augen der anderen zu sehen. Wir interpretieren z. B. das, was wir im Spiegel sehen, durch ein System von sozialen Werten. Wir bewerten das Bild unseres Körpers ausnahmslos anhand eines Ideals oder des bevorzugten Standards, der ein kulturelles Vorurteil widerspiegelt.

Dieses idealisierte Körperbild bezieht sich auch auf die Körperbilder, die wir mit geschlossenen Augen von uns selbst haben. Solche Selbstbetrachtung kann innere Zufriedenheit oder deren Gegenteil, Selbsthaß, enthüllen.

Die empirische Forschung hat nachgewiesen, daß Menschen anscheinend fähig sind, einen Körperteil als Kernpunkt ihrer Identität zu spüren, wenn sie solch ein Körperkorrelat identifizieren sollen. Darüber hinaus kann man auch die Introjektion von Elternfiguren nachweisen, wenn man Patienten den Körperteil, in dem sie ihre Eltern spüren, imaginieren läßt. Sie sehen ihre Eltern z. B. im Herzen, in den Eingeweiden, den Armen usw. Die meisten Patienten sind nicht allzusehr überrascht über diese Beziehung bestimmter Organe und reagieren ganz ungezwungen auf solch eine Frage.

Wenn jemand im Verlauf seiner Entwicklung durch signifikante Andere falsch definiert worden ist, können diese falschen Definitionen körperliche Gestalt annehmen. Die Mutter oder der Vater, die in der Brust des Patienten „wohnen" und feindselig erscheinen, sind in Wahrheit die falsche Identität oder der internalisierte neurotische Konflikt.

Der Patient wird aufgefordert, die schlechte Elternfigur aus seinem Körper „auszutreiben" und den Einfluß der anderen zu beseitigen. Das kann, wenn es erreicht wird, zu einer gesunderen Identität führen.

Im folgenden stelle ich 13 Beispiele für verschiedene Körper-Imaginationen vor:

1. „In welchem Körperteil befindet sich Ihr körperlicher Kernpunkt?" Aussage vom Kernpunkt an die anderen Teile.
2. „In welchem Körperteil haben Ärger, Liebe, Freude, Schuld, Scham ihren Sitz?"
3. „In welchem Körperteil wohnen Ihre Mutter oder Ihr Vater?" (Austreibung des introjizierten Körpers).
4. „Treten Sie in Ihren Körper ein. Beschreiben Sie die Reise."
5. „Lassen Sie Mutter, Vater etc. Ihren Körper betreten. Beschreiben Sie Ihre Reise."
6. „Betreten Sie den Körper Ihrer Mutter oder Ihres Vaters. Beschreiben Sie Ihre Reise."
7. Duale Körper-Imaginationen: „Bild der Brust, Bild des Rückens." „Eine Kraft, die in Ihren Kopf eintritt, eine Kraft, die aus Ihrem Kopf kommt."
8. „Aussage von Ihnen selbst: Kopf zu Herz, Kopf zu Eingeweiden, Kopf zu Geschlechtsorganen, Rückaussagen."
9. Aussage zu anderen Personen: „Kopf zu Kopf, Kopf zu Herz, Kopf zu Eingeweiden, Kopf zu Geschlechtsorganen" etc. Alle Aussagen können umgekehrt werden in die Richtung anderer zu Ihnen und Ihre Aussagen.
10. Imaginationen, die sich auf „Pufferzonen"-Bereiche und Selbstberührung beziehen: „Wie nah wollen Sie einen Fremden je an sich

heranlassen?" „Imaginieren Sie die Körperteile, die Sie am leichtesten, und die, die Sie am schwersten berühren können."

11. Imaginationen über den eigenen Körper in bezug auf Attraktivität, Größe und Form, Männlichkeit oder Weiblichkeit und Stärke: „Welcher Teil Ihres Körpers erscheint Ihnen am meisten / wenigsten attraktiv, wenn Sie Ihren Körper spüren?" „Welcher Teil ist Ihnen am meisten bewußt?" „Welches ist der geheimste Teil?"

12. Imagination von Körperberührungen, die andere einbezieht: „Imaginieren Sie, daß Sie das Gesicht Ihrer Mutter / Ihres Vaters in der Hand halten." „Kehren Sie die Situation um, und imaginieren Sie, wie Ihre Eltern jeweils Ihr Gesicht in der Hand halten."

13. Zusammengesetzte Imaginationen: „Ihr Vater / Ihre Mutter und Ihr Körper verschmelzen in einen. Trennen Sie sich aus eigener Kraft."

8. Sexuelles imaginatives Erleben

Man kann sexuelle Ereignisse aus Erinnerungsbildern fast deckungsgleich mit den Gefühlen des tatsächlichen Ereignisses in der Vergangenheit phantasieren oder imaginieren. Empirische Forschungen haben gezeigt, daß sexuelle Imaginationen so lebendig sein können, daß die physiologischen Reaktionen beschleunigten Herzschlag, erhöhte Temperatur, schnelles Atmen, Kontraktionen des Uterus und sogar Orgasmus verursachen können. Natürlich gibt es auch nichtsexuelle Imaginationen, die fast perfekte Nachschöpfungen erreichen, aber sexuelle Imagination ist sicherlich das Beispiel par excellence.

Meiner Erfahrung nach können Menschen, die von sich behaupten, unfähig zum imaginativen Erleben zu sein, auf die Frage nach sexuellen Imaginationen reagieren oder sich sexuelle Erinnerungen ins Gedächtnis zurückrufen. Bis jetzt habe ich dabei nie einen Fehlschlag erlebt.

Sexuelle Themen bieten eine fruchtbare Ebene für das Spiel der Imagination. Sie haben diesen starken Einfluß wegen ihrer großen Bedeutung in unserem Leben. Sexuelle Bilder während des Geschlechtsakts bzw. statt dessen, wie beim Masturbieren, gibt es wie Sand am Meer. Dann gibt es die Bilder, die sich auf die Interaktionen zwischen Mann und Frau beziehen und die sexuelle Ergebnisse (Billigung oder Ablehnung) vorwegnehmen.

Sadistische oder masochistische Bilder können ebenso auftauchen wie Bilder von Dominanz, Ablehnung, Eifersucht, unangenehmen Vergleichen und Gefühle wie Herzbrechen, Freude, Sünde, Schmutzigsein etc.

Da sexuelle Konflikte mit den verletzlichsten und empfindlichsten Gefühlen, mit Scham und Schuld zu tun haben, ist es auch so schwer, sie sich und anderen einzugestehen. Um an diese Konflikte heranzukommen, beginne ich mit generellen imaginativen Situationen ohne offensichtliche sexuelle Untertöne, die sich aber im klinischen Gebrauch als aufschlußreich für Sexualität erwiesen haben.

Der Bereich der sexuellen Imagination ist so groß, daß es einer Enzyklopädie bedürfte, sie zu kategorisieren. Folgende Kategorien haben sich in meiner klinischen Praxis als sehr produktiv erwiesen; sie können wie folgt systematisch kategorisiert werden:

1. 98% der Personen, denen die folgende imaginative Situation angeboten wurde, haben sexuelle Gefühle und Haltungen dadurch ausgedrückt. Die restlichen 2% haben diese Imagination auf Tod und Begräbnis oder, wie z. B. Gefangene, auf Fluchtmöglichkeiten bezogen. Da 98% mit sexuellen Offenbarungen reagiert haben, kann man sie als starke und wichtige sexuelle Imagination ansehen: (IS) Gehen Sie in die Mitte eines Raumes. Dort ist ein Loch im Boden. Schauen Sie in das Loch, und erzählen Sie mir, was Sie sehen. Dann imaginieren Sie, daß Sie in das Loch hineingehen, und sagen Sie mir, was Sie fühlen und tun.

Hier ist die Reaktion einer 30jährigen Frau, ohne jede Interpretation oder einen Therapeut-Patient-Dialog: „Der Raum ist dunkel — es ist sehr schwer, das Loch zu finden. Ich schaue hinein und sehe ein Krokodil. Himmel, ich kann da einfach nicht hinuntergehen — aber ich werd's versuchen. Oh la la, mein Kleid fliegt hoch — ich bin ein leichtes Ziel (lacht). Roger das Krokodil wird mich erledigen ... ich gehöre da doch gar nicht hin."

2. Es gibt eine bestimmte imaginative Situation, in der sich der Patient drei Türen — links, rechts und in der Mitte — vorstellen soll und dann imaginiert, eine Tür zu öffnen und einzutreten. Die Erfahrung hat gezeigt, daß die Reaktion auf die mittlere Tür sich fast immer auf Sexualität oder Liebesbeziehungen bzw. deren Fehlen bezieht, auch wenn der manifestierte Inhalt nicht explizit sexuell ist. Die linken und rechten Türen haben dagegen keinen vorhersagbaren Inhalt, können aber auf alle Fälle für weitere Information und Bewußtheit herangezogen werden.

3. Dann gibt es Imaginationen, in denen sexuelle Elemente imaginiert werden sollen, z. B.: „Imaginieren Sie ein Tier, das aus einem Penis, und eins, das aus einer Vagina kommt." „Zupfen Sie Fussel aus dem Nabel von ... (jemandem, mit dem die Person intim zusammen ist)."

4. Es folgen einige Beispiele für sexuelle Imaginationen, die für die Einstellung zwischen den Geschlechtern wichtig sind: „Begleiten Sie eine Gruppe von weiblichen (männlichen) Gefangenen eine Meile weit zu einer anderen Station. Was passiert? Was tun und fühlen Sie?" „Imaginieren Sie eine Frau (Mann) auf einem sechs Meter hohen Erdhaufen."
5. Imaginationen, die die Eltern einbeziehen, z. B.: „Duschen Sie mit Ihrer Mutter/Ihrem Vater." „Starren Sie auf den nackten Rücken Ihrer Mutter/Ihres Vaters." „Lassen Sie jeden von ihnen auf Ihren nackten Rücken starren."
6. Imaginationen, die sich auf sexuelle Phantasien beziehen wie: „Imaginieren Sie die Phantasien, die jemand vom anderen Geschlecht über Sie hat." „Was sind Ihre sexuellen Phantasien über einen idealen Sexualpartner?"

9. Voraussage von Imaginationen

Es ist völlig unmöglich, das imaginative Erleben einer Person, die man zum ersten Mal trifft, vorherzusagen. Bittet man jedoch zwei nah verbundene Personen, ihre Imaginationen getrennt und allein zu berichten und dann die des anderen vorauszusagen, kann es zu erstaunlichen Ergebnissen kommen. Ich habe z. B. Ehepartner aufgefordert, allein und stillschweigend fünf aufeinanderfolgende Bilder zu imaginieren und sie dann aufzuschreiben. Danach sollte jeder Partner die Imaginationen des anderen vorhersagen. Das Ergebnis war ein Auseinanderklaffen der Verteilung der Voraussagen, d. h., manche Paare konnten einen großen Teil der Imaginationen des Partners vorhersagen, während andere sich der Imaginationen des Partners nur wenig bewußt waren. Die Ergebnisse des Dialogs, der einsetzt, wenn ein Partner seine/ihre Imaginationen dem anderen offenbart, können großen therapeutischen Wert haben. Der Grad der Bewußtheit über sich selbst und den Partner kann sich erhöhen. Da der Partner den anderen durch seine/ihre Art, die Welt zu sehen, betrachtet, ergibt sich zwangsläufig mehr Kommunikation. Auch Partner, die die Imaginationen des anderen nur schwer vorhersagen können, haben jetzt eine bislang nicht wahrgenommene Chance zu größerer Bewußtheit über den anderen.

10. Imaginative Aufgaben

Andere Forscher haben aufgezeigt, daß gute therapeutische Ergebnisse erzielt werden können, wenn ein Patient aufgefordert wird, sich mit schwierigen symbolischen Anforderungen auseinanderzusetzen und sie in leichter handhabbare Bilder „umzuwandeln". Verschiedene Konfrontationsformen wie Anstarren, Töten, Erschöpfung (exhaustion), Zaubertränke etc. wurden für die „Transformation" der symbolischen Dämone entwickelt, um so Furcht, ja manchmal Entsetzen zu verringern.

Meine eigene Erfahrung hat gezeigt, daß es möglich ist, bestimmte Vorstellungen, die ich imaginative Aufgaben nennen will, anzubieten, um Möglichkeiten für das „Durcharbeiten" eines Konfliktes zu eröffnen. Bei diesen imaginativen Situationen meistert der Patient ein Stück Arbeit oder eine Aktion. Danach folgt dann immer die Aufforderung an den Patienten, die imaginative Situation zu wiederholen oder wiederzuerleben. Daraus resultiert sehr oft eine Veränderung des Selbstkonzepts.

Während *Leuner* (1969, vgl. auch Kapitel 5) und *Hammer* (1967) eine standardisierte Reihe von Konfrontationsbildern benutzen, arbeite ich mit einer Reihe von sehr unterschiedlichen Vorstellungen. In den meisten Fällen beinhalten die imaginativen Aufgaben nichtsymbolische und konkrete Imaginationen, obwohl sie in Einzelfällen symbolische Gestalt annehmen können.

Bei meiner eigenen Arbeit mit imaginativen Aufgaben betone ich den Dialog zwischen mir und dem Patienten.

Der Therapeut, der imaginative Aufgaben benutzt und damit Erfahrungen sammelt, kann dabei seine eigene Kreativität und Flexibilität bei der Auswahl der imaginativen Situationen entwickeln.

Imaginative Aufgaben können die inneren Konflikte des Patienten aufdecken, seinen Stil und seine Methoden, seine Abwehrmechanismen und seine Ängste; sie können bei der „Durcharbeitung" als Vehikel für das Fokussieren auf ein verändertes Selbstkonzept dienen. Imaginative Aufgaben bieten dem Patienten die Möglichkeit, sich selbst zu sehen und dann zu versuchen, sein Selbst-Konzept zu verändern. Ihr wesentlicher Bestandteil ist das sich an den anfänglichen Imaginationsfluß anschließende Wiedererleben (oder wiederholtes Tun) des imaginativen Erlebens in einer Weise, welches zu einer gesunden Auflösung des Konfliktes führen kann.

Durch die Wiederholung derselben imaginativen Situation mit einem Patienten kann man versuchen, die Intensität der erwünschten Reaktion zu steigern und jedesmal eine größere Gefühlsbeteiligung anzustreben. Dies ist speziell dann angebracht, wenn die Gefühlsreaktion affektentleert erscheint. Bei der Wiederholung der imaginativen Situation instruiert man den Patienten, „etwas mit mehr Gefühl zu sagen". Ein Patient sollte z. B. bei einer dualen Imagination „zwei verschiedene

Schaukelstühle imaginieren und sich dann in jedem eine andere Person vorstellen". Er imaginierte einen alten Mann in dem einen und einen jungen Mann in dem anderen. Ich wies ihn an, zu jedem der beiden Männer eine Aussage zu machen. Seine anfängliche Reaktion war eine abstrakte Bemerkung. Die zweite Reaktion war eine Aussage über die Möbel. Ich wiederholte die imaginative Situation und drängte ihn, eine emotionale Aussage über jeden der beiden Männer zu machen. Diesmal enthielt seine Aussage mehr Emotionen, und er äußerte seine Besorgnis über den „Sohn des anderen Mannes, der in Vietnam vermißt ist". Aus diesem Gefühlsfünkchen entwickelte sich dann ein tieferer Ausdruck von Gefühlen.

Dies alles ist hilfreich und bietet dem Patienten die Möglichkeit, an seiner Veränderung zu arbeiten. Der Patient muß aber auch bereit sein, sich auf Veränderung einzulassen. Elemente, mit denen man diese Bereitschaft bestimmen kann, sind: die Bewußtheit des Patienten über seine inneren Konflikte; die gefühlsmäßige Betroffenheit, die mit traumatischen Ereignissen verbunden ist; das Erkennen der unterminierenden Verhaltensstrategien der wichtigen Bezugspersonen und die Kenntnis der eigenen Gegenreaktionen.

Gardner Murphy (1947) hat das Konzept der Transformierung von Imaginationen vorweggenommen: „Aber Bilder ... sind wie Muskelbewegungen manipulierbar, um zu mehr und stärkerer Befriedigung zu kommen".

Im Folgenden sollen einige Haupttypen der imaginativen Aufgaben hinsichtlich dessen, was sie erreichen wollen, und in bezug auf die „Durcharbeitung" bestimmter Formen der Konfliktlösung und der Erweiterung des Selbstbildes beschrieben werden.

1. Imaginative Aufgaben, die sich auf Leistungs- und Machtmotive beziehen: „Imaginieren Sie, 1000 Stufen bis zur Spitze zu klettern." „Imaginieren Sie, eine Brücke über eine Schlucht zu bauen."
2. Imaginative Aufgaben, in denen starke Kräfte bekämpft werden: „Sie sind in einem Schneesturm und müssen sich in Sicherheit bringen." „Führen Sie eine Pferdeherde in eine Koppel, die eine Meile entfernt ist."
3. Imaginative Aufgaben, bei denen der Patient gegen Schuld und Scham für einen neuen Anfang kämpft: „Sie sind ein Embryo bei Ihrer Geburt." „Stellen Sie sich vor, wie Sie Ihre ersten Schritte als Baby machen."
4. Imaginative Aufgaben, bei denen man gegen Kontrollverlust kämpft und die Herrschaft über sich selbst wiedergewinnt: „Imaginieren Sie, rückwärts durch eine Papierwand zu gehen." „Sie hängen oben auf einem Riesenrad fest und müssen sicher herunterkommen."

5. Eine der wirksamsten imaginativen Aufgaben bezieht sich auf die Bekämpfung negativer Gefühle, die sich gegen einen selbst richten: „Sie sind in einem Behälter mit ganz ekelhaften Flüssigkeiten. Wie fühlen Sie sich dabei? Sie müssen da herauskommen." „Sie befinden sich in einer Kloake voll von Ratten. Sehen Sie zu, daß Sie herauskommen."

6. Imaginative Übungen, bei denen Ordnung aus Chaos geschaffen werden soll: „Stellen Sie sich vor, ein öliges, verrostetes (rauhes) Metallstück zu reinigen, bis es sauber und glatt ist." „Imaginieren Sie ein total verknotetes Seil, und entwirren Sie es."

7. Imaginative Aufgaben, bei denen man andere oder sich selbst rettet: Man soll kämpfen und Gefahren überwinden. „Führen Sie Leute aus einem Sumpf heraus." „Stellen Sie sich vor, erfolgreich eine Bombe zu entschärfen."

8. Für größere Kontrolle übermächtiger Kräfte: „Fahren Sie einen Sherman-Panzer über holprige Felder." „Kontrollieren Sie eine Stahlkugel, mit der man Häuser einreißt."

9. Umwandlung von schwachen oder negativen Bildern in stärkere oder positivere. Wenn man z. B. ein Kaninchen oder eine Schlange in seinen Eingeweiden sitzen hat, kann man sich darauf konzentrieren, sie in ein stärkeres oder positiveres Symbol zu verwandeln.

11. Kathartische Imaginationen

Es gibt bestimmte imaginative Situationen, in denen der Patient den „bösen" Elternteil vor sich imaginieren soll und sich dann offen, in der Art des Psychodramas, positiv darstellt. — Bei vielen Menschen kann die Imagination stellvertretend für die tatsächliche Konfrontation von Angesicht zu Angesicht stehen. Es ist offensichtlich, daß diese Art von fokussierendem Verfahren die Unterstützung durch den Therapeuten, der auf der Seite des Patienten steht, benötigt. Genauso wichtig ist die Bereitschaft des Patienten, sich von einer falschen Identität zu befreien. Diese Bereitschaft kann hier natürlich nicht diskutiert werden, ich muß mich hier auf den imaginativen Ansatz beschränken. Im Folgenden gebe ich Beispiele für Imaginationstypen, die sich für den kathartischen Ausdruck der Patienten anbieten:

1. Imaginationen, bei denen der Patient zu Unrecht unter einer *Non-sequitur*-Anklage steht: „Imaginieren Sie, daß die Elternfigur Sie anklagt. Dann drehen Sie den Prozeß um und klagen den Ankläger so lange an, bis Sie Ihre rechtlich gesehene wahre Position durchgesetzt haben."

2. Man kann auch bestimmte Satzvervollständigungselemente benutzen, wie z. B.:
Ich bin nicht ... Ich bin ...
Nenne mich nie ....

3. Bestimmte traumatische Ereignisse, die in der erinnernden Imagination wachgerufen wurden, können ebenfalls auf diese Art benutzt werden.

4. Eltern-Imaginationen: „Ein Elternteil und Sie sind in einem hundert Meter tiefen, ausgetrockneten Brunnen, mit einer Leiter, die nach oben führt. Beschreiben Sie die Reaktionen."

12. Tiefen-Imaginationen

Tiefenimagination ist kein wirklich voll zutreffender Begriff, da jede imaginative Situation Reaktionen aus tief verborgenen Gefühlen zur Folge haben kann; Gefühle, die anscheinend aus den innersten, unbewußten Kräften stammen. Dennoch gibt es bestimmte Imaginationen, die an Tiefen oder unbewußte Kräfte zu rühren scheinen und die fast immer eine sehr tiefsitzende Reaktionskette zum Vorschein bringen, ganz unabhängig von der Person des Patienten.

Diese hochgradig mit Emotionen besetzten imaginativen Situationen sollten sehr vorsichtig und mit der Bewußtheit von dem, was der Patient verkraften kann, angewandt werden.

Einige Beispiele dafür sind: „Stellen Sie sich vor: Sie sind wieder ein Kind und weinen. Nun imaginieren Sie, daß Ihre Mutter oder Ihr Vater die Tränen fortlecken." „Ihre Mutter oder Ihr Vater kommen ins Zimmer und finden Sie tot auf dem Bett."

Zusätzlich gibt es noch Imaginationen, die die unbewußten Kräfte ausloten, ohne daß Elternfiguren einbezogen sind: „Imaginieren Sie einen versiegelten Behälter unter Wasser. Öffnen Sie ihn. Was sehen, fühlen, tun Sie?" „Sie stecken Ihre Hand dreimal in eine Höhle, jedesmal ein bißchen tiefer. Was tun, sehen, fühlen Sie?"

13. Allgemeines imaginatives Erleben

Zur Kategorisierung des imaginativen Erlebens in der Therapie gehören auch die imaginativen Situationen, die nicht in die bisher genannten Bereiche eingeordnet werden können, aber trotzdem einen großen Bereich innerhalb der Funktionen der Imagination darstellen. Diese imaginativen Situationen nenne ich allgemeines imaginatives Erleben. Wie bei den anderen Imaginationstypen sind auch hier Bedeu-

tung und Dialog, die zu Bewußtheit und Veränderung führen, von größter Wichtigkeit. Einige Beispiele dafür:
1. „Versuchen Sie, sich ‚eins Ihrer Moleküle', ‚Ihr Gewissen', oder ‚das Paradies' vorzustellen. Was tun, sehen, fühlen Sie dabei?"
2. „Imaginieren Sie sich als Walnuß, Amöbe oder als ein Sandwich auf einem Teller usw. Reden Sie so wie dieses Bild — was tun, sehen, fühlen Sie dabei?"
3. „Überlassen Sie sich einer Phantasie oder einem Tagtraum."
4. „Das Bild einer Schere, die etwas schneidet, das Bild des glühenden Endes eines Stocks, das Bild eines Messers usw. Was tun, sehen, fühlen Sie?"
5. „Imaginieren Sie einen Lichtstrahl, und verfolgen Sie ihn bis in den Himmel. Was tun, sehen, fühlen Sie?" „Starren Sie ins Feuer. Was tun, sehen, fühlen Sie?"

Da die kreativen Möglichkeiten dabei so breit gestreut und die Richtungen, in die die allgemeine Imagination gehen kann, so unterschiedlich sind, verweigern sie sich einer normalen Klassifizierung. Für den Therapeuten kann die ungehemmte Imagination fruchtbare und neue Bereiche erschließen, die Staunen und Aufregung mit sich bringen und neue Möglichkeiten eröffnen können.

14. Feststellung von Widerständen bei den Produktionen des imaginativen Erlebens

Die Kliniker, die mit Imaginationen arbeiten, stimmen im allgemeinen darin überein, daß die Patientenreaktionen die innere Zensur umgehen und so verborgene Aspekte der Persönlichkeit aufgedeckt werden können. Diese spezielle Eigenschaft des berichteten imaginativen Erlebens stellt uns eine therapeutische Bewußtheit zur Verfügung, die durch Verbalisierung allein meist nicht ermöglicht werden kann. Trotzdem ist das in der therapeutischen Interaktion benutzte imaginative Erleben nicht frei von Widerständen.

Widerstand ist der Mechanismus des Patienten, mit dem verdrängtes Material unten gehalten wird, weil er die Angst, die die Offenlegung dieses Materials nach sich ziehen würde, vermeiden will. Das Konzept der Widerstände ist so komplex, daß ich meine Anmerkungen dazu auf die Widerstände bei der imaginativen Produktion beschränken will.

Zunächst müssen wir unterscheiden zwischen den Patienten, die bewußt Widerstände aufbauen, und denen, die trotz ehrlicher Versuche anscheinend keine Bilder sehen können — also zwischen denen, die nicht wollen, und denen, die nicht können. Beide leisten Widerstand.

Die, die nicht wollen, tun das eher bewußt. Die, die nicht können, haben die Widerstände aus versteckteren oder unbewußteren Gründen. Individuen, die nicht imaginieren wollen, sind sich des Kampfes gegen die Offenbarung ihrer selbst bewußt. Einige der zahllosen Gründe für diese bewußte Reaktionsverweigerung können z. B. sein: Angst vor Entlarvung; Angst vor mangelnder Konkurrenzfähigkeit mit dem vermuteten hohen Niveau anderer Personen; Feindseligkeit gegenüber dem Therapeuten und dem Konzept von Therapie überhaupt; Angst vor Kontrollverlust; der Glaube, daß Imaginieren nur ein neuer Trick sei, ihn in die Falle zu locken, usw.

Dazu muß man auch die *Trotzimagination* zählen. Es gibt Trotzimaginationen, die dem Therapeuten in offener Opposition zeigen, daß keinerlei Anstrengungen von seiner Seite dem Widerstand des Patienten gewachsen sind.

Manche Patienten berichten vorgetäuschte Imaginationen; sie fabrizieren oder basteln imaginatives Erleben zusammen. Nach meiner Erfahrung ist dies allerdings selten. Jedenfalls sind auch diese vorgetäuschten Imaginationen immer noch subjektive Erzeugnisse und müssen auf mögliche Bedeutungen hin untersucht werden. Es ist recht schwierig, diese falschen Imaginationen zu entdecken, und es braucht dafür diese vage definierte Geschicklichkeit, die man auch klinische Erfahrung nennt.

Darüber hinaus darf man auch nicht die Hinweise in der Stimme des Patienten übersehen, da sehr viel aus der Art des Erzählens (der Imagination) hervorgeht. Erhobene oder gedämpfte Stimme, plötzliche Stille, Zögern, Änderungen in der Lautstärke, all dies muß individuell untersucht werden, um auf die Widerstände oder den Trotz zu stoßen.

In meiner eigenen Arbeit war die Zahl der Patienten, die nicht imaginieren wollten, relativ klein, was allerdings an den Auswahlfaktoren liegen kann. Die folgende, selbstverständlich unvollständige Liste von Widerstandsmustern soll helfen, Widerstände bei Patienten aufzudecken, die sich überwiegend bereitwillig am imaginativen Erleben beteiligen. Ich betone nochmals, daß es sich dabei um Widerstände in den Imaginationsproduktionen von Personen handelt, die normalerweise einen guten Imaginationsfluß haben.

1. Nichtberichtete Imagination: Wenn bestimmte Imaginationssequenzen Gefühle großer Angst, Scham oder Schuld mit sich bringen, wird der Patient vielleicht sagen, daß er zwar Bilder sieht, daß er aber auch große Schwierigkeiten hat, sie zu diesem Zeitpunkt mitzuteilen. Durch Ermutigung oder ein zeitweiliges Ausweichen auf einen Dialog kann der Therapeut diese Barriere durchbrechen und es dem Patienten so möglich machen, die Imagination zu erzählen.

2. *Unklare, getrübte oder vage Imagination:* Dies ist besonders dann aufschlußreich, wenn sie nur sporadisch als generelles Phänomen auftaucht. Der Patient kann so Gefühlen wie Ärger oder Freude Widerstand leisten.

3. *Plakat- oder Cartoon-Imagination:* Tritt sie nur gelegentlich auf, zeigt das wahrscheinlich momentane Widerstände. Manchmal kann der Patient dies auch selbst erkennen. Einer hat mir z. B. gesagt: „Ich sehe wieder diese Cartoon-Bilder. Wahrscheinlich habe ich wieder Widerstände."

4. *Distanz zum Therapeuten:* Der Patient sagt z. B., er imaginiere den Therapeuten während seiner imaginativen Reaktionen in großer Entfernung. Eine Patientin hat mir immer dann, wenn in ihrem imaginativen Erleben sexuelle Inhalte auftraten, gesagt: „Sie sind meilenweit von mir entfernt." In anderen imaginativen Produktionen jedoch schien zwischen uns nur ein sehr kurzer Abstand zu sein.

5. *Ablenkungsimagination:* Bestimmte Imaginationen tauchen als Ablenkung auf, wenn der Patient Widerstand leistet. Ein Patient sagte, daß er bei schwierigen Imaginationen immer Lebensmittel sieht. Eine typische Aussage dieses Mannes war: „Ich weiß, daß ich wieder Widerstände habe, weil ich schon wieder diese Essensbilder sehe."

6. *Reduzierte Bilder:* Dies sind imaginative Produktionen, in denen der Patient plötzlich winzige, fast mikroskopisch kleine Bilder sieht. Steht das im Gegensatz zu dem normalen Bildfluß, kann es bedeuten, daß es sich um Aspekte seiner Person handelt, die er nicht sehen will.

7. *Unfähigkeit, das Selbst zu imaginieren:* Die Unfähigkeit, sich selbst in den imaginativen Produktionen zu sehen, kann Beweis für Widerstände sein. Manche Patienten haben z. B. Schwierigkeiten, ihr Gesicht zu sehen. Manche sehen nur ihren Rücken. Oft ist dies der Widerstand gegen Scham- oder Schuldgefühle. Sind diese Gefühle beseitigt, können Gesicht oder die Vorderseite des Körpers normalerweise gesehen werden.

8. *Fehlende Affekte:* Bieten Personen Imaginationen ohne die dazugehörigen Gefühle an, drücken sie höchstwahrscheinlich damit Abwehr aus. Sobald sich imaginative Produktion und Gefühle nach und nach vermischt haben und die Gefühle ausgedrückt werden können, ist die Abwehr in der Regel überwunden.

9. *Kein imaginatives Erleben:* Wenn nach widerholten Versuchen im entspannten Zustand keine Imaginationen entstehen, kann der Patient depressiv sein, unter Gefühlen des Nichts oder der Sinnlosigkeit der

Existenz leiden. Dies ist eher ein Beispiel für Nichtkönnen als für Nichtwollen.

15. Imaginatives Erleben in der Gruppentherapie

Es wäre weder angemessen noch praktikabel, hier eine umfassende Analyse der Gruppentherapie und ihrer zahllosen Formen zu versuchen. Ich werde also meine Bemerkungen auf psycho-imaginative Gruppentherapien beschränken, da sie imaginatives Erleben einbeziehen.

Psycho-imaginative Gruppentherapie betont die Selbstdefinition des Patienten, und in welchem Maße dieses Selbstkonzept ihn in seinem Verhalten gegenüber den Gruppenmitgliedern fördert oder einschränkt. Seine Bewußtheit davon, wie andere in der Gruppe ihn definieren, nimmt Form an. Darüber hinaus kann die Gruppe zur Bühne werden für das Nachspielen alter familiärer Interaktionen, die die falschen Positionen und negativen Selbstbilder der Patienten geformt haben.

Hauptziel der Gruppeninteraktion ist es, jedem Patienten eine Hilfe für die Bewußtwerdung seiner oder ihrer Konflikte zu geben und die Risiken, die zu dem Einlassen auf Veränderung gehören, zu tragen. Generell kann man fast alle Imaginationsansätze für die individuelle Therapie auch in der Gruppe benutzen, wenn man folgende Faktoren berücksichtigt. Zum einen beinhaltet Gruppentherapie die Interaktion von Frauen und Männern; manche Patienten finden es aber sehr viel einfacher, Gefühle und Imaginationen Menschen des gleichen Geschlechts gegenüber auszudrücken, und haben Schwierigkeiten damit, ihre Gefühle dem anderen Geschlecht mitzuteilen. Dies trifft besonders für Personen zu, die Probleme haben, Gefühle sexueller Unzulänglichkeit offenzulegen. Es ist ein Gradmesser für das Lernen der Patienten, inwieweit sie diese Abneigung überwinden und sich freien Imaginationsfluß und emotionalen Ausdruck ohne das Gefühl, schlecht zu sein, erlauben können.

Zum zweiten können Faktoren wie Zugehörigkeit oder Konkurrenz zu einer Peer-Group, die in der Einzeltherapie nicht immer evident sind, im Gruppenkontakt an die Oberfläche kommen. Aufdecken und Bewältigen solcher Gefühle sind Teil des Gruppenprozesses. Dazu kommt, daß Bereiche wie Grundvertrauen in Autoritätsfiguren und in Gleichgestellte beträchtliches Gefühls- und Konfliktpotential im Gruppenzusammenhang darstellen können. Gruppenmitglieder können z. B. durch Identifikation, gegenseitige Stimulierung, allmähliche Vergrößerung des Spielraums ihrer Phantasien, Träume, Imaginationen und unbewußten Produktionen dem konfliktbeladenen Mitpatienten oft eine Chance geben, Mut zu neuen Alternativen aufzubringen und zu entwickeln.

Zur Anwendung der Imagination in der Gruppentherapie können die folgenden Richtlinien dienen:
1. Imaginatives Erleben innerhalb des subjektiven Erfahrungsbereichs einer Person.
2. Alle Gruppenmitglieder imaginieren über ein einzelnes Mitglied.
3. Reaktionen und Imaginationen dieses Gruppenmitglieds als Antwort auf die Imaginationen der anderen.
4. Eine Person imaginiert nacheinander über jede andere Person.
5. Dann imaginieren alle anderen als Gegenreaktion über diese Person.
6. Alle Mitglieder imaginieren den Therapeuten an vergangenen, gegenwärtigen (oder zukünftigen) Punkten seines Lebens.
7. Der Therapeut imaginiert jedes Gruppenmitglied an vergangenen, gegenwärtigen (oder zukünftigen) Punkten seines oder ihres Lebens.
8. Alle Personen interagieren in der Imagination ohne vorgegebene Reihenfolge, aber trotzdem mit innerer Konsistenz der Reaktionsreihen abhängig von der jeweiligen Gruppe.

Das Hauptziel dieser Diskussion ist das imaginative Erleben, es wäre aber verfehlt anzunehmen, daß dies die einzige in der Gruppentherapie angewandte Methode ist. Nach meiner Erfahrung ist die „Satzvervollständigungs"-Methode ebenfalls eine wesentliche Hilfe für das „Anwärmen" der Gruppe. Zu diesen Sätzen gehören:
1. Je mehr ich dich kenne, desto mehr ...
2. Ich kann dir nicht ... geben
3. Es ist am schwersten, dir zu sagen, daß ...
4. Wenn du doch nur ...
5. Ich mag dich am liebsten, weil ...
6. Das Eigenschaftswort, das dich am besten beschreibt, ist ...
7. Früher oder später wirst du mich als ... definieren
8. Sage niemals von mir, ich sei ...
9. Ich untersage dir, mich als ... zu definieren
10. Meine beste Abwehr gegen dich ist ...
11. Ich muß jedem Mann oder jeder Frau beweisen, daß ...
12. Dein stärkster Punkt ist ...

Es gibt unzählige andere Satzvervollständigungen, die man benutzen kann. Sie sind nicht nur als Einstieg in die Gruppe sinnvoll, sondern können in der Gruppeninteraktion immer wieder eingesetzt werden, um Reaktionen und Gefühle zu klären. Man kann sie auch als Einstieg für imaginatives Erleben benutzen, wenn sie zu besonders starken Reaktionen führen. Speziell bei fokussierenden Methoden können bestimmte Imaginationsformen manchmal zu einer passenden Satzvervollständigungsfrage zurückführen, wie z. B. bei der kathartischen Imagination. Die Möglichkeiten sind sehr variabel und können in fast allen Gefühls- und Interaktionssituationen wirksam eingesetzt werden.

Gruppenimagination, bei der der gesamten Gruppe simultan eine imaginative Situation präsentiert wird, macht es jedem einzelnen Teilnehmer möglich, sich eine Zeitlang mit seiner Imagination zu beteiligen. Die Imaginationen werden dann von allen gemeinsam erlebt. Im Anschluß daran ist Interaktion auf vielen Ebenen — je nach Gruppe — möglich.

Einige Beispiele: „Imaginiere die gesamte Gruppe im Gefängnis, und stelle dir dann vor, daß wir alle einen Weg hinaus finden." „Wir sitzen alle in einer Postkutsche und machen eine Reise. Stell dir vor, was auf der Reise passiert."

Eine Anwendungsmöglichkeit der dualen Imagination könnte z. B. so aussehen, daß jedes Gruppenmitglied auf einen einzelnen Patient reagiert, z. B. „Imaginiere, daß du auf Steves Schulter stehst. Wie würdest du dich fühlen, und was wird passieren?" Dabei kann sich die Bipolarisierung von Gefühlen und Konflikten zwischen der zentralen Person der Situation und jedem einzelnen Gruppenmitglied zeigen. Johns Reaktion war z. B.: „Ich kann nicht auf Steves Schulter stehen, weil sich meine Absätze in seine Schulter bohren und ihm weh tun würden. Ich wäre zu schwer für ihn." Danach fragte ich Steve, was er fühlen würde, wenn John auf seinen Schultern stände. „Ich würde mit ihm konkurrieren", sagte Steve. „Ich müßte ihm beweisen, daß ich ihn mit Leichtigkeit tragen kann, und dürfte nicht eine Sekunde lang zusammenzucken. Ich kann keinem anderen Mann zeigen, daß ich schwach bin. Das ist unmännlich."

Wenn die Gruppenmitglieder abwechselnd imaginieren, daß sie auf Steves Schulter stehen, und er darauf reagiert, wird sehr schnell klar, mit wem er die größten Konflikte hat. Dabei kann jederzeit eine intensive Interaktion zwischen zwei oder mehreren Personen entstehen. Ich wiederhole nochmals: Es geht darum, dem Patienten dabei zu helfen, sich seiner inneren Konflikte, seines negativen Selbstbilds, seiner eigenen Selbstdefinition und des Unterschieds zwischen dem, wie er sich definiert, und der Definition der anderen bewußt zu werden. Diese Bewußtheit kann in ihm die Kraft zu einem anderen Verhalten, das eher der „wahren" Identität entspricht, verstärken. Wird jemand als Ergebnis der Reaktionen auf eine imaginative Situation falsch definiert, muß er oder sie natürlich ermutigt werden (durch mich genauso wie durch jedes andere Gruppenmitglied), sich zu wehren und darauf zu bestehen, daß „du mich so nicht definieren kannst".

In der Gruppentherapie ist es auch möglich, imaginatives Erleben mit Formen des Psychodramas zu verbinden, um die Bewußtheit des Patienten von seinen inneren Konflikten zu verstärken. Ich habe einmal einen Mann aufgefordert, „zwei verschiedene Tiere zu imaginieren", und er sah einen Koalabären und einen Panther. Dann sollte er sich vorstellen, er *sei* der Koalabär, und als Koalabär jedem Gruppenmitglied gegenüber eine Aussage machen. Als er damit fertig war, forderte ich ihn auf, sich vorzustellen, er *sei* der Panther, und dann als Panther wiederum jedem Gruppenmitglied gegenüber eine Aussage zu machen. Ohne jetzt in die Details seiner Reaktionen zu gehen, kann ich sagen, daß seine Erfahrungen höchst therapeutisch und effektiv sowohl für ihn selbst wie für die anderen waren.

Natürlich kann man die Kombination von Imagination und Psychodrama auch in anderen imaginativen Situationen wirkungsvoll benutzen. Die Gruppentherapie bietet einen guten Rahmen für Reaktionen, die größere Bewußtheit und therapeutische Veränderungen möglich machen. Z.B.: Eine Person der Gruppe imaginiert sich als Kind und spielt durch, wie sie versucht, von zwei anderen Gruppenmitgliedern adoptiert zu werden. Die beiden anderen Gruppenmitglieder spielen das Paar, das sie eventuell adoptieren will.

Körperimaginationen kann man in die Gruppeninteraktion z.B. so einführen: „Imaginiere, daß du dein Herz abwechselnd jedem Gruppenmitglied in die Hand gibst. Sage, was du fühlst, siehst und tust."

Natürlich wird jedes Gruppenmitglied durch Annahme oder Ablehnung des Herzens reagieren. In gleicher Weise kann man alle abwechselnd das Gesicht jedes Gruppenmitglieds in seiner Hand imaginieren und beschreiben lassen, was dabei gefühlt, gesehen und getan wird. Dann kann jeder seine Reaktionen auf diese Person mitteilen usw.

Selbstbildimaginationen führt man z.B. ein, indem man die Gruppe abwechselnd auffordert, sich vorzustellen, durch ein Schlüsselloch zu sehen und ... (ein Gruppenmitglied) im Zimmer zu beobachten. Alle berichten dann ihre Imagination, und die betreffende Person reagiert auf die einzelnen Gruppenmitglieder. Eine andere Möglichkeit wäre, daß jedes Gruppenmitglied sich allein auf einem Kinderspielplatz imaginiert. Danach sollen alle ihre Imagination berichten, was dann zu Interaktion, möglichen imaginativen Erinnerungen oder anderen Imaginationen führen kann.

Ein Beispiel für die Einführung sexueller Imaginationen ist die Aufforderung an jedes Gruppenmitglied: „Imaginiere, daß du Fussel aus dem Bauchnabel von (einem Gruppenmitglied) zupfst." Die Interaktion zwischen dieser Person und den Gruppenmitgliedern läuft dann normalerweise von selbst. Man kann das dann abwechselnd mit allen anderen wiederholen. Eine andere, für die Gruppentherapie geeignete Imagination ist die: „Stell dir vor, daß du eine Gruppe von Gefangenen eine Meile weit in ein anderes Gebiet führst." Wenn alle Gruppenmitglieder ihre Imaginationen berichtet haben, ergibt sich meist eine Interaktion auf vielen Ebenen, die zu Bewußtheit oder veränderten Selbstkonzepten führen kann.

Allgemeine Imagination ist in der Gruppentherapie praktisch unbegrenzt möglich. Ich will hier nur einige davon nennen: Ein Gruppenmitglied stellt sich einen Vogel auf dem Kopf jedes anderen Gruppenmitglieds vor. Die Reaktionen auf diese Vorstellung bilden wiederum einen Bezugspunkt für Interaktionen. Ein Gruppenmitglied imaginiert ein Bild auf der Brust jeder anderen Person usw.

Tiefenimaginationen können in allen bisher erwähnten Dimensionen der imaginativen Situationen vorkommen. Die folgenden scheinen fast immer tiefe Reaktionen hervorzurufen, die unweigerlich zu fokussierenden Ansätzen einschließlich kathartischer Imaginationen führen: „Stell dir vor, du bist ein Säugling und wirst innerhalb der Gruppe von allen weitergereicht. Was fühlst, siehst, tust du?" Ein Gruppenmitglied stellt sich vor, abwechselnd an jedes andere an den Beinen aneinandergekettet zu sein. Die Reaktionen der anderen auf ihn sind dabei genauso wichtig wie die Gefühle und Aktionen.

Imaginative Aufgaben können in Gruppentherapien z. B. so eingesetzt werden: „Jeder einzelne stellt sich vor, auf einem goldenen Thron zu sitzen und mit der Gruppe so, wie es ihm seine Imagination eingibt, umzugehen." Die Antwortreaktionen der anderen führen entweder zu bestimmten Interaktionen, oder aber die Person wiederholt die Imagination im Rahmen eines gesunderen Selbstkonzepts.

„Jede Person der Gruppe soll sich als Embryo bei der eigenen Geburt vorstellen." Normalerweise ergeben sich dann Interaktionen auf unterschiedlichen Ebenen.

Ich möchte nochmals darauf hinweisen, daß Gruppensitzungen natürlich nicht so strukturiert sind, daß imaginatives Erleben dabei die einzige Technik ist. Alles Mögliche kann jederzeit eingebracht werden: eine besonders traumatische Situation oder Entscheidung, die ein

Gruppenmitglied beschäftigt; unbearbeitete Reaktionen von früheren Sitzungen; Gedanken und Gefühle, die man in der Zeit zwischen den Sitzungen über einige andere Gruppenmitglieder hatte. Dazu gehören auch Bewußtheiten und Gefühle, die einzelne Patienten in Einzelsitzungen erlebt haben und spontan in die Gruppe einbringen möchten. Spontanes Verhalten sollte keinesfalls verhindert werden, es sei denn, es wird benutzt, um interne Konflikte zu verdecken. Es sollte das Ziel jedes Gruppentherapeuten sein, Struktur und Spontaneität der Gruppe unbeschnitten zu lassen.

16. Die gegenwärtig laufende Forschung

Ich habe 1974 einen projektiven Test zum visuellen imaginativen Erleben entwickelt, der 14 imaginative Situationen und vier Satzvervollständigungen umfaßt. Dazu wurde ein Punktsystem entwickelt, so daß die Konfliktebenen der Person quantitativ bewertet werden können. Eine qualitative psychodynamische Analyse des Probanden ist ebenfalls möglich. Der Test wird individuell durchgeführt. Die Normen basieren auf den Testergebnissen von 118 Collegestudenten aus dem ersten und zweiten Collegejahr. Der Test (SIT) kann auch in der Gruppe benutzt werden.

Im Augenblick laufen noch Untersuchungen mit dem Shorr-Imaginativ-Test (SIT) an Drogenabhängigen und männlichen Gefangenen. Die Resultate der Untersuchungen liegen noch nicht vor, sollen aber in nächster Zukunft veröffentlicht werden.

Der Autor dankt Dr. Peter Wolson für die Überarbeitung von Teilen dieses Kapitels und für seine wertvollen Anregungen.

Literatur

Desoille, R., The directed daydream, in: Monograph No. 8, The Psychosynthesis Research Foundation, 1965.
Escalona, S. K., Buchbesprechung von Piaget, J., Inhelder, B., Mental imagery in children (Basic Books, New York, 1969), Journal of Nervous and Mental Disease, Jan. 1973, 156, 70-71.
Fisher, S., Body consciousness, Prentice-Hall, Englewood Cliffs, New Jersey 1973.
Fromm, E., Remarks on the problem of free association, Psychiatric Research Reports 2, American Psychiatric Ass., 1955.
Guntrip, H., Personality structure and human interaction, International Universities Press, New York 1964.
Hammer, M., The directed daydream technique, Psychotherapy, Nov. 1967, 4 (4), 173-181.
Horowitz, M., Becker, S. S., The compulsion to repeat trauma: Experimental study of intrusive thinking after stress, Journal of Nervous and Mental Disease, July 1971, 153 (1), 32-40.

Jellinek, A., Spontaneous imagery: A new psychotherapeutic approach, *American Journal of Psychotherapy*, July 1949, 3 (3), 372-391.
Laing, R. D., The self and others, Quadrangle Books, Chicago 1962, dt.: Das Selbst und die Anderen, Kiepenheuer und Witsch, Köln 1976.
Leuner, H., Guided affective imagery (GAI): A method of intensive psychotherapy, *American Journal of Psychotherapy*, Jan. 1969, 23 (1), 4-22.
Murphy, G., Personality. A biosocial approach to origins and structure, Harper, New York 1947.
Posner, M. I., Nissen, M. J., Klein, R. M., Visual dominance: An information processing account of its origin and significance, *Psychological Review*, März 1976, 83 (2).
Sheehan, P. W., The function and nature of imagery, Academic Press, New York 1972.
Shorr, J. E., The existential question and the imagery situation as therapy, *Existential Psychiatry*, Winter, 1967, 6 (24), 443-462.
—, Psycho-imagination therapy: The integration of phenomenology and imagination, Intercontinental Medical Book Corp., New York 1972.
—, In what part of your body does your mother reside? *Psychotherapy: Theory, Research and Practice*, Summer, 1973, 10 (2), 31-34.
—, Psychotherapy through imagery, Intercontinental Medical Book Corp., New York 1974a.
—, Shorr imagery test. Institute for Psycho-Imagination Therapy, Los Angeles 1974b.
—, The use of task imagery as therapy, *Psychotherapy: Theory, Research and Practice*, Summer, 1975, 12 (2).
—, Dual imagery, *Psychotherapy: Theory, Research and Practice*, Fall 1976, 13 (2).
—, Group Shorr imagery test, Institute for Psycho-Imagination Therapy, Los Angeles 1977.
Singer, J. L., Daydreaming: A introduction to the experimental study of inner experience, Random House, New York 1966.
—, Imagery and daydream techniques employed in psychotherapy: Some practical and theoretical implications, in: Speilberger, C. (Hrsg.), Current topics in clinical and community psychology, Vol. 3, Academic Press, New York 1971.
—, Imagery and daydream methods in psychotherapy and behavior modification, Academic Press, New York 1974; dt.: Phantasie und Tagtraum: imaginative Methoden in der Psychotherapie, Pfeiffer, München 1978.
—, The child's world of make-believe, Academic Press, New York 1975.
Sullivan, H. S., The interpersonal theory of psychiatry, Norton, W. W. Col., New York 1953.

Teil III
Mentale Imaginationstherapien

Einführung

Die Aufsätze des dritten Teils zeigen die Entwicklung hin zu einer breiteren Anwendbarkeit von Imaginationen in der Psychotherapie. Die dargestellten Ansätze entfernen sich von den traditionelleren Therapieformen. *Leuner*s katathymes Bilderleben ist dabei der wohl systematischste unter den europäischen Ansätzen zur mentalen Imagination oder zum Tagtraum und zeigt deutlich die Einflüsse von *Jung*s aktiver Imagination, *Schultz'* autogenem Training und *Desoille*s Rêve eveillé. *Leuner*s Theorie bleibt der Psychoanalyse verhaftet, obwohl seine Methode strukturierter ist und das Schwergewicht überwiegend auf symbolischem Durcharbeiten von Konflikten ohne aktive therapeutische Deutung liegt.

*Greenleaf*s Methode der aktiven Imagination baut *Jung*s Beitrag zur Traumanalyse zu einer umfassenden psychotherapeutischen Richtung aus. Sein spekulativer und umfassender Aufsatz verweist auf die Verbindungen zwischen Imagination und östlicher Meditationspraxis und sogar zu zeitgenössischen Theorien, die mathematische Prinzipien in die Verhaltenswissenschaften einführen.

*Ahsen*s eidetische Therapie, wie sie in *Sheikh*s Kapitel dargestellt wird, bildet den Übergang von den umfassenderen, freudianisch oder neofreudianisch orientierten Theorien der ersten Kapitel und der präziseren, symptomorientierten Arbeit mit Imagination zur Verhaltensänderung. *Sheikh*s Darstellung der eidetischen Therapie steht für eine neue Persönlichkeitstheorie, die zwar noch ausgearbeitet und geprüft werden muß, die aber in jedem Fall neu und anregend ist. Die Betonung der internalisierten Elternfigur, die Ablösung von den Eltern durch Imaginieren zeigt die Verwandtschaft zur zeitgenössischen psychoanalytischen Auffassung von Objektbeziehungen und Ich-Grenzen. Der therapeutische Ansatz ist allerdings sehr viel direkter. Die beschriebene Technik focussiert auf Bildwiederholung und vermeidet Erzählen oder Imaginationsreisen und steht deshalb den Verhaltenstherapien näher als den in den Kapiteln 2—6 beschriebenen Ansätzen, die mit freier Assoziation oder aktiver Imagination arbeiten.

5 Die Grundprinzipien des Katathymen Bilderlebens (KB) und seine therapeutische Effizienz

Hanscarl Leuner

1. Einführung

Das Katathyme Bilderleben (KB) ist eine psychotherapeutische Tagtraumtechnik, die vom Autor erstmalig 1954 beschrieben und in der Folgezeit systematisch zu einer psychoanalytisch orientierten Psychotherapie entwickelt worden ist (*Leuner* 1954, 1970). Derzeit liegen mehr als 70 Publikationen und Bücher vor, die sich mit dem Verfahren und seinen Ergebnissen befassen. In Europa besteht eine Internationale Gesellschaft für Katathymes Bilderleben mit Sektionen in Westdeutschland, der Schweiz, Österreich und Schweden. Der Begriff „katathym" wurde erstmalig von *H. W. Maier* (1912) für den Wahn geprägt zur Charakterisierung seiner Abhängigkeit von Affekten und Emotionen (katà = griech. abhängig, *thymos* = griech. Seele, d. h. Emotionalität). Für den Gebrauch in der Praxis hat sich der Begriff „Symboldrama" eingebürgert (*Krojanker* 1966).

Katathymes Bilderleben ist mehr als ein Therapieverfahren. Es stellt ein System gestaffelter Methoden und Regieprinzipien zur Handhabung des Tagtraumes in der Psychotherapie dar. Gegenüber anderen Formen des therapeutisch angewandten Tagtraumes hebt es sich dadurch ab, daß es auf der einen Seite stark systematisiert und im Sinne einer Focussierung des unbewußten Anteiles psychischer Probleme in hohem Maße strukturiert werden kann (*Singer* 1974). Auf der anderen Seite können dem Patienten alle Freiheiten der individuellen und kreativen Entfaltung in der Imagination gestattet werden. Insofern ist KB polar konzipiert und erlaubt einen hohen Grad der Anpassung an die Persönlichkeitsstruktur des Patienten wie auch des Therapeuten sowie an die gestellte therapeutische Aufgabe.

Eine Domäne des Verfahrens ist die Kurzpsychotherapie von 15 bis 30 Sitzungen und die Krisenintervention. Eine andere ist die länger dauernde, die Charakterstruktur des Patienten wandelnde Behandlung mit dem KB in vergleichbar kurzem Zeitraum. Das Verfahren kann auch bei Patienten mit niedrigem Bildungsgrad erfolgreich angewandt werden. Auch in der Therapie von Kindern und Jugendlichen ist es, verglichen mit manchen anderen Methoden, als Kurztherapie überlegen, wie ein kürzlich erschienenes Buch (*Leuner* et al. 1977) über seine Anwendung bei dieser Altersgruppe deutlich macht.

Das Katathyme Bilderleben hat historische Vorläufer, die in unsystematischer Weise die Fähigkeit der Imagination und die Analogie des Tagtraumes zum Nachttraum zum Gegenstand hatten (*Silberer* 1909; *Frank* 1914; *Kretschmer* 1922) sowie Ansätze der Bildmeditation (*Happich* 1932). Dem Autor war bei der Entwicklung seines Verfahrens die „andere Tagtraumtechnik" von *Desoille* (1955) noch nicht bekannt. Dieser folgt einem anderen Grundkonzept als das KB und legt eine andere, weniger systematische, mehr pragmatisch orientierte Technik zugrunde.

2. Prinzip

Das KB basiert wie alle Tagtraumtechniken und Ansätze dazu auf einem Zustand der vertieften physischen Entspannung, der an der Schwelle zum Einschlafen und Aufwachen (*Silberer* 1912) spontan auftritt, systematisch durch Relaxationstechniken wie von *Jacobson* (1928), durch das autogene Training von *J. H. Schultz* (1970) oder durch einfache verbale Entspannungssuggestionen durch den Therapeuten erzeugt werden kann. Damit wird ein regressives Erlebnisniveau erreicht, auf dem optische Phänomene imaginativer Art spontan entstehen können.

Die genaue Untersuchung der dabei auftretenden Imaginationen, z. B. im Bildstreifendenken *Kretschmer*s (1922), haben gezeigt, daß sie unbewußte Probleme der Versuchsperson bildhaft zum Ausdruck bringen und daß die Darstellungsweise den Prinzipien der Traumarbeit von *Freud* (1900) folgt. Imaginationen dieser Art geben also unmittelbare Auskunft über unbewußte Probleme des Subjekts. Technisch gesehen konnten unsystematisch hervorgerufene Imaginationen nicht befriedigen, wenn die Aufgabe gestellt war, ein Verfahren der systematischen Tagtraumtechnik zu entwickeln.

In das zunächst bewußtseinsleere hypnagoge Erlebnisfeld muß als zusätzliches, konstituierendes Moment der Relaxation ein psychologisch auslösender Inhalt eingeführt werden. Das gelingt ohne Schwierigkeiten dadurch, daß der Versuchsperson im hypnagogen Zustand aufgegeben wird, sich einen gewissen Vorstellungsinhalt zu geben. Wird ihr beispielsweise nahegelegt, sich ein Haus vorzustellen, gelingt das in der Regel ohne Schwierigkeiten. Phänomenologisch betrachtet ist die Vorstellung irgendeines Objektes im allgemeinen dadurch gekennzeichnet, daß das Objekt in der Vorstellung farblos bleibt und mit einer gewissen Willensenergie festgehalten werden muß. Im Zustand der Relaxation tritt jedoch ein neues Moment hinzu. Die Vorstellung wird erheblich lebendiger; sie gewinnt an Farbigkeit, an Plastizität, entwickelt sich zu einem dreidimensionalen Objekt und befindet sich in einer Umwelt, die der Betreffende in seiner optischen Phantasie durchschreiten kann, beispielsweise kann er um das Haus herumgehen und dessen Rückseite betrachten. M. a. W., in der vollen Entwicklung der von uns therapeutisch angestrebten Imagination (katathyme Imagination) entwickelt sich im Bewußtsein der Versuchsperson, des Patienten, eine quasi-reale Welt von Wahrnehmungscharakter. Er ist in der Lage, sich in dieser Welt der optischen Phantasie frei zu bewegen, obgleich er sich stets bewußt ist, daß er sich in einem vom Therapeuten hervorgerufenen künstlichen Zustand befindet, die imaginativen Wahrnehmungen also nicht die Realität darstellen.

Bei voller Ausprägung der katathymen Imaginationen ist der Betreffende emotional stark involviert, und seine Gefühle korrespondieren mit den Inhalten der Imagination. Bei genauer Betrachtung zeigt sich eine enge funktionale Beziehung zwischen dem Entspannungszustand und dem angeregten Vorstellungsmotiv: Mit Aufkommen der Vorstellung vertieft sich der Entspannungszustand, sukzessiv wird die Imagination lebhaft und farbiger; das wiederum hat eine Vertiefung des Entspannungszustandes zur Folge. So entwickelt sich ein Kreisprozeß, der die Versuchsperson trotz geringer anfänglicher Relaxation in einen tiefen hypnoiden Zustand versetzen kann, ohne daß eine Hypnose eingeleitet oder vom Therapeuten angestrebt worden wäre.

3. Mobile Projektion

Das Angebot einer Vorstellung strukturiert das zunächst inhaltsleere Erlebnisfeld des leichten Entspannungszustandes selbst dann, wenn die Empfehlung, sich etwas vorzustellen, vom Therapeuten bewußt ganz vage gegeben wird. Es ist zunächst von irgendeinem Haus die Rede und nicht etwa von einem Wohnhaus oder einem Haus, das dem Betreffenden besonders angenehm ist oder ähnliches. Psychologisch gesprochen haben wir in dieser Anordnung einen projektiven Test vor uns. Analog zum TAT, in dem ein Bild vorgezeigt wird und der Betreffende eine Geschichte dazu erfinden soll, oder zum World-Test für Kinder, in dem das Kind aus der Fülle des angebotenen Spielmaterials eine Szene darstellt, wird auch im KB ein dargebotenes Material gemäß der Struktur

der unbewußten Psychodynamik gestaltet. Das vage gegebene Vorstellungsmotiv dient als Kristallisationskern, um einen projektiven Prozeß im Bereich der optischen Imaginationen anzuregen. Das Bild entsteht durch eine Projektion in das Dunkle und wird einen Meter vor den geschlossenen Augen erlebt. Durch den Mangel an materieller Vorgegebenheit, im Gegensatz zu den genannten projektiven Testverfahren, wird auf diesem Projektionsschirm jede, auch eine minimale, emotionale Reaktion unvermittelt projiziert. Also wird sich auch jede Änderung des emotionalen Zustandes des Subjektes ohne Verzögerung darin abzeichnen. Wir sprechen von der „mobilen Projektion".
Die Möglichkeiten der mobilen Projektion können vielfältig genutzt werden. Zwei Beispiele sollen das verdeutlichen:

3.1 Der diagnostische Aspekt

Der diagnostische Aspekt ist zugleich Kontrolle des therapeutischen Prozesses (*Swartley* 1963). Eine meiner ersten Patientinnen, die ich mit KB behandelte, imaginierte bei dem Aufstieg auf einen Berg (Standardmotiv) auf dessen Gipfel eine alte Ruine, die ihr den Blick in das Tal versperrte. Dieses Bild wiederholte sich bei häufigen Prüfungen, in denen ich sie bat, sich immer wieder die gleiche Situation auf dem Berggipfel vorzustellen. Sie konnte jedes Detail, jeden einzelnen Stein der unverändert dastehenden Ruine „sehen". Ich nahm die Patientin, nachdem sie acht Wochen auf der Warteliste gestanden hatte, in Behandlung. Nachdem ich ihre Fallgeschichte sehr genau kannte, entschloß ich mich zu einer direkten Interpretation des Ruinenbildes, das stereotyp festgelegt war (Typ des „fixierten Bildes") und deshalb wohl einen besonderen Bedeutungsgehalt für sie haben mußte. Die Patientin hatte ihren Vater im 7. Lebensjahr durch Scheidung der Eltern verloren. Sie hatte ihn sehr geliebt, aber nie wieder gesehen. Ich selbst assoziierte zu dem Bild der Ruine so etwas wie Ritterromantik, Jungmädchenträume und ödipale Situation.
Ich hatte die Hypothese gebildet, daß sich im Falle einer zutreffenden, das heißt den symbolischen Sinngehalt erfassenden Interpretation eine Wandlung beziehungsweise Veränderung des Bildes im Sinne der mobilen Projektion einstellen müsse (Wandlungsphänomen) (*Leuner* 1954). Das traf auch ein: Ich bot ihr angesichts der Imagination der Ruine vorsichtig eine entsprechende Interpretation an. Kurz nach der Interpretation veränderte sich die bis dahin immer stereotyp wieder imaginierte Ruine. Steine fielen von den Mauern herunter, die Mauern wurden kleiner und niedriger. Am nächsten Tag ließ ich das Motiv er-

neut einstellen. Jetzt war die Ruine völlig eingefallen. Nur einige Steine lagen noch auf der Wiese, und die Patientin hatte einen wunderbaren Blick über eine sommerliche Sonnenlandschaft, die sich ihr zu Füßen ausbreitete.

3.2 Die spontane Projektion

Die *mobile Projektion* bei einer *spontanen emotionalen Umstellung* ergibt sich aus den Lebensumständen: Die gleiche Patientin hatte — wiederum in stereotyper Weise — bei der Darbietung des Motives eines Hauses ganz verschiedene Häuser imaginiert, die alle jedoch Geschäftszwecken dienten, etwa ein Bürohaus, ein Wirtshaus, eine Bäckerei, und stets waren die Wohnräume nur für eine Person und sehr kärglich unter dem Dach untergebracht. Während des Aufenthaltes der Patientin in der Klinik verliebte sie sich in einen älteren, gut aussehenden Mann. Man sah sie häufig mit ihm spazierengehen. Meine Hypothese lautete, daß — sofern das Haus ein Ausdruck der eigenen Persönlichkeit wäre — sich die akute Verliebtheit auch unmittelbar darin darstellen müsse. Ich bat die Patientin wieder (ohne Spezifizierung), sich irgendein Haus vorzustellen. Sie imaginierte spontan ein Försterhaus mitten im Wald, umgeben von einem großen Garten. Im Garten fand sie große reife Kürbisse und lange Gurken. In dem Haus fand sie eine Bibliothek, an deren Wänden Jagdgewehre und Hirschgeweihe angebracht waren. — Eine deutlichere Darstellung *Freud*scher Symbolik in Garten und Haus kann man sich kaum vorstellen. — Nun interessierte mich die Frage, inwieweit die in ihrer weiblichen Identifikation noch zurückgebliebene 20jährige Patientin innerlich bereit war, auch intimere Beziehungen zu verwirklichen. Ich fragte deshalb nach dem Schlafzimmer des Hauses. Sie betrat ein Zimmer unter dem Dach. Zwei Betten standen weit auseinander an den gegenüberliegenden Wänden, dazwischen war ein Fenster. Eine ehebettähnliche Situation konnte sie, wie ich aus Kenntnis der Person nicht anders erwartet hatte, offenbar nicht vollziehen.

Diese hier wiedergegebenen, sehr einfachen, informellen Experimente bestätigen eine Reihe von Hypothesen:

1. die Strukturierung des imaginativen Feldes durch innere Konflikte,

2. das Vorliegen einer mobilen Projektion mit Wandlungsphänomenen an fixierten (stereotypen) imaginierten Inhalten,

3. damit verbunden eine Kontrolle deren Wirkung als Folge eines therapeutischen Eingriffes oder eines spontanen Erlebniseinbruches.

3.3 Synchrone Wandlung

Außer der Wandlung durch direkten Eingriff an dem imaginierten Inhalt oder der sinngemäßen Spontanwandlung durch Erlebnis fanden wir das als „synchrone Wandlung" bezeichnete Phänomen. Es beruht auf folgender Beobachtung:

Im Verlauf einer Therapie verändern sich in der Imagination auch jene Strukturen der Imagination, die nicht unmittelbar durch einen therapeutischen Eingriff oder lebensbedingte Erlebnisse angesprochen werden, sondern im Verlaufe einer Therapie mehr en passant zwanglos wiederkehren. Ein solches Motiv ist z. B. der Rundblick von dem zu ersteigenden Berg. Parallel zu dem therapeutischen Prozeß wandelt sich die vom Patienten von einem Berg beobachtete Landschaft schrittweise, und zwar ohne daß sie jemals therapeutisch angesprochen worden wäre. Die Landschaft zu Beginn einer Therapie ist häufig trist, wie sie in Deutschland etwa im März im Vorfrühling aussieht. Häufig erstrecken sich auch weite Wälder, und Zeichen menschlicher Aktivitäten werden in der Landschaft kaum gefunden; keine Dörfer oder Städte, keine Straßen, keine Eisenbahnschienen, kein Verkehr, keine Menschen auf den Feldern. Im Verlaufe einer etwa 20 bis 30 Sitzungen in Anspruch nehmenden Therapie wandelt die sich in Abständen erneut eingestellte Landschaft immer mehr zu einer sommerlichen Landschaft bis hin zur Reife des Getreides. Die Wälder werden aufgelockert durch Straßen und Eisenbahnen. Dörfer tauchen auf, Menschen arbeiten auf den Feldern, und in der Ferne wird bald eine größere Stadt gesehen. Diese synchrone Wandlung tritt in den verschiedensten Bereichen des imaginativen Panoramas der Landschaft, beim Fortschreiten des therapeutischen Prozesses auf, wobei ganz bestimmte Entwicklungslinien abzulesen sind. Dieses bei klinisch erfolgreich fortschreitender Behandlung regelmäßig zu beobachtende Phänomen bestätigt zwei weitere Hypothesen:

1. Scheinbar unabhängige Variablen, durch imaginative Inhalte ausgedrückt, können zur Analyse des therapeutischen Prozesses herangezogen werden.
2. Alle Motive der Imagination sind dynamisch miteinander verbunden und beeinflussen sich gegenseitig. Theoreme der Ganzheits- und Gestaltpsychologie finden hier eine Stütze (*Salber* 1960).

4. Focussierung von Konfliktkernen

Ich komme nun zurück auf die Strukturierung des Erlebnisfeldes durch ein vom Therapeuten vage angebotenes Vorstellungmotiv. Im

Zusammenhang damit stellten wir die Hypothese auf, daß infolge des sinnfälligen symbolischen Inhaltes dieses Motives bei neurotischen Patienten typische Konfliktkreise relativ häufig gezielt zur projektiven Darstellung gebracht werden können (*Leuner* 1955a; *Zepf* 1973). Wir folgten damit dem Modell eines Computers, indem wir versuchten, die zu dem Motiv gehörigen Daten des individuellen Konfliktes aus seinem Speicher abzurufen. Wir fordern den Patienten vorsichtig auf, sich gewisse standardisierte Motive vorzustellen. Diese können unmittelbar auf einen einzelnen Konfliktbereich zentriert sein oder durch ihre breite Struktur als Anreiz zur Projektion eines noch unbekannten jeweils andrängenden aktuellen Problems dienen. Als Beispiel einer gezielten Ansprache kann der bei neurotischen Menschen häufig relevante Konfliktbereich gehemmter Aggressivität im weitesten Sinne sein. Dazu ein Beispiel:

Ein Patient war seit einem Jahr an einer schweren Herzneurose erkrankt, konnte nicht mehr arbeiten, war im Zusammenhang damit depressiv verstimmt und litt unter starken vegetativen Störungen. Äußerlich bot er das Bild eines gesunden, kräftigen Mannes. Bei dem Versuch, das für das Entstehen der Symptome auslösende Ereignis zu eruieren, ergab sich folgendes: Die Herzangstsymptome waren nach einem Unfall aufgetreten. Der Patient war Meister in einer VW-Werkstatt. Als er an dem Motor eines Wagens eine Einstellung vornehmen wollte und der Kunde den Motor anließ, bewegte sich der Wagen rückwärts auf den Patienten zu (der Kunde hatte vergessen, den Rückwärtsgang herauszunehmen). Der Patient wurde gegen die Wand der Werkstatt gedrückt. Medizinisch gesehen ein „Bagatelltrauma". Am folgenden Tag setzten die Herzbeschwerden ein, aus denen sich bald das ausgeprägte Syndrom entwickelte. Den Kunden schilderte der Patient als einen arroganten Mann, über den er sich schon seit Jahren geärgert habe. Er habe nur nichts „gegen ihn setzen können", weil bei ihm „der Kunde König" sei. Es bestand kein Zweifel, daß der Patient ausgesprochen aggressiv gehemmt war und die minimale Aggression des Kunden, gegen die er sich nicht hatte wehren können, seine Symptomatik ausgelöst hatte.

Es war meine Absicht, dem Patienten das Ausmaß seiner aggressiven Gehemmtheit vor Augen zu führen und für mich diagnostische Hinweise für die einzuschlagende Therapie, etwa das Ausmaß der aggressiven Gehemmtheit im Eigenerleben des Patienten, zu gewinnen. Um den Konfliktbereich der Durchsetzungsfähigkeit und Aggressivität unmittelbar anzusprechen, wählte ich aufgrund gewisser Überlegungen das Motiv eines Löwen. Ich forderte den Patienten auf, sich einen Löwen vorzustellen. Ein männlicher Löwe erschien, wohl ausgebildet und ohne Besonderheit. Nun strebte ich eine Begegnung des Löwen mit dem Widersacher des Patienten an. Ich fragte ihn, ob er sich den unliebsamen Kunden dazu vorstellen könnte. Das gelang, und der Kunde erschien auf der Bildfläche. Ich erwartete, daß der Löwe eine der aggressiven Gestörtheit des Patienten adäquate Reaktion zeigen würde. Diese Erwartung bestätigte sich. Als der Widersacher auf der Bildfläche erschien, zog der Löwe den Schwanz wie ein scheuer Hund ein, bewegte sich auf den Patienten zu und legte sich zu seinen Füßen nieder. Dabei schrumpfte er zur Größe eines Schoßhundes zusammen. Diese mobile Projektion in Form des Verhaltens des Löwen (als Symbol und Kern des Konfliktbereiches der „aggressiven Bereitschaft") bei der Konfrontation mit dem Angreifer verdeutlicht, was ohne weiteren wissenschaftlichen Beleg evident ist, die Ohnmacht meines Patienten, sich gegen einen Gegner aggressiv durchzusetzen.

Ich habe den Patienten dann mit dem KB behandelt. Nach 25 Sitzungen waren die Symptome wesentlich gebessert. Vier Wochen nach Beginn eines Arbeitsversuches sah ich ihn wieder und führte den Kontrolltest durch: Ich ließ den Löwen wieder erscheinen und im Anschluß daran den mißliebigen Kunden. Die Szenerie war jetzt verändert. Als der Widersacher erschien, lief der Löwe auf ihn zu. Der Mann lief davon, der Löwe hinterher und schien ihn einzuholen. In diesem Moment jedoch erschien eine Mauer. Der Mann sprang über die Mauer, der Löwe hinterher. Mit anderen Worten, der innere Regisseur des Tagtraumes entzog dem Patienten den zu erwartenden aggressiven Akt. Der Patient, so könnte man sagen, ersparte sich die Konfrontation mit der handgreiflichen Auseinandersetzung. Im Realverhalten hatte der Patient jedoch eine andere Position bezogen und entwickelte seine Karriere dank der verbesserten Durchsetzungsfähigkeit mit Konkurrenten erfolgreich.

Das Beispiel verdeutlicht das Prinzip der Focussierung wesentlicher Konfliktbereiche durch vom Therapeuten angeregte Vorstellungsmotive im KB.

Das Motiv des Löwen und ein Teil der noch beschriebenen Motive haben eine ausgesprochen eng focussierende Struktur. Wir kennen auch mittelweite und ganz weite, vielfältige individuelle Projektionen zulassende Motive, die geeignet sind, jede gerade anliegende aktuelle Problematik zur Projektion zu bringen, ohne daß diese unmittelbar angesprochen wird, z. B. das Motiv der Wiese.

5. Standardmotive

Die folgende Übersicht gibt einen Überblick über die 10 Standardmotive des KB und ihren am häufigsten vorkommenden Bedeutungsgehalt. Dabei ist nicht zu vergessen, daß die Motive vielfältige Probleme beim Patienten ansprechen können, da die aufgerufenen Projektionen immer individueller Art sind und die vorgegebenen Motive auf dem Boden der jeweiligen Krankengeschichte individuell unterschiedlich verstanden werden müssen. Kollektive Bedeutungen können nur im Kern und zu einem gewissen Prozentsatz der angesprochenen Patienten angenommen werden. Bei genauer Analyse der Gegensätze zwischen kollektivem und individuellem Bedeutungsgehalt dieser vorgegebenen Symbolinhalte stoßen wir auf die alte, bis auf *Freud* und *Jung* zurückgehende Dialektik von der kollektiven und individuellen Deutung des Symbols. Die im folgenden angeführten Gehalte der Standardmotive haben also nur richtungsweisende Bedeutung.

5.1 Grundstufe
(für den therapeutischen Ausbildungskandidaten allgemeine Grundlage der Therapie)

5.1.1 Wiese

Häufig einzustellendes Basismotiv zur Anregung des Tagtraumes. Von hier aus kann sich das KB individuell weiterentwickeln. Das Motiv der Wiese eignet sich wegen der überwiegend angenehmen Qualitäten als Eingangsmotiv. Es ruft Phantasien des Garten Eden, der Situation im Sommersonnenschein, der Fruchtbarkeit, der Möglichkeit, sich auszuruhen, Menschen zu begegnen und des gemeinsamen Erlebens hervor. Neurotisch gestörte Personen projizieren jedoch hier bereits ihre Probleme. So könnte die Wiese bei Depressionen unfruchtbar, braun, abgebrannt sein; bei Menschen, die sich mit zwanghafter Persönlichkeitsstruktur eingeengt fühlen, findet sich nicht selten eine kleine von Stacheldraht eingezäunte Wiese. Ein 16jähriger Adoleszent sah auf der Wiese einen Bunker, wie man sie im 2. Weltkrieg kannte, jedoch ohne Tür oder eine andere Öffnung; er erschien als Symbol seiner eigenen Kontaktgestörtheit und seiner Kommunikationsprobleme. Die Korrelation der Häufigkeit gewisser imaginativer Inhalte am Wiesenmotiv und anderen Standardsituationen mit gewissen Erlebnisweisen und Verhaltenstendenzen läßt sich statistisch untersuchen. Das wurde z.B. für die depressive Verstimmung vorgenommen (*Prindull* 1964).

5.1.2 Bach

Andere, im Zusammenhang mit der Wiese spontan auftretende landschaftliche Motive wurden von uns nach vielen Versuchen aufgegriffen und weiterentwickelt. Der Patient wird gefragt, ob er sich auf der Wiese einen Bach vorstellen könne. Das gelingt in der Regel. Dabei gehen wir davon aus, daß der Bach als fließendes Gewässer von der Quelle bis zum Meer verfolgt werden kann, gewissermaßen als eine Leitlinie der emotionalen Entwicklung und der Entfaltung der Person. Der Patient wird gebeten, den Bach als eine in der Imagination zu vollziehende Leistung zu verfolgen und ihm je nach Wahl stromauf zur Quelle hin oder stromab zur Mündung in das Meer zu folgen. Die Rückkehr zur Quelle signalisiert häufig symbolisch die „Rückkehr zu den Ursprüngen", wobei an die oralen Beziehungen zur mütterlichen Welt zu denken ist. Der klinische Eindruck herrscht vor, daß Störungen beim Trinken des Wassers an der Quelle (z.B. weil aus der Quelle kein Wasser kommt, das Wasser schlecht schmeckt, die Patienten fürchten, es könne giftig oder „verseucht" sein), auf eine frühe Störung im oralen Instinktbereich hinweisen.

Bei der Verfolgung des Bachlaufes stromab stoßen Neurotiker häufig auf die von uns so genannten *Verhinderungsmotive*, d. h. auf Situationen, in denen der freie Fluß des Baches behindert wird. Wir finden Sperrmauern, das Wasser fällt in ein tiefes Loch und verschwindet unter der Erde, ergießt sich in einen großen Stausee oder einen kleinen Teich, aus denen es nicht wieder abfließt. Im Verlauf der Behandlung werden diese Verhinderungsmotive immer weiter hinausgeschoben, bis schließlich der weitgehend gebesserte Patient ohne Schwierigkeiten den Verlauf des Wassers bis zum Meer verfolgen kann. Dieses Motiv kann ebenfalls als Indikator für den therapeutischen Prozeßverlauf dienen.

5.1.3 Berg

Die Aufgabe lautet, von der Wiese einen Berg zu erblicken und diesen Berg nach genauer Beschreibung zu besteigen zu versuchen. Vom Gipfel soll der Patient einen Rundblick haben. Das Motiv des Berges schneidet im allgemeinen die männlich-väterliche Welt an und damit auch das Autoritäts- und Rivalitätsproblem. Eine Untersuchung von *Kornadt* (1958) bewies die statistisch signifikante Korrelation zwischen der Höhe des Berges und dem Anspruchsniveau des Probanden. Depressive Patienten haben entweder sehr niedrige Berge oder das Gegenteil, extrem hohe, die zu besteigen sie resignieren. Die Bewunderung männlicher Autorität oder die Angst vor männlicher Übermacht wird in Qualitäten geschildert, unter denen der Berg bei seiner Betrachtung emotional erlebt wird. Die Unfähigkeit, einen Berg zu besteigen, weist auf eine Neurose erheblichen Grades hin; die mangelnde Bereitschaft dazu auf geringe Motivation, Leistungen zu vollziehen. — Die Fähigkeit, von dem Berg einen Rundblick nach allen Seiten zu haben, entspricht dem Verhalten des Gesunden. Der Gestörte hat Einschränkungen des Ausblickes, wobei Eigenschaften der wahrgenommenen Landschaft (vgl. oben) wiederum charakteristische Hinweise auf Störungsformen bieten.

5.1.4 Haus

Freud wies bereits im Zusammenhang mit dem Hausmotiv im Traum auf den Slogan hin, einen Freund als „altes Haus" zu bezeichnen. Er empfahl, das Hausmotiv als Sinnbild der eigenen Person zu betrachten. Der Eintritt in ein Haus kann aber auch als Sexualmotiv (relativ selten) aufgefaßt werden. Sich das Haus vorzustellen, gelingt in der Regel gut. Je nach Art der Störung kann es eine kleine Hütte sein, eine unbewohnte Scheune, ein feudales Wohnhaus, in dem sich die Wunschwelt des Betreffenden manifestiert, oder ein reines Zweckgebäude ohne Wohnräume. Aufschlußreich ist die Besichtigung des Inneren, der Küche, in der sich die orale Sphäre symbolisiert, der Wohnräume, des Schlafzimmers, des Bodens und des Kellers, in dem man alte Erinnerungsstücke aus der Vergangenheit finden kann, Familienalben usf., des Inhalts der Schränke mit Hinweisen auf Partnerbeziehungen und die ödipale Situation (Nebeneinander der Kleider des Patienten mit denen anderer Personen). Auch die Abhängigkeit von den Eltern, Großeltern und anderen Personen kann im Motiv des Hauses zum Ausdruck kommen. Es führt in der Regel ganz unmittelbar auf die Problematik des Patienten hin und bedeutet für ihn eine erhebliche, nur sehr vorsichtig anzubietende Konfrontation mit oft stärker verdrängten Konflikten.

5.1.5 Waldrand

Wir vermeiden zunächst, den Patienten in den Wald gehen zu lassen, der sich nicht selten in der Nähe der Wiese befindet. Der Wald wird gemeinhin als Symbol des Unbewußten gesehen. Er kann einerseits, vor allem für Kinder, als bergender Ort der Sicherheit erlebt, von anderen als Ort drohender Gefahren betrachtet werden. Märchen geben wichtige Hinweise, zum Beispiel das Märchen von Hänsel und Gretel. Eine leicht depressiv verstimmte 20jährige Patientin mit ausgeprägten Konversionssymptomen begegnete im Wald einer Gruppe von ehemaligen Freundinnen, die alle durch einen unnatürlichen Tod ums Leben gekommen waren. Darunter befand sich eine ehemalige Mitpatientin, die Selbstmord begangen hatte und unserer Patientin in der Imagination giftige Beeren anbot mit der Bitte, ihr in den Tod zu folgen. Depressive verirren sich nicht selten im Wald und bringen dadurch den Therapeuten in Verlegenheit.

Um derartige unliebsame Zwischenfälle zu vermeiden, wird der Patient bei diesem Motiv angeleitet, von einer geschützten Stelle der Wiese aus in das Dunkel des Waldes zu blicken. Ihm wird vorausgesagt, daß Gestalten, menschlicher oder tierischer Art, früher oder später erscheinen und aus dem Wald heraustreten werden. Beide, so zeigt die Erfahrung, können identifiziert werden als dynamische Struktur, die *C. G. Jung* als „Schatten" gekennzeichnet hat. Es sind unbewußte Verhaltenstendenzen und -wünsche, die vom Über-Ich des Patienten tabuisiert sind: zum Beispiel wenn bei einem impotenten Mann ein „Revolverheld" aus dem Wald kommt, ein junges Mädchen einen verwahrlosten Landstreicher erkennt, eine andere ein schüchternes Reh auf die Wiese kommen sieht, manchmal ein schlauer Fuchs; aber auch eine Maus und andere Tiere bis hin zur Schlange gewinnen Bedeutung. Allein, daß diese vorher im dunkeln schlummernden Gestalten nun an das „Licht der Sonne" kommen, hat diagnostische und therapeutische Wirkung.

5.2 Mittelstufe
(für den fortgeschrittenen Therapeuten)

5.2.1 Begegnung von Beziehungspersonen

Vater, Mutter oder deren Derivate, Geschwister, eigene Kinder, Vorgesetzte können in symbolisch eingekleideter Form (Elefant etwa als Vater, eine Kuh als Darstellung der mütterlichen Welt) oder aber als Realpersonen herbeizitiert werden. Das Verhalten der Gestalten gegenüber dem Patienten (Verhaltensbeobachtung) ist dann aufschlußreich, sobald versucht wird, sich ihnen zu nähern, sie anzusprechen, zu berühren, um damit die unbewußte Einstellung ihnen gegenüber zu erkennen.

5.2.2 Motiv zur Prüfung der Einstellung zur Sexualität

Bei Männern haben wir auf das Gedicht von Goethe mit dem Titel „Sah ein Knab' ein Röslein stehn" zurückgegriffen und lassen den männlichen Patienten sich am Rand der Wiese einen Rosenbusch vorstellen. Dann bitten wir ihn, eine Rose abzupflücken und zu Hause auf den Tisch zu stellen. (Singer [1974] nimmt an, daß transkulturelle Wertnormen dem amerikanischen Mann verbieten, sich überhaupt mit Blumen zu befassen.) Ein 18jähriger sah zarte weiße Röschen, die „zu zart waren, um abgepflückt zu werden"; ein Mann mit weit zurückliegenden Eheproblemen fand nur eine ausgeblühte Rose und im Hintergrund zwei „wilde Triebe", die ihn an seine außerehelichen Beziehungen erinnerten.

5.2.3 Motiv zur Klärung der Einstellung zur Aggressivität

Das bereits oben angeführte Motiv des Löwen hat sich bewährt; der Löwe kann in freier Wildbahn existieren, er kann faul und träge daliegen und schlafen, er kann wegen seines schönen weichen Fells und seiner Katzenartigkeit als ungefährlich erscheinen und gern gestreichelt werden, er kann im Zirkus durch einen brennenden Reifen springen, er kann in einem Käfig sein und dort wütend hin und her laufen, und anderes mehr.

5.2.4 Motiv zur Darstellung des Ich-Ideals

Dem Patienten wird aufgegeben, ohne nachzudenken einen gleichgeschlechtlichen Vornamen auszusprechen und sich anschließend den dazugehörigen Menschen vorzustellen. In der Regel tauchen hier Verwandte und Freunde auf, häufig Menschen, die gewisse Eigenschaften besitzen, die der Patient selbst gern gehabt hätte, beziehungsweise Menschen, die in seinem Leben als Konkurrenten eine bedeutende Rolle gespielt haben; bei Frauen häufig eine andere, mit gegenteiliger Haarfarbe und Eigenschaften, die die Patientin bei sich vermißt. Die Bearbeitung dieses Motives kann zur Klärung von Identitätsproblemen führen.

5.3 Oberstufe
(für den vollausgebildeten Therapeuten)

5.3.1 Motive, die stark verdrängtes archaisches Material, vor allem Symbolgestalten, fördern

a) *Motiv der Höhle*

Der Betreffende wird, ähnlich wie beim Wald, angeleitet, zunächst eine Höhle zu imaginieren und vor dieser Höhle in sicherem Abstand zu verharren und abzuwarten, was aus der Höhle herauskommt. Als „Öffnung der Erde" bietet dieses Motiv sich als „tiefergreifend" als das Waldmotiv an und löst eine stärkere Dynamik aus. Häufig kommen Riesen, Geister, aber auch Tiergestalten hervor, die deutlich auf Verhaltenstendenzen hinweisen, deren sich der Patient nicht bewußt ist, auch wenn er sie vielleicht im realen Leben agiert. Der oben erwähnte Patient mit einer Herzneurose beobachtete zum Beispiel einen Bären, der aus der Höhle herauskam, sich auf die Wiese legte und einschlief. Er schien die physischen Kräfte des Patienten zu symbolisieren, zugleich aber auch die hintergründige Tendenz des in seinem Leben immer sehr arbeitsamen und fleißigen Mannes, faul und träge dahinzuleben, wie er es zur Zeit seiner Krankheit tat. Die Höhle kann bei Betreten auch die Bedeutung des Introitus im sexuellen Sinn haben. Das Eintreten in die Höhle kann schließlich zur Begegnung mit der Wunderwelt des Erdinneren und mit vielerlei Märcheninhalten führen, auch hier als Ausdruck tiefer, verdrängter Handlungsansätze und Wunschwelten.

b) *Motiv des Sumpfloches*

Es wurde eingeführt aufgrund der Hypothese, daß morastige Erde Aspekte des analen „Partialtriebes" (*Freud*), Schlamm eine Beziehung zur „Urzeugung" hat und zugleich in unserer Zivilisation die häufig abgelehnte Schmutzwelt (anale Abwehr) darstellt. — Damit verbindet sich auch der Aspekt der „Analerotik" mancher sexuell immaturer Personen.

Dem Patienten wird vorausgesagt, daß am Rand der Wiese ein Sumpfloch erscheinen werde. Er möge im sicheren Abstand bleiben und das Sumpfloch beobachten, aus dem sich irgendeine Gestalt erheben werde. In der Regel handelt es sich um heterosexuelle Gestalten; zunächst archaisch ein Frosch, eine Schlange, ein Riesenfisch, der zuschnappt, aber auch ein nackter Mann bei einem weiblichen Patienten oder ähnliches. Er versucht, die Gestalten auf die Erde zu bringen, unter Umständen sie zu füttern (vgl. oben). Das hier geförderte Material löst in der Regel eine starke, angstbesetzte Dynamik aus. Deshalb wurde dieses Motiv auf die Oberstufe verwiesen, da seine Anwendung nur dem sehr erfahrenen und vollausgebildeten Therapeuten vorbehalten bleibt. Vor seiner Anwendung bei ich-schwachen Patienten muß gewarnt werden.

5.4 Hilfsmotive

5.4.1 Der Vulkan

Die Einstellung eines Vulkans geht von der Vorstellung aus, daß hier eruptive Vorgänge aus der Tiefe der Erde zur Darstellung kommen, synonym eruptive, das heißt ungerichtete und stark andrängende aggressive Impulse des Patienten. Das Motiv ist zur Krisenintervention bei Patienten mit stark angestauten, aggressiven Impulsen geeignet. Nicht selten bleibt die Eruption in der Imagination jedoch aus. Dann kann der Vulkan von oben durch Überfliegen mit einem Hubschrauber eingesehen werden. Nicht selten findet man dann, daß der Vulkan erkaltet ist, daß ein Stahldeckel darauf sitzt, der keine Eruption zuläßt, als ein Hinweis auf bestehende Abwehrtendenzen. Wenn der Vulkan ausbricht, kann eine schnelle Entlastung des Betreffenden von andrängenden aggressiven Impulsen erreicht werden. Nicht selten werden auch Gegenstände herausgeschleudert, die einen direkten Hinweis auf die Problematik bieten, wie die Schuhe des Ehemannes, die die Patientin immer glaubt putzen zu müssen, Töpfe und anderer Hausrat, wenn die Patientin ihre Rolle als Hausfrau haßt, und anderes mehr. Gelegentlich ist der Ausbruch so gewaltig, daß umliegende Dörfer und Städte zerstört werden als Hinweis auf autoaggressive Impulse.

5.4.2 Motiv des Folianten

Bei Patienten, die wenig Material bieten, beziehungsweise bei denen der Therapeut das Gefühl hat, in Reminiszenzen tiefer loten zu sollen, besteht die Möglichkeit, dieses Motiv anzuwenden. Meist im Keller des Hauses wird vorausgesagt, daß in der Tiefe ein vergrabenes Bilderbuch lagere. Der Patient wird angeleitet, danach zu graben. In der Regel wird dann ein Bilderband, manchmal auch eine alte Bibel gefunden. Der Patient wird gebeten, die Bilder des Buches zu betrachten und zu beschreiben. Das Material ist zum Teil archaisch verschlüsselt, gibt aber doch Hinweise auf hintergründige Verhaltenstendenzen, die auf andere Weise erst viel später zum Ausdruck kommen. Auch dieses Motiv ist mit größter Vorsicht zu benutzen, da die Grundtechnik des KB davon ausgeht, daß nur jenes Material herangezogen werden soll, das die Psyche des Patienten spontan und ohne Widerstände freigibt (Analogie zu *Freud*s These, Material der Oberfläche zu bearbeiten).

Bei der hier stark verkürzten Darstellung der Grundmotive mag der Eindruck entstehen, daß sie überwiegend diagnostischen Zwecken diene. In Form des ISP hat *Swartley* (1963) bereits diesen Aspekt beschrieben. Es ist — wie schon gezeigt — richtig, daß das Verfahren als hoch sensibler projektiver Test aufgefaßt werden kann. Die zweckmäßige Einstellung in der Therapie zu den Imaginationen des Patienten entfernt sich jedoch ganz entschieden von der rein diagnostischen Einstellung. Auf jeden Fall dienen die hier dargestellten Standardmotive in der Therapie vor allem dazu, dem Patienten 1. einen Kristallisationspunkt für den Beginn des Tagtraumes zu geben, 2. in lockerer Reihenfolge verschiedene Konfliktbereiche einzustellen und ihn seine eigenen Projektionen in freier Form entwickeln zu lassen, mit dem primären Ziel, diese ihn selbst präverbal, später auch verbal im wahren Sinne des Wortes „vor Augen" zu führen, das heißt, ihn damit vorsichtig und zurückhaltend zu konfrontieren. Damit werden schrittweise Einsichten vermittelt, die von *Kosbab* (1972) als „Selbstinterpretation der Inhalte des KB" gekennzeichnet worden sind.

6. Therapeutische Techniken

6.1 Übendes Vorgehen

In den therapeutischen Techniken des KB finden wir eine polare Struktur wie in der Konstruktion des gesamten Systems. Auf der einen Seite kann die Therapie durch Vorgabe der Standardmotive zu Beginn einer jeden Sitzung stark strukturiert werden.

Die Technik des *übenden Vorgehens* besteht darin, daß der Patient in jeder Sitzung übt, eines der Standardmotive einzustellen, um von ihnen aus spontan weitergeführt zu werden (*Leuner* 1970). Der Therapeut kann diese Strukturierung jedoch auflockern, indem er die weitere Entwicklung des Tagtraumes, ausgehend von dem einleitenden Motiv, der individuellen kreativen Entfaltung überläßt. Neuere Untersuchungen gemeinsam mit *Landau* (1976) haben außerordentlich positive Einblicke in die kreative Potenz des Verfahrens gegeben, die bis jetzt noch kaum ausgeschöpft worden sind. Tatsächlich kann es als Maßstab des Fortschrittes einer Therapie im KB gelten, ob und inwieweit die kreative Breite der imaginativen Inhalte von Sitzung zu Sitzung zunimmt. Die Vorstrukturierung der therapeutischen Sitzung durch Einstellung eines jeweils neuen Standardmotives zu Beginn einer Sitzung kann diesen Prozeß fördern. Bei Patienten, die erhebliche Schwierigkeiten in der freien imaginativen Entfaltung haben, kann die nachfolgende Sitzung im einzelnen straffer strukturiert werden, indem der Therapeut den Tagtraum durch Fragen, Hinweise auf genauere Betrachtung imaginierter Inhalte und die Vorgabe weiterer Schritte lenkt. Diese ausgeprägtere Strukturierung hat neben den Vorteilen aber auch Nachteile. Sie ruft bestimmte Übertragungsreaktionen des Patienten auf den Therapeuten hervor, etwa ein Gefühl der Abhängigkeit wie zwischen Schüler und Lehrer, zwischen Kind und Vater oder Mutter, von Situationen, in denen Leistungen erwartet und gefordert wurden. Diese Übertragungen können eine emotionale Einstellung übermäßiger Gefügigkeit, Unterwürfigkeit und Abhängigkeit hervorrufen.

6.2 Assoziatives Vorgehen

In polarer Gegenüberstellung zu dieser übenden Einstellung des Standardmotives in Grund- und Mittelstufe haben wir das assoziative Vorgehen entwickelt (*Leuner* 1964). In Analogie zu den freien Assoziationen der klassischen Psychoanalyse wird dem dafür geeigneten Patienten durch lockere Strukturierung des Einstieges in Form eines der breitgreifenden Motive wie Wiese, Bach, Berg der freie assoziative Fluß der Imaginationen zur freien Entfaltung angeregt. Statt in Worten wird im KB „in Bildern" assoziiert. Ähnlich wie in der Psychoanalyse in einer verbalen Assoziationskette umkreisen hier die assoziativ aneinandergereihten Bilder den jeweiligen Konfliktkern zu wiederholten Malen; Impulse und Abwehren lösen einander ab, bis sich schließlich der Konfliktkern oder ein infantiles Trauma imaginativ einstellt. Die assoziative Technik wird mit einem Minimum an Führung und einem äußerst zurückhaltenden Therapeutenverhalten vorgenommen. Durch seine technischen Maßnahmen kann darüber hinaus versucht werden, die Assoziationen auszuweiten, einerseits in die Vergangenheit, um die genetischen Wurzeln des Konfliktes aufzuspüren, andererseits die Einfälle in die Gegenwart auf die konflikthafte Verarbeitung realer Situationen im Alltag und charakterlicher Fehlangepaßtheiten auszuweiten. Ziel dabei ist die Durcharbeitung dieses Materials, um dem Patienten die enge Verwobenheit der imaginativen Inhalte mit Genese und aktueller Fehlangepaßtheit deutlich zu machen.

Die anfangs beschriebene ausgeprägte Lenkung des Tagtraumes in der Technik des *übenden Vorgehens* (Grundstufe) gewährleistet durch die betonte Lenkung des Tagtraumes (im Gegensatz zum assoziativen Vorgehen) dem Patienten einen ausgesprochenen Schutz vor unerwarteten negativen Bildinhalten und Impulsen, die bei stärker gestörten Menschen etwa Angst oder Depression bzw. andere pathologische Reaktionen hervorrufen. Die *assoziative Technik* der Mittelstufe geht dagegen davon aus, daß der Patient ichstark genug ist, um die jeweils andrängenden Inhalte und Impulse gewissermaßen in Selbstdosierung so zu steuern, daß sie vom jeweiligen Patienten ohne erhebliche Einbrüche in das Ich ertragen und im Sinne des „Durchlebens und Erleidens" und damit auch der Katharsis traumatischer neurotischer Impulse verarbeitet werden können. Diese Technik erfordert sowohl vom Patienten als auch vom Therapeuten die Fähigkeit, Angst freizusetzen und zu ertragen; sie kann streckenweise sehr belastend sein, und zwar um so mehr, je häufiger archaisches bzw. regressives, stark affektbeladenes Material ins Bewußtsein drängt. Der erfahrene Therapeut versteht es, bei Bevorzugung des assoziativen Vorgehens die Elemente der übenden Technik einzufügen, um dem Patienten in entsprechenden Situationen einerseits einen mittleren Grad von Schutz zu geben, andererseits die negativen Impulse und Affekte therapeutisch fruchtbar freizusetzen. Das assoziative Vorgehen hat den großen Vorteil, daß nicht selten spontan Altersregressionen auftreten, in denen ein psychisches Trauma der frühen Kindheit aufgegriffen, durchlebt und zur Abreaktion gebracht wird (*Barolin* 1961). Diese plastische Wiederbelebung der frühen Kindheit ist uns sonst nur von der Anwendung von Halluzinogenen (*Leuner* 1962, 1971) oder in Hypnose (*Schneck* 1955) bekannt. Sie ist therapeutisch besonders wirkungsvoll. Im KB stehen diese Rückblenden in organischem Zusammenhang mit der spontanen Bearbeitung der jeweiligen konflikthaften Problematik als Teil eines determinierenden dynamischen Netzwerkes, dem die Verhaltenseigentümlichkeiten in der aktuellen Lebenssituation angehören.

6.3 Einstellung des Nachttraumes

Nächtliche Träume, vor allem, wenn sie nicht „zu Ende" geträumt worden sind, können in der Imagination des KB wieder eingestellt und als Tagtraum fortgesetzt werden, um deren vermutlichen Abschluß unter dem Schutz des Therapeuten abzuwarten. Möglichkeiten der Lenkung erlauben aber auch, Lösungen anzubieten, die der Nachttraum nicht gefunden hat.

6.4 Fokussierung akuter Konflikte

Zur Strukturierung des Tagtraumes kann statt eines thematisch definierten Standardmotives versucht werden, einem anstehenden akuten Konflikt die Strukturierung zu überlassen, damit er imaginativ ausgedrückt wird. Die Prägnanz der imaginativen symbolhaften Darstellung führt häufig zu einer überzeugenden Konfrontation für den Patienten. Spontanes oder vorsichtig gelenktes Probehandeln und imaginativ-realisierte Lösungen können dabei angestrebt werden. Technisches Vorgehen: In einem einleitenden Gespräch wird der Konflikt emotional angesprochen. Zur anschließenden Einleitung des KB wird ein besonders breit strukturiertes Motiv, das die konflikthaft besetzte Person symbolisch oder realistisch eingekleidet hat, eingestellt: eine problematische Person erscheint etwa aus dem Wald tretend auf der Wiese o. a.

6.5 Introspektion des Körperinneren

Entweder wird der Patient angeleitet, sich vorzustellen, er könne von außen in seine Körperorgane blicken, an denen er Beschwerden hat, oder er vollzieht i. S. von Gullivers Reisen eine Wanderung durch seinen eigenen Körper. Er verkleinert sich zu diesem Zwecke, steigt zum Mund hinein und inspiziert das erkrankte Organ. Eine Studie von *Roth* (1977) untersuchte die psychodynamische Darstellung bei Spannungskopfschmerz, eine andere von *Freiwaldt* et al. (1975) bei Colitis ulcerosa und Herzneurose unter besonderer Berücksichtigung der sich darstellenden Objektbeziehungen. Die therapeutische Bedeutung dieser Technik sollte jedoch nicht überschätzt werden.

6.6 Befriedigung von Wünschen und archaischen Bedürfnissen

Erst in letzter Zeit entdeckten wir, daß eine unerwartete therapeutische Wirkung davon ausgehen kann, daß der Therapeut eine betont gewährende Haltung immer dann einnimmt, wenn der Patient sich Wünsche und archaische Bedürfnisse zu befriedigen sucht. Letzteres betrifft vor allem das Bedürfnis nach oral getönter Hingabe und Geborgenheit („anaclitische Therapie"). Psychoanalytisch betrachtet werden damit i. S. von Abwehrstrategien Konflikte vermieden und/ oder frustrierte Bedürfnisse durch regressiven Nachvollzug emotionaler Entwicklungsphasen gestillt. Ein Neubeginn (*Balint* 1970) wird ermöglicht. Wir müssen also die Vorstellung relativieren, daß im KB allein ein konfliktzentriertes oder/und konfrontatives Vorgehen therapeutisch wirksam ist. Selbst in Fällen, in denen dabei ein überwiegendes Abwehrverhalten zum Ausdruck kommt, können durch ununterbrochene Benutzung der assoziativen Technik (*Leuner* 1964) klinische Erfolge vor allem bei psychosomatischen Fällen erzielt werden. Offensichtlich werden Abwehrstrukturen transformiert und führen zu einer Stärkung des Ich (*Leuner, Wächter* 1977).

6.7 Durcharbeiten im KB

Entsprechend den Empfehlungen bei der psychoanalytischen Kurztherapie spielt das Durcharbeiten der Widerstände und des charakterlichen Wiederholungszwanges des Patienten im KB keine entscheidende Rolle, da es in der Regel als Kurztherapie (bis zu 30 Sitzungen) durchgeführt wird. Dort, wo jedoch eine ausgedehnte verhaltensmodifizierende Therapie mit Einfluß auf die neurotische Charakterstruktur und den Wiederholungszwang notwendig wird und der Patient dazu in der Lage und bereit sowie der Therapeut entsprechend trainiert ist, kann eine Durcharbeitung einsetzen.

Der erfahrene, psychodynamisch orientierte Therapeut wird keine Schwierigkeiten finden, anhand sinnvoll eingestellter Inhalte des häufig spontan evidenten Materials die Durcharbeitung durch Konfrontation vorzunehmen. Dadurch werden Impulse zur Selbsteinsicht gegeben, und gewisse festgefahrene Verhaltensweisen können sich durch Abreaktionen und Rückgriff auf frühe genetische Wurzeln von selbst lösen. Die Notwendigkeit des klassischen Durcharbeitens ist unseres Erachtens deshalb im KB geringer als in der Psychoanalyse. Wir haben dazu gewisse Techniken der Durcharbeitung entwickelt wie die zielgerichtete Konfrontation mit pathogenen Verhaltensmustern. Wir neigen dazu, sie dem verbalen Durcharbeiten voranzustellen und können sie dadurch teilweise auch ersetzen.

6.8 Übertragungsanalyse im KB

Aus den später erläuterten Gründen spielt die Analyse der Übertragung im KB keine zentrale Rolle. Der psychodynamisch geschulte Therapeut sollte jedoch in der Lage sein, die Inhalte des KB auch auf der Übertragungsebene zu lesen. In dem Falle, daß Übertragungswiderstände die Therapie gefährden, müssen diese mit psychoanalytischer Technik verbal bearbeitet werden, um dann durch Imaginationen i. S. der Focussierung akuter Konflikte verdeutlicht zu werden.

6.9 Kombination mit konventioneller Psychoanalyse

Diese Kombination kann in drei Formen erfolgen (*Leuner* 1970):
a) Das Material des KB wird durch Anreicherung von Assoziationen weiter bearbeitet. Das kann besonders bei intellektuellen Patienten wichtig sein. Die Betreffenden bringen in der der KB-Sitzung folgenden Stunde ein ausführliches Protokoll (nach dem Tonband) mit, das zur Grundlage der weiteren Bearbeitung gemacht wird.
b) KB wird als Hilfsmittel in der konventionellen Psychoanalyse eingesetzt, um unüberwindbare Widerstände aufzuklären.
c) KB ersetzt die Träume von Patienten, die nicht träumen.

6.10 Malen der imaginierten Inhalte

Die Therapie im KB kann wesentlich unterstützt werden, indem die Patienten angehalten werden, von ihnen selbst ausgewählte imaginative Passagen zu malen (auch in Ton zu modellieren). Dieses Material wird in der Therapiestunde (i. S. von 6.9 a) weiter bearbeitet, evtl. in einer Gruppensitzung mit anderen Patienten.

6.11 Musikalisches KB

Auf die Anwendung von Musik zur Stimulation des KB (*Leuner* 1974b; *Leuner, Nerenz* 1964; *Nerenz* 1965, 1969) und die damit verbundenen Gruppentechniken (*Kreische* 1977; *Plaum* 1968; *Sachsse* 1974, 1977) soll in dieser Darstellung wegen des begrenzten Raumes nicht eingegangen werden.

7. Regieprinzipien im Symboldrama (Operation am Symbol)

Unsere Experimente legten eine weitere Form der Strukturierung des imaginativen Feldes nahe: die Anleitung des Patienten zu gezielten

Handlungen auf der Symbolebene. Ihr Charakter ergab sich aus der Beobachtung spontaner Abläufe. Daraus entstand folgende Hypothese: Bestimmte, dem Wesen des Primärvorganges des Traumes (*Freud* 1900) adäquate dramatische Handlungen oder Reaktionen während der Imagination können zu unmittelbaren Eingriffen in die unbewußte Dynamik und damit zu schnellen Verhaltensänderungen disponieren, ohne daß diese Abläufe verbal angesprochen oder gar interpretiert zu werden brauchen. Wir gaben dieser, im folgenden zu beschreibenden Technik den Namen „Operation am Symbol" (*Leuner* 1957). Jede dieser Operationen verlangt eine vom Therapeuten klar überblickte Zielsetzung und ein genau beschriebenes Therapeutenverhalten.

7.1 Zwei Beispiele

Zwei einfache *Beispiele* können den Wirkungsmechanismus der Operation am Symbol zeigen. Eines stammt aus der täglichen Sprechstunde. Ein weiteres soll auf die Gefahren fehlerhafter Operation hinweisen und auf theoretische Implikationen abzielen.

Beispiel 1: Ein 20jähriger Student der Chemie suchte mich in der Sprechstunde auf, da ich ihn von einer weiter zurückliegenden Beratung seiner Familie gut kannte. Er hatte eine Prüfung in seinem Institut abzulegen. Das war ihm bei einem Assistenten des Institutes gelungen. Als ihn jedoch pflichtgemäß der Professor prüfte, war der Student affektiv gestört und nicht in der Lage, sein Wissen zu mobilisieren. Ihm war die Chance gegeben worden, die Prüfung am nächsten Tag zu wiederholen. Aus der Kenntnis der Familie bestand für mich kein Zweifel, daß der Patient wesentliche Ängste gegenüber seinem sehr autoritären Vater, der ein hoher Militär war, auf den Professor übertragen hatte. In der Behandlung dieses Problems hätte eine psychoanalytische Bearbeitung der Vater-Sohn-Beziehung einer längerdauernden Therapie bedurft. Im vorliegenden Fall war eine Krisenintervention angezeigt. Aufgrund meiner Vorerfahrungen wandte ich bei dem Patienten ein Regieprinzip des Symboldramas an, das ich als „Nähren und Anreichern" und „Versöhnen" bezeichnet habe. Ich leitete den Patienten in der Imagination an, sich vorzustellen, aus dem Dunkel des Waldes werde der Chemieprofessor hervortreten. Nach längerem Widerstand geschah das auch. Ich legte dem Patienten nun nahe, seine Scheu zu überwinden, den Professor zu begrüßen und ein Gespräch mit ihm zu beginnen. Das wurde wiederum nach längerem Zögern möglich. Schließlich legte ich dem Patienten nahe, den Professor zu einem Picknick auf die Wiese einzuladen, und suggerierte ihm, er habe alle Dinge, die zu einem Picknick benötigt werden, in seinen Taschen: zwei Hähnchen, Brot und eine Flasche guten Rotwein. Etwas widerstrebend folgte der Professor der Aufforderung. Nach einiger Zeit saßen beide kräftig essend und Wein trinkend auf der Wiese. Die Stimmung besserte sich erheblich, und am Ende klopften sich beide gegenseitig freundschaftlich auf die Schultern. Eine Versöhnung hatte stattgefunden. Ich bat den Patienten, sich zu Hause vor dem Einschlafen nochmals vorzustellen, daß er dem Professor große Mengen zu essen gibt, und wies darauf hin, daß eine großzügige spendende Haltung (im Gegensatz zu der retentiven Einstellung vieler Neurotiker) dabei besonders wichtig sei. — Am nächsten Tag berichtete mir der Patient nicht ohne Genugtuung, daß er sein Examen ohne affektive Störungen beim Professor bestanden habe.

Wir verfügen über viele Beispiele dieser Art. Das Vater-Sohn-Problem des Patienten war sicher damit nicht gelöst. Jedoch gelang es zumindest vorübergehend, die als feindselig und übermächtig erlebte introjizierte Vaterimago besser zu assimilieren. Dabei ist dem Aspekt der Versöhnung wohl besondere Bedeutung beizumessen (*Stierlin* 1969).

Beispiel 2: Eine zu frühe und fehlerhafte (weil gewaltsame) Anwendung der Operation am Symbol möchte ich im folgenden Fall zeigen. Eine 32jährige Kriegswitwe mit drei Kindern stand wegen einer schweren Charakterneurose, Fehlangepaßtheit und psychogenen Lähmungen in meiner Behandlung. Sie fand in dem imaginierten Haus über lange Strecken immer wieder ihre Großmutter, die krank in einem Bauernbett lag. Tatsächlich hatte diese Großmutter, die einen großen Bauernhof zu vererben hatte, für die Patientin eine überragende Bedeutung in ihrer Krankheit gehabt. Nachdem in der Therapie die Lösung dieser Abhängigkeit von der dominierenden Imago der Großmutter nicht zu gelingen schien, glaubte ich, gezielter und energischer vorgehen zu sollen. Ich leitete die Patientin an, die Großmutter aus dem Bett zu werfen und aus dem Haus zu vertreiben. Die Großmutter reagierte mit wütendem Schimpfen, entfernte sich aber schließlich in den nahen Wald. Am folgenden Tag rief mich die Patientin an. Sie wirkte erheblich gestört und sagte, sie habe die Nacht nicht geschlafen und sei „wie gespalten". Sie finde keine Ruhe und quäle sich mit Schuldgefühlen wegen der Großmutter. Ich ließ die Patientin in die Klinik kommen und stellte die Szene erneut ein. Die Großmutter kam nun bereits aus dem Wald zurück und wirkte müde und verletzt. Ich empfahl der Patientin, die Großmutter wieder in dem Haus aufzunehmen. Das gelang ohne Mühe. Nach der 30 Minuten dauernden Sitzung stand die Patientin von der Couch auf, fühlte sich wesentlich erleichtert, nicht mehr „gespalten" und war völlig beruhigt.

Aus einer Reihe analoger Beobachtungen stellten wir die Hypothese auf, daß zwischen imaginiertem Inhalt und unbewußten dynamischen Strukturen des Subjektes eine funktionelle Einheit besteht. Ein „operativer" Eingriff am Symbol kann eine unmittelbare Rückwirkung auf die intrapsychische dynamische Konfliktstruktur nach sich ziehen.

7.2 Theoretischer Exkurs

Diese empirischen Fakten finden ihre theoretische Stützung in den Vorstellungen von der Psychodynamik des Symbols, wie sie ontogenetisch (beim Kleinkind) entwicklungspsychologisch (*Bühler* 1931) und in der Psychologie der sogenannten Primitiven (*Werner* 1953) sowie bei regressiven Prozessen, etwa Schizophrener (*Benedetti* 1965), geläufig sind. Immer handelt es sich dabei um den Mechanismus des Primärprozesses (*Freud* 1900): Der symbolische Inhalt ist nicht ein Abbild des innerpsychischen Zustandes, sondern wird ganz verbindlich als dieser selbst erlebt. Das Bild der Großmutter umfaßt unter Aufhebung der Subjekt-Objekt-Schranke infolge der kontrollierten Regression des KB (hypnoider Zustand) die Summe aller Erfahrungen der Patientin mit ihrer Großmutter, die nun zum *Introjekt*, zu einem Teil ihres Selbst geworden ist. Die Entfernung der Großmutter aus dem Haus in der Imagination ist für die Patientin *psychische Realität:* ein Teil ihres eigenen Selbst wird aus ihr eliminiert. Das Bild der Großmutter *ist* mehr als ein Bild, es ist mit voller innerer Verbindlichkeit *ein Stück ihres Selbst.* Deshalb leidet die Patientin unter der geschilderten Operation am Symbol, ist gestört und fühlt sich „gespalten". Die psychoanalytische Hypothese vom Introjekt, das zum Teil des Ich wird, findet ihre empirische Bestätigung *(Leuner* 1960). Dieses Beispiel kann als Modell für die hier skizzierten dynamischen Zusammenhänge stehen und gibt einen wichtigen Hinweis, weshalb die systemgerechten, das heißt sinngerechten Eingriffe des Therapeuten im KB durch Lenkung des Tagtraumes, besonders in Form der Regieprinzipien, unmittelbare therapeutische Wirkungen haben und zur Krisenintervention geeignet sind. Vor fehlerhaften, vor ausschließlich rationalen (sekundärprozeßorientierten) Interventionen muß allerdings gewarnt werden, wie das Beispiel zeigt. In der Ausbildung zum Therapeuten im KB muß der Kandidat ein dem Primärprozeß adäquates Therapeutenverhalten lernen.

Als Alternative zwischen der stark strukturierten Führung des übenden Vorgehens einerseits und der völlig unstrukturierten der assoziativen Methode andererseits stehen nun die genannten modellhaft dargestellten Regieprinzipien des Symboldramas. Sie bieten vor allem eine aktive Handlungsanweisung im Umgang mit freigesetzten Symbolgestalten. Wir gehen von der Beobachtung aus, daß sich im KB ein progressives, die Therapie stützendes Prinzip und ein dagegen gerichtetes neurotisches Prinzip darstellen *(Leuner* 1955b) und beide symboldramatisch miteinander in Widerstreit treten können. Die Regieprinzipien wurden entwickelt, um das therapeutische Prinzip in Situationen derartiger Auseinandersetzungen zu unterstützen bzw. das neurotische Prinzip zu mindern *(Leuner* 1957). Das letztere geschieht durch Assimilation neurotisch abgespaltener Imagines, wie im Beispiel der Examensangst des Chemiestudenten beschrieben, oder durch Freisetzung angesammelter Haßgefühle mit der Tendenz, aggressive Impulse auszuleben. Ferner können im KB auftretende positive Imagines oder Leitfiguren vorübergehend eine Führungsfunktion im Tagtraum erhalten („Schrittmacher") *(Leuner* 1969).

7.3 *Regieprinzipien*

Folgende Regieprinzipien haben sich besonders bewährt, so daß sie in den Rahmen der Standardanweisungen des KB aufgenommen wurden:

7.3.1 Grundstufe

a) Prinzip des Versöhnens (Haronian 1967; Leuner 1957, 1975): Bei fremden oder leicht feindseligen Symbolgestalten wird versucht, durch Annäherung mit Gesten, Berührungen und Zeigen von Zärtlichkeit bzw. wohlwollendes Annehmen zu versöhnen. Ein Beispiel der Versöhnung war der letzte Akt des Umganges des Chemiestudenten mit seinem Professor, als er ihn nach dem Picknick berührte, auf die Schulter klopfte und sich beide freundlich anlachten.

b) Prinzip des Nährens und Anreicherns (Leuner 1957): Dieses Prinzip geht davon aus, daß bei feindseligen Symbolgestalten in der Regel eine orale Zuwendung in Form der Darbietung von Nahrung, und zwar im übermäßigen Maße, zur Beruhigung der Gestalt und nachfolgender Assimilation bzw. Versöhnung führt. Aber nicht nur Symbolgestalten, Tiere oder Menschen, sondern auch symbolische Darstellungen, wie etwa ein Loch in der Erde bzw. ganz abstrakte Muster können dadurch „angereichert" werden, daß analoges, sinngemäß „dazugehöriges" Symbolmaterial (bei dem Loch, als weibliches Symbol, z. B. eine große Kugel, die in das Loch geworfen wird) hinzugefügt wird. Dann läßt sich mit großer Wahrscheinlichkeit voraussagen, daß ein Wandlungsphänomen in therapeutisch positiver Richtung ausgelöst wird. Es kann zu einer Transformation des Symbols führen, z. B. Gestalten verlieren ihre Feindseligkeit, weil sie gesättigt, damit müde und bequem sind und einschlafen.

7.3.2 Mittelstufe

c) Prinzip des Schrittmachers (Leuner 1969): Die positiven Gestalten im Symboldrama, wie freundliche Tiere, eine mütterliche Gestalt, ein freundlicher, helfender Riese oder auch eine Vorstellung wie der magische Teppich aus den Märchen von Tausend-und-einer-Nacht, dienen dem Patienten vorübergehend als Führungsgestalten. Er wird angeleitet, sich ihnen anzuvertrauen. Häufig führen sie ihn an wichtige symbolische Inhalte, die Aufschluß über den Konflikt oder neues Material zu seiner Lösung bringen.

d) Prinzip der Konfrontation (Leuner 1955c, 1975): Konfrontation ist eine überaus aktive und direktive Methode im Umgang mit feindseligen Symbolgestalten. Sie führt zur schnellen Abreaktion von Angst und anderen Affekten. Dementsprechend kann sie auch zu schnellen Wandlungen von Symbolgestalten in einer therapeutisch positiven Richtung führen. Die Technik beruht darin, daß der Therapeut den Patienten angesichts einer feindseligen Gestalt anhält, diese genau zu beobachten, den Ausdruck der Augen zu beschreiben, ihrem feindseligen Blick standzuhalten und die Gestalt mit dem eigenen Blick zu „bannen". Mit Unterstützung des derart suggestiv einwirkenden Therapeuten wird dabei Angst des Patienten freigesetzt, und die Gestalt verändert ihr Äußeres. Gelegentlich genügen einige wenige Sitzungen mit dieser Konfrontationstechnik, um Phobien bei Kindern und Jugendlichen, gelegentlich auch bei Erwachsenen, im Sinne einer Fokaltherapie mit Erfolg zu behandeln (*Leuner* et al. 1977). Beziehungen zur Verhaltenstherapie werden deutlich. Unsere theoretischen Grundannahmen sind jedoch anderer Art.

7.3.3 Oberstufe

e) Erschöpfen und Mindern (*Leuner* 1957, 1975): Erfahrung und Kenntnis im Umgang mit dem Regieprinzip knüpfen an der häufig spontanen Tendenz der Patienten an, eine von ihnen als feindselig erkannte Symbolgestalt zu attackieren. Dynamisch liegt in der Regel ein anal-sadistischer oder reaktiver Haßimpuls vor. — Die zum Ausdruck kommenden Aggressionen richten sich nicht selten gegen Teile der eigenen Person selbst. Deshalb hat sich eine vorsichtige Technik der Regieführung bewährt, die sich ohne die Gefahr einer Traumatisierung therapeutisch fruchtbar anwenden läßt. Statt der vom Patienten nicht selten bevorzugten direkten Attacke gegen eine Symbolgestalt wird er angeleitet, die Gestalt gewissermaßen stückweise zu schädigen. Der Patient wird angeleitet, die Gestalt — ein feindseliges Tier, eine Hexe, der Tod in Form eines Gerippes usf. — durch die Landschaft zu „jagen", um sie damit allmählich zu erschöpfen, bis sie schließlich in der Regel kraftlos niederfällt und verendet. Damit verbindet sich früher oder später ein Wandlungsphänomen und leitet häufig eine schnelle Verhaltensänderung ein. Darin dokumentiert sich die starke Wirkung dieses Regieprinzips.

f) Prinzip der magischen Flüssigkeiten (*Leuner* 1957, 1975): Aufgrund unserer Hypothese gibt es keinen Inhalt der Imaginationen im KB, der nicht zugleich einen hohen symbolischen Bedeutungsgehalt für den Patienten besitzt. Das trifft natürlich auch für Flüssigkeiten zu, die gelegentlich spontan in der Landschaft oder im Umgang mit Symbolgestalten auftreten können. Bereits das Wasser im Bach, in einem See, im Meer, wo wir dem Patienten empfehlen können zu baden, oder das frische Wasser einer Quelle, das er trinken kann, sind Aktionen, an denen sich therapeutische Wirkungen manifestieren können. Der Umgang mit Wasser wird als erfrischend oder belebend erlebt. Körpersymptome können verschwinden, wenn die betroffenen Körperregionen mit Wasser massiert worden sind. Handlungsphänomene können eintreten. Sie lassen sich ohne das Konzept von der funktionalen Einheit zwischen imaginativen Inhalten und dynamischer Struktur des Patienten nicht verstehen.

Beispiel: Eine Patientin mit einem dauernden nervösen Erregungszustand verlangte, täglich 20 Minuten im KB im Meer zu schwimmen, was ihr große Freude bereitete und sie beruhigte. Nach sechs Tagen war ihr Zustand wesentlich gebessert. Sie konnte das Krankenhaus verlassen, und die in Aussicht genommene Operation der Schilddrüse wurde abgesagt. — Noch eigentümlichere Wirkungen entfalten die Applikationen von Körperflüssigkeiten wie Milch einer Kuh, Muttermilch, Speichel oder gar Urin. Ihre Anwendung kann sogar hochbrisante Wirkungen hervorrufen, so daß nur der geschulte und sehr erfahrene Therapeut damit umzugehen versteht. Den Umgang mit Wasser empfehlen wir hingegen bereits auf der Grund- und Mittelstufe.

Um es noch einmal zu wiederholen: die angeführten Regieprinzipien des Symboldramas sind den jeweiligen Stufen der Ausbildung des Therapeuten zugeordnet. Sie sollen nur mit größter Vorsicht und nur dort, wo eine echte Indikation besteht, unter Supervision angewandt werden. Theoretisch beruhen sie auf dem oben erwähnten Konzept der Operation am Symbol und der funktionellen Einheit von Symbol und dynamischer innerseelischer Struktur.

8. Ergebnisse

Die Einführung eines neuen psychotherapeutischen Verfahrens rechtfertigt sich letztlich nur dann, wenn therapeutische Ergebnisse erzielt werden können, die andere Verfahren in der einen oder anderen Weise übertreffen, sei es auch etwa nur, daß die angewandte Technik durch ihre Einfachheit und leichtere Lehrbarkeit gegenüber anderen hervorsticht. Dabei wissen wir selbstverständlich um die Problematik des Vergleiches der Effizienz psychotherapeutischer Verfahren.

8.1 Literatur

In der Literatur werden eine Reihe von Vorzügen des Verfahrens aufgezeigt, die hier zunächst kurz wiederzugeben sind:
a) KB leistet auf dem Niveau der Grundstufe bereits beträchtliche therapeutische Arbeit. Die Grundstufe kann von Therapeuten, die in allgemeiner Psychotherapie vorgebildet sind, in einem übersehbaren

Zeitraum (etwa 200 Stunden) durch regelmäßige Teilnahme an Seminaren und Kursen sowie durch supervidierte Fälle erlernt werden.

b) Die Behandlungszeiten mit dem KB sind, verglichen mit anderen Verfahren, überraschend kurz. *Kurzpsychotherapien* von 15 bis 30 Sitzungen haben zu kontrollierten statistischen Resultaten geführt (*Wächter, Pudel* 1977; *Kulessa, Jung* 1977).[*] Nachbeobachtungen bis zu acht Jahren haben gezeigt, daß sich die Quote der Rückfälle in Schranken hält.

c) Nicht einzelne Symptome werden der Behandlung unterzogen, sondern durch die Arbeit an dem jeweils andrängenden vor- und unbewußten Material nimmt die Therapie *Einfluß auf einen breiten psychodynamischen Hintergrund* der gestörten Person und zielt nicht selten auf den Kernkonflikt ab. Daraus erklärt sich uns, daß vielfältige, gleichzeitig bestehende Symptome auch bei einer Kurztherapie mit dem KB wesentlich gebessert werden können. Das veranschaulicht die unten im einzelnen wiedergegebene Studie von *Roth* (1976). Frauen mit psychosomatischen Unterleibsbeschwerden haben nach einer Kurzbehandlung nicht nur diese Symptome, sondern gleichzeitig bestehende Frigidität und Dyspareunie verloren, ohne daß eine Partnerschaftstherapie notwendig war, wie sie in diesen Fällen heute empfohlen wird.

d) KB eignet sich ferner zur *Krisenintervention* mit Hilfe gezielter fokussierender Techniken.

e) Das Verfahren kann auch, mit besonders guten Erfolgen, unter technischer Modifikation zur Behandlung von *Kindern und Jugendlichen sowie von Rauschmittelabhängigen* benutzt werden (*Leuner* et al. 1977).

8.2 Statistische Untersuchungen

Zur Kontrolle der Effizienz bei der Behandlung klinischer Fälle sollen drei z.T. kontrollierte *statistische Untersuchungen* in abgekürzter Form wiedergegeben werden. In allen drei Fällen handelt es sich um Patienten, die an die Poliklinik einer Psychiatrischen Universitätsklinik überwiesen und ohne Auslese in das jeweilige Behandlungsprogramm übernommen wurden. Dementsprechend kann man davon ausgehen, daß die Fälle eine negative Auslese, verglichen mit der durchschnittlichen Krankenklientel, darstellen. Psychiatrische Universitätskliniken repräsentieren in der Regel die „letzte Instanz", nachdem

---

[*] Curriculum zum KB-Therapeuten, AfKB, Göttingen 1967 (durch Sekretariat D-34 Göttingen, v.-Siebold-Straße 5)

andere therapeutische Versuche durch praktische Ärzte, praktizierende Psychiater und Psychotherapeuten ohne Ergebnis geblieben waren.

8.2.1 Programm 1

36 Frauen im Alter von 16 bis 35 Jahren, die unter psychosomatisch-gynäkologischen Symptomen litten, wurden an der Psychiatrischen Poliklinik der Universität Bern von *Roth* behandelt (*Roth* 1976). Die Therapie war so ausgelegt, daß jede Patientin so lange behandelt wurde, bis der erwartete Erfolg eintrat. Die Therapien nahmen 6 bis 50 Sitzungen in Anspruch. Die Tabelle 1 gibt den Katalog der Symptome und die durch die Behandlung erreichte Besserung wieder. Vier Patientinnen brachen die Behandlung zum Teil aus Übertragungsproblemen, zum Teil aus mangelnder Motivation vorzeitig ab. Die Nachuntersuchung erfolgte durchschnittlich nach 10 Monaten. *Roth* hebt hervor, daß im Gegensatz zur Partnerschaftstherapie von *Masters* und *Johnson* (1970) und auch dort, wo nach *Abralsam* (1972/73) die Tendenz zur Therapie beider Partner besteht, diese Notwendigkeit in der Behandlung von Sexualstörungen der Frau durch das KB nicht mehr erforderlich ist. Ein weiterer Vorteil wird darin gesehen, daß Blutungs- und andere funktionelle Störungen gleichzeitig mit Erfolg auf KB ansprachen. Eine vorherige Auslese der Patienten nach ihrer Symptomatik oder eine Selektion nach der Schwere der Symptome war nicht nötig, da das Verfahren keine symptomzentrierte Therapie darstellt. Die Korrektur der partnerschaftlichen Beziehungsstörungen erfolgt offenbar spontan durch die mit der Behandlung verbundenen Verhaltensänderung der Frauen.

8.2.2 Programm 2

Wächter und *Pudel* (1977) legen eine kontrollierte Studie mit 14 mit dem KB behandelten, unausgelesenen neurotischen Patienten vor, die in die Psychiatrische Poliklinik der Universitätsklinik Göttingen eingewiesen wurden. Dieser Gruppe wurde eine Kontrollgruppe (K-Gruppe) von 15 Patienten gegenübergestellt, die auf der Warteliste standen. Die Behandlungsdauer und die Wartezeit waren annähernd gleich. Das gleiche gilt für die Zusammensetzung der Patienten nach Alter, Dauer der Symptomatik und Diagnosen (Tab. 2, 3 und 4). Das Ergebnis der Veränderung des Zustandes vor und nach der Behandlung mit KB in Vergleich zur K-Gruppe geben Tabelle 4 und Abbildung 1 wieder. Danach ergibt sich eine signifikante Besserung der Werte bei den Skalen für psychosomatische Beschwerden und psychopathologische Symptome gegenüber der Kontrollgruppe, die nur zufällige Veränderungen aufweist.

Die klinische Beurteilung eines Rating-Teams geht aus Abbildung 2 hervor. Danach wurden von den behandelten 14 Patienten neun der KB-Gruppe um ein bis zwei Stufen gebessert, zwei blieben unverändert und drei verschlechterten sich (Signifikanz im t-Test < 0,01). Psychologische Tests, die den Einfluß auf Neurotizismus, Extra-Introversion und Rigidität messen (N-NR-E nach *Brengelmann* 1960) sowie manifeste Angst (*Taylor* 1953), zeigen, daß beim Vergleich der Werte der KB-Gruppe mit denen der K-Gruppe (Abb. 3) eine signifikante Besserung der Ängstlichkeit und eine fast signifikante des Neurotizismus durch KB zu verzeichnen ist. Die übrigen Werte, die nach *Eysenck* als persönlichkeitsstabil gelten, blieben unbeeinflußt.

8.2.3 Programm 3

Eine neuere Studie (*Kulessa, Jung* 1977) liefert Ergebnisse einer Therapie mit dem KB von 20 Sitzungen an 26 ebenfalls unausgelesenen ambulanten Patienten mit Psycho- und Charakterneurosen sowie psychovegetativen Störungen (Tab. 5, 6, 7, Abb. 4).

8.3 *Falldarstellungen*

Dieses statistische Material soll zur klinischen Veranschaulichung der Leistungen des KB durch 5 kurz dargestellte Krankengeschichten ergänzt werden.

Fall 1 (Dr. A. B., 1976): Der 32 Jahre alte Arzt litt seit acht Jahren an einer Arbeitsstörung, die sich schließlich dramatisch zuspitzte. Von seiner letzten Assistentenstelle hatte er eine Fülle schriftlicher Arbeiten, wie Krankenblätter und Akten, nicht erledigt, „Arbeiten, die wie ein schwerer Felsbrocken auf mir lasteten". Schließlich entwickelte sich ein depressiver Zustand völliger Hilflosigkeit, in dem er weinte und gegenüber den immer drängenderen und zahlreichen schärfer abgefaßten Mahnschreiben der Leitung der Klinik „kapitulierte". In diesem Zustand rief der Arzt eine ihm gut bekannte psychotherapeutisch tätige Psychologin an und stellte ihr sein Problem dar. — In einer etwa 50 Minuten dauernden, telefonisch geleiteten Sitzung mit KB aus 200 km Entfernung entwickelte sich die folgende Krisenintervention. Nach einigen Entspannungssuggestionen stellte die Therapeutin in der Imagination eine ihm bekannte Ferienlandschaft im Sommer in Südfrankreich vor. Dort befand sich ein felsiger Berg, den der Arzt besteigen sollte. Schließlich gelangte er mühsam zum Gipfel und wollte auch noch auf den darauf stehenden alten Turm klettern. Die Tür war verschlossen, und er mußte unter Aufbietung aller Kräfte die steile Wand des Turmes außen hinaufklettern. Dort fand er den Schlüssel für die Tür und konnte seine Begleiterin nun auch hineinlassen. Die Sitzung endete damit, daß beide sehr erleichtert und entspannt oben auf dem Turm saßen, das „überwältigende Panorama" auf sich wirken ließen und einen Sonnenuntergang betrachteten. — Daraufhin war der schwere depressive Zustand schlagartig wesentlich gebessert. In den nächsten Wochen konnte der Arzt durch einige Entscheidungen seine Arbeiten konstruktiv beenden und hatte in zwei bis drei Monaten in einem „Kraftakt" den „riesigen Aktenberg" abgetragen. (Er ließ sich daraufhin zum Therapeuten im KB ausbilden.)

Der offenbar schwer depressive „Patient" verdankte diesen Erfolg einer Krisenintervention von 50 Minuten mit dem KB am Telefon, in der das Motiv der Bergbesteigung vollzogen wurde. Das folgerichtig eingestellte Motiv fokussiert symbolisch das Problem des jungen Mannes. Durch die Bewältigung der in der einstündigen Sitzung gestellten Aufgabe stellt sich mit kurzer Latenz eine Verhaltensmodifikation ein, durch die der Patient schließlich sein Problem selbst lösen kann. (Beachtenswert ist der Umstand, daß in der Imagination die Übertragungssituation signalisiert wird: die Therapeutin ist beim Erreichen des gesteckten Zieles in der Imagination gegenwärtig.)

Fall 2 (Dahlgren 1973): Kurzpsychotherapie einer chronischen Depression durch 10 Sitzungen mit dem KB. — Die 35 Jahre alte, verheiratete Patientin litt seit 1965 unter rezidivierenden depressiven Verstimmungen. Bis zum Beginn der Therapie mit dem KB am 5. 4. 1971 hatte sie zwei Suizidversuche durchgeführt, war fünfmal psychiatrisch als In-Patient therapiert worden und wurde auch regelmäßig ambulant psychopharmakologisch behandelt. Das erste Interview, das zur Vorbereitung der Behandlung mit dem KB vorgenommen wurde, deckte eine seit 10 Jahren bestehende Frigidität auf. Die eheliche Beziehung zu dem an multipler Sklerose leidenden und an den Rollstuhl gefesselten Mann (keine Impotentia coeundi) war wegen einer Abneigung der Patientin gegen den Mann nicht möglich. Es hatte den Anschein, daß die von jeher mangelhaften Beziehungen der Partner ein wesentliches Moment für die depressive Verstimmung der auch sonst kontaktgehemmten Patientin waren.

In der Krankengeschichte finden wir nach der 5. Sitzung folgenden Eintrag: „Die Patientin kommt freudestrahlend, aber etwas geniert zur Behandlung. Sie erzählt, daß sie, als sie zuletzt nach Hause kam, ihren Mann mit Küssen und Streicheln überfallen habe, so daß dieser überlege, ob sie „verzaubert" sei. Der Ehemann möchte gern den Therapeuten seiner Frau treffen, um seinen Dank auszusprechen. Daß es zu keinem Intimverkehr zwischen beiden Eheleuten gekommen ist, beruhe darauf, daß die Patientin ihren Mann schonen wollte, da er kürzlich eine Operation durchgemacht hatte."

Nach der 10. und letzten Behandlung schreibt die Patientin in einem Brief an den Therapeuten: „Dies war für mich eine phantastische Behandlungsform. Nachdem ich selbst glaubte, eine eiskalte Frau zu sein, bin ich nun ein lebender und warmer Mensch. Es hat mein und meines Mannes Eheleben auf eine unglaubliche Art und Weise verändert. Ich muß bekennen, daß ich am Anfang skeptisch war, aber im Vorwärtsschreiten der Behandlung merkte ich eine Veränderung. Es spornte mich an, daß auch mein Mann diese Veränderung bemerkte. Ich hoffe, daß vielen Patienten auf diese Weise geholfen wird."
— Die Nachuntersuchung über 3 ½ Jahre gab keine Hinweise für einen Rückfall in die depressive Verstimmung. Die Patientin fühlte sich gleichmäßig wohl und ausgeglichen und konnte auch andere Krisen meistern, wie z. B. die eintretende Impotenz des erkrankten Ehemannes.

Fall 3 (Wächter, Pudel 1977): Ein 22jähriger Student der Pädagogik leidet an depressiven Verstimmungen, Müdigkeit, Schlafstörungen und dem Leitsymptom einer diffusen Angst und inneren Unruhe, die täglich schubweise auftreten, sowie an labilem Selbstwertgefühl, Konzentrationsmangel, Angst vor Leistungsdruck mit Arbeitsstörungen im

Studium. Diese Symptome bestehen seit Beginn eines Studiums der Germanistik vor vier Jahren, das er schnell wieder aufgab, weil er an „Weinkrämpfen" litt. Zwei weitere Studienversuche in einer anderen Hochschule scheiterten ebenfalls. Die Diagnose lautete „Angstneurose mit hypochondrischen Zügen". Eine Gesprächstherapie (*Rogers*) ermöglichte ihm mühsam, in einer Bibliothek tätig zu sein, um etwas Geld zu verdienen. Die Behandlung in einer Psychiatrischen Universitätsklinik war ohne Erfolg geblieben. Die Behandlung mit dem KB erfolgte im Rahmen eines kontrollierten Therapieprogramms von 15 Sitzungen; Therapeut war *Dr. H. M. Wächter* (Psychiatrische Klinik der Universität Göttingen).

Nach Abschluß der Behandlung war der Patient deutlich selbstsicherer und aktiver geworden. Die Ängste waren völlig verschwunden. Seine Konzentrationsfähigkeit hatte sich gebessert. Er nahm das Studium wieder auf, und es gelang ihm, zum ersten Mal ein Erfolgserlebnis zu haben. Sechs Monate nach Abschluß der Behandlung schrieb er dem Therapeuten: „Das Semester geht bald zu Ende, und ich kann sagen, daß ich zum ersten Mal in meiner langen, glorreichen Studienzeit alle Ziele, die ich mir gesetzt hatte, erreicht habe. Allen Hürden, die einen möglichen Mißerfolg einschlossen, habe ich sachlich und fast schon unneurotisch ins Auge gesehen ..." Er berichtete, daß er seine künstlerische Tätigkeit wieder aufgenommen habe und die erste Ausstellung seiner Bilder und Plakate vorbereite.

Fall 4 (Wächter, Pudel 1977): Ein 36jähriger Kaufmann leidet an einer angstneurotischen Entwicklung mit Herzsymptomatik und depressiver Verstimmung. Das Symptom besteht seit 23 Jahren. Der Patient wurde von der Neurologischen Abteilung der Universitätsklinik Kiel überwiesen, wo er zum Ausschluß eines Hirntumors wegen heftiger einseitiger Kopfschmerzen eingehend untersucht worden war. Seit drei Monaten konnte er in seinem Geschäft nicht mehr arbeiten, nicht mehr Auto fahren und wich Kontakten zu anderen Menschen wegen seiner Angstanfälle aus. Seit Jahren nahm er regelmäßig Tranquilizer und Schlafmittel in mittlerer bis hoher Dosierung ein. Wegen vielfältiger körperlicher Beschwerden war er seit Jahren wiederholt ambulant und stationär eingehend durchuntersucht worden, ohne daß jemals ein pathologischer Befund vorlag. — Die häusliche Situation war unharmonisch. Schon immer war der Patient ein ängstliches Kind und hatte bereits in der Kindheit neurotische Symptome, wie Bettnässen, Daumenlutschen, die zum Teil bis zum Erwachsenenalter anhielten. Er fühlte sich vom Vater zurückgesetzt, weil dieser den älteren Bruder vorzog. Mit sieben Jahren kam der Vater bei einem Bombenangriff um. Der Patient selbst war an Kopf und Bein verletzt und erst nach mehreren Operationen wieder gehfähig. Später kränkelte er häufig und schob Schwierigkeiten in der Schule auf seinen „Kriegsschaden". Er wurde überprotektiv erzogen, und die Mutter gestattete ihm keine Beziehungen zum anderen Geschlecht. Das Hauptsymptom der Angstanfälle mit „Herzstillstandsangst" trat erstmalig auf, als der Patient mit einem ihm als bedrohlich erlebten Chefin konfrontiert wurde.

Die Psychotherapie wurde durch eine sechswöchige stationäre Behandlung eingeleitet, dann ambulant mit einer Sitzung wöchentlich fortgesetzt. Bereits nach Abschluß der stationären Behandlung (ca. 25 Sitzungen) traten die massiven Angstanfälle nicht mehr auf. Die restlichen Ängste konnte der Patient beherrschen. Er setzte sich mit der überprotektiven Mutter auseinander, behauptete sich zunehmend sozial, wurde geschäftlich wieder voll leistungsfähig und konnte nach Abschluß der Behandlung nach acht Monaten erstmals seinen Urlaub ohne die Mutter und frei von Angstanfällen verleben. Die Nachbeobachtung von einem Jahr zeigte einen relativ stabilen Zustand seit Abschluß der Behandlung.

Dieses Beispiel zeigt die Möglichkeiten des KB, selbst eine extrem chronische Neurose, deren therapeutische Prognose als besonders schlecht gelten muß, in einer noch relativ kurzen Behandlungsperiode symptomatisch und durch Verhaltensmodifikationen erfolgreich zu behandeln.

Fall 5 (Wächter, Pudel 1977): Abschließend folgt das Beispiel eines Mißerfolges in der Kurztherapie mit KB aufgrund mangelnder Motivation des Patienten und mangelnder Wandlungsfähigkeit der Person. Der 23 Jahre alte Diplom-Volkswirt leidet unter Kontaktschwierigkeiten, Schüchternheit und Gehemmtheit, vor allem Frauen gegenüber, nervöser Unruhe in der Gesellschaft von Menschen sowie unter depressiven Verstimmungen. Die Symptome begannen vor fünf Jahren, als er sich in der Wahl des Studienfaches von den Eltern bestimmen ließ und unzufrieden wegen seiner mangelnden Entschlußfähigkeit und Abhängigkeit von zu Hause zu trinken begann. Aus der Krankengeschichte ist bemerkenswert, daß er kinderneurotische Symptome bis zum 8. Lebensjahr hatte und Behandlungsversuche einer Studentenberatungsstelle und bei einem Nervenarzt ohne Erfolg geblieben waren. — In seinem Verhalten während der Behandlung mit KB zeigte sich eine starke Tendenz, abzudecken und zu intellektualisieren. Der Patient entwickelte bald eine ambivalente, eher negative Einstellung zur Behandlung, der er passiv gegenüberstand. Er war nicht in der Lage, seine Übertragungsgefühle auszudrücken.

Das Behandlungsergebnis blieb unbefriedigend. Subjektiv empfand der Patient die Behandlung zwar als angenehm und beruhigend, gab aber an, daß sie zur Lösung seiner Probleme nicht voll beitragen könne. Er äußerte lediglich: „Von den letzten sechs Jahren meiner Frustration sind etwa eineinhalb Jahre wieder gutgemacht", worin sich seine passive Fehlerwartung deutlich ausdrückt. Die Beschwerden blieben unbeeinflußt, jedoch hatte der Patient wenigstens eingesehen, daß er zur Lösung seiner Probleme mehr Eigeninitiative aufbringen müsse. Er wirkte jetzt etwas ruhiger und hatte sich beruflich dazu durchgerungen, die Stelle eines Bankkaufmannes anzutreten (was unter seinem Niveau lag).

Aus Gründen des zur Verfügung stehenden Raumes ist es leider nicht möglich, längere Erlebnispassagen der einzelnen Patienten aus dem KB wiederzugeben und in Beziehung zur Fallgeschichte zu setzen. Ausführliche kasuistische Berichte dieser Art sind an anderer Stelle veröffentlicht worden (*Adelsson* et al. 1976; *Henle* 1977; *Holfeld, Leuner* 1967; *Koch* 1962, 1969; *Rechenberger* 1963).

8.4 Didaktische Möglichkeiten

Den Ergebnissen des KB zuzurechnen sind schließlich auch systematische Untersuchungen über seine didaktischen Möglichkeiten in der Ausbildung von Psychiatern und Psychotherapeuten jeglicher Herkunft. Die didaktische Anwendung in der Ausbildung von Psychiatern hat *Kosbab* (1972, 1974) erprobt und publiziert. Weitere, vieldimensionale Möglichkeiten der didaktischen Selbsterfahrungen konnten in den Seminaren der ISGAI* und ihrer Sektionen gesammelt werden (*Leuner*

---

*) International Society for Guided Affective Imagery and Imagery techniques in Psychotherapy and Psychology, Sekretariat: Friedländer Weg 30, 3400 Göttingen.

1977). Über die Ausbildung zum Therapeuten im KB hinaus wurden die Sensibilität für die Dynamik unbewußter Prozesse, die Verbindlichkeit des psychoanalytischen Symbolismus und die Übertragungs-Gegenübertragungs-Relationen einschließlich deren nicht-verbaler Anteile geschärft.

9. Einige theoretische Betrachtungen zum KB

An verschiedenen Stellen des Textes wurde bereits auf unsere Hypothesen hingewiesen, die wir den dargestellten dynamischen Phänomenen der Imaginationen zugrunde gelegt haben, soweit keine anderen Hypothesen zur Verfügung standen. Im folgenden sollen noch einige psychoanalytischen Gesichtspunkte erörtert werden, die im Zusammenhang mit dem KB am meisten interessieren.

9.1 Das generelle psychodynamische Konzept

Das psychodynamische Konzept des KB ist breit. Dem Verfahren kann jedes Theorem der personalen Psychodynamik zugrunde gelegt werden. Es soll unbewußte Motivationen, die Bedeutung des Symbolismus, der Abwehrmechanismen und die Rolle von Übertragung und Gegenübertragung sowie die therapeutische Bedeutung der Freisetzung affektiver Impulse akzeptieren. Der Autor ist der Auffassung, daß die auf *Freud* aufbauende und weiterentwickelte Psychoanalyse einschließlich der jüngsten Lehre von den „Primitive Internalized Objectrelations" (*Volkan* 1976) das am besten geeignete dynamische Konzept für das KB bietet. Aber auch die Lehre von C. G. *Jung*, dem der Autor viele Anregungen verdankt, kann der Methode zugrunde gelegt werden. Die sogenannten archetypischen Symbole lassen sich jedoch aufgrund experimenteller Untersuchungen mit der Technik der Symbolkonfrontation (*Leuner* 1955c) auf primitive Objektbeziehungen zurückführen. Die von Vertretern der *Jung*schen Schule geäußerte Befürchtung einer „Manipulation von Archetypen" in der Tagtraumtechnik können unter theoretischem und praktischem Aspekt als irrelevant betrachtet werden (*Leuner* 1955c).

9.2 Was ist therapeutisch wirksam beim KB?

Die Beantwortung der Frage nach den wirksamen Faktoren stößt bei jeder psychotherapeutischen Methode auf große Schwierigkeiten. Man ist auf klinische Beobachtungen und klinisches Urteil sowie auf Parallelschlüsse angewiesen. Der einfache Satz, daß das KB deshalb wirksam sei, weil un- und vorbewußte Psychodynamik bewußt gemacht wurde (*Freud*s These: „Aus ES muß ICH werden"), würde nicht befriedigen und ist z. T. einfach deshalb falsch, weil ein großer Teil der metaphorischen Inhalte der Imagination im kognitiven Sinne nur partiell oder gar nicht bewußt werden. Die folgende Übersicht soll ohne Kommentar unser bisheriges Konzept von den wirksamen Faktoren des KB skizzieren.

1. Der Tagtraum wird unter dem *Angstschutz des Therapeuten* und im Dialog mit ihm vollzogen, wodurch ein wesentlicher Teil rational-intellektueller und charakterlicher Abwehrmechanismen unterwandert werden.
2. Schrittweises, vom Ich des Patienten *selbst dosiertes Aufdecken* unbewußter Problematik mit Hilfe der verfeinerten Introspektion durch den hypnoid veränderten Bewußtseinszustand.
3. *Rückwirkung* der zum wahrnehmbaren Objekt gemachten Konflikte (Imagination) *auf die Abwehrstrukturen* infolge der leichten Verschieblichkeit der libidinösen Besetzung mit der Freisetzung von Gefühlen und Affekten („Mikrokatharsis").
4. Probehandeln auf der Phantasieebene (im Gegensatz zu *Freud* [1915], der Denken als Probehandeln bezeichnete).
5. Damit verbunden der Anstoß kreativer Fähigkeiten mit antizipierender Lösung von Problemen auf metaphorischer Ebene von besonderer Wirksamkeit.
6. Phantasiegetragenes Acting out von Abwehren und Triebwünschen sowie „*Nachholen*" verkümmerter oraler, libidinöser und expansiv-aggressiver Grundbedürfnisse, evtl. auf regressiv-archaischem Niveau.
7. Wiedererweckung infantiler traumatischer Szenen (Altersregression), deren Abreaktion evtl. mit Rückkehr auf den Grundkonflikt und anschließendem Versuch zur korrigierenden emotionalen Erfahrung (Neubeginn im Sinne von *Balint* 1970).
8. Zielgerichtete Förderung des Durcharbeitens durch Konfrontation mit Inhalten des Wiederholungszwanges.
9. Gezielte strukturierende und wandelnde Eingriffe zur direkten Konfliktbearbeitung als Krisenintervention.

9.3 Übertragungsbeziehungen im KB

Sie sind bei genauerer Überprüfung mehrschichtig. Auf der *einen Seite* ist die Übertragung charakterisiert durch die kontrollierte Regression des Patienten während des hypnagogen Tagtraumes. In Anlehnung an *R. Spitz* (1956/57) kann von einer anaclitischen Übertragung (Hingabetypus nach *Freud*) gesprochen werden: Hingabe an den Therapeuten, der den Tagtraum hervorruft, für ihn verantwortlich ist und ihn lenkt, und an die Welt der aufsteigenden Imaginationen. Auf der *anderen Seite* befindet sich der „Säuglingspatient" (*Spitz* 1956) im KB jedoch in einer relativ selbständigen Position in der „anderen Welt" seiner Imaginationen. Er muß sich mit ihren Inhalten auseinandersetzen, Gefahren begegnen und gestellte Aufgaben lösen. Er kann sogar angehalten werden, sich mit anstehenden Problemen selbständig auseinanderzusetzen. Insofern unterscheidet sich nach unserem Konzept die Rolle des Patienten im KB wesentlich von der in der Psychoanalyse (z. B. nach *Spitz*). Je nach Therapeutenverhalten wird das protektive Element des Therapeuten oder das selbstverantwortliche des Patienten verstärkt.

Diese kooperative Situation wird bewußt durch das Setting der Tagtraumsitzung bestärkt. Der Therapeut befindet sich nämlich statt hinter dem Kopfende der Couch in Höhe des Kopfes des Patienten und sitzt neben ihm. Jeder kann den anderen, wenn gewünscht, ansehen. Damit soll bewußt emotional eine Peer-Situation intendiert werden: Der Therapeut ist zugleich Begleiter des Patienten auf seinen Exkursionen in der fremden Innenwelt der emotional geladenen Imaginationen. Dieses Konzept kann am besten durch folgendes Modell veranschaulicht werden: Wie bei Tauchunternehmungen nach der alten Technik steigt der Patient von der Oberfläche des Wassers, d. h. von einem Schiff, in die Tiefe. Alle Beziehungen zur Außenwelt werden vom Leiter der Expedition von Bord des Schiffes geregelt: Versorgung mit Sauerstoff durch einen Schlauch, mit Werkzeugen zur Erfüllung der Aufgaben in der Tiefe, mit Anleitung und Erteilung von Ratschlägen durch Telefon. Seine Aktivitäten und Auseinandersetzungen auf dem Grund des Meeres, die überraschenden Gefahren und Schwierigkeiten, etwa mit Meerungeheuern, muß der Taucher allein austragen, kann sich aber von dem Expeditionsleiter an Bord des Schiffes beraten lassen.

Dieses Modell (*Leuner* 1970) deckt einen Teil der Eigenart der Übertragungsrelationen im Hinblick auf die Polarität zwischen Eigenaktivität und -verantwortlichkeit des Patienten sowie seiner Abhängigkeit vom Therapeuten. Ein eigentümliches Arbeitsbündnis der gemeinsamen Erforschung der psychologischen Tiefen liegt vor, wobei der Patient „Forscher" am Objekt seines Selbst ist, zugleich aber auch Leidender sein kann. Alle seine Realitäts- und Außenbeziehungen, d. h. die Teile seines reifen Ich, sind dabei an das Ich des Therapeuten delegiert.

In der Ausbildung zum KB-Therapeuten wird ein nondirektives Verhalten eingeübt. Ihm liegen Therapeutenvariablen der Methode von *Rogers* (1973; *Kretzer, Breuer* 1974) zugrunde; zu ergänzen ist die Kongruenz des inhaltlichen Kontextes. Damit wird es in der praktischen Therapie mit dem KB, vor allem unter Bedingungen einer Kurztherapie, möglich, den Behandlungsprozeß lange Strecken im Rahmen einer „positiven Übertragung" abzuwickeln. Diese der Therapie sehr förderliche stabile Übertragungsbeziehung wird durch einen zusätzlichen Faktor entscheidend gestützt. Statt der Projektion infantiler Gefühlsbeziehungen auf den Therapeuten, wie es in der psychoanalytischen Technik erfolgt, in der er ausschließlich Zielscheibe dieser Projektion ist, fängt der Projektionsschirm der Imaginationen den überwiegenden Teil der projektiven Dynamik des jeweils akuten Konfliktes auf. Dementsprechend können alle Übertragungsbeziehungen auf der Imaginationsebene mitgelesen werden. Dieser Umstand erleichtert die Behandlung mit der Tagtraumtechnik erheblich und erklärt, warum sie in sehr vielen Fällen über lange Strecken ohne die in der Psychoanalyse störenden Übertragungswiderstände durchgeführt werden kann. — Treten diese jedoch auf, sind sie häufig bestimmt a) durch eine narzißtische Überhöhung des Therapeuten, der mit magischen Fähigkeiten ausgestattet wird (wird vermieden durch Betonung des Settings der Peer-Konstellation); b) durch Erwartungen gesteigerter Leistungsanforderungen durch die Notwendigkeit, imaginiertes Material „produzieren" zu müssen. Der erfahrene Therapeut lernt in seiner Ausbildung, die Übertragungsgefühle des Patienten und seine Gegenübertragungssignale wahrzunehmen und Übertragungswiderstände bei komplizierten Therapien auch zu analysieren.

9.4 Konzept des Symbolismus

In erster Hinsicht bedient sich das KB des psychoanalytischen Symbolkonzepts entsprechend der Traumtheorie nach *Freud* (*Leuner* 1974b). Die Inhalte der optischen Imaginationen werden als Phänomene regressiver psychischer Funktionen, hervorgerufen durch den hypnoid veränderten Bewußtseinszustand des Subjektes im Tagtraum, aufgefaßt. Sie folgen dabei den Funktionsgesetzen des Primärprozesses (*Freud* 1923; *Redlich, Freedman* 1966): Verdichtung, Verschiebung, Aufhebung des Satzes vom Widerspruch, gesteigerte emotionale Erregung, leichte Verschieblichkeit der libidinösen Besetzung usf. — Herabsetzung des Denkprozesses und der Realitätskontrolle. Dabei ist es gleichgültig, ob die imaginativen Inhalte Reales darstellen oder nicht.

Jeder Inhalt hat gleichzeitig für den Betreffenden metaphorische Bedeutung. Der symbolische Inhalt ist stets mehrfach determiniert; er ist eine Form der Abstraktion vielfältiger, lebensgeschichtlich gesammelter und prägender emotionaler Erfahrungen (einschließlich von Triebverzicht), die unter einem gemeinsamen qualitativen Nenner sedimentiert sind. Das Symbol ist Folge eines psychischen Kompromisses zwischen Triebimpuls und Abwehr. Es kann eine Chiffre für außerseelische Beziehungen darstellen (Objektebene von *Freud* 1900) oder innerpsychische Problematik ausdrücken (Subjektstufe von *Jung* 1960); häufig korrespondieren beide miteinander. Die therapeutische Bearbeitung eines Symbolinhaltes erfaßt gewissermaßen „mit einem Griff" die vielfältigen Dimensionen dieses emotionalen Beziehungsnetzes sedimentierter Erfahrungsanteile des Selbst. Daraus ergibt sich der hohe Wirksamkeitsgrad der Therapie mit dem Tagtraum, verglichen mit rein verbalisierenden Techniken der Psychotherapie. Die diesem Konzept zugrunde liegenden Hypothesen sind empirisch und z. T. experimentell verifiziert, einschließlich der hier nicht erörterten, differenzierten Beziehungen zwischen Regression, Grad der Verdrängung, der Besetzung mit Affekten bzw. Trieben und deren symbolischem Ausdruck. Auch die sich in den Symbolen widerspiegelnden Objektbeziehungen lassen sich quasi-experimentell darstellen.

10. Indikationen

Die Indikationen zum KB sind relativ breit. Im folgenden können sie nur stichwortartig umrissen werden:

Allgemeine Indikationen

1. Sogenannte neuro- bzw. psychovegetative Störungen und psychosomatische Krankheitsbilder mittelschwerer Art,
2. Abbau der funktionalen oder psychischen Komponente bei internen oder anderen Erkrankungen,
3. Angstzustände und Phobien,
4. Neurosen mit vorwiegend psychischer Manifestation mit Ausnahme von Zwangsneurosen,
5. charakterneurotische Anpassungsstörungen,
6. psychoneurotische und charakterneurotische Störungen im Kindesalter,
7. Anpassungsstörungen im Pubertäts- und Jugendalter.

Kontraindikationen
1. Mangelnde Intelligenz mit einem IQ unter 85,
2. Psychosen akuter oder chronischer Art oder psychosenahe Zustände,
3. hirnorganische Syndrome,
4. ausgeprägte depressive Verstimmungen (auch neurotischer Art),
5. mangelnde Motivation, selbst für die einfache nicht-aufdeckende Therapie,
6. ausgesprochen hysterische Neurosen,
7. eine Symptomatik, die älter ist als acht Jahre.

Tabelle 1: Studie von *Roth* (1976).
Ergebnisse der KB-Therapie bei 36 Frauen (19 — 35 Jahre alt) mit psychosomatisch-gynäkologischen Problemen (Länge der Behandlung 6 — 50 Sitzungen)

Symptom	Zahl der Patientinnen	geheilt bzw. gebessert	unverändert
Sekundäre Amenorrhoe	1	1	-
Prämenstruelle Dystonie	8	6	2
Dysmenorrhoe	6	4	2
Dyspareunie	6	4	2
Organische Probleme	12	8	4
Fehlendes oder gemindertes sexuelles Verlangen	3	2	1
	36	25	11

Tabelle 2: Studie von *Wächter* und *Pudel* (1977).
Kurzzeittherapie mit KB in 15 Sitzungen. Alter der Patienten und Dauer der Symptomatologie

	KB-Gruppe	K-Gruppe
N	14	15
Männer/Frauen	4/10	10/5
Altersdurchschnitt (Jahre)	27.3	28.3
von/bis (Jahre)	18 – 39	18 – 40
Dauer der Symptome (Jahre) 0 – 2	1	1
2 – 5	5	5
5 – 10	6	7
über 10	2	2
	14	15

Tabelle 3: Studie von *Wächter* und *Pudel*.
Anzahl der Patienten nach Diagnosen geordnet

Diagnosen	KB-Gruppe	K-Gruppe
Depressive Neurosen	3	5
Angstzustände, Phobien	6	5
Abusus	2	2
Borderline	1	-
Psychosomatische Störungen	2	3
	14	15

Tabelle 4: Studie von *Wächter* und *Pudel*.
Werte vor/nach der Behandlung, Gießen- und Göttingen-Test

Fragebogen	KB-Gruppe vor/nach			K-Gruppe vor/nach	
Psychosomatischer Test (Gießen)	38.67	27.6*	(D 10.05)	44.6	40.6
Manifestes Verhalten (Göttingen)	39.8	33.25*	(D 10.05)	39.4	40.6

* P > 0.05 t-Test

Tabelle 5: Studie von *Kulessa* und *Jung* (1978).
Kurzzeittherapie mit KB in 20 Sitzungen. Verteilung der Diagnosen

Diagnosen	Anzahl der Patienten
Phobien und Angstneurosen	9
Depressive Symptomatologie	6
Herzstillstand-Phobie	2
Psychosomatische Störungen	2
Sexuelle Dysfunktionen	3
Charakterneurosen	3
Akute Anpassungsschwierigkeiten	1
	26

Tabelle 6: Studie von *Kulessa* und *Jung*.
Dauer der Symptomatologie

Dauer der Symptome	Anzahl der Patienten
Weniger als 2 Jahre	1
2 – 4 Jahre	7
5 – 9 Jahre	9
10 Jahre und mehr	9
	26

Tabelle 7: Studie von *Kulessa* und *Jung*. Veränderungen bei psychosomatischen Problemen nach 20 KB-Sitzungen, Gießen-Test (N = 26)

Zenz-Syndrome*	Mittlerer Score vor	nach	T	DF	P
Chronische Müdigkeit	7.08	2.50	2.8	25	0.009
Herz-Kreislauf-Probleme	5.73	2.65	0.46	25	0.640
Magen-Darm-Probleme	4.00	21.5	2.0	25	0.052
Schulter- und Nackenschmerz	4.08	2.04	4.0	25	0.010
Vegetative Symptome	6.81	3.27	2.5	25	0.023
Sexuelle und Schlafstörungen	2.58	0.96	3.7	25	0.013

* Syndrome, die von *Zenz* als statistisch signifikant festgestellt wurden. Die Signifikanz der Syndrome 1 und 4 liegt auf dem 1-%-Level und der Syndrome 5 und 6 innerhalb des 2-%-Bereichs.

Abbildung 1: Studie von *Wächter* und *Pudel*.
N = 14 (KB-Gruppe); N = 15 (Kontroll-Gruppe). Werte vor/nach Kurzzeittherapie nach Gießen-Test (psychosomatischer Fragebogen) und Göttingen-Test (psychopathologischer Fragebogen)

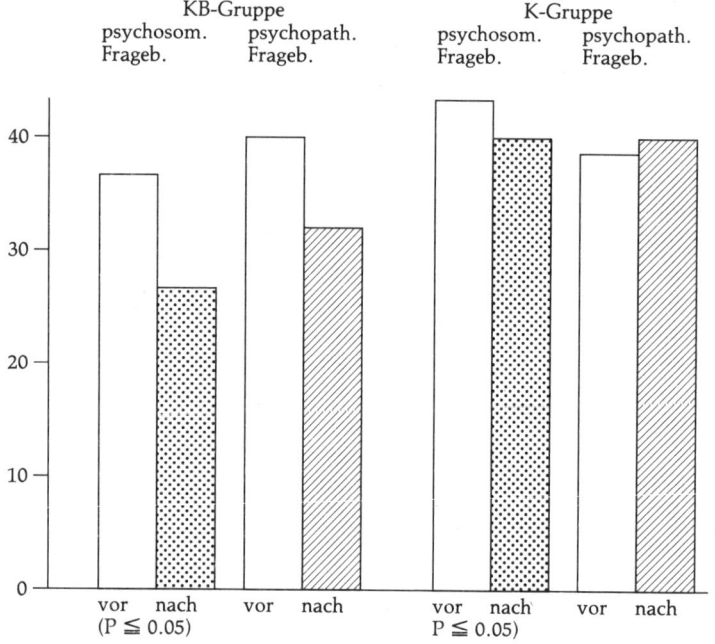

Abbildung 2: Studie von *Wächter* und *Pudel.*
Vor-/Nach-Werte aufgrund der Beurteilung eines Rating-Teams

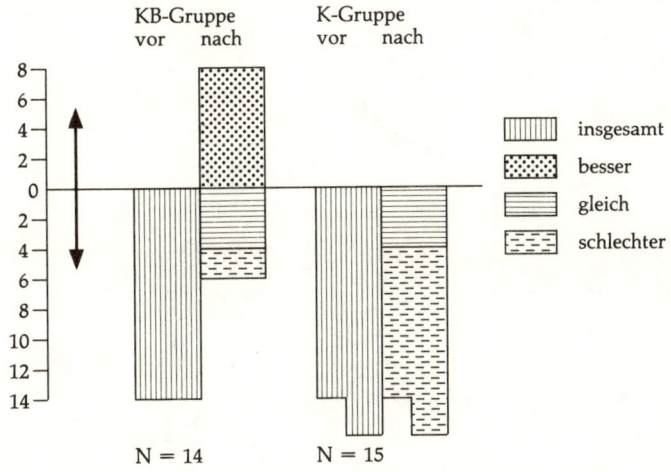

Abbildung 3: Studie von *Wächter* und *Pudel.*
Vor-/Nach-Werte bezogen auf Angst (*Taylor*), Neurotizismus, Rigidität, Extra-/Introversion (*Brengelmann*): (A) KB-Gruppe (15 Sitzungen innerhalb von 54 Tagen); (B) Kontrollgruppe (46 Tage Warteliste)

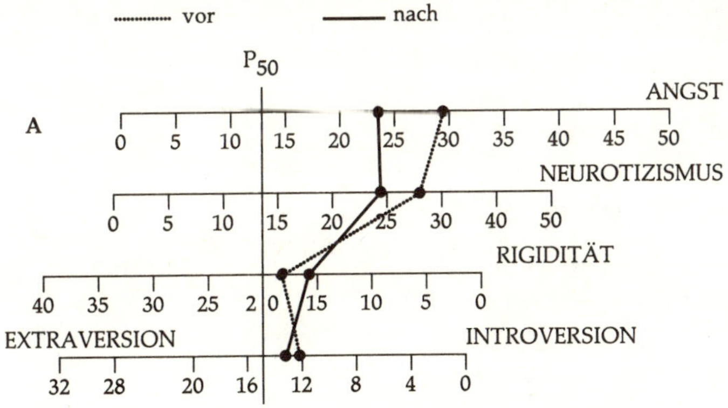

	vor	nach	M
A	28.9	23.5	14.5
N	27.9	24.7	14.0
R	17.9	16.4	20.0
E	12.5	13.2	15.0

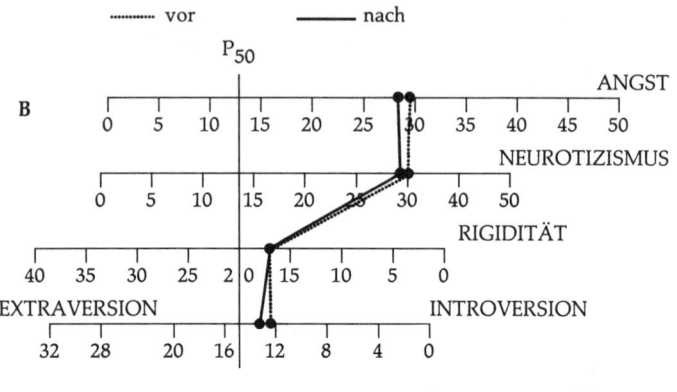

	vor	nach	M
A	29.7	28.9	14.5
N	30.0	29.6	14.0
R	17.0	17.0	20.0
E	13.0	13.3	15.0

Abbildung 4: Studie von *Kulessa* und *Jung*.
N = 26, 20 KB-Sitzungen; Vor / Nach-Wert bezogen auf Angst (*Taylor*), Neurotizismus, Rigidität, Extra- / Introversion (*Brengelmann*)

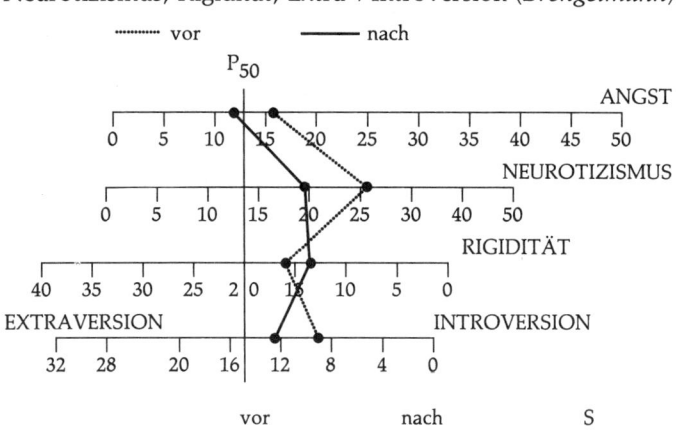

	vor	nach	S
A	15.8	11.7	P = 0.01
N	25.7	19.5	P = 0.01
R	16.2	12.8	P = 0.05
E	9.9	12.7	—

Literatur

Abralsam, G., La figidité, *Psychosomatic Medicine*, 1972/73, 3/4, 168.
Adelsson, U., Ahlborn, S.-E., Ask, G., Symboldrama enligt Leuner-en korttidsterapeutisk metod vid behandling av neuroser; 3 fall studier, CDI-arbete Vt-76, Göteborgs Universitet, Psykologiska Instituten.
Balint, M., Therapeutische Aspekte der Regression: Die Theorie der Grundstörung, Stuttgart: Klett, 1970.
Barolin, G., Spontane Altersregression im Symboldrama und ihre klinische Bedeutung, Zeitschrift für Psychotherapie und Medizinische Psychologie, 1961, 18, 77-91.
Benedetti, G., Die Handhabg. der Regression in der individuellen Psychoth. schizophrener Psychosen. Verh. VI, Internat. Kongr. Psychother. Part I., Basel: Karger, 1965.
Brengelmann, J. C., Brengelmann, L., Deutsche Validierung von Fragebogen der Extraversion, neurotischen Tendenz und Rigidität, Zeitschrift für Experimentelle und Angewandte Psychologie, 1960, 7, 291-331.
Bühler, Ch., Kindheit und Jugend, Leipzig: Barth, 1931.
Dahlgren, H., Symboldrama, En pykoterapeutisk metod, Lukasstiftelsens Utbildningsinstitut, Stockholm, 1973.
Desoille, R., Introduction a une psychothérapie rationelle, Paris: LArche, 1955.
Eysenck, H. J., Der Maudsley Personality Inventory als Bestimmer der neurotischen Tendenz und Extraversion, Zeitschrift für Experimentelle und Angewandte Psychologie, 1959, 6, 2.
Frank, L., Affektstörungen, Berlin: Springer, 1914.
Freiwald, M., Liedtke, R., Zepf, S., Die Imagination des erkrankten Organs von Patienten mit Colitis ulcerosa und funktionellen Herzbeschwerden im experimentellen katathymen Bilderleben, Zeitschrift für Psychotherapie und Medizinische Psychologie, 1975, 25, 15-32.
Freud, S., Die Traumdeutung (1900), G.W. II/III, Imago, London.
—, Das Unbewußte (1915), G.W. X, Imago, London.
—, Das Ich und das Es (1923), G.W. XIII, Imago, London
Happich, C., Das Bildbewußtsein als Ansatzstelle psychischer Behandlung, Zentralblatt Psychotherapie, 1932, 5, 633-643.
Haronian, F., The ethical relevance of a psychotherapeutic technique, Journal of Religion and Health, 1967, 6, 148-154.
Henle, I., Anwendung des katathymen Bilderlebens bei der Therapie der ehelichen Virginität, in: P. Hahn, H. Herdickerhoff (Hrsg.), Materialien zur Psychoanalyse, Göttingen: Vandenhoeck A. Ruprecht, 1977.
Holfeld, H., Leuner, H., Der Vatermord als zentraler Konflikt einer psychogenen Psychose, Nervenarzt., 1969, 40, 203-221.
Jacobson, E., Progressive relaxation, Chicago: University of Chicago Press, 1928.
Jung, C. G., Psychologische Typen, Gesammelte Werke, 9. 6. Aufl., Zürich: Rascher, 1960.
Koch, W., Psychotherapeutische Kurzbehandlung somnambuler Fluchtzustände mit dem Symboldrama nach Leuner, Praxis der Psychotherapie, 1962, 7, 1.
—, Kurztherapie einer zwangsstrukturierten Neurose mit dem katathymen Bilderleben. Zeitschrift für Psychotherapie und Medizinische Psychologie, 1969, 19, 187-191.
Kornadt, H.-J., Experimentally excited images as function of dynamic systems. Proceedings of the XIII. Congress Int. Ass. Applied Psychol., Rome 1958.
Kosbab, F. P., Symbolismus, Selbsterfarhung und die didaktische Anwendung des katathymen Bilderlebens in der psychiatrischen Ausbildung, Zeitschrift für Psychotherapie und Medizinische Psychologie, 1972, 22, 210-231.

—, Self-analysis in guided affective imagery, *Archives of General Psychiatry*, 1974, 31, 283-298.

Kreische, R., Technik von zwei Formen der Gruppentherapie mit dem katathymen Bilderleben und ihre Ergebnisse, *Med. Diss.*, Göttingen, 1977.

Kretschmer, E., Medizinische Psychologie, Leipzig: Thieme, 1922; 13. Aufl. Stuttgart: Thieme, 1971.

Kretzer, G., Breuer, K., Beziehungen zwischen Gesprächstherapie und Katathymen Bilderleben, in: *Ausgewählte Vorträge der Zentralen Weiterbildungsseminare der AGKB*, Göttingen, 1974.

Krojanker, R. J., Leuners Symboldrama, *American Journal of Hypnosis*, 1966, 9, 56-67.

Kulessa, C., Jung, F., Ergebnisse einer 20stündigen Kurzpsychotherapie mit dem katathymen Bilderleben, eine testpsychologische Untersuchung, *Zeitschrift für Psychosomatische Medizin und Psychoanalyse*, 1978.

Landau, E., Leuner, H., Experiences with GAI in the creative process. Göttingen Seminary, 1976 (unveröffentlicht).

Leuner, H., Kontrolle der Symbolinterpretation im experimentellen Verfahren, *Zeitschrift für Psychotherapie und Medizinische Psychologie*, 1954, 4, 201-204.

—, Experimentelles katathymes Bilderleben als ein klinisches Verfahren der Psychotherapie: Grundlegung und Methode, *Zeitschrift für Psychotherapie und Medizinische Psychologie*, 1955a, 5, 185-203.

—, Experimentelles katathymes Bilderleben als ein klinisches Verfahren der Psychotherapie, Ergebnisse, *Zeitschrift für Psychotherapie und Medizinische Psychologie*, 1955b, 5, 233-260.

—, Symbolkonfrontation, ein nicht-interpretierendes Vorgehen in der Psychotherapie, *Schweizer Archiv für Neurologie und Psychiatrie*, 1955c, 76, 23-49.

—, Symboldrama, ein aktives nicht-analysierendes Vorgehen in der Psychotherapie, *Zeitschrift für Psychotherapie und Medizinische Psychologie*, 1957, 6, 221-238.

—, Das Landschaftsbild als Metapher dynamischer Strukturen. In Festschrift zum 70. Geburtstag von E. Speer, München: Lehmanns Verlag, 1959.

—, Die Verifizierung der existentiellen Bedeutung des Symbols durch Symbolprovokation, in: *B. Stokvis* (Hrsg.), Aktuelle Fragen der Psychotherapie, Basel, New York: S. Karger, 1960, Vol. 3, p. 45.

—, Die experimentelle Psychose, *Springer Serien* Heft 95, Heidelberg: Springer, 1962.

—, Das assoziative Vorgehen im Symboldrama, *Zeitschrift für Psychotherapie und Medizinische Psychologie*, 1964, 14, 196-211.

—, Guided affective imagery (GAI): A method of intensive psychotherapy. *American Journal of Psychotherapy*, 1969, 23, 4-23.

—, Katathymes Bilderleben. Unterstufe — ein Seminarkurs, Stuttgart: Thieme Verlag, 1970.

—, Halluzinogene in der Psychotherapie, *Pharmakopsychiatrie, Neuro-Psychopharmakologie*, 1971, 4, 333-351.

—, Grundzüge der tiefenpsychologischen Symbolik (unter Berücksichtigung des Symbolismus im katathymen Bilderleben), in: *Ausgewählte Vorträge der Zentralen Weiterbildungsseminare der AGKB*, Göttingen, 1974a.

—, Die Bedeutung der Musik in imaginativen Techniken der Psychotherapie, in: *W. J. Revers, G. Harrer, W. C. M. Simon* (Hrsg.), Neue Wege der Musiktherapie, Düsseldorf und Wien: Econ, 1974b.

—, The role of imagery in psychotherapy, in: S. Arieti, G. Chrzanowski (Hrsg.), New dimensions in psychiatry: A world view, New York: John Wiley and Sons, 1977.

—, Erinnern, Wiederholen, Durcharbeiten im katathymen Bilderleben. Vortrag auf dem 5. Zentral-Seminar über KB, 27.—30. 3. 1976, Bad Lauterberg.

—, Guided affective imagery: An account of its developmental history, Journal of Mental Imagery, 1977, 1, 73-92.

—, Nerenz, K., Das musikalische Symboldrama und seine psychotherapeutische Wirkung, Heilkunst, 1964, 77, 330-341.

—, Horn, G., Klessmann, E., Katathymes Bilderleben bei Kindern und Jugendlichen, München: Reinhardt-Verlag, 1977.

—, Wächter, H.-M., Kurzpsychotherapie einer chronischen Neurose und Acné excoriée mit dem katathymen Bilderleben (KB), ein Beitrag zur Theorie und Praxis der anaklitischen Therapie, 1978.

Maier, H. W., Über katathyme Wahnbildung und Paranoia, Zeitschrift für die Gesamte Neurologie und Psychiatrie, 1912.

Masters, W. H., Johnson, V. E., Impotenz und Anorgasmie — Zur Therapie funktioneller Sexualstörungen, Stahlberg: Goverts-Krüger, 1970.

Nerenz, K., Die musikalische Beeinflussung des experimentellen katathymen Bilderlebens und ihre psychotherapeutische Wirkung, Med. Diss., Göttingen, 1965.

—, Das musikalische Symboldrama als Hilfsmethode in der Psychotherapie, Zeitschrift für Psychotherapie und Medizinische Psychologie, 1969, 19, 28-33.

Plaum, G., Erste Ergebnisse des musikalischen katathymen Bilderlebens in seiner Anwendung als Gruppentherapie, Med. Diss., Göttingen, 1968.

Prindull, E., Die Manifestation der depressiven Verstimmung im katathymen Bilderleben, Med. Diss., Göttingen, 1964.

Rechenberger, H. G., Das Symboldrama in der psychotherapeutischen Praxis: ein Fallbericht, Zeitschrift für Psychotherapie und Medizinische Psychologie, 1963, 13, 239.

Redlich, F. C., Freedman, D. X., The theory and practice of psychiatry, New York: Basic Books, 1966, p. 469 ff.

Rogers, C. R., Die Klient-bezogene Gesprächstherapie, München: Kindler, 1973.

Roth, J. W., Katathymes Bilderleben als Kurzpsychotherapie in der psychosomatischen Gynäkologie, Schweizer Rundschau, Medizinische Praxis, 1976, 65, 252-260.

—, Diagnostik und Therapie von Patienten mit Spannungskopfschmerz mit dem katathymen Bilderleben, 1978.

Sachsse, U., Über die Psychodynamik in der Gruppentherapie mit dem KB, in: Ausgewählte Vorträge der Zentralen Weiterbildungsseminare der AGKB, Göttingen, 1974.

—, Gruppentherapie und Gruppendynamik mit dem katathymen Bilderleben im Versuch mit führerlosen Gruppen, Med. Diss., Göttingen, in prep.

Salber, W., Qualitative Methoden der Persönlichkeitsforschung, in: P. Lersch, H. Thomae (Hrsg.), Handbuch der Psychologie, Bd. 4: Persönlichkeitsforschung und Persönlichkeitstheorie, Göttingen: Hogrefe, 1960.

Schneck, J. M. G., Spontaneous regression to an infant level during self-hypnosis, Journal of Genetic Psychology, 1955, 86, 183-185.

Schultz, J. H., Luthe, W., Autogenic methods, New York: Grune and Stratton, 1970.

Silberer, H., Bericht über die Methode, gewisse symbolische Halluzinationserscheinungen hervorzurufen und zu beobachten, Jahrbuch der Psychoanalytischen und Psychopathologischen Forschung, 1909, 1, 302-342.

—, Symbolik des Erwachens und Schwellensymbolik überhaupt, Jahrbuch der Psychoanalytischen und Psychopathologischen Forschung, 1912, 3, 621-660.

Singer, J. L., Imagery and daydream — Methods in psychotherapy and behavior modification: The guided affective imagery of Hanscarl Leuner, New York: Academic Press, 1974, p. 82.
Spitz, R. A., Übertragung und Gegenübertragung, *Psyche*, 1956/57, 10, 63-81.
Stierlin, A., Conflict and reconciliation, New York: Anchor Books, Doubleday, 1969.
Swartley, W., Initiated symbol projection (ISP), in: *R. Assagioli* (Hrsg.), Psychosynthesis, New York: Hobbe, Dorman, 1963.
Taylor, J. A., Personality scale of manifest anxiety, *Journal of Abnormal and Social Psychology*, 1953, 48, 285-290.
Volkan, V. D., Primitive internalized object relations, New York: International Universities Press, 1976.
Wächter, H.-M., Pudel, V., Kontrollierte Untersuchung einer Kurzpsychotherapie (15 Stunden) mit dem katathymen Bilderleben, *Zeitschrift für Psychotherapie und Medizinische Psychologie*, 1977.
Werner, H., Einführung in die Entwicklungspsychologie, 3. Aufl., München 1953.
Zepf, S., Die Beziehung zwischen Motivvorstellungen und imaginierten Inhalten im experimentellen katathymen Bilderleben, *Zeitschrift für Psychosomatische Medizin und Psychoanalyse*, 1973, 19, 157-170.

6 Aktive Imagination
Eric Greenleaf

1. Einführung

„Der Analytiker sollte sehr wohl vom Alltagsleben lernen und sich von ihm leiten lassen. Es ist erstaunlich, wie schwer das für Analytiker sein kann." *(Guggenbuhl-Craig 1970)*

In diesem Essay will ich einige Leitprinzipien für die Arbeit der aktiven Imagination beschreiben. Was ich über Therapie sage, ist heuristisch; man muß ausprobieren, ob es auch paßt. Wenn Sie Situationen auf diese Art betrachten würden, was würden Sie tun? Wie würden Sie handeln? Was würden Sie sagen? Und wäre diese Methode eine Hilfe oder zumindest ein Trost in schlechten Zeiten? Hat der Patient das erreicht, weswegen er zu Ihnen gekommen ist? Kann jeder, unabhängig von seiner therapeutischen Sprache, dem Wert dieser Therapie zustimmen?

Fast alle diese Überlegungen werden mit Hilfe der eigenen Lebenserfahrung gemessen. Und doch hat die Arbeit verschiedene wichtige Vorläufer in Alchemie, Yoga-Übungen und Schamanismus und ist auch den verschiedenen modernen Untersuchungen verwandt, die die Beziehungen zwischen Hirnfunktionen, Wahrnehmung, Sprache, Imagination und Mathematik untersuchen.

In diesem Aufsatz verstehe ich unter dem Begriff „*Träumen*" sämtliche Imaginationen (also was *Singer*, 1974, „oneirische" Vorgänge nennt), die „von denen des Schlafs über Tagträume und wache imaginative Gedanken unter den Bedingungen reduzierter Erregung oder Entspannung reichen", und unter *aktiver Imagination* ein von anderen oder sich selbst gelenktes Träumen in entspanntem und wachem Zustand.

2. Traumhandlung und Traumbedeutung

Der wichtigste Teil der hier dargestellten Traumphilosophie, den ich gebrauchen und in mein Leben aufnehmen kann, ist der Gedanke der Nichtinterpretation. Alles, was man braucht, um eine Situation zu lösen, ist zur

> Hand. Damit kann man handeln, statt zu intellektualisieren. Die Bedeutungen sind nicht versteckt. Die Traumhandlung ist im allgemeinen einfach und gerade — manchmal täuschend einfach.
> Ich hatte einen sehr ausführlichen Traum, in dem mich vier oder fünf Leute jagten, und ich fühlte mich sehr unbehaglich. Als ich aufwachte, konnte ich vielerlei sexuelle und soziale Implikationen in dieses „gejagt werden" projizieren. Aber am nächsten Morgen hatte ich eine Fortsetzung oder besser eine Zusammenfassung dieses Traums, und diesmal war die Bedeutung: „Überfordere dich nicht." Der Gedanke, mir mehr Zeit zu lassen, weil ich mich sonst unbehaglich fühle, ist nicht nur wichtig für mein Leben, er bringt auch keine Verwirrungen oder Schuldgefühle oder anderen Ballast mit sich.
> (Student in einer „Traumgruppe")

Betrachten wir die Psychotherapie: Zwei oder mehr Personen sitzen auf Stühlen in einem Raum. Oft legt sich einer auf eine Couch oder ein Kissen. Die Gestik ist im allgemeinen beschränkt, auch die Haltung; integrierte, komplexe Handlungen wie Sport, Sex, Krieg oder Abenteuer, die die Skelettmuskeln beanspruchen, kommen kaum vor. Es gibt Gespräche und reichlich Emotionen, Gedanken und dramatische Umstände. Angst und Freude werden intensiv erfahren, aber eher so wie im Theater oder im Kino, in Träumen oder Tagträumen. Alle Therapieformen benutzen Nacht- und Tagträume und gelegentliche, sporadische Phantasien, um ihre Anstrengungen zu beschleunigen. Wir unterstreichen die Ähnlichkeit, die die gesamte therapeutische Begegnung mit der Traumsituation hat, aber wir bestehen auch darauf, daß in wesentlichen Bereichen Träume wie Situationen des (realen) Lebens behandelt werden müssen.

Träume liefern ein Bild unserer Lebensumstände, und die Träume der Therapie sind oft ungelöste Situationen, unterbrochen von Furcht und Ängsten. Die „unerledigten Angelegenheiten", die „Fixierungen", „Sackgassen" oder „Knoten" eines Lebens werden vor dem Therapeuten ausgebreitet. Er muß den Patienten durch die Unklarheiten und Unsicherheiten führen, die die Entwicklung dieses Lebens unterbrochen haben. Sicher ist das geduldige Erklären von Bedeutungen oder Mustern im Leben eines Menschen heilsam; was gebraucht wird, ist aber — wie der Traum des Studenten vom „gejagt werden" zeigt — eine Art der Erklärung, die Handlungen bzw. Änderungen hervorruft, nicht einfach eine der zahlreich vorhandenen psychologischen „Interpretationen". Der Traum und die aktive Imagination einer Patientin in der analytischen Psychotherapie führen dies beispielhaft vor:

> Vor einem oder zwei Jahren träumte ich von einem gigantischen Berg aus Granit, einer überwältigenden Masse, die sich schroff über das Tal erhob und ihre gewaltigen Gipfel in den Himmel reckte. Ich war auf einer großen Felsklippe des Berges, so hoch oben, daß die Bäume der Obstgärten unten nicht mehr im einzelnen zu erkennen waren. Ich

wünschte verzweifelt, von dieser Klippe herunterzukommen, weg von dem drohenden, kalten Grau, aber so viel ich auch suchte, ich fand keinen Weg. Schließlich sah ich einen alten, weißbärtigen Chinesen nahe am Rand der Klippe an einem Tisch sitzen. Ich ging zu ihm und sagte ihm, daß ich hinunter wolle, aber keinen Weg finden könne. Ich fragte ihn, ob er mir helfen wolle. Er nahm meine Hand und führte mich zu einem Pfad.
(Sie kommentiert: Der Traum hat wieder nichts ausgesagt. Wo ist der Hinweis aus dem Unbewußten? Den Archetypus des „alten weisen Mannes" bin ich aus meinen Träumen gewöhnt, aber diesmal war er zu undurchsichtig. Der Traum war so lebhaft, so real, daß ich das Gefühl hatte, er wäre von großer Bedeutung für mich und ich dürfte das nicht ignorieren. Deshalb entschied ich mich, in aktiver Imagination mit ihm zu sprechen.)
Ich fragte ihn, was er mir zu sagen hätte. Er ging weg und setzte sich an einen Tisch auf dem Felsen. Deshalb ging ich zu ihm hin und sagte ihm, genau wie im Traum, daß ich Hilfe bräuchte, um hinunterzukommen. Er ging zum hinteren Teil der Klippe, schrieb etwas an die Felswand und trat zurück. Er hatte chinesische Buchstaben geschrieben, und ich kann kein Chinesisch. Ich wußte nicht, was ich tun sollte. Er wußte, daß ich Chinesisch nicht lesen kann. Ganz verzweifelt ging ich wieder zu ihm und sagte ihm, daß ich seine Botschaft nicht lesen könne, und er sagte mir, ich könne es doch lernen. Ich fühlte mich gleichzeitig leicht verwirrt und ärgerlich — was für ein weiser alter Mann sollte das sein? — und sagte ihm: „Ich habe jetzt keine Zeit, Chinesisch zu lernen. Ich muß von dem Berg herunter. Kannst du mir helfen?" Er stand da, sah mich direkt an und sagte: „Manchmal muß man mehr als einmal fragen", dann nahm er meine Hand und führte mich zu dem Pfad.

Die erste therapeutische Aufgabe ist es, auf die Wünsche und Sorgen des Patienten zu achten, vor allem auf Manifestationen eines starken Bedürfnisses („Ich wünschte verzweifelt, von dieser Klippe wegzukommen"), da viele moderne Therapeuten (*Haley* 1963, 1967; *Greenleaf* 1971) der Ansicht sind, daß Krankheit auf verleugnete Bedürfnisse zurückzuführen ist. Die nächste Aufgabe ist es, die eigenen Fähigkeiten einer Person zu ihrer Veränderung nutzbar zu machen. Bleiben wir bei dem einfachen Beispiel des Traumes: Hazel wurde aufgefordert, ihre eigenen Füße zu benutzen, um den Weg hinunter zu gehen, erst einen Fuß, dann den anderen. Ihr wurde gesagt: „Laß es mich wissen, wenn etwas Schwieriges oder Interessantes passiert." Diese Aussage erlaubt sowohl intensive Selbstbeteiligung wie auch die Möglichkeit von Rapport*) mit einem Führer oder Therapeuten, wodurch die Arbeit vorangetrieben wird. Es legt auch einen Rahmen fest für den Austausch zwischen der Träumenden und ihrem Führer, in etwa so wie bei einer engen Freundschaft oder einer adäquaten Eltern-Kind-Beziehung: Die Beziehung ist zwingend nötig für neue, starke oder freudige Ereignisse, auch für problematisches oder zwiespältiges Geschehen. Zu anderen Zeiten erkunden wir uns allein.

---

*) *Rapport:* die Beziehung des Therapeuten zum Klienten, insbesondere zu seinem Unbewußten (Anm. d. Red.).

Hazel folgte dem Vorschlag, den Pfad entlangzugehen, und konnte so zunächst in ein Dorf und dann in eine Stadt gelangen, so daß sie nicht länger auf der bedrohlichen, kalten Klippe war. Denn die Verführungskraft von Gedanken ist so stark, daß sie unendlich lange dort oben hätte bleiben können und den alten Mann wegen seiner „Weisheit" belästigt hätte, ohne ihre eigenen Füße in Bewegung zu setzen, wenn es nicht von ihr verlangt worden wäre. Dieser „Widerstand" oder diese „Rationalisierung" wurde durch einen Rippenstoß überwunden, nicht durch Erklärungen. Die lebenslange Arbeit von *Milton Erickson* legt Zeugnis dafür ab, wie man geringfügige Handlungen, die kleine, aber sich ausweitende Veränderungen im großen System der menschlichen Interaktion hervorbringen können, nutzbar machen kann.

Auch bei verblüffenden oder komplexen Träumen ist es normalerweise möglich, das Traum-Material in eine kohärente Situation zu übersetzen und dazu geeignete Handlungen vorzuschlagen. Solche Träume sind oft zunächst unklar in ihrer Bedeutung, und der Übersetzungsprozeß ist schwer zu beschreiben. Beim folgenden Traum hatte ich z. B. das Gefühl, daß da noch etwas Verborgenes herausgefunden werden müsse, und das wirkte sich dann auf die vorgeschlagene Handlung aus. Cory träumte:

> Ich machte einen Besuch bei einer Freundin, Jean, die heiraten wollte. Ich sollte der einzige Gast sein. Ich betrat Jeans Haus, ein sehr großes, vornehmes Haus. Sie war sehr aufgeregt wegen der Hochzeit und erklärte auch, daß sie im Frühjahr 21 Jahre alt würde und ihre Erbschaft antreten könne. Jean gab mir dann einen Ring, der identisch war mit ihrem eigenen. Wir stiegen eine enge Wendeltreppe — eine vollständige Umdrehung — zur Kapelle hinauf. Über dem Altar hingen drei Tierköpfe. Ende des Traums.

Cory wurde gebeten, den Traum in einer wachen Imagination zu vervollständigen, und sie sah Jean, war aber verstört, daß sie keinen Bräutigam vorfand. „Die Braut und ich schienen zeitweilig ein und dieselbe zu sein." Vorschläge, ein auf dem Altar liegendes Buch zu lesen, führten zu „vielen, sich schnell verändernden und überwältigenden Emotionen":

> „Dann drehte ich mich um und sah Jean neben ihrem Freund stehen. Ich verheiratete sie, da ich die einzige anwesende Person war. Ich ging dann auf die linke Seite des Altars, sah in meine neue Handtasche (das wurde vorgeschlagen) und holte eine Halskette aus Kristall heraus — ein Rosenkranz. Ich hing ihn um. Während ich die Kette umhing, wurde sie vorübergehend zu einer Dornenkrone. Beim Tragen der Kette fühlte ich Freude."

Cory erzählte später, daß die Arbeit mit dem Traum sie von einer schmerzhaften und furchterregenden Identifikation mit einer heiligen Märtyrerin befreit hätte, die sie seit ihrer Kindheit hatte.

Die Schlußfolgerung, aus der heraus die Vorschläge für die Fortsetzung des Traums entstanden, war: „Etwas fehlt, ist unvollständig. Wo kann ich das finden?". Weiter: „Wenn du ein Geschenk erhältst, trag es. Wie fühlst du dich dabei?" Obwohl ich die katholische Theologie überhaupt nicht und religiöse Symbolik nur sehr wenig kenne, war es auf diese Weise möglich, adäquate Vorschläge zu machen, die auf dem einfachen Aktionspotential in den Traumsituationen basierten. Durch gemeinsame Bewertung von Handlungen (also: wenn du eine Kette geschenkt bekommst, dann trag sie) konnten sie weiterverfolgt werden, obwohl keine gemeinsamen symbolischen Bedeutungen vorhanden waren.

Das erste Prinzip bei dieser Art von Arbeit ist es demnach, die dramatische Handlung des Traums mit den eigenen Bildern der Person zu vervollständigen. Das kann methodisch geschehen wie bei der Senoi-Traumarbeit (*Greenleaf* 1973; *Stewart* 1951), oder aber man benutzt die Traumstruktur selbst als die imaginierte Situation. Die Aufforderung, die „dramatische Handlung zu vervollständigen", kann auf Situationen des Lebens, auf Träume, imaginierte Aktivitäten und auf halluzinierte oder wahnhafte Ideen angewandt werden. Das zweite Prinzip muß dann aber der gesunde Menschenverstand sein, um das, was getan werden muß, zu identifizieren. Man darf nicht versuchen, von der kalten Felsklippe hinunterzufliegen. Ebenso sind Mord und Tod bei der aktiven Imagination einer strengen Beschränkung unterworfen, wie ja hoffentlich auch in den Handlungsbereichen des Lebens. Die Diskussion mit dem inneren Führer oder dem Therapeuten ist der Katalysator, der sinnvolle Handlungsentscheidungen an Stelle von Katastrophen im Traumverlauf ermöglicht.

3. Menschliche Kompetenz

> „Der (Therapeut) ist ... ein ernsthafter Student der praktischen Aspekte der menschlichen Persönlichkeit und des menschlichen Lebens."
> (*H. S. Sullivan* 1954)

Die Psychotherapien sind aus dem Versuch entstanden, mit menschlichem Leiden und menschlicher Unfähigkeit umzugehen, und die Literatur über Therapien ist ein Bericht über diese Leiden. Es gibt aber auch viele Beispiele dafür, wie Menschen funktionieren, die überragende Leistungen vollbracht haben, und von diesen sollten wir uns leiten lassen.

Schon ein kurzer Blick auf die brillantesten Sportler, Musiker oder Wissenschaftler zeigt uns ihre Ausdauer, ihre Fähigkeit, trotz Schmerzen oder Unbequemlichkeiten zu arbeiten, ihre Standhaftigkeit gegenüber Ängsten und — was für unsere eigene Arbeit am wichtigsten ist — ihr Vertrauen in Methoden des mentalen Trainings anhand von Bildern. *Ken Norton*, der Boxer, erinnert uns daran: „Was der Geist begreifen kann, kann der Körper ausführen" (*San Francisco Chronicle, 13. 8. 1976*). Viele professionelle Golfspieler schlagen einen Ball erst ab, wenn sie in einer geistigen Vorwegnahme des Schlages den Ball ins Loch haben rollen sehen. Man denke auch an *Einstein*s „Gedanken-Experimente", die die Relativitätstheorie als eine Reihe alltäglicher Ereignisse, wie die Beobachtung eines vorbeifahrenden Zuges, darstellen (*Capra* 1975). Oder wie *Rostropovich* von *Prokofieff* sagt:

„Er hat Musikinstrumente oft wie lebendige Wesen behandelt. Tiefe, langsame Töne auf der Tuba z. B. gaben ihm die Vorstellung eines Käfers, der in der Note sitzt. Er hörte dem Käfer, der von Ton zu Ton kletterte, mit tiefer Freude zu." (*San Francisco Chronicle, 22. 7. 1976*)

Berühmte Beispiele von Entdeckungen, die im Traum gemacht werden, wie *Kekule*s Begreifen der Struktur des Benzolrings, können durch die zahllosen Beispiele aus dem wachen Denken von kompetenten Personen erweitert werden. Da wir die Patienten dazu ermutigen wollen, ihre eigene Kraft und Kompetenz im Leben zu benutzen, können wir ihnen zeigen, daß die Methoden für kompetentes Denken und Handeln in den ganz gewöhnlichen Aktivitäten ihres Lebens vorhanden sind, und Träume und Tagträume kann man wohl als die alltäglichsten Aktivitäten überhaupt bezeichnen. Zudem ist das, was man bei der Arbeit tun kann, z. B. Interaktion mit anderen, Durchhalten auch bei schwierigen Problemen, auch auf die „Probleme daheim" anwendbar, wenn auch nicht immer offensichtlich. Auch hier zeigt uns *Erickson*, wie wir Menschen dabei helfen können, existierende Fähigkeiten in einem Teilbereich von Erfahrung auch für die Problemlösung in anderen Lebensbereichen anzuwenden (*Haley* 1967).

Es ist also in den Situationen, die die Patienten in die Therapie einbringen, nicht so wichtig, zu bestimmen, was die Situation „bedeutet", solange wir handeln können, um sie zu ändern. Es ist von entscheidender Bedeutung, die Realität der Schilderung des Patienten zu akzeptieren, in welcher Form sie auch gegeben werden mag, und obwohl die Situation dann am leichtesten zu beschreiben ist, wenn es um Träume geht, gilt das doch für *sämtliche* Formen der Mitteilung: Traum, Spiel, Spieltherapie, Psychodrama, Anekdote, sogar Film oder Tonband. Wir behandeln also den Traum als reale Tatsache, die Handlung erfordert, genauso wie wir die Beteiligung der dramatischen Imagination erkennen, wenn wir vom „wirklichen Leben" sprechen. Wenn man zusammen mit einer anderen Person entscheidet, was zu tun sei, ist es am einfachsten, eine bereits gelöste Situation, deren Bedeutung beide anerkennen, zu identifizieren, ein Ziel, auf das man hinarbeitet: von einem Berg absteigen, mit einem Gegner verhandeln, eine Wunde verbinden, einen Ball in ein Loch schlagen, in einer Tonart singen, einen Brief lesen. Das Problem vergleichbarer Werte verringert sich, wenn man den Traum als ein Problem des Lebens, das durch Handeln gelöst werden kann, ansieht, denn: „Verglichen mit der Zahl der Bedeutungen, die durch Nachdenken verfügbar sind, entstehen sehr viel weniger aus der direkten Erfahrung" (*Zucker* 1967). Auch Leute, die häufig interpretieren, können so zum Schweigen gebracht werden, wie es ja auch die meisten von uns tun, wenn sie ein Theaterstück ansehen oder selbst Theater spielen. Auch hier sind wieder die Beispiele, die uns Athleten und Schauspieler in bezug auf Grazie und intensive Konzentration geben, ausgezeichnete Führer bei dem Bemühen um normale menschliche Kompetenz.

Wirkliches „Sehen" und „Tun" der notwendigen Handlungen bei der Fortsetzung des Traums erschließt uns den Zugang zu Spontaneität und zum „Unbewußten". *Stanislavski* (1926) schreibt:

„Ich möchte Sie an unser Hauptprinzip erinnern: ‚Durch bewußte Mittel erreichen wir das Unbewußte.' ... Wann immer man Wahrheit und Glauben besitzt, hat man Gefühl und Erfahrung. Man kann das ausprobieren, indem man auch nur die kleinste Handlung ausführt, an die man wirklich glaubt; sofort, intuitiv und natürlich wird ein Gefühl entstehen. Wenn man die Wahrheit dieser (imaginären) Handlung einfach fühlt, werden einem sein Vorsatz und sein Unterbewußtsein zu Hilfe kommen. Dann wird die überflüssige Spannung verschwinden. Die notwendigen Muskeln werden beginnen zu handeln, all das ohne den Einsatz irgendeiner bewußten Technik."

Der Therapeut hilft also einem Patienten aus der Sackgasse, die durch Angst oder Furcht entsteht, indem er Träume benutzt und das Handeln in den Träumen, in der Fortsetzung der Träume, betont. Dann verschwindet die „überflüssige Spannung", und es entstehen natürliche Gefühle; all das ohne großartiges Verstehen von „Bedeutungen", sondern durch die Zustimmung zu irgendeiner Form des Handelns (in der Imagination). Parallelen zu anderen Techniken wie z. B. der Hypnose sind offensichtlich, wenn wir wie *T. X. Barber* (*Barber, Spanos* 1974) festhalten, daß hypnotisierte Personen

„offen und aufmerksam auf Vorschläge reagieren, wenn sie sich mit Imaginationen beschäftigen ... das aktive Imaginieren der vorgeschlagenen Dinge ... schließt die Möglichkeit aus, daß gleichzeitig auf Informationen fokussiert wird, die mit den Vorschlägen nicht übereinstimmen."

Oder wie *Erickson* es ausdrückt (*Haley* 1967):

„... die Technik (der Hypnose) selbst dient nur dazu, die Aufmerksamkeit des Patienten zu sichern und zu fixieren ... Dann ergibt sich die Möglichkeit, Vorschläge und Anleitungen anzubieten, um der Person zu helfen und sie dazu anzuleiten, das gewünschte Ziel zu erreichen."

*Singer*s Begriff „oneirisch" enthält ebenfalls die Entspannung, die für die Zustände von Aufmerksamkeit und Behagen charakteristisch ist, Zustände, die der Therapeut in Zusammenarbeit mit dem Patienten, um seine Wünsche und Ziele zu entdecken, durch den Umgang mit Bildern fördert. Desensibilisierungstechniken, Transaktionsvorschriften, Gestalt-Dialog, Hypnosetherapie und Gute-Nacht-Geschichten profitieren alle von dieser therapeutischen Kontrolle der Angst und von der Sicherheit, die durch einen Führer vermittelt wird, der Imaginationen und Träume in furchterregenden Situationen nutzbar macht.

4. Realismus bei der Traumarbeit

Die innere Beteiligung des Patienten an seiner Arbeit und seiner Erfahrung wird allgemein als entscheidend für eine Änderung von Gefühlen und Verhalten angesehen. Die innere Beteiligung des Therapeuten ist aber genauso wichtig; ihr Fehlen wird in dem herablassenden, „pädagogischen" Ton, den manche Therapeuten sich zu eigen gemacht haben, offenbar. Diesen Ton findet man besonders dann, wenn die „wirklichen Bedeutungen" von Ereignissen diskutiert werden. Im Vergleich dazu führt die volle Sympathie mit der Realität der Emotionen, Gedanken und Träume — also mit dem Leben, das ins Beratungszimmer getragen wird — beim Patienten oft zu einem Konzept oder zu der Erfahrung, daß sein eigenes Leben respektiert wird.

Der heuristische Wert dieser Haltung kommt vielleicht am deutlichsten zum Vorschein bei der Beschäftigung mit den mehr unverständlichen Verzerrungen von Erfahrung, z. B. Halluzinationen, rudimentären Gefühlen und unheimlichen Bewußtseinsspaltungen. Die psychotherapeutische Arbeit mit *L. R. McCartney* (*Greenleaf, McCartney*, unveröffentlicht) kann dieses Thema verdeutlichen. 1972 trafen *McCartney* und ich uns einmal im Monat zu einer zwei- bis vierstündigen Sitzung. Sie hatte die Therapie begonnen, um Klarheit über ihre Gefühle in einer komplexen zwischenmenschlichen Beziehung zu gewinnen. In der 8. Stunde berichtete sie einen Traum:

Ich bin irgendwo draußen mit Bill, meinem Ex-Ehemann. Ich frage ihn: „Wie geht's dir?" und er sagt: „Mir geht's gut, aber ich mache mir Sorgen wegen Laura. Sie macht mich verrückt. Sie war krank und sagt ‚ffffff' über das Mikrophon, und sie macht ihre Arbeit nie. Letzte Nacht bin ich bis vier Uhr aufgeblieben, um ihre und meine Arbeit fertig zu machen."

Wir streiten uns lange über die Benennung von Lauras Zustand. Ich versuche ihm zu erklären, daß es „reflektive Verdrängung" sei, weil mir das jemand erzählt hat und ich es halb und halb glaube. Dann höre ich plötzlich Lauras Stimme im Lautsprecher neben mir, „ffffffff" und diesen ganz entsetzlichen Schrei, den ich nicht verstehen konnte. Ich sehe Bill an und sage: „Geh zu ihr, hilf ihr", weil mir klar wird, daß sie verrückt ist und das auch jeden wissen läßt. Und er versteht nichts. Er sieht nur verwirrt aus. Dann ist da ein anderer schrecklicher Schrei, den ich aber verstehen kann: „Komm schnell, die Katze ist krank", in einer entsetzlich verängstigten, panischen Stimme.

McCartney hatte das Gefühl, daß dieser Traum von sehr tief innen heraus kam und daß er mit ihrer Angst vor Hexerei, Katzen und Besessenheit zusammenhing, auch mit dem Gefühl, „niedergeschmettert" zu sein, wenn sie Leute verletzt hat, ohne es zu wollen. Ihr Bericht über diesen Tag geht so weiter:

Ich habe ihm alle diese Dinge ruckzuck erzählt und gesagt, daß sie irgendwie alle zusammenhängen. Ich weiß, daß sie zusammenhängen, aber ich weiß nicht, wie. Und Eric sagte, er wisse das auch nicht, aber er weiß, wo wir anfangen können, nämlich mit der Arbeit an dem Traum selbst, und ob ich das wolle. Ich sagte also „ja", und er fragte mich nach Laura. Ich sagte ihm, daß sie für mich eine Person sei, die mich an mich selbst erinnert. Und dann forderte er mich auf, zu Laura zu gehen, weil Bill ja nicht zu ihr gehen konnte; ich sollte zu Laura gehen und ihr helfen.

Ich schloß die Augen und entspannte mich. Ich ging zu Laura: sie beugte sich über ein Kätzchen und weinte. Ich fragte sie, wie ich ihr helfen könne. Es gab ein paar falsche Anfänge, wie: „Also, ich denke, sie sagt ...", aber Eric sagte: „Halt, erzähl mir nicht, was du denkst. Entspann dich und laß es auf dich zukommen." Er riet mir, mich an die Wand zu lehnen. Ich entspannte mich wirklich lange und fing dann an, mit Laura zu sprechen. Sie weigerte sich, mir zu antworten. Dann endlich erkannte ich, daß ich diejenige war, die Hilfe brauchte.

Ich sagte zu ihr: „Laura, ich brauche deine Hilfe. Ich brauche dich, um mir zu sagen, was los ist." Plötzlich sagte *sie*: „Ich habe nie von mir gedacht, daß ich eine hilfreiche Person sein könnte. Überhaupt nicht." Und sie hat einen Neuseeland-Akzent und spricht sehr zynisch. Eric fragt mich nach der Katze, und sie fing an zu schreien. *Sie* schrie, lachte laut und wild, schlug um sich. Schließlich brach sie im Stuhl zusammen, ihre Arme hingen über die Lehne, ihr Kopf fiel zurück, und sie atmete schwer. Zwei Stunden lang sprach Eric mit ihr, und manchmal wußte ich, was sie sagen würde, und manchmal nicht. Später erzählte Eric, daß er zunächst überrascht war, als sie zuerst auftauchte. Sie lachte ihn aus, zog ihn auf, beleidigte ihn, aber er war gut zu ihr.

„Überraschung" ist natürlich ziemlich milde ausgedrückt. Als ich mein Herz schließlich unter meinem Stuhl, wo es sich versteckt hatte, wieder hervorgezogen hatte, bemerkte ich nach und nach, daß diese schwierige Frau, die plötzlich statt meiner scheuen, ernsthaften und humorvollen „Patientin" erschienen war — komplett mit steifem Gehabe, anderer Stimmqualität, Haltung, Meinungen, Moral, Stil, Motiven und „Persönlichkeit" —, daß also diese neue, schreckliche Person, die in meiner Praxis aufgetaucht war, selbst Angst hatte, hochmütig, stur und sehr einsam war. Ich verhielt mich ihr gegenüber mit vorsichtiger Sympathie. McCartney drückt das so aus:

Wie auch immer, es war ein unheimlicher Nachmittag. Ich fand heraus, daß es in mir eine andere Person gab, von der ich nichts wußte, die all das ist, was ich nie sein kann. Und ich weiß nicht, wie lange sie schon da ist oder sonst etwas. Und Eric sagt, daß er mir nicht helfen kann herauszufinden, wo sie herkommt oder seit wann sie schon da ist, aber daß er mir dabei helfen kann, die zwei — oder mehr — Teile von mir zusammenzubringen.

So wurde die Arbeit zu einem Prozeß der Versöhnung, dem Versuch, jemanden kennenzulernen. Weitere Persönlichkeiten wurden nicht dazu ermutigt aufzutauchen, und die historischen und ontologischen Fragen, die unsere Anstrengungen hätten unterminieren können, wurden beiseite gelassen. Die Beziehung der beiden wurde als eine Art Paartherapie fortgesetzt; Lorraine sprach mit Laura in Tagträumen und schrieb ein Tagebuch, wo beide ihre Gedanken aufschreiben konnten. Ungefähr ein Jahr später war Lorraine fähig, sich an den Tod der von ihr sehr geliebten Großmutter zu erinnern und diesen Verlust fast 25 Jahre nach dem Tod zu betrauern:

Ich erinnere mich an Großmutter. Ich erinnere mich an einen Tag in Großmutters Haus, in einem dunklen Schlafzimmer am Fuße der Treppe. Ich lag auf einem Bett, und Großmutter saß neben mir. Sie erzählte mir etwas. Ich habe ein bißchen Angst. „Du schläfst jetzt, und wenn du aufwachst, ist Papa da, und wir fragen ihn wegen des Kätzchens." Mein Gefühl ist, daß ich danach Großmutter nie mehr gesehen habe. Sie wurde krank, kam ins Krankenhaus und starb. An diesem Sonntag habe ich endlich um sie geweint.

Laura hat dieses starke, große Gefühl, vor dem ich so lange Angst gehabt habe, festgehalten und auch die Einsamkeit von mir abgehalten. Es tut mir immer noch weh. Ich will wirklich meine Großmutter. Ich schreibe so oft in mein Tagebuch: „Einsamkeit. Ich bin einsam." Ich fühle mich weniger einsam mit Laura, aber es ist Großmutter, wegen der ich einsam bin. Der Unterschied zwischen dem „Wissen" von Großmutters Tod und der „Erfahrung" ihres Todes ist unbeschreiblich.

Noch ein Jahr später schreibt sie:

Schöne Träume, in denen ich mich in einem hübschen, schlichten weißen Kleid sehe. Und später finde ich die Schatztruhe meiner Großmutter voller Spitzen und Bänder und Knöpfe. Ich frage, wem die Truhe gehört, und meine Tante sagt: „Dir." Ich war so glücklich, solch einen wunderschönen Schatz zu besitzen und benutzen zu können.

Die Therapie, die im ganzen 18 Stunden im Jahr 1972 umfaßte, wurde von Lorraine selbst noch einige Jahre weiter fortgesetzt. Sie benutzte dabei die interpersonale Technik, die sie im Umgang mit ihrer „anderen Seite" entwickelt hatte. Strategien für diese Art von Interaktion habe ich ausführlicher und in einem etwas anderen Zusammenhang in „The ‚Unconscious-Mind Mirror' in Active Imagination" (*Greenleaf* 1975) behandelt. Ich habe dort sehr detailliert eine Übung beschrieben, die das unbewußte Bild des Selbst ans Licht bringt — die „mit dem Schatten konfrontiert", würden die Jungianer sagen. Aber auch hier führt die aktive Imagination, in der personifizierte Teile des

Selbst wie reale Andere behandelt werden, zu offener Behandlung der emotionalen, historischen und interpersonalen Informationen, die für den Patienten erreichbar wird. In diesem Sinn dauert die Therapie weit über den therapeutischen „Endpunkt" hinaus an.

Weavers (1973) Frage: „Was würden Sie in diesem Fall im Leben tun?" ist bei der aktiven Imagination effektiv, wenn es um „multiple Persönlichkeiten", imaginierte Eltern oder Kinder, Traum-Monster und „Archetypen des kollektiven Unbewußten" geht. Der Therapeut kann sich dabei von den interpersonalen Methoden von Ginott (1965) und Sullivan (1954) und ihren Beziehungen zu schwierigen Anderen leiten lassen. Im Umgang mit diesen Beziehungen versucht man dann, die Handlung in Richtung auf dramatische Entscheidungen wie die, die auch im Leben zu finden sind, vorwärts zu treiben: Rettung und Erleichterung, Trennung und Versöhnung, Erforschung und Entdeckung oder sogar Tod, Trauer und Erneuerung. Das eigene Gefühl der Person davon, ob eine Handlung abgeschlossen ist, ist normalerweise zuverlässig, obwohl der Therapeut auf Fälle achten muß, in denen eher die Angst als die Lösung das Ende der Arbeit signalisiert. Die Arbeit mit aktiver Imagination dauert in der Regel dann, wenn Therapeut und Patient mehrere Stunden zur Verfügung haben, etwa eineinhalb Stunden. Danach sagen die Patienten oft freiwillig: „Ich habe das Gefühl, daß ich heute eine Menge gearbeitet habe — nicht physisch. Für heute bin ich fertig." oder: „Ich fühlte mich krank und erschöpft. Es war einfach eine unwahrscheinlich harte Arbeit, bis es geschafft war." Das Gefühl der Anstrengung ist ein wichtiges Korrelat für den Gebrauch der eigenen Stärke und der eigenen Fähigkeiten beim Bearbeiten schwieriger Themen, und das Gefühl persönlicher Stärke oder Aktivität ist etwas Alltägliches für lebendige Menschen.

Für den Umgang mit individuellen Figuren in Traumsituationen gelten alle normalen und abnormalen Beziehungsschwierigkeiten. Man spricht auch hier von Liebe, Haß, Trauer, Vergebung, Wollust, Wut, Kummer, Freude, Mißtrauen, Vertrauen und all den anderen benennbaren Emotionen, die in einer Beziehung von zwei Personen auftauchen. Es ist für die Klarheit der Beziehung wichtig, eine Linie von Emotionen oder emotionalem Austausch zu verfolgen; in besonderen Situationen, wenn man sich z. B. auf Traumgestalten bezieht, gibt es beiden, Therapeut und Patient, ein sicheres Gefühl, das Lorraine so ausdrückt: „Ich vertraute ihm, mich nicht für verrückt zu halten. Ich habe ihn das sogar gefragt. Ich vertraute ihm, weil er mich nicht wie eine Verrückte behandelte."

5. Modalitäten von Erfahrung

Wenn man aktive Imagination benutzt, tut man im Grunde das vorsätzlich, was uns eigentlich passiv zustößt, wie Träume, Tagträume, flüchtige Gedanken und schnell erregte Emotionen. *Haley* und seine Kollegen konnten oft feststellen, daß man Veränderungen sehr wirkungsvoll beschleunigen kann, wenn man vorschlägt oder fordert, die Sachen, die man sowieso tun muß, aktiv zu tun (*Haley* 1963; *Watzlawick* u. a. 1974). Ebenso ermöglicht auch der „reale" Umgang mit Phantasiegestalten, wie oben beschrieben, den Patienten, mit diesen „Projektionen" und allem anderen, was sie sowieso ertragen müssen, umzugehen, denn schließlich sind wir ja alle von „signifikanten Anderen" (i. S. von *Sullivan*) erzogen worden. Zusätzlich sorgt der direkte Umgang mit den Traumgestalten für eine Änderung des Bezugssystems* des Patienten: in dem einen ist er „verrückt" oder bedeutungslos oder gequält oder besessen, in dem anderen kann er Beziehungen nachspüren. Für *Watzlawick*, *Weakland* und *Fisch* ist diese Änderung im Bezugssystem („Reframing")* ein starkes psychotherapeutisches Werkzeug.

Ältere und neuere Forschungen bestätigen die Bedeutung dieses „Reframing", ja sogar schon eines einfachen Wechsels des Schauplatzes. Ein neueres Beispiel dafür bieten die wegweisenden Forschungen der Simonton-Gruppe (*Simonton* 1975) zur Krebsbehandlung mit unterschiedlichen aktiven Imaginationen. Wir haben einige dieser Transformationen von Erfahrung bisher schon angesprochen: die Fortsetzung des Träumens, wodurch Fremdheit in Bezogenheit umgewandelt wird; die aktive Haltung, die ein kognitives Dilemma in eine Aufgabe oder ein praktisches Problem umwandelt. Gleichermaßen ist auch ein Reframing von körperlichen oder von vagen und konfusen Erfahrungen in klare Bilder, mit denen man umgehen kann, sehr nützlich.

Solche Schwierigkeiten des Lebens, das „psychosomatische" Unbehagen, die „vagen Beschwerden", auch das völlig hilflose Verständnis des „intellektuellen" Patienten von den Ursachen und Bedeutungen seines Leidens können behandelt werden, wenn sie in Träumen spürbar werden. Aber die Träume können auch in der Therapie selbst geschaffen werden. Man fragt z. B. eine Person, die über Schmerzen klagt: „Wo ist er? Wie sieht es da aus?" Oder wenn es sich um Gefühle han-

---

*) Reframing, to reframe: „den Rahmen verändern" und damit einem einzelnen Erlebnis eine neue Bedeutung geben. „Reframe" läßt sich mit „umwandeln" oder auch „umdeuten" übersetzen. Vgl. dazu: *Bandler, R., Grinder J.*, Reframing, Junfermann, Paderborn 1985 (Anm. d. Red.).

delt: „Welche Farbe hat es? Wo spürst du es in deinem Körper?" Einem Mann, der über Depressionen klagt, könnte man z. B. sagen: „Sie erinnern sich an Ihre Schulzeit; wir haben damals alle Zeichnungen mit bunten Stiften gemacht, die wir dann mit Schwarz abgedeckt haben. Dann haben wir mit den Fingernägeln daran gekratzt, um die Farben freizulegen. Kratzen Sie jetzt alles Schwarze ab und sagen Sie mir, was Sie sehen." Dabei ist ein sachlicher Ton in der Gegenwart — „Kratzen Sie alles Schwarze ab" — ein gutes Mittel, um evtl. Einwänden gegen einfache Imaginationen zu begegnen. Tatsächlich ist es sogar schwierig, sich das, worüber der andere spricht, nicht bildlich vorzustellen. Wenn Farben auftauchen, kann man gemischte Farben in die Primärfarben auftrennen lassen und einigen Farben Formen geben, indem man z. B. fragt: „Welche Form hat das Rot jetzt?" oder: „Wenn die Farbe ein Gegenstand wäre, was wäre sie dann? Sehen Sie hin, und sagen Sie es mir." Dann rollen vielleicht Bälle oder werden geworfen, Vorhänge werden aufgemacht, und ein allgemeines Gefühl von zielgerichteter Bewegung wird in statische Umstände oder Emotionen getragen.

Körperliche Störungen wie Kopfschmerzen, Muskel-„Verspannung" oder „Nerven"-Beschwerden können genauso in Bilder übertragen werden. Ich habe eine Frau, die an Rückenschmerzen und Verspannungen litt, gefragt: „Was geht da vor? Was sehen Sie?" Sie sah zwei Männer, einen am Nacken und einen am Ende des Rückgrats, die die Nervenstränge zwischen sich so fest anzogen, daß einige ausgefranst und brüchig waren. Im Dialog mit den Figuren wurde der eine ermutigt, die ausgefransten Nerven zu reparieren, und der andere erklärte sich bereit, das Ziehen zu lassen und statt dessen ein Büro aufzumachen, von dem aus die ziemlich zerrütteten persönlichen Gewohnheiten der Patientin bearbeitet werden sollten. Nach vier Tagen war der halbe Rücken, nach zwei Wochen dreiviertel des Rückens schmerzfrei.

Eine andere wichtige Regel ist die Beibehaltung der Bilder bzw. des Bildersystems durch Neuorganisation oder Transformation. In der „Seelenspiegel"-Übung werden die Figuren aufgefordert, sich zu verändern oder sich zu entwickeln, aber nicht zu verschwinden. In dem oben angeführten Beispiel wird dem Mann eine andere Aufgabe gegeben, aber er wird nicht hinausgeworfen. In dem Beispiel von *McCartney*s zwei Persönlichkeiten zeigte ein späterer Traum, daß sie sich fürchtete, aber sie „tat etwas, um uns beide zusammenzubringen". Der metaphorische Gebrauch des ganzen Selbst und all seiner Materialien oder, wie man auch sagen könnte, die Reintegration von Projektionen, das Gleichgewicht des Systems des psychischen Feldes oder die Konservierung der Libido-Energie, wie immer man es ausdrücken will, ist ein Schlüsselelement jeder therapeutischen Arbeit; dieses zustande zu bringen, bedeutet das natürliche Ende der persönlichen Schwierigkeiten oder des Problems.

Sehen wir uns ein weiteres Beispiel für die Übersetzung von Erfahrungsmodalitäten und ihre Integration an: Ein 40jähriger Mann begann die Therapie mit mir in einem Zustand, den er mit „auf dem Müllhaufen sein" beschrieb. Ich forderte ihn auf, die „deprimierende" Aufgabe zu unternehmen, den Abfall auszusortieren und wiederzuverwenden, und er antwortete darauf: „Ich habe diesen widerlichen Abfall als Anhängsel an vergangene Ereignisse betrachtet, wie angeklebt. Ich möchte ihn loswerden." Wie könnte man das machen? Wir einigten uns darauf, den (hauptsächlich organischen) Abfall zu kompostieren, um Energie für einen Methangasumformer zu gewinnen. Er konnte dann die so entstandene „Kraft" für das, was ihm wichtig war, benutzen. Er entschied sich dafür, mit dem Gas einen Schneidbrenner anzutreiben, der Löcher durch die Metallplatten schneiden kann, die ihn von der Außenwelt der anderen Menschen trennten. Während er dies tat, wurde sein Ekelgefühl von ruhiger Befriedigung und leichtem Atem abgelöst, „wie normales, alltägliches Atmen, nur leichter". Er fing „auf dem Müllhaufen" an, aber nach viel harter Arbeit kann er jetzt „leichter atmen".

Vage Beschwerden haben zwar häufig ein unwiderstehliches Pathos, sind aber in der Therapie oft auch schwer in den Griff zu bekommen. Ein junger Mann z. B. litt sowohl unter wiederholten, plötzlich auftretenden Gefühlen der Demütigung und Wertlosigkeit wie auch unter schweren Schmerzen im Bein, deren Ursache nicht festgestellt werden konnte. Nach vielen Wochen Therapie wurde er aufgefordert, darauf zu achten, wo das Gefühl des absoluten und uneingeschränkten Werts (nicht verbunden mit Leistungen) liegt. Er dachte einen Moment nach und sagte, es wäre „im Herzen" und sähe aus wie ein stacheliges Oval, das mit steigendem Wert dunkler und weicher, mit abnehmenden Gefühlen von Wert aber heller und schmerzhaft brennend würde. Er sollte das Gefühl anwachsen lassen und war überrascht, daß es einen Ausläufer in das kranke Bein schickte, mit einem kleinen, stacheligen Ball am Ende. Ich forderte ihn dann auf, den Ball heraufzuholen und auszuspucken, und dabei solle er sich die ganze Zeit an Beispiele von Ärger und Demütigungen während seiner einsamen Kindheit erinnern. Er tat es und entdeckte „Hunderte" dieser stacheligen Bälle in seinem Kniegelenk. Er entschloß sich, sie alle herauszuholen.

Es ist in der Psychotherapie seit langem Mode, den Organismus als integriertes System von „psychosomatischen" Ereignissen anzusehen. Die Transformation von Erfahrung und die „Symptome", die unsere Aufmerksamkeit erzwingen, werden auf ein Wechselspiel von Angst und Selbst oder Streß und Organismus zurückgeführt. Wenn wir uns Angst als formlose Situation vorstellen, als eine Situation, in der Information sprachlos, verloren oder verzerrt ist und in der auch die Emotionen vage, eine Art „weißer Lärm" sind, dann machen wir uns bereit, diese schmerzhafte Sinnlosigkeit durch Formen und Bilder zu ersetzen.

Ein Patient, der unter dem Einfluß von „antipsychotischen" Medikamenten an Traumlosigkeit und Pavor nocturnus litt, sagte bitter zu mir: „Wenn ich nur ein Bild hätte, das ich festhalten könnte." Die Rolle desjenigen, der diese Bilder bereitstellt, fällt dem Träumenden selbst zu, oder dem Träumenden und seinem Führer. Sie entwickeln zusammen die Mittel, die den sicheren Weg durch die Engpässe von Unsicherheit und Furcht erlauben. Diese Rolle und diese Zusammenarbeit haben eine sehr lange und sehr alte Geschichte, der wir uns nun zuwenden wollen.

6. Die Struktur des Heilens

> „Sie hätten die Methode der Visualisierung und ihren unermeßlichen Vorzug für die Erweiterung des eigenen Zustands erkennen sollen."
> (Tibetanisches Totenbuch, *Evans-Wentz* 1927)

Das *Totenbuch* oder *Bardo Thodol* enthält Texte, die dem Sterbenden vorgelesen werden, um ihn durch die Schrecken von Tod und Wiedergeburt zu leiten, „den fürchterlichen Überfall des *Bardo*". Aber die Situationen, für die das Buch Formen der gelenkten Meditation vorschreibt, beziehen sich nicht nur auf das Sterben. Der Terminus „*Bardo*" bezeichnet einen „Zwischen"-Status, einen Zustand von Bewußtsein und Unsicherheit, von dem sechs Arten benannt sind: Der Zustand des wachen Bewußtseins, der Zustand des Traumbewußtseins, der Zustand des Trance-Bewußtseins in der Meditation, der Zustand der Todeserfahrung, der Zustand des Bewußtseins der Wiedergeburt und der Zustand der Erfahrung von Realität. In diesen Perioden des Übergangs, der Unsicherheit und, wie wir sagen würden, der Angst wird der Person geraten, angesichts der Anziehungskraft und Furcht, die durch die Bilder, die seinen „eigenen Intellekt verkörpern", ausgeübt wird, standhaft zu bleiben. Wie bei Angstzuständen wird diese Aufgabe in dem Maße schwieriger, in dem die Unsicherheit anhält, und die Bilder, mit denen jemand konfrontiert wird, werden schrecklicher, je länger er seinen „gegenwärtigen Intellekt, in Wahrheit leer, nicht irgendwie geformt, ... die wirkliche Realität", oder, wie wir sagen würden, das Selbst nicht begreift. In der buddhistischen Sichtweise sind Realität, Selbst und Psyche synonym, und wie im *Bardo Thodol* werden Übungen und Führung gegen Furcht und Ängste, die die Erfahrung der wahren Betrachtung der Dinge verhindern, angeboten. In ihrer neueren Biographie von *Jung* behauptet *M.-L. von Franz* (1975), seine Wiederentdeckung der aktiven Imagination sei eine „Rückkehr zur ältestbekannten Urform aller Meditation, wie sie *vor* der Ausbildung des Yoga, der buddhistischen Meditation und der taoistischen Alchemie bestand". Sie verknüpft so Yoga, Alchemie, Zen-Übungen und die Mittel des Schamanismus mit der allen gemeinsamen Anwendung von Visualisierung, um Befreiung zu ermöglichen. Sie zitiert einen chinesischen taoistischen Text:

„Der Weise konzentriert sich und kann so zu den höheren Sphären gelangen und zu den unteren Sphären hinabsteigen, um dort zu erkennen, welche Dinge er tun soll."

Diese Belehrung darüber, was zu tun ist, wenn die Situationen des Lebens sich verändern, gibt auch der Bonze dem sterbenden Tibetaner oder der Schamane einem Klienten. *Jungs* Schüler betonen die Funktion des Analytikers bei der Lenkung der aktiven Imagination des Patienten, damit er die „niedrigere Funktion" des Erfahrens durch das Medium des Phantasierens ausdrücken kann. *R. F. C. Hulls* (1971) Bibliographie von *Jungs* Verweisen auf die aktive Imagination ist ein nützliches Mittel für diejenigen, die an diesen Entsprechungen interessiert sind (vgl. auch *v. Franz, Hillman* 1980). Durch aktive Imagination zur „mittleren Sphäre" zu gelangen heißt, die „transzendente Funktion" zu schaffen. Die Ich-Bewußtheit ist von der Identifikation mit bestimmten Funktionen des Erfahrens abgelöst, und die Person ähnelt am Ende einem Zen-Meister:

„In diesem Augenblick überträgt man sein Lebensgefühl in ein inneres Zentrum, und die vier Funktionen verbleiben als reine Instrumente, die man benutzen kann, wie man will; man kann sie aufnehmen und wieder ablegen." (*von Franz, Hillman* 1980)

Ich werde die Quellen der archetypischen Psychologie im nächsten Abschnitt wieder aufnehmen und das Konzept des „Archetypus" und einige damit zusammenhängende therapeutische Methoden untersuchen. Aber *alle* therapeutischen Methoden sind seit Tausenden von Jahren öffentliches Allgemeingut. Buddha selbst hat erklärt, daß er den alten Weg gesehen habe, und ist ihm gefolgt. Es gibt so viele Arten der Therapie, wie es Lebenserfahrungen gibt, und moderne Therapieformen benutzen Tanz, Kunst, Imagination, Beziehungen, Aufmerksamkeitsprozesse und Lernen, wie z. B. Bioenergetik, Kunsttherapie, gelenkte Phantasie, Gestalttherapie, Hypnosetherapie und Verhaltenstherapie. Genauso gehen auch die Yoga-Schüler von den Grunderfahrungen des Lebens aus: Vision, Haltung, Töne und Muster, mit denen sie ihre Methoden der Visualisierung: *Mudra, Mantra und Mandala* entwickeln.

Die Yoga-Methoden richten sich auf die „Probleme" von Leid und Veränderung oder (für die, die den moderneren Sprachgebrauch bevorzugen) auf „Streß" und „Wachstum". Diese Methoden sind experimentell und benutzen sowohl Homologien (die Gleichartigkeit der Struktur von Ereignismustern) als auch Paradoxe („eine anscheinend widersprüchliche Behauptung ..., die aber in Wirklichkeit wahr sein kann"), um Menschen von diesem Leiden zu befreien. „Homologie" ist der Grundprozeß der Repräsentation, so wenn z. B. unsere Worte in der Praxis des Therapeuten als Repräsentation von lang zurückliegenden Verhaltensmustern unseren Eltern gegenüber aufgefaßt werden. Alle Rituale haben etwas von dem Gefühl, daß ein Ding ein anderes oder daß Denken Taten repräsentieren kann. Der Religionswissenschaftler *Mircea Eliade* (1963) versteht Homologie als das Denkprinzip, das Ursprungsmythen, Heilpraktiken der Schamanen und gegenwärtige Lebensformen einer Gesellschaft zusammenbringt:

„Daß der kosmogonische Mythos auf unterschiedliche Bewußtseinsebenen angewandt werden kann, scheint uns von ganz besonderer Bedeutung. Der Mensch in den traditionellen Gesellschaften fühlt die grundsätzliche Einheit von „Taten", „Arbeiten" oder „Formen", ob sie biologisch, psychisch oder historisch sind. Ein verlorener Krieg kann mit Krankheit, mit einem dunklen und betrübten Herzen, mit einer unfruchtbaren Frau, mit der fehlenden Inspiration eines Dichters oder mit einer anderen kritischen, existentiellen Situation, in der Menschen zur Verzweiflung getrieben werden, gleichgesetzt werden."

Dennoch gibt es Methoden, die für bestimmte Situationen geeigneter sind als andere, oder, genauer ausgedrückt, Arbeitsweisen, die gemeinsame Prinzipien in unterschiedlicher Weise nutzbar machen, je nach den Eigenschaften des Patienten und den jeweiligen Zeitumständen. *Jung* (1961) sagt: „In der einen Analyse wird man mich den Adlerschen, in einer anderen den Freudschen Dialekt sprechen hören." *Von Franz* (1971) merkt an, daß intuitive Typen in Ton aktiv imaginieren können, Denktypen im Tanz, Gefühlstypen durch Schreiben von Gruselliteratur. Tantrisches Yoga wurde im 4. Jahrhundert v. Chr., parallel zum Aufkommen von Gnosis, Hermetismus und Alchemie entwickelt (*Eliade* 1958) und richtete sich speziell an die Männer und

Frauen des *Kali Yuga*, nach der indischen Kosmologie das Zeitalter der größten Dunkelheit und Degeneration. *Eliade* (1969) sagt:

„Das Syndrom des Kali Yuga zeichnet sich dadurch aus, daß es das einzige Zeitalter ist, in dem allein der Reichtum über die soziale Stellung entscheidet; Reichtum wird zum einzigen Motiv für die Tugenden; Leidenschaft und Wollust zum einzigen Bindeglied der Ehepaare; Falschheit und Täuschung zur ersten Bedingung für Erfolg im Leben; Sexualität die einzige Quelle der Freude; und äußerliche, rein ritualistische Religion wird verwechselt mit Spiritualität. Wohl bemerkt, seit mehreren Tausenden Jahren leben wir schon im Kali Yuga."

Für Menschen, die auf diese Art leiden, setzt die angemessene Methodologie direkt an ihrer physischen Lebenserfahrung an und macht die sexuellen Leidenschaften in Yoga-Übungen, z. B. beim *Kundalini* (*Zimmer* 1960) nutzbar. Auch für den „Materialismus" des Zeitalters, diesen „Verfall des Symbolismus" (*Eliade* 1962), der mir gegenüber einmal so ausgedrückt wurde: „Wenn du etwas nicht essen, vögeln oder verkaufen kannst, was kann das schon sein?", gibt es bestimmte Formen des tantrischen Yoga. *Zimmer* (1960) beschreibt eine Meditationsübung, die mit kultischen Ritualen („Opfer, geflüsterte Beschwörungen, Schwingen der Lampen") und konkreten, gabengeschmückten Götterbildern beginnt. Stück für Stück wird „das ganze äußere Zeremoniell in einem Prozeß progressiver Visualisierung wiederholt" und das Ritual durch innere Abläufe ersetzt:

„Die Riten werden täglich intensiver; die inneren Prozesse, die durch sie erreicht werden sollen, durchlaufen die sieben Stadien der Yogaübung, die mit dem Bild eines Gottes verbunden ist: von der Kontemplation des materiellen Bildes zur Substitution durch sein inneres Abbild ... dann von der inneren Kontemplation dieses Bildes, bei der Betrachter und Bild getrennt voneinander existieren, zu einer Einheit der beiden (*Samadhi*) ..."

Paradoxerweise kann die Konzentration auf Erfahrung zur Befreiung von den Zwängen dieser Erfahrung führen, so wie man von den Filmen der Glide Foundation, die alle Formen der Sexualität zeigen, die Befreiung des Betrachters von seinen Schwierigkeiten mit sexuellen Gefühlen und deren Ausdruck erhofft. Was uns hier hauptsächlich interessiert, ist die Homologie der psychischen Struktur und der Struktur der Erfahrung und ganz besonders der Stellenwert der Imagination bei der Repräsentation der Welt und bei der Anpassung von Organismen an sich verändernde Umstände. Aber immer gehört auch das Paradox dazu, beim schon erwähnten „Umdeuten" (Reframing) von Erfahrung und beim Ritual, das gegenwärtige Erfahrung mit der „heiligen Zeit" des Mythos gleichsetzt, damit sich der „Bruch der Ebene" des normalen Raums, der Zeit und der paarweise entgegengesetzten Konzepte vollziehen kann (*Eliade* 1958). Innerhalb der Struktur von ritueller Heilung, Initiation und Meditation führen paradoxe Äußerungen, sprachlicher wie beziehungsmäßiger Art, wie sie in der Zen-Tradition (*Chang* 1969) oder in neuerer Zeit durch die therapeutische Arbeit von *Erickson* (*Haley* 1973) und *Haley* (1963) auftauchen, zu einer Transzendierung der entgegengesetzten Konstrukte, die das Verstehen und Leben einengen: „verrückt" und „normal" kann man verwandeln in „verrückt wie ein Fuchs".

Die Glaubwürdigkeit dieser asketischen, mystischen oder therapeutischen Traditionen entsteht, wie *Eliade* sagt, aus dem „direkten, experimentellen Wissen von den Grundlagen und Prozessen des menschlichen Körpers und des geistig-seelischen Lebens" (*Eliade* 1962a). In seinem großartigen Buch „Forge and the crucible" hat er als Paralleltradition zu den Yoga-Disziplinen die Alchemie nachgewiesen. Er zeigt die engen Verbindungen zwischen Schamanismus, Lied-, Tanz- und Dichtkunst und der Kunst des Schmieds oder des Zauberers auf. Die sich überschneidenden Techniken dieser Disziplinen wurden in Initiationsriten weitergegeben, deren Strukturen in der Erfahrung von Leid, Tod und Wiedergeburt bestehen und zu einer Verwandlung der Person führen (*Eliade* 1962a). Das große Werk der Alchemisten, die alchemistische Wandlung, kann als ein Initiationsmysterium angesehen werden, da sie „auf die Materie die initiatorische Funktion des Leidens projizieren". Die von *Eliade* (1962a) und von *Jung* in seiner „Psychologie und Alchemie" (*Jung* 1952) zitierten Texte machen deutlich, daß die Alchemisten versuchten, die Materie durch eine Beziehung zu ihr vier Phasen (schwarz, weiß, gelb und rot) durchlaufen zu lassen, um sie *und* sich selbst in den „Stein der Weisen" zu verwandeln, diesen Schatz, der so verbreitet ist wie das Wasser, den aber nur der Eingeweihte finden kann. Das Gefäß dieser Wandlung wird am sinnvollsten als das Selbst verstanden, wie der Alchemist *Zosimos* sagt: „Eines ist die Sache, eines das Gefäß, eines der Stein" (*von Franz* 1975).

Um mit der Materie in Beziehung zu treten, benutzten die Alchemisten Träume, Meditation und Phantasieren: *Phantasia vera et non phantastica*, was von verschiedenen Autoren als eben die Aktivität, die *Jung* als „aktive Imagination" wiederentdeckt hat, zitiert wird. Der Alchemist führt seine Materie zum Geist, so wie der Schamane — der Führer, Heiler, Psychopompos (aber nicht der Priester) der traditionellen Gesellschaften — die Seelen führt. Wichtig für diesen sich entwickelnden Komplex von Yoga, Alchemie und Schamanismus in ihrer Beziehung zur aktiven Imagination wird die Tatsache, daß der Schamane „der große Spezialist in der menschlichen Seele ist", er allein „sieht" sie, denn er kennt ihre „Form" und ihr Schicksal (*Eliade* 1962b). Der Schamane erleidet Initiation, Tod und Wiedergeburt in seiner eigenen Erfahrung, nicht „symbolisch", er „sieht" die „Formen" des Lebens (*Eliade* 1962b) und kann so „die Grenzen zwischen Traum und gegenwärtiger Realität niederreißen" und die verlorene Seele wieder in den rituellen Raum der Großen Zeit oder der Traumzeit einsetzen.

Die Methode, die für diese transzendierenden Verfahren benutzt wird, ist, wie wir gesehen haben, homologisch mit der der Visualisierung oder der aktiven Imagination. Wenn man davon ausgeht, daß die Konzentration auf imaginierte Erfahrung physische Verhaltensmuster erzwingen, verändern und transzendieren kann (und wurde denn je etwas anderes behauptet?), dann muß die Frage nach der Beziehung dieser Denkformen zu der aktiven, gelebten Lebenserfahrung und dem Verständnis von diesem Leben gestellt werden. Bevor wir aber die neueren Ansichten über diese Beziehung betrachten, wollen wir uns zunächst das *Jung*sche Verständnis der „Archetypen", wie es sich in der aktiven Imagination zeigt, untersuchen.

7. Archetypus und Bild

> Wir nähern uns dem Es mit Analogien. (S. *Freud*, G.W. 15, S. 62 ff.)
> Bild ist Seele. (C. G. *Jung*, G. W. 13, S. 58)

Wiederholbarkeit ist ein Hauptprinzip der Naturwissenschaften, auf das von Psychologen oft verwiesen wird, an dem man aber in experimentellen Situationen mit Menschen nur schwer festhalten kann. In den Sozialwissenschaften sind die Kriterien der Wiederholbarkeit normalerweise mit Versuchen von Vorhersage gekoppelt, obwohl bereits darauf hingewiesen wurde, daß in Forschungsbereichen, deren Vorgehen „Aufforderungscharakter" hat (*Orne* 1962), *nicht*-vorhersagbare oder spontane Subjekt-Reaktionen einem „wissenschaftlichen" Modell der psychologischen Forschung am besten entsprechen. Spontane Subjekt-Reaktionen sind natürlich da am aufschlußreichsten, wo es sich bei dem zu berücksichtigenden Datenmaterial um „Bewußtseinszustände" und nicht um „Verhalten" handelt; denn menschliche Erfahrung wird berichtet (erzählt), und der verbale Bericht ist den Beeinflussungen und „Aufforderungen" des Versuchsleiters oder Beobachters unterworfen. Die vielen Berichte über spontan erschlossene Erfahrungen in der Therapie, bei denen die Personen die breite Literatur über identische Erfahrung gar nicht kennen und auch der Therapeut keinerlei Erwartungen in bezug auf solche Ergebnisse hat, können als nicht-vorhergesagte Reproduktionen der wichtigen Konstanten der Psyche und der Emotionen angesehen werden. Die Entdeckung der archetypischen Bilder im Laufe von *Jungs* therapeutischer Arbeit führte zu seiner Sichtweise der Beziehung von Bildern zu dem, was seitdem „das Problem der Psyche" genannt wurde.

Ein Beispiel für das Auftreten eines „archetypischen Bildes" im Lauf einer Therapie soll verdeutlichen, was ich meine: Ellen, die Patientin, kam einsam und verzweifelt nach dem Zusammenbruch einer intimen Beziehung zu ihrer Sitzung. Als sie über ihre Gefühle sprechen sollte, sagte sie, sie habe Angst, und als ich sie fragte: „Wie würden Sie sich fühlen, wenn Sie keine Angst mehr hätten?", sagte sie: „Traurig." „Und wenn Sie nicht mehr traurig wären?" — „Ärgerlich. Aber wenn ich nicht ärgerlich wäre, wäre ich leer." Als sie sich die einsame Leere bildlich vorstellte, imaginierte Ellen einen langen, dunklen Tunnel. Aber in der Tiefe der Verzweiflung wurde sie plötzlich mit der Figur einer lebenssprühenden, wilden, wunderschönen Frau konfrontiert. Diese Figur, die auftauchte, als „niemand mehr da war", führte sie weiter, gab ihr Ermunterung und Mut, kämpfte für sie und gab ihr Geschenke von großem Wert. Eine dieser Gaben war höchst bemerkenswert: Ellen erhielt einen „goldenen Zweig", dessen Früchte ihr den Eintritt in eine „innere Welt" ermöglichten, in eine riesige Wüste mit fremden, maskulinen Zügen und riesigen Felsen, die es schwierig machten, einen Weg hindurch zu finden.

„Der goldene Zweig", *Frazer*s (1922) klassische Studie, hatte seit Jahren ungeöffnet auf meinem Regal gestanden. Ellen hatte nie von dem Buch gehört, ich hatte es nie gelesen. Ich las es daraufhin und fand, daß dem „goldenen Zweig", den *Frazer* als eine Art Mistelzweig identifiziert, die Eigenschaft, „alle Riegel zu öffnen", zugeschrieben wurde und daß bei *Vergil* der Held Äneas solch einen Zweig auf seiner Reise in die Unterwelt mit sich führte. Der angstmachende enge Durchgang und die labyrinthischen bzw. chthonischen Reisen sind durchweg Bilder einer Initiation (*Eliade* 1962), die, wie wir gesehen haben, die Abfolge von Leid, Tod und Wiedergeburt des Initianden beinhaltet.

Eine solche Initiation ist ein Prozeß des Lebens und kann von inneren Stimmen oder Visionen geleitet werden, wie wir es bei der Berufung der Schamanen finden, oder aber durch äußere Führer, wie z. B. bei der Einführung in Klubs, Gesellschaften, Berufe und Handwerke unserer Zeit. In der Therapie ist der Therapeut der Führer, er kann aber auch, wie bei allen Strukturen des Heilens, als inneres Bild vorhanden sein (*Swedenborg* unveröffentlicht), entweder gleichzeitig mit der physischen Präsenz des Therapeuten oder außerhalb der Therapiestunde. Sicherlich hat jeder Therapeut schon Leute mit beträchtlicher Erleichterung sagen hören: „Ich habe an Sie gedacht, als ich Angst hatte, daran, was Sie mir sagen würden, wenn Sie hier wären, und das hat mir geholfen." In der *Beziehung* zwischen Patient und Therapeut oder Novize und Meister existiert der Archetypus des Heilens oder der Initiation nicht in einer der beiden Personen. Wie *Jung* es ausdrückt: „Die einzelnen Archetypen sind eben nicht isoliert vorhanden, sondern befinden sich in einem Zustand der Verschmelzung, der vollständigsten gegenseitigen Durchdringung" (*Casey* 1974). Anders ausgedrückt: Das Bild oder das einzelne Wort, das dafür steht, hier z. B. „Therapeut", verbirgt die Bezogenheit, die die Struktur des Bildes *ist*. *Eliade* kommentiert dies so:

„Deshalb ist das Bild als solches, als ganzes Bündel von Bedeutungen, wahr, und nicht irgendeine *einzelne* seiner Bedeutungen, auch nicht einer der vielen vorhandenen Bezugsrahmen. Wenn man ein Bild in eine konkrete Terminologie übersetzt, indem man es auf einen seiner Bezugsrahmen beschränkt, so heißt das, ... daß man es als Instrument der Erkenntnis annulliert."

Bilder sind Erkenntnisinstrumente und adäquate Mittel für den Umgang mit Problemen des Lebens und für das Verständnis von Bedeutungen, denn: „Die Begriffe der komplexen Psychologie sind im Grunde keine intellektuellen Formulierungen, sondern Namen für bestimmte Bereiche von Erfahrung" (*Jung* 1976). Diese Bereiche, die Phänomene der menschlichen Psyche, lassen sich am besten in Ereignissen oder Interaktionen darstellen, nicht als Entitäten. Um diese Phänomene zu beschreiben, braucht man eine Sprache, die an Beziehungen und deren Matrix, nicht an kausalen Folgen orientiert ist. Ich meine damit, daß die „Traumsprache" oder die archetypischen Strukturen, die sich durch aktive Imagination entwickeln, ein angemessenes Verständnis von menschlichen Ereignissen ermöglichen, ganz besonders von solchen, über die wir in der gewöhnlichen Sprache nicht reden können. Stellen Sie sich vor, man würde irgendeine Interaktion von *drei* Personen beschreiben. Für Zweiergruppen gibt es bestimmte Termini, z. B. „Freundschaft", aber wie kann man über die Beziehung von allen Familienmitgliedern zusammen sprechen? Wenn man nicht Ausdrücke wie das allgegenwärtige „oh wow" benutzt, steckt man wirklich in der Klemme. Wenn man den Belehrungen der Familientherapeuten, Systemtheoretiker und sogar der Psychoanalytiker glaubt, die uns ständig die Interdependenz des individuellen Lebens vor Augen halten, stehen wir am Ende ohne irgendwelche Termini für den Ausdruck dieser Realität im gemeinsamen Gespräch da. Auch die freak-„therapeutischen" Sprachen wie T. A. und E. S. T. sind arm an nicht-dyadischer Terminologie.

Normalerweise lösen wir dieses Dilemma ganz richtig, indem wir Anekdoten, Metaphern oder moralische Fabeln benutzen. Das erscheint mir sehr sinnvoll, weil die Verbildlichung von Beziehungen durch imaginatives Erleben und das durch diese Bilder (die archetypischen Gestalten und die Dramen des Lebens) von alters her vorgegebene Vokabular perfekte Darstellungen oder Homologien der komplexen menschlichen Erfahrungen sind. Die Tibetaner nennen die Träume *rang-snang* (*Evans-Wentz* 1927), die eigenen Gedankenformen oder Visionen. Das trifft auf spontane Träume wie auf Imaginationen in der Praxis des Therapeuten zu. Träume ermöglichen ein Verständnis für das, was *Wittgenstein* (1958) „das, was akzeptiert werden muß, das Gegebene, die Form des Lebens" nennt; d. h., man kann Lebensformen und Beziehungen durch Hören, Visualisieren und Erfahren einer aktiven Imagination begreifen. Man kann adäquat über die Formen des Lebens sprechen, indem man einen Traum erzählt (*Greenleaf* 1974; *Zucker* 1967).

In der *Jung*schen Begrifflichkeit wird aktive Imagination als spontane Amplifikation von Archetypen durch Bilder verstanden (*Casey* 1974). Diese Bilder werden verstanden als visuelle Formen der Organisationsmuster des Denkens, „die typischen Arten des Begreifens, die sozusagen ein inneres Selbstbild der menschlichen Instinkte oder von deren Struktur bilden" (*von Franz* 1975). *Weaver* (1973) stellt fest: „Aktive Imagination führt in die Struktur der Psyche ... hier findet man die Basiskämpfe der Menschheit, das psychische Wachstum und die Formen, auf denen das Bewußtsein ruht." Das Begreifen der dynamischen Psyche durch die in Wechselbeziehung stehenden Formen der Archetypen führt zu Veränderung und Wachstum, denn: „Wir betreten das Drama der Psyche durch die Teilnahme an dem, was psychisch real ist: an dem, was uns in irgendeiner Weise grundsätzlich ändern kann" (*Casey* 1974).

Ob wir nun die Grenzen der gesprochenen Sprache oder die Ubiquität des visuellen Denkens betonen, die Traumsprache, eingebettet in räumliche Termini wie die gewöhnliche Sprache und dramatisch strukturiert in visualisierten Formen, bietet uns ein geeignetes und verfügbares Verständnismuster von menschlichen Ereignissen, die als Sammlung funktionaler Beziehungen aufgefaßt werden. *Jungs* Begriff des Archetypus ist ein Versuch, diesen Zustand wiederzugeben, aber es gibt auch verschiedene neuere Formulierungen zu der Erklärung von Denken, Handeln und „Geist", die sowohl die oben beschriebenen antiken Intuitionen als auch den modernen Gebrauch der Imagination in der Psychotherapie umfassen. Auf den Zusammenhang zwischen dem modernen Verständnis von „Hypnose" und dem von „Imagination" ist bereits hingewiesen worden. Dazu können wir noch die Erkenntnisse der Epistemologie, Paläoneurologie, die Psychologie der Vision, die vergleichenden Sprachwissenschaften und die Mathematik hinzunehmen.

8. Bilder und die Struktur des Denkens

> Wir haben uns benommen, als ob wir versucht hätten, die wahre Artischocke zu entdecken, indem wir all ihre Blätter abreißen.
>
> (*Wittgenstein* 1958)

Ich habe bereits betont, daß die Basis des aktiven Imaginierens die Handlung und nicht die Erklärung ist. Wenn man die Termini „Handlung" und „Bedeutung" trennt, dann müßte man sagen, daß das Verstehen der Handlung „folgt" oder daß die Veränderung der Einsicht vorausgeht. Von einem anderen Standpunkt aus gesehen, existiert diese Trennung nicht. *Gardners* Lesart der „Strukturalisten" besagt, daß „das Wissen von Zuständen der Realität durch ihre Transformation entsteht; auf diese Weise führen gerade die Handlungen, die das Denken ausmachen, letztlich zum Wissen vom Denken." Wir sind gewöhnt zu denken, daß die „Handlungen, die das Denken ausmachen", primär Manipulationen von „verbalen Begriffen" sind, und zwar verstärkt, je mehr „Sekundärprozesse", „Rationalität" oder „Abstraktheit" das Denken verlangt. Es wird jedoch zunehmend schwieriger, diese Annahme aufrechtzuerhalten.

Attneave stellte die Frage: „Wie kann man wissen?" vor kurzem in seiner Präsidentenrede vor der Western Psychological Association (1974). Er argumentierte zunächst, es sei ein Gemeinplatz, daß Wissen eine Repräsentation beinhalte und daß die Repräsentation eines Systems durch ein anderes auf einer Homologie zwischen Systemteilen und/oder Relationen von Teilen beruhe. Er fragt, in welcher Weise eine Repräsentation der Welt, bzw. „Wissen", wichtig für das Überleben sei, und folgert dann, die biologisch entscheidende Komponente des „Wissens" sei das Wissen „Wie" (statt das Wissen „Warum"). Wissen darum, wie Dinge zu tun sind oder wo und was sie sind, z. B. wie man ißt, wie man Wasser findet, wie man sich paart, ist das nützlichste Wissen, und der Wissende assoziiert Objekte und Prozesse in der Welt durch ihre gegenseitige Beziehung und durch die integrativen Funktionen, die sie im Leben erfüllen.

Welche Art der Repräsentation ist in dieser Situation möglich? In welcher Form wird die Information über Beziehungen verarbeitet? *Att-*

neave betrachtet das Repräsentationssystem der Sprache als eines, in dem Beziehungen durch Dinge (Wörter) repräsentiert werden. Es ist ein „digitales" System der Informationsverarbeitung. Der Gegensatz dazu ist ein analoges System, wie z. B. eine Landkarte, auf der Beziehungen zwischen Kategorien (Flüssen, Straßen, Städte) durch Beziehungen auf der Oberfläche der Karte repräsentiert sind. *Attneave* behauptet nun, daß viele (wenn auch nicht alle) psychischen Funktionen eine analoge Repräsentation erfordern. Er nennt die Repräsentation von Zahlen als eine solche Funktion, bestimmte psychophysiologische Abläufe als eine andere. Danach konzentriert er sich auf die wichtigsten Beispiele der analogen Repräsentation: das Repräsentationssystem des physischen Raumes, sowohl des *imaginierten* als auch des wahrgenommenen, denn „das Tier weiß, wo das Wasserloch ist." Er zitiert Studien von *Shepard* (vgl. *Shepard, L., Metzler, R.: Science* 1971, 171, 701-703), in denen nachgewiesen wird, daß „die Repräsentation des Objekts tatsächlich kontinuierlich durch alle dazwischenliegenden Aspekte geht", wenn man ein geistiges Bild rotieren läßt. Diese imaginierten Szenen und ihre aktive Transformation befähigen einen Menschen, mit bestimmten Handlungsabläufen zu experimentieren, bevor er sich auf die Handlung einläßt. In diesem „Arbeitsraum" können auch die dazugehörigen starken Emotionen, die die Handlung begleiten, hervorgerufen und umgewandelt werden, obwohl *Attneave* das in seiner Untersuchung nicht ausdrücklich sagt.

Ausgehend von der analogen Natur der Repräsentation und den engen Bindungen an räumliche Wahrnehmung und Standorte fragt *Attneave* weiter, wie die Repräsentationsstrukturen „ihre Bedeutung erhalten". Er stellt fest, daß Beschreibungen, die in Worten kodiert sind, Imaginationen hervorbringen, geht aber darüber hinaus:

„Es gibt einen weiteren Bedeutungsaspekt, den ich für noch wesentlicher halte. Ich kann mir vorstellen, spazieren zu gehen und im Wald auf einen Hund, einen Vogel oder eine Wildkatze zu treffen. Wie aber die Szenerie von diesem Punkt an weitergeht, hängt in höchstem Maße davon ab, welches von den dreien ich mir vorgestellt habe. Die Spielregeln sind in keiner Weise für Hunde, Vögel oder Wildkatzen dieselben."

Deshalb, so argumentiert er weiter, liegt der Nutzen, Situationen und Gegenstände zu identifizieren, in unserem „Zugang" zu ihren Interaktionsregeln mit uns und miteinander, also zu ihren Beziehungen. Die Verbindung von Bedeutungen mit Imagination und Handlungsregeln läßt sich auch an Phänomenen wie den Berichten von Schachmeistern aufzeigen (*Attneave* 1974), die komplette Positionen nach einem flüchtigen Blick auf das Schachbrett rekonstruieren können. Sie können das, weil sie funktionale Beziehungen unter den Figuren erinnern, z. B.

welche Figur eine andere deckt, und nicht etwa, weil sie den Standort (oder die Abwesenheit) jeder einzelnen Figur auf den vierundsechzig Feldern memorieren. „In anderen Worten, die Spielregeln erweisen sich als ganz wesentlich für die Art, in der die Position erinnert und rekonstruiert wird." Die von *Wittgenstein* begründete philosophische Richtung macht die Beziehung zwischen „Bedeutung", „Regel" und der „Lebensform" zum Prüfstein für die Art des menschlichen Denkens einerseits und für Handlungen zwischen Menschen in der Welt andererseits. In einem früheren Aufsatz (The Schreber Case: Remarks on Psychoanalytic Explanation", *Greenleaf* 1969) habe ich diese Position erklärt und ihre Konsequenzen für das Verstehen von Bedeutungen in der Psychotherapie und für einige Standardbeweise, die für Schlußfolgerungen aus „Ursachen" und „Motiven" gelten, dargelegt.

Hat man keinen Sinn für Philosophie, kann man sich für die weitere Bestätigung dieser erkenntnistheoretischen Position an die Naturwissenschaften halten. H. J. *Jerisons* Artikel über „Paläoneurologie und die Evolution des Geistes" (1976 in *Scientific American*) beschäftigt sich mit fossilen Beweisen für die Evolution des Nervensystems bei Wirbeltieren. Er konzentriert sich auf die Beziehung zwischen den sensomotorischen Systemen und der adaptiven Funktion der wachsenden Enzephalisation. Bei den frühen Hominiden, einer weitverbreiteten Spezies der nicht auf Bäumen lebenden Primaten, hat sich das Geruchssystem im Vergleich z. B. mit den Wölfen, die ihr Revier mit Hilfe von Duftmarkierungen abstecken, stark reduziert. Um adäquate Gebietsmarkierungen zu entwickeln, wurde so die Benutzung von visueller, vokaler und auditiver Information erforderlich; deshalb konnte sich Sprache als lebensfähige Evolutionsrichtung entwickeln. Die „bewußte Erfahrung" des Organismus würde aus einer systematischen neuralen Integration von sensorischen Informationen aus den verschiedenen Modalitäten resultieren.

Diese Analyse scheint auf Sprache als eine integrative Modalität für Verstehen und Kommunikation zwischen den frühen Vorfahren der Menschheit hinzuweisen. Wie die anderen Autoren, auf die ich mich beziehe, untersucht auch *Jerison* die Natur der Sprache im Hinblick auf ihren Nutzen für die Bereitstellung einer Repräsentation oder eines Modells von essentiell *sensorischen* Ereignissen eines Lebewesens. Sprache wird als „Entwicklung der sensorischen Wahrnehmung" angesehen, deren Grundfunktion die Konstruktion von Modellen der Realität, ausgedrückt als geistige Imagination, ist. Die kommunikative Funktion der Sprache wird eindeutig für zweitrangig erachtet; *Jerison* behauptet sogar: Wenn der Selektionsdruck zu einer Sprachentwicklung hauptsächlich wegen der Kommunikation geführt hätte, „müßte man erwarten, daß die evolutionäre Antwort darauf die Entwicklung von vorgefertigten Sprachsystemen mit konventionellen Geräuschen und Symbolen sei". Solche inflexiblen Systeme aus fixierten Handlungsmustern sind für die Intelligenz der Vögel charakteristisch, aber *un*charakteristisch für die Intelligenz der Säugetiere; denn Vögel und Säugetiere haben sich schließlich sehr unterschiedlich aus zwei verschiedenen Untergruppen von Reptilien entwickelt. *Jerison* sagt über Vögel:

„Ihr Verhalten ist durch fixierte Handlungsmuster der Reaktion fest an bestimmte Stimuli gebunden, ganz im Gegensatz zu einem ‚Intelligenz'-System, in dem verschiedene Stimulationsmuster in invariante Objekte transformiert werden."

Die Tauben des *Dr. Skinner* sind zwar intelligent, haben aber einen sehr anderen Geist (und ein völlig anderes Nervengefüge) als die Menschen, mit denen ihre Handlungen so gefällig verglichen worden sind! Die flexiblen Verhaltensmuster und die Modifizierbarkeit unserer Sprache und unserer sensorisch-integrativen Systeme sind durch geistige Bilder organisiert und repräsentiert, nicht als Reiz-Reaktionsmuster ohne Denken. Die Schlüsse, die *Jerison* aus den fossilen Zeugnissen zieht, entsprechen auch den anderen unserer Hauptthemen:

„Wir brauchen die Sprache eher dazu, Geschichten zu erzählen, als Handlungsanweisungen zu geben. Durch das Erzählen schaffen wir bei unseren Hörern geistige Bilder, die normalerweise nur durch die Erinnerung von Geschehnissen produziert werden ... geistige Bilder sollten so real sein wie die unmittelbar erlebte reale Welt."

Wie die Welt visuell erfahren und in der Imagination rekonstruiert wird, behandelt *Rudolph Arnheim* in seinem ausgezeichneten Buch „Visual Thinking" (1969, dt. „Anschauliches Denken"). Er beginnt mit der Beobachtung, daß das Sehvermögen ein aktiver, selektiver und zielgerichteter Prozeß ist, der als biologische Überlebenshilfe entstanden ist. Sehen ist nie zielloses Sehen, wie die den Säuglingen zugeschriebene „blühende, schwirrende Konfusion". Vielmehr ist es von Anfang an das Sehen einfacher Formen, also eine Abstraktionsleistung. Die „Auslösemechanismen", die das Mutter-Kind-Verhalten durch die Reaktion des Organismus auf einfache Formen und Farben integrieren (z. B. der rote Fleck, den die Möwen picken, um die mütterliche Fütterung zu veranlassen), sind eine frühe Form des Sehens, ein spontanes Begreifen von Mustern und Strukturen. Die Wahrnehmung der Form ist selbst schon das Begreifen der „allgemeinen, strukturellen Züge" der Welt. In diesem Sinne sind Begriffe bereits Wahrnehmungen, also wahrgenommene Bilder, und Denken ist der Umgang mit diesen Bildern.

Damit das Denken gültig ist, müssen die Bilder strukturell gleich (isomorph) mit den Situationsmerkmalen sein. Diese Merkmale aber, „die primär physikalischen Fakten, von denen der Gesichtssinn ausgeht, sind keine verwirrende Ausbreitung von zufälligen Mustern, sondern höchst folgerichtige Veränderungsprozesse". Deshalb sind Begriffe für *Arnheim* gleichzusetzen mit dem Gestaltterminus der „*Prägnanzstufen*": Phasen von klar abgegrenzter Struktur, „innerhalb der Reichweite von fortwährender Transformation". Begriffsbildung hat also wie die Wahrnehmung eine strukturelle Einfachheit, und diese Wahrnehmung ist die von Beziehungen statt von absoluten Werten, die Wahrnehmung von Gattungen statt die Erfahrung von Einzelheiten. *Arnheims* scharfsichtige Beschreibung der Weisen, wie digitale Computer und Menschen Analogieprobleme lösen (ein gemeinsamer Intelligenztest), erhellt dieses Verständnis von Begreifen. Problemlösung ist die entscheidende Funktion des visuellen Denkens:

„Oft stellt sich ein Problem wahrnehmbar in der Form, daß etwas ‚unvollständig aussieht', und die Lösung kann gefunden werden, wenn die Situation auf eine Vervollständigung hinweist."

Wird *Attneave* einen Hund oder eine Wildkatze im Wald treffen? Wessen Schwanz ist das da neben der Eiche? Oder ist es nur ein Schatten? Verzerrung der Wahrnehmung erzeugt Abstraktion und die Notwendigkeit, etwas zu unternehmen, um die Situation richtigzustellen. Wieder repräsentiert die „Situation" ein Kräftemuster, das als Gestalt, Form, Begriff gesehen werden kann und an ein Ziel-Bild gebunden ist, unter dessen Druck die Problemsituation sich wahrnehmbar restrukturiert: „Ha! Nur ein Schatten von dem Ast da. Man muß nicht wegrennen."

Denken wir wieder an Träume: Träume geben ein Bild von unserer eigenen Situation im Leben. Dieses Bild ist verwandt mit Symbolen, wobei „Symbol" hier verstanden werden soll als „Repräsentation in realer Größenordnung von etwas, das wesentlich eine abstrakte Funktion, ein Aspekt von Beziehungen ist" (*Watzlawick* u. a. 1967). Träume verbildlichen funktionale Beziehungen. *Bateson* (1972) witzelt:

„Ein Traum ist eine Metapher oder ein Gewirr von Metaphern. Weißt du, was eine Metapher ist? — Ja. Wenn ich sage, du bist wie ein Schwein, ist das ein Vergleich. Wenn ich aber sage, du bist ein Schwein, ist das eine Metapher. — Richtig. Eine Metapher vergleicht Dinge, ohne den Vergleich auszusprechen … Der Traum arbeitet mit der Beziehung, identifiziert aber nicht die (originalen) Dinge, die miteinander in Beziehung stehen."

Für die meisten dieser Beziehungen gibt es keine brauchbaren Ausdrucksformen im Englischen, das als Sprache hauptsächlich von Entitäten und Gegenständen handelt, nicht aber von Beziehungen, zumindest in der Umgangssprache. *Capra* (1975) beklagt im „Kosmischen Reigen", daß die englische Sprache sogar in ihrer technischen, wissenschaftlichen Form die dynamische Bedingung der Relativität, der Unsicherheit und der „Teilchen"-Formation, die gegenwärtig als die Natur des physikalischen Universums verstanden wird, nicht reflektieren könne.

Jerison, Attneave und besonders *Arnheim* bringen Sprache in Beziehung zu den Imaginationen, die die Realität für uns repräsentieren. Von seiten der Linguistik vertritt *Whorf* (1956) eine faszinierende Position, in der Sprachformen mit menschlichen Handlungsweisen und mit den Begriffen (in Form von visuellen Metaphern), die diese Handlungsweisen erfüllen, verbunden werden. Ich habe diese Position an anderer Stelle bereits ausführlich behandelt, möchte aber noch einmal darauf hinweisen, daß nach seiner Meinung Englisch und die anderen „europäischen Durchschnitts-Standard"-Sprachen Grunderfahrungen „objektivieren", „so daß wir uns nicht einmal auf die einfachsten nichträumlichen Situationen beziehen können, ohne ständig Zuflucht zu physikalischen Metaphern nehmen zu müssen". Ich will hier noch einmal meine früheren Ausführungen dazu zitieren (*Greenleaf* 1975):

„Anders ausgedrückt: die Sprache, so wie wir sie normalerweise benutzen, ist selbst so konstruiert, daß wir, wenn wir überhaupt von unseren ‚inneren Erfahrungen', Gefühlen und Gedanken sprechen, auf Termini angewiesen sind, die herrühren aus den mannigfaltigen Beschreibungsmöglichkeiten der englischen Sprache für die Welt der physikalischen Objekte, wie sie durch Anblick, Bewegung und Berührung wahrgenommen werden. Menschen, die Hilfe für ihr Leben suchen, werden natürlich und beständig solche Metaphern benutzen, um ihre „Gefühle" zu beschreiben. In der englischen Sprache bieten Techniken der aktiven Imagination ein ausgezeichnetes Mittel, um über menschliche Erfahrung sprechen zu können."

Whorf (1956) kontrastiert die Situation im Englischen und den anderen europäischen Standardsprachen mit der der Hopi-Sprache. Dort übermitteln Streckmuskeln Unterschiede in Grad, Schnelligkeit, Konstanz, Wiederholung, Intensität, Abfolge etc. *Gardner* (1973) betont mit *Piaget*, daß Säuglinge die „modalen" und „vektoralen" Verhaltensaspekte (offen — geschlossen, Stärke und Richtung, Gleichgewicht usw.) wahrnehmen und diese „einfachen Strukturen" reproduzieren, „sogar wenn Aspekte eliminiert werden, die den physischen Merkmalen des Stimulus näherstehen, aber sich in der dynamischen Qualität unterscheiden". Diese Position läßt sich mit *Arnheims* Position in bezug auf die Wahrnehmung selbst in Übereinstimmung bringen. Auch hier ist sie an Handlungssequenzen gebunden, und dadurch wieder an die Entwicklung des Wissens. Dieses Wissen ist aber laut *Whorf* durch die besondere Struktur des Englischen und seine Bindung an räumliche Metaphern in seinem sprachlichen Ausdruck begrenzt. Um verbal über uns selbst sprechen zu können, müssen wir das Englische benutzen, benötigen aber, da wir uns untereinander in räumlichen Metaphern ausdrücken, in gleichem Maße die Sprache unserer Träume.

9. Abstrakte Struktur

So ist das manifeste Traumbild der Traum selber und enthält den ganzen Sinn. (*C. G. Jung*, G. W. 16, S. 158) So ist also das System die beste Erklärung seiner selbst und die Untersuchung seiner gegenwärtigen Organisation die angemessene Methode. (*Watzlawick, Beavin, Jackson* 1967)

Ausgehend von der komplexen, strukturellen Natur der menschlichen Situationen und ihrer Repräsentation als Bilder erhebt sich jetzt die Frage, ob es einen angemessenen abstrakten Formalismus gibt, der uns befähigt, diese Repräsentationen für uns zu repräsentieren. In den verschiedenen Zweigen der Mathematik gibt es den Versuch, solche Formalismen zu entwickeln. Für Psychologen ist die Anwendung einer Art elementar-mathematischen Statistik typisch, die für die Beschreibung von Populationen von Entitäten mit gleicher Valenz und arrangiert in kontinuierlicher Verteilung bestimmter Typen recht nützlich ist.

Für *Piaget* (1968) hat sich das Konzept der mathematischen Gruppe für die Art von Entwicklungsstrukturen und Operationen, mit denen er sich beschäftigt, als sinnvoller herausgestellt: Anders als die üblichen Abstraktionen, bei denen man die Eigenschaften aus den Dingen abstrahiert — und je genereller die Eigenschaft, um so mehr Information geht durch die Abstraktion verloren (vgl. *Chaitin* 1974) —, bewahrt die Gruppeneigenschaft Information über Systeme. Erreicht wird dies durch „reflektive Abstraktion", eine Methode, die „die Eigenschaften nicht von den Dingen herleitet, sondern von unserer Art, sich nach den Dingen zu richten, von der Wirkung, die wir auf sie ausüben; von den unterschiedlichen fundamentalen Möglichkeiten, solche Handlungen oder Wirkungen zu koordinieren, zu ‚verbinden', zu ‚ordnen', in 1:1-Entsprechung zu bringen". Die externalen Handlungsstrukturen werden mit der Struktur geistiger Tätigkeiten verbunden. *Piaget* hat sogar behauptet, daß die primitivsten Begriffe, die ein Kind von Zeit, Kausalität und Zahl hat, isomorph mit den kompliziertesten Begriffen von Zeit, Kausalität und Zahl seien, wie sie von modernen Wissenschaftlern gehegt werden.

Auch *Watzlawick* u. a. (1974) benutzen in der Analyse der Bezugsrahmen und der Veränderungstypen, die einen vorgegebenen Rahmen oder ein System transzendieren, den Begriff der mathematischen Gruppe. In der Analyse von *Watzlawick, Weakland* und *Fisch* (1974) kommt zu dem Konzept der Gruppe noch *Russel*s „Theorie der logischen Typen" hinzu, so daß der Rahmen der Gruppentheorie, die die Repräsentation der Veränderung in invarianten Systemen ermöglicht, ergänzt wird durch die Theorie der Typen, mit der die Beziehungen der Teile zur Klasse und die „besondere Metamorphose durch den Wechsel von einer logischen Ebene zur nächsthöheren" erörtert wird.

Ihre Untersuchung der Wirkungen von paradoxer Kommunikation im Hinblick auf Veränderung ist schon alt, und *Russel*s Schriften beschäftigen sich direkt mit dem Paradox und der Neuordnung der Verstehenskategorien. Die Theorie der logischen Typen wird auch auf Fälle angewandt, die Jungianer „Enantiodromia" nennen, die Umwandlung einer Sache in ihr Gegenteil. Diese Verflechtung der Gegensätze hat interessante Konsequenzen für die Psychotherapie und geht, wie wir gesehen haben, auf sehr alte Wurzeln zurück; Homologie (Struktur) und Paradox sind dabei das Hauptinstrument der Veränderung. Wir können den Begriff der Struktur mit *Piaget* (1968) als „die *möglichen* Zustände und Transformationen, unter denen das gegenwärtig bestehende System nur ein spezieller Fall ist", verstehen. Interessanterweise hat *Capra* (1975) für die theoretische Beschreibung der modernen Teilchenphysik durch die „S-Matrix-Theorie" eine identische Definition aufgestellt:

„Die Struktur eines Hadrons wird deshalb nicht als definitives Arrangement von konstituenten Teilen verstanden, sondern entsteht aus allen Teilchenreihen, die miteinander interagieren können, um das entsprechende Hadron zu bilden. Auf diese Weise existiert ein Proton potentiell als Neutron-Pion-Paar, als Kaon-Lambda-Paar usw."

Wir möchten beides behandeln: die Frage, wie man Denk- oder Handlungsstrukturen repräsentieren kann, und die plötzlichen Transformationen, die charakteristisch für menschliche Veränderungen im Handeln und Verstehen sind. Die Psychotherapie beschäftigt sich mit den Bedingungen der Veränderung von Personen, was gewöhnlich durch emotionale Veränderung deutlich wird. Es ist ein Gemeinplatz, daß wir Emotionen als Gegensatzpaare begreifen: Freud und Leid, Angst und Wut, romantische Liebe und Ekel usw. Es ist ebenfalls allseits bekannt, daß Emotionen plötzlicher Veränderung unterliegen, wenn z. B. ein Scherz den Ärger ablöst (vgl. *Douglas* 1970). Darüber hinaus sind auch die plötzlichen Veränderungen unseres Handelns (an einem Gelage teilnehmen oder fasten, religiöse Bekehrung, Kampf oder

Flucht)in unserem Lebensgefüge ebenso offensichtlich wie auch immer wieder verwirrend. Ein unlängst von *René Thom* entwickelter und von *E. C. Zeeman* (1976) sorgfältig angewandter mathematischer Formalismus, die Katastrophentheorie, beschreibt genau „diese Dinge, die sich plötzlich anfallsweise und ruckartig verändern."

Die Katastrophentheorie wurde aus der Topologie entwickelt, einer Mathematik, die sich mit den Oberflächeneigenschaften in verschiedenen Dimensionen beschäftigt. *Piaget* (1968) nennt die Topologie eine der drei „Elternstrukturen" der Mathematik, die psychogenetisch die erste ist (die anderen sind Algebra und Gitter- oder Netzwerkstrukturen). Topologie erscheint uns intuitiv als ein Formalismus für die Beschreibung von menschlichen Vorgängen, weil (wenn man meiner Argumentation soweit gefolgt ist) man diese Vorgänge am besten durch Imagination beschreiben kann und, wie *Arnheim* (1969) in seiner brillanten Erörterung von „bildlosem Denken" feststellt, ein intuitives Erfassen von komplexen Vorgängen, „meist hochabstrakte Konfigurationen, im geistigen Raum repräsentiert durch topologische und oft geometrische Strukturen, benötigt". Außerdem ist, wie *Zeeman* (1976) betont, die Differentialrechnung, mit der *Newton*s und *Einstein*s Theorien der Bewegung, Gravitation, Elektromagnetismus und Relativität ausgedrückt werden, auf Phänomene beschränkt, in denen Veränderungen sanft und kontinuierlich ablaufen. Die Katastrophentheorie beschreibt die diskontinuierlichen und divergenten Phänomene, die Handlungen des Ungleichgewichts, die durch den Zusammenbruch der glatten Oberflächen des Gleichgewichts entstehen. *Thom* hat nachgewiesen, daß es für Prozesse, die von nicht mehr als vier Faktoren gesteuert werden, sieben elementare Katastrophen gibt. *Zeeman* (1976) beschreibt anhand der Katastrophentheorie Phänomene wie Aggression bei Hunden, kathartische Befreiung von Selbstmitleid, die Krümmung eines elastischen Balkens, die Ausbreitung von Nervenimpulsen und das Verhalten bei und die Behandlung von Magersucht. In letzterem Fall hat die Theorie zusätzlich noch den Effekt, die Beschreibung der Patientin über ihre eigene Erfahrung zu erklären:

„Die anscheinend unverständlichen Termini, in denen einige Anorektiker ihre Krankheit beschreiben, wird ganz logisch, wenn man sie im Rahmen der Katastrophen-Oberflächen betrachtet."

Auf solche Ergebnisse kann man hoffen, wenn unsere Verbindung von Bild und Erfahrung einmal anerkannt ist. Außerdem hat die Katastrophentheorie noch weitere, jetzt bekannte Entsprechungen: Erstens: Der „Attraktor" eines Systems, der Faktor, der für den Zustand des statischen Gleichgewichts verantwortlich ist, wenn es sich im dynamischen Gleichgewicht befindet, „besteht aus dem gesamten stabilen Zyklus der Zustände, die das System durchläuft". Wir haben hier einen Terminus, der *Piaget*s „Struktur" und *Capra*s „S-Matrix" äquivalent ist. Die Nervenmechanismen des Gehirns bilden ein dynamisches System, dessen Gleichgewichtszustände durch Attraktoren repräsentiert werden können, und *Thom* behauptet, daß alle plötzlichen Sprünge, die zwischen den einfachsten Attraktoren möglich sind, als elementare Katastrophen beschreibbar sind. *Zeeman* sagt, das Modell sei die genaueste Beschreibung des limbischen Systems (das Emotionen und Stimmungen betrifft), nicht aber der komplexeren Aktivitäten des Kortex. Deshalb können die emotionalen Vorgänge, die die Psychologen interessieren, in ihren plötzlichen Veränderungen geformt werden und in Beziehung treten zu den korrespondierenden Hirnfunktionen. Schließlich „impliziert das Modell die Möglichkeit der Divergenz, so daß eine kleine Störung in dem anfänglichen Zustand des Systems zu einer großen Differenz im Endzustand führen kann" (vgl. *Haley, Hoffman* 1967). Diese Theorie erfordert somit Bedingungen, wie sie solche äquivalente Therapien, etwa die Familientherapien, aufweisen, die gerade auf die „kleinen Störungen" im komplexen System menschlicher Interaktion abzielen.

Noch weitere Entsprechungen kommen in den Sinn: Z. B. kann man die Diskontinuität der Traumsituationen im Licht der Katastrophentheorie als visuelles Modell der „unerreichbaren" Regionen einer Katastrophe sehen, „durch die" die plötzliche Veränderung geschieht. Das plötzliche Auftauchen von (oder der Zugang zu) archetypischen Gestalten im Bewußtsein geschieht oft in konflikthaften oder paradoxen Situationen, und der dann folgende Wechsel von Verzweiflung zu Hoffnung ist oft sehr dramatisch. Metakommunikation (vgl. *Haley* 1963), also Aussagen in Beziehung über die Beziehung, ermöglicht ein „Reframing" oder einen plötzlichen Wechsel des logischen Typs, was starke, plötzliche Emotionen und die dazugehörigen Bilder, die wir „archetypische" nennen, auslöst. Die dazugehörigen Begriffe: Regel, Bild, neurale Repräsentation, Archetypus, Wahrnehmung, Denken, Handlung und ihre strukturelle Transformation durch Homologie und Paradox können ihren adäquaten abstrakten Ausdruck in der Kraft und Allgemeingültigkeit von *Thom*s mathematischer Sprache und seinen Modellen finden.

Literatur

Arnheim, R., Visual Thinking, University of California, 1969, dt.: Anschauliches Denken, Köln 1972.
Attneave, F., How do you know? American Psychologist, 1974, 7, 493-499.
Barber, T. X. und Spanos, N. P., Toward a convergence in hypnosis research, American Psychologist, 1974, 7, 500-511.
Bateson, G., Steps to an ecology of mind, Ballantine, New York 1972; dt.: Ökologie des Geistes, Suhrkamp, Frankfurt 1982.
Capra, F., The Tao of Physics, Shambala, Berkeley, 1975, dt.: Der kosmische Reigen, Barth Verlag, München 1977.
Casey, E. S., Toward an archetypal imagination, Spring, 1974, 1-33.
Chaitin, G. J., Randomness and mathematical proof, Scientific American, März 1974, 47-52.
Chang, C.-Y., Original teaching of ch'an buddhism, Random House, New York 1969.
Douglas, M., Natural Symbols, Random House, New York 1970.
Eliade, M., Yoga, Harper and Row, New York 1958; dt.: Yoga, Unsterblichkeit und Freiheit, Insel Verlag, Frankfurt 1972.
—, The forge and the crucible, Harper and Row, New York 1962a.
—, Shamanism, Princeton University, Princeton 1962b.
—, Myth and reality, Harper and Row, New York 1963.
—, Images and Symbols, Sheed and Ward, New York 1969.
Evans-Wentz, W. Y., The Tibetan book of the dead, Oxford University Press, London 1927.
Frazer, J. G., The golden bough, Macmillan, New York 1922; dt.: Der goldene Zweig: Eine Studie über Magie und Religion, 2 Bde., Ullstein Verlag, Frankfurt 1977.
Gardner, H., The Quest for mind, Knopf, New York 1973.
Ginott, H., Between parent and child, Avon, New York 1965; dt.: Eltern und Kinder: Elternratgeber für eine verständnisvolle Erziehung, Rowohlt, Reinbek 1976.
Greenleaf, E., The Schreber case: Remarks on psychoanalytic explanation, Psychotherapy: Theory, Research, Practice, 1969, 6, No. 1, 16-20.
—, The red house: Hypnotherapy of hysterical blindness, American Journal of Clinical Hypnosis, 1971, 13, No. 3, 155-161.
—, Senoi dream groups, Psychotherapy: Theory, Research, Practice, 1973, 10, No. 3, 218-222.
—, Defining hypnosis during hypnotherapy, International Journal of Clinical and Experimental Hypnosis, 1974, 22, No. 2, 120-130.
—, The „unconscious mind-mirror" in active Imagination, Psychotherapy: Theory, Research, Practice, 1975, 12, No. 2, 202-206.
Greenleaf, E., McCartney, L. R., Discussions with Irene: An unsuspected dual personality encountered while working with dream images (unveröffentlichtes Manuskript).
Guggenbuhl-Craig, A., Must analysis fail through its destructive aspect? Spring, 1970, 133-145.
Haley, J., Strategies of psychotherapy, Grune and Stratton, New York 1963; dt.: Gemeinsamer Nenner Interaktion: Strategien der Psychotherapie, Pfeiffer, München 1978.
—, (Hrsg.), Advanced Techniques of hypnosis: Selected papers of Milton Erickson, M. D., Grune und Stratton, New York 1967.
—, Uncommon Therapy: The psychiatric techniques of Milton Erickson, Ballantine, New York 1973; dt.: Die Psychotherapie Milton H. Ericksons, Pfeiffer, München 1978.

Haley, J., Hoffman, L., Techniques of family therapy, Basic Books, New York 1967.
Hillman, J., Anima, Spring, 1973 und 1974.
Hull, R. F., Bibliographical notes on active imagination in the works of C. G. Jung, Spring, 1971, 115-120.
Jerison, H. J., Paleoneurology and the evolution of mind, Scientific American, Januar 1976, 90-101.
Jung, C. G., Die Archetypen und das kollektive Unbewußte, Ges. Werke Bd. 9, 1, Walter, Freiburg 1976.
—, Memories, dreams, reflections, Random House, New York 1961; dt.: Erinnerungen, Träume, Gedanken, Rascher-Verlag, Zürich 1962.
—, The practice of psychotherapy, Princeton University, Princeton 1966.
Odier, C., Anxiety and magic thinking, International Universities, New York 1956.
Orne, M., On the social psychology of the psychological experiment: With particular reference to demand characteristics and their implications, American Psychologist, 1962, 17, 776-783.
Perls, F., Gestalt therapy verbatim, Bantam, New York 1969; dt.: Gestalttherapie in Aktion, Klett, Stuttgart 1975.
Piaget, J., Structuralism, Harper and Row, New York 1968; dt.: Der Strukturalismus, Walter, Freiburg 1973.
Sechehaye, M., Autobiography of a schizophrenic girl, Grune and Stratton, New York 1951; dt.: Tagebuch einer Schizophrenen, Suhrkamp, Frankfurt/M. 1973.
Simonton, C., Belief systems and management of the emotional aspects of malignancy, Transpersonal Psychology, 1975, VII, 29-41.
Singer, J. L., Imagery and daydream methods in psychotherapy and behavior modification, Academic Press, New York 1974; dt.: Phantasie und Tagtraum: imaginative Methoden in der Psychotherapie, Pfeiffer, München 1978.
Stanislavski, C., An actor prepares (1926), Penguin, Harmondsworth, Middlesex, England 1967.
Stein, R., Incest and human love, Third Press, New York 1973.
Stewart, K., Dream theory in Malaya, Complex, 1951, 6, 21-34.
Sullivan, H. S., The psychiatric interview, Norton, New York 1954; dt.: Das therapeutische Gespräch: Beiträge zur modernen Psychoanalyse und Psychotherapie, Fischer, Frankfurt/M. 1976.
—, Clinical studies in psychiatry, Norton, New York 1956.
Swedenborg, S. W., The inner guide to the archetypes (unveröffentlicht).
von Franz, M.-L., C. G. Jung: Sein Mythos in unserer Zeit, Huber, Stuttgart 1972.
von Franz, M.-L., Hillman, J., Zur Typologie C. G. Jungs: die inferiore und die Fühlfunktion, Bonz Verlag, Fellbach 1980.
Watkins, M., The waking dream in European psychotherapy, Spring, 1974, 33-58.
Watzlawick, P., Beavin, J. H., Jackson, D. D., Pragmatics of human communication, Norton, New York 1967; dt.: Menschliche Kommunikation: Formen, Störungen, Paradoxien, Huber Verlag, Stuttgart 1974.
Watzlawick, P., Weakland, J. H., Fisch, R., Change: Principles of problem formation and problem resolution, Norton, New York 1974; dt.: Lösungen: Zur Theorie und Praxis menschlichen Wandels, Huber, Stuttgart 1974.
Weaver, R., The old wise woman: A study of active Imagination, Putnam's Sons, New York 1973.
Whorf, B. L., Language, Thought and Reality: Selected writings, MIT, Cambridge 1956; dt.: Sprache, Denken, Wirklichkeit: Beiträge zur Metalinguistik und Sprachphilosophie, Rowohlt, Reinbek 1963.

Winch, P., The idea of social science, Paul, London 1958; dt.: Die Idee der Sozialwissenschaften und ihr Verhältnis zur Philosophie, Suhrkamp, Frankfurt/M. 1974.

Wittgenstein, L., The „blue" and „brown" books, Harper and Row, New York 1958; dt.: Das blaue Buch. Eine philosophische Betrachtung (Das braune Buch), Suhrkamp, Frankfurt 1980.

Zeeman, E. C., Catastrophe theory, *Scientific American*, März 1976, 65-83.

Zimmer, H., On the significance of the Indian Tantric Yoga, *Papers from the Eranos Yearbooks*, 4, 1960, 3-58.

Zucker, H., Problems of psychotherapy, Free Press, New York 1967.

7 Eidetische Psychotherapie
Anees A. Sheikh

1. Einleitung

Pavlov (1936) hat festgestellt, daß es „zwei Kategorien von Menschen gibt — Künstler und Denker. Zwischen ihnen gibt es einen auffälligen Unterschied. Die Künstler ... fassen die Wirklichkeit als Ganzes auf, als eine Kontinuität, als vollständige, lebendige Wirklichkeit, ohne Teilungen und Spaltungen. Die andere Gruppe, die Denker, reißen sie auseinander, töten sie ... Dieser Unterschied ist besonders deutlich bei der sogenannten eidetischen Vorstellungskraft von Kindern ... Eine solch ganzheitliche Schöpfung von Wirklichkeit kann ein Denker nicht vollständig erreichen" (S. 113). *Pavlov* hat offensichtlich die integrierende Natur der Eidetik, ihre Fähigkeit, die durch verbale Denkprozesse entstandene Kluft zu überbrücken, erkannt.

*Pavlov*s Ansicht über das Individuum kann auch auf die Gesellschaft übertragen werden. Vielleicht „kann sich eine ganze Ära der Menschheit in eine Falle hineindenken und sich im Kreise drehen, ohne etwas zu lösen, statt neue Fragestellungen zu entwickeln. Wenn ein Zeitalter verfällt und Worte als manipulative Waffen einsetzt, um fortbestehen zu lassen, was schon lange nicht mehr relevant ist, dann wird Eidetik zum Symbol der so sehr benötigten unverbrauchten Erfahrung" (*Ahsen* 1974, S. 282). Der westliche Mensch, seit langem abgeschnitten von Traumbildern, entstellt durch Worte und erdrückt von Semantik, scheint jetzt endlich bereit zu sein, seine Ganzheit durch die Rückkehr zu den nonverbalen Ursprüngen seiner Existenz wiederherzustellen. „Wir sind Zeugen der Rückkehr zu den Träumen, wir erleben das Bild, das dem Wort vorangeht. Während Wörter Subjekt und Objekt trennen, führen Bilder uns zu der ursprünglichen Einheit unseres tiefsten Selbst wieder zurück" (*Luce* 1968, S. 1).

Auf dem Gebiet der Psychotherapie zeigte sich in den letzten zehn Jahren ein rapide wachsendes Interesse an den Bild-Techniken (*Sheikh* 1977). Es haben sich zahlreiche unverkennbare Vorteile für die Anwendung psychischer Bilder in der therapeutischen Interaktion ergeben

(*Singer* 1974). Man hat z. B. darauf hingewiesen, daß in Bildern Details bezüglich Affekt und Phantasie enthalten sein können, die dem verbalen Denken nicht zugänglich sind (*Sheikh, Panagiotou* 1975). Imagination kann den Zugang zu wichtigen präverbalen Erinnerungen oder zu Erinnerung eröffnen, die in Entwicklungsstadien kodiert wurden, wo Sprache noch nicht dominiert hat (*Kepecs* 1957). Allem Anschein nach sind besonders lebhafte oder traumatische Erfahrungen in Imaginationen kodiert. Imaginative Verfahren sind speziell für die Behandlung psychosomatischer Probleme geeignet (*Ahsen* 1968, 1972, 1973). Bilder lassen sich nicht so leicht durch den bewußten kritischen Apparat filtern wie sprachliches Denken. Da Bilder im Gegensatz zur verbalen Logik eher räumliche und simultane als sequentielle und lineare Repräsentationen sind, haben sie eine größere Isomorphie mit den Qualitäten der Wahrnehmung und deshalb eine größere erfahrungsmäßige Genauigkeit (*Lipkin* 1970).

Die von *Akhter Ahsen* (1965, 1968, 1972, 1977a, 1977b) begründete eidetische Psychotherapie beruht einzig auf der Förderung und Beeinflussung eines Typs des Imaginierens, den er „eidetisch" genannt hat. Aus der Entdeckung der funktionalen Attribute, die zu diesen Bildern gehören, hat er ein höchst komplexes und innovatives System entwickelt, das die Anerkennung von *Lazarus* wirklich verdient: „Verglichen mit *Akhter Ahsen*s umfassender Analyse des imaginativen Erlebens und der eidetischen Prozesse erscheinen alle anderen klinischen Anwendungsformen der Imagination ausgesprochen embryohaft" (*Lazarus* 1972, S. 5). Aber bevor *Ahsen*s Beiträge wirklich verstanden und beurteilt werden können, ist es nötig, eine Basis zu schaffen, auf der man Vergleiche mit früheren Theorien ziehen und eine gegenwärtig gültige Definition und Klassifizierung der Imagination herausarbeiten kann.

2. Mentale Bilder und ihre Klassifizierung

Richardson (1969) hat die Untersuchungen über Imagination zusammengetragen und die Kriterien für ihre Klassifizierung zusammengestellt. Er betont allerdings die Ungenauigkeit bei der Klassifizierung anhand der gebräuchlichen Dimensionen von Kriterien. Er beginnt mit einer einfachen Definition des mentalen Bildes: eine quasi-sensorische bzw. quasi-perzeptive Erfahrung in Abwesenheit der Reizbedingungen, die die entsprechende reale Wahrnehmung hervorrufen würden. Bilder können in allen Sinnen vorkommen, einschließlich synästhetischer Kombinationen und innerer somatischer Signale, z. B. Hunger und Schmerz, oder sie können eine affektive Erfahrung reproduzieren. Einige Bildtypen können durch kürzlich oder gegenwärtig wahrgenommene äußere Reize hervorgerufen werden oder zu ihnen in Beziehung stehen. Im visuellen Bereich basieren z. B. Illusionen, Nachbilder, eidetische und durch Meskalin erzeugte Bilder gewissermaßen auf gegenwärtigen oder vor kurzem erlebten Wahrnehmungen. Eidetik und Nachbilder treten auf, wenn der Stimulus nicht mehr vorhanden ist. Das Bild kann bei Eidetik in begrenztem, bei Illusionen und durch Meskalin bewirktem Bilderleben in stärkerem Maße von perzeptiven Elementen überlagert werden, ist aber nicht isomorph mit ihnen.

In bezug auf die Reizbedingungen unterscheidet sich die unwirkliche Natur der Bilder in Qualität oder Intensität des Bildes nicht notwendig von realen Empfindungen, Wahrnehmungen oder Affekten. Halluzinationen sind ein Beispiel; normalerweise existiert ein Unterschied in einem oder beiden Aspekten der Erfahrung, der sie von der Realität unterscheidet. Trotzdem hat *Perky* schon 1910 nachgewiesen, daß normale Versuchspersonen ein Wahrnehmungsphänomen, das auf eine Leinwand projiziert wurde, unter bestimmten Umständen nicht von ihrem eigenen Bild unterscheiden konnten. Der Versuch wurde 1964 von *Segal* und *Nathan* wiederholt. Ein Bild kann wahrscheinlich durch Intensität und Stabilität vom Wahrnehmungsgegenstand unterschieden werden. Aber diese Unterschiede sind nicht immer gegenwärtig: ein intensives Bild kann mit stärkeren Reaktionen verbunden sein und mehr Aufmerksamkeit auf sich ziehen als ein kaum bemerkter Wahrnehmungsgegenstand. Affektives Bilderleben kann intensiv genug sein, um eine tatsächliche affektive Reaktion zu reproduzieren. Halluzinationen, hypnagogische Bilder, Eidetik und Bilder, die mit starken emotionalen Reaktionen beladen sind, können ebenso lebhaft wie ihre perzeptiven Gegenstücke sein.

Titchener und *Wundt*, zwei Forscher des 19. Jahrhunderts, haben versucht, die Qualitätsunterschiede zwischen Wahrnehmungsgegenstand und Bild herauszuarbeiten; sie konzentrierten sich besonders auf die Stabilität (vgl. *Richardson* 1969). Das Kriterium der Stabilität gilt am besten für den visuellen Bereich. Ein visueller Wahrnehmungsgegenstand wird deutlicher, wenn man ihn fixiert, aber ein visuelles Bild entgleitet eher, wenn man es zu fixieren versucht. Trotzdem können manche visuelle Bilder, besonders eidetische, einige Minuten dauern und halten einem Fokussieren und Abtasten stand. In anderen Bereichen als dem visuellen sind sogar die Wahrnehmungsgegenstände unstabil.

Es ist einleuchtend, daß die Dimensionen, in denen sich Bilderleben von Wahrnehmung und Affekt unterscheidet, eher kontinuierlich als dichotom sind. *Richardson* hat nachgewiesen, daß die Dimensionen für die Klassifizierung von Imaginationen dieselben Züge aufweisen. Auf der Basis der Forschung des 20. Jahrhunderts hat *Richardson* vier Gruppen der mentalen Bilder identifiziert, die in bezug auf Klarheit, Lebhaftigkeit, Lokalisation, Fixiertheit bzw. Stabilität, Vollständigkeit im Detail, Empfänglichkeit für genaue Prüfung und dem Grad der Ähnlichkeit mit dem sensorischen Wahrnehmungsgegenstand verglichen werden können. Diese Gruppen sind: 1. Nachbilder, 2. eidetische Bilder, 3. Erinnerungsbilder, 4. Imaginationsbilder.

2.1 Nachbilder

Diese Gruppe von Bildern ähnelt sehr stark einem Wahrnehmungsgegenstand, weil sie eine starke sensorische Qualität besitzen. Normalerweise resultieren Nachbilder aus der tatsächlichen Wahrnehmung eines Reizgegenstandes. Sie sind eine Repräsentation der Form des Gegenstands und, positiv oder negativ, seiner Farbtönung. Nachbilder sind meist weniger lebhaft als die Wahrnehmungsgegenstände, besitzen aber eine sensorische Qualität, in der sie genauso gesehen werden wie die Wahrnehmungsgegenstände. Nachbilder halten keiner genauen Untersuchung stand, weil sie sich mit den Augenbewegungen mitbewegen. Von allen Bildern hängen sie am wenigsten von der Stimulation des zentralen Nervensystems ab; die Stimulation der Netzhaut allein ist anscheinend ausreichend für ihre Produktion. Mehrere Berichte deuten aber an, daß Nachbilder auch aus rein zentraler Stimulierung, also aus Traumfiguren oder vielfarbigen mentalen Bildern, resultieren können.

2.2 Eidetische Bilder

Im traditionellen Sprachgebrauch sind eidetische Bilder eine andere Form von wahrnehmungsähnlichen Bildern. Es gibt Berichte über zwei Arten von eidetischen Bildern: solche, die verlängerten Nachbildern, hervorgerufen durch Wahrnehmungsgegenstände, ähneln, und solche, die in der Erinnerung oder dem generellen Prozeß der Imagination ihren Ursprung haben.[1] Der erste Typ kann farbpositiv oder farbnegativ sein, wird aber wahrscheinlich keine völlig genaue Darstellung sein.

---

[1] *Ahsen* (1977b) hat diese zwei Typen „typographische" und „strukturelle" Eidetik genannt, in dieser Reihenfolge. Der zweite Typ ist ausführlicher experimentell untersucht worden.

Beide Typen zeichnen sich durch Klarheit und Details aus. Eidetische Bilder sind relativ stabil, und man kann sie auf Details überprüfen wie bei einer Photographie. Trotzdem kann durch Suggestion ein gewisser Bewegungsgrad bei Teilen des Bildes auftreten. Die vorhandenen Untersuchungen behaupten das Vorhandensein eidetischer Bilder bei Kindern, bei Erwachsenen werden sie überwiegend für selten gehalten. Die Identifizierung eines Bildes als eidetisch ist nicht ganz verläßlich, da unterschiedliche Kriterien und Methoden benutzt werden.

2.3 Gedächtnisbilder

Gedächtnisbilder können zwar manchmal den eidetischen in Klarheit und Lebhaftigkeit ähneln, aber das ist nicht die Regel. Sie sind meist farblos, bruchstückhaft, nicht genau lokalisierbar und von kurzer Dauer. Dennoch können sie auch extrem lebhaft und klar sein, und es ist denkbar, daß man diese Qualitäten, vielleicht auch die Stabilität und die externe Projektion, kultivieren könnte. Aufmerksamkeit und Affekt scheinen diese Qualitäten der Erinnerungsbilder zu beeinflussen.

2.4 Imaginationsbilder

Diese Gruppe von Bildern wird wesentlich durch Motivationszustände beeinflußt und umfaßt laut *Richardson* im allgemeinen konzentrierte quasi-hypnotische Aufmerksamkeit in Verbindung mit einer Hemmung von Assoziationen. Imaginationsbilder schließen die folgenden, relativ ausgeprägten Formen ein: hypnagogische Bilder, Bilder durch perzeptive Isolierung, Bilder durch halluzinogene Drogen und Bilder durch Schlafentzug. Einige Bilder gleichen Wahrnehmungsinhalten und sind scheinbar unabhängig. Imaginationsbilder zeichnen sich durch Wirklichkeit und Lebendigkeit aus, was dem eidetischen Bilderleben gleichkommt oder es sogar übertritt. Die Bildformen zeigen Neuartigkeit, Symbolismus und Dichte.

3. Das eidetische Bild bei Ahsen (das ISM)

Frühere Kritiker haben im allgemeinen nur die Literatur über den Bereich der Eidetik-Forschung beschrieben und ausgewertet, der durch Präsentation von äußeren Stimuli wie z. B. Bildvorlagen durchgeführt wurde (*Gray* und *Gummerman* 1975; *Richardson* 1969). Es ist nicht sehr bekannt, daß den ersten Forschern auf diesem Gebiet die Erforschung der Eidetik durch äußere Präsentation nie in den Sinn gekommen ist (*Ahsen* 1977b). Das anfängliche Interesse an Eidetik entstand durch Berichte über innere Beobachtungen von Bildern, die zwar quasi-halluzinatorische Qualitäten hatten und Spannung im Augapfel erzeugten, aber dennoch nicht als Halluzinationen charakterisiert werden konnten, weil die Versuchspersonen offensichtlich wußten, daß es sich um innere Erfahrungen handelte (*Urbantschitsch* 1907).

Die Untersuchung der Eidetik durch Präsentation von äußeren Stimuli wurde begonnen, um einen experimentellen Rahmen für den Zugang zur inneren Eidetik zur Verfügung zu haben (*Jaensch*, 1930). Unglücklicherweise wurde die Eidetik als inneres Phänomen bald völlig aus den Augen verloren, und die Forscher verstrickten sich in der Suche nach Beweisen oder Gegenbeweisen für ein Phänomen, das in ihren Experimenten bestenfalls willkürlich mit dem inneren eidetischen Bild zu tun hatte. Bis heute hat die experimentelle Forschung die Projektion von äußerlich präsentierten Stimuli nicht aufgegeben. Ein Ergebnis dieser „äußeren Experimente" ist die häufige Verwechslung des eidetischen Bildes mit dem unmittelbaren Gedächtnis (recent memory). Einige Verfasser betrachten Eidetik tatsächlich als nichts anderes als unmittelbare Erinnerung, die alle Attribute einer jüngst vergangenen Erfahrung zeigt (*Norman* 1968).

Akhter Ahsen hat die Frage der inneren Eidetik, die er strukturelle Eidetik nennt, wieder in den Blickpunkt der Forschung gerückt. Eidetik, wie er sie sieht, durchzieht *Richardson*s Klassifizierung und ist den letzten drei seiner vier Gruppen äußerst ähnlich. Die Bilder sind entwicklungsmäßig determiniert, affektbeladen, lebhaft, wiederholbar und fast allgegenwärtig, sie beziehen sich auf Schlüsselerinnerungen und Phantasien, die mit Grundwachstum und Konfliktsituationen zu tun haben und in vorherbestimmter Folge angeordnet sind. Einmal hervorgerufen, beginnen sie, sich auf spezielle, nicht willensmäßig kontrollierbare Weise weiterzuentwickeln. Es ist oftmals notwendig, die einleitende Bewegung durch wiederholte Projektion in Gang zu bringen. Der Verlauf des imaginativen Erlebens wird benutzt, um zum Kern des Problems vorzudringen (*Ahsen* 1973, 1974, 1975).

Ahsen sieht die Eidetik als halbpermanente Repräsentation, die sich dem Gedächtnis symbolisch als Reaktion auf die Entwicklungsereignisse eingeprägt hat. Die visuelle Komponente, das Bild, wird immer von einem somatischen Muster begleitet (gewisse Körpergefühle und Spannungen einschließlich somatischer Gefühlskorrelate) und einer kognitiven bzw. erfahrungsmäßigen Bedeutung. Eidetik ist also ein integrales psychosomatisches Ereignis mit einer dreigeteilten Struktur. *Ahsen* bezeichnet den gesamten eidetischen Komplex nach den drei

Komponenten Bild, somatisches Muster und Bedeutung (*Image, Somatic pattern, Meaning* = ISM).

Eidetik bildet sich und wird beibehalten, weil sie einen stark emotionalen und bedeutsamen Vorgang, eine Beziehung oder eine wiederholt auftretende Phantasie in der Entwicklung des Individuums darstellt. Man kann deshalb annehmen, daß jede wichtige Erfahrung, jeder Konfliktbereich seine entsprechende Eidetik besitzt. Die visuelle Komponente der Eidetik wird von den herausragenden visuellen Elementen der Erfahrung gebildet, die aber durch Reaktionen der Phantasie auf die Erfahrung verzerrt sein können. Eidetik ist in erster Linie eine Erinnerung. Obwohl bei der Gestaltung des Eidetischen äußere Ereignisse von Phantasiedeterminanten überlagert sein können, bleibt es doch eine Repräsentation der Wahrnehmungen, Gefühle und deren Interpretationen durch die Person zu einer ganz bestimmten Zeit. In anderen Worten: Eidetik ist die Repräsentation einer Erinnerung einschließlich des Ereignisses und der vollständigen individuellen Reaktion darauf.

Ahsen weist nach, daß am Ausgangspunkt des ISM die visuelle Komponente die repräsentative Priorität hat. Sie bildet die Spitze der Erfahrung des Ereignisses und wird deshalb zum psychischen Hinweis-Reiz für das Ereignis in seiner Gesamtheit. *Ahsen* (1968, 1972) berichtet, daß durch das unmittelbare Erinnern der visuellen Komponente das ganze, vielgestaltige Ereignis bewußt erinnert werden kann und daß das ISM genauso erfahren werden kann wie zum Zeitpunkt der ursprünglichen Wahrnehmung; es kann sogar latente Affekte freisetzen, die ursprünglich zurückgehalten oder verdrängt waren.

Bei der ersten Erfahrung kann die Bildkomponente relativ vage sein und sich dem Fokussieren entziehen. Fortgesetzte Konzentration macht sie jedoch genauer, lebhafter, detaillierter und stabiler. Sie ist fixiert und kann nicht mehr willentlich vom Patienten verändert werden. Auch wenn ein Patient ein Bild zeitweise tatsächlich verändern kann, wird es doch wieder die ursprüngliche Form annehmen, sobald er die bewußte Kontrolle verliert oder sich entspannt. Das Bild kann nur mit konzentrierter Aufmerksamkeit beeinflußt und verändert werden und nur in Übereinstimmung mit den Gesetzen, die seine Funktion bestimmen. Werden Veränderungen durchgeführt, so hat das außerdem eine entsprechende Wirkung auf die Psyche.

3.1 Visiosomatische Fixierung und Dessoziation

Die dreigeteilte Einheit des ISM und die führende Position der visuellen Komponente sind laut *Ahsen* ein psychisches Gesetz. Er nennt es das *Gesetz der visiosomatischen Fixierung*. Im Anschluß an den Beginn eines ISM gibt es die Tendenz zu einer Schwächung des Bindeglieds zwischen den drei Komponenten. Diese Tendenz nennt er das *Gesetz der visiosomatischen Dessoziation*. Ahsen weist darauf hin, daß die Trennung des visuellen Hinweis-Reizes von den anderen Komponenten eher scheinbar als real ist und man sie deshalb nicht *Dissoziation* nennen sollte. Das visuelle Element wird im Bewußtsein überbetont, während der somatische und der Bedeutungsaspekt an den Rand des Bewußtseins gedrängt werden. Sie können sich in vagen Reaktionsmustern ausdrücken, sind aber nicht direkt mit der Bewußtheit von dem Ereignis verbunden. Die visuelle Komponente wird auf ein reines Bild reduziert und bleibt das einzige Bindeglied zur ursprünglichen Erfahrung (*Panagiotou, Sheikh* 1974).

Nach *Ahsens* Auffassung begründet diese „chromatische Überbetonung" die bemerkenswerte Effizienz des menschlichen Gedächtnisses wie auch die menschliche Anfälligkeit für Krankheiten. „Getrennt von diesen Raum-Zeit-Bezügen sind die visuellen Hinweis-Reize, die Erfahrungszustände (bildlich gesprochen) blind und erscheinen als vage und quälende Affekte, die nicht verstanden oder irgendeinem Bezugssystem zugeordnet werden können" (*Ahsen* 1968, S. 85). Glücklicherweise behält der visuelle Kern immer wenigstens eine schwache Verbindung zu somatischen Mustern und Bedeutungen, und die ursprüngliche Erfahrung kann dadurch vollständig wiederbelebt werden. Man sollte festhalten, daß die visuelle Komponente eines ISM mit einem ähnlichen Muster eines anderen verwechselt werden oder dahinter verbannt werden kann; die Bestandteile zweier oder mehrerer ISM können infolgedessen um einen einzigen Bildkern verschmelzen oder sich als Serie von Zuständen arrangieren. Wenn das passiert, sagt man, daß ein ISM mit einem anderen ISM verwechselt oder „hinter eine Serie von Zuständen" gedrängt worden ist. Dann wird eine rückläufige Aktivierung einer Bilderserie notwendig, um das pimäre Bild hervorzuholen (*Panagiotou, Sheikh* 1977).

3.2 Bipolare Konfigurationen

Ahsen beschreibt ein wichtiges Charakteristikum des ISM-Komplexes: Alle Erfahrungen werden vom Ich als Ich-positiv oder Ich-negativ betrachtet:

„Geschieht etwas in einer bestimmten Weise, könnte es genauso in einer entgegengesetzten Weise geschehen. Mit Blick auf die Zielsetzung bestätigt das Ich einen Pol und überläßt den anderen sich selbst. Im Lauf der Zeit wird der bestärkte Pol weiter vergrößert und beleuchtet, weil das Ich ihm wiederholte Aufmerksamkeit zollt. Der andere Pol verkümmert durch fehlende Aufmerksamkeit und mangelnde visuelle Wiederbelebung. Das Ergebnis nach Jahren ist schließlich ein ungleichgewichtiger Zustand mit einem einzigen starken visuellen Bild im Zentrum, das auf eine monopolare Konfiguration hindeutet. Der entgegengesetzte Pol hört praktisch auf zu existieren, wenn seine visuelle Repräsentation der Aufmerksamkeit entgleitet." (*Ahsen* 1968, S. 121-122)

Ahsens Position ist wohl die, daß das Ich sich mit einem der beiden Pole eines Ereignisses identifizieren muß. Es ist jedoch unklar, warum eine solche Dichotomie als natürliches Gesetz der Psyche angesehen werden soll, denn *Ahsen* weist auch auf die integrierende Funktion des Ich hin, die in der Therapie aktiviert wird. Man sollte diese Trennung von Elementen und die übersteigerte Betonung eines Pols vielleicht als pathologisches Reaktionsmuster und nicht als universale Tendenz ansehen.

Der vernachlässigte Pol des ISM verkümmert, verliert aber nicht völlig die Beziehung zum Ich: Konzentration auf den vom Ich ausgewählten Pol schließt immer eine paravisuelle Beziehung mit dem aufgegebenen Ende ein. „Visuelle Hinweis-Reize, die zu dem aufgegebenen Pol gehören, schimmern in unentwickelter Gestalt am Rande des Bewußtseins" (*Ahsen* 1968, S. 122). Es ist eine der Funktionen der eidetischen Psychotherapie, eine im Gleichgewicht befindliche Visiofixierung (*visiofixation*) auf einen neugeformten zentralen Kern zu erreichen. Um dieses Ziel zu erreichen, muß zunächst das Bilderleben des vernachlässigten Poles entwickelt werden. Erst dann können die Elemente beider Pole um einen neuen Kern zu einer Integration gebracht werden.

3.3 Die magischen Gesetze der Psyche

Ahsen erklärt, daß das Verhalten der Eidetik gesetzmäßig dem Funktionieren der Psyche entspricht. Demnach führt die Beeinflussung der Eidetik zu Veränderungen der Persönlichkeitsstruktur. Die therapeutische Wirkung dieser Bilder entsteht gemäß vier Prinzipien, die *Ahsen* als Ergebnis seiner anthropologischen Studien über Magie sowie seiner klinischen Beobachtungen entdeckt hat. Diese „magischen Gesetze" der Psyche, wie *Ahsen* sie nennt, sind: 1. Der Teil ist das Ganze, 2. Kontakt ist Vereinigung, 3. Imitation ist Wirklichkeit, und 4. Wunsch ist Handlung.

Ahsen behauptet, daß diese vier Prinzipien den psychischen Funktionen auf allen Ebenen zugrunde liegen. Die Psyche des Kindes ist zutiefst und offen magisch, und es gibt sich ungehemmt dem Spiel mit diesen vier Prinzipien hin. Der Erwachsene aber entwickelt meist ein Gefühl von Scham in bezug auf Magie, bleibt aber darunter weiterhin magisch und ähnelt darin dem Kind in seinen spontaneren und ehrlicheren Stimmungen. Es ist kein ungewöhnlicher Anblick, wenn ein Kind, das wie sein Vater sein möchte, die Kleidung und die Schuhe seines Vaters anzieht und zunächst vorgibt, dann aber tatsächlich *fühlt*, daß es der Vater ist. *Ahsen*s Fallgeschichten (1968) zeigen, daß Erwachsene gar nicht so selten ähnliche Erfahrungen machen. Er berichtet z. B. von einem Mann, der „positive psychische Ströme" in seinem Körper erlebte, während er eine eidetische Pistole hielt, die psychisch für ihn zum Symbol für Sicherheit geworden war. Weiter erwähnt er eine Person, die frohlockte und triumphierte, nachdem sie in ihrer Imagination ein simples Kleidungsstück erkämpft hatte, das ein ganzes Drama von geschwisterlicher Rivalität symbolisierte. Ein anderer Patient, der sehr an der Erinnerung an seine Mutter hing, stattete eine Bettdecke, die sie ihm gemacht hatte, mit magischen Kräften aus. Wenn er unter diese imaginäre Decke kriechen sollte, erfuhr er „einen Sturm von seltsamen psychophysiologischen Gefühlen, die ihn zum Schwitzen brachten" (*Ahsen* 1965). Es ist vielleicht deutlich geworden, daß die magischen Gesetze und die Objekte, die unter ihrem Einfluß gebildet werden, ein wichtiges Instrument der schnellen therapeutischen Manöver in *Ahsen*s Ansatz darstellen.

4. Eidetik und elektrisch hervorgerufene Erinnerungen

Es ist interessant festzustellen, daß die Eigenschaften, die *Ahsen* der Eidetik zuschreibt, durch *Penfield*s Forschung (1952, 1958, 1959, 1963, 1975) über die Erinnerungen von Epileptikern, hervorgerufen durch elektrische Stimulation gewisser Punkte der Großhirnrinde, deutlich gestützt werden. Einige Zitate aus *Penfield*s Schriften sollen diese Ähnlichkeiten belegen:

„Es gibt ein Gebiet auf der Oberfläche des menschlichen Gehirns, in dem lokale elektrische Stimulierung eine Folge vergangener Erfahrungen zurückrufen kann ... Es ist, als wenn ein Tonband oder ein Tonfilmstreifen im Gehirn in Bewegung gesetzt würde. Die Bilder, Klänge und Gedanken eines vergangenen Tages gehen wieder durch das Gehirn des Menschen" (*Penfield* 1959, S. 1719).

„Die Versuchsperson fühlt wieder die Emotionen, die die Situation ursprünglich bei ihr hervorgerufen hat, und sie nimmt dieselben, richtigen oder falschen, Deutungen wahr, die sie der Erfahrung zuerst beigemessen hat. Die so hervorgerufene Erinnerung ist keine photographisch genaue Reproduktion der vergangenen Szenen und Ereignisse. Es ist die Reproduktion dessen, was der Patient sah, hörte, fühlte und verstand" (*Penfield* 1952, S. 183).

„Ein Lied geht ihm durch den Kopf, wahrscheinlich so, wie er es bei einer bestimmten Gelegenheit gehört hat; er findet sich als Teil dieser Situation wieder, die weitergeht und sich entwickelt wie die ursprüngliche Situation, und er ist selbst sowohl Handelnder wie Zuschauer" (*Penfield* 1952, S. 108).

„Manchmal scheint es, als ob sogar Phantasien wiedererscheinen, wie z. B. im Fall des kleinen Jungen R. W., der zu Anfang eines jeden Anfalls ‚Räuber mit Gewehren' sah, so wie er sie in seinem Bilderbuch gesehen hatte" (*Penfield* 1958, S. 156).

„Es scheint in diesen Beispielen wenig Unterschied zu machen, ob die ursprüngliche Erfahrung Tatsache, Traum oder Phantasie war" (*Penfield* 1952, S. 180)."

Penfield war nicht an den psychotherapeutischen Implikationen seiner Arbeit interessiert, während *Ahsens* wichtigste Entdeckungen sich aus seiner psychotherapeutischen Forschung ergaben. In *Penfields* Forschung an der Großhirnrinde ist das Untersuchungsinstrument die stimulierende Elektrode, während es in *Ahsens* Arbeit die Kozentration auf die Eidetik eines bestimmten Bereichs ist, mit dem emotionale Konflikte verbunden sind. Trotzdem scheint es, daß sowohl *Ahsen* wie *Penfield* dasselbe Phänomen beschreiben. Beide befassen sich mit inneren, nicht äußerlich hervorgerufenen erfahrungsbezogenen Bildern; beide betonen die Lebhaftigkeit des Bildes; beide stellen fest, daß das Bild affektive oder somatische Begleiterscheinungen und affektive oder somatische Bedeutung oder Interpretation hat; beide betonen die Wiederholbarkeit des Bildes und wenden wiederholtes Hervorrufen an, um die Erfahrung ans Licht zu bringen und progressiv weiterzuentwickeln. Sie stimmen darin überein, daß anfangs problematisch erscheinende oder nicht verfügbare Erfahrung oder Interpretation im Verlauf der Erfahrungsbilder zugänglich wird. Diese Beobachtung ist besonders für die therapeutische Behandlung von Schizophrenen wichtig, die ja für ihre Unfähigkeit bekannt sind, Bilder erneut hervorzubringen. Die Konzentration auf eine fortlaufende Serie von Entwicklungseidetik über eine ziemlich lange Zeitspanne kann anscheinend das Gefühlsleben des Schizophrenen rekonstruieren und den allgemeinen Spaltungsprozeß stoppen und umkehren (*Ahsen* 1974, *Sheikh, Panagiotou* 1975).

Es ist bereits angedeutet worden, daß laut *Ahsen* ein Ereignis nie so geschehen sein kann, wie es von der Eidetik dargestellt wird. Eidetik stellt gewöhnlich eine Erfahrung von gemischter Realität dar; sie setzt sich aus einer Kombination von Realem und Psychischem zusammen. Sie muß nicht unbedingt eine spezifische realistische Wahrnehmung wiedergeben, repräsentiert aber immer eine bedeutsame psychische Konstruktion. Man kann die Trennung von Fakten und Phantasie im Geist nicht vollziehen, indem man Fakt und Fiktion auf der Basis von Rationalität oder Irrationalität trennt, sondern eher auf der Basis von Funktionen. Es ist bemerkenswert, daß *Penfields* Ergebnisse *Ahsens* Behauptungen auch in diesem Punkt unterstützen (*Sheikh, Panagiotou* 1975).

Interessant ist, daß *Ahsen* ständig die visuellen Aspekte der Bilder unterstreicht, in *Penfields* Berichten aber auditive Erinnerungen vorherrschen. *Penfield* zeigt aber auch, daß eine vollständige Neuinszenierung der ursprünglichen Erfahrung geschieht und im Geiste ein detailliertes Bild auftaucht, wenn die Elektrode wiederholt angesetzt wird, um die auditive Erfahrung weiterzuentwickeln (*Dolan, Sheikh* 1977a). Möglicherweise steht speziell bei Epileptikern ein auditives statt eines visuellen Erinnerns am Anfang (*Kubie* 1952). *Ahsen* (1973) hat herausgefunden, daß Epileptiker in der Regel zum Erfahren von visuellen Bildern fähig sind. Aber ihr visuelles Imaginieren macht in bestimmten Bereichen den Eindruck von Stauung und Verdichtung, als wenn es zu sehr zusammengedrängt wäre, und in diesen Bereichen zeigen die Patienten eine Unfähigkeit, ein visuelles Bild deutlich aufrechtzuerhalten. Diese Bereiche lassen sich nach *Ahsen* bestimmten problematischen Aspekten des Vaters zuordnen. Aus diesen Ergebnissen ergeben sich faszinierende Fragen, die weiterer ausführlicher Forschung bedürfen.

5. Die ISM-Theorie der Persönlichkeit

Nach *Ahsen* bildet der Mensch im Laufe seiner Entwicklung zahllose ISM, die das Repertoire ausmachen, auf das er für zukünftige geeignete oder ungeeignete Reaktionen zurückgreifen kann. Unter den potentiell verfügbaren Elementen befinden sich die vernachlässigten Pole des bipolaren ISM. Die dadurch bedingte Fixierung der ISM-Zustände kann verändert werden, aber nur durch sehr starke Ereignisse wie z. B. einen therapeutischen Eingriff, bei dem der Ursprung dieser Zustände noch einmal durchlebt wird. Ohne signifikante Eingriffe ruhen diese konditionierten Zustände jedenfalls.

Warum ein Mensch aufhört, neue ISM als Reaktion auf neue Reizsituationen zu bilden, läßt *Ahsen* unbeantwortet. Man kann annehmen, daß sich neue ISM bilden, wenn der Reizsituation Ähnlichkeitsmomente fehlen, die alte ISM ins Spiel bringen könnten. Im Laufe der Zeit befinden sich jedoch so viele ISM im Repertoire, daß es nur wenig Reizsituationen gibt, auf die die ISM nicht übertragen werden können. Anders gesagt, das bereits vorhandene Muster scheint immer dann übernommen zu werden, wenn es möglich ist. Beweise für diese Tendenz finden sich auch in anderen Theorien (*Martin* 1976). Die ISM-Theorie scheint gegenwärtig jedoch das Lernen neuer Reaktionen nicht vollständig zu erklären, wie es z. B. durch Modellbildung oder durch andersartige interpersonale Kommunikationen oder durch eine gelegentliche Erfahrung stattfindet, bei der die Person konträr zu früherer

Konditionierung reagiert und eine ISM-Fixierung verändert. Die Theorie erklärt ebensowenig die Wirkungen eines neuen ISM, das mit existierenden ISM verschmilzt und sie verändert, auf das Selbstbild. Ein besonderer Erfolg einer Person mit mangelndem Selbstwertgefühl z. B. kann ihre Reaktionsmuster in Bereichen verändern, die nicht in Beziehung zu dem Erfolg stehen. Man sollte festhalten, daß die ISM-Theorie andere Arten der Veränderung nicht ausdrücklich ausschließt, aber es scheint ihr an einem klaren Entwurf zu mangeln, der mögliche Wege aus dem ihr eigenen Determinismus beschreiben könnte:

"Wenn vergangene Muster die Reaktionen ständig kontrollieren, wie kann dann Veränderung möglich sein außer durch gelenkte therapeutische Manipulation? Auch starke neue Ereignisse bringen die alten Reaktionen ins Spiel. Wiederum scheint es so zu sein, daß die unflexible, stereotype Generalisierung der Reaktionsmuster selbst symptomatisch für einen fehlgegangenen Entwicklungsverlauf ist, genau wie die Fixierung auf einen extremen Pol, die die Elemente des Gegenpols ausschließt, eher ein besonders fehlangepaßtes als ein generelles Reaktionsmuster sein wird" (*Panagiotou, Sheikh* 1974, S. 234).

Ahsen (1968) sieht also offensichtlich in der menschlichen Psyche eine unermeßliche Vielfalt von ISM-Zuständen statt einer logischen Einheit: "Nach den magischen Prinzipien ist jeder signifikante Zustand nach seinem eigenen Gesetz aktiv und sucht seine eigene Richtung und sein eigenes Schicksal" (S. 32). Jedes signifikante ISM erhält infolgedessen den Status einer Mini-Persönlichkeit, die er ein "Persönlichkeits-Vielfaches" (*personality multiple*) nennt. Es ist bemerkenswert, daß sich in diesem Zusammenhang die Betonung von den visuellen und somatischen Komponenten zu den Selbstwahrnehmungen, die dem ISM-Ereignis innewohnen, verschiebt. Über das Persönlichkeits-Vielfache sagt *Ahsen* (1968):

Es handelt sich um Mr. X's Bild zu einem bestimmten Zeitpunkt, bei dem er etwas fühlte oder tat, das für seine existentiellen Probleme von Bedeutung war. Da er Tausende von Malen mit lebenswichtigen Entscheidungen befaßt war, hat er die gleiche Anzahl von Persönlichkeitsvielfachen im Sinne dieser Handlungsstränge entwickelt. All diese Persönlichkeitsvielfachen leben, fühlen und atmen jetzt in ihm und kämpfen um dieselben alten Ziele, die sie abgeschlossen haben oder nicht. Sie leben die verschiedenen Leben, die sie einmal verkörpert haben, während etwas in der Person versucht, ihnen eine illusorische Einheit aufzuzwingen.

Sie leben in ihm in Form von klar beobachtbaren Bildern. Zu einer bestimmten Zeit trug er einen auffälligen Anzug und erfuhr eine signifikante Situation; das Gedächtnisbild, das zu der Situation gehört, trägt weiterhin diesen Anzug und übt einen Einfluß aus, der mit dieser Situation verbunden ist" (S. 141).

Wie entstehen nun diese "Mini-Personen"? *Ahsen* behauptet, daß sie als Ergebnis der Verbindung zwischen spezifischen psychischen Motiven und visuellen Konfigurationen von Realitäts- oder Phantasiebildern entstehen. Diese Verbindungen durchlaufen dann einen Prozeß der Vereinfachung, der zu der magischen Ebene gehört: das Teil ist das Ganze, Kontakt ist Vereinigung, Imitation ist Wirklichkeit, Wunsch ist Handlung. Ein Kleidungsstück z. B. kann ein komplettes psychisches Drama eines Konflikts mit Eltern oder Geschwistern repräsentieren.

Die Persönlichkeits-Vielfachen leben fast unbegrenzt weiter, wenn sie nicht zufällig oder therapeutisch aufgelöst werden. Wichtige Vielfache bilden sich normalerweise in bezug auf das Selbst, die Eltern, Geschwister und andere beseelte oder unbeseelte Objekte, die zu der damaligen Zeit wichtig für das Leben der Person waren. Einige der frühesten Vielfachen betreffen nach *Ahsen* (1968) die Mutter:

„Ihre verschiedenen signifikanten Aspekte sind mit wichtigen Hinweisen überladen. Die Persönlichkeitsvielfachen, die sich bei Brüdern und Schwestern bilden, repräsentieren normalerweise Motive von Eifersucht und Tod. Bedeutsame Kleidungsstücke, die von Geschwistern bei typischen Situationen getragen wurden, werden zu Repräsentanten dieser Motive. ... Persönlichkeitsvielfache, die in den Vater projiziert werden, haben gewöhnlich mit Schutz oder Disziplin oder mit der Vater-Mutter-Beziehung zu tun, auch mit Entwöhnungs- und Übergangsproblemen zu dem befreienden Vaterbild in der Psyche" (S. 142-143).

Es ist interessant, festzustellen, daß das Selbstgefühl nicht nur in Selbstbilder, sondern auch in Bilder von anderen projiziert wird.

Obwohl Persönlichkeitsvielfache selber nicht zur Einheit neigen, existiert das Ich unter ihnen als eine Kraft für rationale Integration. Im Interesse logischer Integrität versucht es, die Erfahrungen um ein Identitätsgefühl zu zentrieren: es identifiziert sich mit ausgewählten Teilen der Vergangenheit, die ihm angemessen sind.

Ahsen gibt zu, daß die Bewegung auf die Integration eine natürliche Tendenz und ein Grundbedürfnis ist, trotzdem hat er aber den Eindruck, daß ihr ein „Grundirrtum" zugrunde liegt. Eine solche selektive Persönlichkeit ist eine Illusion, die sich selbst erfährt. Er glaubt, daß die Ablehnung bestimmten Materials und die Assimilation des übrigen spontan in ein übertriebenes begriffliches Verständnis der Umgebung mündet. Diese Vorgehensweise erfordert, daß das Ich die Persönlichkeit auf eine Weise erklärt, die es in bezug auf das Selbstkonzept akzeptieren kann. Hat das Ich damit Schwierigkeiten, neigt es dazu, sich immer mehr hinter sein eigenes Identitätsgefühl zurückzuziehen und Elemente, mit denen es nicht umgehen kann, zu verzerren oder auszuschließen.

Was die Abschwächung der Funktion von Logik oder Realismus in der Vereinigung der Persönlichkeitselemente betrifft, unterscheidet sich *Ahsen*s Auffassung nicht nur von der klassischen Analyse, sondern auch von fast allen heute gängigen Theorien (*Martin* 1976). Gegenwärtige Persönlichkeitstheorien neigen zu einer Betonung der konzeptuell integrierten Persönlichkeit, in der das Individuum einen kognitiven Sinn sehen kann. Die Möglichkeit, daß paradoxe Elemente gleichzeitig existieren, wird kaum gesehen. Diese Theorien bestärken die Annahme, daß die Existenz verloren geht, wenn man sie nicht in ein plausibles Ganzes integrieren und auf die Frage „Wer bin ich?" keine konsistente und logisch verständliche Antwort geben kann.

Ahsen meint damit nicht, daß Planung und die Tendenz zur Individualität total falsch seien, sondern daß sie von einer rationalen oder konzept-orientierten Person stark überbetont würden. Um eine logisch einwandfreie Integrität zu erreichen, verlangt das Ich einen bestimmten Preis: Es muß die unlogische Basis der Problemlösung opfern, die nach *Ahsens* Ansicht die natürliche Grundlage der psychischen Operationen auf allen Ebenen ist und der große Heilungskräfte zur Verfügung stehen. Das Individuum muß auch psychisches Anpassungsmaterial ausschließen oder begrenzen, Material, das potentiell wertvoll ist, aber das gewählte Selbstbild erschüttern kann. Im äußersten Fall kostet das Ausschließen von unakzeptablem Material vergangener Zustände aus dem Bewußtsein eine Menge Energie (*Ahsen* 1968; *Panagiotou, Sheikh* 1974).

Ein wirklich gesundes Selbstgefühl baut sich auf dem Annehmen einer zugrundeliegenden Vielfalt auf. Diese Art von Identität fürchtet keine Feinde im Verdrängten und braucht keine Rationalisierungen, um sich ständig zu verteidigen. „Es ist mächtig und dynamisch, furchtlos und allumfassend; es schätzt die Kategorien des Lebens mehr als die Kategorien der Vernunft" (*Ahsen* 1968, S. 34). *Ahsen* gründet seine Therapie auf der Theorie von der Persönlichkeit als Vielfalt. Nach seiner Meinung sind Persönlichkeitsvielfache eine ausgezeichnete Basis für Analyse, Verstehen und Katharsis: Sie können leicht und spontan hervorgerufen werden und umgehen Abwehrmechanismen des Ich.

6. Diagnostische und therapeutische Verfahren

In *Ahsens* System sind die diagnostischen und therapeutischen Verfahren untrennbar miteinander verknüpft. Die eidetischen Verfahren, die er entwickelt hat, helfen nicht nur beim Verstehen der ihnen zugrundeliegenden Dynamik, sondern auch bei der Aufstellung des therapeutischen Arbeitsplans.

Die eidetische Analyse von *Ahsen* und anderen, die nach seinem System gearbeitet haben, hat gezeigt, daß die Symptome größtenteils durch Dessoziation der eidetischen Komponenten, Fixierung auf den negativen Pol oder durch teilweise oder völlige Verdrängung wichtiger

Erfahrungen verursacht werden. Das Ziel der eidetischen Therapie wird hauptsächlich erreicht durch die Wiederherstellung der dreiteiligen Einheit, durch die Verschiebung der Aufmerksamkeit der Person auf den vernachlässigten positiven Pol, was eine ausgeglichenere und realistischere Einschätzung der Erfahrung bewirkt, oder durch das Aufdecken der verdrängten Erfahrung mit eidetischem Imaginieren. Da *Ahsen* ein eidetisches Bild in seiner ganzen Intensität als das psychische Äquivalent zu dem entsprechenden tatsächlichen Ereignis ansieht, ist die Wieder-Erfahrung der Persönlichkeitsvielfachen in der Gestalt der Eidetik die Wieder-Erfahrung der individuellen Geschichte, die auf diese Weise einer Veränderung zugänglich wird.

Im eidetischen psychotherapeutischen Prozeß gibt es drei wichtige Ebenen: Auf der ersten Ebene geht es um Symptome mit psychosomatischem, hysterischem oder phobischem Charakter. Danach kommt die Entwicklungsebene, die hauptsächlich die vielen Probleme betrifft, die sich in den ersten Lebensjahren in bezug auf die Eltern gebildet haben. *Ahsen* hat zwei Tests entwickelt, den „*Age Projection Test*" (*Ahsen* 1968) und den „*Eidetic Parents Test*" (*Ahsen* 1972), die die Basis für Diagnose und Therapie für jeweils jeden der zwei ersten Zustände bilden. *Ahsen* gibt noch eine dritte universelle, symbolische Analyse-Ebene an, die zu einem tieferen Verstehen und Integrieren von Bedeutungen psychischer Inhalte führen kann. Er hat diese dritte Analyse-Ebene aber noch nicht detailliert in seinen Veröffentlichungen vorgestellt, so daß diese Ebene in diesem Aufsatz nicht weiter besprochen werden kann.

Eidetische Psychotherapie beginnt mit der *Zusammensetzung der Symptome* in einem strukturierten Interview, in dem der Therapeut versucht, die exakte Art der physischen (z. B.: „Mir tut alles weh") und der psychischen (z. B.: „Ich kann nicht klar denken") Elemente des Symptomkomplexes festzustellen. Der Patient wird auch über seine Ängste oder Sorgen in bezug auf seine Symptome (z. B.: „Ich habe Angst, verrückt zu werden") befragt. Ängste oder Sorgen bezüglich verschiedener Körperteile werden ebenfalls festgehalten. Das Symptom wird vollständig in der Sprache des Patienten zusammengesetzt. Im Anschluß daran beginnt der Therapeut mit der Durchführung des Alters-Projektions-Tests.

6.1 Der Alters-Projektions-Test

Der Therapeut fordert den Patienten auf, seine Vor-, Zweit- und Nachnamen, Spitznamen und andere Namen, mit denen er von Kind an gerufen wurde, anzugeben. Es wird davon ausgegangen, daß diese Namen sich auf die verschiedenen Identitäten des Individuums beziehen. Danach soll der Patient entspannt darauf achten, was der Therapeut sagt. Dem Patienten wird gesagt, daß er ein Bild von sich selbst — irgendwann in seiner Vergangenheit — sehen wird, wenn der Therapeut bestimmte Worte immer wieder wiederholt:

„Die auffälligen Züge des Symptoms, die bei der Symptomzusammensetzung entdeckt wurden, werden nun dem Patienten mit dessen eigenen Worten ständig wiederholt. Im Laufe dieser Wiederholung wird der Patient abwechselnd mit seinen verschiedenen Namen angeredet. Diese Wiederholung aktiviert das Symptom künstlich bis zu fast unerträglicher Schärfe. Ist dieser Moment erreicht, läßt man fünf Sekunden lang totale Stille eintreten. Plötzlich beginnt der Therapeut von der Zeit zu sprechen, als der Patient gesund und glücklich war. Während er über Gesundheit in den Bereichen spricht, in denen jetzt das Symptom existiert, formt der Patient spontan und unterschwellig ein Selbstbild. Jetzt wird der Patient plötzlich aufgefordert, ein Selbstbild zu entwerfen und folgendes zu beschreiben: (a) Das Selbstbild an sich, (b) die Kleidung des Selbstbildes, (c) den Ort, an dem es erscheint, (d) die Ereignisse, die in dem Alter, das in das Selbstbild projiziert wird, passiert sind, (e) die Ereignisse, die in dem Jahr vor dem Alter, das in dem Bild projiziert wird, geschehen sind" (*Dolan, Sheikh* 1977b).

Diese Methode deckt normalerweise ein Ereignis auf, das dem Symptom voranging oder das eine Reihe von Geschehnissen in Gang setzte, die nach und nach zur Symptombildung führten. Wenn sich das auf dieses Ereignis bezogene Selbstbild einmal gebildet hat, wird der Patient aufgefordert, es immer wieder zu projizieren, bis es klar wird. Dann befragt man ihn weiter über die kritische Zeit.

Wird kein relevantes Ereignis entdeckt, wendet man den letzten Teil des Tests an, die „Motiv-Projektion". Der Patient soll sein Selbstbild visualisieren, wie es vor den Elternbildern steht, weinend, um Mitleid und Liebe zu provozieren. Das Selbstbild zieht dann ein Kleidungsstück aus und wirft es den Eltern vor die Füße und sagt: „Nimm das weg, ich will das nicht mehr tragen." Das Bild geht weiter: Ein Elternteil hebt es auf und legt es irgendwo hin. Der Patient sieht, wo es hingetan wird, was es umgibt und welche Objekte auffallen. Er soll dann alle Eindrücke und Erinnerungen, die die in seinem Vorstellungsbild auffallenden Objekte betreffen, berichten.

Während des Dialogs über das imaginative Erleben zwischen Therapeut und Patient kann andererseits spontan ein wichtiges Bild entstehen. *Ahsen* sagt aber dennoch, daß bei der Anwendung des Tests der Altersprojektion normalerweise die Bedeutung und der Ursprung von somatischen oder quasi-somatischen Symptomen klar wird. Basierend auf der Information, die der Test enthüllt, wird dann ein therapeutisches Bild konstruiert, das der Patient wiederholt projizieren soll. Dieses therapeutische Bild kann auf verschiedenste Art wirken. Es erhält die therapeutische Wirksamkeit durch die vier Prinzipien des „magischen" Funktionierens. Das Bild kann durch diese symbolischen Mechanismen die Freisetzung verdrängter Reaktionen veranlassen, es kann zu einer Katharsis angestauter Affekte führen, unerfüllte Wünsche symbolisch befriedigen oder eine gestörte Ich-Interpretation von Ereignissen durch das Fokussieren auf bis dahin vernachlässigte Aspekte der Reaktion korrigieren (*Panagiotou, Sheikh* 1974).

Der Altersprojektions-Test ist ein faszinierendes Verfahren mit einem verblüffenden Grundprinzip (*Ahsen* 1968; 1977a). Auf dem Gebiet der psychosomatischen oder hysterischen Symptome wurde von überwältigenden Erfolgen in überraschend kurzer Zeit berichtet. Mittlerweile liegen zahlreiche Fallstudien vor (*Ahsen* 1968; *Dolan, Sheikh* 1977b; *Sheikh, Dolan* 1977). Die Fallstudien zeigen, daß das Symptom häufig schon in der ersten Sitzung verschwindet. Danach kann eine weitere Analyse der grundlegenden Entwicklungszüge durch einen weiteren Imaginationstest vorgenommen werden. *Ahsen* hat ein wichtiges Instrument für die Analyse auf der Entwicklungsebene entwickelt: den *eidetischen Eltern-Test* (1972).

6.2 Der eidetische Eltern-Test (Eidetic Parents Test, EPT)

Ahsen mißt den Interaktionsmustern zwischen den Eltern des Patienten und dessen Wahrnehmung der Polaritäten, die in der elterlichen Beziehung existieren, große Bedeutung zu. Der eidetische Eltern-Test (EPT) ist speziell zum Aufdecken der Eidetik in diesen Bereichen entwickelt worden. Es hat sich herausgestellt, daß diese Bereiche in signifikantem Ausmaß die Qualität der familiären Beziehungen und deren vorherrschende pathologische Motive zeigen. In *Ahsen*s Methode nimmt dieser Test eine zentrale Stellung ein und liefert nicht nur die Mittel zur Identifizierung von Konfliktbereichen, sondern bestimmt auch die Form des therapeutischen Vorgehens. Der Test beinhaltet eine systematische, genaue Untersuchung der Eltern-Kind-Interaktionsmuster und der Interaktionsmuster zwischen den Eltern. Der erste Abschnitt des Tests verläuft wie folgt:

„Visualisiere deine Eltern in dem Haus, in dem du die meiste Zeit gelebt hast, dem Haus, das dir ein Gefühl von Heim gibt.
Wo siehst du sie?
Was tun sie?
Wie fühlst du dich, wenn du das Bild siehst?
Reaktionen oder Erinnerungen, die mit dem Bild verbunden sind?" (*Ahsen* 1972, S. 52).

Der gesamte EPT besteht aus dreißig Situationsbildern, in denen unterschiedliche Aspekte der Eltern und der elterlichen Beziehungen visualisiert werden. Ich fasse die Punkte, die der Patient visualisieren soll, hier kurz zusammen:

„(1) Wie und wo tauchen die Eltern in dem Haus auf, in dem der Patient großgeworden ist? (2) die Links-rechts-Position der Eltern vor dem Patienten; (3) sind die Eltern in dem Bild getrennt oder vereint als Paar? (4) Gefühl einer Aktiv-passiv-Beziehung der beiden Personen; (5) welcher Elternteil scheint in dem Bild schneller zu laufen? (6) Muster und Zweck des Laufens in dem Bild; (7) die körperliche Gelockertheit der Eltern beim Laufen; (8) in welchem Maße leuchten die Augen der Eltern? (9) die Objektorientierung der Augen der Eltern; (10) die Augen der Eltern — die Gefühle, die sie vermitteln, die Geschichten, die sie erzählen; (11) die relative Lautstärke der elterlichen Stimmen im Bild; (12) der Grad der Bedeutsamkeit in den elterlichen Stimmen; (13) die Stimmen der Eltern — Gefühle, die sie vermitteln, Geschichten, die sie erzählen; (14) der Grad des Zuhörens der Eltern im Bild; (15) der Grad des Verstehens der Eltern, wenn sie den Patienten zu sich sprechen hören; (16) die Eltern, während sie die Atmosphäre des Hauses erschnuppern, wobei sie andeuten, ob sie das Haus mögen oder nicht; (17) das durch die Körper der Eltern im Bild vermittelte Gefühl persönlicher Wärme; (18) Gefühl von Annahme oder Ablehnung hinsichtlich der Haut der Eltern; (19) wie gesund scheint die Haut der Eltern im Bild? (20) der Grad, in dem die Eltern ihre Arme nach dem Patienten ausbreiten; (21) der Grad, in dem der Patient seine Arme ausstreckt, um die Aufmerksamkeit der Eltern zu erlangen; (22) die relative Kraft in den Händen der Eltern; (23) die Art der Eltern, ihr Essen herunterzuschlucken; (24) wie trinken die Eltern? (25) wie kräftig können die Eltern zubeißen? (26) die Gehirntemperatur der Eltern; (27) die Effizienz oder Ineffizienz der elterlichen Gehirne, wenn sie als Denkmaschinen visualisiert werden; (28) der Herzschlag der Eltern, der durch ein visualisiertes Fenster in ihrer Brust gesehen wird; (29) das Aussehen der Därme der Eltern, visualisiert in ihrem Unterleib; (30) die Temperatur und das Aussehen der Genitalien der Eltern und ihre Reaktion auf Berührung seitens des Patienten" (*Dolan* 1972 S. 27-28).

Einige dieser Bilder verlangen vielleicht nach einer Erklärung. Als ganz besonders verblüffende Auswahl für eine fokale Untersuchung mag die Verwendung bestimmter Teile der Anatomie zur Bildstimulation erscheinen. Ganz allgemein gesagt, benutzt man sie, um Gefühle über die Gesundheit bzw. Krankheit der Eltern herauszuholen, die sich in Merkmalen der Haut, des Gehirns, des Herzens und der Gedärme der Eltern manifestieren können. Eine erwähnte Krankheit muß natürlich nicht einen tatsächlichen physischen Zustand meinen; diese Bilder werden wegen ihres allgemeinen Symbolgehalts vorgegeben, d. h., das Gehirn repräsentiert die Denkprozesse, das Herz die emotionalen Prozesse usw. Die Pathologie, die sich in den anatomischen Bildern zeigt, bezieht sich normalerweise letztlich auf psychische oder emotionale Mängel.

Der Test schließt wörtliche Standard-Instruktionen für die Präsentation der Stimuli ein. Man muß es *Ahsen* hoch anrechnen, daß er für die Durchführung des EPT sowie für die Festsetzung akzeptabler Reaktionen nichts unspezifiziert gelassen hat. Wenn der Teilnehmer mit einem kurzen Übungsbild in die Eidetik eingeführt worden ist, wird der

Test durchgeführt, indem „Stück für Stück, Satz für Satz jeder einzelne Punkt deutlich ausgedrückt" wird. Formt der Patient kein Bild als Reaktion auf einen der Testpunkte, werden die Instruktionen so lange wiederholt, bis er mit einem Bild reagiert. Ist er völlig unfähig zu einer Bildreaktion, muß sich der Kliniker dieses offene Verhalten des Patienten merken.

Jedes Bild wird so lange wiederholt, bis seine wesentlichen Elemente scharf und von den vagen oder wechselnden Aspekten getrennt sind. Der Teilnehmer kann sich gründlich mit seinem eidetischen Bild vertraut machen, bevor er aufgefordert wird, es zu beschreiben. Wesentlich für die Effektivität des EPT ist es, dem Teilnehmer zu helfen, das Bild wieder und wieder zu sehen und seine Erfahrung gründlich zu beschreiben. Der Untersuchende wird oft eher lenkend und nachdrücklich nachfragen müssen, um an das Zentrum der eidetischen Reaktion zu gelangen. Dem Teilnehmer wird eingeschärft, keinen Aspekt des Bildes zu forcieren, sondern das Bild ohne Beeinflussung wachsen zu lassen. Er wird ermutigt, das Bild mittels „positiv erklärender Aussagen" zu beschreiben.

Es muß festgehalten werden, daß eidetische Reaktionen, im Unterschied zu oneiroiden Träumereien (*Desoille* 1965; *Frétigny, Virel* 1968; *Leuner* 1969), nicht erzählend sind. Die wiederholte, bruchstückhafte Projektion der Segmente der Reaktion ist ein wichtiger methodischer Faktor im Umgang mit der Eidetik. Die Projektion hilft bei der Konstruktion der starren Folge dessen, was ein eidetisches Gebiet definiert. Jeder Versuch einer glatten, erzählenden Projektion führt zu einer fiktionalen Reaktion; die wahre Eidetik ist jedoch nicht fiktional.

Es ist offensichtlich, daß die EPT-Stimuli stark strukturiert sind. Die anfängliche Präsentation jedes einzelnen Stimulus erlaubt nur eine kurze Reaktion. Wiederholte Projektionen erlauben keine größere Reaktionsbreite, das Bild entfaltet sich nur unter den steuernden Fragen des Therapeuten. Diese begrenzende Natur der Stimuli und die Gerichtetheit ihrer Präsentation geben *Ahsen* die feste Basis für Vergleiche zwischen verschiedenen Personen und die Möglichkeit, vergleichende Daten für die Aufstellung interpretativer Richtlinien zu verwenden.

Der wahrheitsgetreue Bericht der eidetischen Reaktionen wird unterstützt durch die Tatsache, daß die Reaktionen bis ins letzte Detail wiederholbar sind. Der Bericht wird jedoch durch andere Dinge kompliziert, und die erste Reaktion ist selten rein eidetisch. *Ahsen* hat die Phänomene, die während des EPT ans Licht gebracht wurden, „eidetische Matrix" genannt. Das schließt ein: (1) die *erste Reaktion*, (2) die *Primärreaktion*, (3) die *Sekundärreaktion*, (4) die *eingeschobene Reak-*

tion (interjected), (5) die *darunterliegende primäre Reaktion* und (6) das *offene Verhalten*. Die erste Reaktion reflektiert die anfängliche Reaktion des Teilnehmers auf die Instruktion: Sie kann eine Vielzahl von Formen annehmen, einschließlich einer Manifestation von Abwehr, und sie wird nicht immer eidetisch sein. Die Primärreaktion ist die wirkliche Eidetik. Sie ist immer wiederholbar und tendiert dazu, fast mechanisch wiederzukehren. Sie ist normalerweise klar und deutlich, wird von vielen Emotionen begleitet und hat Bedeutungen, die die Person mit einiger Sicherheit erkennen kann. Jeder Teil der Primärreaktion kann zwecks Weiterentwicklung oder zwecks detaillierter Untersuchung wiederholt werden. Bei der Wiederholung tauchen Gefühle und Erinnerungen auf, und nach vielen, vielleicht durch Widerstand oder andere Verhaltenstypen unterbrochenen Wiederholungen kann die Primärreaktion spontan durch eine neue ersetzt werden, die dann durch Wiederholung nochmals eine neue ermöglicht. Die Primärreaktionen, die aus der Wiederholung der ersten entstehen, werden „darunterliegende Primärreaktionen" genannt. Die Sekundär- und eingeschobenen Reaktionen und das offene Verhalten sind Reaktionstypen, die häufig zwischen den primären Reaktionen auftreten. Nach einigen Wiederholungen kann die Primärreaktion plötzlich durch Material, das nur oberflächlich auf sie bezogen ist, abgelöst werden: z. B. durch Elemente der gewöhnlichen Phantasien der Person. Solche Reaktionen sind „sekundär" und werden gewöhnlich zur Abwehr benutzt. Manchmal wird die Primärreaktion durch signifikantes verbales oder Phantasiematerial unterbrochen. *Ahsen* nennt dieses Verhalten eine eingeschobene Reaktion und weist darauf hin, daß sie gelegentlich wichtiges Tiefenmaterial enthält, mit dem man die Therapie strukturieren kann. Offenes Verhalten bezieht sich hauptsächlich auf Gesichtsausdruck, Körperhaltung und andere Verhaltensweisen, die die Haltung der Person zu der Imaginationserfahrung ausdrückt, wie z. B. Interesse, Gleichgültigkeit oder Ärger.

Die wiederholte Projektion der Primärreaktion zusammen mit der daraus resultierenden affektiven Entwicklung und dem eventuellen Ersatz einer Primäreidetik durch wieder andere ist der springende Punkt bei der vollständig durchgeführten Diagnose-mit-Therapie-Technik: der therapeutische Fortschritt entsteht durch eben diesen Prozeß. Der Leser wird sich erinnern: die primäre Eidetik wird von somatischen Mustern und affektiven Bedeutungen begleitet. Daraus folgt, daß all dies durch die Wiederholung des Primären neben der visuellen Komponente stärker erfahren wird. Dieser Prozeß impliziert bewußtes

Wiedererkennen der dazugehörigen Verbindungen genauso wie das gründliche Durcharbeiten der affektiven Reaktionen. Man hat beobachtet, daß eine neue Eidetik erst dann beginnt, wenn dieser Prozeß für eine vorangehende vollständig abgeschlossen ist. Deshalb repräsentiert jedes Vorangehen oder jede Veränderung einen Schritt vorwärts, eine Vertiefung und Erweiterung des Verständnisses und der Assimilation, die Beleuchtung eines anderen Aspektes des komplexen Problems, das die Person jetzt zu untersuchen bereit ist.

Wie schon bemerkt, tendieren wiederholt projizierte Bildfiguren zu fortschreitender Interaktion. Aber manchmal bringen starke Ich-Kontrollen das Bild an bestimmten Punkten der Interaktion zum Erstarren, oft gerade dann, wenn wichtige Tendenzen aufzutauchen beginnen. Um diese Unbeweglichkeit zu brechen, hat *Ahsen* die *Emanationstechnik* entwickelt: Wenn der Patient ein visuelles Bild projiziert, das ein Selbstbild (p^1) und das Bild eines anderen (F^1) enthält, fordert der Therapeut den Patienten auf, ein „anderes Selbst" (p^2) und eine „andere Figur" (F^2) zu visualisieren, die aus dem originalen Bild entstehen. Der Patient soll dann dem Therapeuten die Aktionen von p^2 und F^2 beschreiben. Dabei kann eine beliebige Zahl von Emanationen herauskommen; *Ahsen* hat aber festgestellt, daß selten mehr als zwei oder drei erforderlich sind, um die Bewegung der Bilder wiederherzustellen (*Ahsen* 1968, *Panagiotou, Sheikh* 1974).

Die Fähigkeit zur Produktion genügend ergiebiger eidetischer Reaktionen wird als Zeichen der Offenheit für das Innenleben interpretiert. Deckt die Imagination das auf, was *Ahsen* einen „Strukturdefekt" nennt, deutet das auf einen besonders problematischen Bereich hin. *Ahsen* hat zwei Hauptformen von Imaginationsdefekten gefunden: ungenügende und verstümmelte Reaktionen. *Ungenügende Reaktionen* können in eingeschränkten Bereichen der eidetischen Imagination auftauchen und reflektieren die besonderen Probleme beim Bezug auf eben diese Bereiche. Aber solche unzureichenden Reaktionen können auch ein allgemeines Muster sein und auf die gewohnheitsmäßige Unterdrückung emotionaler Erfahrung hinweisen. Sowohl die Person mit ungenügenden Reaktionen in einem bestimmten Bereich wie die mit generell ungenügenden Reaktionen lernen im allgemeinen jedoch, adäquat zu reagieren, wenn sie immer wieder ermutigt wird. Dennoch hat *Ahsen* drei Gründe identifiziert, die wahrscheinlich die Wurzel extrem beständiger Imaginationsverdrängung sind: (1) ein beharrliches Phantasiemotiv, z.B. eine Phobie, die mit der Imagination konkurriert; (2) religiöse oder moralische Abneigung gegen eidetische Bilder und (3) starke Tendenzen zum Ausagieren. Um den ersten Grund zu beseitigen, empfiehlt *Ahsen* die Anwendung des Alters-Projektions-Tests. Er soll die Dynamik des beharrlichen Motivs an die Oberfläche bringen. *Ahsen* interpretiert den zweiten Grund als den Widerstand des gestörten Patienten gegen die Erfahrung und schlägt vor, den Patienten davon zu überzeugen, daß Wissen über dessen Eltern absolut wichtig für sein Wohlbefinden sei. *Ahsen* glaubt, daß der dritte Grund, die Tendenz zum Ausagieren, wahrscheinlich auf der Identifikation mit den negativen Aspekten eines Elternteils basiert. Daraus folgt, daß die Person fähig sein muß, sich von dem Elternbild zu unterscheiden, um das internalisierte Bild des Elternteils zu erkennen. Diese drei Gründe decken sehr wahrscheinlich nicht alle Ursachen der Unfähigkeit ab, adäquate Imaginationsreaktionen zu produzieren, und diese Unfähigkeit ist auch weiterhin ein Alptraum für die Kliniker, die Imagination als Hauptmittel für Diagnose und Behandlung benutzen wollen.

Im Gegensatz zu den ungenügenden Reaktionen deuten überwiegend *verstümmelte Bilder* nach *Ahsen* auf „weitgestreute Traumata" in der Geschichte der Person. Die üblichen Verstümmelungen sind verkleinerte, vergrößerte oder total abwesende Elternfiguren. Jede dieser drei Arten der Verstümmelung bezieht sich auf ein bestimmtes Motiv: verkleinerte Eltern bedeuten im allgemeinen das Bedürfnis, eine Distanz zwischen sich und den Eltern zu behalten; vergrößerte Eltern enthüllen, daß die Eltern als einverleibend wahrgenommen werden, und abwesende Eltern bedeuten in den meisten Fällen, daß die Eltern sich unerreichbar gemacht haben und das Kind sie weg oder tot wünschte. Teilweise verstümmelte Bilder, z. B. Eltern mit ungenau wahrnehmbaren Augen oder Gliedern, schwachen Stimmen etc., repräsentieren normalerweise damit in Beziehung stehende Defekte im elterlichen Verhalten. Sehr stark verstümmelte Elternbilder wie abgeschlagene Köpfe, Glieder oder ausgerissene Augen, geisterhafte Körper u. ä. können „ängstigende Motive" anzeigen.

Ahsen weist darauf hin, daß eine gewisse Zahl inadäquater und verstümmelter Reaktionen auf dem EPT erwartet werden sollten. Tauchen diese nur bei einigen EPT-Punkten auf, sind aber keine durchgängige Tendenz, dann weisen sie auf die Erfahrungsbereiche hin, auf die sich die Teilnehmer nur mit den größten Schwierigkeiten beziehen und die deshalb auch die meiste Aufmerksamkeit brauchen.

Die Therapeuten sollten sich vielleicht klarmachen, daß es keineswegs ungewöhnlich ist, wenn die Teilnehmer dem EPT anfänglich einigen Widerstand entgegensetzen. *Ahsen* nennt einige relativ häufig auftretende Manifestationen von Widerstand, zunächst den „Realitäts-Widerstand": die Neigung des Teilnehmers, eher verbal-logisch in Übereinstimmung mit Fakten als mit seiner subjektiven Erfahrung zu reagieren. Er wird z. B. sagen: „Mein Vater rennt schneller, weil er ein Mann ist". Würde er mehr auf seine Bildreaktionen achten, würde er sehen, daß seine Mutter schneller läuft. Die Teilnehmer mit der Neigung, das tatsächliche Bild zu ignorieren, müssen vom Therapeuten beständig daran erinnert werden. Eine andere, häufig auftretende Widerstandsform entsteht aus der Angst, sich auf traumatische emotionale Erfahrungen beziehen zu müssen. Diese Angst kann auf einige Bereiche und die damit korrespondierenden Bilder beschränkt oder durchgängig vorhanden sein. Wird das Individuum mit der Aufgabe konfrontiert, zu versuchen, seine Gefühle zu verstehen, kann es als Reaktion darauf seine Fähigkeit, diese seine Gefühle zu erfahren, unterdrücken. Eine neue Beschäftigung mit dem Gefühlsleben versucht *Ahsen* in solchen Fällen zu erleichtern, indem er die Person auffordert, sich auf mögliche vorhandene Gefühle zu beziehen, auch wenn sie im Augenblick nichts „fühlt". Eine dritte Widerstandsform, die häufig auftritt, ist der Hang zu übertriebener Verbalisierung. Die Person reagiert fast völlig verbal und vermeidet es, ein Bild zu sehen, oder beschreibt es mit so üppigen Details, daß die Zuverlässigkeit spürbar darunter leidet. In solchen Fällen muß der Therapeut darauf bestehen, daß der Teilnehmer seine sprunghafte oder weitschweifige Sprache zügelt und sich auf eine knappe Darstellung dessen, was er sieht, beschränkt. In anderen Fällen manifestiert sich der Widerstand in Diskussionen: der Patient folgt der Aufforderung zu Visualisierung und Bericht nicht, sondern fordert den Therapeuten auf unterschiedliche Weisen heraus. Der Therapeut darf sich natürlich nicht in Diskussionen verwickeln lassen und muß eine wirkungsvolle Strategie finden, um den Teilnehmer zum Thema zurückzubringen. Widerstand kann sich auch in bewußter Fehlinformation ausdrücken. Laut *Ahsen* ist diese Form aber relativ selten und findet sich hauptsächlich bei Personen, die die Therapie nicht freiwillig begonnen haben. In anderen Fällen kann der Widerstand sich in Selbstverdammung manifestieren, die die Kooperation erschwert. Der Therapeut kann den Teilnehmer von diesem Reaktionsmuster wegführen, wenn er wiederholt darauf hinweist, daß seine Reaktionsweise der Aufgabe nicht angemessen ist und deshalb nicht akzeptiert wird. Bei manchen Patienten wurzelt der Widerstand in tiefsitzenden Minderwertigkeitsgefühlen, die ihm die Möglichkeit nehmen, sein imaginatives Erleben in der nötigen Klarheit zu berichten. Hier ist es nötig, die Minderwertigkeitsgefühle zu behandeln, bevor Elternbilder benutzt werden können. Generell ist *Ahsen* der Meinung, daß jedes Zeichen von Apathie beim Teilnehmer mit einer aktiven Imaginationsmethode seitens des Therapeuten beantwortet werden sollte.

Ich weise nochmals darauf hin, daß die Erfahrung, die in der Eidetik auftaucht, oft im Widerspruch zur bewußten Sicht des Patienten von diesen Ereignissen steht. Die Erfahrung eines Elternteils im Bilderleben kann sich radikal von der bewußten Meinung über diesen Elternteil unterscheiden. Generell entsteht diese Kluft zwischen Bewußtsein und imaginativem Erleben durch das Bedürfnis, eine schmerzhafte Erfahrung zu verdrängen. Sie kann auch das Ergebnis einer Gehirnwäsche durch die Eltern sein. Wenn diese Kluft aufgedeckt ist, kann man beginnen, die bewußten Überzeugungen und Haltungen des Patienten durch die Konfrontation mit den entgegengesetzten Wahrnehmungen, die sich in der Eidetik zeigen, in Frage zu stellen. Dabei ist es von grundlegender Bedeutung, die Reaktionen des Patienten auf diesen Vorgang festzuhalten. Leugnet er die Existenz dieser Kluft und lehnt somit Veränderung ab? Bemüht er sich, die Kluft zu überbrücken? Oder will er mehr über das Unbekannte in sich erfahren? Es ist evident, daß die Art der Reaktion auf diese Kluft die Probleme, die untersucht werden sollen, deutlicher macht (*Ahsen* 1972).

Ahsens Methode ist eindeutig direktiv. Die Direktivität ergibt sich aus den detaillierten Instruktionen für die angewandten Verfahren. *Ahsen* erkennt ebenfalls die Komplexität der Informationen, die aus den eidetischen Reaktionen gewonnen werden können, und er unterrichtet die Therapeuten, die seinen Test anwenden, sehr gründlich über die Analyse dieser Reaktionen. Die Wiederholbarkeit der Bilder, die sowohl klinisch (*Ahsen* 1972; *Dolan, Sheikh* 1976) als auch im Labor (*Sheikh* 1976 a) nachgewiesen werden konnte, führt zu einer hohen intraindividuellen Reliabilität des EPT. Unter den Imaginationstechniken wird der Test als der am besten zu kontrollierende und deshalb als das am besten anwendbare Handwerkszeug der Forschung angesehen.

Die Interpretationen, die *Ahsen* für die Items des EPT vorschlägt, werden manchem überraschend erscheinen. Viele Forscher würden der Interpretation einiger Punkte bereitwillig und unabhängig vom theoriespezifischen Symbolismus zustimmen, z. B. dem Bild der Eltern daheim: treten sie getrennt oder zusammen auf, wirken sie glücklich oder nicht? usw. Andere Punkte, z. B. die anatomischen Details, sind nicht so logisch und scheinen zunächst merkwürdig ausgewählt, wenn man *Ahsens* Konzept von der Bedeutung des psychosomatischen Symbolismus nicht bedingungslos akzeptiert. Die Notwendigkeit weiterer Forschung ist hier offensichtlich.

*Ahsen*s EPT und überhaupt seine ganze eidetische Methode ist elternzentriert. Nicht alle Kliniker würden der zentralen Bedeutung, die der sehr detaillierten Untersuchung der Interaktionen innerhalb der Familie zukommt, zustimmen. Es soll aber auch erwähnt werden, daß *Ahsen* — im Gegensatz zu fast allen anderen Ansätzen — der Funktion des Vaters bei der Entwicklung von männlichen und weiblichen Kindern eine wichtige und spezifische Bedeutung zuschreibt. Der interessierte Leser sei auf *Ahsen*s Bücher (1972, 1977a) zu diesem Thema verwiesen. *Ahsen*s Auffassung wird übrigens von neueren Untersuchungen auf diesem Gebiet eindrucksvoll unterstützt (*Biller* 1971; *Lynn* 1974; *Popplewell, Sheikh* 1978). Die therapeutische Anwendung seines Konzepts, daß die Eltern der zentrale Kern der Psyche sind, ist gerade heute in der modernen, technologischen Gesellschaft wichtig, in der die Rolle der Eltern, besonders die des Vaters, mehr und mehr in den Schatten gestellt wird.

7. Fallgeschichte

Mittlerweile liegen zahlreiche Fallgeschichten von Patienten mit einer Vielzahl von Symptomen in *Ahsen*s und anderen Arbeiten vor. Das folgende Beispiel wurde ausgewählt, weil es fast alle wesentlichen Konzepte und Techniken der eidetischen Therapie beinhaltet. Ich habe hier einen Aufsatz von *Ahsen und Lazarus* (1972) zusammengefaßt:

„Mrs. Jay, 41 Jahre alt, litt an Schmerzen im oberen linken Unterleib, im Oberkörper und in der linken Brust, an übermäßigen, irrationalen Ängsten einschließlich Todesangst, sowie an starker Unsicherheit und Gefühlen persönlicher Wertlosigkeit. Sie hatte bereits ohne Erfolg eine Verhaltenstherapie mitgemacht.

Nach der Zusammenstellung der Symptome führte *Ahsen* den Altersprojektionstest durch. Die Patientin berichtete von einem Selbstbild, ungefähr im Alter von 26 Jahren. Sie trug darin eine rote Bluse und einen schwarzen Rock. Sie erinnerte sich, daß im Jahr vorher ihr Vater gestorben war. Er hatte einen tödlichen Herzanfall, wurde aber durch Herzmassage wieder ins Leben zurückgebracht. Sie erinnerte sich, den Arzt gebeten zu haben, das Herz nicht zu massieren und ihren Vater sterben zu lassen. Außerdem fiel ihr ein, daß sie zu der Zeit extrem traumatische Gefühle und innere, unterdrückte Hysterie erlebt hatte.

Aus der Beschreibung der Patientin wählte *Ahsen* zwei Bilder aus, die mit den entgegengesetzten Polen des Ereignisses zu tun hatten: 1. Die Herzmassage (HM) und 2. den Tod des Vaters sofort nach der Herzmassage (TV). Als Reaktion auf HM entwickelte Mrs. Jay die akuten Symptome, als Reaktion auf TV entspannte sie sich, obwohl sie noch nicht von allen Symptomen befreit war. Die Hypothese bot sich von selbst an: Mrs. Jay wollte ihren Vater genau so aktiv sterben lassen, wie ihn die Ärzte aktiv wiederbeleben wollten. Bei der weiteren Untersuchung dieses Motivs sah die Patientin von sich aus Bilder, in denen sie ihren Vater im Krankenhausbett mit einem Kissen erstickte. Während dieser Bilder weinte sie bitterlich, wurde aber dann völlig ruhig; ihre somatischen Symptome verschwanden.

Nach dem Verschwinden der Symptome, die sie so sehr geschwächt hatten, entfalteten sich ihre Vergangenheit und ihr Phantasieleben nach und nach freier. Sie erinnerte sich an zwei frühere Herzanfälle ihres Vaters. Die Erfahrung der Bilder von diesen Ereignissen waren stark mit Affekten besetzt, die die somatischen Symptome zurückbrachten. In der abschließenden Analyse erwiesen sich diese Bilder jedoch als kathartisch und bestärkten die Patientin. Mrs. Jay zeigte ein genaues Verständnis des Symbolismus, der ihren Erfahrungen zugrunde lag, und erkannte deutlich, warum sie wollte, daß ihr Vater während der Herzmassage starb.

Die eidetischen Bilder brachten nicht nur die negativen, sondern auch die positiven Aspekte ihres Vaters ans Licht: Sie sah einen fröhlichen Mann, der mit ihr sang, wenn er sie zur Schule brachte oder mit ihr spazierenging. Sie war sehr froh über diese Bilder, die ihr außerdem ein Gefühl ihres Werts wiedergaben.

Die eidetischen Bilder deckten eine Anzahl anderer Konfliktbereiche auf. Ein wesentlicher Aspekt war ihre Angst vor der Schule, wo die Kinder sie verfolgten, weil sie dick war. Ein anderer Aspekt war die Angst, die durch ihre erste Menstruation verursacht wurde, und die Angst vor Empfängnis und Fehlgeburt; alles Motive, die in der Motivprojektion auftauchten. Der EPT brachte viele Bilder ans Licht, die sie erkennen ließen, daß viele ihrer Probleme mit ihrer ablehnenden Mutter zu tun hatten. Folglich war sie sehr wütend auf sie. Kurz, alle diese Bilder befähigten sie, unter der Anleitung ihres Therapeuten ihre Konflikte zu lösen. Nach und nach verloren sich alle ihre Symptome. Eine Nachbehandlung nach einem Jahr und eine weitere nach zwei Jahren zeigten, daß ihr Fortschritt nicht nur beständig war, sondern sich sogar noch gesteigert hatte.

8. Abschließende Bemerkungen

Die eidetische Psychotherapie versteht das eidetische Bild als dreidimensionale organische Einheit, die wegen ihrer retrospektiven und prospektiven Beziehung zu psychischen Prozessen eine außerordentliche therapeutische Bedeutung besitzt. Sie ist erwiesenermaßen ein wirkungsvolles, experimentelles Werkzeug für die Entwicklung psychotherapeutischer Kurzzeitverfahren, die die Abwehrmechanismen umgehen und direkt auf die Erfahrung selbst abzielen. Die hohe Geschwindigkeit dieses Prozesses ist der entscheidende Punkt dieses Ansatzes.

Die Methode ist sehr wirkungsvoll für eine Vielzahl von Problemen (*Ahsen* 1968, 1972, 1977 a; *Dolan, Sheikh* 1976, 1977b; *Gerrity* 1975; *Jordan* 1977; *Sarmousakis* 1976; *Sheikh* 1976b; *Sheikh, Dolan* 1977). Sie hat außerordentlich gute Ergebnisse bei psychosomatischen Problemen erreicht, Krankheiten also, bei denen traditionelle verbale und Verhaltenstherapien gewöhnlich erbärmlich versagen. Ein eidetisches Bild ist wahrscheinlich das einzige Ereignis der Psyche, „das grundlegend psychosomatisch ist und Leib und Seele zu einem einzigen, undifferenzierbaren Ganzen vereinigt" (*Ahsen* 1968, S. 45). Es ist ein ökonomischer und umfassender Ausdruck der Einheit von Leib und Seele und eröffnet von daher Möglichkeiten, die nicht verfügbar sind, wenn man das eine oder das andere einzeln betrachtet. Es kann also kaum überraschen, daß gerade psychosomatische Probleme so gut auf eidetische Methoden reagieren (*Sheikh, Richardson* 1978).

Eidetische Methoden sind auch in gruppentherapeutischen Situationen erfolgreich angewandt worden. Es ist allgemein bekannt, daß Personen mit einer traumatischen Vergangenheit ihre schmerzhafte Erfahrung nicht gerne reproduzieren. Sie sind aber anscheinend sehr empfänglich für die Erfahrungen anderer; anscheinend ist die einfühlende Beziehung zu den Problemen anderer Menschen auf der Ebene des imaginativen Erlebens eine ursprüngliche Fähigkeit, die nicht verdorben wurde. Diese Fähigkeit ist von ungeheurer Bedeutung für die Therapie: Wenn eine Person die eidetischen Bilder eines anderen erfährt, interagiert sie auf einer Wahrnehmungsebene und bringt indirekt eine Katharsis und nachträglich einen Fortschritt in dem eigenen Seelenleben zustande. Eidetische Elternbilder sind ein besonders intimes Medium für Einfühlung. *Ahsen* hat seine gruppentherapeutischen Methoden in seinen neuesten Arbeiten ausführlich besprochen (1976, 1977a).

Eine andere, sehr signifikante Erweiterung der eidetischen Therapie hat in der letzten Zeit auf dem Gebiet der Selbstanalyse und Selbsterziehung stattgefunden. In seinem faszinierenden Buch „*Psycheye: Self-Analytic Consciousness*" (1977a) bedauert *Ahsen* nachdrücklich die Trägheit einer heimlichen „Priesterschaft" im Bereich der Psychotherapie, die fortwährend „den Glauben des Menschen an seine eigene Sensibilität und seine natürliche Fähigkeit, sich mit selbsterzieherischem Nutzen um seine eigene Seele zu kümmern, zerstört" (S. V). Er betont, daß „das Zentrum der kreativen und erneuernden Aktivitäten immer das eigene Selbst ist, und keinem, wie auch immer geartetem Hohenpriester sollte man erlauben, zwischen ihm und diesem Licht zu stehen" (S. VI). Das Buch gibt einen umfassenden Überblick über die Ebenen des imaginativen Erlebens, so daß es effektiv als erster Schritt zur Selbstanalyse benutzt werden kann. Wer an diesem Wagnis interessiert ist, sollte dies großartige Buch nicht ignorieren.

In den letzten Jahren sind mehrere positive Stellungnahmen zu *Ahsen*s Werk erschienen (z. B. *Haronian* 1968; *Katzenstein* 1975; *Luce* 1967; *Piers* 1974; *Sarmousakis* 1975; *Scobie* 1974; *Zaidi* 1974). Es wurde als „Durchbruch" angekündigt (*Luce* 1967, S. 386), als „eine der wichtigsten Entwicklungen der Psychotherapie seit *Freud*s Psychoanalyse" (*Scobie* 1974, S. 16) und als „Meilenstein in der Entwicklung eines wahrhaft integrativen und umfassenden Systems effektiver Psychotherapie" (*Lazarus* 1972, S. VII). *Ahsen*s Arbeit verdient wegen seines Beitrags zu Verständnis, Verbesserung und Beseitigung der Psychopathologie sicherlich die Aufmerksamkeit vieler Experten aus Psychologie und Psychiatrie.

Danksagung

Die Autorin bedankt sich bei *Nancy C. Panagiotou*, die bei der Vorbereitung dieses Aufsatzes wertvolle Hinweise gegeben hat.

Literatur

Ahsen, A., Eidetic psychotherapy: A short introduction, Nai Matbooat, Lahore 1965.
—, Basic concepts in eidetic psychotherapy, Brandon House, New York 1968.
—, Eidetic parents test and analysis, Brandon House, New York 1972.
—, A visual psychology, Rede vor der American Psychological Association, 81. Jahresversammlung, Montreal 1973.
—, Anna O. — patient or therapist? An eidetic view, in: *Franks, V., Burtle, V.* (Hrsg.), Women in therapy, Bruner/Mazel, New York 1974, S. 263-283.
—, Eidetic psychotherapy: Theory and technique, Rede vor dem Department of Psychology, Marquette University 1975.
—, Ampathy process. A group therapy technique against mass imagery, unveröffentlichtes Manuskript, Eidetic Analysis Institute, Yonkers, New York 1976.
—, Psycheye: Self-analytic consciousness, Brandon House, New York 1977a.
—, Eidetics: An overview, *Journal of Mental Imagery*, 1977b, 1, 5-38.
Ahsen, A., Lazarus, A. A., Eidetics: An internal behavior approach, in: *Lazarus, A. A.* (Hrsg.), Clinical behavior therapy, Bruner/Mazel, New York 1972, S. 87-99.
Biller, H. B., Father, Child and sex-role: Paternal determinants of personality development, Health Lexington Books, Lexington, Mass. 1971.
Desoille, R., The directed daydream, Psychosynthesis Research Found., New York 1965.
Dolan, A. T., Introduction, in: *Ahsen, A.* 1972.
—, *Sheikh, A. A.*, Eidetics: A visual approach to psychotherapy, *Psychologia*, 1976, 19, 210-219.
—, *Sheikh, A. A.*, Eidetic Therapy: Ahsen-Penfield psychotherapy process model, Unveröffentlichtes Manuskript, Marquette University, 1977a.
—, *Sheikh, A. A.*, Short-term treatment of phobias through eidetic imagery, *American Journal of Psychotherapy*, 1977b, 31, 595-604.
Frétigny, R., Virel, A., L' imagerie mentale, Mont-Blanc, Genf 1968.
Gerrity, B., Use of eidetic parents test with adolescents, Aufsatz für das Eidetic Seminar 1975, White Plains, New York 1975.
Gray, C. R., Gummerman, K., The enigmatic eidetic image: A critical examination of methods, data and theory, *Psychological Bulletin*, 1975, 82, 383-407.
Haronian, F., Buchbesprechung, *Journal of Projective Techniques and Personality Assessment*, 1968, 32, 96.
Jaensch, E. R., Eidetic imagery, Harcourt Brace, New York 1930.
Jordan, S., The assertive person: Assertive training through group eidetics, Vortrag für das American Group Psychotherapy Association Meeting, San Francisco 1977.
Katzenstein, A. Buchbesprechung, *Zeitschrift für Psychologie*, 1975, 183, 128.
Kepecs, J. G., Oberservations on screens and barriers in the mind, *Psychoanalytic Quarterly*, 1954, 23, 62-77.

Kubie, L., Discussion, in: *Penfield, W.* (Hrsg.), Memory mechanisms, A. M. A. Archives of Neurology and Psychiatry, 1952, 67, 178-191.
Lazarus, A. A., Vorwort zu *Ahsen, A. A.*, 1972, S. V-VII.
Leuner, H., Guided affective imagery: A method of intensive psychotherapy, American Journal of Psychotherapy, 1969, 23, 4-22.
Lipkin, S., The imagery collage and its use in psychotherapy, Psychotherapy: Theory, Research and Practice, 1970, 7, 238-242.
Luce, R. A., Rezension, Existential Psychiatry, 1967, 6, 386-387.
—, The new eidetic psychotherapy, Aufsatz für die Ethical Society, Philadelphia, Pennsylvania 1968.
Lynn, D. B., The father: His role in child development, Brooks/Cole, Monterey, Ca. 1974.
Martin, D. G., Personality: Effective and ineffective, Brooks/Cole, Monterey, Ca. 1976.
Norman, D. A., Toward a theory of memory and attention, Psychological Review, 1968, 75, 522-536.
Panagiotou, N., Sheikh, A. A., Eidetic psychotherapy: Introduction and evaluation, International Journal of Social Psychiatry, 1974, 231-241.
Panagiotou, N., Sheikh, A. A., The image and the unconscious, International Journal of Social Psychiatry, 1977, 23, 169-186.
Pavlov, I. P., Conditioned reflexes and psychiatry, International Publishers Co., New York 1936.
Penfield, W., Memory mechanisms, American Medical Association Archives of Neurology and Psychiatry, 1952, 67, 178-191.
—, The role of the temporal cortex in recall of past experience and interpretation of the present, in: *Wolstenholme, G. E. W., O'Connor, C. M.* (Hrsg.), Neurological basis of behavior, Little Brown, Boston 1958.
—, The interpretive Cortex, Science, 1959, 129, 1719-1725.
—, The brains's record of auditory and visual experience — A final summary and discussion, Brain, 1963, 86, 595-696.
—, The mystery of the mind, Princeton University Press 1975.
Perky, C. W., An experimental study of imagination, American Journal of Psychology, 1910, 21, 422-452.
Piers, E., How do you see your parents?, Contemporary Psychology, 1974, 19, 655-657.
Popplewell, J. F., Sheikh, A. A., The role of the father in child development, International Journal of Social Psychiatry, 1978.
Richardson, A., Mental imagery, Springer, New York 1969.
Sarmousakis, G., Rezension von *Ahsen, A.*, Eidetic parents test and analysis, 1972, The American Journal of Psychiatry, 1975, 132, 314.
—, Eidetic analysis: A comparison with other imagery techniques, Aufsatz für das Eidetic Analysis Institute, Yonkers, New York 1976.
Scobie, G. E. W., Rezension von *Ahsen, A.*, Eidetic parents test and analysis, 1972, The Glasgow Journal of Psychology, 1974, 12, 16.
Segal, S. J., Nathan, S., The Perky effekt: Incorporation of an external stimulus into an imagery experience under placebo and control conditions, Perceptual and Motor Skills, 1964, 18, 385-395.
Sheikh, A. A., Left-right in the brain: Hemisphere projection of eidetic parents among college students, unveröffentlichte Untersuchung, Marquette University, 1976a.
—, Treatment of insomnia through eidetic imagery: A new technique, Perceptual and Motor Skills, 1976b, 43, 994.

—, Mental images: Ghosts of sensations? *Journal of Mental Imagery*, 1977, 1, 1-4.
Sheikh, A. A., Dolan, A. T., The Age Projection Test: Two case histories, unveröffentlichtes Manuskript, Marquette University, 1977.
Sheikh, A. A., Panagiotou, N. C., Use of mental imagery in psychotherapy: A critical review, *Perceptual and Motor Skills*, 1975, 41, 555-585.
Sheikh, A. A., Richardson, P., Mental imagery and psychosomatic illness: A critical review, *Journal of Mental Imagery*, 1978.
Singer, J. L., Imagery and daydream methods in psychotherapy and behavior modification, Academic Press, New York 1974, dt.: Phantasie und Tagtraum: imaginative Methoden in der Psychotherapie, Pfeiffer, München 1978.
Urbantschitsch, V., Über subjektive optische Anschauungsbilder, Deuticke, Leipzig 1907.
Zaidi, S. M. H., Rezension, *Pakistan Journal of Psychology*, 1974, 7, 61-62.

8 Der gelenkte Tagtraum nach Desoille
Nicole Fabre

„Auf der Brust einer nackten Frauenstatue sehe ich einen Baum, der in der Brust Wurzeln schlägt. Die Brust ist die Gesamtheit der Wurzeln eines Baumes. Der Baum sprießt blühend, ganz grün hervor. Die Wurzeln sind voller Erde. Die Brust ist die Erde. Und letzten Endes bin es ich. Ich habe zwei Brüste mit Wurzeln in jeder Brust. Aus jeder Brust sprießt ein großer kugelförmiger Baum, schließlich weiß ich nicht, ob ich mich freue, diese Wurzeln zu haben. Ich wäre gern selbst ein Baum, ich möchte nicht, daß der Baum so aus mir herauswächst. Ich weiß allerdings nicht, wo ich diesen Baum hervorsprießen lassen soll. Parallel zu mir? Aus der Brust? Entweder er dringt von hinten durch mich, oder er gelangt durch den Kopf in mich ... Ich sehe, daß mir dieser Baum ein Schutzdach bietet, das mich einhüllt. Ich liege zusammengekrümmt auf dem Boden. Der Baum, der mich beschützt, hat Wurzeln, die jedoch in die Erde eindringen, ich fühle die frisch umgegrabene Erde, die Berührung mit dem sehr harten Stamm. Ich meine, eine Stütze zu haben, das Blattwerk, das mich beschützt. Die Beine würden sich gern anklammern, Wurzeln in der Erde schlagen, meine Beine werden zu zwei Stämmen. Der Baum überwuchert mich, ich habe zahllose Arme, ich habe zahllose Blätter, das tut wohl ... Ich möchte mich umdrehen, um zu sehen, ob mich wohl niemand absägen, fällen will, es läuft mir kalt über den Rücken. In dem Augenblick, da ich das sage, sehe ich die wärmende Sonne, die Sonne, die mich überall wärmt ... Mit meinen vielen Ästen meine ich die Sonne einfangen zu können, sie wie eine Seife auf mir auftragen, mich mit der Sonne einseifen zu können ... Das wär's, ich bin wieder ich selbst geworden, ich seife mich mit der Sonne ein ... Sie streicht über meinen Körper, sie dringt in meinen Körper, in meinen Bauch ein. Mein Bauch ist eine große Sonne über dem Meer. Aus meinen Brüsten quellen zwei Sonnen hervor, auch aus meinem Kopf, meinen Händen, das hüllt mich ein. Das tut wohl, alles ist rund und voller Sonne."

Gelenkter Tagtraum der neunundzwanzigjährigen Monique im Laufe ihres dritten Behandlungsjahres (Analyse auf Grund des gelenkten Tagtraumes bzw. G. T. T.; *Fabre* 1979b).

1. Historische Gesichtspunkte

Die psychotherapeutische und analytische Methode des gelenkten Tagtraums geht auf die Arbeiten von *Robert Desoille* zurück. Nach dem Tode *Desoilles* sind diese Arbeiten im Jahr 1966 von der G. I. R. E. D. D. (der Internationalen Gruppe des Gelenkten Tagtraums nach Desoille) wieder aufgenommen, fortgesetzt und erweitert worden.

Auf den nachfolgenden Seiten werde ich zu zeigen versuchen, inwiefern *Desoille* ein Forscher war, der etwas anderes entdeckte als das, wonach er forschte; inwiefern seine Entdeckung ihrerseits zu einem neuen Forschungs- und Arbeitsgebiet wurde; inwiefern die Erforschung dieses Gebietes der Psychotherapie und der Analyse des Unbewußten neuartige Möglichkeiten bietet.

1.1 Robert Desoille

Nach außen hin schien *Desoille* durch nichts zu dem Werk veranlaßt, das er geschaffen hat. Sein Vater war Offizier, und die Jahre, die er im Ersten Weltkrieg selbst als Offizier verbracht hatte, hatten ihm jene Strenge und jene Kraft gegeben, die aus ihm einen Soldaten hätten machen können. Von der Offizierslaufbahn, die er hätte einschlagen können, bewahrte er sich wahrscheinlich den Charakter eines Mannes der Tat, das Bedachtsein auf Effizienz.

Trotz dieses Charakterzuges aber zog ihn das Soldatenleben nicht an, denn schon vor dem Krieg hatte er die Ingenieurslaufbahn angestrebt — einen Beruf, den er in den Gas- und Stromversorgungsgesellschaften ausübte. Sowohl in diesem beruflichen Bereich als auch bei seinen Untergrundaktivitäten während der Besatzungszeit beteiligte sich *Desoille* tatkräftig an sozialen und gewerkschaftlichen Aktionen. Von seinen damaligen Beschäftigungen bewahrte er sich die Gleichgültigkeit gegenüber dem Geld, die er bis an sein Lebensende beibehalten sollte und die er mit seiner kostenlosen therapeutischen Tätigkeit bewies. Was seine medizinische Ausbildung anbelangt, so rührt von ihr ein scharfes Bewußtsein für den Wert der Empirie, die Freude an der Forschung, die Bescheidenheit und zugleich das Vertrauen in seine Arbeiten.

Wenngleich *Desoille* ein Mann der Aktion, ein Wissenschaftler und Humanist war, so war er doch auch ein Mann innerer Irrgärten — und das schon sehr früh.

Er berichtet nämlich, daß er im Alter von sieben Jahren einer Hypnosesitzung beiwohnte, dann als Zwölfjähriger an Gedankenübertragungsexperimenten teilnahm, die er nie vergessen sollte; sie wiesen seinen späteren Forschungen die Richtung oder gaben sogar den Anstoß dazu.

Im Alter von vierundzwanzig Jahren, als er bereits Ingenieur war, hatte er den Plan gefaßt, sich Forschungen im Bereich der Psyche zu widmen; der Krieg von 1914 hinderte ihn jedoch daran, und erst einige Jahre später konnte er sich endlich wieder seinen Hauptinteressen, die nie verebbt waren, zuwenden. War dieses Interesse auf die Faszination einer bestimmten Beziehung mit dem unsichtbaren und mächtigen Anderen zurückzuführen? Auf den Sinn für das Innere, auf die Freude am Unsichtbaren, welche die Erziehung, die er genossen hatte, vielleicht in ihm geweckt haben? Stand es nicht auch im Zusammenhang mit den Dingen, die in seiner Kindheit möglicherweise ein Problem für ihn dargestellt hatten, mit der Gaumendeformation, an der er litt? Mit der wohltuenden und aufbauenden Wirkung einer freien Äußerung, und dies dank der aufgeschlossenen Eltern, wie er so gerne sagte? Im Zusammenhang schließlich mit den möglicherweise von ihm erlebten Kommunikationsschwierigkeiten und mit der Kunst, die Schwierigkeiten in die Hand zu nehmen und zu überwinden? Mit dem Bedürfnis, die daran beteiligten Prozesse zu verstehen? Aller Wahrscheinlichkeit nach haben all diese Faktoren die Richtungsänderung bestimmt, die aus einem Ingenieur einen Psychotherapeuten und einen Erfinder neuer Zugangsmöglichkeiten zum Unbewußten machen sollte.

1.2 Erste Experimente

Der Beginn dieser Entwicklung wird von *Robert Desoille* folgendermaßen beschrieben: „Ich lernte eine junge Frau kennen, die mir von einer merkwürdigen Träumerei erzählte, die man sie machen ließ und deren Beschreibung an das von *Flournoy* (1907) in seiner Studie ‚Des Indes à la planète Mars' geschilderte Fabulieren erinnerte. Über sie trat ich mit dem Oberstleutnant *Caslant* in Verbindung, der früher ein brillanter Student der Ecole Polytechnique gewesen war, aber seither zum überzeugten Spiritisten geworden ist und eine Broschüre mit dem Titel ‚Méthode de développement des facultés supra-normales' (1921) geschrieben hat; er erklärte sich bereit, in meiner Anwesenheit eine Vorführung zu geben, und wählte dafür eine Versuchsperson, die er nie zuvor gesehen hatte. Er ließ sie sich hinlegen, die Augen schließen, um sie vor dem Licht zu schützen, und forderte sie auf, sich unter Vermeidung jeglicher Ungeduldsäußerung eine geistige Entwicklung zu wünschen."

In dieser Vorführung suchte ich damals lediglich ein Mittel, mit dem ein Mensch mitgerissen werden könnte, um die Phänomene des Gedankenlesens und der Gedankenübertragung, die mich immer in besonderem Maße interessierten, auf einfache Weise reproduzieren zu können, und war über die darauf folgende ‚Träumerei' äußerst überrascht." *Desoille* beschreibt dann jene „Träumerei" und was für ihn daraus folgte: „Ich fragte mich danach, welche Beziehungen zwischen diesem unerwarteten Fabulieren und dem Studium bestimmter Phänomene, die ich zu ergründen suchte, bestehen könnten. Unter der Leitung von *Caslant*, während der ich mir eine Zeitlang jede Kritik versagte, habe ich mir zunächst selbst als Versuchsperson gedient und anschließend die junge Frau, die sich mit diesem Experiment einverstanden erklärte, arbeiten lassen" (vgl. *Desoille* 1971b).

Es muß darauf hingewiesen werden, daß die Zeit, in der *Desoille* seine ersten Experimente durchführte, für derartige Forschungen günstig war, da sich die in ihr vorherrschende Geistesströmung auf die mentalen Bilder und das Imaginäre konzentrierte und „man sich von der rationalistischen, kartesianischen Eingeengtheit zu lösen begann, um dem Ausdruck, dem Irrationalen und dem Imaginären Platz zu machen. Nicht zufällig ist der gelenkte Tagtraum gegen 1925, der Periode des Surrealismus und der ersten Beschäftigungen mit dem Unbewußten in Frankreich, entstanden.

Zu den Wegbereitern können *Pierre Janet* mit seinen Experimenten zur Lenkung hysterischer Alpträume unter Hypnose, *Alfred Binet* mit seinen Studien zur Kristallvision, die mit der Bilderhypnose vergleichbar ist, *Léon Daudet*, der unter der Bezeichnung „Wachtraum" die Phänomene des Traumlebens im Wachzustand untersuchte, und *C. Happich*, der eine auf Meditation ausgerichtete Methode zum Auftauchen von Bildern erarbeitete, gezählt werden. Bei all diesen Experimenten handelte es sich im wesentlichen um Techniken, die die subjektive Projektion der Affektivität erforschten" (vgl. *Launay* et al. 1975b, S. 15).

Caslant, der älter war als *Desoille*, war der Schüler von *Charles Henry* (1888; *Delpech* 1967) gewesen und wollte die von *Charles Henry* beschriebenen Techniken verwenden, um „die Praktik des doppelten Sehens und des Sehens in der Zeit zu erleichtern". Seine Technik und seine Direktivität dienten lediglich dem Zweck, die Versuchsperson, die sich für diese Experimente eignete, in diese Richtung zu schulen. Festzuhalten ist aber eher folgendes: Nachdem *Caslant* auf einige Schwierigkeiten bei diesem Verfahren hingewiesen hat, schreibt er, daß dem abgeholfen werden kann, „wenn der Versuchsperson beigebracht wird, in einer Weise empor- oder hinabzusteigen, daß sie auf eine genau bestimmte Ebene zurückgeführt werden kann. Den psychischen Zustand des Emporsteigens erhält man durch die imaginierte Vorstellung eines wirklichen Aufsteigens. (...) Wenn die Versuchsperson bereits gelernt hat, eine übernormale Fähigkeit zu entfalten, fordert man sie einfach auf, sich zu konzentrieren, dann leichter zu werden, wodurch ihr dasselbe Gefühl des Aufsteigens und der Wahrnehmungsänderung vermittelt wird — mit dem Unterschied, daß der Vorgang viel rascher zu vollziehen ist. Den psychischen Zustand des Hinabsteigens erhält man auf dieselbe Weise. Der zweifache Prozeß des Hinab- und des Emporsteigens erlaubt, eine Versuchsperson auf die Ebene zurückzuführen, die sie fast unbemerkt verlassen hat; da sich aber der Vorgang auf Grund der Oszillationen als schwierig erweist und viel Geschick und Erfahrung voraussetzt, ist es ratsamer zu verhindern, daß die Versuchsperson ihren Übungsbereich verläßt. Dies ist möglich, wenn man sie aufmerksam beobachtet, anders ausgedrückt, wenn man in gedanklicher Verbindung mit ihr bleibt" (*Caslant*, zit. von *J. L. Delpech* 1967).

Desoille trennte sich rasch von *Caslant*, der in den Bildern, denen man im Laufe dieses Vorgangs begegnete, lediglich „okkulte Vorstellungen, zu denen der Mensch in einem besonderen Zustand Zugang hatte", sehen wollte. Er schrieb: „Auf Grund der wissenschaftlichen Ausbildung, die ich genossen hatte, sah ich meinerseits eine ganz andere Verwendung dieser Vorstellungen, die im Rahmen der psychologischen Untersuchung zu therapeutischen Zwecken in Gang gesetzt wurden, vor, eine Verwendung, die auf der Grundlage des Empor- und Hinabsteigens alle weit verstreuten Elemente der Psyche wieder dem Bewußtsein zuführen konnte, um eine endgültige Synthese aus ihnen herzustellen und somit zur Heilung bestimmter psychologischer Störungen beizutragen" (*Desoille* 1971b).

Zu dieser Zeit war *Desoille* von einem tiefen christlichen Glauben erfüllt. Das mystische Gepräge bestimmter im Wachtraum erlebter Bilder schien ihm von grundlegender Bedeutung zu sein. Damals verblüffte ihn folgendes Phänomen: Wenn sich jemand entlang einer imaginären vertikalen Achse bewegte, fand er in den Tiefen düstere und unruhige Bilder vor, während die Bilder, denen er in den Höhen begegnete, ätherisch, vergeistigt waren und ein Gefühl des Friedens, der Befreiung vermittelten.

Aus diesem Grund war *Desoille*s Methode zunächst auf die geistige Erhebung, die Erziehung des Menschen zur Läuterung, die Erfahrung hoher geistiger Ebenen gerichtet.

Seine wissenschaftliche Objektivität veranlaßte ihn jedoch, sich einzugestehen, daß bei bestimmten Menschen die in den Höhen erlebten Bilder beklemmend waren, während sich das Hinabtauchen in die Tiefen als befreiend erwies. Vor allem entdeckte er, daß man in den Wachträumen alles andere als eine geistige Erfahrung machte und daß der Wachtraum — wie wir eben gesehen haben — zu psychotherapeutischen Zwecken verwendet werden konnte. *J. Launay* schreibt ferner, daß *Desoilles* Originalität darin bestanden hat, es nicht bei den Projektionstechniken der Affektivität bewenden zu lassen und „jenseits der esoterischen Spiele von *Caslant* alle therapeutischen Möglichkeiten eines in Gang gesetzten Imaginären wahrzunehmen".

1.3 Desoilles Methode in der Psychotherapie

Die Forschungen, die *Desoille* jetzt betrieb, waren unzweideutig auf die unbewußten Zonen gerichtet, wenngleich er es später ablehnte, sie als solche zu bezeichnen, und dem Terminus „Unbewußtes" den Begriff „Bewußtseinsebene" vorzog. Zu dieser Kritik am Begriff des Unbewußten wurde er aller Wahrscheinlichkeit nach durch seine Neigung, den Menschen in seiner Ganzheit zu erfassen, und durch die Gewißheit, daß das, was unbewußt schien, eines Tages bewußt würde, veranlaßt, und das, obwohl er bei der Behandlung der Neurosen die archaischen Konflikte, die Elternimagines, die verdrängten Probleme an die Oberfläche brachte und bearbeitete, sich mit dem Problem der Widerstände auseinandersetzte und den Sinn und die Entstehungsgeschichte der Neurose zu ergründen suchte.

Roger Dufour (1978) zeigt, inwiefern *Desoilles* Absicht mit jener von *Freud* übereinstimmt, und zwar nicht, was die Methode, sondern was die Einstellung und das Vorhaben anbelangt. Und meines Erachtens ist es hier das beste, *Dufour* selbst zu zitieren, der sich auf *Freud* und *Desoille* beruft:

Das erste Werk *Desoilles* ist vor allem von historischem Interesse, da es uns die Genese einer psychotherapeutischen Technik vor Augen führt, in der ein genialer Mensch aus den zweifelhaften Konzepten und Fakten die zukunftsträchtigen Punkte herausgreift. (...) In dem Buch *Le rêve-éveillé en psychothérapie* (Der Wachtraum in der Psychotherapie) präzisierte er 1945 die Technik wie folgt: „Der Leser wird auf Grund des vorher Gesagten bemerkt haben, daß die Suggestion das einzige technische Mittel zur Lenkung des Wachtraums und zur Verwertung der Bilder darstellt, das verwendet wird, um dem Klienten die Kontaktnahme mit dem Unbewußten zu ermöglichen. Die Suggestion ist grundsätzlich beschränkt auf: (1) den Vorschlag eines ersten Bildes; (2) die Vorstellung von Bewegung (Hinabtauchen, Emporsteigen oder horizontale Verlagerung); (3) ein Reizbild, dessen Funktion es ist, neue Assoziationen auszulösen und ein spontanes Bild in die gewünschte Richtung zu lenken; (4) die Aufmunterung des Klienten, einem beängstigenden Bild gegenüber eine aktive Haltung einzunehmen. Gewisse Vorsichtsmaßnahmen müssen getroffen werden, um zu verhindern, daß dem Klienten ein seinen inneren Neigungen fremdes Bild vorgeschlagen wird. Aus diesem Grund muß er sich immer vollkommen frei fühlen, einen Vorschlag zurückzuweisen" (S. 346). *Desoille* fragte sich nach der Einstellung *Freuds* zur Suggestion und schrieb unter Bezugnahme auf ihn schließlich folgendes: „Ich weise auf den grundlegenden Unterschied zwischen der von mir empfohlenen und der vor der Psychoanalyse gebräuchlichen Praxis der Suggestion hin. Während zum Beispiel P. *Janet* bestrebt war, ein suggeriertes Bild, das er für abnormal erachtete, zu zerstören, bediene ich mich der Suggestion lediglich, um dem Unbewußten die Äußerung seiner geheimsten Neigungen zu ermöglichen. Man kann ein Bild zerstören, um es seines Affektes zu entladen, läuft aber dabei Gefahr, zu scheitern und dadurch eine noch tiefere Verdrängung hervorzurufen. Es ist daher konsequenter, das Bild — wie ich gezeigt habe — fortschreiten zu lassen, um es wieder in die Kette der archetypischen Bilder, der es angehört, zu integrieren und damit die psychologische Synthese des Subjekts wiederherzustellen" (S. 354). Er stellt somit eindeutig klar, daß es nicht darum gehen kann, „das Bild seines Affektes zu entladen, was eine tiefere Verdrängung nach sich ziehen würde". Auch *Freud* hob die Gefahren einer scheinbaren Neutralisierung der krankhaften Assoziationen hervor, die „den Stachel zur Heilung" darstellten (S. 136). (...) Trotz gewisser „äußerlicher Unterschiede teilte R. *Desoille* somit *Freuds* Ansichten bezüglich des therapeutischen „Prozesses", und es ist nicht als Zufall zu werten, daß er sich zu einer so ähnlich gelagerten Problematik äußerte.

Darüber hinaus weist R. *Dufour* darauf hin, daß sowohl *Freud* als auch *Desoille* und *Lacan* „über die Analyse hinaus das Ziel der Wiederherstellung der psychologischen Synthese des Subjekts verfolgen. Der eine spricht von Reintegration, der andere von Synthese und *Lacan* vom ‚wahren Sprechen' und von der ‚vom Subjekt vollzogenen Realisierung seiner Geschichte in ihrer Beziehung zu einer Zukunft'."

Folglich beruhte *Desoilles* Originalität im psychotherapeutischen und analytischen Bereich auf der wissenschaftlich stimmigen, systematischen Untersuchung der therapeutischen Möglichkeiten des in Gang gesetzten Imaginären, die vor ihm niemand in Angriff genommen hatte. Seine Genialität bestand in der „Entwicklung einer Methode, die einerseits die Äußerung und Erforschung des subjektiven affektiven Lebens und andererseits die Mobilisierung dieses Erlebens zu therapeutischen Zwecken erlaubte" (*Launay* et al. 1975a, S. 15).

Was *Desoilles* Versuche, seiner Methode eine Theoriebildung zugrunde zu legen, anbelangt, so scheinen sie immer von seiner Geisteshaltung, seinem existentiellen Engagement des Augenblicks abhängig gewesen zu sein, woraus sich ihr ständig unbefriedigender Charakter erklärt.

Als *Desoilles* Methode Gestalt annahm und er ihre Vielfalt zu erkennen gab, versuchte er gleichzeitig auch, sie theoretisch zu formulieren. Ob auf Grund seiner zu großen Bescheidenheit oder auf Grund der Tatsache, daß er nicht von der Psychologie oder der Psychiatrie, sondern von woanders her kam, fest steht jedenfalls, daß er immer bei anderen und nie bei sich selbst nach Konzepten und Systemen suchte, auf die er seine Erfahrung gründen konnte. Vielleicht hat er nie „erkannt, daß er weder Jungianer noch Freudianer oder Pawlowianer, sondern einfach er selbst sein konnte. Auf diese persönliche Schwierigkeit, die ihm vorzuwerfen wohl unverschämt wäre, gehen in einem gewissen Sinn die ständigen Mißverständnisse zurück, denen die Diskurse seiner Nachfolger unterliegen. (...) Sooft Überlegungen zum gelenkten Tagtraum angestellt werden, müssen die Unsicherheiten, die ängstliche Bescheidenheit und die aufrichtigen Zweifel *Desoilles* bezüglich seiner Entdeckung in Betracht gezogen werden. Eine indirekte, aber erfreuliche Folge, die sich aus diesem Sachverhalt für den Praktiker des gelenkten Tagtraums ergibt, ist, keiner Doktrin verpflichtet zu sein. Die (bisweilen unangenehme) Kehrseite dazu ist, daß ihm das Dogma und der Glaube fehlen" (*Maurey* 1976b).

So orientierte sich *Desoille* schon in den ersten Jahren seines Wirkens und seiner Forschungen — in der weiter oben erwähnten Zeit des religiösen Glaubens also — an *Jung*, in dessen Metapsychologie er die für ihn notwendigen Bezüge suchte. Später, als er diesen Glauben wieder verwarf und sich der marxistischen Philosophie zuwandte, orientierte er sich an einer von Grund auf materialistischen Erklärung der psychologischen Prozesse ... Damals waren das die *Pawlow*schen Versuche zur Darlegung der beim Wachtraum beteiligten Prozesse. In der Tat: „Bei näherer Betrachtung gewinnt man den Eindruck, daß diese Versuche einer theoretischen Untermauerung nach Art der Metonymie betrieben wurden und daß Desoille neben der von ihm formulierten Theoriebildung über ein viel reichhaltigeres intuitives Gedankengebäude verfügte, das sich in seiner Praxis niederschlug" (*Benoit* und *Berta 1973*).

2. Die Analyse durch den gelenkten Tagtraum

In diesem Abschnitt wollen wir uns der Handhabung des gelenkten Tagtraums in der Praxis zuwenden.

Kurz vor seinem Tod hatte *Desoille* seine Methode praktisch angewandt. Zu dieser Zeit war die Behandlung durch den gelenkten Tagtraum, der sich von den idealistischen, psychagogischen und philosophischen Vorstellungen, von denen er zu Beginn dominiert wurde, losgelöst hatte, zur Gänze auf die Therapie von Neurosen gerichtet, wie beispielsweise im Fall von Benjamin (*Desoille* 1961) oder Marie-

Clotilde (*Desoille* 1971a), und bildet in dieser Form den Ausgangspunkt für die heute praktizierte G.T.T-Behandlungen.

Verschiedene Richtungen und Schulen haben sich auf die Arbeit von *Robert Desoille* gestützt und sie zu mannigfaltigen Zwecken adaptiert. Da eine Auseinandersetzung mit ihnen den Rahmen dieses Artikels sprengen würde, begnüge ich mich damit, sie zu erwähnen[1]. Einige Therapeuten haben sich vor allem mit dem kathartischen Charakter des Tagtraums befaßt; andere mit dem Bild und seiner evolutiven Kraft; andere wiederum mit seiner erneuernden, kreativen und re-kreativen Funktion, einer Funktion, die auch in bestimmten sogenannten Kreativitätsgruppen Anwendung findet. Darüber hinaus ist auch die erzieherische Wirkung des Tagtraums ins Auge gefaßt und in bestimmten Therapien der Dekonditionierung und Rekonditionierung verwendet worden. Seine Funktion der Zutageförderung von unbewußtem Material schließlich hat dem gelenkten Tagtraum die zusätzliche Verwendung in psychoanalytischen Behandlungen eingebracht.

Ich hingegen möchte mich mit dem Tagtraum von *Desoille* mit Blickrichtung auf die Behandlungsformen befassen, in deren Mittelpunkt er steht, die Behandlungsformen, die auf seiner Spezifität und seiner Verwendung als solcher gründen, das heißt sowohl auf dem Erleben des Tagtraums als auch auf dem nachträglichen Durcharbeiten des Tagtraums beruhen, um ihn zu analysieren, über ihn zu sprechen, ihn mit gegenwärtigen oder vergangenen nächtlichen Träumen, Erinnerungen und dem alltäglichen Leben in Berührung zu bringen. Hier steht die Praxis des Tagtraums im Mittelpunkt der Analyse, sie läuft über ihn und geht von ihm aus.

Mein Vorgehen ist heikel, da man meines Erachtens nicht wirklich von einer Standardbehandlung sprechen kann. Wir alle wissen, daß sich die Standardbehandlung als ein Mythos erweist, wenn wir die Verschiedenheit der Patienten, ihrer Strukturen und Probleme, ihrer Bedürfnisse, ihrer Erwartungen und Forderungen anerkennen und auch die Verschiedenheit der Therapeuten und der trotz gleicher Zugehörigkeit unterschiedlichen Ausbildungen, die individuellen Betrachtungsweisen, Forschungen und Entwicklungsgeschichten sowie die unterschiedlichen Intuitionen ins Auge fassen. Wie dem auch sei, wenn von der Analyse durch den gelenkten Tagtraum gesprochen wird, können einige grundlegende Konstanten festgestellt werden.

---

[1] Benoit, J. C., Berta, M. 1973; Frettigny, Virel 1968; Benoit, J. C. 1962; Benoit, J. C., Guilhot, J. 1972; Favez-Boutonier, J. 1955 (*Launay* et al. 1975a, S. 87-98).

2.1 Die Regeln der G.T.T.-Analyse

In erster Linie — das liegt auf der Hand — muß ein Tagtraum zustande kommen. Der Analytiker, der mit der Technik des gelenkten Tagtraums arbeitet, muß folglich dem Patienten das Träumen beibringen. Damit meine ich, daß in der von ihm formulierten Regel der Vorschlag zum Tagträumen enthalten sein muß, das heißt die Aufforderung, jenem Fluß, der so häufig schweigt, das Wort zu erteilen — und das im Rahmen der therapeutischen Beziehung selbst. Hier geht es nicht um das „Sie sagen alles, was in Ihnen hochkommt", sondern um folgendes: „Sie konzentrieren sich auf ein Bild, ein Wort, das sich in Ihnen abbildet. Sie schaffen einen imaginären Raum, in dem sie lernen, sich zu bewegen und die verschiedenen Komparsen, die auf ihre stillschweigende Aufforderung hin erscheinen werden, sich bewegen zu lassen, in dem sie eine Handlung ablaufen lassen. Sie achten auf Ihre Emotionen, auf Ihre Gefühle; Sie dramatisieren sie. Sie sprechen das alles aus, ohne es für den Augenblick zu verstehen zu suchen. Wir werden anschließend darüber sprechen und nach und nach den Sinn ergründen."

Wenn auch genau diese Instruktion gegeben wird, so werden die Regeln und die Methode natürlich nicht in diesen Worten vorgegeben. Sie könnten auch folgendermaßen formuliert werden: „Während des Tagtraums dürfen Sie sich nicht in der freien Assoziation, die vielleicht in der gesprächstherapeutisch oder analytisch orientierten Sitzung angebracht wäre, verlieren; im Gegenteil, Sie müssen sich auf Ihre Bilder und die Affekte, die in Ihnen hochkommen, konzentrieren."

Aus diesen möglichen Formulierungen des Therapeuten können wir einige wesentliche Punkte herausgreifen. Allen voran den Umstand, daß ein Abschnitt dieser Methode dem Tagtraum, ein anderer dem Gespräch über den Traum gewidmet ist, was sowohl beim Patienten als auch beim Analytiker verschiedene Haltungen voraussetzt. Was den Patienten anbelangt, stehen wir einer völlig paradoxen Situation gegenüber. Damit der Tagtraum entstehen kann, der das, von dem man noch nicht wußte, daß man es sagen würde, offen ausspricht, muß man die freie Assoziation aufgeben und seinen Traum lenken. In diesem Akt kommt dann plötzlich das Unvorhergesehene, das Unsagbare, das Unbekannte, das Uneingestehbare zum Vorschein. Im Phantasiegebilde des Imaginären wird damit die frühere und jetzige Emotion in einer eigentümlichen, reinen Form zutage gefördert.

Damit aber der Sinn des Tagtraums unverschlüsselt zum Ausdruck kommt, muß man die Prozesse der freien Assoziation wiederaufleben lassen, einer Assoziation von Worten, Bildern, von Erinnerungen und Gefühlen, die durch den Affekt in der Evokation bzw. durch die Evokation im Affekt den verlorenen Faden wiederfindet und wieder verknotet, die Wege zur Vergangenheit wieder öffnet und den getilgten Sinn zugänglich macht (*Nadal* 1974a, 1976).

Diese Arbeit setzt offenkundig voraus, daß der Tagtraum die ganze Behandlung hindurch gegenwärtig ist und unaufhörlich mit der analytischen Arbeit verknüpft wird. Keine Behandlung durch den gelenkten Tagtraum ohne Tagtraum. Keine spezifisch am gelenkten Tagtraum orientierte Behandlung ohne analytische Arbeit.

2.2 Die Themen des Tagtraums

Die Tagträume können sich auf der Grundlage eines erprobten Themas, das vom Therapeuten vorgeschlagen wird, entfalten. Man denkt hier an die Bilder der Vase oder des Schwertes, des Drachens, der Hexe oder des Zauberers, die *Desoille* aufgrund seiner Erfahrung ausgewählt hatte (*Desoille* 1971a, 1971b).

Weitere Bilder, die aus der umgebenden Kultur oder den Erfahrungen des Analytikers hervorgegangen sind, kommen hinzu. Dabei handelt es sich größtenteils um Themen, die die Phantasie in Gang setzen, durch welche der Rahmen geschaffen wird, in dem die wirklich bedeutsamen symbolischen Orte, Personen und Gegenstände in Erscheinung treten werden. Hierher gehören folgende Vorschläge: „Sie befinden sich auf einer Brücke", „Sie besuchen eine Gemäldegalerie", „Sie betreten einen alten Speicher", „Sie graben die Erde auf" etc.

Der Therapeut kann dem Patienten auch vorschlagen, an einen Ort, zu einem Gegenstand oder zu einer Person zurückzukehren, denen er im Laufe eines vorausgegangenen Tagtraums oder in einem nächtlichen Traum aus der letzten Zeit begegnet ist: „Sie stehen wieder vor jener Tür", „Sie treffen wieder den Mann mit dem Cape", „Sie suchen wieder nach der unbekannten Frau".

Er kann dem Patienten vorschlagen, das hochkommen zu lassen, was ihm gerade in den Sinn kommt: „Sie nennen das Bild, das Ihnen als erstes einfällt"; dieses Bild wird in der Folge zum Ausgangspunkt des Tagtraums.

Ferner kann er die im Hier und Jetzt der Sitzung unmittelbar erlebte Situation verwenden. *Dufour* spricht in diesem Zusammenhang vom „situativen Tagtraum": „Als ‚situativen Tagtraum' bezeichne ich den Tagtraum, dessen vom Analytiker vorgeschlagener Ausgangspunkt im Diskurs, im Verhalten oder in den Emotionen des Subjekts liegt" (*Du-*

four 1978, S. 17). So klagt Monique, deren Behandlung ich weiter unten schildern werde, über Verspannungen im Rücken, „als wäre sie eben geschlagen worden". Ich schlage ihr vor, sich in diese Empfindung zu vertiefen, sie zu erleben, zu sehen und sie auszusprechen. Dabei fordere ich sie auf, „das Erlebte zu spüren, es sich zeigen zu lassen (Bilder), es sich sagen zu lassen (Zugang zum Sprechen), es mit Blickrichtung auf die Affektivität zu sehen und zu hören, um es unter Umständen zu integrieren, anzunehmen und zu analysieren" (*Dufour* 1978, S. 17).

Was wir eben beschrieben und analysiert haben, ist nämlich nichts anderes als das, wozu der Patient die ganze Behandlung hindurch aufgefordert wird. Das Erleben des Traumes verstärkt in redundanter Weise die Eindrücke und Affekte, die ja gerade den Schritten, die er dabei unternimmt, entspringen. Hier aber wird dieser Prozeß, der in jeder Behandlung durch den gelenkten Tagtraum eine zentrale Stelle einnimmt, systematisch gewählt, hervorgehoben, aufgewertet, zurückgewiesen, um einen Anstoß zum Tagtraum zu geben; die Inbewegungsetzung des Subjekts bleibt dabei eines der Kennzeichen des gelenkten Tagtraums. Man sieht, wie das, was für *Robert Desoille* ursprünglich das Emporsteigen oder das Hinabsteigen war, hier zur Quintessenz eines solchen auf die Bewegung und die Verlagerung gerichteten Vorschlags wird; wie sich das, was ursprünglich ein Themenvorschlag war, ebenfalls zur Quintessenz eines solchen Vorgehens entwickelt und zur thematischen Bewegung wird, in der das Thema einfach die Entscheidung dafür sein kann, seine Aufmerksamkeit auf ein Bild, ein Wort, eine Empfindung zu richten, um sie zu verstärken, zu übersteigern und sich darin zu bewegen.

2.3 Tagtraum, Analyse und Sinngebung

Was die Phase der Analyse anbelangt, so ist sie in der Phase des Traums implizit und ständig vorhanden, da sich der Patient — sei es durch seinen Traum — auf die Suche nach dem verborgenen Sinn seiner Probleme macht. Er weiß jedoch auch, daß sich dieser verborgene Sinn im Laufe der Gesprächssitzungen entfalten und klären wird. Dies ist die Phase der Behandlung der Trauminhalte auf einer kontrollierteren, sozialisierteren Ebene; die Phase der Interpretationen; mehr die Phase der Sinngebung als die Phase der Bewußtwerdung. Sich in diesen Worten ausdrücken heißt, den dynamischen Charakter des Traums bis in den Kernpunkt der Analyse zu bewahren.

Diese Phase ist auch die Phase der Konfrontation mit einem Analytiker, den man sieht und nicht mehr bloß erahnt oder von neuem erfindet, wie das während des Traums der Fall ist. Wenn der Traum in der gefühlten, mehr wahrgenommenen als real erfahrenen Gegenwart des Analytikers, in seinem Einflußbereich in diffuser und zugleich vollkommener, häufig verschmelzender Weise erlebt worden ist, dann fördert das Gespräch die Aufhebung der Verschmelzung, die Opposition und die Selbstbestätigung.

2.4 Beziehung und Übertragung in der Analyse durch den gelenkten Tagtraum

All dies führt uns zur Frage nach der Beziehung zwischen Patient und Therapeut. Denn wie kann man von Psychotherapie, von Analyse sprechen, ohne auf die in der analytischen Methode ständig gegenwärtige Beziehung hinzuweisen, ohne von jenem anderen zu sprechen, mit dem, vor dem, durch den, gegen den, trotz dem, für den die grundlegende Arbeit der Vertiefung in die unbewußten Konflikte, die Arbeit der Metabolisierung und der Regression vollbracht wird, ohne die keine Behandlung denkbar ist? (*Launay* et al. 1975a)

Es handelt sich hier natürlich nicht um dieselbe Handhabung der Übertragung, wie sie in der *Freud*schen Psychoanalyse oder in den anderen psychoanalytisch orientierten Methoden definiert ist. Die Regel der Behandlung durch den gelenkten Tagtraum entspricht — wenn vielleicht auch nur aufgrund des dem Patienten gemachten Vorschlags, zu träumen — nämlich nicht jener der Psychoanalyse, ebenso wie die Dynamik einer G.T.T.-Analyse nicht jenem psychoanalytischen Verfahren nachgebildet ist. Trotz allem ist nicht einzusehen, warum die Regel des Tagtraums die Übertragungsphänomene ausschließen sollte, die, wie wir genau wissen, in jeder Beziehung und um so mehr in der analytischen Beziehung gegenwärtig sind. Die Gegenwart des Tagtraums verändert jedoch — insbesondere aufgrund des ihm innewohnenden Vermittlungscharakters — die Beziehung des Patienten zum Therapeuten, schwächt die Brutalität der Übertragung ab und modifiziert ihre Ausdrucksform.

Dieser Umstand hatte die ersten G.T.T.-Analytiker nach *Desoille* während der ersten Behandlungen wahrscheinlich so verblüfft, daß sie das Problem der Übertragung vorübergehend im dunkeln lassen oder manchmal denken konnten, daß es in der Behandlung durch den gelenkten Tagtraum keine Übertragung gebe.

In Wirklichkeit gibt es im gelenkten Tagtraum offenkundig ebenso Übertragungsprozesse wie anderswo. Die Originalität der Methode beruht darauf, daß das Erleben der Behandlung, die Figur des Therapeuten, die Atmosphäre des Behandlungszimmers ihrerseits übertragen, verzerrt und im Traum behandelt werden.

Alles in allem werden die auf den Therapeuten übertragenen Figuren und Situationen der Vergangenheit abermals in den Tagtraum übertragen, wobei die Traumfiguren sowohl auf das Erleben der Beziehung zum Analytiker als auch auf die früheren pathogenen Erlebnisse verweisen. Als ein Beispiel dafür braucht man sich lediglich die unten geschilderte Behandlung Moniques vor Augen zu führen. Dieser einfache Sachverhalt ändert die Verwendung und Behandlung der Übertragung in beträchtlichem Maß. Im besonderen erlaubt er, die Analyse der Übertragung oft ziemlich spät im Behandlungsverlauf anzusetzen, ohne daß dadurch alles stockt und blockiert wird; der Traum ermöglicht, daß die Affekte ausgesprochen und nicht erstickt werden, ausgesprochen und gleichzeitig verzerrt, ausgesprochen, weil verzerrt werden.

In dieser dem Subjekt unaufhörlich dargebotenen Verzerrung liegt nämlich eine der besten Behandlungsmöglichkeiten des Widerstands. Ist es nicht einfacher, etwas unter und dank einer Maske auszusprechen, bis sich eines Tages — wenn die Nacktheit keine Angst mehr einflößt — die Wirklichkeit offenbart?

2.5 Der Widerstand

Dies heißt jedoch nicht, daß die G.T.T.-Behandlung ohne Widerstände abläuft. Hier wie anderswo gibt es Widerstände, die hier wie anderswo das Zeichen einer schwierigen und heiklen Beziehung zum Analytiker sind. Es handelt sich dabei auch häufig um eine Schwierigkeit, eine Angst, sich dem schmerzhaftesten Punkt, dem Kernpunkt der Neurose zu nähern, die man um keinen Preis aufgeben möchte, weil damit — trotz zahlreicher Vorteile — eine schwer zu bewältigende Trauer verbunden wäre. Widerstand gegen das Träumen, Angst vor dem Träumen, die im Fehlen von Bildern, in Rationalisierungen, in einer Materialüberfülle, in leeren Stereotypien, in der Wiederholung zum Ausdruck kommt.

Widerstand gegen die Analyse, Angst vor der Analyse, die sich im Vergessen von Träumen oder Traumsequenzen und in Rationalisierungen äußert. Hinzugefügt werden muß natürlich das ganze klassisch gewordene Spektrum der Widerstände, die in allen anderen analytischen Behandlungsformen beobachtet werden können.

2.6 Die Indikationen

Was kann hinsichtlich der Indikationen der G.T.T.-Behandlung gesagt werden? „Die Analyse durch den gelenkten Tagtraum richtet sich an die Mehrzahl der *neurotischen Zustandsbilder*, egal ob es sich dabei um die klar strukturierten Neurosen, die den klassischen Begriffen der Angstneurose, Zwangsneurose, Charakterneurose, phobischen Neurose entsprechen, oder um jene Zustände existentiellen Unbehagens handelt, die mannigfaltige Komponenten aufweisen, in denen aber die Angst überwiegt. Darüber hinaus ist sie auch auf zahlreiche psychosomatische Symptome und auf sexuelle Störungen anwendbar. Die Neurosen mit starker narzißtischer Komponente sind aufgrund der Internalisierung und des Bruchs mit dem sozialen Ich, die der eigentliche gelenkte Tagtraum mit sich bringt, vielleicht weniger indiziert.

Von einer Behandlung der Psychosen ist im allgemeinen abzuraten, insbesondere was die eindeutig schizophrenen Zustandsbilder und die chronischen Verwirrtheitszustände anbelangt. Andererseits sind in den Intervallen der manisch-depressiven Psychose (*J. P. Schnetzler*), im Anschluß an Verwirrtheiten (*J. Launay*) und — mit den für Kinder und Adoleszenten entwickelten Techniken — bei Jugendlichen mit Borderlinestruktur (*J. Levine*) erfolgversprechende Ergebnisse erzielt worden" (*Launay* et al. 1975a, S. 66-67).

Der Beziehungstypus, den der gelenkte Tagtraum mit sich bringt, fördert nämlich durch das Erlebnis des Traumes die Regression, und die Verschmelzungsbeziehung zum Analytiker im Traum fördert oder gewährleistet durch das Gegenüber und durch das Engagement des Therapeuten in der Behandlung die Erfahrung der Andersheit. Darin scheint im wesentlichen die Besonderheit des gelenkten Tagtraums zu liegen (*Launay* et al. 1975a; *Fabre* 1979b).

Schließlich ist die besondere Bedeutung der G.T.T.-Analyse für die Behandlung von Zwangsneurotikern hervorzuheben, die hierin eine Sprache entdecken, die ihre gewohnte Ausdrucksweise durchbricht, um den Zugang zu einem ganz anderen, bisher versperrten und unzugänglichen Register zu öffnen (*Fabre* 1979a).

3. Klinische Aspekte: Die Behandlung von Monique

Zur Behandlung (und nicht als Musterbeispiel) wollen wir hier kurz die G.T.T.-Analyse einer jungen Frau wiedergeben[2].

---

[2] Diese Behandlung bildete den Gegenstand einer ausführlichen Publikation: „L'analyse par le Rêve-Eveillé-Dirigé", *Fabre* 1979b.

Diese Behandlung hat vier Jahre gedauert. Die ersten Jahre verliefen sehr aktiv, dicht. Das vierte Jahr diente der Integration und Analyse von Moniques Beziehung zu ihrer Analytikerin, der Aufhebung der Verschmelzung nach einer Erfahrung tiefer Verschmelzung.

Monique ist zu Beginn der Behandlung sechsundzwanzig Jahre alt. Sie ist Lehrerin, verheiratet und Mutter eines zweijährigen Kindes. Ihre Eltern leben in einer benachbarten Stadt. Man erzählte ihr, daß ihre Geburt schwierig gewesen sei. Man mußte die Zange verwenden. Die Geburt ihres eigenen Kindes ist ebenfalls schwierig gewesen: „Bei der Geburt bekam er keine Luft, ich glaubte, er sei tot."

Sie wird mir von ihrem Arzt überwiesen, da sie unter immer unerträglicheren Todesängsten leidet: Diese Ängste betrafen zunächst ihren Vater, dann ihren Mann, schließlich sie selbst. Ihr zufolge tauchen sie „die ganze Zeit und noch stärker während des Geschlechtsverkehrs" auf. Außerdem hat sie das Gefühl, daß ihr ihr Körper fremd ist: „sogar bei der Entbindung ... das war nicht ich".

Diese Behandlung steht unter dem Zeichen der Faszination. Die Faszination, die die Mutter auf die Tochter ausstrahlt und derer sich Monique erst ungefähr in der dreißigsten Sitzung, nach einem Behandlungsjahr, bewußt wird.

In dieser Analyse unterscheide ich zwei extreme Abschnitte: den Abschnitt der Verschmelzung — Verwechslung mit der Mutter (und der Analytikerin) — und die Etappe der Aufhebung der Verschmelzung — Geburt (Aufhebung der Verschmelzung in der Beziehung zur Analytikerin, in den Traumbildern und Traumerlebnissen, in den Beziehungen des „wirklichen" Lebens). Den Übergang zwischen diesen beiden Abschnitten bildet der Abschnitt der Identifikation mit dem toten Mann.

Was das Thema des Todes anbelangt, so liegt es dem Wunsch nach Psychotherapie und Analyse zugrunde, es ist allgegenwärtig und wird mit der Aggressivität, dem Orgasmus, der Geburt assoziiert.

Die Wiederholung und die Entwicklung der Signifikanten, die diese Behandlung kennzeichnen, sind erwähnenswert; denn eine Charakteristik des gelenkten Tagtraums ist es, häufig ungewöhnliche und häufig auch wiederkehrende Signifikanten auftauchen zu lassen, die eben deshalb „Blinklichter" (*Nadal* 1974a, 1976) sind, die einen Sinn ankündigen, der sich erst nach und nach offenbaren wird. Hier die Bilder von Blut, vom Baum, vom Wasser.

Darüber hinaus muß auf die Intensität der körperlichen Erlebnisse dieser Frau hingewiesen werden, die sagte, daß sie „ihren Körper nicht spürte". Eine im gelenkten Tagtraum übliche, häufig zu beobachtende Intensität. Bei Monique handelt es sich um Erlebnisse des Zerdrückens

und Fallens, des Waschens, Sichwaschens. Der Behandlungsablauf gibt Aufschluß über deren Bedeutung, die immer klarer zutage tritt.
Alle Tagträume haben in einem Entspannungssessel stattgefunden. Monique schließt die Augen, entspannt sich und spricht über ihren Traum. Die Analysesitzungen finden in unregelmäßigen Abständen statt. Bisweilen folgen zwei Tagtraumsitzungen aufeinander; bisweilen drei oder vier Analysesitzungen, die von Zeit zu Zeit von situativen Minitagträumen unterbrochen werden.

3.1 Erster Abschnitt:

„Meine Angst, daß mein Vater sterben könnte, war mein Wunsch, er möge tot sein."

In der fünften Sitzung kommen schon im ersten Tagtraum Zerstückelung, widersprüchliche Identitäten, eine Homosexualität, derer sich Monique bisher nicht bewußt war und die sie erst viel später benennen wird, zum Ausdruck. In jener fünften Sitzung habe ich Monique vorgeschlagen, ihre Aufmerksamkeit auf die Atmung zu richten und sich dann vorzustellen, daß sie im Rhythmus ihrer Atmung gehe, zu sagen, wo sie sich gehen sehe, sich gehen fühle, wie sie sich sehe, sich fühle. Nach anfänglichem Schweigen sagt Monique:

„Ich sehe ein Bild, in dem ich mich wie eine Katze schüttle, die naß geworden ist. Mitten auf einer Straße, nachlässig, schlecht gekleidet, mit glattem Haar. Ich sehe aus wie ein Schmutzfink, ich gehe eine Stiege hinunter, die Straße hat eine Stiege. Ich gerate auf eine andere Straße. Ich gehe auf den Fluß zu, das ist der Schauplatz. Ich stelle mich an die Balustrade am Fluß, ich schaue. Ich bin noch immer jene schmutzige Frau, ich bin auch ich selbst in schwarzer, sehr einfacher Kleidung und betrachte die andere: Ich weiß nicht mehr ... ich weiß nicht, wer ich bin, ich weiß nicht, wo ich bin. (...) Auf dem Wasser sehe ich einen Frachtkahn, jemand darauf winkt mir heftig zu. Es ist eine Frau, sie hört nicht auf zu winken. Auch ich winke ihr zu: Dies scheint etwas zu bedeuten, sie scheint mir zu sagen, daß ich kommen soll, und das auf eindringliche Weise, noch nie hat mich jemand so eindringlich gebeten, zu kommen ... aber ich habe Angst vor dem Unbekannten."

Schließlich steigt Monique auf den Kahn. Plötzlich findet sie sich im Wasser wieder: „Das wäre geschafft, auf einmal bin ich im Wasser, ich bewege mich im Wasser, in diesem grünen Wasser." Am Grund des Wassers, in einem Loch, das ihr Angst macht, sieht Monique eine Urne, ein Gefäß: „Ich greife hinein und finde eine Halskette. Ich möchte sie nehmen, sie in meine Tasche stecken." Bald dissoziiert, bald vereinigt schwimmt sie im Wasser weiter, und „schließlich bin ich es, ich bin ich, ich bewege mich in diesem Wasser, das wieder zum grünen Wasser geworden ist, es ist kein Loch mehr, ich bewege mich in alle Richtungen, ich schlage Purzelbäume, ich freue mich, mein ganzer Körper ist in Bewegung, auch der Kopf, das ist angenehm".

In diesem Traum — und lange Zeit hindurch auch in den anderen — taucht kein Mann auf. Wenn Männer auftauchen, dann lächerliche, lästige, die rasch vergessen werden. Es liegt auf der Hand, daß die Beziehung zum weiblichen Analytiker die Grundlage für die Methode bildet, in der Affekte in einem Hier und Jetzt, das die alten Affekte weckt und in Erinnerung ruft, wachgerufen werden. Die Phantasiebildung im Tagtraum nimmt die früheren Phantasmen, insbesondere jene, die die Mutter und die Frau betreffen, auf. So sagt Monique in der neunten Sitzung, während ihres dritten Tagtraums, folgendes: „Ich möchte mit dem Mädchen in Kontakt kommen, es entgleitet mir vollständig, es ist geheimnisvoll, es läßt sich betrachten, es spricht nicht, es sieht verlegen aus, ich lächle es an, es wendet sich ab. Es hat keine Lust, einen Kontakt herzustellen ... Ich gebe ihm die Hand, das Mädchen erhebt sich ... es ist merkwürdig, obwohl nichts gesagt wurde, herrscht immer eine Art heimliches Einverständnis zwischen uns. Es ist eine gute Kommunikation, ein guter Kontakt. Das Mädchen spricht nicht, wir gehen Hand in Hand, wir fühlen uns wohl."

Jahre später wird Monique zu diesem Traum sagen: „Im Grunde waren Sie es ein wenig."

In der neunzehnten Sitzung nennt sie „das erste Bild", das ihr „in den Sinn kommt": „Ich sehe eine Wanne, Hände, die waschen, es ist meine Großmutter, aber es sind Sie, Ihr Lächeln. (...) Es gibt mehrere Personen, die aufeinanderfolgen, ich ... ich und nicht ich ... ich habe eine Seife ... ich wasche und bin gleichzeitig Beobachterin, ich denke an nichts. Die andere, die mich eben wäscht, schaut finster drein, sie macht mich verlegen, ich werde ihr Wasser auf sie schütten, so werden ihre hübschen Schuhe schmutzig."

Unmittelbar auf den Angriff gegen jene Großmutter-Therapeutin, die sie gleichzeitig als ihre Doppelgängerin erlebt hat, folgen Angst und Selbstbestrafung: „Irgendwie habe ich Lust, mit dem Kopf heftig gegen die Wand zu schlagen, er zerbricht wie eine angeschlagene Porzellanvase, eine rote Flüssigkeit läuft heraus. Mein Kopf ist eine angeschlagene Porzellanvase, aus der eine rote Flüssigkeit fließt. Ich finde mich mit einer zerbrochenen Porzellanvase, nicht aber mit einem zerbrochenen Kopf wieder, das ist lächerlich. Die andere in der grauen Bluse bricht in Lachen aus ... schließlich möchte ich lachen, ich sinke in ihre Arme. Sie drückt mich an sich." Monique schluchzt bei dieser Vorstellung und sagt dann: „Ich bin nie in den Armen meiner Mutter oder meines Vaters gelegen, im übrigen wollte ich das nicht, und jetzt lehne ich den Kopf an ihre Schulter, ich weine, ich denke an nichts, und die andere weint auch, sie steht fest auf dem Boden, sie ist stark, sie hat Wurzeln" (19. Sitzung, gelenkter Tagtraum Nr. 7).

Als Monique in der einundzwanzigsten Sitzung auf einem Floß einen Mann und eine Frau sieht, denen sie sich gern anschließen würde, wird die Unmöglichkeit der Dreiecksbeziehung deutlich: Das Floß ist zu klein, es bietet nur zwei Menschen Platz. Monique würde gern mit der Frau dort bleiben. Sie wird aber schließlich ausgestoßen. Sie fühlt sich allein und im Stich gelassen; wie jedesmal, wenn sie dieses Gefühl hat, kommt es zur Depression-Regression: Sie sieht sich als ein mit dem anderen verschmolzener Säugling oder Fötus. Ganz zu Beginn der Behandlung hatte sie sich als kleinen, leuchtenden Faden erlebt, der im Fell eines neugeborenen, rosa Bären, auf dem Bauch des Bären verlorengegangen ist. Hier ist sie im Mantel des Windes eingehüllt. Sie macht deutlich, daß der Wind, der mütterliche Wind ein männliches Geschlecht besitzt: Der Bär hatte sie gleich nach dem Traum an ihren Großvater erinnert: „Als ich klein war, verglich ich ihn mit einem Teddybären. Er war der Teddyopa."

Dies kommt ihr nicht während des Traums, sondern bei der anschließenden Besprechung des Traums zum Bewußtsein. Was die wirklichen oder phantasierten Bindungen an die Eltern und die Therapeutin anbelangt, die auszusprechen — das Uneingestehbare gestehen, das Unsagbare sagen — ihr die Tagträume ermöglicht haben, so gelingt es ihr nach Ablauf eines Behandlungsjahres, sie zu verstehen und explizit zu benennen:

„Vielleicht war meine Angst, daß mein Vater sterben könnte, der Wunsch, er möge tot sein."

„Meine Mutter faszinierte mich, und ich glaube, sie fasziniert zu haben."

„Nie hätte ich bei einem Mann eine Analyse machen können. Ich brauchte eine Frau, die meine Mutter war, ohne es zu sein."

„Ohne daß ich es weiß, ist das im Grunde beinahe Homosexualität."

3.2 Zweiter Abschnitt:

„Meine Angst vor dem Tod ist die Angst vor dem Orgasmus."

Mit dem Tagtraum der dreißigsten Sitzung, die auf diese Analysen folgt, beginnt der zweite Abschnitt der Behandlung: ein Vorspiel an einem Schauplatz, an dem der Mann eine Rolle spielen können wird. Diese zweite Etappe, dieser zweite Akt der Behandlung wird als ein unaufhörliches Hin und Her zwischen Mann und Frau erlebt, die beide Monique faszinieren. Als ein Hin und Her zwischen einer Identifikation mit der Frau und einer Identifikation mit dem Mann. Hier wird die Todesangst einen neuen Sinn erhalten. Tod und Orgasmus verschmelzen miteinander.

Zu Beginn dieser dreißigsten Sitzung klagt Monique über heftige, unerträgliche Rückenschmerzen. Ich fordere sie auf, diese Schmerzen zum Ausgangspunkt für den Tagtraum zu nehmen.

„Ich sehe mich niedergebeugt, ich hocke auf meinen Knien, ich kauere auf dem Boden, ein Mann schlägt mit einem Hammer auf meine Wirbelsäule ein, er sieht aus wie ein Schmied. Er schlägt auf meinen Rücken ein, bis ich ganz hinfalle, mein Kopf spaltet sich, er zerquetscht meinen Kopf. Es gelingt ihm nicht, den Rest des Körpers zu zermalmen, der Körper gibt nicht nach, sein Hammer prallt ab."

Darauf folgt eine lange sadomasochistische Szene, in der die geschlagene und niedergeschmetterte Monique kämpft und den Mann niederschmettert: „Schließlich fängt er mich, und wir schlafen miteinander, im Grunde gefällt es mir ... Er hat seinen Lederschurz an. Ich bin ganz nackt, wir wälzen uns auf dem gestampfen Boden hin und her, ich habe noch immer Lust, ihn zu schlagen, ihm Schläge zu versetzen (sie schildert zahlreiche Einzelheiten), danach lege ich mir am ganzen Körper einen Verband an, weil ich überall blute, ich warte darauf, daß das ausheilt, ich fühle mich wohl, ich spüre meinen Körper, Strömungen, die in mir zusammenfließen, das Blut, das zirkuliert, das alles durchblutet, das sehr zufrieden ist." Es durchblutet alles außer den Brüsten, weil die Brüste, wie sie sagt, „Sackgassen" sind. Am Ende der Sitzung sagt sie: „Mit den Brüsten habe ich den Körper meiner Mutter gesehen, sie war über mein Bett gebeugt, das hat mich verunsichert, ich war dem Ekel nahe." Sie sagt auch: „Vielleicht ist meine Angst vor dem Tod die Angst vor dem Orgasmus."

In den folgenden Träumen gibt sie ein eindeutig bisexuelles Bild von sich selbst: Nährmutter Erde und gleichzeitig mächtiger Baum, durchdrungen und gleichzeitig durchdringend; dabei taucht neuerlich ein archaisches Erleben von Geborgenheit und Eingehülltwerden auf:

„Ich bin es, ich habe zwei Brüste mit Wurzeln in jeder Brust. Aus jeder Brust sprießt ein großer kugelförmiger Baum; schließlich weiß ich nicht, ob ich mich freue, diese Wurzeln zu haben. Ich wäre gern selbst ein Baum, ich möchte nicht, daß der Baum so aus mir herauswächst. Ich weiß allerdings nicht, wo ich diesen Baum hervorsprießen lassen soll. Parallel zu mir? Aus der Brust? Entweder er dringt von hinten durch mich oder er gelangt durch den Kopf an mich ... Ich werde mir aus diesem Baum ein Schutzdach machen. Mich einhüllen. Ich liege zusammengekrümmt auf dem Boden. Der Baum, der mich beschützt, hat Wurzeln, die jedoch in die Erde eindringen, ich fühle die frisch umgegrabene Erde, die Berührung mit dem sehr harten Stamm. Ich meine, eine Stütze zu haben, das Blattwerk, das mich beschützt. Meine Beine würden sich gern anklammern, Wurzeln in der Erde schlagen, meine Beine werden zu zwei Stämmen. Der Baum überwuchert mich, ich habe zahllose Arme, ich habe zahllose Blätter, das tut wohl ... Ich möchte mich umdrehen, um zu sehen, ob mich wohl niemand absägen, fällen will, es läuft mir kalt über den Rücken. In dem Augenblick, da ich das sage, sehe ich die wärmende Sonne, die Sonne, die mich überall wärmt ... Mit meinen vielen Ästen meine ich die Sonne einfangen zu können, sie wie eine Seife auf mir auftragen, mich mit der Sonne einseifen zu können ... Das wär's, ich bin wieder ich selbst geworden, ich seife mich mit der Sonne ein (...) Sie streicht über meinen Körper, sie dringt in meinen Körper, in meinen Bauch ein. Mein Bauch ist eine große Sonne über dem Meer. Aus meinen Brüsten quellen zwei Sonnen hervor, auch aus meinem Kopf, meinen Händen, das hüllt mich ein, das tut wohl ... Alles ist rund und voller Sonne" (31. Sitzung, 12. Tagtraum).

Von diesem Augenblick an begegnet sie sowohl im nächtlichen Traum als auch im Tagtraum und in ihren Phantasien Männern. Ihre Beziehung zu Frauen wird zweifelhafter, sie ist nun weniger umfassend. Eines Nachts träumt sie, daß „ich ihr die kalte Schulter zeige".

Im Laufe eines Tagtraums sieht und fühlt sie sich als Baby, das in einem Kinderwagen und zugleich in den Armen der Mutter liegt:

Dabei bekomme ich Lust zu weinen, es ist eine sehr zärtliche Mutter, sie drückt mich an ihre entblößte Brust. Ich möchte Kind in einem Kinderwagen sein, ich entdecke die Welt, meine Mutter fährt mich spazieren, lächelt mich an, ich betrachte sie. Der verklärte Christus kommt mir in den Sinn, an seiner Statt ein helles Licht, ein Schimmer. Ich möchte von diesem Licht durchflutet werden, mich damit bedecken, mich in es einwickeln, ich möchte dasselbe Licht ausstrahlen ..."

In der nächsten Sitzung gibt sie dazu einen aggressiven Kommentar ab: „Genau so ist sie ... meine Mutter, sie war der Engel mit dem wundervollen Lächeln, schwebend, in der Luft ... kein Körper, kein Geschlecht ... Sie verbrachte ihre Zeit damit, alles zu waschen, alles blank zu reiben ... sie war nicht imstande, uns in die Arme zu nehmen. Sie war von einer anderen Welt."
Diese andere Welt ist das verbotene Königreich. Ich schlage ausgehend von dem, was sie eben gesagt hat, einen Tagtraum vor. „Sie befinden sich an der Schwelle zum verbotenen Königreich."
„... Ich stehe vor einer großen Betonmauer mit einer großen, offenen Tür, die ins Schwarze führt. Ich wage es nicht einzutreten, ich werde versuchen, um dieses Gebäude herumzugehen, ich beginne nach rechts zu gehen, ich habe Angst, in den Abgrund zu stürzen, ich halte mich fest, schließlich falle ich, ich zerschelle auf dem Beton, ich liege mit ausgerenkten Knochen in einer Blutlache. Ich sehe das, ich befinde mich auf dem Gehsteig, die Bedauernswerte, von ihr ist nicht viel übrig geblieben. Das Blut ist hellrot. Merkwürdig, ich bin auf den Vorplatz der Notre-Dame gefallen."
Merkwürdig und wie normal. Monique zerschellt vor jener idealen Mutterfigur, die einer anderen Welt, einem anderen Reich angehört.
Im weiteren Verlauf desselben Traums findet Monique ihre Mutter an einer Türschwelle wieder:
„Ich glaube, daß ich sie töten, zermalmen, auffressen möchte, das auffressen möchte, was von ihr übrig bleiben wird. Ich sehe die Blutlache, die Knochen wieder, ich habe Lust, ihre Knochen zu knacken, ihr Blut zu trinken. Wenn ich mache, wozu ich Lust habe, fühle ich mich wohl, ich bin endlich allein, nicht diesem Blick, diesem Lächeln ausgesetzt ... Wenn ich das täte, würde ich mich besser fühlen, mir die Hände reiben, ins Leben aufbrechen. Ich fühle mich stark, ich breche auf, ich fühle mich stark, ich kann mich fortbewegen, wie ich will, ich fliege, ich beherrsche die Dinge, das wilde Meer, die große, offene See. Ich fühle mich wie die Freiheitsstatue in New York, das ist lächerlich, aber so ist es!"
Unmittelbar danach erzählt Monique einen nächtlichen Traum, den sie vor kurzem hatte: „Wir sitzen zu Tisch, jeder an einem gesonderten Tisch, meine Mutter ist eine junge Frau. Und ich glaube, daß ein Mann nicht mehr mit uns ißt. Dieser Mann störte mich. Er hinderte mich am Essen."
Monique spricht nun über ihre Mutter, über die erste Ehe der Mutter, von der sie durch Zufall erfahren hat. Der erste Ehemann ist ein Jahr nach der Heirat bei einem Unfall gestorben. Er ist gestorben, zer-

malmt gestorben. Gefallen, wie Monique eben von der Betonmauer gefallen ist, zermalmt wurde und ihr Blut vergoß wie in mehreren Tagträumen. Das Blut des Mannes und der Frau vermischen sich. Todesblut und Menstruationsblut. „Dieser Mann", sagt Monique, „war tot, doch war er der Lebende, der einzige Mensch, den meine Mutter geliebt hat, in den sie verliebt gewesen ist. Und ich hätte gewollt, daß sie auch mich liebt." Daß sie sie liebt, wie sie diesen toten Mann geliebt hat.

Daraus folgt eine zusätzliche Verstärkung der Homosexualität Moniques; eine neue Interpretation der Todesängste: „Meine Mutter ist eine lebende Tote, sie ist mit ihm gestorben." Auch: „Man muß tot sein, um von ihr geliebt zu werden." Auf dem Umweg über die Identifikation mit dem toten Mann, die von der Identifikation mit der Mutter, die in den toten Mann verliebt ist, begleitet wird, findet Monique schließlich den Zugang zu einer sonderbaren Dreiecksbeziehung.

Wenn sie im ersten Abschnitt die Rivalin des Mannes bei der Eroberung der Mutter war, so versucht sie auch jetzt, und zwar im Tagtraum ebenso wie im nächtlichen Traum und im Leben, die Männer zu verführen. Die zwei Ehemänner der Mutter und ihr eigener verschmelzen miteinander, die aufgrund der Identifikation mit dem toten Mann erlebte und mit dem Orgasmus in Verbindung gebrachte Todeserfahrung wird gleichzeitig zur Geburtserfahrung, da durch sie die Trennung von der Mutter erfahren wird.

3.3 Dritter Abschnitt:

„Meine Angst zu sterben ist eher die Angst, geboren zu werden."

Aus diesem letzten Behandlungsabschnitt werde ich lediglich einen Traum herausgreifen: Im Labyrinth der Psychotherapie und ihrer eigenen Probleme erlebt Monique eine weitere, sehr archaische Erfahrung wieder:

„... Es ist schwül und feucht, ich habe das Gefühl, von etwas aufgesaugt zu werden und zu sterben, erstickt von einer Art Saugnapf oder von Tausenden von Händen, die an mir zerren, mich würgen, ich werde an Luftmangel sterben, ich bin in einer Sackgasse, der Boden ist rund, ich schlage mir den Kopf an, ich möchte hinaus, ich hämmere, ich klopfe, ich kann von hier nicht hinaus, die Decke ist sehr niedrig, es ärgert mich, daß ich umkehren muß."

Ich sage: „Vielleicht können Sie einen Ausgang finden."

Sie fährt fort: „Es ist wie auf den Bildern von Magritte: ein Fenster auf dem Bauch einer Frau. Dieser Körper schwebt über dem Abgrund.

Wenn ich von hier hinabspringe, werde ich am Boden zerschellen. Ich habe den Eindruck, auf dem Apollo-Schiff zu sein, aber ich wage es nicht hinauszugehen, mir ist wirklich schlecht, ich mache das Fenster wieder zu ... schließlich sehe ich mich dort oben festgehalten. Unmöglich hinauszukommen. Soll ich davonfliegen? Aber ich habe Angst zu fallen. Wenn ich einen Fallschirm hätte, könnte ich tatsächlich davonfliegen. Ich glaube, ich sollte in die Tiefe springen ... ich springe in die Tiefe, ich habe Angst, denn wenn ich falle, werde ich fallen, fallen, ich werde am Boden zerschellen (langes Schweigen). Ich wache in einem Krankenhausbett auf, doch ich lebe. Man sagt mir, daß ich in die Tiefe geworfen wurde, daß ich mir sehr weh getan habe, überall, überall Brüche, ich kann mich nicht mehr rühren, und natürlich ist meine Mutter da, die mich mit ihrem anmutigen Lächeln ansieht ... Werde ich mich eines Tages auflehnen, sie verlassen können?"

Der letzte Teil der Behandlung, der zahlreiche Gespräche umfaßt, ist eine lange Geburt, in deren Verlauf die lange miteinander verwechselten Identitäten entwirrt werden und bei der sich Monique schließlich wiederfindet oder, besser, findet. „Meine Angst zu sterben", sagt sie eines Tages, „ist im Grunde eher die Angst, geboren zu werden."

Literatur[1]

Bachelard, G., L' air et les songes, José Corti Ed., Paris 1943 (Kapitel über die Arbeiten von Robert Desoille, S. 129-143).
Barros-Ferreira, M., R. E. D. et Electroencéphalographie, Etudes Psychotherapiques, Paris, Dezember 1974, Nr. 18, S. 187-200.
Benoit, J. C., Rêve-éveillé-dirigé et psychothérapies de créativité, Encyclopédie médico-chirurgicale psychiatrie T 3, Nr. 37815 C 10, 1970.
Benoit, J. C., La méthode du R. E. D. de Desoille, Entretiens psychiatriques, Nr. 8, Toulouse 1962.
Benoit, J. C., Guilhot, J., Les processus novateurs dans la théorie et la pratique du R. E. D. et des psychothérapies d'expression, Annales de psychothérapie, Nr. 4, Paris 1972.
Benoit, J. C., Berta, M., L' activation psychothérapique, Psychologie et Sciences humaines, Bruxelles 1973.
Caslant, E., Méthode de développement des facultés supra-normales, Rhea 1921, 3. Auflage Jean Meyer 1937.
Delpech, J. L., Essai sur la genèse de la méthode du „rêve-éveillé-dirigé" en psychothérapie de Robert Desoille, Bulletin de la Société de Recherches psychotherapiques en langues françaises, Nr. 1, März 1967.
* Desoille, R., Exploration de l' affectivité subconsciente par la méthode du Rêvé-Eveillé. Sublimation et acquisitions psychologiques, J. L. L. D' Artrey Edit., Paris 1938.

---

[1] Die Werke, die zur Gänze den gelenkten Tagtraum betreffen, sind mit einem * versehen.

* —, Le Rêve-éveillé en psychothérapie, Essai sur la fonction de régulation de l' Inconscient Collectif. P.U.F., Paris 1945.
* —, Psychanalyse et Rêve-éveillé-dirigé, in Zusammenarbeit mit Fayol, Y., Leuret, S., Violet-Conil, M., Comte-Jacquet Impr., Bar-le-Duc 1950, Lib. Lefrançois, Paris.
* —, Introduction à une psychothérapie rationnelle, L'Arche Edit., Paris 1955.
* —, Théorie et pratique du Rêve-Eveillé-Dirigé, Mont-Blanc Edit., Genf 1961.
* —, Marie-Clotilde. Une psychothérapie par le Rêve-Eveillé-Dirigé, Payot, Paris 1971a.
* —, Entretiens sur le Rêve-Eveillé-Dirigé en psychothérapie, Payot, Paris 1971b.
* *Dufour, R.*, L'analyse R.E.D., Etudes Psychothérapiques, Nr. 30, Toulouse, Dez. 1977.
* —, Ecouter le rêve, Robert Laffont, Paris 1978.

Dufour-Gompers, N., L'analyste interprétant, Etudes Psychothérapiques, Nr. 31, Toulouse, März 1978, S. 9-14.

* *Fabre, N.*, Le Triangle Brisé. Trois psychothérapies d'enfants par le Rêve-Eveillé-Dirigé, Payot, Paris 1973.

—, Attitude R.E.D. sans R.E.D. dans une cure d'enfant. Le cas Damien, Etudes Psychothérapiques, Nr. 16, Paris, Juni 1974, S. 83-87.

—, La non-interprétation dans les cures, Etudes psychothérapiques, Nr. 24, Toulouse, Juli 1976, S. 75-78.

—, Et quand le R.E.D. n'est pas interprété?, Etudes psychothérapiques, Nr. 31, Toulouse, März 1978, S. 35-39.

* —, Avant l'Oedipe, Masson, Paris 1979a.
* —, L'analyse par le Rêve-Eveillé-Dirigé, E.S.F., Paris 1979b.

—, Levine, J., L'Actualisation de l'Inconscient par le R.E.D., Etudes psychothérapiques, Nr. 6, Paris, Dez. 1971, S. 151-164.

—, Levine, J., Maurey, G., Ponits de vue de trois thérapeutes R.E.D. à propos des ‚Entretiens sur le Rêve-éveillé-dirigé en Psychothérapie' de Robert Desoille, Etudes Psychothérapiques, Nr. 12-13, Paris, Juni-Sept. 1974, S. 105-113.

—, Levine, J., Nadal, J., Le Rêve-Eveillé-Dirigé chez l'enfant, Encyclopédie medico-chirurgicale, Psychiatrie 37815 D 10, Nov. 1976.

Favez-Boutonier, J., Psychothérapie par le Rêve-Eveillé-Dirigé, Encyclopédie médico-chirurgicale, Psychiatrie 37815 C 10, Bd. 3, Paris, Feb. 1955.

Fayol-Crepy, Y., Launay, J., Levine, J., L'efficience thérapeutique de la Créativité dans le R.E.D. de Desoille (Rede während des 1. Kolloquiums der S.R.P.L.F., Paris, Nov. 1968), in „Créativité et Guérison", L'Expansion Scientifique, Bd. 1.

Flournoy, Des Indes à la planète Mars, Alcan Edit., 1907.

* *Fusini-Doddoli, M.*, Le rêve-éveillé-dirigé. Une méthode de psychothérapie analytique, Üb. aus dem Italienischen, E.S.D., Paris 1970.

Frettigny, R., Virel, A., L'imagerie mentale, Mont-Blanc Eidt., Genf 1968.

Henry, Ch., Le cercle chromatique, Verdun 1888.

Launay, J., A propos des processus psychothérapiques, Etudes psychothérapiques, Nr. 24, Paris, Juli 1976, S. 75-78.

—, Evolution et pratique des analyses R.E.D., Etudes psychothérapiques, Nr. 30, Toulouse, Dez. 1977.

* —, Levine, J., Maurey, G., Le Rêve-Eveillé-Dirigé et l'Inconscient, Dessart et Mardaga Edit., Brüssel 1975a.

—, —, —, Le Rêve-Eveillé-Dirigé, Encyclopédie médico-chirurgicale, Psychiatrie 37815 C 10, Bd. III, Paris, Mai 1975b.

Levine, J., Le scénario R. E. D. et l'inconscient, *Etudes Psychothérapiques*, Nr. 70, Paris, März 1972, S. 37-44.

—, Procréation de l'imaginaire et imaginaire de la procréation, *Etudes psychothérapiques*, Nr. 30, Toulouse, Dez. 1977.

—, Le besoin et l'en-trop du corps de la mère, *Etudes psychothérapiques*, Nr. 22, Paris, Dez. 1975, S. 239-249.

—, L'interprétation du pré-logique, *Etudes psychothérapiques*, Nr. 31, Toulouse, März 1978, S. 41-49.

Maurey, G., Le Rêve-Eveillé-Persécuté, *Etudes psychothérapiques*, Nr. 14, Paris, Dez. 1973, S. 125-136.

—, La mère et ses poisons, *Etudes psychothérapiques*, Nr. 17, Paris, Sept. 1974, S. 123-137.

—, Pivot, processus et relation, *Etudes psychothérapiques*, Nr. 24, Paris, Juli 1976a, S. 89-96.

—, Réflexion d'un praticien du R. E. D., *Etudes psychothérapiques*, Nr. 25, Paris, Sept. 1976b.

—, Rêve, R. E. D. et communication, *Etudes psychothérapiques*, Nr. 30, Toulouse, März 1977, S. 51-56.

Nadal, J., Thomas, ou les métamorphoses de l'Animal protecteur, *Etudes psychothérapiques*, Nr. 3, Paris, März 1971, S. 3-25.

—, Le temps de la névrose, le temps du R. E. D., *Etudes psychothérapiques*, Nr. 16, Paris, Juni 1974a, S. 67-73.

—, Vécu subjectif, fantasme et mythe, *Etudes psychothérapiques*, Nr. 15, Paris, Juni 1974b, S. 9-14.

—, La régression et le passage de la chose au mot, *Etudes psychothérapiques*, Nr. 21, Paris, Sept. 1975, S. 153-161.

—, A propos de certains lieux et de certains liens, *Etudes psychothérapiques*, Nr. 26, Paris, Dez. 1976, S. 259-272.

Widlocher, D., Réflexions d'un psychanalyste sur le R. E. D., *Etudes psychothérapiques*, Nr. 4-5, Paris, Juni-Sept. 1971, S. 61-65.

Filme

Nadine — Eine Kinderpsychotherapie aufgrund des gelenkten Tagtraums. Umsetzung und Vorführung der Behandlung von *Nicole Fabre*, 52 Minuten, Regie: C. I. T. E., Produktion: G. I. R. E. D. D., Paris 1977.

Bertrand — Eine Analyse aufgrund des gelenkten Tagtraums. Drehbuch *Nicole Fabre*, 50 Minuten, Co-Produktion C. N. R. S.—G. I. R. E. D. D., Paris 1979.

Eine erschöpfende Bibliographie der Arbeiten über den gelenkten Tagtraum ist von J. *Launay* in der Zeitschrift „*Etudes psychothérapiques*" (Nr. 24, Mai 1976; Nr. 30, Dezember 1977 und Nr. 39, März 1980) veröffentlicht worden. Die von mir hier vorgelegte Bibliographie ist sehr bruchstückhaft.

Teil IV
Arbeit mit Imagination in der Verhaltenstherapie

Einführung

Die „Bewegung" der Verhaltenstherapie, die sich Mitte der fünfziger Jahre hauptsächlich in Südafrika, England und den Vereinigten Staaten entwickelte, hat die Praxis der Psychotherapie revolutioniert. Die anscheinend naive Unmittelbarkeit der frühen Ansätze mit ihrem direkten Ansatz am Symptom hat mittlerweile einem breiteren Überblick und größerer Sensibilität für die komplexen Erwartungen, mannigfaltigen Fähigkeiten und Geschichten der Patienten Platz gemacht. Die zu Anfang benutzte, eher mechanische Lerntheorie ist in weiten Bereichen in Frage gestellt worden, und neuere Modelle, die den kognitiven Prozessen einen größeren Spielraum lassen, sind in Theorie und Praxis einbezogen worden. Zwei für diese Enwicklung entscheidende Beiträge sollen gesondert hervorgehoben werden. Sie beinhalten eine größere Aufmerksamkeit bei Therapeut und Klient für die Möglichkeiten des Verhaltens und eine systematischere und sorgfältigere Beachtung des beobachtbaren Verhaltens und (in jüngster Zeit) der Gedankenabläufe, als es für die ziemlich unklaren früheren Psychotherapien charakteristisch war.

Ein zweiter wesentlicher Beitrag war der enorme Anstieg der bewertenden und analytischen Erforschung des psychotherapeutischen Prozesses. Bei den eher dynamischen Therapien, die versuchen, den Lebensverlauf zu ändern, ist es schwieriger, die Abläufe in einer bestimmten Sitzung und die Wirkungen der verschiedenen Behandlungsansätze zu untersuchen. Die Verhaltenstherapie, die ihre Ziele sehr spezifisch definiert und eine präzise Folge von therapeutischen Eingriffen umreißt, hat den Weg für eine Reihe sorgfältig durchgeführter Forschungen geebnet und so die wissenschaftlich präzise Untersuchung der Behandlung möglich gemacht. Es gibt natürlich sehr viel Literatur über Tests, die auf den Voraussetzungen oder Implikationen der psychoanalytischen Theorie beruhen. Relativ wenig Untersuchungen beschäftigen sich aber mit den psychoanalytischen Behandlungsprozessen und deren Wirksamkeit (*Fisher, Greenberg* 1977; *Wachtel* 1977). *Kazdins* Aufsatz gibt in diesem Teil ein Beispiel von der gründlichen Auswertung der Forschung, die sich auf dem Gebiet der Verhaltenstherapie entwickelt hat.

In den folgenden Kapiteln soll nicht der Versuch gemacht werden, alle verhaltenstherapeutischen Anwendungsmöglichkeiten des imaginativen Erlebens darzustellen. *Cautela* zeigt aber in seinem Aufsatz eine überraschende Vielzahl von Möglichkeiten, und *Kazdin* behandelt eine Methode, das symbolische Modellernen, die in letzter Zeit zunehmend angewandt wird. Man muß sich darüber klar sein, daß diese Methoden Theorien der Persönlichkeitsentwicklung oder das Problem der innerpsychischen Konflikte auf ein Mindestmaß reduzieren. Sie zielen darauf ab, Verhalten mit Hilfe unserer Vorstellungskraft zu verändern, ohne sich viel um Introjektion von Elternbildern oder Affektübertragung zu kümmern. Man muß sich fragen, ob eine solche Position wirklich haltbar ist. *Meichenbaum* stellt diese Position in seinem Kapitel im 6. Teil dar, entwickelt sich aber weiter, hin zu einer größeren Betonung der Rolle der kognitiven Prozesse. *Horowitz, Singer* und *Pope* haben in diesem Band bereits einige Überschneidungen bei den verschiedenen therapeutischen Anwendungen der Imagination aufgespürt. Die Diskussion der gemeinsamen Prinzipien findet sich auch bei *Singer* (1974) und *Wachtel* (1977). Das Resultat sollte letztlich auf genaueren systematischen Auswertungen dieser Verfahren beruhen. Für unsere Zwecke ist es jedoch offensichtlich, daß sich sogar die strukturierten, symptombezogenen, „objektiven" Verhaltenstherapien sehr stark auf die umfassenden Mittel für Bewußtheit und Verhaltensänderung, die unseren imaginativen Fähigkeiten innewohnen, stützen.

9 Verdecktes Konditionieren: Eine lerntheoretische Perspektive der Vorstellungskraft

Joseph R. Cautela und Leigh McCullough

1. Einführung

In den letzten Jahren gab es in der Verhaltenstherapie einen Trend hin zu Theorien und Entwicklung von Methoden, bei der die Vorstellungskraft beeinflußt wird, um Verhalten zu ändern. Darin zeigt sich eine drastische Abwendung von den Prinzipien des konventionellen Behaviorismus, der festlegt, daß mentalistische Konzepte in der wissenschaftlichen Behandlung der Psychologie keine Rolle spielen (*Watson* 1919, S. VIII). *Wolpe* hat jedoch die Untersuchung der verdeckten Prozesse innerhalb des behavioristischen Rahmens bei der systematischen Desensibilisierung für berechtigt erklärt. Seitdem haben zahlreiche Wissenschaftler, die sich selbst als Verhaltenstherapeuten bezeichnen, Techniken zur Verhaltensänderung entwickelt, die die Beeinflussung imaginativer Ereignisse einschließen. Dabei gibt es unterschiedliche Begriffsmodelle. Einige bezeichnen sich selbst als kognitive Verhaltensänderer (*Meichenbaum* 1974; *Lazarus* 1971; *Mahoney* 1974; *Goldfried, Davison* 1976). Bei diesem Modell werden Wahrnehmungen (z. B. Selbstgespräche, Problemlosung oder imaginatives Erleben) als Mittler zwischen den Verhaltensformen aufgefaßt. Fehlerhafte kognitive Muster werden zumindest teilweise für abweichende Affekte und Verhalten verantwortlich gemacht. In dem kognitiven Modell hängt die therapeutische Besserung von der Änderung solcher Muster ab.

Eine andere Forschungsrichtung geht von einer lerntheoretischen Basis für verdeckte Prozesse aus. Im Gegensatz zu der kognitiven Richtung gehen die Lerntheoretiker davon aus, daß persönliche Begebenheiten am besten im Rahmen eines Konditionierungsmodells erklärt werden können, und setzen die funktionale Äquivalenz von offenem und verdecktem Verhalten voraus. In dieser Theorie ist sowohl offenes wie verdecktes Verhalten den Lernprinzipien unterworfen, und die therapeutische Besserung beruht auf der systematischen Beeinflussung von speziell auf der Basis der Lernprinzipien konstruierten Imaginationen, die angepaßtes Verhalten erweitern und unangepaßtes verringern soll.

Unter den Lerntheoretikern gibt es verschiedene Richtungen hinsichtlich der Verwendung persönlicher Ereignisse. Einige Forscher arbeiten mit einem reagierenden Lernmodell, wie *Wolpe* (1958) mit seiner Szenenhierarchie, die bei der systematischen Desensibilisierung in der Imagination präsentiert wird. Andere sind Anhänger der Zweifaktorentheorie von *Mowrer* (1960), z. B. *Stampfl* mit einer andauernden Präsentation aversiver Vorstellungen bei der Reizüberflutung (1961). Wieder andere vertreten eine operante Richtung, wie *Hommes* (1965) verdeckende (coverant) Kontrolltherapie, bei der bestimmte Gedanken mit dem Ansteigen oder Abnehmen des Zielverhaltens verbunden werden.

Verdecktes Konditionieren geht von einer lerntheoretischen Basis aus und folgt nach dem von *Cautela* (1977a) entwickelten Begriffssystem einer operanten Richtung. In diesem Kapitel sollen die Voraussetzungen und Methoden des verdeckten Konditionierens dargestellt werden. Es soll hier aber auch die Notwendigkeit einer gründlichen Entwicklung und praktischen Erprobung des imaginativen Erlebens unterstrichen werden. Außerdem wollen wir beschreiben, wie die verdeckten Prozesse das Funktionieren des Gesamtorganismus beeinflussen können.

2. Voraussetzungen und Methoden des verdeckten Konditionierens

Der Begriff „verdecktes Konditionieren" bezieht sich auf Methoden, die auf der Vorstellungskraft beruhen und die die Reaktionshäufigkeit durch Beeinflussung von Konsequenzen verändern. Die Techniken werden speziell konstruiert und systematisch präsentiert, um bestimmtes Zielverhalten zu steigern oder zu verringern. Verdecktes Konditionieren basiert auf folgender Annahme: verdecktes Verhalten wird so manipuliert, daß es eine Steigerung oder Verringerung bei anderem offenen oder verdeckten Verhalten vorhersagbar verursacht. Zunächst soll die logische Grundlage für diese Voraussetzung vorgestellt werden.

2.1 Lerntheoretische Basis für das verdeckte Konditionieren

Im Gegensatz zum konventionellen Behaviorismus, der sich nur mit den beobachtbaren Reaktionen des Organismus beschäftigte, nimmt das verdeckte Konditionieren drei allgemeine Verhaltenskategorien an: verdecktes psychisches Verhalten (Gedanken, Gefühle und Bilder), verdecktes physiologisches Verhalten (Herzschlag, Puls, EEG, Magensekretionen) und offenes (beobachtbares) Verhalten. Diese Kategorien werden nicht als isolierte Einheiten betrachtet, sondern als Interdependenz- und Interaktionsprozesse. Es wird davon ausgegangen, daß alle drei Prozesse denselben Lerngesetzen unterliegen. Man hat früher angenommen, daß nur das offene Verhalten den Gesetzen des Lernens unterworfen sei, aber die Forschung läßt mittlerweile den Schluß zu, daß sowohl offenes wie verdecktes Verhalten interagiert und gleichen Gesetzen gehorcht (*Cautela, Baron* 1977).

Bezogen auf diese drei Verhaltenskategorien sind die wesentlichen Voraussetzungen, die der Wirksamkeit der Methoden des verdeckten Konditionierens zugrunde liegen, folgende: (1) die Hypothese der Homogenität: alle Verhaltenskategorien unterliegen denselben Gesetzen, d. h., empirische Verallgemeinerungen, die aus offenem Verhalten gewonnen werden, können auf Gedanken, Bilder oder physiologische Prozesse wie Herzschlag oder Blutdruck übertragen werden; (2) die Hypothese der Interaktion: alle Verhaltenskategorien sind in Interaktion mit sich und der Umgebung, d. h., Gedanken können z. B. Gefühle, Blutdruck oder offenes Verhalten beeinflussen und umgekehrt; (3) alle Verhaltenskategorien reagieren gleichermaßen auf die Gesetze des Lernens, z. B. Herzschlag, galvanische Hautreaktionen oder imaginatives Erleben können verstärkt oder bestraft werden, genau wie offenes Verhalten verstärkt oder bestraft werden kann.

Da nachgewiesen werden konnte, daß alle drei Verhaltenskategorien auf operante Lerntechniken reagieren, wurde das operante Lernmodell übernommen. Das soll nicht heißen, daß bestimmte Typen des verdeckten Verhaltens nicht klassisch konditioniert werden können. *King* (1973) hat eine Bildtheorie des klassischen Konditionierens beschrieben, in der er vorschlägt, daß die konditionierte Reaktion aus einem konditionierten Reizbild des unkonditionierten Reizes resultiert. Die Homogenitätsvoraussetzung innerhalb eines operanten Modells ist jedoch effektiver als die, die jeder Verhaltenskategorie unterschiedliche Gesetze zuschreibt. Darüber hinaus hat der lerntheoretische Ansatz den heuristischen Vorteil einer ganzen Menge von Daten und Vermutungen, die in den letzten 50 Jahren auf diesem Gebiet gesammelt worden sind.

Es gibt immer mehr Beweise für die Unterstützung dieser Postulate. *Neil Miller* (1935) hat über gleichartige physiologische Reaktionen bei Aussprache und Denken des Buchstaben „T" berichtet. Operante Konditionierungstechniken wurden bei der Modifikation verdeckter physiologischer Prozesse in der Biofeedback-Forschung angewandt (Herzschlag: *Weiss, Engel* 1971; *Scott, Blanchard, Edmunson, Young* 1973; Blutdruck: *Elder, Ruiz* 1973; *Benson, Shapiro, Tursky, Schwartz* 1971; Magensekretionen: *Whitehead, Renault, Goldiamond* 1975; *Welgan* 1974). Operantes Konditionieren wurde auch bei den Entladungsmustern von Neuronen in den CNS demonstriert (*Olds, Disterhoff, Segal, Kornblith, Hirsh* 1972); *Jasper, Shagass* 1941; *Black-Cleworth, Woody, Niemann* 1975). Die Häufigkeit verdeckter psychischer Prozesse wurde mit Hilfe von verdeckten operanten Techniken gesteigert und herabgesetzt (*Cautela* 1972b; *Cautela, Walsh, Wish* 1971; *Cautela, Rosensteil* 1975; *Asher, Cautela* 1972, 1974). Forschungen von *Barlow* und seinen Kollegen zur Behandlung von abweichendem Sexualverhalten unterstützen die oben beschriebenen Voraussetzungen. Sie haben in zahlreichen Fällen nachgewiesen, daß verdeckte psychische Prozesse (fehlangepaßte Sexualvorstellungen), verdeckte physiologische Prozesse (Penisgröße) und offenes Verhalten (Pädophilie) auf Lerngesetze reagieren und voraussagbar miteinander interagieren (*Barlow, Agras* 1973; *Barlow, Leitenberg, Agras* 1969; *Brownell, Barlow* 1978). Andere Untersuchungen, die die Homogenitäts- und Interaktionsvoraussetzungen unterstützen, haben mit offener Verstärkung gearbeitet, um organische Fehlfunktionen wie Migräne (*Friar, Beatty* 1976), Ticks (*Hersen, Eisler* 1973), Tourette-Syndrom (*Rosen, Wesner* 1973) und epileptische Anfälle (*Cautela* 1973b) zu modifizieren.

2.2 Methoden des verdeckten Konditionierens

Die Methoden des verdeckten Konditionierens umfassen verdeckte Sensibilisierung (*Cautela* 1966, 1967), verdeckte Verstärkung (*Cautela* 1970a), verdeckte Löschung (*Cautela* 1971a), verdeckte Negativverstärkung (*Cautela* 1970b), verdecktes Modellernen (*Cautela* 1971b) und verdeckten Verstärkerentzug (*Cautela* 1976a). Aus Platzgründen ist im Rahmen dieses Aufsatzes eine detaillierte Beschreibung und experimentelle Verifizierung jeder dieser Methoden nicht möglich; der Leser wird deshalb auf die oben zitierten Originaltexte verwiesen. Eine kurze Beschreibung ist aber nötig für das umfassendere Verständnis dieses Aufsatzes.

Verdecktes Konditionieren geht im wesentlichen davon aus, daß verdecktes Verhalten denselben Gesetzen wie das offene Verhalten folgt. Von daher wird die Wahrscheinlichkeit der Wiederholung irgendeines verdeckten Verhaltens durch das offene oder verdeckte Verhalten beeinflußt, das ihm folgt. Wenn sich jemand z. B. vorstellt, er sei gerade im Begriff, Alkohol zu trinken, und dann imaginiert, sich zu übergeben, sobald er das Glas zum Mund führt (verdeckte Sensibilisierung), wird die Wahrscheinlichkeit kleiner, daß er Alkohol trinken will. Stellt er sich vor, daß er Alkohol trinkt, der keinen Geschmack und keine Wirkung hat (verdeckte Löschung), wird sich die Wahrscheinlichkeit verringern, daß er Lust auf Alkohol hat. Stellt er sich vor, daß er Alkohol meidet und ihm dies die Möglichkeit gibt, unangenehmen Gedanken zu entfliehen, vergrößert sich die Wahrscheinlichkeit, daß weiteres Trinken vermieden wird (verdeckte Negativverstärkung). Stellt er sich vor, daß jemand anderes gerade dabei ist zu trinken und daß das Modell bestimmte Konsequenzen erleidet, wird die Art der beobachteten Konsequenz die Wahrscheinlichkeit, daß der Beobachter wieder trinkt, beeinflussen (verdecktes Modellernen). Stellt sich schließlich jemand ein bestimmtes Verhalten vor und imaginiert dann, daß ihm etwas Wertvolles weggenommen wird (verdeckter Verstärkerentzug), wird er weniger zur Wiederholung dieses Verhaltens neigen.

Selbstverständlich ist die Voraussetzung für diese Beispiele, daß es einen Interaktionseffekt zwischen verdecktem und offenem Verhalten gibt und daß beide denselben Gesetzen unterliegen, d. h., daß ein Rückgang bei der Vorstellung eines Verhaltens einen Rückgang der Wahrscheinlichkeit, daß das Verhalten offen ausgeführt wird, nach sich zieht. Wenn die Voraussetzungen des verdeckten Verhaltens und die experimentellen Beweise dafür gültig sind, dann kann man daraus schließen, daß das kontinuierliche verdeckte Verhalten das gegenwärtige und zukünftige verdeckte und offene Verhalten der Person beeinflußt. Eine Reduzierung der Häufigkeit von unangepaßten Vorstellungen über Alkohol wird also die Wahrscheinlichkeit, daß jemand Alkohol trinkt, verringern, genau wie das Ansteigen der Imaginationen über positive sexuelle Erlebnisse die Wahrscheinlichkeit, daß reale sexuelle Erlebnisse positiv verlaufen werden, vergrößert.

Methodisch wird in allen Techniken des verdeckten Konditionierens eine Person aufgefordert, sich eine zu ändernde Reaktion vorzustellen und im Anschluß daran sofort eine bestimmte Konsequenz zu imaginieren. Es gibt experimentelle Untersuchungen der Methoden des verdeckten Konditionierens sowohl mit dem tatsächlichen als auch mit dem imaginativen Auftreten solcher Reaktionen. Die Konsequenz wird aber in jedem Fall imaginiert. In den folgenden Abschnitten werden die

Methoden kurz zusammengefaßt und einige Beispiele der beim verdeckten Konditionieren benutzten Szenen dargestellt.

2.2.1 Verdeckte Sensibilisierung (VS)

Verdeckte Sensibilisierung basiert auf dem Strafparadigma, bei dem ein aversiver Reiz zusammen mit der Reaktion, die herabgesetzt werden soll, präsentiert wird. Verdeckte Sensibilisierung wird bei der Behandlung von unangepaßtem Verhalten wie Alkoholismus, abweichendem Verhalten, Fettsucht und Rauchen angewandt. Die Methode wird *verdeckt* genannt, weil weder die unerwünschte Reaktion noch der aversive Reiz tatsächlich präsentiert werden. Sie werden ausschließlich in der Imagination vorgestellt. Der Begriff *Sensibilisierung* wird benutzt, weil der Zweck dieser Methode der Aufbau einer Vermeidungsreaktion gegen die unerwünschte Reaktion ist, wie das Beispiel für die Behandlung von Alkoholikern zeigt:

Sie gehen auf ein Glas Bier in ein Lokal und bekommen ganz plötzlich ein Ekelgefühl, das im Magen anfängt und stärker wird, bis Sie sich ganz entsetzlich fühlen. Sie spüren eine widerliche Flüssigkeit, die in der Kehle aufsteigt, versuchen aber, den Mund geschlossen zu halten und sie wieder runter zu schlucken. Sie greifen nach einem Bier, um den Geschmack wegzuspülen, aber sobald Ihre Hand das Glas berührt, können Sie das Bedürfnis, sich zu übergeben, nicht länger kontrollieren. Sie machen den Mund auf und kotzen quer über die Theke und das Glas und in das Bier. Sie können Essensstückchen und Schleim im Bier schwimmen sehen. Rotze und Schleim kommen aus Ihrer Nase. Jeder im Lokal sieht Sie an, und Sie fühlen sich krank und verlegen. Sie spüren große Erleichterung, sobald Sie sich von dem Bier abwenden, und Sie rennen raus an die frische Luft und fühlen sich viel besser.

2.2.2 Verdeckte Verstärkung (VV)

Die Grundvoraussetzung für die Methode der verdeckten Verstärkung ist die, daß ein verstärkender Reiz, der in der Imagination gegeben wird, genauso wirkt wie ein äußerlich angewandter Verstärker. Verdeckte Verstärkung wurde bei der Änderung von fehlangepaßtem Annäherungs- und Vermeidungsverhalten benutzt. Die zu verändernde Reaktion wird verstärkt, indem man ihr ein angenehmes Bild folgen läßt. Z. B.:

Stellen Sie sich vor, daß Sie am Strand liegen. Die Sonne brennt auf Sie herab. Sie fühlen, wie die Wärme Ihren ganzen Körper durchdringt. Ein sanfter Wind streichelt Ihre Haut, Sie hören das Geräusch der Wellen auf dem Strand, blinzeln faul und sehen einen wunderschönen Seevogel vorbeifliegen. Sie fühlen sich vollkommen friedlich und zufrieden.

Diese Vorstellung wird besonders beim Lernen von sozialen Eigenschaften benutzt. Der Klient lernt, die angenehme Szene immer dann zu imaginieren, wenn der Therapeut sagt „Verstärkung", hier dargestellt durch das Symbol VV:

Stellen Sie sich vor, daß Sie zu einer Party gehen. (VV). Wenn Sie ankommen, begrüßen Sie den Gastgeber mit einem Lächeln. (VV). Sie werden Leuten vorgestellt und lächeln dabei, sehen ihnen in die Augen und drücken ihnen fest die Hand. (VV). Sie unterhalten sich beiläufig mit mehreren Leuten (VV) und denken, was für einen schönen Abend Sie doch erleben. (VV).

2.2.3 Verdeckte Negativverstärkung (VNV)

Bei Fällen, wo der Klient sich gar nichts Angenehmes ausdenken kann und das aversive Vorstellungserleben sehr viel lebhafter und realistischer ist, kann die Therapie damit beginnen, Auswege aus einer schädlichen Szene als Verstärkung zu benutzen, um die Steigerung bestimmter Verhaltensweisen zu erzielen. Paradigmatisch beginnt diese Methode damit, daß eine schädliche Szene imaginiert wird. Ist die Szene ganz klar, hebt der Patient den Finger und der Therapeut sagt „Verschiebung". Der Patient löscht dann sofort die schädliche Szene aus und imaginiert die Reaktion, die gesteigert werden soll. Hier ist ein Beispiel, mit dem man angemessenes Sexualverhalten vergrößern kann:

Stellen Sie sich vor, daß Sie von einem Hockeyspiel kommen und mitten in einer schubsenden und drängelnden Menschenmenge eingeklemmt sind. Die Leute schreien, bis Ihnen die Ohren schmerzen. Sie riechen die verschwitzten Körper, die Sie umgeben. Sie werden eingequetscht, man tritt Ihnen auf die Füße, und Sie sehen keinen Ausweg.

Verschiebung.

Jetzt stellen Sie sich vor, daß Sie neben Ihrer Frau im Bett liegen. Sie liegen entspannt und bequem und fangen an, Erregung zu spüren.

2.2.4 Verdeckte Löschung (VL)

Verdeckte Löschung basiert auf der Annahme, daß die Häufigkeit eines bestimmten Verhaltens abnimmt, wenn in der Imagination des Probanden verstärkende Reize zu einem bestimmten offenen oder verdeckten Verhalten nicht mehr auftreten. Die Methode wird *verdeckte Löschung* genannt, weil sie die Manipulation der Vorstellungskraft einschließt und analog zu dem experimentellen Löschungsparadigma verläuft. Hier ein Beispiel für die Behandlung von Drogenabhängigen:

Sie sind in der Wohnung Ihres Freundes. Die ganze Clique ist da, und Sie setzen sich alle einen Schuß. Die Freunde lachen und witzeln. Sie sitzen mit gekreuzten Beinen auf dem Holzboden. John gibt Ihnen wie schon so oft die Spritze. Sie fühlen, wie die Nadel in die Haut Ihres linken Armes eindringt und wie Ihr rechter Daumen den Kolben herunterdrückt. Sie spannen sich einen Moment lang an, schließen die Augen und warten auf die Wirkung, aber sie tritt nicht ein. All Ihre Freunde werden high, und Sie sitzen da und fühlen überhaupt nichts. Die Spritze hat absolut keine Wirkung.

In diesem Fall kann man auch verdeckte Sensibilisierung benutzen, um das Bedürfnis nach Drogen herabzusetzen, oder verdeckte Verstärkung, um alternative Verhalten zu steigern.

2.2.5 Verdecktes Modellernen (VM)

Beim verdeckten Modellernen soll der Klient ein Modell imaginieren, dessen Verhalten er in unterschiedlichen Situationen beobachtet. Die Methode des verdeckten Modellernens verläuft analog der des offenen Modellernens (*Bandura* 1970) und kann sowohl zur Steigerung als auch zum Herabsetzen spezifischer Reaktionen eingesetzt werden. Bei der Behandlung einer Klientin mit Depressionen:

> Stellen Sie sich eine Frau in Ihrem Alter schlafend im Bett vor. Sie ist gerade dabei aufzuwachen, ihre Augen öffnen sich, und ein Lächeln breitet sich auf ihrem Gesicht aus. Sie denkt an den Tag, der vor ihr liegt und auf den sie sich freut.

Bei einem so komplexen Problem wie der Depression wird verdecktes Modellernen nur eine der Behandlungstechniken sein, die man anwenden kann. Man kann Denkstop benutzen, um depressive Gedanken zu blockieren, und Übungshilfen geben, um die individuelle Umgebung positiv zu betrachten. Mit verdeckter Verstärkung können positive, nicht-depressive Reaktionen gesteigert werden. Auch Techniken wie die Selbstkontrolltriade und kreative Phantasie (die später noch genauer beschrieben werden) haben sich bei der Behandlung von Depressionen bewährt.

2.2.6 Verdeckter Verstärkerentzug (VVE)

Bei dieser Methode soll der Klient die zu reduzierende Reaktion, gefolgt von dem imaginären Verlust eines Verstärkers, z. B. einer Uhr, Geld oder Schmuck, imaginieren. Ein Beispiel für die Behandlung von Alkoholismus:

> Stellen Sie sich vor, daß Sie zu Ihrer Hausbar gehen und sich etwas zu trinken holen. (Verschiebung zu VVE-Szene). Jetzt stellen Sie sich vor, daß Ihr nagelneuer Wagen, für den Sie so hart gearbeitet haben, gerade gegen einen Baum gefahren ist. Sie sehen es sich völlig schockiert an. Stellen Sie sich das so vor, daß es gerade geschehen ist und Sie dabei sind. Das ganze Vorderteil ist kaputt, und Ihre Versicherung wird den Schaden nicht ersetzen. Sie fühlen, wie sich Ihre Stirn mit Schweiß bedeckt, und haben ein schreckliches Schwächegefühl im Magen. Sie sind bitterlich enttäuscht.

Abschließend soll noch einmal betont werden, daß die erfolgreiche Anwendung der Methoden des verdeckten Konditionierens sehr viel mehr erfordern als die einfache Darstellung der Szenen. Diese Methoden werden nicht isoliert eingesetzt, sondern sind Bestandteil der Behandlung. Zu einer effektiven Behandlung tragen viele Faktoren bei, also gründliche und tiefgehende Analyse, therapeutische Erfahrung,

Entspannungsgrad, Entwicklung der Vorstellungskraft, Übungsgrad, Darstellung der logischen Grundlage, Motivation des Klienten und die kontinuierliche Einschätzung der Effektivität der Szenen. Diese Themen werden in dem folgenden Abschnitt behandelt.

3. Entwicklung der Vorstellungskraft

Ein wesentlicher Bestandteil bei der Anwendung der Methoden des verdeckten Konditionierens ist die Fähigkeit des Patienten, angemessene Imaginationstechniken zu bewältigen und auszuführen. Faktoren wie die gründliche Verhaltensanalyse, Bildqualität, emotionale Erregung, Einschätzung der Imagination und Übungsgrad tragen wesentlich zur therapeutischen Besserung bei. Es muß noch einmal betont werden, daß jeder einzelne Faktor in Betracht gezogen und sorgfältig kontrolliert werden muß, um eine erfolgreiche Behandlung erwarten zu können.

3.1 Konstruktion der verdeckten Szenen

Das Ziel bei der Konstruktion der imaginativen Bilder ist der Entwurf von Szenen mit der größtmöglichen Deutlichkeit. Nach unserer klinischen Erfahrung bewirkt eine Szene Verhaltensänderung in genau dem Maße, in dem der Klient an ihr beteiligt ist. Die Untersuchungen von *Kozak und Lang* (1976) haben dies erneut bestätigt. Ihre Studie zeigt, daß die physiologischen Veränderungen und die Möglichkeiten zur Verhaltensänderung bei den Klienten umso größer sind, je mehr sich die Vorstellungskraft des Therapeuten und die des Klienten decken. Normalerweise werden Szenen entwickelt, die auf den persönlichen Erfahrungen des Klienten basieren. Der Therapeut beschreibt die Szenen auch mit den eigenen Worten des Klienten. Der Inhalt der Imaginationen hängt natürlich von der Verhaltensanalyse des Zielverhaltens ab. Hier ein Beispiel zum Problem der Agoraphobie:

Therapeut: Könnten Sie mir ein Beispiel für die Gelegenheiten geben, bei denen Sie das Haus verlassen?
Klient: Ja, manchmal, wenn wir ins Kino gehen, aber es erschreckt mich.
Therapeut: Würden Sie auch allein gehen können?
Klient: Nein! Nur dann, wenn mein Mann dabei ist.
Therapeut: Müssen Sie dann auf einem Platz am Rand sitzen?
Klient: Unbedingt.
Therapeut: Macht es etwas aus, ob Sie weiter vorn oder weiter hinten sitzen?
Klient: Ich weiß nicht, spielt das eine Rolle?
Therapeut: Ja, das ist sehr wichtig, um die Situationen, die für Sie am schwierigsten sind, zu verstehen, weil wir aus diesen Beschreibungen die Szenen konstruieren, die wir dann später in der Therapie benutzen.

Klient: Nun gut, es macht wirklich einen Unterschied. Ich fühle mich immer sicherer, wenn ich nahe an einem Ausgang sitze. Deshalb wäre der hintere Teil am besten.
Therapeut: Macht es etwas aus, ob das Kino überfüllt ist?
Klient: Oh ja, je voller es ist, desto mehr Angst habe ich.

Ausgehend von dieser Information würde eine Szene nach der Methode der verdeckten Verstärkung (VV) z. B. so aussehen:

Sie machen zusammen mit Ihrem Mann begeistert Pläne, um ins Kino zu gehen. (VV). Sie setzen sich ins Auto und genießen die Fahrt zum Kino. (VV). Sie betreten das Kino, gehen bis zur Mitte und finden zwei Plätze am Ende der Reihe. (VV). Es ist gut besetzt, aber das macht Ihnen nichts aus. (VV). Sie setzen sich, sehen sich den Film an und amüsieren sich großartig. (VV).

Wie schon bemerkt, hängt die imaginative Entwicklung von einer gründlichen Verhaltensanalyse ab. Diese umfaßt die Bestimmung der früheren Ereignisse und Konsequenzen sowie eine detaillierte Beschreibung des fehlangepaßten Verhaltens.

Zur üblichen Einschätzungsmethode (*Cautela, Upper* 1975) gehört die Benutzung des analytischen Fragebogens zur Verhaltensgeschichte (Behavior Analysis History Questionnaire) (*Cautela* 1977b), des Angstfragebogens (Fear Survey Schedule) (*Wolpe, Lang* 1964) und des Verstärkungsfragebogens (Reinforcement Survey Schedule) (*Cautela, Kastenbaum* 1967). Der AFB stellt angsterregende Punkte zusammen, die bei der systematischen Desensibilisierung oder VV, wenn diese benutzt wird, verwendet werden. Der VFB gibt einen Überblick über die angenehmen Punkte, die bei der VV eingesetzt werden können. Selbstverständlich müssen diese Fragebögen durch Fragen des Therapeuten an die Klienten ergänzt werden.

3.2 Entwicklung der Imaginationsfähigkeit

Ist die Entscheidung für eine der Techniken des verdeckten Konditionierens einmal gefallen, wird der Patient in der Anwendung seiner Vorstellungskraft unterwiesen. Die Klarheit seines imaginativen Erlebens wird folgendermaßen eingeschätzt:

Lehnen Sie sich jetzt zurück, entspannen Sie sich, und versuchen Sie sich die Szene, die ich Ihnen beschreibe, vorzustellen. Versuchen Sie sich vorzustellen, daß Sie wirklich dort sind. Konzentrieren Sie sich nicht nur darauf, ein Bild zu sehen, sondern benutzen Sie auch Ihre anderen Sinne. Wenn Sie sich vorstellen, daß Sie auf einem Stuhl sitzen, dann versuchen Sie sich auch vorzustellen, daß Sie den Stuhl an Ihren Beinen und an Ihrem Rücken fühlen können. Wenn Sie sich vorstellen, daß Sie in einem Laden sind, dann stellen Sie sich vor, daß Sie die Leute reden und die Kasse klingeln hören. Sie sollen sich nicht selbst all das tun sehen, was ich jetzt beschreibe, sondern versuchen, sich so zu fühlen, als wären Sie tatsächlich dort anwesend und würden die Situation erleben.

Zunächst wollen wir uns die Szene deutlich vorstellen. Schließen Sie die Augen, und versuchen Sie, alles zu imaginieren, was ich beschreibe. Fertig?

Der Patient wird gefragt, ob die Szene deutlich war und wie er sich dabei gefühlt hat. Wenn es Schwierigkeiten gibt, wiederholt der Therapeut die Szene mit mehr Details.

Reicht Wiederholung nicht aus, muß man die Imaginationsfähigkeit des Klienten durch Übungssitzungen verbessern. Übungssitzungen werden zusätzlich zu den wöchentlichen Treffen eingeplant, wann immer das möglich ist. Bei Schwierigkeiten mit dem Erreichen starker imaginativer Erlebnisse werden wachsende Entspannung, Lebendigkeit und Kontrollfähigkeit geübt.

Entspannungstraining ist manchmal sinnvoll, weil Anspannung und Angst die Konzentration blockieren können. Das Reduzieren starker Erregung auf ein vernünftiges Maß korreliert nachgewiesenermaßen mit einer größeren Klarheit beim imaginativen Erleben (*Lang* 1977). Dem Patienten kann man diese Analogie so erklären, daß Spannung wie ein Stau auf dem Radarschirm wirkt und ein klares Signal erst dann übermittelt werden kann, wenn die Stauung aufgehoben ist.

Imaginationstraining beginnt mit einer modifizierten Version der schrittweisen Entspannung (Jacobson 1938). Wir haben diese Methode detailliert in unserem Entspannungshandbuch (*Cautela, Grodin* 1977) beschrieben. Ungefähr 15 Minuten dienen dem An- und Entspannen von Hauptmuskelgruppen. Danach folgen fünf bis zehn Minuten Entspannungsimagination, z. B. am Strand in der Sonne liegen, auf einer Wolke schweben, sich in ein weiches Federbett fallen lassen. Am Ende jeder Sequenz soll der Patient den erreichten Entspannungsgrad in eine Skala von 1—100 % einstufen. (Bei Fällen, in denen der Klient große Entspannungsschwierigkeiten hat, soll die Methode zu Hause beim Duschen oder in einem heißen Bad weiter geübt werden.)

3.3 Training zur Steigerung der Lebendigkeit und Kontrollfähigkeit

3.3.1 Lebendigkeit

Ein gewisses Maß an Lebendigkeit beim imaginativen Erleben ist für die Wirkung der verdeckten Konditionierungstechniken unerläßlich. Diese Lebendigkeit sollte jedoch nicht mit rein visueller Vorstellungsfähigkeit gleichgesetzt werden; die größte Wirkung wird dann erreicht, wenn der Klient Lebendigkeit der Vorstellung in allen Sinnesmodalitäten erzielt. Hat ein Patient z. B. Schwierigkeiten bei der Imagination oder Visualisierung eines Flugzeuges, könnte man das Geräusch des Flugzeugs beschreiben, das kinetische (kinästhetische) Gefühl des Abhebens oder des Sicherheitsgurts, physiologische Reaktionen wie schnellerer Herzschlag oder Atembeschwerden und der jeweilige Affektzustand, z. B. Angst oder Heiterkeit. Der Patient soll sich die Szene nicht nur einfach vorstellen, sondern versuchen, sie gefühlsmäßig wirklich zu erleben. Neuere Untersuchungen haben die stärksten und beständigsten Reaktionen dann erzielt, wenn somatisch-motorische und viszerische Reaktionen imaginiert wurden und eher bei der Vorstellung des „Dabeiseins" als bei der rein beschreibenden Imagination ohne Affektkomponenten (*Lang* 1977).

Beim Imaginationstraining soll der Klient verschiedene Gegenstände im Büro betrachten, dann die Augen schließen und einen der Gegenstände beschreiben. Das wird so lange wiederholt, bis der Klient imstande ist, eine relativ genaue und detaillierte Beschreibung eines neu präsentierten Gegenstandes zu geben. Der Klient wird auch angehalten, auf Situationen und Gegenstände außerhalb des Büros sorgfältig zu achten und eine spezifizierte Wiedergabe der Szene zu beschreiben. Dabei sollen besonders Sinneseindrücke wie Geschmack, Berührung, Geräusch, Geruch und affektive Reaktionen, d. h., wie er sich selbst der Situation oder dem Gegenstand gegenüber gefühlt hat, betont werden.

Bei der Behandlung von Phobien wird mit Photographien von bestimmten Objekten, z. B. Flugzeuge oder Tauben, gearbeitet. Photographien haben den Vorteil, daß man die Imaginationsmethoden so oft wie nötig trainieren kann, da der Patient ja nicht wirklich an dem betreffenden Ort sein muß. Imaginationstraining steigert nicht nur die Fähigkeit zur Reiz-Imagination, sondern auch die Wahrscheinlichkeit, daß der gewünschte Affektzustand erreicht wird.

Klienten erhalten Hausaufgaben, bei denen sie bestimmte Erfahrungen so detailliert und realistisch wie möglich aufschreiben sollen. In den meisten Fällen reicht das beschriebene Training aus, um mit den Methoden des verdeckten Konditionierens effektiv arbeiten zu können. In unserer Arbeit sind wir nie auf einen Fall gestoßen, bei dem Imaginationsmethoden nicht anwendbar gewesen wären.

3.3.2 Kontrollfähigkeit

Ein anderes, oben bereits angeführtes Problem ist die Kontrolle des imaginativen Erlebens. Die Entwicklung der Kontrollfähigkeit ist ein extrem wichtiger Faktor, da sie nach *Richardson* (1969) direkt die therapeutische Wirkung beeinflußt. Wie lebhaft das imaginative Erleben auch sein mag: die Aussichten für therapeutische Besserung sind schlecht, wenn der Patient das Bild nicht kontrollieren kann. Eine Verhaltensänderung läßt sich wirklich dann am schwersten erreichen, wenn der Patient zwar sehr lebhafte imaginative Vorstellungen erfährt, aber seine angepaßten Gedanken nicht kontrollieren kann und andauernd in fehlangepaßte Bilder zurückfällt. (So gesehen ist *Kazdins* Beobachtung, daß der Bericht des Klienten über den Lebendigkeitsgrad des imaginativen Erlebens nicht konsequent mit Verhaltensänderung korreliert, richtig. Er hat aber die Kontrollfähigkeit nicht berücksichtigt; vgl. *Kazdin* 1977, S. 55.) Zusammengenommen korrelieren diese beiden Faktoren tatsächlich mit Verhaltensänderung, wobei nach *Richardson* die beste Kombination eine hohe Ebene von Lebendigkeit und Kontrollfähigkeit ist. Ein hohes Maß an Lebendigkeit, kombiniert mit schwacher Kontrollfähigkeit, korreliert am wenigsten mit Verhaltensänderung.

Klienten, die Schwierigkeiten mit der Kontrollfähigkeit haben, sind meist nicht fähig, von fehlangepaßten Bildern zu angepaßten zu wechseln. Viele können positive Szenen zwar beginnen, berichten dann aber, daß sie ständig von aversiven Gedanken unterbrochen werden. Andere haben große Schwierigkeiten mit der Anwendung der Methoden, die sie gelernt haben. Einige Beispiele für solche Schwierigkeiten mit der Kontrollfähigkeit zeigen sich bei Phantasie-Situationen wie: skifahren und hinfallen; in ein heißes Bad steigen und ausrutschen, ständige Wiederholungen eines angstmachenden Bildes oder ein negatives Ende bei jeder Gedankenfolge. Folgende Hilfsmittel waren bei der Kontrolle und beim Umlenken solcher negativen Bilderlebnisse erfolgreich:

(1.) Es wird betont, daß es sich dabei um die eigene Phantasie der Klienten handelt; sie gehört zu ihnen, sie schaffen sie, und sie haben die Freiheit, sie ihren eigenen Wünschen entsprechend zu ändern. Die Patienten werden aufgefordert, die Szene nochmals laut zu beschreiben, allerdings mit einem positiven Ergebnis, d. h., sie fallen beim Skifahren nicht hin, sie rutschen nicht in der Badewanne aus. Manchmal genügt das, aber oft bleibt der Klient unfähig zur Kontrolle seines Denkens und sieht weiterhin die negativen Konsequenzen.

(2.) In solchen Fällen wird das negative imaginative Erleben durch Formung nach und nach modifiziert. Man muß die gewünschte Reaktion in Einzelschritten angehen, um Kontrollfähigkeit zu erreichen. Bei der Ski-Imagination z. B. könnten sie sich immer noch vorstellen zu stürzen, aber sie verletzen sich dabei nicht. Bei wiederholten Beschreibungen der Szene ermutigt man Vorstellungen wie z. B. besseres Gleichgewicht oder Ruhepausen, wenn die Patienten den Sturz imaginieren.

(3.) Bei einer dritten Methode, um Kontrolle über imaginatives Erleben zu erreichen, soll der Patient ein Tagebuch über alle Ereignisse der Woche, die Angst, Spannung oder Depression erzeugen, führen. Dies hilft dem Klienten, sich bewußt zu machen, welche Situationen Angst hervorrufen. Die Methode basiert auf der Annahme, daß Gedanken, die gleich bei ihrem Auftreten erkannt und unterbrochen werden, leichter zu kontrollieren und auszuschalten sind. Klienten, die eine Woche lang diese Situationen notiert haben, erreichen ein außergewöhnliches Wissen über erschreckende Ereignisse. Auf der Basis dieser Listen trainieren die Klienten, angespannte Situationen schnell zu identifizieren, sich zu entspannen und negative verdeckte Prozesse mit positiveren und, wenn nötig, angepaßteren zu ersetzen.

3.4 Imaginationstraining

Wenn geeignete Szenen konstruiert und klar sind, wird die Bestärkung des Patienten, die Szenen zu Hause regelmäßig und sorgfältig zu üben, zum entscheidenden Element der Therapie. Die Klienten sollen die Imaginationsabläufe, die in den therapeutischen Sitzungen entwickelt wurden, täglich üben. Der Zeitaufwand für die Übungen variiert, beträgt aber im Durchschnitt dreimal täglich zehn bis fünfzehn Minuten. Es wird betont, daß wochenlang viele tägliche Übungen nötig sind, damit die Technik zur Gewohnheit wird. Man vergleicht den Effekt jeder Übungssitzung mit dem Einschlagen eines Nagels in ein Brett. Jede Übungssitzung repräsentiert einen Hammerschlag, und die jeweilige Technik „dringt ein" und wird mit jedem „Schlag" effektiver. Die Übungen des Patienten können folgendermaßen gesteigert werden: (1.) die Übungen werden noch in der Therapiesitzung aufgeschrieben, damit die Instruktionen ganz klar sind; (2.) der Patient soll die Übungssitzungen in einem Notizbuch auflisten; (3.) der Klient wird ermutigt, die bei der Hausarbeit auftauchenden Probleme zu besprechen, und man versucht, Lösungen zu finden; (4.) der Klient sollte nie kritisiert werden, weil er nicht übt, man sollte aber eine unterstützende Haltung dazu einnehmen (bei Schwierigkeiten sollte man versuchen, die Umstände und Situationen festzustellen, die dem Klienten die Durchführung der Übungen erleichtern könnten); (5.) es wird immer wieder betont, daß die Übungen wesentlich für die therapeutische Besserung sind. Man zeigt, daß die Therapie nicht erfolgreich sein wird, wenn sie nur eine Stunde pro Woche umfaßt. Diese Methoden sind auch beim widerspenstigsten Patienten normalerweise erfolgreich.

3.5 Beurteilung des imaginativen Erlebens

Der Therapeut muß die Wirksamkeit der benutzten verdeckten Techniken mit Hilfe von Verhaltens-Feedback des Klienten, durch direkte Beobachtung und den Selbstbericht (self-report) des Klienten ständig beurteilen.

Die Fähigkeit zu lebendigem und intensivem imaginativen Erleben und Entspannung ändert sich oft von Woche zu Woche. Man kann das feststellen, wenn man den Klienten in jeder Sitzung die Klarheit des Bilderlebens benoten läßt. Der Klient wird die Klarheit bei der einen Sitzung vielleicht mit 85 — 90 % einstufen und bei der nächsten mit 40 — 50 %. Dann müssen Klient und Therapeut zusammenarbeiten, um entscheiden zu können, welche Faktoren zu diesem Problem beigetragen haben. Läßt sich die Schwierigkeit auf vermehrte Spannung oder Angst zurückführen, wird stärkere Betonung der Entspannung angezeigt sein. Beruht das Problem auf Depression oder negativer Selbstsicht, kann man versuchen, zusätzliche Verstärker oder positivere Selbstbeobachtung zu lokalisieren. Langweilt sich der Klient, weil ihm die Szenen bereits zu vertraut sind, erarbeiten Therapeut und Klient zusammen neue. Der Therapeut ist dafür verantwortlich, daß in der Arbeit mit dem Klienten eine beständige hohe Ebene von Lebendigkeit des imaginativen Erlebens und affektiver Intensität erhalten bleibt, um die therapeutische Wirkung besser unterstützen zu können.

4. Anwendungsbereiche der verdeckten Prozesse auf das Gesamtverhalten

Die lerntheoretische Basis und die Entwicklung des imaginativen Erlebens haben wir bereits behandelt. Jetzt wollen wir uns den verschiedenen Anwendungsbereichen dieser Techniken zuwenden. Zunächst soll untersucht werden, wie imaginatives Erleben generell zu angepaßtem wie fehlangepaßtem Verhalten beitragen kann. Danach betrachten wir, wie die verdeckten Prozesse spezifische Verhaltensklassen und ihre Interaktionen beeinflussen können.

4.1 Verdeckte Prozesse und fehlangepaßtes Verhalten

Ein großer Bereich des falschen oder anormalen Verhaltens wird aufgrund verdeckter Prozesse entwickelt und beibehalten. *Singer* hat den „schon an sich tragischen Aspekt" von Denkmustern erkannt und vermutet, daß unser imaginatives Erleben (Tagträume) deshalb den „Samen der Psychopathologie" in sich trägt (1975, S. 203-204).

In der klinischen Praxis ist oft beobachtet worden, daß dem fehlangepaßten Verhalten etwas vorangeht, was als „Trieb" oder Wunsch, dieses Verlangen auszuführen, beschrieben wird. Dem Anzünden einer Zigarette z. B. geht irgendeine Art von Imagination über das Rauchen voraus: eine Selbstsicht wie: „Aber sicher will ich eine Zigarette, jetzt gerade", oder das Gefühl des plötzlichen Dranges zu rauchen oder irgendein imaginatives Erleben, das Rauchen zum Gegenstand hat. Die Techniken des verdeckten Konditionierens würden dann auf diesen Drang übertragen. Je nach der Neigung des Klienten zu spezifischen Imaginationen (die mittels der verschiedenen Fragebögen aufgedeckt werden) beinhalten die Methoden vielleicht die Vorstellung von Maden, die über die Zigarette hinkriechen (verdeckte Sensibilisierung); die Vorstellung, beim Rauchen keinen Genuß zu empfinden (verdeckte Löschung); daß man seine Brieftasche verliert, nachdem man sich eine Zigarette angezündet hat (verdeckter Verstärkerentzug) oder daß ein Modell eine Gelegenheit, zu rauchen, nicht wahrnimmt (verdecktes Modellernen).

Eine ähnliche Zusammensetzung von verdeckten Konditionierungstechniken ist erfolgreich zur Herabsetzung fehlangepaßter Reaktionen bei Fällen von Fettsucht (*Cautela* 1972b), extrem selbstzerstörerischem Verhalten, das das Leben des Patienten gefährdete (*Cautela, Baron* 1973), sexuell abweichendem Verhalten (*Cautela, Wisocki* 1971) und Drogenabhängigkeit (*Cautela, Rosensteil* 1975) eingesetzt worden.

Auch weniger klar definiertes Verhalten, wie Depressionen oder Ängste, die sich aufgrund vielfältiger verdeckter Prozesse entwickelt und festgesetzt haben, konnten erfolgreich mit Imaginationstechniken behandelt werden. In dieser Kategorie trifft der Therapeut häufig auf Personen, die man als „negative Beobachter" bezeichnen könnte, d. h., sie beurteilen fast alles negativ und imaginieren die schlimmsten Konsequenzen. Solche Menschen bezeichnen sich oft selbst als depressiv. Sie sehen nur die Fehler ihres vergangenen und gegenwärtigen Lebens und betrachten auch ihre Zukunft negativ. Meist geschieht das verdeckt. Zieht ein solcher Mensch z. B. in ein neues Haus ein, wird er sich zahllose Möglichkeiten entsetzlicher Ereignisse, die ihm zustoßen könnten, vorstellen: Fehler in der Installation, ein undichtes Dach, sozialer Abstieg in der Nachbarschaft. Oder er denkt über seine Pläne für den nächsten Tag nach und überlegt sich, wie langweilig (oder zu aufregend) alles sein wird, und verfällt darüber in eine „Depression". Negative Beobachter tragen diese Haltung auch in die Therapie, in der sie ihren eigenen Fortschritt unweigerlich negativ beurteilen. Natürlich kann bei einer solchen Haltung jede Situation irgendwie negativ interpretiert werden. Die Möglichkeiten, Situationen positiv auf ihre guten Seiten zu untersuchen, werden ignoriert und nur die negativen Erfahrungen berichtet. Dieses Verhalten kann andere depressive oder pathologische Verhaltensmuster unterstützen.

Es ist sehr wichtig, solchen Klienten eine positive Betrachtungsweise ihrer Umgebung anzutrainieren und das Verhalten des negativen Beobachtens mit verdeckten Konditionierungstechniken zu modifizieren. Man kann z. B. jeder positiveren Selbstaussage eine angenehme Szene folgen lassen (verdeckte Verstärkung), ein Modell mit einer sehr positiven Lebenseinstellung bei der Beurteilung einer Situation imaginieren lassen (verdecktes Modellernen), oder man läßt den Klienten imaginieren, daß ein wertvolles Schmuckstück verloren geht, wann immer ein negativer oder deprimierender Gedanke auftaucht (verdeckter Verstärkerentzug). Positives Beobachten kann auch gesteigert werden, wenn man den Klienten ein Tagebuch führen läßt, in dem alle positiven Ereignisse oder Gedanken festgehalten werden.

Ein großer Bereich fehlangepaßter Verhaltensweisen hat mit antizipiertem Verhalten zu tun. Dahinein würde z. B. die Vorstellung passen, eine Rede halten zu müssen, aber seine Notizen zu vergessen und sich deshalb zu blamieren. Oder z. B. die Vorstellung, im Flugzeug zu sitzen und einen Angstanfall zu bekommen; auf einem hohen Gebäude zu sein, schwindelig zu werden und Angst zu haben herunterzufallen. Diese Verhaltensweisen sind tendenziell fehlangepaßt, weil sie die Wahrscheinlichkeit von phobischem Verhalten vergrößern. Nach den Annahmen des verdeckten Konditionierens wird die Wahrscheinlichkeit von Vermeidungsverhalten in bestimmten Bereichen um so größer, je mehr man darüber nachdenkt, z. B. im Aufzug Panik zu bekommen oder mit dem Flugzeug abzustürzen. Wenn sich jemand vorstellt, er würde beim Telefonieren stottern, sobald sich jemand meldet, vergrößert das die Wahrscheinlichkeit, daß er tatsächlich am Telefon stottert.

Es wird also angenommen, daß sich zahlreiche phobische und depressive Verhaltensweisen höchstwahrscheinlich durch vielfältig verdeckte Prozesse entwickeln und beibehalten werden.

4.2 Verhaltenshygiene und therapeutische Maßnahmen

Mit den verdeckten Konditionierungstechniken kann man nicht nur fehlangepaßte Verhaltensweisen herabsetzen, man kann auch mit ihrer Hilfe angepaßte Reaktionen steigern. Beides ist wesentlich für einen umfassenden Behandlungserfolg. Eliminiert man z. B. bei einem hospitalisierten Patienten schweres selbstzerstörerisches Verhalten (*Cautela, Baron* 1973), dann arbeitet man auch mit Techniken der verdeckten Verstärkung und des verdeckten Modellernens, um Verhaltensweisen aufzubauen, die zu besserem Funktionieren beitragen. Diese Techniken sind auch benutzt worden, um soziale Fähigkeiten im Umgang mit dem anderen Geschlecht zu verbessern (*Cautela, Baron* 1973) oder um — bei der Behandlung von sexuell abweichendem Verhalten — die sexuelle Beziehung zum Partner zu verbessern (*Cautela, Wisocki* 1971).

Allgemein gesprochen besteht Verhaltenshygiene in dem Versuch, ein Kind oder einen Erwachsenen in der Anwendung verdeckter angepaßter Prozesse zu trainieren, d. h. Prozesse, die die optimale Leistung des Individuums nicht behindern. Wenn ein Kind negativ denkt und dies offen ausdrückt, sollten Eltern deshalb versuchen, das Kind durch eine Geschichte oder ein Beispiel zu positiveren verdeckten Vorstellungen hinzuführen. Das gleiche gilt für Erwachsene, die in der Therapie angehalten werden, ihre Umwelt positiv zu betrachten. Die Klienten werden aufgefordert, alles zu beschreiben, was ihnen in der vergangenen Woche an Positivem passiert ist. Sie lernen Denkstop (*Cautela, Wisocki* 1977) für antizipiertes fehlangepaßtes Verhalten und verdeckte Verstärkung, um positive Vorstellungen positiv verstärken zu können. Ein Patient z. B., der kurz vor der Operation steht, wird zu positiven Selbstaussagen ermutigt (weil das besser ist als der Gedanke, sicherlich die Operation nicht zu überleben). Ein Beispiel für eine solche positive Selbstaussage könte sein: „Ich habe gute Chancen durchzukommen, und ich sollte auch weiterhin so denken." Danach imaginiert der Patient eine angenehme Szene (verdeckte Verstärkung), wie sie in den Sitzungen zum Imaginationstraining entwickelt worden ist. Ich möchte noch einmal betonen, daß dies *keine* „Vogel Strauß"-Haltung ist. Die realistische Einschätzung jeder Situation ist wesentlich und wird ermutigt. Darüber hinaus kann man nichts gewinnen, aber viel verlieren, wenn man sich über negative Konsequenzen den Kopf zerbricht.

4.2.1 Die Triade der Selbstkontrolle

Cautela hat unlängst eine Technik der Verhaltenshygiene entwickelt, die drei behavioristische Methoden benutzt: Denkstop, Entspannung und verdeckte Verstärkung. In der klinischen Praxis hat sich die Methode bereits bewährt. Klienten konnten mit ihrer Hilfe negative Denkprozesse eliminieren oder reduzieren, indem sie sie durch positive, angepaßte Vorstellungen ersetzten. Diese Methode wurde Triade der Selbstkontrolle genannt.

Da eine Reaktionsfolge sich anfangs leichter als später unterbrechen läßt, lernt der Klient die Triade als Reaktion auf den *Beginn* von Angst, Versuchung oder negativem imaginativen Erleben. Wie bereits in dem Abschnitt über die Entwicklung des imaginativen Erlebens bemerkt, wird die Fähigkeit, diese inneren Andeutungen bewußter wahrzunehmen, ausführlich trainiert. Beim ersten Anzeichen eines fehlangepaßten verdeckten Ereignisses soll der Klient sofort folgendes ausführen: (1) Denkstop (Ablenkung und Unterbrechung eines fehlangepaßten Gedankens durch die Vorstellung, das Wort „Stop" laut herauszubrüllen, und die Visualisierung eines großen roten Stopzeichens), darauf folgt sofort (2) tiefes Atmen, wobei man sich entspannt und innerlich das Wort „Entspannen" sagt. Dann folgt (3) die verdeckte Verstärkung, d. h. die Vorstellung einer angenehmen Szene. Die drei Komponenten dieser Methode werden einzeln gelernt und gründlich geübt, bis das imaginative Erleben lebhaft und intensiv erfahren wird. Erst danach werden sie in die richtige Reihenfolge gebracht.

Diese Methode kann jederzeit und überall angewandt werden (mit offenen oder geschlossenen Augen), wenn Angst oder negatives Denken auftreten, z. B. beim Autofahren im dichten Verkehr, bei angeregten Diskussionen, vor einer Rede und sogar bei Versuchungen zu fehlangepaßtem Verhalten wie übermäßigem Essen, Drogenmißbrauch oder abweichendem sexuellen Verhalten.

5. Anwendungsbereiche verdeckter Prozesse für spezifische Verhaltensklassen

Die Arbeit mit verdeckten Methoden, die das allgemeine Wohlbefinden des Menschen steigern können, fängt gerade erst an. Im folgenden sollen einige dieser Anwendungsbereiche näher erläutert werden.

5.1 Verdecktes Verhalten und Tagtraum

Der Begriff des Tagtraums ist, ebenso wie die Natur privater Ereignisse, schwer zu definieren. Nach *Singer* bedeuten Tagträume eine Verschiebung der Aufmerksamkeit von der äußeren Umgebung auf eine „sich entfaltende Reihe persönlicher Reaktionen, ausgelöst durch einen inneren Reiz" (1975, S. 3). Tagträumen kann ebenso als verdecktes Verhalten begriffen werden, das sich nicht direkt auf gegenwärtige Umweltbedingungen bezieht und eine Art Ausarbeitung einer Geschichte oder eines Motivs darstellt.

Für unseren Aspekt dieses Themas ist es wichtig zu erkennen, daß Tagträume für die Entstehung und Kontrolle des individuellen Verhaltens sehr wesentlich sind. Hat eine Person z. B. Tagträume, in denen er jemand lustvoll vergewaltigt, vergrößert sich die Wahrscheinlichkeit, daß er diesen Tagtraum wiederholt. Darüber hinaus steigt die Wahrscheinlichkeit, daß dieses Verhalten wirklich ausgeführt wird, in dem Maße, in dem eine Person Tagträume über Vergewaltigungen hat. Hat jemand Tagträume über Selbstmord und imaginiert die verstärkenden Konsequenzen (wie Schmerzfreiheit oder trauernde Freunde), vergrößert dies die Wahrscheinlichkeit, daß er dieses endgültige Fluchtverhalten auszuführen versucht. Umfassen die Tagträume Phantasien in bezug auf Drogen oder aggressives Verhalten mit positiv verstärkenden Emotionen, vergrößert sich nicht nur die Wahrscheinlichkeit, daß diese Tagträume zunehmen, sondern auch das mit den Träumen korrespondierende offene Verhalten.

Deshalb ist eine wesentliche Annahme beim verdeckten Konditionieren, daß Tagträume ebenso wie andere verdeckte Prozesse bei der Gestaltung des Verhaltensrepertoires und bei der Voraussage des zukünftigen Verhaltens eine wesentliche Rolle spielen. Es gibt kreative Tagträume, in denen sich jemand z. B. vorstellt, ganz entspannt zu sein und eine Prüfung glänzend zu bestehen; also eine Art Desensibilisierung. Bei anderen kreativen Tagträumen imaginiert man vielleicht, ein Problem zu lösen, und sucht so nach neuen Wegen für sein Leben. Kinder können in kreativen Tagträumen verstärkend und anpassend imaginieren, mit freundlichen Tieren zu spielen oder in Interaktion mit anderen Kindern zu treten. Dabei findet nicht nur eine Konditionierung statt, sie beginnen auch mit ihrer eigenen kognitiven Leistungsaufnahme.

5.1.1 Kreative Phantasie

Die Technik der kreativen Phantasie wurde für Klienten mit negativen Einstellungen oder für solche, die sich als depressiv bezeichnen oder behaupten, sie fänden nichts, um negative Gedanken zu ersetzen, entwickelt. Diese Methode setzt imaginatives Erleben wie bei der verdeckten Verstärkung positiv und kreativ ein, erweitert sie aber zu einem angenehmen Tagtraum. *Singer* gibt ein ausgezeichnetes Beispiel für kreative Phantasie in seiner Beschreibung eines solchen Prozesses aus seiner eigenen Kindheit. Dabei ging es um ausgearbeitete und wiederholt auftretende Phantasien über ein Baseball-Team mit Punkten, Spielern, Meisterschaften und einer Hauptfigur namens Poppy Ott (1975, S. 17-28). Bei der kreativen Phantasie-Methode versichert man den Patienten, daß sie keine Angst haben müssen, schizophren zu werden oder in einer Phantasiewelt zu leben beginnen. Sie lernen, Tagträume als Mittel zur Unterbrechung negativen oder depressiven Denkens oder Langeweile zu benutzen, oder auch zu gesteigerter Kreativität.

Bei der Methode der kreativen Phantasie sucht sich der Klient eine Handlung, ein Motiv oder eine Geschichte aus, z. B. ein Thema, das schon auf dem Verstärkungsfragebogen aufgetaucht ist, wie z. B. Liebe zum Leben in der Natur. Der Klient soll die Augen schließen, die Szene imaginieren und sie dann laut beschreiben. Ein Klient stellte sich z. B. eine Hütte an einem Fluß in den Bergen vor. Er imaginierte, daß er dort das Wochenende mit einfachen Arbeiten wie Holzhacken für den Kamin verbrachte. Manchmal stellte er sich vor, mit einer bestimmten Person durch den Wald zu laufen. Einmal imaginierte er einen wunderschönen kleinen Wasserfall, der in einen kühlen, erfrischenden Teich mündete, und er entschloß sich, hineinzuspringen und zu schwimmen. Besonderer Wert wurde den Gefühlen von Zufriedenheit und sich wohlfühlen zugemessen, die er während der Phantasie erlebte.

Hat der Klient die konstruktive Phantasie erzählt und beschrieben, verstärkt der Therapeut die aufgetretenen anpassenden Reaktionen. Kommt negatives Bilderleben vor, arbeiten Therapeut und Klient gemeinsam an der Modifizierung dieser Vorstellungen in eine positivere Richtung. Ziel der kreativen Phantasie ist es, die allgemeine Verstärkungsebene zu vergrößern und eine Ersatzmöglichkeit für unerwünschtes verdecktes Verhalten zu bieten.

Man macht den Klienten klar, daß es nicht darauf ankommt, ob das Phantasieverhalten auch in Wirklichkeit erreicht wird. Sie sollen die Phantasie so weit wie möglich genießen, solange sie da ist. Phantasieinhalte, die zu einem Gefühl von Frustration und mangelnder Erfüllung führen, weil sie nicht zu realisieren sind, müssen sofort ausgemerzt werden. Es geht *nicht* darum, Erwartungen aufzubauen, die nicht erfüllt werden können. Das einzige Ziel der Methode ist es, dem Klienten ein positives und angenehmes verdecktes Verhalten beizubringen, das ihm die Möglichkeit zu einem erfüllteren und angepaßteren Leben bietet. Kreative Phantasie wird oft angewandt, um die allgemeine Verstärkungsebene bei depressiven Patienten anzuheben.

5.1.2 *Verdeckte Prozesse und Leistungssport*

Zahlreiche Untersuchungen haben nahegelegt, daß mit imaginativem Erleben sportliche Leistungen gesteigert werden können (*Corbin* 1972; *Richardson* 1969). Dabei wird eine Aufgabe mit positiven Konsequenzen für den spezifischen Lerninhalt verdeckt geübt. *Corbin* (1972) hat das „mentales Training" genannt. Im Sprachgebrauch mancher Sportler heißt das „Psycho-Fitness-Training" *(psyched-up)*. Wir haben wahrscheinlich alle schon die Vorstellung eines Volltreffers bei Baseball oder Golf gehabt und erlebt, daß dies zu besseren Spielleistungen beiträgt. *Suinn* hat bei seiner Arbeit mit dem Olympia-Team positives Imaginieren benutzt und anscheinend positive Ergebnisse mit dem mentalen Training erzielt *(Suinn* 1976). Danach ist nach einem schlechten Golfschlag z. B. das Schlimmste, was man machen kann, die Imagination dieses schlechten Schlags, wenn man zu einem neuen ansetzt. Man sollte vielmehr alle Gedanken an den verschlagenen Ball stoppen und nur den korrekten Schlag imaginieren. Dasselbe gilt z. B. beim Freiwurf im Basketball. Verfehlt man einen Korb, sollte man immer den korrekten Wurf und nie den schlechten imaginieren.

Ein gründlicher Überblick über die Literatur, die *Corbin* angibt, brachte mehr als 73 Untersuchungen zutage, die die Wirkung des mentalen Trainings bestätigen. *Corbin* meint zwar, daß mittlerweile strenger kontrollierte Untersuchungen laufen, scheint aber dennoch keine Zweifel zu hegen, daß „mentales Training motorische Leistungen positiv beeinflussen kann" (1972). Zusätzliche verdeckte Verstärkung im Anschluß an die Imagination der erfolgreichen Leistung würde die tatsächliche Leistung wahrscheinlich noch vergrößern.

Tagträume können bei Problemlösung, Entlastung von Langeweile, Antizipation und Erinnerung oder bei der Assimilierung neuer Reize helfen, aber die tatsächliche Funktion und die evolutionäre Bedeutung des Tagträumens konnte bis jetzt noch nicht ermittelt werden. Einige Untersuchungen sehen sie als Begleiterscheinungen an, und *Singer* meint, Tagträume seien „einfach da" (1975, S. 115). Die Frage ist, wie man diesen Prozeß benutzen kann. Die oben angeführten Beispiele sind nur zwei Versuche, diesen mächtigen Mechanismus zur Verhaltensänderung einzusetzen. Es handelt sich hier jedoch um ein relativ neues Konzept, und so steht noch ein großes Potential für die weitere Forschung über die Möglichkeiten, Tagträume zur Verhaltensänderung zu benutzen, offen.

5.2 *Verdecktes Verhalten und Nachtträume*

Traumverhalten ist traditionell ein Interessengebiet der dynamisch orientierten Therapeuten. Seit kurzem beginnen aber auch Verhaltenstherapeuten, sich unter einem behavioristischen Gesichtspunkt für Träume zu interessieren.

*Cautela*s erste Erfahrung mit der Behandlung von Trauminhalten entstand aus einer klinischen Situation mit einer Patientin, die sich am

Ende der Sitzung über schreckliche Alpträume beklagte. Sie konnte nicht mehr schlafen und hatte deshalb Mühe, sich am nächsten Tag auf ihre Arbeit zu konzentrieren. Der Traum hatte im wesentlichen folgenden Inhalt:

„Ich gehe an einem hellen, sonnigen Tag in der City eine belebte Straße entlang. Ich höre Schritte hinter mir, drehe mich um und sehe ein großes, altes Monster, das mir folgt. Ich fange an zu rennen, schneller und schneller, und das Monster rennt immer hinter mir her. Was immer ich auch tue, ich kann es nicht loswerden. Ich finde mich auf einem Dach wieder, und das Monster kommt immer näher. Schließlich springe ich hinunter und wache mit Entsetzen auf, gerade bevor ich auf dem Boden aufschlage."

Es wurde überlegt, daß man die Klientin zumindest für den Traum desensibilisieren könnte. Sie hatte Entspannung und Desensibilisierung bereits gelernt und sollte sich jetzt entspannen, die Augen schließen und den Traum erzählen.

Als sie anfing, von dem Teil des Traumes, in dem sie die Schritte hörte, zu erzählen, bekam sie Angst und schrie: „Nein, nein, nein ... der Gedanke daran erschreckt mich?" Darauf wurde ihr gesagt: „Warten Sie ein wenig, drehen Sie sich um, es ist nur eine freundliche, ältere Dame, sie können also weitergehen." Im weiteren Verlauf der Szene wurde die ältere Dame nach und nach in einen freundlichen, älteren Herrn verwandelt, dann in einen Mann, der ein wenig gruselig aussah, und schließlich in das Monster. Die Elemente des Traums, die die meiste Furcht erregten, wurden so lange wiederholt, bis die Klientin fähig war, den Traum ohne Angst zu erzählen. Die Klientin war sehr motiviert und bereit, die ganze Sequenz jeden Abend vor dem Schlafengehen fünfmal zu wiederholen. Bei der nächsten Sitzung erzählte sie vergnügt, daß der Alptraum in der ganzen Woche nur einmal aufgetreten sei. In der folgenden Woche machte sie mit den Übungen weiter und sprach nie mehr von diesem oder einem anderen Alptraum.

Angeregt von dieser Erfahrung, begann *Baron* (1969) mit experimentellen Arbeiten zur Modifikation von Alpträumen. Er stellte fest, daß sich Alpträume durch Desensibilisierung relativ leicht eliminieren lassen. Dabei wurde nicht versucht, wesentliches unbewußtes Material freizulegen; trotzdem wurden keine neuen Alpträume berichtet und keinerlei Ersatzsymptome beobachtet.

5.2.1 Träume als Beurteilungshilfen

Cautela hat in vielen Fällen eine Korrelation zwischen Behandlungsablauf und Traumergebnis bemerkt. Ein Brandstifter z. B. sagte, daß er tagsüber keinen Drang zum Feuerlegen mehr verspürt, nachdem seine Wünsche, Felder in Brand zu setzen, mit verdeckter Sensibilisierung behandelt wurden. Nachts träume er aber immer noch von Brandstiftung. Deshalb wurde der Trauminhalt selbst mit verdeckter Sensibilisierung behandelt: er sollte z. B. Feuerpfeile auf Menschen schießen und Felder anzünden. Danach tauchten nie mehr Träume von Brandstiftung auf, und er verspürte den Drang weder tagsüber noch nachts. *Jurgela* (1975) berichtet einen ähnlichen Fall. Ein Mann, der Kinder mißbraucht hatte und mit verdeckter Sensibilisierung behandelt wurde, erzählte nach einigen Sitzungen von sich aus folgenden Traum: Er nahm einen Jungen mit auf sein Zimmer, um sich wie gewöhnlich an ihm zu vergehen, warf aber statt dessen Abfall auf den Jungen und fand ihn ziemlich ekelhaft.

Zahlreiche ähnliche Berichte deuteten darauf hin, daß Träume möglicherweise hinsichtlich ihrer Wirkung in der Therapie diagnostischen Wert haben. Es sieht oft so aus, als würde der Trauminhalt mit dem Behandlungsfortschritt in bestimmter Weise korrelieren. Taucht das Verhalten in den Träumen immer noch verdeckt auf, ist die Behandlung nicht abgeschlossen, auch wenn die fehlangepaßten Reaktionen im offenen oder verdeckten wachen Verhalten nicht mehr vorkommen. Diese Annahme muß erst noch experimentell nachgewiesen werden; der Trauminhalt ist jedoch ein Faktor, den Therapeuten jeglicher Richtung als Indikator für den Behandlungsfortschritt benutzen können.

Wenn der Trauminhalt darauf hinweist, daß fehlangepaßtes Verhalten immer noch auftritt, hat der Verhaltenstherapeut zwei Möglichkeiten. Er kann entweder das fehlangepaßte Verhalten mit den Techniken des verdeckten Konditionierens behandeln und dies damit begründen, daß offensichtlich noch nicht genug konditioniert worden ist. Er kann aber auch den Trauminhalt selbst konditionieren. Es bedarf noch einiger Experimente, bevor wirklich entschieden werden kann, welche Methode effizienter ist. Natürlich bleibt auch die Frage offen, ob der Traum tatsächlich eliminiert worden ist oder ob der Klient den Traum einfach nicht mehr erinnert. Dies ließe sich experimentell dadurch testen, daß man Testpersonen nachts zu verschiedenen Zeiten weckt und sie den Trauminhalt erzählen läßt.

5.2.2 Träume als Hilfsmittel für verdecktes Konditionieren

Freud (1900) hat festgestellt, daß der Trauminhalt „eindeutig Eindrücken der vorhergehenden Tage entstammt". Uns ist aufgefallen, daß sich bei Patienten, die mit Techniken des verdeckten Konditionierens arbeiten, in Träumen die Tendenz zu verwandtem imaginativem Erleben zeigt. Werden die Techniken kurz vor dem Einschlafen geübt, berichten die Klienten oft über Träume, die sich auf die gerade geübte Szene beziehen. Wird z. B. verdeckte Verstärkung benutzt, um Selbstkontrolle über das Essen zu erreichen, würde eine solche Szene vielleicht so aussehen:

Sie gehen in die Küche und sehen ein Stück Kuchen. Sie wollen es essen, denken aber, wenn Sie danach greifen: „Nein! Ich will diesen Kuchen nicht essen ... er macht dick." Dann imaginieren Sie eine angenehme verstärkende Szene. (VV — eine Szene, die in der Therapie in bezug auf Lebendigkeit, Kontrollfähigkeit und Positivität des imaginativen Erlebens trainiert wurde).

Der Klient soll solch eine Szene jeden Abend vor dem Schlafengehen üben. Als ein Ergebnis treten dabei oft sehr deutliche Träume auf, in denen ein Stück Kuchen angeboten und mit der Bemerkung, „das macht dick", zurückgewiesen wird. Ähnlich ist es bei Klienten, die wegen Drogenabhängigkeit therapeutisch behandelt werden. Sie üben imaginatives Erleben, bei dem sie Heroin spritzen, aber keinerlei Wirkung verspüren (verdeckte Löschung). Viele dieser Klienten berichten über Träume, in denen sie sich zusammen mit Freunden eine Spritze setzen, aber als einzige nicht high werden. Solche Berichte decken sich meist mit der Besserung in der Therapie.

Der Übungsprozeß vor dem Einschlafen hat zwei Vorteile. Erstens kann der Therapeut die Wirkung der Behandlungstechnik danach beurteilen, ob sie im Trauminhalt auftauchen oder nicht. Der zweite Vorteil ist der, daß der Trauminhalt eine zusätzliche Konditionierungsmöglichkeit bietet. Das Verhältnis zwischen Trauminhalt, Diagnose und verdecktem Konditionieren muß ebenfalls noch systematisch untersucht werden. In der Zwischenzeit fordern wir aber unsere behavioristischen Kollegen auf, auch auf den Trauminhalt ihrer Patienten zu achten.

5.3 Verdecktes Konditionieren bei der Modifizierung organischer Fehlfunktionen

Jedes Verhalten kann, wie oben bereits angedeutet, in drei Kategorien zusammengefaßt werden: in verdeckte psychische Prozesse, verdeckte physiologische Prozesse und offenes oder beobachtbares Verhalten. Selbstverständlich sind all diese Verhaltenskategorien letztlich organisches Verhalten. Jeder Prozeß hat seine eigene physiologische Komponente. Ein Gedanke hat eine andere physiologische Konkomitanz als ein Gefühl. Innerhalb dieser Kategorien muß sich der Gedanke A physiologisch notwendig vom Gedanken B unterscheiden. Ebenso haben auch offene psychische Ereignisse (z. B. Freizeit, offene Bestrafung, offene Verstärkung) notwendig unterschiedliche afferente Reize.

Von daher sind letztlich alle Verhaltensprozesse organische Prozesse. Im folgenden werden zehn wesentliche Annahmen über die Begrifflichkeit des verdeckten Konditionierens und der organischen Prozesse umrissen:
1.) Psychische Ereignisse sind:
   a) Verdeckte Ereignisse
      (1) Denken (Selbstgespräch)
      (2) Bilder: gleiche Reaktionen wie bei äußeren Reizen, ohne daß äußere Reize vorhanden sind.
      (3) Gefühle: innere Wahrnehmungen korreliert mit Denken und Bildern.
   b) Äußere Stimulation der Sinnesmodalitäten.
2.) Psychische Ereignisse sind organische Ereignisse.
3.) Verdeckte und offene Ereignisse gehorchen denselben Gesetzen.
4.) Verdeckte und offene Ereignisse interagieren nach den gleichen Gesetzen wie verdeckte Ereignisse mit verdeckten Ereignissen (VE) und offene Ereignisse mit offenen Ereignissen (OE).
5.) Nichtpsychische Ereignisse des Organismus gehorchen den gleichen Gesetzen wie psychische Ereignisse.
6.) Psychische Ereignisse interagieren mit nichtpsychischen nach den gleichen Gesetzen wie (VE x VE) (OE x OE) (VE x OE)
7.) Die Gesetze, die die organischen Ereignisse regieren, können am besten durch theoretische Schlüsse und nachgewiesene empirische Beziehungen innerhalb des Konditionierungsparadigmas beschrieben werden.
8.) *Jede* organische Fehlfunktion wird durch psychische Ereignisse beeinflußt oder produziert.
9.) *Jede* organische Fehlfunktion sollte die Manipulation psychischer Ereignisse einschließen.
10.) Jede Diagnose organischer Fehlfunktion sollte eine Verhaltensanalyse einschließen.

Daraus ergibt sich, daß wir, wenn wir das Etikett „psychosomatisch" benutzen, in Wirklichkeit beschreiben, wie die Kategorien der offenen und verdeckten psychischen Prozesse (organischen Ereignisse) andere organische Ereignisse beeinflussen. Wann immer wir den Terminus „psychosomatisch" benutzen, sagen wir also nichts anderes, als daß organische Ereignisse andere organische Ereignisse beeinflussen. Von unserem Standpunkt aus wäre es am besten, den Terminus „psychosomatisch" völlig zu verbannen, weil jede organische Fehlfunktion durch psychische Prozesse, die aber auch organische Ereignisse sind, beeinflußt wird. Es gibt keine Möglichkeit, *a priori* zu entscheiden, welche verdeckten physiologischen Ereignisse (und die darauf bezogenen organischen Ereignisse) von psychischen Prozessen beeinflußt sind. Z. B. haben in letzter Zeit zahlreiche Untersuchungen den Schluß nahegelegt, daß psychische Faktoren die Empfänglichkeit für Krebs und den Verlauf der Krankheit beeinflussen können (*Cautela* 1976 b; *Pelletier* 1977; *Greer, Morris* 1975; *Seligman* 1975; *Simonton, Simonton* 1975; *Booth* 1973; *Greene* 1969; *Schmale, Iker* 1966; *Neumann* 1959; *LeShan, Worthington* 1956).

Nach unserer Erfahrung im Umgang mit organischen Fehlfunktionen ist es am besten, das Verhalten so anzugehen wie jede psychische Störung und dann die jeweils angemessene Verhaltensanalyse durchzuführen. Bei epileptischen Anfällen setzt sich das Zielverhalten und die Verhaltensanalyse aus der Arbeitsdefinition des Anfalls, der Aufdeckung von Häufigkeit, Intensität und Dauer der Anfälle und der Identifikation des Vorhergegangenen und der Konsequenzen zusammen.

Cautela hat andernorts festgestellt, daß jede organische Fehlfunktion, egal welchen Typs, *mit Verhaltensanalyse und -therapie und mit medizinischer Diagnose und Therapie behandelt werden sollte.* Wir haben mit diesem Ansatz Fehlfunktionen wie Asthma, Arthritis, Schmerzen und eitrigen Dickdarmkatarrh behandelt. Zahlreiche Untersuchungen deuten darauf hin, daß Streß und Angst Auftreten, Wachstum und Dauer von Tumoren beeinflussen (*Kavetsky, Turkevich, Balitsky* 1958, 1966; *Goldfarb, Dreisen, Cole* 1967; *Corson* 1966; *Ader, Friedman* 1965). Im Augenblick behandeln wir gemeinsam mit dem Arzt des Patienten einen Fall von Leukämie. Die Verhaltensanalyse bestand in der Identifikation von streß- und angsterregenden früheren Bedingungen und Konsequenzen in der Umgebung des Patienten, die zu dem Leukämieverhalten beitragen oder es verstärken können. Unser Zielverhalten ist die Leukämie, und die bedingten Variablen, die wir messen, sind die Thrombozythen, die Zahl der weißen Blutkörperchen und die der Myeloblasten. Die Behandlung besteht aus einer Kombination der in diesem Aufsatz beschriebenen Methoden (verdecktes Konditionieren, Selbstkontroll-Triade, Entspannung, kreative Phantasie plus Selbstbehauptungs-Training und Desensibilisierung). Diese Techniken werden systematisch benutzt, um die Anpassungs- und Bewältigungsreaktionen des Klienten auf Streßreize zu steigern und Angstreaktionen zu verringern.

Um noch einmal kurz zusammenzufassen: Unsere Methode im Umgang mit organischen Fehlfunktionen beruht auf einem Gesamtansatz, der sowohl medizinische Behandlung wie auch das gesamte Bündel der verhaltenstherapeutischen Methoden mit der Betonung auf verdecktem Konditionieren benutzt.

Literatur

Ader, R., Friedman, S. B., Differential early experiences and susceptibility to transplanted tumor in the rat, *Journal of Comparative and Physiological Psychology*, 1965, 59, 361-364.

Anant, S. S., The use of verbal aversion (negative conditioning) with an alcoholic: A case report, *Behavior Research and Therapy*, 1968, 6, 395-396.

Ashem, B., Donner, L., Covert sensitization with alcoholics: A controlled replication, *Behavior Research and Therapy*, 1966, 6, 7-12.

Asher, L. M., Cautela, J. R., Covert negative reinforcement. An experimental test, *Behavior Therapy and Experimental Psychiatry*, 1972, 1, 1-5.

Asher, L. M., Cautela, J. R., An experimental study of covert extinction, *Behavior Therapy and Experimental Psychiatry*, 1974, 5, 233-238.

Bandura, A., Modeling theory, in; *Sahakian, W. S.* (Hrsg.), Psychology of learning: Systems, models and theories, Markham, Chicago 1970.

Barlow, D. H., Agras, W. S., Fading to increase heterosexual responsiveness in homosexuals, *Journal of Applied Behavior Analysis*, 1973, 6, 355-366.

Barlow, D. H., Leitenberg, H., Agras, W. S., Experimental control of sexual deviation through manipulation of the noxious scene in covert sensitization, *Journal of Abnormal Psychology*, 1969, 74, 569-601.

Baron, M. G., The relation between dreaming and learning, unveröffentlichte Magisterarbeit, Boston College, 1969.

Benson, M., Shapiro, D., Tursky, B., Schwartz, G. E., Decreased systolic blood pressure through operant conditioning techniques in Patients with essential hypertension, *Science*, 1971, 173, 740-742.

Black-Cleworth, P., Woody, C. D., Niemann, J., A conditioned eyeblink obtained by using electrical stimulation of the facial nerve as the unconditioned stimulus, *Brain Research*, 1975, 90, 45-46.

Booth, B., Psychological aspects of „spontaneous" remission of cancer, *Journal of the American Academy of Psychoanalysis*, 1973, 1, 303-317.

Brownell, K. D., Barlow, D. H., Behavioral treatment of sexual deviation, in: *Foa, E., Goldstein, A.* (Hrsg.) The handbook of behavioral interventions, Wiley and Sons, New York 1978.

Cautela, J. R., Treatment of compulsive behavior by covert sensitization, *Psychological Record*, 1966, 16, 33-41.

—, Covert sensitization, *Psychological Reports*, 1967, 20, 459-468.

—, Behavior therapy and the need for behavioral assessment, *Psychotherapy: Theory, Research and Practice*, 1968, 5, 175-179.

—, Covert reinforcement, *Behavior Therapy*, 1970a, 1, 33-50.

—, Covert negative reinforcement, *Behavior Therapy and Experimental Psychiatry*, 1970b, 1, 272-278.

—, Treatment of smoking by covert sensitization, *Psychological Reports*, 1970c, 26, 415-420.

—, Covert extinction, *Behavior Therapy*, 1971a, 2, 192-200.

—, Covert modeling, Aufsatz für die Association for the Advancement of Behavior Therapy, Washington 1971b.

—, Rationale and procedures for covert conditioning, in: *Advances in behavior therapy*, Academic Press, New York, 1972a.
—, The treatment of overeating by covert conditioning, *Psychotherapy: Theory, Research and Practive*, 1972b, 9, 211-216.
—, Covert processes and behavior modification, *Journal of Nervous and Mental Disease*, 1973a, 1, 157.
—, Seizures; controlling the uncontrollable, *Journal of Rehabilitation*, 1973b, Mai-Juni, 34-40.
—, Covert response cost, *Psychotherapy: Theory, Research and Practice*, 1976a, 13, 397-404.
—, Toward a Pavlovian theory of cancer, Vortrag vor der Pavlovian Society, Louisville, Kentucky, November 13, 1976b.
—, Covert conditioning: Assumptions and procedures, *Journal of Mental Imagery*, 1977a, 1, 53-64.
—, Behavior analysis forms for clinical interventions, Research Press, Champaign, Ill., 1977b.
Cautela, J. R., Baron, M. G., Multifaced behavior therapy of self-injurious behavior, *Journal of Behavior Therapy and Experimental Psychiatry*, 1973, 4, 125-131.
Cautela, J. R., Baron, M. G., Pavlovian theory of dreaming, *Pavlovian Journal of Biological Science*, 1974, 9, 104-121.
Cautela, J. R., Baron, M. G., Covert conditioning: A theoretical analysis, *Behavior Modification*, 1977, 1, 351-368.
Cautela, J. R., Grodin, J., Relaxation: A comprehensive manual, Sponsored by the Rhode Island State Department of Education, Title III/IV, 1977.
Cautela, J. R., Kastenbaum, R., A reinforcement survey schedule for use in therapy, training and research, *Psychological Reports*, 1967, 20, 1115-1130.
Cautela, J. R., Rosensteil, A. K., The use of covert conditioning in the treatment of drug abuse, *The international Journal of Addictions*, 1975, 10, 277-303.
Cautela, J. R., Upper, D., The process of individual behavior therapy, in: Hersen, M., Eisler, R. M. (Hrsg.), Progress in behavior therapy, Academic Press, New York 1975.
Cautela, J. R., Wisocki, P. A., Covert sensitization in the treatment of sexual deviation, *Psychological Record*, 1971, 21, 37-48.
Cautela, J. R., Walsh, K., Wish, P., The use of covert reinforcement in the modification of attitudes toward the mentally retarded, *Journal of Psychology*, 1971, 77, 257-260.
Corbin, E. B., in: Morgan, W. P. (Hrsg.), Egogenic aids and muscular performance, Academic Press, New York 1972.
Corson, S. A., Psychological stress and target tissue, in: Weyer, E. M., Hutchins, H. (Hrsg.), Psychophysiological aspects of cancer, New York Academy of Sciences, New York 1966.
Elder, S. T., Ruiz, A. R., Instrumental conditioning of diastolic and systolic blood pressure in essential hypertensive patients, *Journal of Applied Behavior Analysis*, 1973, 6, 377-382.
Fisher, S., Greenberg, R., The scientific credibility of Freud's theories and therapy, Basic Books, New York, 1977.
Freud, S., Die Traumdeutung (1900), Ges. Werke Bd. 2/3, S. Fischer, Frankfurt 1972.
Friar, L., Beatty, J., Migraine: management by trained control of vasoconstriction, *Journal of Consulting and Clinical Psychology*, 1976, 4, 46-53.

Goldfried, M., Davison, G. E., Clinical behavior therapy, Holt, Rinehart and Winston, New York 1976, dt.: Klinische Verhaltenstherapie, Springer Verlag, Berlin, Heidelberg, New York 1979.

Greene, A., Psychological and somatic variables associated with development and course of monozygotic twins with discordant leukemia, *Annals of the New York Academy of Science*, 1969, 164, 394-408.

Greer, S., Morris, T., Psychological attributes of women who develop breast cancer, *Journal of psychosomatic Research*, 1975, 19, 147-153.

Hersen, M., Eisler, R. M., Behavioral approach to study and treatment of psychogenic tics, *Genetic Psychology Monographs*, 1973, 87, 289-312.

Homme, L. E., Perspectives in Psychology: XXIV, Control of coverants: The operants of the mind, *Psychological Record*, 1965, 15, 501-511.

Jacobson, E., Progressive relaxation, University of Chicago Press, Chicago 1938.

Jasper, H. H., Shagass, C., Conditioning of the occipital alpha rhythm in man, *Journal of Experimental Psychology*, 1941, 28, 373-388.

John, E. R., Contradiction of auditory and visual information by brain stimulation, *Science*, 1975, 187, 271-272.

Jurgela, A., Personal communication, 1975.

Kavetsky, R. E., Turkevich, N. M., Balitsky, K. P., Neoplastic process and the nervous system, State Medical Publishing House, Kiev 1958.

Kavetsky, R. E., Turkevich, N. M., Balitsky, K. P., On the psychophysiological mechanism of the organism's resistance to tumor growth, *Annals of the New York Academy of Science*, 1966, 125, 933.

Kazdin, A. E., Research issues in covert conditioning, *Cognitive Therapy and Research*, 1977, 1, 45-58.

King, D. L., An image theory of classical conditioning, *Psychological Reports*, 1973, 33, 403-411.

Kozak, M. J., Lang, P. J., The psychophysiology of emotional imagery: A structural analysis of image processing; das Material ist Teil einer Rede von P. J. Lang bei der Niederländischen Konferenz über Biofeedback, Amersfoot, November 25, 1976.

Lang, P. J., Imagery in Therapy: an information processing analysis of fear, *Behavior Therapy*, 1977, 8, 862-886.

Lazarus, A., Behavior Therapy and beyond, McGraw-Hill, New York 1971; dt.: Verhaltenstherapie im Übergang: Breitbandmethoden für die Praxis, E. Reinhart, München 1978.

LeShan, L. L., Worthington, R. E., Personality as a factor in the pathogenesis of cancer, *British Journal of Medical Psychology*, 1956, 29, 49-56.

Mahoney, M. J., Cognition and behavior modification, Ballinger Publishing Co., Cambridge, Mass., 1974; dt.: Kognitive Verhaltenstherapie: neue Entwicklungen und Integrationsschritte, Pfeiffer, München 1977.

Meichenbaum, D., Cognitive behavior modification, General Learning Press, Morristown, N. J., 1974; dt.: Kognitive Verhaltensmodifikation, Urban und Schwarzenberg, München 1979.

Miller, N. E., The influence of past experience upon the transfer of subsequent training, unveröffentlichte Doktorarbeit, Yale University, 1935.

Mowrer, O. H., Learning theory and the symbolic processes, Wiley, New York 1960.

Neumann, C., Psychic peculiarities of female cancer patients, *Z. Psycho-Somatic Med.*, 1959, 5, 91-101.

Olds, J., Disterhoff, J. F., Segal, J., Kornblith, C. L., Hirsh, R., Learning centers of the rat brain mapped by measuring latencies of conditioned unit responses, *Journal of Neurophysiology*, 1972, 35, 202-219.

Pelletier, K. R., Mind as a healer, mind as a slayer: A holistic approach to preventing stress disorders, Dell Publishing Co., New York 1977.

Richardson, A., Mental imagery, Springer, New York 1969.

Rosen, M., Wesner, C., A behavioral approach to Tourette's syndrome, *Journal of Consulting and Clinical Psychology*, 1973, 41, 308-312.

Schmale, A., Iker, H., The psychiatric setting of uterine cervical cancer, *Annals of the New York Academy of Science*, 1966, 125, 807-813.

Scott, R. W., Blanchard, E. B., Edmunson, E. D., Young, L. D. A shaping procedure for heart rate control in chronic tachycardia, *Perceptual and Motor Skills*, 1973, 37, 327-338.

Seligman, M. E., Helplessness: On depression, development and death, W. H. Freeman, San Francisco 1975; dt.: Erlernte Hilflosigkeit, Urban und Schwarzenberg, München 1979.

Simonton, C. u. Simonton, S., Belief systems and management of the emotional aspects of malignancy, *Journal of Transpersonal Psychology*, 1975, 7, 29-47.

Singer, J. R., Imagery and daydream methods in psychotherapy and behavior modification, Academic Press, New York 1974; dt.: Phantasie und Tagtraum: imaginative Methoden in der Psychotherapie, Pfeiffer, München 1978.

—, The inner world of daydreaming, Harper & Row, New York 1975.

Stampfl, T. G., Implosive Therapy: A learning-theory derived psychodynamic therapeutic technique, in: LeBarba, Dent (Hrsg.), Critical issues in clinical psychology, Academic Press, New York 1961.

Suinn, R. M., Body thinking for Olympic champs, *Psychology today*, 1976, 10, 38-43.

Wachtel, P., Psychoanalysis and behavior therapy, Basic Books, New York 1977.

Watson, J. B., Psychology from the standpoint of a behaviorist, Lippincott, Philadelphia 1919.

Weiss, T., Engel, B. T., Operant conditioning of heart rate in patients with premature ventricular contractions, *Psychosomatic Medicine*, 1971, 37, 301-321.

Wolgan, P. R., Learned control of gastric acid secretion in ulcer patients, *Psychosomatic Medicine*, 1974, 36, 411-419.

Whitehead, W. E., Renault, P. F., Goldiamond, I., Modification of human gastric secretion with operant conditioning procedures, *Journal of Applied Behavioral Analysis*, 1975, 8, 147-156.

Wolpe, J., Psychotherapy by reciprocal inhibition, Stanford University Press, Stanford 1958.

Wolpe, J., Lang, P. A., A fear survey schedule for use in behavior therapy, *Behavior Research and Therapy*, 1964, 2, 27-30.

10 Verdecktes Modellernen: Die therapeutische Anwendung von Imaginationsübungen*

Alan E. Kazdin

1. Einführung

Viele Techniken der Verhaltenstherapie basieren auf dem Einsatz des imaginativen Erlebens. Dabei wird den Klienten beigebracht, sorgfältig geplante Szenen zu imaginieren, um ihr Verhalten zu ändern. In diesen allgemeinen Rahmen gehört die Technik der systematischen Desensibilisierung, über die die meisten Untersuchungen vorliegen. Bei dieser Technik imaginiert der Klient sich selbst bei verschiedenen Verhaltensweisen, die auf die Überwindung von Ängsten ausgerichtet sind (*Wolpe* 1958). *Cautela* (1971 a, 1972) hat verschiedene, auf Imagination basierende Techniken entwickelt, die „verdecktes Konditionieren" genannt werden. Diese Techniken sind aus der Erweiterung spezifischer, im Laboratorium entwickelter Lernprinzipien abgeleitet worden und umfassen verdeckte Sensibilisierung, verdeckte positive Verstärkung, verdeckte Negativ-Verstärkung, verdeckte Löschung, verdeckte Bestrafung und verdecktes Modellernen (*Cautela* 1966, 1967, 1970a, 1970b, 1971b, 1974, 1976b). Techniken wie verdeckte Verstärkung, Bestrafung und Löschung gelten als direkte Anwendung der jeweils operanten Prinzipien. Verdeckte Sensibilisierung beruht auf Prinzipien des operanten Konditionierens, z. B. Bestrafung und negative Verstärkung, aber auch auf dem klassischen Konditionieren und dem Nachlassen der Aversion. Verdecktes Modellernen ist aus dem beobachtenden oder stellvertretenden Lernen abgeleitet. Diese Techniken repräsentieren eine neue Richtung in der Verhaltenstherapie.

Die Techniken des verdeckten Konditionierens gehen von der Annahme aus, daß imaginierte genau wie tatsächliche Ereignisse das Verhalten beeinflussen. Bei der verdeckten Verstärkung z. B. imaginiert der Klient sich bei der Durchführung des Verhaltens, das er entwickeln

---

*) Dieses Kapitel wurde während der Zeit fertiggestellt, in der der Autor als Fellow am Center for Advanced Study in the Behavioral Sciences tätig war. Der Autor dankt dessen Mitarbeitern für die Unterstützung bei der Vorbereitung des Manuskripts.

will. Ist das Verhalten in der Imagination ausgeführt, soll der Klient sofort eine verstärkende (günstige) Konsequenz imaginieren. Man nimmt an, daß mit diesem Imaginationsablauf (d. h. imaginiertes Verhalten, gefolgt von imaginierten Konsequenzen) auf das offene Verhalten die gleiche Kontrolle ausgeübt werden kann wie beim direkten Einsatz verstärkender Konsequenzen (d. h. offenes Verhalten, gefolgt von dem tatsächlichen Einsatz verstärkender Konsequenzen). Diese allgemeine Annahme über den Einfluß imaginierter Ereignisse war wesentlich für die Entwicklung spezifischer Behandlungstechniken. Ihre Anwendung bei den unterschiedlichsten Störungen zeugt von der Entwicklungsfähigkeit dieser Techniken. Mit ihrer Hilfe wurden z. B. gestörtes Sozialverhalten, Ängste, abweichendes Sexualverhalten und sexuelle Fehlfunktionen, Verfolgungswahn und Zwangsverhalten, Fettleibigkeit, Drogenabhängigkeit, Alkoholismus u. a. behandelt (*Cautela* 1971a, 1972; *Mahoney* 1974).

Eine erst kürzlich entwickelte Technik des verdeckten Konditionierens ist das verdeckte Modellernen. In diesem Aufsatz soll die Praxis des verdeckten Modellernens beschrieben, die Literatur über Wirksamkeit und Anwendungsbereiche ausgewertet sowie die Parameter des imaginativen Erlebens, die die Wirksamkeit der Behandlung beeinflussen können, überprüft werden. Abschließend werden dann die methodologischen Probleme behandelt, die sich aus der Untersuchung des verdeckten Modellernens und der auf Imagination beruhenden Techniken allgemein ergeben, sowie herausragende Gebiete, die weiterer Forschung bedürfen.

2. Hintergrund und Implikationen des verdeckten Modellernens

Verdecktes Modellernen (erstmals 1971 vorgestellt) leitet sich ab aus der Literatur über das stellvertretende oder Modell-Lernen (*Cautela* 1976)[1]. Modellernen bezieht sich auf Lernen durch reine Beobachtung anderer (eines Modells) bei der Ausführung einer Reaktion. Um eine Reaktion zu erreichen, muß der Beobachter die Reaktion nicht selbst produzieren, sondern nur die Reaktion eines Modells beobachten. Die Wirkung des Modellernens wurde im Labor und in der klinischen Behandlung nachgewiesen (vgl. *Bandura* 1970, 1971; *Marlatt, Perry* 1975; *Rachman* 1972, 1976; *Rosenthal* 1976).

---

[1]) Der Bericht über das verdeckte Modellernen wurde von *Cautela* erstmals als Vortrag vor der Association for Advancement of Behavior Therapy, Washington D. C., im September 1971 vorgestellt.

Es gibt unterschiedliche Interpretationen der Wirkungen des Modelllernens. Die Interpretation von *Bandura* (1970), der das beobachtende Lernen auf verdeckte Kodierungsprozesse beim Beobachter zurückführt, hat wohl das meiste Aufsehen erregt. Er geht davon aus, daß die Beobachtung eines lebenden oder Film-Modells dem Beobachter Hinweis-Reize vermittelt. Diese Reize werden durch repräsentative Prozesse, die auf Imaginationen oder Verbalisierungen basieren, symbolisch kodiert. *Bandura* (1970) hat festgestellt, daß beobachtendes Lernen sich hauptsächlich auf die repräsentativen Prozesse bezieht, durch die die im Modell dargestellten Reaktionen kodiert werden, und weniger auf die Form, in der diese Ereignisse dem Beobachter vermittelt werden. Die Betonung der kognitiven Prozesse, die für die Leistung des Beobachters verantwortlich sind, legt den Schluß nahe, daß das Betrachten oder Beobachten eines Modells kein wesentlicher Bestandteil der Verhaltensänderung ist. Verantwortlich für die Verhaltensänderung ist eher die Änderung der repräsentativen Prozesse, die das Verhalten lenken.

Verdecktes Modellernen ist eine Technik, die alternativ Möglichkeiten zur Veränderung der repräsentativen Prozesse, die beim Lernen am lebendigen Modell wichtig sind, anbieten kann. Ein Klient muß demnach Verhalten nicht beobachten, sondern kann sich ein Modell vorstellen, das sein gewünschtes Verhalten ausführt. Das Modellernen läuft also versteckt oder in der Imagination ab. Normalerweise stellt sich der Klient dabei mehrere Situationen vor, in denen jemand anderes als er selbst Verhaltensweisen ausführt, die er entwickeln will (vgl. *Cautela* 1971c). Man konstruiert Szenen oder Situationen, in denen der Klient das Verhalten, das geändert werden soll, visualisiert (z. B. auf ein gefürchtetes Objekt zugehen, angemessene soziale Interaktion etc.). Ein Klient, der sehr stark in sich zurückgezogen ist, soll sich z. B. mehrere Szenen vorstellen, in denen ein Modell in soziale Interaktionen verwickelt ist. Das Modell würde in den anfänglichen Szenen zunächst nur minimale soziale Verhaltensweisen vorführen (vielleicht nur jemanden grüßen). Im Laufe der Behandlung könnten die Szenen Verhaltensweisen illustrieren, die Interaktionen mit größeren Anforderungen widerspiegeln (z. B. ein Gespräch aufrechterhalten, einen Kontakt auf einer Party anknüpfen). Die Szenen werden in Zusammenarbeit mit dem Klienten konstruiert und konzentrieren sich auf den Situationskomplex, in dem Verhalten geändert oder entwickelt werden soll.

Ein großer Teil meiner eigenen Arbeit konzentriert sich auf die Anwendung des verdeckten Modellernens für die Entwicklung von positiven Verhaltensweisen bei Personen, die Schwierigkeiten haben, anderen ihre Gefühle mitzuteilen oder ihre Rechte durchzusetzen.[2] Personen, die an dem Programm teilnehmen, werden mit verdecktem Modellernen oder Varianten davon behandelt, um ihre sozialen Fähigkeiten in einem breiten Bereich von Situationen zu entwickeln. Die Behandlung wird von einem Therapeuten in individuellen Sitzungen durchgeführt und dauert normalerweise 2—3 Wochen.[3]

Zu Beginn der Behandlung werden den Klienten die theoretischen Grundlagen des Modellernens und der Behandlung mit verdecktem Konditionieren allgemein erläutert. Bevor die Behandlung beginnt, üben die Klienten unter Anleitung das Imaginieren verschiedener Szenen und werden angewiesen, sich auf Details der Szenen zu konzentrieren. Sie üben auch, ein Modell (jemand anderen als sich selbst) zu imaginieren, das in den Behandlungsszenen benutzt wird. Im Hinblick auf Forschungen, die später in diesem Aufsatz besprochen werden, sollen die Klienten ein Modell imaginieren, das ihnen ähnlich ist (z. B. in bezug auf Alter und Geschlecht). Nach den Imaginationsübungen gibt man den Klienten mehrere Szenen an, in denen sich das Modell positiv verhält.

Die Szenen werden vom Therapeuten (oder über Tonband) beschrieben. Der Klient versucht, das vorgegebene Material zu imaginieren. Er signalisiert durch Handzeichen, wenn das Bild klar ist, hält aber dabei die Augen geschlossen. Er soll dann das Bild für die Dauer einer vorher festgelegten Zeit (z. B. 30 Sekunden) so gut wie möglich festhalten. Dann soll er mit der Imagination der Szene aufhören. Dieselbe Szene wird wiederholt oder eine neue aufgegeben. Die Behandlung besteht darin, mehrere Szenen durchzugehen, die verschiedene Aspekte des Verhaltens herauszuarbeiten, das der Patient entwickeln will. Im folgenden werden drei Szenen, die bei der Behandlung für positives Verhalten angewandt werden, vorgestellt. Sie illustrieren die allgemeine Aufgabe, die der Klient erfüllen soll.

---

[2] Positives Training lehrt Personen, sich effektiver auszudrücken, und kann den Ausdruck positiver wie negativer Gefühle, z. B. Zuneigung oder Ärger, beinhalten. Die Mehrzahl der Klienten in unserer Arbeit hatte Schwierigkeiten, sich unvernünftigen Forderungen gegenüber zu verweigern, Forderungen an andere zu richten und allgemein ihre Rechte durchzusetzen. Von daher wurde dieser relativ enge Bereich zum zentralen Punkt unserer Behandlung.

[3] Die Behandlungsdauer ist nicht unbedingt ein Beweis für die schnellen Wirkungen des verdeckten Modellernens. Sitzungsort und Behandlungsdauer wurden oft durch die Zwänge, die ein großangelegtes Forschungsprogramm mit sich bringt, begrenzt.

1. Imaginieren Sie die Person (Modell) in Ihrer Wohnung gegen Abend. Die Person hat im Laufe des Abends eine wichtige Verabredung, erhält aber Besuch von Freunden. Sie sind schon eine ganze Weile da, haben ihren Kaffee ausgetrunken, machen aber keine Anstalten, zu gehen. Die Person wird langsam unruhig wegen der Verabredung, weil sie in ein paar Minuten gehen muß. Die Freunde sitzen herum und reden, und die Person unterbricht das Gespräch und sagt: „Ich freue mich ja wirklich, daß ihr vorbeigekommen seid, aber ich habe eine Verabredung und muß gehen. Vielleicht können wir uns mal treffen, wenn wir alle Zeit haben."
2. Visualisieren Sie sich selbst mit einem Freund im Konzert. Einige Leute in der Reihe hinter Ihnen sind ständig laut und stören alle anderen — anscheinend müssen sie alle paar Minuten Kommentare abgeben, die jeder hören soll. Eine Person neben Ihnen (das Modell) dreht sich um und sagt: „Würden Sie jetzt bitte ruhig sein!"
3. Imaginieren Sie die Person (das Modell) in einem Hotel. In der ersten Nacht bemerkt sie, daß die Matratze kaputt sein muß. Das Bett hängt sehr durch und ist reichlich unbequem. Morgens geht die Person zu dem Angestellten am Empfang und sagt: „Das Bett in meinem Zimmer ist sehr unbequem. Ich nehme an, es ist kaputt. Tauschen Sie es bitte aus, oder geben Sie mir ein anderes Zimmer."

Diese Szenen und die Art ihrer Darstellung sollen nur die Durchführung des verdeckten Modellernens illustrieren. Wie wir noch sehen werden, können zusätzliche Erweiterungen zu den Grundszenen die Behandlungswirkung vergrößern. Praktisch alle Fragen zur Praxis des verdeckten Modellernens sind gegenwärtig noch offen. Deshalb gibt es im Moment auch keine empirisch nachgewiesenen Richtlinien, die festlegen, ob das Imaginieren vor der Behandlung geübt werden muß; wie viele Szenen in die Behandlung aufgenommen werden und wie lange sie vom Klienten imaginiert werden sollen; wie oft die Sitzungen durchgeführt werden und wie sie verteilt sein sollen usw. Es gibt aber einige Untersuchungen über die generelle Wirksamkeit des verdeckten Modellernens und die Parameter, die zur Verhaltensänderung beitragen.

3. Wirksamkeit des verdeckten Modellernens

Will man die Wirksamkeit des verdeckten Modellernens als Behandlungstechnik beurteilen, stellen sich zumindest zwei wesentliche Fragen: (1) Verändert die Technik das Verhalten in der Therapie? (2) Falls ja, bei welchen therapeutischen Problemen und welchen Bevölkerungsgruppen hat die Technik Erfolg? Beim gegenwärtigen Forschungsstand kann keine dieser Fragen eindeutig beantwortet werden. Wie schon gesagt, ist die therapeutische Technik des verdeckten Modellernens erst 1971 explizit vorgestellt worden. Von daher gibt es erst seit kurzem überhaupt Literatur über klinische Anwendungsbereiche und Forschung. Trotz der geringen Anzahl der Berichte über verdecktes Modellernen ist es aber wichtig, die gegenwärtig vorhandene Literatur zu untersuchen und die Schlüsse zu ziehen, die im Moment bestätigt scheinen.

Anfänglich wurde verdecktes Modellernen in einer Anzahl von Fällen angewandt, die zur Illustration der Methode benutzt wurden (*Cautela* 1971c). Verdecktes Modellernen wurde in der Einzeltherapie bei verschiedenen fehlangepaßten Annäherungs- und Vermeidungsreaktionen und Verhaltensdefiziten angewendet, wie z. B. Angst vor dem Erröten, vor sozialer Kritik, dem Betreten einer homosexuellen Bar, vor exzessivem Essen und positivem Reagieren auf andere. Laut anderen Fallstudien reduziert verdecktes Modellernen — entweder als einzige Methode oder in Verbindung mit anderen — Agoraphobie, Drogenabhängigkeit, starken Alkoholkonsum und zwangsneurotisches Verhalten (*Flannery* 1972a, 1972c; *Hay, Hay, Nelson* 1975). Nach diesen Fallberichten kann verdecktes Modellernen bei unterschiedlichen Störungen angewandt werden; sie sind aber natürlich kein empirischer Beweis für die Wirksamkeit der Technik.

In einer Anzahl von Studien über Therapie-Ergebnisse ist das verdeckte Modellernen ausgewertet worden. Die Mehrzahl hat eher die relativ gemäßigten Verhaltensprobleme von College-Studenten zum Gegenstand als die schwereren Störungen klinischer Patienten. Zu diesen weniger schweren Problemen gehören subphobische Ängste vor Ratten und harmlosen Schlangen. In einer der ersten abgeschlossenen Studien demonstrierten *Cautela, Flannery* und *Hanley* (1974) anhand von behavioristischen und subjektiven Angstmessungen, daß verdecktes Modellernen bei der Reduzierung der Angst vor Ratten bei Collegestudenten genauso effektiv war wie offenes (Film-)Modellernen. Die Gruppen mit offenem und verdecktem Modellernen waren erfolgreicher als eine Kontrollgruppe, die nur die Art der Angst, die behandelt wurde, diskutierte. Auch spätere Studien haben die Wirksamkeit des verdeckten Modellernens bei der Reduzierung subphobischer Angstebenen bei College-Studenten gezeigt (*Kazdin* 1973a, 1974a, 1974b, 1974c; *Thase, Moss* 1976).

Abgesehen von den analogen Angststudien, wurde verdecktes Modellernen noch mit einer Zielproblematik und Behandlungsgruppe getestet, die einem klinischen Anwendungsbereich stärker glich, als es bei College-Studenten mit gemäßigter Angst vor Tieren der Fall ist. In getrennten Projekten wurden aus einer Gruppe Personen mit Durchsetzungsschwierigkeiten ausgewählt und mit Hilfe verschiedener Kriterien daraufhin überprüft, ob ihr Problem schwerwiegend genug war, um in einer Klinik für positives Training behandelt zu werden (*Kazdin* 1974d, 1975, 1976a). Klienten, die mit der Methode des verdeckten Modellernens behandelt wurden, imaginierten in vier Behandlungssitzungen ein Modell bei positiven Interaktionen in den unterschiedlichsten Szenen. Im Vergleich zu Kontrollpersonen, die ähnliche Szenen ohne die Modellkomponente imaginierten oder gar nicht behandelt wurden, zeigten diese Klienten anhand von Beurteilungen ihres Verhaltens und von Selbstberichten eine bemerkenswert größere Durchsetzungsfähigkeit direkt im Anschluß an die Behandlung und auch bei Überprüfungen nach einigen Monaten. Diese Resultate legen nahe, daß verdecktes Modellernen zu Verhaltensänderungen führt und daß man diese Veränderungen nicht durch die untypischen Effekte im Zusammenhang mit der Teilnahme an der Behandlung überhaupt oder durch Zeitablauf erklären kann.

Die Anwendungen des verdeckten Modellernens auf der Ebene klinischer Fälle legen den Schluß nahe, daß die Technik auf einen breiten Bereich klinischer Probleme bei nicht hospitalisierten Patienten anwendbar ist. Bis jetzt haben sich die Untersuchungen über verdecktes Modellernen aber auf einen engen Bereich von Behandlungsgruppen und Verhalten beschränkt. Nach diesen Untersuchungen kann aufgrund von behavioristischen Messungen der Zielprobleme, psychologischen Fragebögen und Auswertung der Selbstberichte angenommen werden, daß verdecktes Modellernen zu therapeutischen Veränderungen führt. Obwohl die klinische Literatur die Anwendbarkeit der Methode problemübergreifend nahelegt und sich aus der Literatur über die Forschung entnehmen läßt, daß die Technik Verhalten ändern kann, beweist dies noch nicht schlüssig, daß verdecktes Modellernen eine effektive Technik bei klinischen Problemen ist. Die Wirksamkeit der Technik in diesem Bereich ist noch nicht gründlich getestet worden.

Es ist möglich und in manchen Fällen sogar wahrscheinlich, daß die tatsächlichen Mechanismen, die innerhalb einer gegebenen therapeutischen Technik für die Veränderung verantwortlich sind, wenig oder gar keinen Bezug zu jenen Mechanismen haben, die die Theorie oder das Prinzip, auf dem diese Technik basiert, postuliert (*Kazdin* 1977; *Kazdin, Wilcoxon* 1976). Beim verdeckten Modellernen sprechen die

Behandlungsstudien nicht unbedingt für die Wirksamkeit der Modellkomponente dieser Methode. Wie bereits bemerkt, haben verschiedene Studien die Bedeutung des Modells in den vom Klienten imaginierten Szenen untersucht, sowohl bei der Behandlung von Vermeidungsverhalten wie auch bei mangelnder Selbstbehauptung. Man hat Vergleiche angestellt, um zu entscheiden, ob das Imaginieren eines Modells für die Verhaltsänderung wesentlich ist. Die Ergebnisse haben gezeigt, daß Patienten, die ein Modell bei der zu entwickelnden Reaktion imaginiert haben, eine Tendenz zur Verhaltensänderung gezeigt haben, im Gegensatz zu denen, die dieselben Szenen ohne das Modell imaginierten (*Kazdin* 1973a, 1974a, 1974b, 1974c, 1974d, 1975). Diese Forschungsergebnisse unterstützen die Bedeutung der imaginativen Übung des Verhaltens, das geändert werden soll.

4. Wichtige Parameter des verdeckten Modellernens

Die Grundtechnik des verdeckten Modellernens erfordert, daß ein Klient ein Modell bei der Ausführung des gewünschten Verhaltens imaginiert. Bei den meisten der o. g. Fälle wird ein Modell bei Reaktionen der Selbstbehauptung in unterschiedlichen Situationen imaginiert. Diese Grundtechnik läßt Raum für zahlreiche Variationsmöglichkeiten. Daraus ergibt sich die wesentliche Frage, ob das imaginative Erleben so variiert werden kann, daß die Effekte der Grundtechnik des verdeckten Modellernens erweitert werden können. Man kann diese Frage versuchsweise beantworten, wenn man sich auf Ergebnisse der Labor- und Therapieforschung über offenes und Film-Modell-Lernen bezieht (*Bandura* 1970, 1971; *Marlatt, Perry* 1972, 1976; *Rosenthal* 1976). Eine Anzahl von Dimensionen könnte variiert werden, um die Wirksamkeit des verdeckten Modellernens zu vergrößern. Viele davon sind in analoger Therapieforschung bei Studenten mit Ängsten untersucht worden, müssen aber noch klinisch nachgewiesen werden.

4.1 Modell-Klient-Ähnlichkeiten

Das Grundparadigma des verdeckten Modellernens verlangt, daß ein Klient ein Modell imaginiert, spezifiziert aber nicht, wer das Modell ist oder welche Art von Modell benutzt werden soll. Aus der Forschung über offenes oder Film-Modellernen geht hervor, daß der Effekt des Modellernens auf das Beobachterverhalten um so größer ist, je ähnlicher sich Modell und Beobachter sind (*Bandura* 1971). Diese Beziehung wurde in zahlreichen Laboruntersuchungen festgestellt. Die Untersuchungen haben gezeigt, daß Personen, die über Gemeinsamkeiten mit dem nicht vertrauten Modell informiert wurden, eher zur Imitation der Modellreaktionen neigen als Personen, die zunächst keine gemeinsamen Eigenschaften mit dem Modell zeigen (z. B. *Burstein, Stotland, Zander* 1961; *Stotland, Patchen* 1961; *Stotland, Zander, Natsoulas* 1961). Auch die Ähnlichkeit des Modells in bezug auf Alter, Geschlecht und sozioökonomischen und rassischen Status erleichtern die Leistungen des Beobachters (*Bandura* 1971).

Die Übereinstimmung von Modell und Proband beim verdeckten Modellernen sind in einer analogen Behandlungsstudie untersucht worden. In einem Projekt nahmen Probanden mit Furcht vor harmlosen Schlangen an einer Behandlungsstudie mit verdecktem Modellernen teil, bei dem die Übereinstimmung zwischen Modell und Proband in bezug auf Geschlecht und Alter manipuliert wurde (*Kazdin* 1974b). Probanden, die ein Modell gleichen Alters und Geschlechts imaginieren sollten, zeigten eine stärkere Abnahme des Vermeidungsverhaltens und der selbsteingeschätzten Angst als Probanden, die ein viel älteres und andersgeschlechtliches Modell imaginieren sollten. Obwohl die Studie die Bedeutung der Klient-Modell-Ähnlichkeit nahelegt, zeigt sie nicht den spezifischen Bereich, für den die Übereinstimmung wichtig ist (also Geschlecht und Alter einzeln oder als Kombination). Die Forschung über Film-Modelle hat nur gelegentlich ergeben, daß die Übereinstimmung zwischen Modell und Beobachter in punkto Alter mit der Verhaltensänderung in Zusammenhang steht (z. B. *Bandura, Barab* 1973; *Kornhaber, Schroeder* 1975).

Die Übereinstimmung zwischen Klient und Modell ist aber auch für andere Bereiche als Alter und Geschlecht untersucht worden. Beim Film-Modell-Lernen haben Erwachsene, die angesichts eines besonderen Reizes ängstlich sind oder Vermeidungsverhalten zeigen, eher die Modelle imitiert, die zunächst ebenfalls Angst zeigen und die Angst nach und nach überwinden, als Modelle, die überhaupt keine Angst zeigen (*Meichenbaum* 1971). (Dieses Verhältnis kann bei Kindern anders sein, vgl. dazu *Kornhaber, Schroeder* 1975). Ähnliches gilt im Bereich des verdeckten Modellernens: ängstliche Probanden, die zunächst ängstliche Modelle imaginieren (ähnlich wie sie selbst), die aber nach und nach ihre Angst überwinden, zeigen am Ende der Behandlung mehr Annäherungsreaktionen als die, die nichtängstliche Modelle imaginiert haben (*Kazdin* 1973a, 1974b).

Es hat gegenwärtig den Anschein, daß verdecktes Modellernen durch größere Übereinstimmung zwischen Klient und Modell verbessert wird. Sind Modell und Klient sich sehr unähnlich (z. B. in Geschlecht und ungefährem Alter), mag verdecktes Modellernen überhaupt keine Veränderung beim Klienten bewirken (Kazdin 1974b). Je größer die Übereinstimmungsbereiche zwischen Modell und Klient, desto größer die Verhaltensänderung (Kazdin 1974b). Zahlreiche Fragen über den Einfluß der Modell-Klient-Ähnlichkeit müssen noch untersucht werden. Die herausragendste Frage ist die Bestimmung der Dimensionen, bei den Übereinstimmung wichtig sein könnte.

4.2 Modellidentität

Ein anderer Bereich, der beim Modellernen von Bedeutung sein kann, ist die Frage nach der Person des Modells. Die Identität des Modells kann leicht mit der Ähnlichkeit verwechselt werden; es ist aber anzunehmen, daß sie begrifflich und empirisch davon getrennt werden kann. Dabei taucht die Frage auf, ob der Klient selbst das verdeckte Modell sein sollte. Verdecktes Modellernen als Behandlungstechnik wurde zunächst methodisch so definiert, daß der Klient jemand anderen als sich selbst imaginiert (Cautela 1971c). Vom konzeptionellen Standpunkt aus gibt es keinen Grund, diese Unterscheidung aufrechtzuerhalten. Methoden auf Imaginationsbasis, die den Klienten sich selbst imaginieren lassen, haben sich als sehr wirkungsvoll erwiesen. Das beste Beispiel dafür ist die systematische Desensibilisierung, bei der die Klienten imaginieren, wie sie selbst schrittweise bestimmte Verhaltensweisen, die sie entwickeln wollen, ausführen. Da die Desensibilisierung darauf beruht, daß die Patienten sich selbst bei der Ausführung von Reaktionen imaginieren, könnte man es als eine Version des verdeckten Modellernens betrachten, d. h. verdecktes Selbst-Modell-Lernen. Bei zwei Projekten mit verdecktem Modellernen zur Angstreduktion verglich man das Imaginieren von sich selbst als Modell mit dem Imaginieren einer anderen Person (Kazdin 1974c; Thase, Moss 1976). Die Ergebnisse zeigten nach der Behandlung keine Unterschiede in der Angstreduktion. Beide Teilnehmergruppen verbesserten gleichermaßen ihre Reaktionen in Furchtsituationen.

Diese Resultate legen nahe, daß es keinen Einfluß auf die Wirksamkeit des verdeckten Modellernens hat, ob man sich selbst oder jemand anderen imaginiert. Cautela (1971c) sagt bei der ersten Beschreibung der Methode, daß die Auswahl des Modells nach eigenem Gutdünken erfolgen kann. Einige Personen finden es leichter, sich selbst bei der Ausführung der Zielverhalten zu imaginieren, andere ziehen ein anderes Modell vor. Pragmatische Überlegungen können in solchen Fällen die Auswahl des Modells in bezug auf die Modellidentität bestimmen.

4.3 Mehrfache Modelle

Beim verdeckten Modellernen wird nur ein einziges Modell für die Szenen benutzt. Der Klient soll eine vorgegebene Person bei der Reaktion, die er entwickeln will, imaginieren. Die Forschung über das verdeckte Modellernen läßt aber darauf schließen, daß es für die Verhaltensänderung des Beobachters wirksamer ist, wenn er mehrere Modelle statt nur eines einzigen bei der Reaktion, die entwickelt werden soll, beobachtet. Dieses Verhältnis wurde von *Bandura* und *Menlove* (1968) bestätigt. Sie fanden heraus, daß Kinder mit Angst vor Hunden größere Angstreduktion zeigten, wenn sie mehrere Filmmodelle bei angstfreien Interaktionen mit Hunden beobachtet hatten, als Kinder, die nur ein einziges Modell sahen. Andere Studien haben gezeigt, daß das Training mit mehrfachen Modellen beim Beobachter zu höheren Leistungsebenen und größerer Verhaltensübertragung auf neue Reizbedingungen führt als die Beobachtung eines einzigen Modells (*Marburg, Houston, Holmes* 1976).

Die Beziehung zwischen der Anzahl der Modelle und der Verhaltensänderung ist in Studien über verdecktes Modellernen untersucht worden. Bei der Behandlung von Furcht und mangelndem Durchsetzungsvermögen haben Untersuchungen gezeigt, daß Klienten, die mehrere verschiedene Modelle innerhalb der Behandlungssitzungen imaginiert haben, größere Verhaltensänderungen zeigen als die, die nur ein einziges Modell in den Sitzungen imaginierten (*Kazdin* 1974a, 1975, 1976b). Berücksichtigt man diese Beweise, scheint verdecktes Modellernen effektiver zu sein, wenn der Klient mehrere Modelle imaginiert. Deshalb sollte die Person, die imaginiert wird, im Laufe der Behandlung oder von Sitzung zu Sitzung geändert werden. Es ist noch nicht klar, ob das Imaginieren mehrerer Modelle nicht Teil eines größeren Bereichs ist, d. h. der Variation der imaginierten Szenen. Möglicherweise ist die Verhaltensänderung um so größer, je größer die Variationsbreite der Szenen in mehreren Dimensionen ist. Die Imagination mehrerer Modelle erweitert vielleicht nur die zahlreichen Hinweis-Reize, über die neue Reaktionen gelernt werden. Wenn dies zutrifft, kann auch die Variation der imaginierten Szenen die Behandlung verbessern.

4.4 Modellkonsequenzen

Die Forschung hat gezeigt, daß die Beobachtung eines Modells ausreichend ist, um eine Reaktion zu lernen. Die gelernte Reaktion wird aber manchmal so lange nicht ausgeführt, bis angemessene anspornende Bedingungen in der Umgebung vorhanden sind (*Bandura* 1970, 1971). Die anspornenden Bedingungen beziehen sich entweder auf die Konsequenzen, die dem Verhalten des Modells folgen, oder auf die Reaktion oder auf die nachfolgende Ausführung der Reaktion durch den Beobachter, nachdem er das Modell beobachtet hat. Erwartungsgemäß tendieren Personen, die ein Modell beobachten, das günstige oder verstärkende Konsequenzen nach Durchführung einer Reaktion erfährt, eher zu ihrer Ausführung als Klienten, die das Modell bei negativen oder überhaupt keinen Konsequenzen erleben (*Bandura* 1965).

Mehrere Studien, die nicht in Zusammenhang mit verdecktem Modellernen stehen, haben die Auswirkungen imaginierter Konsequenzen auf Verhalten untersucht. In Labor- und Therapiestudien zeigte sich, daß das Imaginieren positiver oder negativer Konsequenzen, die auf offenes Verhalten folgen, die nachfolgende Ausführung des Verhaltens zu- oder abnehmen läßt (z. B. *Ballack, Glanz, Simon* 1976; *Weiner* 1965). Diese Studien legen nahe, daß imaginierte Konsequenzen offenes Verhalten in gleicher Weise beeinflussen können, wie offene Konsequenzen es tun.

Auf dem Gebiet des verdeckten Modellernens haben einige wenige Studien den Einfluß der Imagination positiver Konsequenzen auf das Verhalten untersucht. Besonders in Studien über Selbstbehauptungstraining wurden die Wirkungen des Imaginierens von Szenen mit und ohne positive Konsequenzen auf die selbstbehauptende Reaktion des Modells verglichen (*Kazdin* 1974d, 1975). Bei diesen Untersuchungen wurden einige Klienten mit verdecktem Modellernen behandelt und sollten ein Modell mit selbstbehauptendem Verhalten in unterschiedlichen Situationen imaginieren. Andere Klienten wurden mit verdecktem Modellernen plus Verstärkung behandelt; dabei imaginierten sie Situationen mit zusätzlichen positiven Konsequenzen für das Verhalten des Modells. So sollten Klienten z. B. eine Situation imaginieren, in der ein Modell schlecht zubereitetes Essen in einem Restaurant zurückgehen läßt. Klienten, die außerdem noch mit Verstärkung behandelt werden, würden die gleiche Situation mit der zusätzlichen Konsequenz imaginieren, daß das Modell schließlich ein gutes Essen erhält und der Kellner sich entschuldigt. Der einzige Unterschied im Verlauf der Behandlung war die Imagination von Konsequenzen als Teil der Szene. Die Ergebnisse zeigten tendenziell, daß Klienten, die positive Konsequenzen imaginierten, am Ende der Behandlung — gemessen anhand Eigenbeurteilung und Verhaltensbeobachtung — stärker selbstbehauptend reagierten als die, die die Szenen ohne Konsequenzen imaginierten. Diese Ergebnisse lassen es ratsam erscheinen, positive Konsequenzen in die Szenen des verdeckten Modellernens einzubauen, die benutzt werden, um Verhaltensweisen auszubauen.

4.5 Unerforschte Parameter

Obwohl einige Arbeiten über Parameter, die die Wirksamkeit des verdeckten Modellernens beeinflussen, mittlerweile vorliegen, ist auf diesem Gebiet noch umfangreiche Forschung nötig. Diese Forschung kann sich auf die oben umrissenen Parameter konzentrieren oder auf andere, die noch untersucht werden müssen. Die Extrapolationen aus der Literatur über offenes und Film-Modellernen weisen auf noch manche Forschungswege hin. Beim Lernen vom lebenden oder vom Film-Modell beeinflussen z. B. unterschiedlichste Charakteristika des Probanden (Beobachters) die Wirksamkeit des Modellernens. Probanden mit wenig Selbstbewußtsein, hoher Abhängigkeit oder einer Geschichte von Belohnung für das Imitieren eines Modells zeigen höhere Imitationsebenen als Probanden am anderen Ende dieser Kontinua (*Bandura* 1971). Diese Forschung läßt vermuten, daß spezifische Variablen bei den Probanden im Zusammenhang mit verdecktem Modellernen untersucht werden können.

Eine zusätzliche Variable, die sich bei lebendem und Film-Modellernen als wichtig erwiesen hat, gehört in den Bereich der Aktivitäten, bei denen der Beobachter sich bemüht, die vom Modell dargestellten Verhaltensweisen beizubehalten. Wie schon bemerkt, wird das Modellernen als ein Prozeß begriffen, in dem verbale und imaginative repräsentative Abläufe durch Beobachtung geändert werden. Methoden, die die Kodierung der beobachteten Reize erweitern, erleichtern die Bewahrung des vom Modell dargestellten Materials. Diese These wird durch Forschungsergebnisse unterstützt, die gezeigt haben, daß Personen, die symbolisch die Leistung des Modells (entweder durch verbale Inhaltsangaben oder durch Imagination) kodieren sollten, höhere Ebenen des Modellverhaltens zeigten als Personen, von denen keine Kodierungsreaktionen erwartet wurden (*Bandura, Grusec, Menlove* 1966; *Gerst* 1971). Beim verdeckten Modellernen ist Imagination schon ein Teil der Methode und kann deshalb wohl nicht so leicht zusätzlich eingesetzt werden, um die Bewahrung zu steigern. Es ist aber möglich, die verbale Kodierung der imaginierten Leistung des Modells zu benutzen, um Zusammenfassungen von den Handlungen des Modells zu entwickeln. Man kann annehmen, daß die Verbalisierung der Leistung des Modells in einer knappen Überblicksfassung verdecktes Modellernen ähnlich wie offenes fördert. Die Wirkung des Kodierens von Verhalten, wie z. B. die Entwicklung prägnanter Überblicksbeschreibungen vom Verhalten des Modells, müssen beim verdeckten Modellernen noch untersucht werden.

Ein anderer Bereich von großem Interesse ist der Ursprung der Imaginationen, die während des verdeckten Modellernens benutzt werden. Bei fast allen Untersuchungen, die bis jetzt durchgeführt wurden, werden spezifische Szenen, die der Proband imaginieren soll, vom Therapeuten oder Untersuchungsleiter zur Verfügung gestellt. Möglicherweise könnten selbstentwickelte und nicht vorgegebene Szenen und Situationen effektiver sein. Es liegen keine direkten Daten zur Unterstützung dieser These vor, aber eine Untersuchung hat gezeigt, daß man das Ausmaß, in dem Probanden die ihnen vorgestellte Szene selbst ausarbeiten, in Beziehung zur Verhaltensänderung bringen kann. Klienten, die ihre Szenen durch nicht vorgegebene Merkmale erweiterten, zeigten eine Tendenz zu größerer Verhaltensänderung (*Kazdin* 1975). Diese Daten sind aber nur korrelativ und lassen noch keinen Schluß für eine kausale Beziehung zwischen Ausarbeitung der Imagination und Verhaltensänderung zu. Es wäre aber sicher der Mühe wert, die Wirkungen einer Aufforderung an die Klienten, die vorgebenen Szenen zu erweitern, auf Verhaltensänderung einmal direkt zu untersuchen.

Die spezifischen Parameter des imaginativen Erlebens, die die Verhaltensänderung beeinflussen, sind generell noch nicht gründlich genug untersucht worden. Die Extrapolationen der wesentlichen Dimensionen des offenen Modellernens bieten aber einige wichtige Richtlinien für die Maximierung des Einflusses der Imagination.

Eine Schwierigkeit bei der Untersuchung der Parameter der Imagination und bei der Bewertung der Behandlungsergebnisse liegt darin, sicherzustellen, daß die Parameter effektiv manipuliert worden sind. Im wesentlichen muß die kontinuierliche Imagination des Klienten beurteilt werden, um entscheiden zu können, ob spezifische Bereiche wirksam manipuliert worden sind. (Auf die Bewertung der kontinuierlichen Imagination wird im folgenden noch eingegangen). Erst wenn methodische Fortschritte gemacht worden sind, die die sorgfältige Bewertung des imaginativen Erlebens erlauben, können spezifische Parameter der imaginierten Szene leichter untersucht werden.

5. Beurteilung des imaginativen Erlebens und die Mechanismen der Verhaltensänderung

Durch die Techniken des verdeckten Konditionierens lernen die Klienten, spezifische Szenen zu imaginieren, in denen in sorgfältig geplanter Reihenfolge bestimmte Ereignisse stattfinden. Je nach der angewandten Technik werden bestimmte Züge dieser Szenen als wesentlich für die Verhaltensänderung angesehen. Beim verdeckten Modellernen z. B. muß der Klient ein Modell bei der Ausführung der Reaktionen, die er entwickeln will, imaginieren.

Beim normalen Verlauf des verdeckten Modellernens beschreibt der Therapeut die Szenen und läßt dem Klienten für die Entwicklung des Bildes eine bestimmte Zeitspanne. Es wird allgemein angenommen, daß das imaginative Erleben des Klienten sich eng an die vom Therapeuten beschriebene Szene anlehnt. Klienten haben jedoch häufig behauptet, daß ihr Bilderleben von den beschriebenen Szenen abweicht (z. B. *Barrett* 1968; *Davison, Wilson* 1973; *Weinberg, Zaslove* 1963; *Weitzman* 1967). Es kommt vor, daß die vom Therapeuten präsentierte Szene eine kontinuierliche, filmartige Bilderserie initiiert, die sich nicht an das vorgegebene Material hält.

Die Annahme, daß das imaginative Erleben des Klienten von den Szenen, die der Therapeut präsentiert, abweichen kann, hat methodologische, begriffliche und klinische Implikationen. Methodologische Implikationen entstehen aus den Änderungen des Bilderlebens der Klienten bei Behandlungstudien, in denen unterschiedliche Techniken oder Variationen einer bestimmten Technik des verdeckten Konditionierens verglichen werden sollen. Klienten können sich ähnliche Szenen vorstellen, auch wenn der Untersuchungsleiter das imaginative Erleben der Gruppen differenzieren wollte. Methodologische und begriffliche Implikationen ergeben sich aus der Möglichkeit, daß „entscheidende" Bestandteile einer bestimmten Technik nicht durchgängig vom Probanden imaginiert werden; es ließe sich demnach fragen, was denn nun wirklich die wichtigen Bestandteile sind. Klinische Implikationen schließlich ergeben sich aus der Aufdeckung dieser vom Klienten geänderten Merkmale des Bilderlebens, die zum Behandlungsergebnis beitragen oder es erweitern können. Einige Techniken, die auf dem imaginativen Erleben beruhen und in Europa weit verbreitet sind, basieren in der Tat auf dem Imaginationsfluß seitens des Patienten, nachdem der Therapeut ein Anfangsthema oder spezifisches Bild präsentiert hat, um den Prozeß in Gang zu bringen. Aspekte des imaginativen Erlebens, die der Verhaltenstherapeut als Abweichungen von den therapeutischen Szenen ansehen mag, können von anderen als wesentliche Komponenten der auf dem Bilderleben beruhenden Behandlung bewertet werden (vgl. *Singer* 1974). Will man die Bedeutung von Veränderungen der vom Therapeuten vorgegebenen Imaginationen durch den Klienten auf die Verhaltensänderung untersuchen, ist es in jedem

Fall nötig, den Bildinhalt einschätzen zu können. Diese Einschätzung erfordert Vergleiche zwischen den vom Therapeuten präsentierten Szenen und denen, die tatsächlich vom Klienten imaginiert werden.
In unserer Forschung haben wir die Klienten laut die Szenen erzählen lassen, die sie während der Behandlungssitzungen imaginiert haben, und konnten so den Bildinhalt beurteilen (*Kazdin* 1975, 1976 a). Nachdem die Szene vorgestellt worden ist, kann der Klient eine festgesetzte Zeit lang die Imagination entwickeln. Der Klient erzählt die Szene, wenn und während er sie klar sieht. Diese Berichte sind dann auf Tonband aufgenommen und ausgewertet worden, um die Ähnlichkeit mit den präsentierten Szenen beurteilen zu können.
Diese Einschätzungsmethode wurde benutzt, um imaginatives Erleben beim verdeckten Modellernen beurteilen zu können. In einem Projekt, in dem Klienten Selbstbehauptung lernen sollten, wurden verschiedene Gruppen des verdeckten Modellernens verglichen (*Kazdin* 1975). Die Bedeutung der Beurteilung der Imagination kann an der Untersuchung dreier dieser Gruppen verdeutlicht werden. In einer reinen Modellgruppe wurden den Klienten Szenen vorgegeben, bei denen ein Modell sich selbst behauptet. In einer Gruppe, die mit Modell plus Verstärkung arbeitete, erhielten die Klienten Szenen, in denen ein Modell sich selbst behauptet und wo auf diese Reaktion günstige (vermutlich verstärkende) Konsequenzen folgten. Eine Kontrollgruppe imaginierte Szenen zur Selbstbehauptung, bei denen eine entsprechende Reaktion angebracht war, aber kein Selbstbehauptungsmodell vorhanden war. Die Klienten aller Gruppen erzählten die imaginierten Szenen in allen vier Behandlungssitzungen, damit beurteilt werden konnte, ob sich die imaginierten Szenen mit den vorgegebenen deckten.
Interessanterweise war das Ergebnis, daß die Klienten nicht vorgegebene Merkmale in ihre Szenen einschoben. Klienten in der reinen Modellgruppe z. B. führten gelegentlich günstige Modellkonsequenzen ein, obwohl diese Bestandteile in den präsentierten Szenen nicht enthalten waren. Diese Versuchspersonen waren der reinen Modellgruppe zugeordnet worden, hatten aber ein selbstbehauptendes Modell plus verstärkender Konsequenz imaginiert. Vielleicht noch interessanter waren die Probanden der Kontrollgruppe, die Szenen erhielten, bei denen selbstbehauptende Reaktionen angemessen, aber keine Modelleistungen vorgegeben waren. Einige dieser Versuchspersonen imaginierten ein Modell sowie verstärkende Konsequenzen, die auf die selbstbehauptenden Reaktionen des Modells folgten, obwohl keine der beiden Komponenten in ihren Szenen vorgegeben war. Alles in allem zeigt die Studie, daß Probanden beim verdeckten Modellernen gelegentlich von

präsentierten Szenen abweichen. Darüber hinaus handelt es sich um systematische Abweichungen, weil bestimmte Bestandteile, die relevant für die Behandlungswirkung sind (z. B. Modellkonsequenz), eingeführt worden waren.

Das Ausmaß, in dem Szenenabweichungen bei Therapien auftreten, die auf Imagination basieren, muß eingeschätzt werden. Diese Einschätzung kann bedeutende methodologische Implikationen für die Auswertung der Forschungsergebnisse haben. Ein Forscher will vielleicht Variationen einer gegebenen Imaginationstechnik auswerten oder die aktiven Bestandteile der Behandlung untersuchen. In einer Studie über verdeckte Verstärkung z. B. könnte man zwei Gruppen vergleichen. Die eine imaginiert die Ausführung einer Zielreaktion, der eine angenehme Szene folgt (verdeckte Verstärkung), die andere imaginiert die Zielreaktion ohne angenehme Konsequenzen (Kontrollgruppe). Nehmen wir an, die Gruppen unterscheiden sich nicht. Die fehlenden Unterschiede zwischen Gruppen, unter der Voraussetzung einer Besserung, stellen nicht notwendig die Wirkungen der verdeckten Verstärkung oder die Bedeutung verstärkender Konsequenzen in Frage. Möglicherweise führen die tatsächlichen Imaginationen der Probanden zu stärkerer Homogenität der Gruppen, als vom Untersuchungsleiter beabsichtigt wurde. Die Probanden imaginieren vielleicht Merkmale, die ihre Behandlungsbedingungen „ändern". Bei dem vorerwähnten Beispiel ist es durchaus möglich, daß die Probanden der Kontrollgruppe angenehme Konsequenzen einführen, so daß die Behandlungstechnik dann verdeckte Verstärkung wäre, obwohl dies nicht beabsichtigt war. Auf diese Weise hätten dann einige Teilnehmer der Kontrollgruppe an einer Behandlung teilgenommen, die praktisch identisch mit der der wirklichen Behandlungsgruppe ist. Der Vergleich zwischen Kontroll- und Behandlungsgruppe kann noch unklarer werden, wenn einige Probanden der Behandlungsgruppe die angenehmen Szenen, die verstärkend wirken sollen, nicht imaginieren würden.

Vom methodologischen Standpunkt aus ist die Beurteilung des imaginativen Erlebens sehr wichtig, um sicherstellen zu können, daß die untersuchte Technik auch tatsächlich vom Klienten ausgeführt wird. Die Einschätzung der Imaginationen ermöglicht eine Prüfung der experimentellen Manipulation und kann in etwa sicherstellen, daß die Komponenten der Vorstellungskraft, die der Forscher untersuchen will, auch tatsächlich untersucht worden sind. Imaginationseinschätzung ist dann besonders informativ, wenn experimentelle und Kontrollgruppen oder unterschiedliche Behandlungsvariationen keine unterschiedlichen Ergebnisse hervorbringen. Denn ein Mangel an Unterschieden bei den Testgruppen ist schließlich nur dann signifikant, wenn einigermaßen sicher ist, daß die Behandlungsbedingungen unterschiedlich waren (d. h., daß die abweichenden Szenen der Klienten die Behandlung nicht homogener machen, als beabsichtigt war) und daß die wesentlichen Komponenten der Behandlung auch wirklich imaginiert wurden.

Die Beurteilung des imaginativen Erlebens hat auch klinische Implikationen. Sie kann nützliche Hypothesen über die Mechanismen der Verhaltensänderung liefern und Variablen aufzeigen, deren man sich zur Erweiterung des Behandlungserfolges bedienen könnte. Eine der o. g. Studien zum verdeckten Modellernen z. B. bewertete das Ausmaß, in dem Klienten Grundbestandteile der Szenen ausgearbeitet und damit verändert haben (*Kazdin* 1975). Die Ausarbeitung der Szenen bestand in der Einführung zusätzlichen beschreibenden Materials und bezog sich auf Aspekte des Modellverhaltens oder der Konsequenzen. Wie bereits bemerkt, zeigten Klienten mit der Tendenz zur Ausschmückung der Imaginationen in ihren Behandlungsergebnissen einen größeren Zuwachs an Selbstbehauptung als die, die nur wenig oder gar nichts an den Szenen geändert hatten. Diese Ergebnisse lassen darauf schließen, daß die Ausarbeitung der Szenen für die Wirkung der Behandlung eine große Rolle spielt.

Bei einem anderen Projekt korrelierte das Ausmaß, in dem Klienten in den Szenen Gefühle des Modells beschrieben, mit verbessertem Selbstbehauptungsverhalten (*Kazdin* 1976a). Möglicherweise kann man Klienten die Instruktion geben, sich bewußt auf Gefühle (subjektive Zustände) des Modells in den Szenen zu konzentrieren, und dies als Methode zur Verbesserung der Behandlungswirkung einsetzen. Ob die Ermutigung des Klienten, die vorgegebenen Szenen auszuschmücken oder auf bestimmte Aspekte der Szenen zu fokussieren, die Behandlung wirklich verbessert, bleibt vorläufig eine These, die bewiesen werden muß. Diese und ähnliche Hypothesen ergeben sich aber aus der Beurteilung der Imagination des Klienten in der Behandlung.

6. Techniken auf der Basis des imaginativen Erlebens im Vergleich mit Übungen des offenen Verhaltens

Techniken auf Imaginationsbasis sind in der Verhaltenstherapie extensiv benutzt worden. Ein Teil ihrer Popularität beruht darauf, daß sie gegenüber Techniken, in denen der Stimulus dem Klienten offen präsentiert wird und er das Verhalten in der Behandlung direkt ausführt, große Vorteile besitzen. Die Darbietung der Stimuli und Konsequenzen in der Vorstellungskraft ermöglicht dem Klienten größere Abwechslung und Flexibilität als die Präsentation der tatsächlichen Ereignisse selbst. Es ist darüber hinaus zeitlich effektiver, und die Situationen sind leichter zu arrangieren, wenn der Klient die Ausführung unterschiedlicher Reaktionen imaginiert, anstatt sie tatsächlich auszuführen. In manchen Situationen wären imaginative Methoden und tatsächliche Ausführung des Zielverhaltens gleichermaßen anwendbar; dann bestimmen nur die Vorteile der Methode des imaginativen Erlebens die Auswahl. Hier drängt sich die Frage auf nach der relativen Wirksamkeit der Methoden, die auf Imagination oder auf der tatsächlichen Leistung des Klienten basieren. Die leichtere Anwendbarkeit, die ein Vorteil der Behandlungen auf Imaginationsbasis ist, wäre offensichtlich dann irrelevant, wenn die Behandlung weniger effektiv wäre als ein vorhandes *In-vivo*-Gegenstück.

Die Frage der relativen Wirksamkeit der auf der Vorstellungskraft beruhenden gegenüber *In-vivo*-Techniken ist für den Bereich des Modellernens bisher nicht gründlich untersucht worden. Es gibt jedoch Vergleiche zwischen den auf der Vorstellungskraft beruhenden Techniken und ihrer realen Gegenstücke auf dem Gebiet der systematischen Desensibilisierung und der Reizüberflutung; zwei Verhaltenstechniken, die sich bei der Behandlung von Störungen, die durch Ängste hervorgerufen wurden, als sehr wirksam erwiesen haben. Bei der offenen Desensibilisierung arbeitet der Klient direkt mit dem gefürchteten Reiz, anstatt ihn nur zu imaginieren. Die Forschung hat nachgewiesen, daß die Angstreduktion laut Selbsteinschätzung und Verhaltensmessungen größer ist, wenn man dem Reiz in graduellen Abstufungen *in vivo* ausgesetzt wird oder die angemessene Reaktion offen übt, als bei der Desensibilisierung auf Imaginationsbasis. (*Crowe, Marks, Agras, Leitenberg* 1972; *Garfield, Darwin, Singer, McBrearty* 1967; *LoPiccolo* 1969; *Sherman* 1972; *Strahley* 1965). Auch die Forschung zur Reizüberflutung hat ergeben, daß die offene Darbietung und der direkte Kontakt mit dem Stimulus der imaginativen Methode überlegen sind (*Crowe* et al. 1972; *Marks* 1975; *Watson, Marks* 1971).

Auch andere Studien legen die Überlegenheit offener Behandlung gegenüber imaginativer nahe. *Bandura, Blanchard* und *Ritter* (1969) z. B. haben Modellernen mit gelenkter Teilnahme (d. h. die Konfrontation mit einem lebenden Modell und die sich steigernde Durchführung des Modellverhaltens), mit Desensibilisierung auf Imaginationsbasis und Modellernen (durch Filme) bei der Behandlung von Schlangenfurcht verglichen. Die beiden letzten Behandlungsformen führten zu größerer Angstreduktion als gar keine Behandlung; die Gruppe, die das Verhalten während der Therapie tatsächlich durchgeführt hatte, zeigte aber die größte Angstreduktion. Diese Studie legt den Schluß nahe, daß die tatsächliche Ausführung der Zielreaktion während der Behandlung zu größerer Angstreduktion führt als die beiden Behandlungen mit symbolischen Prozessen, also Desensibilisierung auf Imaginationsbasis und symbolisches Modellernen, bei denen imaginative und verbale Kodierungsprozesse wirksam sein sollen. Auch andere Forschungen belegen, daß Behandlungen, die reale Leistungen seitens des Klienten verlangen, bei der Reduzierung von Angst und der Entwicklung sozialer Fähigkeiten der Desensibilisierung oder dem Modellernen überlegen sind (*Blanchard* 1970; *Crowe* et al. 1972; *Friedman* 1971; *Ritter* 1969; *Roper, Rachman, Marks* 1975; *Wright* 1976).

Es gibt bisher wenig Vergleiche zwischen den von *Cautela* entwickelten Techniken des verdeckten Konditionierens mit solchen, die offene Klientenleistung verlangen. In letzter Zeit haben *Thase* und *Moss* (1976) verdecktes Modellernen, bei dem die Klienten entweder sich selbst oder andere als Modell imaginiert haben, mit Teilnahme am Modellverhalten bei der Reduzierung von Schlangenfurcht verglichen. Probanden, die am Modellverhalten teilnahmen, zeigen laut Selbstbericht und Verhaltensmessungen signifikant größere Angstreduktion. *Flannery* (1972b) vergleicht in einer anderen Studie zwei Variationen von verdeckter Verstärkung bei der Reduzierung der Angst vor Ratten. Bei der einen From imaginierten die untersuchten Personen verstärkende Szenen für eine tatsächliche Annäherung an den furchtauslösenden Stimulus, bei der anderen imaginierten die Probanden verstärkende Szenen für eine imaginative Annäherung. Die Gruppe mit In-vivo-Exposition zeigte größere Angstreduktion in Selbstbericht und Verhaltenstest. Die offene Übung des zu entwickelnden Verhaltens ist aber nicht immer der verdeckten vorzuziehen. *McFall* und seine Kollegen (*McFall, Lillesand* 1971; *McFall, Twentyman* 1973) haben herausgefunden, daß verdecktes wie offenes (verbales) Üben bei der Entwicklung positiver Fähigkeiten gleich effektiv sind. Es ist aber möglich, daß sich die verbale Angabe einer Reaktion in simulierten Situationen doch ein wenig von der Übung des erforderlichen Verhaltens (z. B. verbal und nonverbal), das in realen Situationen ausgeführt werden kann, unterscheidet.

Insgesamt lassen die o. a. Studien darauf schließen, daß offene Verhaltensübung zu größerer Verhaltensänderung führt als verdeckte. Dieses Ergebnis gilt für unterschiedliche Techniken. Wenn die vorhandene Literatur diesen Schluß tatsächlich zuläßt, wird die Priorität der Anwendung der verdeckten Konditionierungstechniken zu einem

Hauptproblem. Solange keine zusätzlichen Beweise vorhanden sind, würde der Therapeut also gut daran tun, die offene Verhaltensübung, wo immer möglich, zu benutzen. Solange nicht nachgewiesen werden kann, daß verdeckte Techniken einen klaren Behandlungsvorteil bieten, sollte man sie den Situationen vorbehalten, in denen tatsächliche Exposition und Übung nicht in die Behandlung eingebracht werden können. Auch wenn die Klienten offenes Verhalten in der realen Situation, für die es entwickelt werden soll, nicht üben können, ist es sinnvoller, in der Behandlung offenes Üben in simulierten Situationen zu benutzen als imaginatives Erleben. Sicherlich sind noch umfangreichere Forschungen nötig, um die Wirkungen der offenen und der auf Imagination basierenden Methoden zu Verhaltensänderungen einschätzen zu können. Das Hauptproblem hier ist, ob die Techniken des verdeckten Konditionierens in Fällen, wo offene Verhaltensübung als Behandlungsmöglichkeiten in Frage kommt, benutzt werden sollten.

Abgesehen von der Gegenüberstellung der auf Imagination basierenden Therapien und denen der offenen Übung und ihren jeweiligen Vorteilen kann man die beiden Techniken auch sinnvoll kombinieren. Bei der Behandlung von Ängsten z. B. haben verschiedene Autoren festgestellt, daß eine auf Imagination basierende Behandlung anfangs sinnvoll sein kann, damit der Klient seine Ängste soweit überwindet, daß er mit der konkreten Ausführung der angstauslösenden Reaktion überhaupt beginnen kann (*Bandura* 1969; *Marks* 1975). Der In-vivo-Teil der Behandlung wird wahrscheinlich den größeren therapeutischen Gewinn für das Ausmaß der Verhaltensänderung und die allgemeine Veränderung gegenüber dem Reiz bringen. In diesem Sinne kann die auf Imagination basierende Behandlung einen ersten vorbereitenden Schritt für die offene Verhaltensübung in tatsächlichen Situationen darstellen (z. B. *Watson, Marks* 1971). Gegenwärtig gibt es keine eindeutige empirische Basis für diese Kombination von offenen und verdeckten Techniken. Man müßte beweisen, daß offene Verhaltensübung allein weniger wirksam ist als die Kombination von offenen und verdeckten Übungen. Die Forschung muß sich sicherlich mit dem Beitrag der verdeckten Prozesse zur Verhaltensänderung und der jeweiligen Wirksamkeit unterschiedlicher Kombinationen von verdeckten und offenen Techniken beschäftigen.

7. Zusammenfassung und Folgerungen

Die Forschung im Bereich des verdeckten Modellernens und vielleicht auch im Bereich des verdeckten Konditionierens generell sollte sich auf wenigstens vier zusammenhängende Fragen konzentrieren: auf die generelle Wirksamkeit der Technik und die Probleme, für die sie sich eignet; auf die Konzeptualisierung der Technik; auf die vom Klienten berichteten Imaginationen und auf die relative Wirksamkeit der auf Imagination basierenden Techniken und ihrer offenen Gegenstücke.

Wie bereits angemerkt, gibt es gegenwärtig nur wenige Untersuchungen, die die Wirksamkeit des verdeckten Modellernens bei klinischen Gruppen und Problemen nachweisen. Der Hauptanteil der Forschung konzentriert sich auf Studenten mit leichten Ängsten. Das Verhalten von Studenten ist für Veränderung leicht zugänglich, und das mag viel dazu beigetragen haben, daß die gegenwärtige Forschung wenig oder gar keinen Einfluß auf die letztliche Wirksamkeit der Technik bei klinischen Problemen hat. Einige Autoren haben denn auch sowohl die relative Leichtigkeit bemerkt, mit der Verhaltensänderung demonstriert werden kann, wie auch den Einfluß von Faktoren, die bei Studenten auch unabhängig von der Behandlung Veränderungen bewirken können (z. B. *Bernstein, Paul* 1971; *Kazdin* 1973b). Es gibt einige wenige Fallstudien über verdecktes Modellernen, wobei wichtige klinische Veränderungen bewirkt wurden. Dabei muß aber berücksichtigt werden, daß diese die Verhaltensänderung nicht auf verdecktes Modellernen an sich zurückführen konnten. Generell ist die Wirksamkeit des verdeckten Modellernens nicht überzeugend nachgewiesen worden. Es gibt bis jetzt nur wenige Untersuchungen der Behandlungsergebnisse, die aber nicht genügen, um weitgestreute klinische Anwendungen zu rechtfertigen. Eine Hauptaufgabe für weitere Forschungen wird sicherlich die Vervollständigung zusätzlicher Behandlungsstudien sein.

Auch die Konzeptualisierung des verdeckten Modellernens wie der anderen verdeckten Konditionierungstechniken bedarf weiterer Forschung. Ursprünglich sind die verdeckten Techniken von Extrapolationen der in der Laborforschung entwickelten Lernprinzipien abgeleitet worden. Solche Ableitung hat zwar einen offensichtlichen heuristischen Wert, aber die Forschung legt nahe, daß die Veränderungsmechanismen bei den auf Imagination basierenden Therapien nicht mit der theoretischen Grundlage übereinstimmen. Z. B. ist die Imagination der Ausführung einiger Verhaltensweisen, gefolgt von günstigen Konsequenzen, verdeckte Verstärkung genannt worden. Dennoch gibt es Untersuchungen, die zeigen, daß viele Variationen der Methode einschließlich solcher, die sich nicht als „Verstärkung" interpretieren lassen, genauso gut funktionieren (*Blanchard, Draper* 1973; *Hurley* 1976;

Ladouceur 1974; *Marshall, Boutilier, Minnes* 1974). Auch Ergebnisse anderer auf Imagination basierender Techniken lassen Fragen über die konzeptuelle Basis ihrer Wirksamkeit offen (vgl. *Kazdin* 1977). Diese Untersuchungen leugnen nicht die Wirksamkeit der verschiedenen Techniken, sondern führen zu Fragen über die Mechanismen, die für Veränderung verantwortlich sind. Es müssen zusätzliche Modelle und Konzeptualisierungen der auf Imagination basierenden Techniken aufgestellt und empirisch ausgewertet werden.

Das imaginative Erleben der Klienten während der Behandlung bedarf ebenfalls einer genauen Untersuchung. Die Szenen, die die Klienten im Unterschied zu denen, die ihnen präsentiert werden, tatsächlich imaginieren und berichten, haben einen direkten Einfluß auf die Konzeptualisierung dieser Techniken und die Mechanismen der Veränderung. Es ist zu früh, wichtige Bestandteile der Behandlung zu diskutieren, wenn es noch keinen klaren Beweis dafür gibt, daß die Klienten diese Bestandteile wirklich in ihre Imaginationen aufnehmen und nicht systematisch andere Züge hineinbringen, die einen plausiblen Grund für Verhaltensänderung darstellen könnten. Auch ergeben sich wahrscheinlich aus der Bewertung des imaginativen Erlebens Variablen, die mit therapeutischer Veränderung korrelieren. Die Korrelate können Variablen andeuten, die direkt manipuliert werden können, um das Therapieergebnis zu erweitern. Mehrere Studien legen den Schluß nahe, daß der Selbstbericht über die qualitativen Aspekte des imaginativen Erlebens (z. B. Lebendigkeit, Klarheit) nicht konsistent mit der Verhaltensänderung korreliert (z. B. *Davis, McLemore, London* 1970; *Kazdin* 1974b; *McLemore* 1972). Vielleicht sollte man sich auf den Inhalt der Imaginationen konzentrieren, vor allem, weil es Beweise dafür gibt, daß dieser während der Behandlung systematisch variiert wird (*Kazdin* 1975).

Die jeweilige Wirksamkeit von „verdeckten" und „offenen" Techniken muß entschieden werden. In den Bereichen Desensibilisierung, Modellernen und Reizüberflutung läßt die Forschung relativ eindeutig darauf schließen, daß die offene Darbietung von Reizen und die offene Ausführung eines Verhaltens seitens des Klienten zu größerer therapeutischer Veränderung führt als die auf Imagination basierenden Behandlungsmethoden (*Bandura* 1969; *Marks* 1975). Man hat nicht bei allen auf Imagination basierenden Techniken Vergleiche zwischen offener und imaginativer Behandlung durchgeführt. Die wenigen vorhandenen Berichte im Bereich des Modellernens legen nahe, daß imaginative Methoden weniger effektiv sind als ihre In-vivo-Gegenstücke (z. B. *Bandura* u. a. 1969; *Thase, Moss* 1976). Grundlegende vergleichende Untersuchungen sind wesentlich für die Entscheidung über die Priorität der verdeckten Konditionierungstechniken bei der Auswahl der Therapiemethode. Offenes Verhalten wird bei manchen der in der Therapie behandelten Probleme nicht möglich sein. Es bleibt jedoch bis jetzt unklar, ob die verdeckten Konditionierungstechniken als einzige Behandlungsmodalität eingesetzt werden sollen oder nur als Technik für Fälle, in denen offene Ausführung nicht machbar ist.

Literatur

Bandura, A., Influence of model's reinforcement contingencies on the acquisition of imitative responses, *Journal of Personality and Social Psychology*, 1965, 1, 589-595.
—, Principles of behavior modification, New York: Holt, Rinehart, and Winston, 1969.
—, Modeling theory, in: *W. S. Sahakian* (Ed.), Psychology of learning: Systems, models, and theories, Chicago: Markham, 1970.
—, Psychotherapy based upon modeling principles, in: *A. E. Bergin, S. L. Garfield* (Eds.), Handbook of psychotherapy and behavior change, New York: Wiley, 1971.
Bandura, A., Barab, P. G., Processes governing disinhibitory effects through symbolic modeling, *Journal of Abnormal Psychology*, 1973, 82, 1-9.
Bandura, A., Blanchard, E. G., Ritter, B., Relative efficacy of desensitization and modeling approaches for inducing behavioral affective, and attitudinal changes, *Journal of Personality and Social Psychology*, 1969, 13, 173-199.
Bandura, A., Grusec, J. E., Menlove, F. L., Observational learning as a function of symbolization and incentive set, *Child Development*, 1966, 37, 499-506.
Bandura, A., Menlove, F. L., Factors determining vicarious extinction of avoidance behavior through symbolic modeling, *Journal of Personality and Social Psychology*, 1968, 8, 99-108.
Barrett, C. L., „Runaway imagery" in systematic desensitization therapy and implosive therapy, *Psychotherapy: Theory, Research and Practice*, 1968, 7, 233-235.
Bellack, A. S., Glanz, L. M., Simon, R., Self-reinforcement style and covert imagery in the treatment of obesity, *Journal of Consulting and Clinical Psychology*, 1976, 44, 490-491.
Bernstein, D. A., Paul, G. L., Some comments on therapy analogue research with small animal „phobias", *Journal of Behavior Therapy and Experimental Psychiatry*, 1971, 2, 225-237.
Blanchard, E. B., Relative contributions of modeling, informational influence, and physical contact in extinction of phobic behavior, *Journal of Abnormal Psychology*, 1970, 76, 55-61.
Blanchard, E. B., Draper, D. O., Treatment of a rodent phobia by covert reinforcement: A single subject experiment, *Behavior Therapy*, 1973, 4, 559-564.
Burstein, E., Stotland, E., Zander, A., Similarity to a model and self-evalution, *Journal of Abnormal and Social Psychology*, 1961, 62, 257-264.
Cautela, J. R., A behavior therapy treatment of pervasive anxiety, *Behaviour Research and Therapy*, 1966, 4, 99-109.
—, Covert sensitization, *Psychological Record*, 1967, 20, 459-468.
—, Covert negative reinforcement, *Journal of Behavior Therapy and Experimental Psychiatry*, 1970a, 1, 273-278.
—, Covert reinforcement, *Behavior Therapy*, 1970b, 1, 33-50.

—, Covert conditioning, in: *A. Jacobs, L. B. Sachs* (Eds.), The psychology of private events: Perspectives on covert response systems, New York: Academic Press, 1971a.
—, Covert extinction, *Behavior Therapy*, 1971b, 2, 192-200.
—, Covert modeling. Paper presented at the fifth annual meeting of the Association for Advancement of Behavior Therapy, Washington, D. C., September 1971c.
—, Rationale and procedures for covert conditioning, in: *R. D. Rubin, H. Fensterheim, J. D. Henderson, L. P. Ullmann* (Eds.), Advances in behavior therapy, New York: Academic Press, 1972.
—, Covert response cost. Unpublished manuscript. Boston College, 1974.
Cautela, J. R., Flannery, R., Hanley, E., Covert modeling: An experimental test, *Behavior Therapy*, 1974, 5, 494-502.
Crowe, M. J., Marks, I. M., Agras, W. S., Leitenberg, H., Time-limited desensitization, implosion and shaping for phobic patients: A crossover study, *Behaviour Research and Therapy*, 1972, 10, 319-328.
Davis, D., McLemore, C. W., London, P., The role of visual imagery in desensitization, *Behaviour Research and Therapy*, 1970, 8, 11-13.
Davison, G. C., Wilson, G. T., Processes of fear-reduction in systematic desensitization: Cognitive and social reinforcement factors in humans, *Behavior Therapy*, 1973, 4, 1-21.
Flannery, R. B., Covert conditioning in the behavioral treatment of an agoraphobic, *Psychotherapy: Theory, Research and Practice*, 1972a, 9, 217-220.
—, A laboratory analogue of two covert reinforcement procedures, *Journal of Behavior Therapy and Experimental Psychiatry*, 1972b, 3, 171-177.
—, Use of covert conditioning in the behavioral treatment of a drug-dependent college dropout, *Journal of Counseling Psychology*, 1972c, 19, 547-550.
Friedman, P. H., The effects of modeling and role-playing on assertive behavior, in: *R. D. Rubin, H. Fensterheim, A. A. Lazarus, C. M. Franks* (Eds.), Advances in behavior therapy, New York: Academic Press, 1971.
Garfield, Z. H., Darwin, P. L., Singer, B. A., McBrearty, J. F., Effects of „in vivo" training on experimental desensitization of a phobia, *Psychological Reports*, 1967, 20, 515-519.
Gerst, M. S., Symbolic coding processes in observational learning, *Journal of Personality and Social Psychology*, 1971, 19, 7-17.
Hay, W. M., Hay, L. R., Nelson, R. O., The adaptation of covert modeling procedures to the treatment of chronic alcoholism and obsessive-compulsive behavior. Paper presented at meeting of the Association for Advancement of Behavior Therapy, Washington, D. C., December, 1975.
Hurley, A. D., Covert reinforcement: The contribution of the reinforcing stimulus to treatment outcome, *Behavior Therapy*, 1976, 7, 347-378.
Kazdin, A. E., Covert modeling and the reduction of avoidance behavior, *Journal of Abnormal Psychology*, 1973a, 81, 87-95.
—, The effect of suggestion and pretesting on avoidance reduction in fearful college students, *Journal of Behavior Therapy and Experimental Psychiatry*, 1973b, 4, 213-221.
—, Comparative effects of some variations of covert modeling, *Journal of Behavior Therapy and Experimental Psychiatry*, 1974a, 5, 225-231.
—, Covert modeling, model similarity, and reduction of avoidance behavior, *Behavior Therapy*, 1974b, 5, 325-340.
—, The effect of model identity and fear-relevant similarity on covert modeling, *Behavior Therapy*, 1974c, 5, 624-635.

—, Effects of covert modeling and model reinforcement on assertive behavior, *Journal of Abnormal Psychology*, 1974d, 83, 240-252.

—, Covert modeling, imagery assessment, and assertive behavior, *Journal of Consulting and Clinical Psychology*, 1975, 43, 716-724.

—, Assessment of imagery during covert modeling treatment of assertive behavior, *Journal of Behavior Therapy and Experimental Psychiatry*, 1976a, 7, 213-219.

—, Effects of covert modeling, multiple models, and model reinforcement on assertive behavior, *Behavior Therapy*, 1976b, 7, 211-222.

—, Research issues in covert conditioning, *Cognitive Therapy and Research*, 1977, 1, 45-58.

Kazdin, A. E., Wilcoxon, L. A., Systematic desensitization and nonspecific treatment effects: A methodological evaluation, *Psychological Bulletin*, 1976, 83, 729-758.

Kornhaber, R. C., Schroeder, H. E., Importance of model similarity on extinction of avoidance behavior in children, *Journal of Consulting and Clinical Psychology*, 1975, 43, 601-607.

Ladouceur, R., An experimental test of the learning paradigm of covert positive reinforcement in deconditioning anxiety, *Journal of Behavior Therapy and Experimental Psychiatry*, 1974, 5, 3-6.

LoPiccolo, J., Effective components of systematic desensitization. Unpublished doctoral dissertation. Yale University, 1969.

Mahoney, M., J., Cognition and behavior modification, Cambridge, Mass.: Ballinger, 1974.

Marburg, C. C., Houston, B. K., Holmes, D. S., Influence of multiple models on the behavior of institutionalized retarded children: Increased generalization to other models and behaviors, *Journal of Consulting and Clinical Psychology*, 1976, 44, 514-519.

Marks, I. M., Behavioral treatments of phobic and obsessive-compulsive disorders: A critical appraisal, in: M. Hersen, R. M. Eisler, P. M. Miller (Eds.), Progress in behavior modification, Vol. 1., New York: Academic Press, 1975.

Marlatt, G. A., Perry, M. A., Modeling methods, in: F. H. Kanfer, A. P. Goldstein (Eds.), Helping people change: A textbook of methods, New York: Pergamon, 1975.

Marshall, W. L., Boutilier, J., Minnes, P., The modification of phobic behavior by covert reinforcement, *Behavior Therapy*, 1974, 5, 469-480.

McFall, R. M., Lillesand, D., Behavior rehearsal with modeling and coaching in assertion training, *Journal of Abnormal Psychology*, 1971, 313-323.

McFall, R. M., Twentyman, C. T., Four experiments on the relative contributions of rehearsal, modeling, and coaching to assertion training, *Journal of Abnormal Psychology*, 1973, 81, 199-218.

McLemore, C. W., Imagery in desensitization, *Behaviour Research and Therapy*, 1972, 10, 51-57.

Meichenbaum, D. H., Examination of model characteristics in reducing avoidance behavior, *Journal of Personality and Social Psychology*, 1971, 17, 298-307.

Rachman, S., Clinical applications of observational learning, imitation, and modeling, *Behavior Therapy*, 1972, 3, 379-397.

Rachman, S. J., Observational learning and therapeutic modelling, in: M. P. Feldman, A. Broadhurst (Eds.), Theoretical and empirical bases of the behaviour therapies, London: Wiley, 1976.

Ritter, B., The use of contact desensitization, demonstration-plus-participation, and demonstration alone in the treatment of acrophobia, *Behaviour Research and Therapy*, 1969, 7, 157-164.

Roper, G., Rachman, S., Marks, I., Passive and participant modelling in exposure treatment of obsessive-compulsive neurotics, *Behaviour Research and Therapy*, 1975, 13, 271-279.

Rosenthal, T. L., Modeling therapies, in: M. Hersen, R. M. Eisler, P. M. Miller (Eds.), Progress in behavior modification, Vol. 2., New York: Academic Press, 1976.

Sherman, A. R., Real-life exposure as a primary therapeutic factor in the desensitization treatment of fear, *Journal of Abnormal Psychology*, 1972, 79, 19-28.

Singer, J. L., Imagery and daydream methods in psychotherapy and behavior modification, New York: Academic Press, 1974.

Stotland, E., Patchen, M., Identification and changes in prejudice and authoritarianism, *Journal of Abnormal and Social Psychology*, 1961, 62, 265-274.

Stotland, E., Zander, A., Natsoulas, T., The generalization of interpersonal similarity, *Journal of Abnormal and Social Psychology*, 1961, 62, 250-256.

Strahley, D. F., Systematic desensitization and counterphobic treatment of an irrational fear of snakes. Unpublished doctoral dissertation. University of Tennessee, 1965.

Thase, M. E., Moss, M. K., The relative efficacy of covert modeling procedures and guided participant modeling on the reduction of avoidance behavior, *Journal of Behavior Therapy and Experimental Psychiatry*, 1976, 7, 7-12.

Watson, J. P., Marks, I. M., Relevant and irrelevant fear in flooding — A crossover study of phobic patients, *Behavior Therapy*, 1971, 2, 275-293.

Weinberg, N. H., Zaslove, M., „Resistance" to systematic desensitization of phobias, *Journal of Clinical Psychology*, 1963, 19, 179-181.

Weiner, H., Real and imagined cost effects upon human fixed-interval responding, *Psychological Reports*, 1965, 17, 659-662.

Weitzman, B., Behavior therapy and psychotherapy, *Psychological Review*, 1967, 74, 300-317.

Wolpe, J., Psychotherapy by reciprocal inhibition, Stanford: Stanford University Press, 1958.

—, The practice of behavior therapy, New York: Pergamon, 1969; dt.: Praxis der Verhaltenstherapie, Bern, Stuttgart, Wien: Huber, 1972.

Wright, J. C., A comparison of systematic desensitization and social skill acquisition in the modification of a social fear, *Behavior Therapy*, 1976, 7, 205-210.

Teil V
Weitere Anwendungen der Imagination

Einführung

Die beiden folgenden Kapitel beschreiben die Anwendung von Imaginations- und Phantasie-Techniken für Probleme, die auch über den herkömmlichen klinischen Rahmen hinausgehen. Die Untersuchungen von *Schultz* und von *Frank* sind zudem ein Beispiel für recht spezifische und sorgfältig geplante und durchgeführte experimentelle Forschungen. Sie lenken die Aufmerksamkeit auf die interessante Möglichkeit, Imaginationen im Hinblick auf verhaltensmäßige, kognitive und affektive Veränderungen zu erforschen. Diese beiden Aufsätze zeigen außerdem, daß theoretische Ausrichtungen, die auf psychodynamischen oder kognitiv-affektiven Grundannahmen basieren, sich in gewissem Maße mit gezielten Bemühungen um Verhaltensänderungen koordinieren lassen.

Die Untersuchung von *Schultz* bietet eine wichtige Anregung, wie sich bei chronisch Depressiven Stimmungsänderungen herbeiführen lassen, um die Patienten damit für die Psychotherapie stärker zugänglich zu machen. Es wird auch gezeigt, daß ein Verständnis für unterschiedliche depressive Stile und für besondere persönliche Neigungen notwendig ist. Imaginationsverfahren werden erfolgreicher sein, wenn dabei solche spezifischen Ausrichtungen berücksichtigt werden, die auch in zunehmendem Maße einer Einschätzung zugänglich sind.

Die Untersuchung von *Frank* zeigt spezifische Auswirkungen von Imagination im Hinblick auf bestimmte Ziele, nämlich affektive Empathie oder die Vorhersage von Verhalten. Die Autorin lenkt die Aufmerksamkeit zudem auf die vielfältigen Möglichkeiten von präventiven Maßnahmen bei gesunden jungen Erwachsenen durch Übung statt durch Behandlung. Sie hat diese Verfahren später wiederholt und weiter erforscht.

In einem Beitrag, der für die deutsche Ausgabe neu verfaßt wurde, stellt *Signer-Brandau* die Imaginationsmethoden in der Integrativen Gestalttherapie dar und zeigt, daß imaginative Vorgänge hier eine zentrale Bedeutung haben. Seit den Anfängen der Gestalttherapie spielen vor allem auch Körperimaginationen eine wesentliche Rolle, durch die der Klient zu einem einheitlichen Erleben von Körperwahrnehmung, Gefühl und Handlung geführt werden soll. Auch für die Gestalttherapie gilt, daß sie über den klinischen Rahmen hinaus zur Prävention in vielen Bereichen effektiv angewandt werden kann.

11 Imagination in der Behandlung von Depressionen

K. David Schultz

1. Einleitung

Die wissenschaftliche Erforschung der Funktion von Tagträumen, Phantasie und imaginativem Erleben hat in jüngster Zeit erneut an Popularität gewonnen. Vor allem in den letzten zehn Jahren ist ein zunehmendes Interesse an diesem Bereich festzustellen. Ganz besonders in der kurzen Zeitspanne seit dem Erscheinen von *Singers* Buch „*Day dreaming*" (1966) besteht eine Tendenz, Imaginationsprozesse in zunehmendem Maße als konstruktive Aktivitäten anzusehen anstatt als eine bloße Speicherstelle für Empfindungen (*Neiser* 1972). Imaginative Vorgänge spielen erneut eine Rolle in bezug auf Lernen (*Paivio* 1971), Erinnerung (*Paivio* 1971) und Wahrnehmung (*Segal* 1971). Die klinischen Auswirkungen von imaginativen Vorgängen werden vor allem in *Singers* Diskussionen über die zahlreichen Imaginations- und Tagtraumtechniken hervorgehoben (*Singer* 1971, 1974) und wurden bei der Behandlung der unterschiedlichsten psychiatrischen Syndrome verwertet.

Wie *Singer* 1974 hervorhob, gibt es momentan immer mehr Literatur mit ziemlich langer historischer Tradition, die darauf hindeutet, daß gelenkte Phantasie- und Imaginationstechniken eine wichtige Rolle bei Verhaltensänderungen spielen können. Leider wurde jedoch nicht systematisch erforscht, auf welche Weise sich besondere Imaginationsbedingungen auf die Stimmungslage und die allgemeinen klinischen Symptome von Patienten auswirken, die ein besonderes psychiatrisches Syndrom aufweisen. Daher hat *Schultz* (1976) unlängst eine Untersuchung durchgeführt, um die kurzfristigen Auswirkungen spezifischer Bildinhalte auf eine Gruppe depressiver psychiatrischer Patienten zu erforschen.

2. Imagination bei der Behandlung von Depressionen: eine Forschungsstrategie

Nachdem *Schultz* (1975) sich einen umfassenden Überblick über Phantasie- und Imaginationstechniken bei der Behandlung von Depressionen verschafft hatte, folgerte er, daß einige Arten von fokussierter Imagination entweder (a) eine Person von ihrer depressiven Stimmung ablenken oder (b) ihr helfen, mit unterdrückten Affekten in Kontakt zu kommen und sie zu entladen, was zu einer Abnahme des Konfliktpotentials führt und entsprechend den Grad der Depression reduziert. Mehrere Arten von Imaginationsbedingungen waren bei Depressionen besonders relevant. Die „Selbstbestrafungshypothese" bei Depressionen (*Abraham* 1911; *Freud* 1917; *Rado* 1928) in Verbindung mit einem Katharsismodell läßt darauf schließen, daß zornige oder aggressive Bildvorstellungen den depressiven Zirkel durchbrechen können (*Lazarus* 1968). Hat eine Depression jedoch nicht „Selbstbestrafungscharakter", sondern verweist eher auf eine Abhängigkeit, dann könnte die Stimulierung von Imaginationen die soziale Anerkennung zum Inhalt haben, dem Patienten das Gefühl von Unzulänglichkeit und Verlassensein nehmen (*Abraham* 1924; *Freud* 1923), und zwar indem in bildlicher Form Erinnerungen an frühere Erfolge oder frühere Anerkennung wachgerufen werden. Wenn es mindestens zwei Arten von Depressionen gibt, wie dies von immer mehr Forschern angenommen wird (*Blatt* 1974; *Blatt, D'Afflitti, Quinlan* 1976), dann können ganz bestimmte Bildvorstellungen bessere Ergebnisse bei einem Depressionstyp als bei einem anderen erzielen. Wenn darüber hinaus jede Art fokussierter Imagination eine Person von ihrer depressiven Stimmungslage ablenken kann, dann kann die Erinnerung oder die Vorstellung von vertrauten, positiv besetzten Szenen, wie zum Beispiel die positiv besetzte Vorstellung einer Szene aus der Natur, dazu beitragen, einen Stimmungswechsel in Phasen der Angst, Depression oder Langeweile herbeizuführen (*Singer* 1971). Wenn die Ablenkungshypothese richtig ist, dann können diese drei Arten von Imaginationsbedingungen gleichermaßen dazu beitragen, Depressionen zu lindern, wie dies von *Lazarus* (1968) angenommen wurde, der ein affektives Ausdrucksmodell der Depression zur Diskussion stellte, das postuliert, daß die bewußte Stimulierung von Gefühlen wie Wut, Spaß, Zuneigung, sexuelle Erregung, ja sogar von Angstgefühlen, den depressiven Kreislauf durchbrechen kann. Wenn jedoch lediglich freifließende Gedanken und jede Art von Imaginationen die entscheidenden Variablen sind, dann könnten bei der Heilung von Depressionen ungelenkte, freie Imaginationsabläufe (*Freud* 1950; *Rychlak* 1973) ebenso nützlich sein wie die anderen drei gelenkten Imaginationstechniken.

Folglich führte *Schultz* (1976) eine Studie durch, die folgende Fragen untersuchte:

(1) Führen bei männlichen depressiven Patienten gelenkte Imaginationstechniken eher zum Erfolg als ungelenkte, nicht fokussierte Imaginationen?
(2) Haben die Inhalte der gelenkten Imaginationstechniken einen Einfluß auf den Erfolg?
(3) Beeinflussen Strukturen von Tagträumen und von depressiven Erfahrungen den Erfolg?
(4) Welche Konsequenzen ergeben sich aus den Antworten auf diese Fragen im Hinblick auf das Verhältnis von Imaginationen, Affekt und Veränderungen des offenen Verhaltens?

2.1 Methodische Fragen

Im folgenden kurz die wesentlichen methodologischen Fragen.[1] Versuchspersonen waren 60 weiße, männliche Veteranen, die die folgenden, sehr deutlichen Kriterien einer Depression aufwiesen: (a) der zuständige Psychiater hatte eine Depression diagnostiziert; (b) Vorhandensein einer dysphorischen Stimmung; (c) Vorhandensein von mindestens vier neurovegetativen Anzeichen einer Depression; (d) Diagnose einer psychischen Krankheit von mindestens einwöchiger Dauer ohne momentane Anzeichen von Schizophrenie, organischem Hirnsyndrom, Alkoholismus oder Drogensucht, geistiger Behinderung oder unheilbarer medizinischer Krankheit. Es muß daher festgehalten werden, daß diese Versuchspersonen zum Zeitpunkt ihrer Teilnahme an diesem Experiment schwer depressiv waren und häufig unter einer deutlichen Abnahme ihrer normalen Funktionsfähigkeit zu leiden hatten. Außerdem stimmten 90 % der Probanden, die den o. a. Kriterien entsprachen, für eine freiwillige Teilnahme am Experiment, was darauf hinweist, daß diese Stichprobe relativ genau die Gesamtpopulation von schwer depressiven männlichen Personen repräsentieren mag.

Jede Versuchsperson wurde vom Versuchsleiter in der ersten Woche in Einzelgesprächen kontaktiert, bevor entweder mit der klinischen oder ambulanten Behandlung begonnen wurde. Zunächst wurden die Versuchspersonen nach dem stratifizierten Zufallsprinzip der aggressiven, der mit sozialer Anerkennung verbundenen, der positiv besetzten oder der freien Imaginationsgruppe zugeordnet, wobei die Probanden jeder Gruppe nach Alter, Bildungsgrad und Schwere der Depression zusammengestellt wurden. Jeder Proband wurde anfangs ermutigt, die

---

[1] Leser, die sich für zusätzliche methodische Einzelheiten interessieren, werden auf *Schultz* (1976) verwiesen.

Arbeit mit Imaginationen als eine Technik zu betrachten, die erlernt werden kann. Er wurde dann aufgefordert, es sich so bequem wie möglich zu machen. Dann wurde er gebeten, seine Augen zu schließen oder einen Punkt anzuvisieren. Danach wurde er angeleitet, sich eines der vier Imaginationsverfahren vorzustellen, wobei er sich das gesamte Erlebnis vor seinem „geistigen Auge" so detailliert wie möglich bildlich vorstellen sollte: (a) *aggressive Imaginationen*, wobei der Proband sich an jemanden erinnern sollte, der etwas sagte oder tat, das ihn ärgerte: (b) *Imaginationen, die mit sozialer Anerkennung verbunden sind*, wobei er sich an jemanden erinnern sollte, der etwas sagte oder tat, was ihm Freude bereitet hatte; (c) *positiv besetzte Imaginationen*, wobei er sich an einen Ort in der Natur erinnern sollte, den er gewöhnlich zur Erholung aufgesucht hatte; oder (d) *freie Imaginationen*, dabei sollte die Versuchsperson alle Bilder, Gedanken, Phantasien und Ideen zulassen, die sich bei ihr einstellten, ohne daß sie versuchte, diesen geistigen Prozeß bewußt zu beeinflussen. Nach einer Imaginationsinduktion (die etwa 10 Minuten dauerte) wurde jede Versuchsperson angewiesen, in folgender Reihenfolge kognitive, affektive und wahrnehmungsbezogene Messungen durchzuführen, von denen bekannt ist, daß sie mit dem Grad der Depression zusammenhängen:

1) Der „*scheinbare Horizont*" mißt die Blickrichtung einer Person und wurde durchgeführt nach der Beschreibung von *Wapner, Werner* und *Kris* (1957). Nach experimentell induzierten Depressionszuständen stellte man einen nach unten gerichteten Blick fest (*Blatt, Quinlan, D'Afflitti* 1972).

2) *Individuelles Zeitgefühl*: Die Versuchspersonen wurden gebeten, ihr Zeitgefühl über 15-30-20- und 40-Sekunden-Zeitintervalle mitzuteilen, wie dies von *Blatt* et al. (1972) beschrieben wurde, die davon berichteten, daß in einer Depression die Zeit langsamer vorüberzugehen scheint.

3) *Selbstwertgefühl*: Den Versuchspersonen wurde die *Quinlan-Janis*-Selbsteinschätzungsskala vorgelegt, die von *Quinlan* und *Janis* (1976) entwickelt wurde. Die Autoren hatten mit dieser Skala die Zunahme des Selbstwertgefühls bei Frauen in einer Diätklinik gemessen.

4) *Die differentielle Gefühlsskala* besteht aus 10 Gefühlskategorien (Interesse, Freude, Überraschung, Kummer, Ekel, Zorn, Schuld, Schüchternheit, Furcht und Verachtung), die die Probanden nach der Beschreibung von *Izard* (1971) ausfüllen sollten.

5) *Traum*: Die Versuchspersonen wurden aufgefordert, einen Traum so ausführlich oder so einfach, wie sie wollten, zu erfinden. Diese

„Träume" wurden später ausgewertet nach der Anzahl der Wörter, der Zeit (Latenz, Zeit insgesamt und Nettozeit) und nach der gefühlsmäßigen Tönung (Inter-Rater-Reliabilität, r= .91).

6) *Heiterkeitsreaktion:* Den Versuchspersonen wurden jeweils drei Karikaturen vorgelegt, und sie wurden gebeten, diese nach dem Grad der Witzigkeit zu bewerten, wie von *Zillmann* und *Cantor* (1972) dargestellt.

7) *Reaktionen auf die Untersuchung:* Die Versuchspersonen wurden gebeten, in einer Reihenfolge anzugeben: Gefallen am Experiment, Erfolgsgrad, Wahrscheinlichkeit einer erneuten Teilnahme, Zuneigung zum Versuchsleiter und Einschätzung des Erfolgs von anderen Versuchsteilnehmern.

2.2 Ergebnisse

Wie aus den Tabellen I und II hervorgeht, zeigt sich bei einem Vergleich der gelenkten (auf soziale Anerkennung zielenden aggressiven und positiv besetzten) Imaginationstechniken mit freier Imagination, daß die Depressionen von Versuchspersonen, die mit der gelenkten Imaginationstechnik gearbeitet hatten, signifikant abnahmen (was aus den zuvor genannten abhängigen Messungen geschlossen werden kann). Darüber hinaus ergab der Vergleich zwischen den vier Imaginationsgruppen nach einem linearen Kontinuitätsgrad von „sozialer" oder interpersonaler Beziehung (aggressive Imaginationstechniken an erster Stelle, soziale Anerkennung implizierende an zweiter Stelle, positiv besetzte an dritter Stelle, ungelenkte Imaginationstechniken an letzter Stelle,[2] siehe Tabelle II), daß bei Probanden, die mit auf soziale

---

[2] Diese Anordnung auf einem Kontinuum sozialer Involvierung basierte auf dem Verhalten der Versuchspersonen während der verschiedenen Imaginationssitzungen. Aggressive Imaginationstechniken wiesen den größten Bezug zur sozialen Involvierung auf, da die Versuchspersonen dieser Gruppe den größten Objektbezug zu haben schienen. Sie zeigten eine große Gefühlsintensität, schienen mit der anderen Person involviert zu sein und sahen sie auch als ein von ihnen abgegrenztes Individuum. Imaginationstechniken, die mit sozialer Anerkennung verbunden waren, nahmen den zweiten Platz ein, da alle Versuchspersonen dieser Gruppe sich an Ereignisse erinnerten, in die eine andere Person involviert war; sie konzentrierten sich aber auf diese Person auf eine eher narzißtische, ja fast symbiotische Art als Bezugsquelle. Imaginationstechniken, in der angenehme Szenen aus der Natur erinnert wurden, kamen an dritter Stelle, weil die Versuchspersonen häufig wichtige Personen mit den erinnerten Szenen in der Natur verbanden. Ungelenkte Imaginationstechniken rangierten an letzter Stelle, weil die Versuchspersonen zwar gelegentlich während den Sitzungen wichtige Personen erwähnten; diese Erinnerungen waren aber gewöhnlich flüchtig und tauchten auch selten wieder auf.

Tabelle I: Vergleich von Imaginationsgruppen auf der Basis der abhängigen Messungen
Mittelwert- und Signifikanz-F-Tests
Mittelwerte der Imaginationsgruppen

Variablen	1 Aggressiv	2 Soziale Anerkennung	3 Positiv	4 Ungelenkt	F[a]
Individuelles Zeitgefühl	58.43	68.60	88.43	85.73	3.96[c]
Gefühlskategorien					
Kummer	8.87	8.13	8.53	12.27	4.10[c]
Zorn	3.93	7.60	4.53	7.67	8.19[e]
Furcht	10.33	6.60	9.47	11.33	4.02[c]
Verachtung	5.80	6.13	5.20	8.53	5.32[d]
Traum					
Gesamtzeit	107.33	128.73	148.27	193.60	2.90[c]
Nettozeit	99.67	110.60	132.00	184.08	3.28[c]
Anzahl der Wörter	91.53	85.60	101.40	135.20	2.23[b]
Heiterkeitsreaktion					
Selbsteinschätzung					
Karikatur 1	50.13	52.40	45.73	25.40	2.27[b]
Karikatur 3	58.13	31.53	64.33	50.07	3.43[c]
Reaktionen auf die Untersuchung					
V. hat mir gefallen	6.60	5.80	4.53	5.13	3.18[c]
Würde nochmal teilnehmen	12.07	11.07	9.07	10.20	2.79[c]

[a] $df = 3,56$.
[b] $p \leq .10$.
[c] $p \leq .05$.
[d] $p \leq .01$.
[e] $p \leq .001$.

Tabelle II: Vergleich von Imaginationsgruppen anhand der abhängigen Messungen: Tukey Multiple Range Test

Variablen	1 vs. 2	1 vs. 3	1 vs. 4	2 vs. 3	2 vs. 4	3 vs. 4	A vs. B	C vs. 4
Individuelles Zeitgefühl	−10.17	−30.00c	−27.30c	−19.83	−17.13	2.70	−23.56d	−13.91
Gefühlskategorien								
Kummer	0.78	0.34	− 3.40b	− 0.40	− 4.14c	− 3.74c	− 1.90	− 3.76d
Zorn	− 3.67d	− 1.60	− 3.74d	− 3.07c	− 0.07	− 3.14c	0.33	− 2.32c
Furcht	3.73	0.86	− 1.00	− 2.87	− 4.73d	− 1.86	− 1.93	− 2.53
Verachtung	− 0.33	0.60	− 2.73c	0.93	− 2.40c	− 3.33d	− 0.90	− 2.52d
Traum								
Gesamtzeit	−21.40	−40.94	−86.27c	−19.54	−64.87	−45.33	−52.80	−65.49b
Nettozeit	−10.93	−32.33	−85.13c	−21.40	−74.20	−52.80	−53.27	−70.71c
Heiterkeitsreaktion								
Selbsteinschätzung Karikatur 3	26.34	−24.73	19.87	−51.07c	− 6.47	44.60	−15.40	−19.33
Reaktionen auf die Untersuchung								
Untersuchung hat mir gefallen	0.20	1.47c	0.87	1.27	0.67	− 0.60	1.07c	0.31
Würde nochmal teilnehmen	1.00	3.00c	1.87	2.00	0.87	− 1.13	1.94	0.53

b p ⩽ .10.   a A = Gruppe 1+2 zusammengefaßt; B = Gruppe 3+4 zusammengefaßt und C = Gruppe 1, 2 und 3 zusammengefaßt.
c p ⩽ .05.   N = 15 in jeder Gruppe.
d p ⩽ .01.

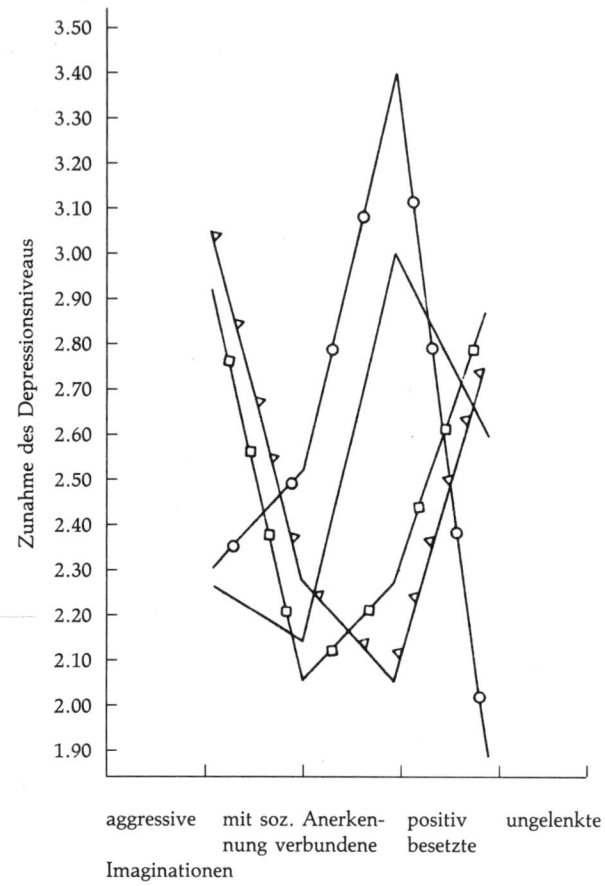

Abbildung 1: Vergleich des Depressionsniveaus von Versuchspersonen mit verschiedenen Tagtraumstrukturen und depressiven Erfahrungen entsprechend den stimulierten Bildinhalten. Abhängigkeit ———; Selbstkritik △———; positiv besetzte und lebhafte Tagträumerei ◯———; schuldorientierte, dysphorische Tagträumerei ◯———.

Anerkennung gerichteten Imaginationstechniken gearbeitet hatten, eine signifikant lineare Abnahme der Depressionen zu verzeichnen war. Dies ist etwas vereinfacht dargestellt; wenn man jedoch die komplexeren Auswirkungen auf bestimmte Gefühle dieser depressiven Patienten bedenkt, dann tragen positiv besetzte Imaginationstechniken entscheidend dazu bei, daß Kummer, Ärger und Verachtung abneh-

Tabelle III: Lineare, nicht-lineare, quadratische und kubische Trend-Analysen

Variablen	Linear[a]	Nicht-linear[b]	Quadratisch[a]	Kubisch[a]	F-Tests
Blickrichtung	5.04[c]	0.22			
individ. Zeitgefühl	10.07[d]	0.91			
Selbstwertgefühl	4.05[c]	0.89			
Gefühlskategorien					
Kummer	6.38[c]	2.97			
Zorn	6.92[c]	8.82[e]	0.15	17.49[e]	
Furcht	1.66	5.19[d]	7.59[d]	2.80	
Verachtung	6.56[c]	4.69[c]	5.59[c]	3.80	
Traum					
Gesamtzeit	8.30[d]	0.20			
Nettozeit	8.79[d]	0.53			
Anzahl der Wörter	4.90[c]	0.90			
Heiterkeitsreaktion					
Einschätzung des Exp.					
Karikatur 1	2.31	9.76[e]	16.00[e]	3.53	
Karikatur 2	0.43	4.66[c]	9.13[d]	0.18	
Karikatur 3	0.04	5.33[d]	10.66[d]	0.00	
Reaktionen auf die Untersuchung					
V. hat mir gefallen	4.88[c]	0.96			
Erfolg der anderen	0.06	5.11[d]	0.64	9.58[d]	
Würde nochmal teilnehmen	5.33[c]	2.10			
	4.51[c]	0.55			
	4.96[c]	1.71			

[a] $df = 1{,}56$.
[b] $df = 2{,}56$.
[c] $p \leq .05$.
[d] $p \leq .01$.
[e] $p \leq .001$.

men und Heiterkeit zunimmt. Jedoch scheinen positiv besetzte Imaginationstechniken wenig Einwirkungen auf Blickrichtung, subjektives Zeitgefühl und Selbstwertgefühl auszuüben und beeinflussen insofern nicht die kognitiven, affektiven und wahrnehmungsbezogenen Maßnahmen in einer Übereinstimmung mit einer allgemeinen Abnahme der Depression.

Schließlich waren bei Versuchspersonen mit unterschiedlichen Tagtraumstrukturen und depressiven Erfahrungen nach den verschiedenen Imaginationsbedingungen Unterschiede im Depressionsgrad zu verzeichnen. Abbildung 1 zeigt zum Beispiel, daß Versuchspersonen, deren Depressionen Abhängigkeitsstrukturen aufwiesen, nach aggressiven und auf soziale Anerkennung gerichteten Imaginationen ein niedrigeres Depressionsniveau zeigten. Solche depressiven Patienten hingegen, die eine eher selbstkritische Einstellung hatten, wiesen geringere Anzeichen von Depressionen auf nach Imaginationen, die mit sozialer Anerkennung verbunden waren, und nach positiv besetzten Imaginationen. Ähnlich zeigten Probanden, deren Tagträume positive Inhalte hatten, einen niedrigeren Depressionsgrad nach mit sozialer Anerkennung verbundenen und positiv besetzten Imaginationen, während Patienten mit Neigung zu schuld- und angstbesetzten Tagträumen eher bei positiv getönten Imaginationen Anzeichen von Depressionen zeigten als bei den anderen Imaginationsbedingungen.

2.3 Diskussion

Wie sind diese Ergebnisse zu verstehen? Will man die Unterschiede zwischen Versuchspersonen, die mit gelenkten, insbesondere mit sozial ausgerichteten Imaginationen, und solchen, die mit den nichtgelenkten, freien Imaginationen gearbeitet hatten, verstehen, so ist die Frage, was sich bei den Versuchspersonen während der unterschiedlichen Imaginationssitzungen abspielte, von zentraler Bedeutung. Dies ist nicht allein eine Frage des Vorhandenseins bzw. Nichtvorhandenseins von Imaginationen, da ein ähnlicher Prozentsatz (ungefähr 75-80 %) der Versuchspersonen in den vier Gruppen in der Lage war, etwas zu imaginieren. Die beiden kritischen Fragen scheinen vielmehr zu sein: (a) die Gelenktheit oder das Fokussieren der Imaginationen und (b) der sozial relevante Inhalt von Imaginationen und seine Auswirkungen auf das Entstehen von Gefühlen.

2.4 Die Gelenktheit von Imaginationen

Der unterschiedliche Depressionsgrad bei den einzelnen Versuchspersonen, je nachdem, ob. sie mit gelenkten oder ungelenkten, freien Imaginationen gearbeitet hatten, mag mit folgender Tatsache zusammenhängen: obwohl Versuchspersonen mit ungelenkten Imaginationsbedingungen vor allem Imaginationen hatten, die sich auf positive Wünsche konzentrierten und positive und produktive Phantasien erzeugten, so wurden diese positiven Imaginationen wiederholt durch

Gedanken gestört, die mit ihren gegenwärtigen Lebensproblemen zusammenhingen. Wenn solche Gedanken auf sie einströmten, waren die Versuchspersonen oft nicht mehr in der Lage, sich erneut auf die vorangegangenen positiven Imaginationen zu konzentrieren; sie beschäftigten sich vordringlich mit ihrer aktuellen Problematik und produzierten negative Imaginationen, wobei sie unangenehme Ereignisse aus ihrem Leben visualisierten, die offenbar dazu führten, daß die unangenehmen Gefühle sich noch intensivierten. Offenbar waren die Versuchspersonen in der ungelenkten Imaginationsgruppe nicht fähig, ihre Phantasien und Imaginationen aufrechtzuerhalten, obwohl sie potentiell in der Lage waren, positive, produktive Phantasien und Imaginationen zu produzieren. Diese Unfähigkeit scheint sich natürlich aus dem ungelenkten Charakter zu ergeben (d. h., es sollten alle Gedanken, Phantasien, Bilder und Ideen, die in den Sinn kommen, berichtet werden). Folglich war die Situation nicht so strukturiert, daß die Versuchspersonen das Eindringen von aktuellen Problemen abblocken konnten. Hatten sich erst einmal diese negativen Gedanken und Probleme eingeschlichen, schienen die Versuchspersonen offenbar nicht mehr in der Lage zu sein, deren Einfluß auf ihr Bewußtsein zu bemerken, und begannen allmählich negative Imaginationen zu produzieren, die noch weiter ihren negativen Gefühlszustand verschlimmerten.

Demgegenüber unterstützte die Zielgerichtetheit der gelenkten Imaginationen die Versuchspersonen, sich mit bestimmten inhaltlichen Bereichen zu befassen (z. B. Erinnerungen an ein aggressives, mit sozialer Anerkennung verbundenes Ereignis oder an ein positiv besetztes Naturerlebnis), wodurch ihre Aufmerksamkeit von der Beschäftigung mit aktuellen negativen Gedanken, Sorgen und Problemen und den damit verbundenen unangenehmen Affekten und Verhaltensweisen abgelenkt wurde. Das Ausmaß, in dem Versuchspersonen in der Lage waren, die gelenkten Imaginationen (und die Gedanken, die mit diesen spezifischen inhaltlichen Bereichen verbunden waren) aufrechtzuerhalten, wobei sie gleichzeitig die üblichen negativen Gedanken und den Hang zum Brüten vermieden, scheint direkt zu korrelieren mit einer positiven Veränderung ihres Gefühlszustands. Dies läßt sich aus dem allgemein niedrigeren Depressionsniveau schließen, das bei Versuchspersonen nach gelenkten Imaginationsübungen zu verzeichnen war. Eine solche Interpretation der vorliegenden Ergebnisse stimmt in hohem Maße überein mit einem kognitiv-affektiven *„circular feedback"*-Depressionsmodell, wie es von *Feshbach* (1967) und *Beck* (1967) entwickelt wurde. Es bleibt jedoch noch der Befund, daß Versuchspersonen nicht einfach nach gelenkten Imaginationsübungen einen niedrigeren Depressionsgrad aufwiesen, sondern es zeigte sich, daß die Versuchspersonen, die bei gelenkten Imaginationsübungen zusätzlich Vorstellungen mit sozialen und interpersonalen Inhalten hatten, einen noch geringeren Depressionsgrad erzielten.

2.5 Interpersonale Bedeutung von Imaginationen

Sowohl bei aggressiven als auch bei den mit sozialer Anerkennung verbundenen Imaginationen stand die interpersonale Interaktion zwischen den Probanden und einer in seinem Leben wichtigen Person im Mittelpunkt. Diese Interaktion führte oft zu starken Gefühlsausbrüchen während der Imaginationssitzungen. Dies war zu sehen an den häufigen verbalen und nonverbalen Ausbrüchen von Wut, Frustration und Feindseligkeiten bei Imaginationen mit aggressivem Inhalt. Andererseits gab es Lächeln, Freude, Zufriedenheit und Stolz bei den Imaginationen, die mit sozialer Anerkennung verbunden waren. Es scheint, daß die eher sozial orientierten Imaginationen den Versuchspersonen halfen, Gefühle herauszulassen. Dies ist zurückzuführen auf den größeren psychologischen Bezug zum Probanden. Demgegenüber brachten die Affekte, die sich bei positiven imaginierten Szenen aus der Natur einstellten, ein Maß an Entspannung und Erleichterung, das nicht der Intensität der Wutausbrüche bei den aggressiven Imaginationsübungen zu entsprechen schien und ebenso nicht dem Ausmaß an angenehmen Gefühlen, die bei den mit sozialer Anerkennung verbundenen Imaginationen zu beobachten waren. Dennoch ist festzuhalten, daß, obwohl die Versuchspersonen keine zusammenhängende Struktur bei den kognitiven, affektiven und wahrnehmungsbezogenen Messungen in Übereinstimmung mit einer allgemeinen Abnahme ihres Depressionsniveaus aufwiesen, bei ihnen dennoch ein Rückgang bei solch feinen Gefühlskategorien wie Kummer, Ärger und Verachtung und ein Ansteigen von Frohsinn zu verzeichnen waren. Folglich haben bei schwer depressiven Patienten die positiv besetzten Imaginationen einen geringeren Einfluß auf den Depressionsgrad insgesamt, bringen jedoch statt dessen kurzfristige Erleichterungen bei solch unangenehmen und feineren Empfindungen wie Kummer, Ärger und Verachtung. Diese Resultate entsprechen dem „affective expression"-Modell der Depression von *Lazarus* (1968). Dies geht davon aus, daß die bewußte Stimulation von starken Gefühlen, wie Ärger, Vergnügen, Hingabe, sexuelle Erregung, ja sogar von Angst, den depressiven Zirkel durchbrechen kann.

Jedoch muß unbedingt festgehalten werden, daß bei den gelenkten Imaginationen das niedrige Depressionsniveau (wie es aus den weiter oben geschilderten Messungen beobachtet werden kann) von relativ kurzer Dauer ist und möglicherweise nicht länger als eine halbe Stunde bis eine Stunde nach der Imaginationssitzung anhält. Dennoch lassen diese Ergebnisse darauf schließen, daß die Arbeit mit Imaginationen zur Unterbrechung des depressiven Zirkels zweierlei implizieren kann: (a) es können starke Affekte entstehen, die den depressiven Zirkel (negative Gedanken führen zu erhöhtem Unwohlsein, was wiederum zu negativem Denken führt) unterbrechen oder auflösen können; (b) es können starke Affekte durch die gelenkte Imagination aufrechterhalten werden, die die Versuchsperson davon abbringen, negativen Gedanken, Ängsten, Sorgen und Problemen nachzuhängen und auszubrüten. Dieser doppelte Ansatz stimmt auch mit mehreren Depressionsmodellen überein, dem *„affective expression"*-Modell von *Lazarus* (1968) und dem *„circular feedback"*-Modell von *Feshbach* (1967) und *Beck* (1967).

3. Alternative Modelle

Das *„circular feedback"*-Modell unterstellt eine sich wechselseitig verstärkende Interaktion zwischen kognitivem und affektivem Bereich und geht davon aus, daß Gedanken nicht nur Gefühle, sondern Gefühle gedankliche Inhalte beeinflussen. *Traynor* (1974) berichtet, daß männliche College-Studenten mit der Zunahme depressiver Affekte ihre Einstellung in bezug auf ihre Phantasien änderten und sich auf eher negative Themen konzentrierten. Ähnliche Befunde ergaben sich bei männlichen Oberschülern (*Rychlak* 1975), männlichen psychiatrischen Patienten allgemein (*Starker, Singer* 1975) und männlichen depressiven und psychiatrischen Patienten (*Schultz* 1976). Sie stützen die von *Feshbach* und *Beck* vertretene Auffassung, daß Affekte tatsächlich gedankliche Inhalte beeinflussen. Diese Auffassung wird weiter gestärkt durch ältere Ergebnisse, wonach sich in einer nicht gelenkten, freien Imaginationssituation männliche, depressive, psychiatrische Patienten weiterhin mit ihrer aktuellen, negativen Lebensproblematik befaßten, was zu negativen Imaginationen führte, die offenbar den Effekt hatten, das negative Stimmungsniveau, das zu den negativen Gedanken führte, aufrechtzuerhalten, ja sogar noch zu verschlimmern. In dem Maße, wie es nicht gelingt, das Denken und die Imaginationen eines männlichen Depressiven von seinen aktuellen Problemen und negativen Alltagssorgen abzulenken, verstärkt sich sein depressiver Gemütszustand ständig. So wiederholt sich der Rückkoppelungsmechanismus zwischen kognitivem und affektivem Bereich fast wie ein Computer, der ständig das gleiche Programm abspult.

In einer Untersuchung unter College-Studenten, bei der es um Aufmerksamkeit und Erinnerungsvermögen ging, fanden *Klinger, Barta* und *Mahoney* (1978) heraus, (a) daß Versuchspersonen sich eher mit problemorientiertem Material als mit nicht problemorientiertem Material befaßten und sich auch daran erinnerten, und daß (b) die Wahrscheinlichkeit, sich zu erinnern und diese Erinnerung spontan in Gedanken umzusetzen, doppelt so hoch war. Andere vorläufige Daten deuten darauf hin, daß solche Probleme am wichtigsten sind, die den größten Bezug zum affektiven Bereich haben, die am dringlichsten und die am meisten gefährdet sind. Erst kürzlich hat *Klinger* (1975) das Rückkoppelungsmodell zwischen kognitivem und affektivem Bereich weiterentwickelt, indem er hervorhob, daß „die Phantasie sich *normalerweise* von offen bedrohlichen Inhalten fernhält, und zwar aufgrund der integrierten Reaktion auf negatives affektives Feedback. Wenn sich die Phantasie jedoch eindeutigen angst- und schuldbezogenen Stimmungen gegenübersieht (wie dies fast immer bei ernsthaft depressiv Erkrankten der Fall ist), dann werden sich die jeweiligen Probleme des Patienten in seiner Phantasie widerspiegeln" (S. 11). Folglich scheint der schwer depressiv Erkrankte in einer unstrukturierten Situation seine eigenen angst- und schuldbesetzten Stimmungen zu erzeugen, die dazu führen, daß sein depressiver Zustand sich weiter perpetuiert und verschlimmert.

Klinger (1975) hat darauf hingewiesen, daß durch die Wiederholung von bestimmten Themen oder von Geschichten aus dem Bereich der Tagträumerei (z. B. „Lebens-Skripts", um Begriffe von Transaktionsanalytikern wie *Berne* zu verwenden) diese integraler Bestandteil der *inneren Realität* werden: „Das subjektive Gefühl, daß etwas ‚real' ist, hängt davon ab, inwieweit die Sache eine Chance hatte, integriert zu werden. Hier ist folglich eine große Quelle für falsche Darstellungen, Irrtümer und klinische Fehler, die man beachten muß" (*Klinger* 1975, S. 12). *Klinger*s Ideen liefern einen Rahmen für die These, daß Depressive (vor allem männliche Depressive) ständig negative Erfahrungen in ihrer Phantasie, ihren Vorstellungen und Tagträumen wiederholen, vielleicht sogar als ein Versuch der Selbstbeherrschung und Selbstkontrolle (*Meichenbaum* 1975). Jedoch scheinen diese Versuche, sich zu beherrschen, leider insofern vergeblich zu sein, als der Depressive, der ein „mieses" Bild von sich hat und der negative Phantasien und Vorstellungen über sein Selbst entwickelt, diese negative Selbsteinschätzung ständig wiederholt und allmählich ein subjektives Gefühl für die „Realität" seines negativen Selbstbildes bekommt. (Abbildung 2 stellt diesen Vorgang graphisch dar.)

Abb. 2: Aspekte des affektiv-kognitiven „circular feedback"-Modells

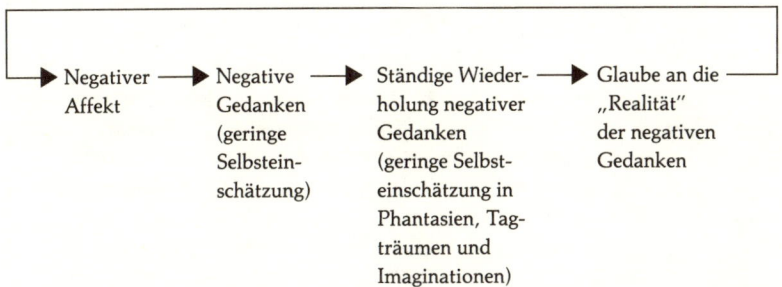

In einer neueren Untersuchung unter männlichen psychiatrischen Patienten hat *Schultz* (1976) berichtet, daß unangenehme zuvor aufgetretene Lebensumstände (z. B. eine Änderung im Schlafrhythmus, persönliche Kränkungen oder Krankheit, finanzielle Probleme, Probleme in der Partnerschaft, sexuelle Schwierigkeiten etc.) häufiger in der Vorstellung auftraten und zumeist auch länger vorhielten als angenehme Ereignisse. Darüber hinaus deuten neuere Forschungen (*Paykel, Myers, Dienelt, Klerman, Lindenthal, Pepper* 1969) darauf hin, daß im Vergleich zur allgemeinen Bevölkerung bei Depressiven vorangegangene unangenehme Lebensumstände häufiger vorkommen. Insgesamt lassen diese Ereignisse den Schluß zu, daß der Faktor unangenehme Lebensumstände bei depressiven Patienten auch Einfluß auf den depressiven Kreislauf hat. Dies könnte in das o. a. Diagramm wie folgt integriert werden (siehe Abbildung 3):

Hat man erst einmal die unerwünschten Lebensumstände in das Modell integriert und denkt man dieses theoretische Konzept noch ein wenig weiter, so kann das Festhalten an der negativen Selbsteinschätzung und die negative Sicht der Welt den einzelnen (a) dazu bringen, in der Tat unangenehme Lebensumstände nachgerade durch Unachtsamkeit und Befürchtungen herbeizuführen, und/oder (b) ihn bewegen, seine jüngsten Lebenserfahrungen in einem so negativen Licht zu sehen, wie er es sonst normalerweise nicht tun würde. Jedoch stellt *Schultz* (1976) ebenfalls fest, daß Schwere der Depression und unangenehme Lebensumstände positiv, aber nur marginal signifikant korrelieren, woraus geschlossen werden kann, daß der Faktor aktuelle Lebensumstände in

Abb. 3: Aspekte des affektiv-kognitiven „circular feedback"-Modells unter Einbeziehung von aktuellen Lebensumständen

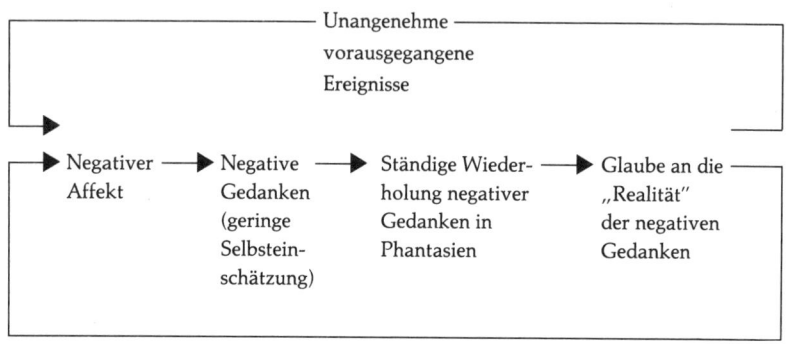

geringerem Maße die momentanen Gefühlszustände beeinflussen kann, obwohl negative und unangenehme Erfahrungen durchaus bei Patienten, die depressionsanfällig sind, Anstoß für den depressiven Kreislauf sein können. Bringt man nun diese Ergebnisse in Zusammenhang mit *Klinger*s (1975) Forschungsergebnissen (siehe Abbildung 4), so läßt sich in der Tat schließen, daß unangenehme aktuelle Lebensumstände durchaus Erinnerungen an frühere traumatische Erlebnisse beim Patienten hervorrufen. Diese Tatsache kann dann zu einer noch negativeren Selbsteinschätzung führen, die wiederum dazu führt, diese negativen Einsichten für „real" zu halten.

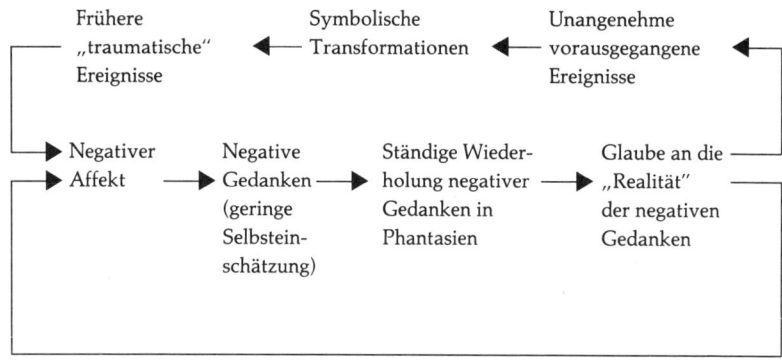

Abb. 4: Aspekte des kognitiv-affektiven „circular feedback"-Modells unter Einbeziehung von aktuellen Ereignissen, die Aufschluß geben über frühere traumatische Ereignisse.

Schultz (1976) hat ebenfalls eine positive Beziehung zwischen unangenehmen Lebensumständen und positiven lebhaften Wachträumen — gemessen mit dem Imaginal Processes Inventory (*Singer, Antrobus* 1972) — festgestellt, was vermuten läßt, daß ein größeres Ausmaß an unangenehmen Außenwelterfahrungen dazu führen kann, daß man sich stärker auf positive Phantasieerlebnisse im Inneren stützt. Darüber hinaus stellte *Schultz* auch einen positiven Zusammenhang zwischen schlechter Anpassung an unangenehme Alltagserfahrungen und Versagensangst in Wachträumen fest. Obwohl dies nur mit Zurückhaltung interpretiert werden sollte, da die Daten korrelieren, lassen diese Ergebnisse den Schluß zu, daß der Depressive sich dadurch von unangenehmen Alltagsproblemen entlastet, indem er sich in positive Phantasien versenkt. Dies mag einerseits der Versuch sein, die unangenehmen Alltagserfahrungen in den Griff zu bekommen; andererseits kann es der Versuch sein, sich massiver Versagensängste zu entledigen. Man kann jedoch annehmen, daß dieser entlastende Einsatz der Phantasie nur von kurzer Dauer ist, da die Fähigkeit, sich spontan positiver Phantasien zu bedienen, um negative äußere und innere Erfahrungen zu vermeiden, ziemlich eingeschränkt sein dürfte und vielleicht im umgekehrten Verhältnis steht zum Ausmaß negativer oder depressiver Gefühle. Man könnte auch folgendermaßen argumentieren: sollten die unangenehmen Alltagserfahrungen zunehmen und/oder die innere Einstellung sich verschlechtern und/oder die physiologischen Funktionen entweder durch Ermüdung oder Krankheit spontan abnehmen, dann können sich die negativen depressiven Affekte bis zu einem Punkt verschärfen, wo es dem einzelnen nicht mehr länger gelingt, sich in positiv besetzte Phantasien und Imaginationen zu flüchten. Wie schon zuvor erwähnt, werden solche Argumente durch Untersuchungen an College-Absolventen (*Traynor* 1974), männlichen psychiatrischen Patienten allgemein (*Schultz* 1976) und männlichen depressiven psychiatrischen Patienten (*Starker, Singer* 1975) gestützt, die festgestellt haben, daß eine Zunahme depressiver Affekte korreliert mit negativen Phantasien und einer negativeren Einstellung in bezug auf Tagträume.

Diese Ergebnisse lassen insgesamt den Schluß zu, daß leicht depressive männliche Personen tatsächlich in der Lage sind, sich eine Zeitlang aus negativen Alltagserfahrungen in positive Phantasien zu flüchten. Wenn sich jedoch irgend etwas ereignet, daß für eine kurze Zeit ihre Depression verstärkt, kann dies zur Folge haben, daß sie nicht mehr in der Lage sind, sich spontan in positive Phantasien zu flüchten, und es auch nicht mehr schaffen, die durch negative Phantasien und

Imaginationen entstehenden negativen Gedanken abzustellen. Um ein Beispiel aus der Physik zu nehmen: Es kann sein, daß der leicht Depressive, der ein zusätzliches Quantum an „depressiver" Energie spürt, verglichen werden kann mit einem Elektron, das bei einem zusätzlichen Quantum an kinetischer Energie in eine höhere Umlaufbahn „springt" und sich weiter um den Atomkern bewegt, bis sich möglicherweise eine andere Energieform ergibt. Ein leicht Depressiver, der ein zusätzliches Quantum an „depressiver" Energie erfährt, kann in einen leicht erhöhten oder ernsteren Grad von Depression „fallen", so daß er nicht mehr in der Lage ist, sich spontan der wohltuenden Aspekte positiver Phantasien und Imaginationen zu bedienen. Vielmehr kann dies dazu führen, daß der sich ständig in dem „Teufelskreis" „bewegt": negative Affekte → negative Gedanken → ständige Wiederholung der negativen Gedanken in der Phantasie → Glaube an die „Realität" negativer Bedingungen → zunehmende negative Affekte.

Ganz besonders interessant ist jedoch, daß die früheren Ergebnisse (*Schultz* 1976) folgenden Schluß zulassen: lenkt man die Gedanken von leicht oder schwer Depressiven von ihren alltäglichen Problemen ab, indem man ihre Vorstellung auf ganz bestimmte, wichtige Lebenserfahrungen (aggressive, mit sozialer Anerkennung verbundene, positiv besetzte Szenen aus der Natur) hinlenkt, dann hilft ihnen dies, für kurze Zeit den kognitiv-affektiven Rückkoppelungsmechanismus zu durchbrechen, wozu sie wohl aus eigenem Willen besonders in Phasen verstärkter Depressionen nicht mehr spontan in der Lage wären. Auch ist folgendes festzuhalten: Wie schon zuvor bemerkt, scheint es, daß gelenkte Imaginationen mit eher sozialen Inhalten einige Vorteile im Vergleich zu solchen Imaginationen haben, die wenige oder gar keine sozialen Bezüge aufweisen. Weiterhin kann man sagen: obwohl Imaginationen, die sich mit positiv besetzten Naturerlebnissen befassen, weniger geeignet scheinen, Depressionen insgesamt abzubauen, können sie dennoch entscheidend feinere Gefühle beeinflussen. Und schließlich ist festzustellen, daß die verschiedenen Imaginationen nicht nur mit unterschiedlichem Erfolg zeitweilig Depressionen abbauen; darüber hinaus scheinen auch individuelle Besonderheiten, wie depressive Erfahrungen und Muster von Tagträumen, einen Einfluß darauf zu haben, welche Art der Imaginationsbedingung erfolgversprechender für einen bestimmten Patienten ist.

4. Strukturen depressiver Erfahrungen

Einiges spricht demnach dafür, daß die vier Imaginationsbedingungen unterschiedliche Auswirkungen auf den Grad der Depression haben bei Versuchspersonen, die verschiedene Typen depressiver Erfahrungen repräsentieren. Die Befunde zeigten, daß Depressive mit hohem Abhängigkeitsfaktor signifikant geringere Anzeichen von Depression zeigten nach aggressiven und mit sozialer Anerkennung verbundenen Imaginationen als vergleichsweise nach positiv besetzten und ungelenkten Imaginationen. Dies stützt die Auffassungen von *Blatt*, *D'Afflitti* und *Quinlan* (1976), wonach hohe Werte in bezug auf Abhängigkeit ein Indiz sind für intensive Probleme wie Verlassenheitsgefühle, Einsamkeit und Abhängigkeit mit einem stark nach außen gerichteten Interesse für interpersonale Beziehungen. Von den vier Imaginationsbedingungen sind für zwei, den aggressiven und den mit sozialer Anerkennung verbundenen Typus, engere soziale und interpersonale Bezüge typisch. Folglich kann angenommen werden, daß depressive Probanden, die vor allem besonders leicht verletzlich sind und Probleme im interpersonalen Bereich haben, nach gelenkten Imaginationen mit sozialer Orientierung ein niedrigeres Depressionsniveau aufweisen als nach Imaginationen ohne soziale Orientierung bzw. nach ungelenkten, freien Imaginationen. Offenbar kann der mit sozialer Anerkennung verbundene Imaginationstypus bei Personen mit hohem Abhängigkeitsfaktor erleichternd wirken und dazu beitragen, Verlassenheitsängste und Angst vor Zurückweisung abzubauen. Depressive mit hohem Abhängigkeitsfaktor haben vor allem Probleme im Umgang mit Wut und Aggressionen. Folglich läßt, so scheint es, der geringe Depressionsgrad nach Imaginationsübungen mit aggressivem Charakter den Schluß zu, daß Ängste vor negativen Folgen bei Wutausbrüchen dadurch abgebaut werden, daß Aggressionen in einem relativ „sicheren" Rahmen, in dem man „akzeptiert" ist, ausgedrückt werden können (z. B. konnten starke Ängste der Versuchspersonen, daß sich andere Menschen wegen ihrer Wutausbrüche von ihnen abwenden würden, zumindest für eine kurze Zeit reduziert werden). Diese Ergebnisse bestätigen teilweise die Richtigkeit des „Katharsis"-Modells (*Feshbach* 1955) bei dieser Untergruppe von depressiven Patienten; aber sie lassen den Schluß zu, daß sich die „Selbstbestrafungs"-Hypothese der Depression (*Abraham* 1911; *Freud* 1917; *Rado* 1928) eher auf den Abhängigkeitsaspekt bei Depressiven als auf das Entstehen von Schuld bezieht.

Zusammenfassend läßt sich feststellen, daß das Ausdrücken von Aggression zu einer Abnahme von Depressionen führen kann, hauptsächlich bei Personen mit einem hohen Abhängigkeitsfaktor. Depressive Patienten mit starken Selbstzweifeln wiesen ein signifikant niedrigeres Depressionsniveau nach mit sozialer Anerkennung verbundenen und positiv besetzten Vorstellungen auf als nach aggressiven oder freien Imaginationsübungen. Patienten mit starken Selbstzweifeln haben im allgemeinen eine Neigung, sich nach innen zu orientieren. Im Mittelpunkt stehen dabei Schuldgefühle, geringes Selbstwertgefühl, Unfähigkeit, die eigenen Ansprüche und Ideale zu verwirklichen, und eine kritische Einstellung gegenüber der eigenen Person. Sicherlich stützen diese Ergebnisse nicht die simple hydraulische „Selbstbestrafungs"-Hypothese der Depression[3]. Von den vier Imaginationsbedingungen sind die mit sozialer Anerkennung verbundenen und positiv besetzten Imaginationen ganz besonders gerichtet auf Heraufholen und ständige Wiederholung von positiven, angenehmen und Wohlbehagen auslösenden Erinnerungen. Folglich zeigen sich bei Patienten mit vorherrschender selbstkritischer Einstellung nach gelenkten Imaginationen mit angenehmem und positivem Inhalt geringere Anzeichen von Depression. Die auf soziale Anerkennung gerichteten Imaginationen, in deren Mittelpunkt die Erinnerung und Abrufung eines zurückliegenden Ereignisses steht, wo jemand etwas gesagt oder getan hatte, das der Person dazu verhalf, sich gut zu fühlen und sich selbst zu akzeptieren, reduzierten vielleicht die selbstkritische Einstellung, indem ehemalige Wertschätzung von anderen und ehemalige Erfolge wachgerufen wurden. Die Befunde lassen auch den Schluß zu, daß der mit sozialer Anerkennung verbundene Imaginations-Typ den einzelnen sogar veranlassen kann, sich mit dem weniger bedrohlichen Überich einer wichtigen Beziehungsperson zu identifizieren, um so eine Zeitlang die selbstkritische Haltung in bezug auf das eigene Überich aufzugeben. Da Patienten mit starken Selbstzweifeln anscheinend ständig um ihre negative Selbsteinschätzung kreisen, kann man aufgrund der geringeren Depressionsniveaus nach positiv besetzten Imaginationen aus der Natur auch folgendes schließen: indem man die Versuchspersonen anregte, sich an einen schönen Ort in der Natur, wo sie früher entspannen und „abschalten" konnten und „wo sie sich wirklich wohl gefühlt hatten", zu versetzen, wurde erreicht, daß sie von ihren selbstkritischen Gedanken abgelenkt wurden. Sie wurden so an Zeiten erinnert, in denen sie noch fähig waren, ihre Sorgen zu vergessen; wo sie mit

---

[3] Es kann jedoch sein, daß diese Gruppe von Veteranen in größerem Maße repräsentativ für den passiv-abhängigen Persönlichkeitstypus ist als depressive, psychiatrische Patienten in einer Privatklinik, die wohl eher den selbstkritischen Depressionstypus repräsentieren. Folglich kann es bei einer Gruppe, die einen höheren Grad an Selbstkritik aufweist, notwendig erscheinen, weiter die „Selbstbestrafungs"-Hypothese der Depression und ihr Verhältnis bei der Entwicklung von Schuld und Selbstkritik zu untersuchen.

unangenehmen Gefühlen etwas distanzierter und disziplinierter umgehen und tatsächlich eine Zeitlang entspannen und „abschalten" konnten.

Zusammenfassend läßt sich sagen, daß die vorliegenden Ergebnisse darauf hinweisen, daß die unterschiedliche Stimulation von Imaginationen eine unterschiedliche Auswirkung auf die depressiven Symptome bei Versuchspersonen hat, die verschiedene Typen depressiver Erfahrung repräsentieren. Dieses Ergebnis unterstützt die These (*Blatt* et al. 1976), daß eine Typisierung depressiver Erfahrungen ein nützliches und einfaches Unterscheidungskriterium sein kann, um zu unterscheiden, bei welchen Depressiven eine bestimmte Behandlungsmethode erfolgreicher ist als eine andere. Sicher muß weiterhin untersucht werden, ob mit unterschiedlichen Behandlungsmethoden die depressiven Erfahrungen eine langfristige bzw. kurzfristige Änderung des Depressionsniveaus erwarten lassen.

5. Strukturen von Tagträumen

Manches läßt darauf schließen, daß sich bei den Versuchspersonen, die die beiden Grundarten des Tagträumens repräsentierten, unterschiedliche Imaginationsbedingungen unterschiedlich auf das Depressionsniveau auswirkten. — Die Ergebnisse lassen den Schluß zu, daß Patienten, die stark zu positiv besetzten intensiven Tagträumen neigen, nach mit sozialer Anerkennung verbundenen und positiv besetzten Imaginationen signifikant geringere Anzeichen von Depressionen aufweisen als nach aggressiven und ungelenkten Imaginationen. Hohe Werte bei positiven, lebhaften Tagträumen deuten auf hohe Akzeptanz von Tagträumen, positiven Inhalten und visuellen Vorstellungen bei Tagträumen hin und spiegeln ein Grundmuster, für das eine konstruktive, positive Einstellung gegenüber Tagträumen typisch ist. Von den vier Imaginationsbedingungen haben die mit sozialer Anerkennung verbundenen und positiv besetzten eher positiv orientierte Inhalte. Offenbar entsprechen diese beiden Bedingungen den konstruktiven und positiven Eigenschaften von solchen Versuchspersonen, die eine positive Einstellung zu Tagträumen haben; die Imaginationen verstärken und fördern diese Eigenschaften und führen zu einem Rückgang der Depression.

Versuchspersonen, deren Tagträume vorwiegend schuldorientiert und dysphorisch waren, wiesen nach positiv besetzten Imaginationen ein signifikant höheres Depressionsniveau auf als nach Imaginationen mit aggressiven und sozial befriedigenden Inhalten bzw. als nach freien

Imaginationen[4]. Hohe Werte bei dieser schuldorientierten Grundform der Tagträume korrelieren mit Tagträumen, in denen es häufig um Schuld, Versagensangst, Feindseligkeit bzw. Aggressionen geht und deren stilistische Merkmale Zweifel, Schuld, Selbstbestrafung und Versagen sind. Von den vier Imaginationsbedingungen rufen Vorstellungen mit sozial befriedigenden bzw. positiv besetzten Inhalten deutlich positive, angenehme und Wohlbefinden auslösende Erinnerungen wach. Es scheint, wenngleich dies auch ein wenig spekulativ ist, daß es Versuchspersonen mit schuldorientierter dysphorischer Tagtraumstruktur als beunruhigend empfinden, wenn sie positive Vorstellungen produzieren. Möglicherweise bessert sich bei diesen Patienten die Stimmung bei positiv orientierten Vorstellungen, jedoch scheinen sie aufgrund ihrer vorwiegend dysphorischen Tagtraumstruktur nicht in der Lage zu sein, diese wohltuende Wirkung auch länger aufrechtzuerhalten. So kann der Gegensatz zwischen kurzen Phasen des Wohlbefindens und der Entspannung und dem Wiederbeginn von unangenehmen Tagträumen zu einer weiteren Verschlimmerung der dysphorischen Stimmung führen.

Zusammenfassend deuten die Ergebnisse darauf hin, daß sich die Stimulation imaginativer Vorstellungen unterschiedlich auf die depressiven Symptome der Versuchspersonen auswirkt, deren Grundstrukturen den jeweils o. a. beiden Formen von Tagträumen entsprechen. Diese Ergebnisse unterstützen die These von *Singer* (1971), daß sich mit Hilfe von Imaginations- und Tagtraumstrukturen auf einfache und nützliche Weise in der Psychotherapie bestimmen läßt, welche Patienten eher von den Imaginations- bzw. Tagtraum-Methoden profitieren. Ein solches diagnostisches Verfahren hätte nicht nur eine bessere Patientenselektion zur Folge, sondern es würde außerdem (a) dem Patienten seine Imaginationen und Tagträume deutlicher bewußt machen; (b) konkrete Wege für Imaginationen aufzeigen. In der Psychiatrie ist bisher noch kaum ein solches Verfahren in Zusammenhang mit Tagträumen und Imaginationen angewandt worden.

6. Schlußfolgerungen

Die Ergebnisse lassen den Schluß zu, daß depressive psychiatrische Patienten, die mit gelenkten Imaginationen, besonders mit solchen, die mit sozialer Anerkennung verbunden sind, arbeiten, weniger Merk-

---

[4] Es muß jedoch festgehalten werden, daß nach mit sozialer Anerkennung verbundenen Imaginationen Personen mit schuld-dysphorisch orientierten Tagträumen den zweithöchsten Depressionsgrad aufwiesen.

male von Depression aufweisen als Patienten, die Erfahrungen mit ungelenkten Imaginationen haben. Folglich sind gelenkte im Vergleich zu ungelenkten Imaginationen eher geeignet, kurzfristig das Depressionsniveau von depressiven Patienten zu reduzieren. Schließlich hatten die vier Imaginationsbedingungen unterschiedliche Auswirkungen auf das Depressionsniveau von depressiven psychiatrischen Patienten, die verschiedene Tagtraumstrukturen und depressive Erfahrungen repräsentierten.

7. Das Wesen des psychotherapeutischen Verfahrens

Will man die psychotherapeutische Anwendung von Imaginationstechniken und deren Auswirkungen untersuchen, ist es wesentlich, sich über die eigene Einstellung in bezug auf das psychotherapeutische Verfahren klar zu sein. Relevant ist besonders die Auffassung, die *Singer* (1974), *Strupp* (1970), *Meichenbaum* (1975) und *Klinger* (1975) vertreten, wonach es vorrangiges Ziel der Psychotherapie sei, die Selbstbewußtheit, Selbstbeherrschung, Kompetenz und Autonomie des Patienten zu entwickeln. Darüber hinaus weisen sie darauf hin, daß bewiesen werden kann, daß die meisten neurotischen Symptome von zentralen Vermittlungsprozessen, wie z. B. Überzeugungen und Selbsteinschätzungen, gelenkt werden, die implizit vorhanden sein können und möglicherweise aus symbolischen Transformationen entstanden sind. Ausgehend von dem Standpunkt, daß die Psychotherapie im wesentlichen eine Technik ist, die eine Persönlichkeits- oder Verhaltensänderung bewirken soll, sehen die Autoren die wesentliche Funktion des Therapeuten darin: das Problem einer Person immer mehr einzugrenzen und zu spezifizieren, so daß es mit einiger Präzision durch Anwendung von bestehendem psychologischem Wissen und psychologischen Techniken fokussiert werden kann. Folglich ist es das Ziel der Psychotherapie, dem Klienten in einigermaßen systematischer Form Methoden anzubieten, die es ihm ermöglichen, mit sich selbst umgehen zu können; Methoden, die er aus der Praxis des Therapeuten in seinen Alltag hinübernehmen kann.

Zwar heben *Singer* (1974) und *Strupp* (1970) den Wert von therapeutischer Technik hervor, dennoch betonen sie die Bedeutsamkeit der menschlichen Beziehung zwischen Therapeut und Patient und sehen in der Entwicklung eines Vertrauensverhältnisses zwischen Patient und Therapeut eine entscheidende Voraussetzung für eine Atmosphäre der gegenseitigen Zusammenarbeit. Sieht man die psychotherapeutische Anwendung von Imaginationstechniken in diesem Zusammenhang, so mag dies zu einem besseren Verständnis der unterschiedlichen Komponenten, die in diesen Methoden enthalten sind, führen.

8. Imagination, Tagtraum und eine kognitive Theorie der Selbstkontrolle

Untersuchungen, die von *Meichenbaum* (1975) und seinen Kollegen mit dem Ziel durchgeführt worden waren, die klinischen Probleme von semantischen bzw. kognitiven Therapeuten und Verfahren der Verhaltenstherapie zusammenzubringen, waren im Hinblick auf Generalisierung und Dauer der Behandlungserfolge deshalb vielversprechend, weil selbsterzieherische Momente und Imaginationsverfahren in die „klassische" Verhaltenstherapie integriert wurden. Diese Ergebnisse veranlaßten *Meichenbaum*, eine „kognitive Theorie der Selbstkontrolle" zu entwickeln, womit er zu erklären versucht, warum eine Veränderung des inneren Dialogs beim Patienten (d.h. seine Vorstellungen und Bilder von sich selbst) zu Verhaltensänderungen führen.

Meichenbaum meint, daß die therapeutische Änderung das Ergebnis eines in drei aufeinanderfolgenden Phasen verlaufenden Vermittlungsprozesses ist, in dem (a) der Klient sein Verhalten und seine physiologischen Reaktionen beobachtet; (b) diese Selbsterkenntnis darüber Aufschluß gibt, welche inadäquaten Kognitionen und Verhaltensweisen aufgegeben werden müssen; und schließlich (c) das, was der Patient zu sich selbst sagt (seine Bewertungen, Attributionen, Vorstellungen und Bilder von sich selbst), nach der Änderung die Generalisierung und Dauer der Behandlungserfolge beeinflußt.

*Meichenbaum*s in drei aufeinanderfolgenden Stufen verlaufender Vermittlungsprozeß beschreibt nicht nur die Trainings- und Lernphase der kognitiven Verhaltenstherapie genauer, sondern scheint während der Konzeptualisierungsphase zu beginnen und sich bis zur letzten, der Transferphase fortzusetzen. *Meichenbaum* stellt jedoch fest, daß diese beiden letzten Phasen in der Literatur der Verhaltenstherapie bisher zu wenig Beachtung gefunden haben.

9. Die bewußte Kontrolle des Bewußtseins: Imagination zur Linderung von Depressionen

Sieht man *Meichenbaum*s Drei-Phasen-Theorie der kognitiven Verhaltenstherapie in Zusammenhang mit den zuvor beschriebenen kognitiv-affektiven Rückkoppelungsvorgängen, die mit der Erforschung der ursächlichen Phänomene von Depressionen zu tun haben, so ist dies für das Verständnis der psychotherapeutischen Anwendung der Imagination interessant, die dem einzelnen helfen soll, sein Bewußtsein zu kontrollieren, um depressive Symptome einzudämmen. Wenngleich eine solche Konzeptualisierung, wie bereits früher in Abbildung 4 gezeigt wurde, noch Versuchscharakter hat, muß man sich vorstellen, daß Depressionen auf folgende Weise entstehen: Durch das plötzliche Auftreten von unerwünschten Lebensumständen (z. B. Änderung des Schlafrhythmus, persönliche Kränkungen oder Krankheit, finanzielle Probleme, Partnerschaftsprobleme, sexuelle Probleme etc.) können mit Hilfe impliziter symbolischer Transformationen Erinnerungen an frühere traumatische Erlebnisse hervorgerufen werden. Dies kann negative Affekte verschärfen, was wiederum zu verstärkten negativen Kognitionen führt (negatives Selbstbild), die in der Phantasie ständig wiederholt werden, was schließlich in der Überzeugung gipfelt, daß negative Kognitionen und das negative Selbstbild „real" seien. Ist dieser Prozeß erst einmal in Gang gekommen und ist erst einmal ein Grad von leichter bis schwerer Depression erreicht, scheint sich der Prozeß in der Weise zu verselbständigen, daß ein leicht oder schwer depressiver Mensch sein Denken nicht mehr spontan lenken kann, um sich dadurch in positive Phantasien oder Imaginationen zu flüchten, die die depressiven Symptome eindämmen könnten.

Betrachtet man die Erforschung der ursächlichen Phänomene der Depression aus dieser Sicht, so stellt sich die Frage, in welcher Weise der Therapeut die Imaginationen psychotherapeutisch nutzen kann, um einem depressiven Patienten zu helfen, eine bewußte Kontrolle seines Bewußtseins zu entwickeln und dadurch die Depression einzudämmen. Untersucht man die Forschungsergebnisse von *Schultz* (1976) näher, so lassen sich einige vorläufige Thesen entnehmen. Wie *Meichenbaum* (1975) hervorgehoben hat, ist in der Psychotherapie die anfängliche Konzeptualisierungsphase von entscheidender Bedeutung, wenngleich dies in der Literatur oft vernachlässigt wurde, denn sie ist der Rahmen, in dem der Patient mehr Selbstbewußtheit, Selbstbeherrschung, Selbstkontrolle und ein autonomeres Bewußtsein entwickeln kann. Die Forschungsergebnisse und Arbeiten mit imaginativen Verfahren von *Schultz* (1976) zeigen, wie wichtig es ist, während dieser anfänglichen Konzeptualisierungsphase in Einzelberatungen mit dem depressiven Patienten Informationen über ihn zu sammeln (diagnostische Einschätzung) und ihm verbal oder schriftlich Auskunft darüber zu geben, in welcher Form der Psychotherapeut verfahren wird, damit der Patient in zunehmendem Maße seine Depression unter Kontrolle bringt. Folglich ist die Therapeuten-Patienten-Interaktion während dieser anfänglichen Konzeptualisierungsphase ganz besonders wichtig für die Festlegung der Diagnose; weiterhin fördert sie die Motivation des Patienten, die Menschlichkeit der Therapeut-Patient-Beziehung und das Vertrauen des Patienten zum Therapeuten (*Singer* 1974; *Strupp* 1970). Wird dieser Vorgang, in dem beim Patienten Vertrauen, Motivation und Verständnis geweckt werden, in der Anfangsphase eingeleitet, so kann er auch leichter in der Übungsphase und den Transferphasen der Psychotherapie durchgehalten werden. Schließlich läßt sich sagen, wenngleich es noch weitergehender Forschungen bedarf, um den diagnostischen und prognostischen Wert der unterschiedlichen Strukturen von Tagträumen und depressiven Erfahrungen näher zu bestimmen, daß diese Informationen dazu dienen können: (a) auf eine effiziente Weise zu bestimmen, welche Imaginationsbedingungen für einen spezifischen depressiven Patienten geeignet sind; und (b) bestimmte Gebiete festzustellen, auf die sich die Behandlung konzentrieren kann.

Das Imaginationsverfahren, das in den Untersuchungen von *Schultz* (1976) angewandt wurde, bietet zahlreiche Hinweise dafür, wie Imaginationen in die Trainings- bzw. Übungsphase der Psychotherapie integriert werden können. Indem zu Beginn die Anweisungen zu den Imaginationsübungen deutlich gemacht und diskutiert werden, wird der Patient in die Lage versetzt, die Imagination als eine Übungstechnik anzuwenden, die erlernt werden und durch Übungen verbessert werden kann. Vorschläge, sich zu entspannen und die Augen zu schließen oder auf einen Punkt zu richten, können Bedingungen schaffen (z. B. erhöhte Konzentration und geringere Stimulation von außen), die die Aufmerksamkeit auf innere Vorgänge lenken und die Intensität und autonomen Wirkungen der Phantasie und Imagination verstärken (*Singer* 1974). Solche Anleitungen und Vorschläge machen es dem depressiven Patienten leichter, spezifische Verhaltensweisen und physiologische Vorgänge, die für seine Depression symptomatisch sind, zu beobachten.

Der Einsatz spezifischer gelenkter Imaginationsanleitungen kann den depressiven Patienten ermutigen, mit Hilfe von Imaginationen eine bestimmte Erinnerung wachzurufen, die Affekte, Kognitionen und Verhaltensweisen erzeugt (z. B. zunehmende affektive Erregung und ein geändertes Selbstbild), die nicht zu seinen depressiven Symptomen passen. — Die Gelenktheit der Imaginationen kann gewährleisten, daß diese geänderten Affekte, Kognitionen und Verhaltensweisen beibehalten werden.

Schließlich kann das, was der Patient nach diesen Veränderungen zu sich selbst sagt, Einfluß auf die Beständigkeit der Behandlungserfolge haben. Z. B. kann bei aggressiven Imaginationen das Leugnen von Gegenaggressionen (z. B. „Ich habe nur an Rache gedacht") dem Patienten dazu verhelfen, seine Imaginationserfahrungen zu akzeptieren und sich in ihnen wohlzufühlen, und er kann somit seine geänderten Affekte, Kognitionen und Verhaltensweisen beibehalten. Ebenso können bei mit sozialer Anerkennung verbundenen und positiv besetzten Imaginationsbedingungen ähnliche Äußerungen über sich selbst (z. B. „Ich habe mir gegenüber ein besseres Gefühl" oder „Ich bin entspannter und fühle mich wohler") dazu führen, daß der Patient sich anders sieht (sein schlechtes Selbstbild verbessert), was ihm ein Gefühl von Kontrolle und Beherrschung verschafft. Dadurch werden Affekte, Kognitionen und Verhaltensweisen aufrechterhalten, die nicht zu seinen depressiven Symptomen passen. Die wiederum können dazu führen, daß der Patient mehr an die „Realität" seines besseren Selbstbilds glaubt, und das kann zu einem Ansteigen positiver Affekte führen.

Was schließlich die Generalisierung des Imaginationstrainings während der abschließenden Transferphase in der Psychotherapie angeht, so lassen Verfahren und Ergebnisse von *Schultz* (1976) den Schluß zu, daß es wichtig ist, nach jeder Imaginationssitzung den Patienten zu ermuntern, zu seiner Beteiligung am Imaginationstraining Fragen zu stellen und es zu kommentieren. Während dieser Diskussionsphase wird ein Patient z. B. erwähnen, er hätte versucht, seine Gedanken in die Vergangenheit zu lenken, was ihm auch gelungen sei, bis er zunehmend depressiv geworden sei (wie dies bei vielen psychiatrischen Patienten von *Schultz* der Fall war). Der Patient kann daraufhin ermutigt werden, die Imaginationsübungen auch zwischen den offiziellen Übungssitzungen in der Praxis des Therapeuten fortzusetzen, was ihm helfen wird, schrittweise den Transfer auf sein Alltagsleben zu leisten (wie dies bei einer Anzahl von depressiven psychiatrischen Patienten von *Schultz* der Fall war, die durch freiwillige ständige Imaginationsübungen in der Tat einige anhaltenden Erfolge verzeichnen konnten). Jedoch ist die Nützlichkeit solcher wiederholter Imaginationsübungen sehr fraglich, da die Studie von *Schultz* nur die kurzfristigen Folgen besonderer Imaginationsinhalte auf depressive Symptome ausgewertet hat. Daher bedarf es mit Sicherheit weiterer Forschungen, um festzustellen: (a) welches die langfristigen Auswirkungen wiederholter Imaginationsübungen sind; (b) inwieweit positive Veränderungen durch Phantasie und Imagination im klinischen Rahmen transferierbar sind auf außerklinisches Verhalten.

10. Psychotherapeutische Anwendungen von Imagination
10.1 Beispiele aus der klinischen Praxis

Der Leser mag sich fragen, wie er spezifische Imaginationstechniken in die psychotherapeutische Behandlung seiner Patienten einsetzen kann. Wie können Imaginationstechniken in die traditionelle Psychotherapie integriert werden bei gleichzeitiger Beachtung der wichtigen intrapersonalen und interpersonalen dynamischen Vorgänge? Die nachfolgende kurze Falldarstellung illustriert, wie Imaginationstechniken die psychoanalytisch orientierte Behandlung eines ernsthaft gestörten Mannes verbesserten.

Der Patient, Herr Y, ein dreiunddreißig Jahre alter verheirateter Mann, Vater von vier Kindern, wurde mit der Diagnose „schizoaffektive Schizophrenie" ins Krankenhaus eingeliefert. Ein Jahr Depressionen und Selbstmordversuche und 11 Jahre Ehestreitigkeiten hatten hinter ihm gelegen. Er wurde dreimal pro Woche in psychoanalytisch orientierten, einstündigen Einzelsitzungen behandelt. Unter anderem klagte Herr Y anfangs über ihn beunruhigende Halluzinationen. Nach weiteren Explorationen jedoch zeigte sich, daß Herr Y nicht mehr halluzinierte, vielmehr sehr lebhafte und sehr beängstigende visuelle Imaginationen beschrieb, wie z. B.: „in wahnsinnig hohen Gebäuden in einer Falle zu sitzen", „vom World Trade Center herunterzustürzen" oder „sich von einer Autobahnbrücke herabzustürzen". Bei einer solchen Gelegenheit begann Herr Y darüber zu sprechen, daß er Angst davor habe, sich aus seinem im oberen Stock gelegenen Fenster zu stürzen. Allmählich schloß er seine Augen, während er mit dem Sprechen fortfuhr und intensiv in seiner Imagination erlebte, wie er sprang. Dabei setzte er sich auf die Ecke seines Stuhles und sprang dann tatsächlich die paar Zentimeter zum Boden, und in diesem Augenblick öffnete er seine Augen. Herr Y war sehr erschrocken und sagte, er habe Herzklopfen. Trotz seiner seelischen Qual war er in der Lage, den Unterschied zwischen dem lebhaften, aber beängstigenden inneren Bilderleben und dem tatsächlichen äußeren Vorgang zu begreifen. Herr Y wurde ermuntert, diese Imagination mehrere Male zu wiederholen, und lernte sie so als Phantasien und lebhafte Imaginationen erkennen, die er kontrollieren könnte. Mit der Zeit beängstigten sie ihn immer weniger; und in dem Maße, wie seine Angst abnahm, konnte er tatsächlich die früheren beängstigenden Bilder durch angenehme Imaginationen und Phantasien ersetzen. Mit Hilfe des Psychotherapeuten wurde Herr Y sodann in einer Form, die für ihn „sicher" war, in die Lage versetzt, die Grundlagen seiner Phantasien der Selbst-Zerstörung zu überprüfen (z. B. ihren Bezug zu Schuldgefühlen und Strafbedürfnissen, die er hatte, weil er sich den Tod seiner Frau und seines ältesten Kindes gewünscht hatte).

Der nachfolgende Fall aus der klinischen Praxis illustriert, wie Imaginationstechniken in der strukturell orientierten Behandlung einer schweren Ehekrise angewandt wurden:

Die Klienten, Herr und Frau A, fünfundfünfzig bzw. zweiundfünfzig Jahre alt, waren seit 23 Jahren verheiratet und hatten drei erwachsene Töchter. Trotz zwanzigjähriger Ehestreitigkeiten war ihre Beziehung relativ stabil und unverändert geblieben, trotz der Drohungen von Frau A, ihren Mann zu verlassen, und ihrer Forderung, Herr A möge sich einer Behandlung unterziehen. Zu Beginn der Behandlung „wollte" Frau A sich scheiden lassen, Herr A hingegen „hoffte" auf Versöhnung. Sie kamen einmal pro Woche zu einer einstündigen, strukturell orientierten Therapie für Ehepartner. Dies war der Ort, wo sie über ihre Interessen und ihre Probleme reden konnten. Der Therapeut betonte, er habe weder ein persönliches Interesse an ihrem Zusammenbleiben noch an ihrer Trennung, noch könnten er oder sie ganz sicher sein, daß die Therapie ein spezifisches Ergebnis haben würde, jedoch würden sich beide möglicherweise besser fühlen, wenn sie sich schließlich entschieden hätten. In der Therapie stellte sich bald heraus, daß die Kinder in einer engen Triangulationsbeziehung zu den Ehestreitigkeiten standen. Fast alle verbalen Interaktionen drehten sich um Streitereien über die Kinder, wobei sich ein Grundmuster herausgebildet hatte, wonach Herr A der „Angreifer" war und Frau A die Verteidigerposition übernommen hatte. Bei dem Versuch, sie von diesem eingefahrenen Verhaltensmuster abzubringen und sie gleichzeitig mit ihren Gefühlen in Kontakt zu bringen, um so ihre Beziehung lebendiger zu erfahren, beschrieb der Therapeut ihnen im einzelnen die von *Papp* (1973) entwickelte Technik der „Familienskulptur". Kurz, jeder der beiden wurde aufgefordert, einen Traum über den aktuellen Stand ihrer Beziehung zu erfinden, wobei ihre Probleme besonders hervorgehoben werden sollten. In diesem erfundenen Traum sollte sich jeder die Beziehung als irgendein Objekt, eine Pflanze, Tier oder verkleidete Person vorstellen und dann sich selbst oder den anderen in ähnlicher Weise imaginieren. Schließlich sollte sich jeder in diesem erfundenen Traum eine Aktivität oder einen Bewegungsablauf zwischen ihnen vorstellen, die ihre aktuellen Schwierigkeiten illustrierten. Nachdem sie dies schweigend gemacht hatten, wurden sie beide aufgefordert, sich gegenseitig ihren erfundenen Traum zu erzählen und ihn dann auszuagieren. Nach dem Ausagieren wurden beide danach befragt, wie der ausagierte Traum auf sie gewirkt habe. Sie wurden dann ermuntert, etwas anderes beim zweiten Ausagieren zu tun. Im erfundenen Traum von Frau A sah sie ihren Mann als „Löwenbändiger mit einer Peitsche" und sich selbst als „eingesperrte Löwin", wobei ihre Pranken über ihren Augen lagen. Während Herr A immer weiter „mit der Peitsche knallte", wollte sie weggehen, blieb aber „furchtsam vor ihm zusammengekauert liegen". Im erfundenen Traum von Herrn A sah er Frau A als „ein Objekt, eine Frau", nach der er griff, die ihn aber „ständig zurückstieß". Da Frau A seine „Näherungsversuche weiter abblockte", wollte er ihr „näher" kommen, behielt aber seine zudringliche Art bei, nach ihr zu greifen. Als Folge dieser Imaginationstechnik bekamen beide lebhaften Kontakt zu ihren Gefühlen, die mit ihrer Beziehung zu tun hatten, und konnten zum ersten Mal mit Hilfe von Imagination die selbstzerstörerische Art, mit der sie sich aufeinander bezogen, erkennen. Folglich wurde Frau A darin bestärkt, ihren Mann zu verlassen, wenn sie sich eingeschüchtert fühlte, und Herr A wurde ermuntert, neue Wege zu suchen, „sanft" und „unterstützend" mit seiner Frau umzugehen, anstatt so zudringlich zu sein. Während der weiteren Behandlungssitzungen dienten diese Imaginationen nicht nur als Impuls, neue Interaktionsmuster zu entwickeln, sondern erinnerten sie auch lebhaft an ihre schlechte Beziehung, wann immer alte Interaktionsmuster auftauchten.

Beachtet man also sorgfältig die klinischen Probleme, wie z. B. den Grad des therapeutischen Behandlungsgeschicks, den Zeitpunkt der Intervention, den therapeutischen Kontext, in dem die Intervention stattfindet, und eine offene Haltung des Patienten gegenüber dem Verfahren, so scheint es möglich, Imaginationstechniken bei der Behandlung von Depressionskranken einzubeziehen. Dabei spielt es keine Rolle, ob die Behandlung psychoanalytischer Natur ist und ob der Klient eine Einzelperson, ein Paar oder ein Familienverband ist.

10.2 Zusammenfassender Überblick

In bezug auf die Anwendung von Imaginationstechniken zur Behandlung von Depressionen zeigten die Ergebnisse von *Schultz* (1976), daß (a) der affektive Zustand von depressiven psychiatrischen Patienten für kurze Zeit durch unterschiedliche Imaginationsmethoden modifiziert werden kann und daß (b) diese Modifikation des affektiven Zustands einen spezifischen bezug hat zu bestimmten Aspekten der Persönlichkeitsstruktur des depressiven Patienten (z. B. seine Tagtraumstrukturen und seine depressiven Erfahrungen). Diese Ergebnisse haben jedoch unabhängig von der Diagnose des Patienten auch allgemein Folgen für die Anwendung der Imagination in der Psychotherapie.

Zunächst haben *Singer* (1974) und andere festgestellt, daß der Patient, der sich in psychotherapeutische Behandlung begibt, wie jeder andere Mensch im allgemeinen die gleiche grundlegende Fähigkeit hat zu imaginieren. Bei der Gesamtpopulation lassen sich jedoch große individuelle Unterschiede feststellen in Bezug auf die Bewußtheit oder gleichmäßige Aufmerksamkeit gegenüber Vorgängen, die mit Phantasie und Imagination zu tun haben. So ist in der Therapie ein erster Schritt bei der Arbeit mit Imagination, daß der Therapeut (a) die Aufmerksamkeit auf die Erlebnisse im Inneren und die imaginativen Vorgänge lenkt; (b) die Möglichkeit für eine Arbeit mit Imagination als Behandlungsressource erkennt. Dies öffnet nicht nur einen ganz neuen Bereich, der bislang von vielen Patienten wenig beachtet wurde, sondern ist auch ein Mittel, eine größere Selbst-Kontrolle zu erlangen. Zweitens, die Betonung von Imaginationen und Phantasie hilft dem Patienten, sich bewußt zu werden, daß viele seiner Gedanken, Phantasien, Erwartungen und Bewertungen von Leuten und Situationen verzerrt und schlecht integrierte Kindheitserlebnisse sind, die nicht mehr seiner aktuellen Lebenssituation entsprechen. Weiterhin kann der Einsatz von Imagination und Phantasie in der Psychiatrie dazu dienen, dem Klienten zunehmend bewußt zu machen, daß er wesentlich mehr Erfahrungen gespeichert hat, als er normalerweise annimmt (*Singer* 1974). Für den Klienten ist es besonders wichtig zu entdecken, daß seine Fähigkeit, mit spezifischen Imaginationen zu arbeiten, die positive Affekte erzeugen oder ihn von bestimmten negativen affektiven Strukturen ablenken können, eine wertvolle Technik ist, die jeder lernen kann. Schließlich sind die Unmittelbarkeit und damit einhergehende Aspekte der Imagination nützlich, um den Widerstand der Klienten zu verringern (*Reyher* 1963) und somit den psychotherapeutischen Prozeß zu erleichtern.

Literatur

Abraham, K., Notes on the psychoanalytic investigation and treatment of manic-depressive insanity and allied conditions (1911); in: Selected Papers of Karl Abraham, London: Hogarth, 1948.
—, Versuch einer Entwicklungsgeschichte der Libido auf Grund der Psychoanalyse seelischer Störungen: Wien: Internat. Psychoanal. Verlag, 1924.
Beck, A. T., Depression: Causes and treatment, Philadelphia: University of Pennsylvania Press, 1967.
—, Role of fantasies in psychotherapy and psychopathology, *Journal of Nervous and Mental Disease*, 1970, 150 (1), 3-17.
Blatt, S. J., Levels of object representation in anaclitic and introjective depression, *Psychoanalytic Study of the Child*, 1974, 29, 107-157.
Blatt, S. J., Quinlan, D. M., D'Afflitti, J., Magnification and diminishing of image size and their effects on psychological states, *Journal of Abnormal Psychology*, 1972, 80 (2), 168-175.
Blatt, S. J., D'Afflitti, J. P., Quinlan, D. M., Experiences of depression in normal young adults, *Journal of Abnormal Psychology*, 1976, 85 (3), 383-389.
Feshbach, S., The drive-reducing function of fantasy behavior, *Journal of Abnormal and Social Psychology*, 1955, 50, 3-11.
Feshbach, S., Personal communication with A. T. Beck, in: A. T. Beck, Depression: Causes and treatment, Philadelphia: University of Pennsylvania Press, 1967.
Freud, S., Trauer und Melancholie (1917), G.W. X, St.A. Bd. 3, S. 194 ff., Frankfurt: Fischer, 1975.
—, Das Ich und das Es (1923), G.W. XIII, St.A. Bd. 3, S. 273 ff, Frankfurt: Fischer, 1975.
—, Aus den Anfängen der Psychoanalyse 1887-1902. Briefe an Wilhelm Fließ, Frankfurt: Fischer, 1950.
Izard, C. E., The face of emotion, New York: Appleton-Century-Crofts, 1971.
Klinger, E., The nature of fantasy and its clinical uses, in: J. L. Singer (Chair), Imagery approaches to psychotherapy. Symposium presented at the meeting of the American Psychological Association, Chicago, August, 1975.
Klinger, E., Barta, S. G., Mahoney, T. W., Motivation, mood, and mental events: Patterns and implications for adaptive processes, in: G. Serban (Ed.), Psychopathology of human adaptation, New York: Plenum, 1976.
Lazarus, A. A., Learning theory and the treatment of depression, *Behavior Research and Therapy*, 1968, 6, 83-89.
Meichenbaum, D., Toward a cognitive theory of self-control, in: G. Schwartz, D. Shapiro (Eds.), Consciousness and self-regulation: Advances in research, New York: Plenum Press, 1975.
Neisser, U., Changing conceptions of imagery, in: P. Sheehan (Ed.), The function and nature of imagery, New York: Academic Press, 1972.
Paivio, A., Imagery and verbal processes, New York: Holt, Rinehart, and Winston, 1971.
Papp, P., Sculpting the family, *Family Process*, 1973, 11, 44-48.
Paykel, E. S., Myers, J. K., Dienelt, M. N., Klerman, G. L., Lindenthal, J. J., Pepper, M. P., Life events and depression: A controlled study, *Archives of General Psychiatry*, 1969, 21, 753-760.
Quinlan, D. M., Janis, I. L., State self-esteem measure, in: Janis, I. L. (Ed.), Counseling on personal decisions: Theory and field research on helping relationships, New Haven: Yale University Press, 1978.

Rado, S., Problem of melancholia, *International Journal of Psychoanalysis*, 1928, 9, 420-438.

Reyher, J., Free imagery: An uncovering procedure, *Journal of Clinical Psychology*, 1963, 19, 454-459.

Rychlak, J., Time orientation in the positive and negative free phantasies of mildly abnormal versus normal high school males, *Journal of Consulting and Clinical Psychology*, 1973, 41, 175-180.

Schultz, K. D., Directed fantasies in the treatment of depression: A review of the literature. Unpublished manuscript and major area paper, Yale University, 1975.

—, Fantasy stimulation in depression: Direct intervention and correlational studies. Unpublished doctoral dissertation, Yale University, 1976.

Segal, S. J. (Ed.), Imagery: Current cognitive approaches, New York: Academic Press, 1971.

Singer, J. L., Daydreaming, New York: Random House, 1966.

—, Imagery and daydream techniques employed in psychotherapy: Some practical and theoretical implications, in: C. *Spielberger* (Ed.), Current topics in clinical and community psychology, Vol. 3., New York: Academic Press, 1971.

—, Imagery and daydream methods in psychotherapy and behavior modification, New York: Academic Press, 1974.

Singer, J. L., Antrobus, J. S., Daydreams, imaginal processes, and personality: A normative study, in: P. W. *Sheehan* (Ed.), The function and nature of imagery, New York: Academic Press, 1972.

Starker, S., Singer, J. L., Daydream patterns of self-awareness in psychiatric patients, *Journal of Nervous and Mental Disease*, 1975, 313-317.

Strupp, A., Specific vs. nonspecific factors in psychology and the problem of control, *Archives of General Psychology*, 1970, 23, 393-401.

Traynor, T. D., Patterns of daydreaming and their relationships to depressive affect. Unpublished masters thesis, Miami University, Oxford, Ohio, 1974.

Wapner, S., Werner, H., Kris, D. M., The effect of success and failure on space localization, *Journal of Personality*, 1957, 25, 752-756.

Zillmann, D., Cantor, J. R., Directionality of transitory dominance as a communication variable affecting humor appreciation, *Journal of Personality and Social Psychology*, 1972, 24 (2), 191-198.

12 Stellen Sie sich einfach vor, wie ich mich fühle
Die Verbesserung der Empathie durch Imaginationstraining
Susan Frank

1. Einleitung

Die meisten von uns verbringen einige Stunden am Tag damit, über reale Personen oder Leute, die wir uns vorstellen, nachzudenken. Die meisten Psychologen, die empirische Forschung betreiben (z. B. *Shrauger, Altrocchi* 1964), haben diese Aktivitäten als „bloße Phantasien" abgetan und ignorierten die Behauptungen von einigen wenigen Forschern (*Horowitz* 1972; *Singer* 1966, 1974b), die darauf bestanden, daß Tagtraumerfahrungen adaptive und nachweisbare Folgen darauf haben, wie man Wissen über andere Personen erwerben kann. Zwar haben meine eigenen Erfahrungen als klinische Psychologin und eifrige Tagträumerin dazu geführt, mich der letzteren Auffassung anzuschließen, jedoch ist dieser Standpunkt schwer zu belegen, weil wenig empirisches Material vorlag. Deshalb habe ich eine Untersuchung durchgeführt mit dem Ziel, die einzelnen zu schulen, ihre Phantasie zu aktivieren, um so ihre empathischen Fähigkeiten zu fördern. Diese Studie (die theoretischen Überlegungen, aus denen heraus sie entstanden ist, ihre Struktur und ihre Methoden sowie die Konsequenzen ihrer Ergebnisse für Theorie, Praxis und weitere Forschungen) ist Gegenstand dieses Aufsatzes.

2. Theoretischer Hintergrund: drei Ebenen der Empathie

Die Trainingsverfahren und Hypothesen dieser Studie haben sich aus einer begrifflichen Analyse des empathischen Prozesses und der Durchsicht der relevanten Literatur entwickelt. Diese Informationen ließen es notwendig erscheinen, den Begriff der Empathie (er läßt sich ganz allgemein definieren als die Art und Weise, wie man Wissen über andere Menschen erlangt oder sie versteht) von drei verschiedenen Analyseebenen aus zu betrachten, wobei es eine *Verhaltensebene*, eine *subjektive* und eine *kognitiv-strukturelle* Ebene gibt. Die Möglichkeit, daß imaginative Fähigkeiten das Kennenlernen anderer Menschen erleichtern, muß auf jeder dieser drei Ebenen berücksichtigt werden.

2.1 Die Verhaltensebene der Empathie

Beim Umgang mit anderen Menschen ist es wichtig, ihr zukünftiges Verhalten mit einiger Genauigkeit vorauszusagen. Folglich haben sich Psychologen mehrere Jahre lang (z. B. *Dymond* 1948, 1949; *Taft* 1955) im wesentlichen auf die Verhaltensebene der Empathie konzentriert, d. h. auf die Fähigkeit, Wissen über einen anderen Menschen zu erwerben und sein offenes Verhalten vorauszusagen. Tatsächlich haben sie oft den Begriff der Empathie so behandelt, als sei er synonym mit voraussagbarer Genauigkeit.

Die Psychologin *Dymond* (1950), die Empathie in diesem Sinne untersuchte, bezog sich schon sehr früh auf Imagination bei der Definition ihrer theoretischen Konstruktion. Nach *Dymond* (1950) bezieht sich Empathie auf das „imaginative Hineinversetzen in das Denken, Fühlen und Handeln eines anderen" (S. 343). Jedoch zeigten weitere Forschungsarbeiten, daß das Paradigma von Voraussagbarkeit von Verhalten, das sie als operationale Definition von Empathie popularisierte, wenig mit imaginativen Vorgängen zu tun hat (*Shrauger, Altrocchi* 1964).

Bei Experimenten, die sich mit der Voraussagbarkeit von Verhalten beschäftigen, wird der Beobachter in der Regel nach seiner Fähigkeit bewertet, die selbstdeskriptiven Reaktionen einer anderen Person in einem Persönlichkeits- oder einem Einstellungsfragebogen im Anschluß an eine kurze Begegnung, die vorher stattfand, vorherzusagen. *Cline* (1964) hat eine positive Beziehung zwischen genauen Vorhersagen von selbstdeskriptiven Verhaltensweisen und genauen Postdiktionen der charakteristischen Verhaltensweisen einer Person in realen Lebenssituationen aufgezeigt. Darüber hinaus weisen seine Forschungen darauf hin, daß Menschen zumindest in der Öffentlichkeit im allgemeinen ihr Verhalten nach gesellschaftlichen Erwartungen und Stereotypen ausrichten; folglich ermöglicht der Rückgriff auf diese Stereotypen dem Beobachter, diese Verhaltensweisen mit ziemlicher Genauigkeit vorherzusagen.

Untersuchungen von *Bronfenbrenner, Harding* und *Gallwey* (1958) und von *Cline* (1964) zeigen, daß genaue Vorhersagen über das Verhalten weitgehend durch deduktive Schlüsse vermittelt werden, die auf dem Wissen und der Anwendung von gesellschaftlichen Stereotypen und auf der Beobachtung von Verhalten basieren. Vermutlich versetzt die Beobachtung des Verhaltens einer anderen Person den Beobachter in die Lage, zwischen alternativen Stereotypen zur Charakterisierung eines bestimmten Individuums zu unterscheiden und auszuwählen.

Genaue Beobachtung von Verhalten und feinere (im Gegensatz zu allgemeineren) Stereotypen scheinen äußerst wichtig zu sein, will man das Verhalten einer relativ homogenen Population voraussagen (*Bronfenbrenner* et al. 1958). Dies ist der Fall bei Untersuchungen, in denen Collegestudenten aufgefordert werden, das Verhalten anderer Collegestudenten vorherzusagen. Während es beispielsweise wahrscheinlicher ist, daß ein Collegestudent im Gegensatz zu einem Arbeiter der gleichen Altersstufe ein spezielles Interesse an intellektuellen Aktivitäten haben wird, sind die relativen Unterschiede der intellektuellen Interessen zwischen zwei Collegestudenten oft subtiler. Der Beobachter, der sich die Mühe macht, zwischen dem Verhalten eines „Büfflers", der sagt, daß er die ganze Nacht hindurch aufgeblieben ist, weil er für einen Test arbeiten mußte, und dem „Partytyp", der noch durchhängt, weil er dieselbe Nacht mit Feiern zugebracht hat, zu unterscheiden, wird wahrscheinlich präzisere Vorhersagen über ihre jeweiligen Reaktionen auf Leistungsaufgaben in einem Persönlichkeitstest machen als ein Beobachter, dessen Urteil ausschließlich auf der stereotypen Vorstellung beruht, daß Collegestudenten im allgemeinen intellektuell motiviert sind.

Aus dieser Diskussion kann geschlossen werden, daß Collegestudenten, die darin geschult sind, ihre Fähigkeiten der Beobachtung von Verhaltensweisen und sozialen Schlußfolgerungen zu steigern, denen überlegen sind, die diese Schulung, das selbstdeskriptive Verhalten eines anderen Studenten vorauszusagen, nicht haben. Andererseits kann aus den Diskussionen in der Forschungsliteratur geschlossen werden, daß das Training zur Steigerung des Phantasieverhaltens wenig oder gar keine Auswirkungen auf die empathischen Fähigkeiten auf der Verhaltensebene hat.

Zum Beispiel zeigen *Shrauger* und *Altrocchi* (1964) anhand einer Übersicht über die Literatur, die sich mit voraussagbarem Verhalten befaßt, daß die Voraussagbarkeitsparadigmen eher die Einstellung „genau oder realistisch" als die Einstellung „betont die Imagination und Phantasie" beinhalten. Daraus schließen sie weiter, daß eine realistische Einstellung „mehr Relevanz hat (als eine imaginative Einstellung) für das Verständnis der Art und Weise, wie Personen andere in realen Lebenssituationen in der Regel wahrnehmen" (S. 290). Das Schwierige an ihrer Schlußfolgerung ist, daß durch die Gleichsetzung von Vorgängen, die angeblich dem Paradigma der Verhaltensvorhersage zugrunde liegen, mit „der Art und Weise, wie Menschen in der Regel andere wahrnehmen", andere Ebenen der Empathie ausgeblendet werden, Ebenen, wo die Phantasie möglicherweise eine wichtige Rolle spielt.

2.2 Die subjektive Ebene der Empathie

Psychologen, die eher an der subjektiveren Ebene der Empathie interessiert sind, haben ihr Erkenntnisinteresse mehr auf die Aneignung von Wissen über die persönliche Bedeutung von Verhaltensweisen konzentriert (*Harty* 1972; *Kohut* 1959) als auf die Vorhersagbarkeit von Verhalten. Bei dieser Ebene von Empathie muß man neben der Fähigkeit, die subjektive Erfahrung eines anderen zu verstehen, vermutlich auch die Fähigkeit besitzen, seine eigene persönliche Realität mitzureflektieren (*Blatt* 1963; *Greenson* 1960; *Kohut* 1959). Folglich haben diese Theoretiker die Rolle hervorgehoben, die Bilder und Phantasien des Beobachters bei dem intuitiven Erfassen der impliziten oder symbolischen Bedeutung der offenen Verhaltensweisen einer anderen Person spielen.

Beispielsweise haben *Gordon* (1972), *Horowitz* (1972) und *Piaget* (1962) auf die enge Verbindung zwischen mentalen Vorstellungsbildern (*mental images*), Gefühlen und ganz persönlichen oder symbolischen Bedeutungen der Erfahrung hingewiesen. Durch die Arbeit mit mentalen Vorstellungen und Phantasien kann der Beobachter vermutlich lebhafter die emotionale und symbolische Bedeutung einer scheinbar gewöhnlichen verbalen Kommunikation erfassen und sich in sie hineinversetzen. Zum Beispiel kann die Äußerung: „Meine Mutter und ich halten gerne Kontakt miteinander" die Vorstellung von einem kleinen Kind, das mit einer großen Nabelschnur mit einer riesigen „Super-Mami" verbunden ist, auslösen. Diese Vorstellung enthält eine subjektive Dimension, die nicht in der manifesten verbalen Kommunikation enthalten ist.

Nonverbale Hinweise erklären leichter die Nützlichkeit intuitiver Vorstellungen und Phantasien, will man den Beobachter für einen scheinbar privaten, aber vermutlich dennoch wichtigen Aspekt der Erfahrungen einer anderen Person sensibilisieren. *Beres* und *Arlow* (1974) und ebenfalls *Berne* (1953) schlagen ein „Informationsverarbeitungsmodell" als Alternative zu einem eher mystischen Begriff von Intuition vor (vgl. *Westcott* 1968) und stellen die Hypothese auf, daß latente nonverbale Botschaften (z. B. Tonfall oder Körpersprache) mehr über die subjektive Realität einer Person aussagen als manifeste verbale Äußerungen. Darüber hinaus unterstellen sie, daß eine Aktivierung von unbewußten oder vorbewußten Phantasien als eine Art kognitiver Filter oder „mentaler Set" wirkt, durch den diese nonverbalen Hinweise „selektiv wahrgenommen, behindert, ignoriert oder verändert werden" (*Beres, Arlow* 1974, S. 44). Eingegebene nonverbale Daten ihrerseits haben eine modifizierende Wirkung auf die ursprüngliche Einstellung des Beobachters, z. B. auf die vorbewußten Vorstellungen und Phantasien.

Vermutlich werden die Informationen, die von latenten, nonverbalen Hinweisen und vorher vorhandenen vorbewußten Vorstellungen und Phantasien ausgehen, miteinander verbunden und führen zu einer Bewußtheit, die die Form einer visuellen Vorstellung oder bewußten Phantasie annimmt, die ihrerseits mit einer emotionalen Erfahrung verbunden ist. Die ausgelösten Vorstellungen, Phantasien und Gefühle scheinen dem intuitiven Beobachter über die implizite oder symbolische Bedeutung der ursprünglichen sprachlichen Äußerung Aufschluß zu geben. Eine Anzahl von Autoren (*Beres, Arlow* 1974; *Berne* 1949; *Reik* 1973) haben die Verbindung zwischen Auftreten von intuitiven Vorstellungen und Phantasien im Bewußtsein und einem relativ passiven Aufmerksamkeitsgrad unterstrichen[1]. Diese passive und nichtanalytische Art der Aufmerksamkeit unterscheidet sich stark von der gerichteten, realitätsorientierten Art der mentalen Tätigkeit, die vermutlich mit der genauen Vorhersage von offenen Verhaltensweisen (*Shrauger, Altrocchi* 1964) verbunden ist.

Zusammenfassend läßt sich aus diesem Modell ableiten, daß die Schulung von Individuen, ihre analytischen, gerichteten Formen von Aufmerksamkeit aufzugeben und den Gebrauch von Phantasie und Vorstellungen in Reaktion auf interpersonale Kommunikation zu verstärken, am ehesten ihre Fähigkeiten steigern sollte, das subjektive Erleben eines anderen intuitiv zu erfassen. Darüber hinaus besteht nach diesem Modell sowohl eine Verbindung zwischen der Fähigkeit, nonverbale Hinweise genau zu bemerken und zu interpretieren, und der Fähigkeit, die subjektiven Erfahrungen einer anderen Person intuitiv zu erfassen, als auch eine Beziehung zwischen der Fähigkeit zur Intuition und imaginativen Fertigkeiten.

2.2.1 Identifizierung von nonverbalen Hinweisen

Die bisherige Argumentation läßt vermuten, daß intuitive Vorstellungen partiell zustande kommen durch die Fähigkeit, nonverbale Hinweise richtig wahrzunehmen und zu interpretieren. Daraus läßt sich hingegen nicht zwangsläufig folgern, daß eine allgemeine Fähigkeit, nonverbale Hinweise korrekt zu identifizieren, durch imaginative Fähigkeiten verstärkt wird. Will man die Auswirkungen eines Phantasie-

---

[1] *Miller* (1972) hat empirisch nachgewiesen, daß es eine Verbindung zwischen Vorstellungsmodi der mentalen Tätigkeit und passiver, ungerichteter Aufmerksamkeit gibt.

trainings auf die richtige Identifikation von nonverbalen Stimuli vorhersagen, so muß man sich überlegen, ob es irgendeinen Vorteil gibt, die ursprünglichen nonverbalen Daten in Form eines Vorstellungsbildes statt verbal zu enkodieren.

Der größere Informationsgehalt, der in sensorischen Vorstellungsbildern steckt (z. B. das mentale Bild eines finster dreinblickenden Gesichtes) im Gegensatz zu einem verbalen Identifikator (z. B. „wütender Mann") spricht dafür, daß sie für die Verarbeitung nonverbaler Stimuli besser geeignet sind (*Sheehan* 1972). Indem man bei „konkreten Daten" in einer flüchtigen nonverbalen Kommunikation verweilt, hat der Beobachter zusätzlich Zeit, die anfängliche Interpretation neu zu beurteilen. Hinzu kommt, daß die Bedeutung eines bestimmten Stimulus hinsichtlich seiner Beziehung zu anderen (sensorischen) Informationen leichter erfaßt wird, weil visuelle Vorstellungen verbunden sind mit „simultanen" statt mit „sequentiellen" Verarbeitungsweisen (*Horowitz* 1970). Die zusätzlichen Informationen, die von diesen anderen Daten ausgehen, können additiv sein (wenn beispielsweise Feindseligkeit durch einen eng zugespitzten Mund vermittelt wird und zusätzlich durch das Bild einer geballten Faust bestätigt wird); sie kann aber auch die klare Bedeutung eines bestimmten Stimulus qualitativ verändern (beispielsweise kann ein zugespitzter Mund zusammen mit einer zitternden Hand Angst statt Feindseligkeit vermitteln).

Die Fähigkeit von Vorstellungsbildern, große Informationsmengen simultan zu repräsentieren, kann für die subjektive Empathie besonders vorteilhaft sein; denn (a) latente, nonverbale Botschaften liefern Informationen, die in der verbalen Kommunikation nicht enthalten sind; und (b) die implizite Bedeutung einer Kommunikation ist oft von der Gesamtheit der Informationen und nicht von einem isolierten Stimulus abhängig. Diese Argumente bestätigen die Vermutung, daß eine Verbindung besteht zwischen nonverbalen Stimuli, subjektiver Empathie und imaginativen Vorgängen. Außerdem lassen sie den Schluß zu, daß jemand mit größeren Fähigkeiten, interpersonale Vorgänge in Form von Vorstellungsbildern zu repräsentieren, auch besser in der Lage ist, die Bedeutung nonverbaler Mitteilungen genau zu erkennen.

2.3 Der psychoanalytische Begriff der Empathie

Eine konzeptuelle Brücke zwischen der Verhaltens- und der subjektiven Ebene und der im folgenden zu erörternden kognitiv-strukturellen Ebene der Empathie läßt sich mit dem psychoanalytischen Begriff der Empathie leicht herstellen. Einige psychoanalytische Autoren (*Fleiss*

1942; *Reik* 1937; *Schafer* 1959) haben die These vertreten, daß der Erwerb von interpersonalen Fähigkeiten die Beobachtung sowohl des Verhaltens anderer als auch seiner eigenen inneren Erfahrungen voraussetzt. Sie beschreiben Empathie als einen Zwei-Phasen-Vorgang: Die erste Phase ist erfahrungsbezogen und imaginativ und durch eine zeitweilige und partielle Aussetzung des realitätsbezogenen Denkens gekennzeichnet. *Fleiss* (1942) nennt Phantasien in dieser ersten Phase der Empathie ein „konditioniertes Tagträumen". Der Terminus „konditioniert" soll dabei hervorheben, daß durch die Verhaltensbeobachtungen und das vorherige Wissen über die andere Person zuerst die Phantasien und Vorstellungen des Beobachters angeregt werden.

In der zweiten Phase stehen die objektiv-logischen Vorgänge im Vordergrund. Diese Phase ist reflektierend und realitätsbezogen und durch die Aktivierung der höheren kognitiven Schemata der Rollenübernahme gekennzeichnet. Mit diesen Strukturen werden die „Intuitionen" und Hypothesen der ersten Phase im Hinblick auf weitere gerichtete Verhaltensbeobachtungen bestätigt. Außerdem dienen sie dazu, die interpersonalen Vorstellungen und abstrakten Konzepte zu einem vollständigeren Verständnis von Menschen und Beziehungen zu verbinden (*Selman* 1974, 1976). — Insofern dieses psychoanalytische Zwei-Phasen-Verständnis der Empathie die verhaltensmäßigen und die subjektiven Aspekte miteinander verbinden kann, bietet es auch den Rahmen für eine kognitiv-strukturelle Integration.

2.4 Die kognitiv-strukturelle Ebene der Empathie

Der Begriff „kognitive Strukturen der Rollenübernahme" bestimmt die dritte Ebene der Empathie, die in Hinblick auf imaginative Fähigkeiten erörtert werden soll. Diese Strukturen beziehen sich darauf, wie der psycho-sozialen Realität ein logischer Sinn gegeben wird. *Selman* (1974, 1976) hat die Entwicklung dieses Schemas der Rollenübernahme als eine festgelegte Aufeinanderfolge von Entwicklungsschritten beschrieben.[2]

Die von *Selman* beschriebenen Stufen sind Abstraktionen von empirischen Beobachtungen, wie Personen verschiedenen Alters interpersonale Probleme lösen. Er nimmt an, daß das relative Ausmaß der Integration von subjektiven und objektiven Perspektiven in einheitliche und differenzierte Konstrukte von Personen und Beziehungen größten-

---

[2] *Selman* (1976) wies eine isomorphe Beziehung zwischen Stufen des sozialen Urteilsvermögens und Stufen der logischen Entwicklung nach, die von *Jean Piaget* (und *Inhelder* 1972) beschrieben wurden.

teils von der Fähigkeit des Beobachtenden zur Rollenübernahme abhängt.

Selman (1974, 1976) führt aus, daß der junge Heranwachsende seine subjektive Realität mit allgemeinen Bedeutungen vermischt, die durch soziale Erwartungen und Stereotypen auf Verhaltensweisen übertragen werden. Auf dieser perspektivischen Ebene, die er die Ebene des „generalisierten anderen" (bzw. Stufe 3) nennt, werden mit oft übermäßig abstrahierten und stereotypen Bezeichnungen anderer Personen als „selbstsüchtig", „nett" oder „rücksichtsvoll" komplexere Verhaltensweisen und Erfahrungsebenen nicht berücksichtigt. Jugendliche auf einer mittleren oder späten Altersstufe, die auf der perspektivischen Stufe „qualitativer Systeme" (bzw. Stufe 4) argumentieren, kommen dagegen zu dem Punkt, wo sie die Bedeutung unbewußter Prozesse erkennen und verstehen. Private individualisierte Bedeutungssysteme werden jetzt als Alternativen zu objektiven Handlungsabläufen und gemeinsamen sozialen Realitäten gesehen, aber noch nicht mit diesen verbunden (z. B.: „Er merkt nicht, daß seine Schmeicheleien in Wirklichkeit eine Vertuschung seiner feindseligen Gefühle darstellen"). Schließlich erkennen die späten Adoleszenten und jungen Erwachsenen, die eine relativistische soziale Perspektive annehmen (Stufe 5), die reziproke oder interdependente Beziehung zwischen subjektiven Perspektiven und objektiven sozialen Verhaltensweisen. So beschrieb zum Beispiel eine „relativistische" Collegestudentin ihre beste Freundin folgendermaßen: „Meine Zimmergenossin weiß, wer ich bin, wie ich bin, was ich tue ... Unsere Kommunikation gibt mir gute Gefühle ... *sie nimmt wahr, wie ich mich selbst wahrnehme, und lehnt das nicht ab.*" Diese Entwicklungsschritte sind für meine Untersuchung besonders relevant, da alle Teilnehmer späte Adoleszenten waren.

Vermutlich löst die Erfahrung der Widersprüche zwischen subjektiven und objektiven sozialen Perspektiven im Verlaufe der Adoleszenz die kognitive Umstrukturierung interpersonaler Schemata in Richtung auf eine neue, reifere Integration aus. Ja, man kann die Annahme einer integrierten sozialen Perspektive als ein Produkt betrachten, das sich aus der mäßigenden Auswirkung der Beobachtung objektiver Verhaltensweisen auf interpersonale Phantasien und aus der bereichernden Auswirkung von interpersonalen Phantasien auf objektive Beobachtungen und stereotype Erwartungen ergibt. Wird der subjektiven oder der objektiven Realität zuviel Aufmerksamkeit gewidmet, dann kann das dazu führen, daß deren Widersprüche nicht erfahren werden. Das wiederum kann dazu führen, daß bereits existierende Schemata nicht neu überprüft werden. Lernt man andererseits, die Aufmerksamkeit flexibel zwischen imaginativen Erfahrungen und objektiven Verhaltensweisen und sozialen Bezügen hin- und herwandern zu lassen, dann sollte es möglich sein, diese Widersprüche herauszustellen und zu differenzierteren und integrierteren kognitiven Strukturen der Rollenübernahme zu gelangen.

Bis jetzt habe ich die Bedeutung der Imagination für die Entwicklung einer sozialen Perspektive betont und die vermuteten Vorteile, ja die Notwendigkeit hervorgehoben, sowohl die subjektive als auch die objektive soziale Realität angemessen zu berücksichtigen. Diese Diskussion wäre jedoch unvollständig, wenn ich nicht einige spezifische strukturelle Eigenschaften von Vorstellungsbildern und Tagträumen erwähnen würde, die für deren besondere Eignung für die sozialkognitive Entwicklung sprechen. Zu diesen Eigenschaften gehören (a) ihre Beziehung zu symbolischen Bedeutungen und affektiven Erlebnissen, (b) ihre Fähigkeit, dem Individuum eine größere psychische Distanz zu interpersonalen Ereignissen zu verschaffen, und (c) ihre Eignung, vielfältige Perspektiven simultan zu repräsentieren.

Die Verbindung zwischen symbolischen und impliziten Bedeutungen von Erfahrungen und interpersonalen Vorstellungsbildern und Phantasien (*Gordon* 1972; *Horowitz* 1972; *Piaget* 1962) wird besonders signifikant, wenn der Adoleszent mittleren oder späteren Alters ein multidimensionales innerpsychisches Selbst entdeckt. Diese Entdeckung ist für den Übergang von einem Persönlichkeitskonzept des „generalisierten anderen" (Stufe 3) zu einem „systemischen" Persönlichkeitskonzept (Stufe 4) charakteristisch.

Ein Mensch, der mit stereotypen Begriffen der sozialen Realität arbeitet, kann Schwierigkeiten haben, die uneingestandenen Gefühle und latenten symbolischen Bedeutungen, die mit einer bestimmten Begegnung verbunden sind, kognitiv zu assimilieren. Vorstellungen und Phantasien, die mit diesem Ereignis verbunden waren und im Kontext eines Tagtraumes noch einmal erlebt werden, können auf einer gefühlsmäßigen Ebene retrospektiv „verstanden" werden, ohne schon bereitwillig identifiziert oder in hinreichend komplexe interpersonale Kategorien integriert zu werden (*Horowitz* 1972). Die Erfahrung von Widersprüchen zwischen der ursprünglichen sozialen Wahrnehmung und der eher symbolischen Tagtraumerfahrung kann den Versuch einleiten, diese verschiedenen Perspektiven zu reflektieren und sie in ein mehrschichtiges dynamisches Konstrukt von Motivation und Persönlichkeit zu integrieren.

So können z. B. unangenehme Tagträume mit dem Thema, „freundlich getötet zu werden", die in Verbindung mit Erinnerungen an einen anscheinend liebenswürdigen sozialen Kontakt auftreten, einen introspektiven Beobachter auf Ängste hinsichtlich menschlicher Nähe aufmerksam machen, deren er sich vorher nicht bewußt war. Über diesen spezifischen Inhalt hinaus ermöglicht diese Entdeckung eine zunehmende Bewußtheit über die Beziehung zwischen dynamischen Bedürfnissen und Verhaltensweisen sowie ein Begreifen von unbewußten Prozessen.

In Tagträumen auftauchende Verhaltensweisen geben einem Individuum auch die Gelegenheit, eine größere psychische Distanz zu besonders anstrengenden oder komplexen interpersonalen Ereignissen zu gewinnen. Wenn eine interpersonale Begegnung abläuft, dann kann es für jeden Beteiligten aufgrund seiner großen Befangenheit schwierig sein, einen Ruhepunkt zu finden und über die Natur der Interaktion oder über eigene Standpunkte bzw. über Standpunkte des anderen zu reflektieren. Retrospektives Tagträumen ermöglicht es dem Individuum, die Fähigkeiten der Rollenübernahme mehrmals durch ein „erneutes Durchspielen" der Situation in einem „stilleren" (*Sarbin* 1972) oder neutraleren Kontext zu üben. Die Fähigkeit von Vorstellungsbildern und Phantasien, Emotionen hervorzurufen (*Horowitz* 1972), in Kombination mit der Möglichkeit des geübten Tagträumers, diese Emotionen durch eine Modifikation oder einen Wechsel von einem bestimmten Bild zu einem anderen zu regulieren (*Singer* 1974a), eröffnet die Möglichkeit, die mit der Interaktion verbundenen Gefühle erneut zu durchleben, ohne von ihrer Intensität überwältigt zu werden. Allmählich erlangt er die Fähigkeit, das Ereignis durch eine Modifikation seines interpersonalen Schemas zu assimilieren.

Die dritte Eigenschaft von Vorstellungsbildern, die zu deren besonderer Eignung zu interpersonaler Repräsentation beiträgt, liegt darin, daß mit ihnen eine simultane Verarbeitung von Informationen verbunden ist (*Horowitz* 1972; *Singer* 1974b). Allgemein gesprochen kann man die Entwicklung des sozialen Urteilsvermögens als die Steigerung der Fähigkeit definieren, vielfältige und alternative Perspektiven simultan in Betracht zu ziehen. Daraus folgt, daß die Fähigkeit von Vorstellungsbildern im Gegensatz zu Worten, die darin liegt, daß erstere (a) das Selbst und den anderen und die Beziehung zwischen dem Selbst und dem anderen simultan repräsentieren und (b) vielfältige Bedeutungen auf „das Format eines einzelnen Bildes" (*Horowitz* 1972, 300) verdichten, eine bildhafte Art der Repräsentation besonders geeignet macht, diese Entwicklung zu erleichtern. Durch simultane Repräsentation steigern interpersonale Vorstellungsbilder die Fähigkeit des Individuums, flexibel zwischen alternativen Perspektiven zu wechseln und dabei jede eine Zeitlang in Besitz zu nehmen und zu ergründen (*Horowitz* 1972). Kurz gesprochen: Die Erfahrung, die Reflexion und der Versuch, die Widersprüche zwischen alternativen Gesichtspunkten zu integrieren, die in interpersonalen Vorstellungsbildern und Phantasien repräsentiert werden, sollte zu einer kognitiven Reorganisation und zur Entwicklung differenzierterer und integrierterer Schemata der Rollenübernahme führen.

2.5 Schlußfolgerungen für die Schulung von Empathie

Zusammenfassend kann man sagen, daß man den Begriff der Empathie von drei verschiedenen Analyseebenen betrachten kann: einer am Verhalten orientierten, einer subjektiven und einer kognitiv-strukturellen Ebene. Diese drei Ebenen scheinen in unterschiedlicher Weise auf imaginative Prozesse im Gegensatz zu mehr realitätsorientierten Prozessen bezogen zu sein. Deshalb ist es nach einer Beschreibung von jeder dieser drei Ebenen möglich, Hypothesen über die Art der Intervention aufzustellen, die notwendig ist, um empathische Fähigkeiten auf allen drei Ebenen zu fördern.

Auf der Verhaltensebene der Empathie scheinen genaue Vorhersagen von selbstdeskriptiven Verhaltensweisen einer anderen Person durch zielgerichtete Beobachtungen von Verhaltensweisen und soziale Schlußfolgerungen vermittelt zu werden. Deshalb dürfte die Förderung von Empathie auf dieser Ebene eher durch verhaltensmäßige als durch imaginative Schulungstechniken herbeigeführt werden.

Auf der subjektiven Ebene scheinen intuitive Vorstellungsbilder und Phantasien in Verbindung mit einer relativ passiven Form von Aufmerksamkeit wichtige Hinweise auf die symbolische oder implizite Bedeutung der verbalen Kommunikation einer anderen Person zu liefern. Deshalb sollte die Schulung, interpersonale Vorstellungsbilder und Phantasien in Reaktion auf interpersonale Kommunikationen zu beachten und zu durchleben, die empathischen Fähigkeiten auf dieser Ebene steigern. Da intuitive Vorstellungsbilder durch nonverbale Reize hervorgerufen zu werden scheinen, kann man auch die Hypothese aufstellen, daß die Fähigkeit, implizite Bedeutungen in verbalen Kommunikationen zu identifizieren, positiv mit der Fähigkeit korreliert, nonverbale Hinweise richtig zu identifizieren. Darüber hinaus impliziert die Fähigkeit sensorischer Vorstellungsbilder, Informationen aufzunehmen und zu bewahren, die in nonverbalen Verhaltensweisen des Kommunikationspartners enthalten sind, daß ein interpersonales Phantasietraining auch die genaue Identifikation nonverbaler Hinweise fördern kann.

Auf der kognitiv-strukturellen Ebene umfaßt die Entwicklung reiferer Stufen des sozialen Urteilsvermögens sowohl verhaltensmäßige als auch vorstellungsmäßige Weisen der Beobachtung. Die wachsende Differenzierung und Integration subjektiver und objektiver Perspektiven, die für die späteren Stufen charakteristisch ist, weist darauf hin, daß die kognitiv-strukturelle Entwicklung durch ein Training gefördert werden kann, bei dem man sich mit Erfahrungen von interpersonalen Phantasien beschäftigt, diese reflektiert und sie auf objektive Beobachtungen über Verhaltensweisen und soziale Angelegenheiten bezieht.

3. Das Untersuchungsverfahren

3.1 Übersicht über den Untersuchungsplan

Mit der hier beschriebenen Untersuchung sollten Hypothesen über die Schulung auf jeder Ebene der Empathie getestet werden. Zu diesem Zweck wurden Collegeneulinge an der Yale-Universität nach dem Zufallsprinzip drei Trainingsbedingungen für Empathie zugeteilt: *verhaltensorientierten, durch Erfahrung geleitete Phantasie* und *Phantasie-Diskussion*. Zwei weitere Gruppen (eine freie *Phantasie-Interessen-Gruppe*, die aus Studenten bestand, die sich mit Theater und anderen phantasiegeleiteten Aktivitäten beschäftigten, und eine *(Vergleichsgruppe)* lieferten Kontrollpersonen, die keiner Behandlung ausgesetzt waren. In jeder der fünf Bedingungsgruppen waren ungefähr 21 Studenten.

Tabelle 1 faßt die Trainingsverfahren jeder Trainingsgruppe, die Empathieebene, die gefördert werden sollte, und die Meßprozeduren, die zur Bewertung jeder Ebene benutzt wurden, zusammen. Die Ergebnisse waren Grundlage für die Überprüfung folgender Hypothesen:

3.2 Hypothesen

1. Die Schulung der *verhaltensorientierten* und der *Phantasie-Diskussions-Gruppe* in objektiver Beobachtung von Verhalten und sozialer Schlußfolgerung wird die richtige Vorhersage von selbstdeskriptiven Verhaltensweisen in Reaktion auf einen Persönlichkeitsfragebogen fördern.

2. Die Schulung der Gruppe der *erlebnisgeleiteten Phantasie* und der *Phantasie-Diskussions-Gruppe* in Techniken der erlebnisgeleiteten Phantasie im interpersonalen Bereich wird die Identifizierung impliziter Bedeutungen in Situationen verbaler Kommunikation fördern. Die phantasiebezogenen Aktivitäten der Mitglieder der *Phantasie-Interes-*

Tabelle 1: Trainingsverfahren, Empathieebenen und Maße für Empathie

Trainings-bedingungen für Empathie	Trainingsverfahren für Empathie	Empathieebene	Operationale Definition	Maß für Empathie
Verhaltens-orientiert	Schulung in der Beschreibung interpersonaler Ereignisse und Ziele in verhaltensorientierten Begriffen; Anwendung verhaltensorientierter Prinzipien, um einen Wandel im Verhalten herbeizuführen	Verhaltens-orientiert	Richtige Vorhersagen über die selbstdeskriptiven Reaktionen eines anderen Studenten auf einen Persönlichkeitsfragebogen	Richtige Vorhersagen über den Einstellungstest
Von Erfahrungen geleitete Phantasie	Schulung in Techniken freier Assoziation lebhafter Imagination; Erfahrungen von interpersonalen Phantasien im Anschluß an soziale Kommunikation	Subjektiv	Richtige Identifizierung impliziter Bedeutungen in 40 auf Tonband aufgenommenen verbalen Botschaften.	Test der impliziten Bedeutungen
		Nonverbale Sensibilität	Richtige Identifizierung visueller und akustischer nonverbaler Reize in einem 45minütigen Film	Profil der nonverbalen Sensibilität
Phantasie-Diskussion	Die gleiche Schulung wie bei der erlebnisgeleiteten Phantasie plus Schulung der Reflexion von Phantasie und ihrer Beziehung auf objektiven Perspektiven und Verhaltensweisen	Kognitiv-strukturell	Verwendung reifer Ebenen des sozialen Urteilsvermögens bei der Lösung eines hypothetischen interpersonalen Problems	Interview zum sozialen Urteilsvermögen
		(Verhaltens-orientierte, subjektive, nonverbale Sensibilität)*	(Dasselbe wie oben)	(Dasselbe wie oben)

*) Da die Phantasie-Diskussions-Konstellation sowohl eine objektiv-verhaltensmäßige als auch eine imaginative Komponente enthielt, bestand die Erwartung, daß sie Empathie sowohl auf der verhaltensorientierten und subjektiven als auch auf der kognitiv-strukturellen Ebene fördern würde.

sen-Gruppe, deren Bedingungen denen der erlebnisgeleiteten Phantasie am ähnlichsten sind, werden diese Fertigkeit ebenfalls fördern.

3. Die Schulung der *Phantasie-Diskussions-Gruppe* in Erfahrung und Reflexion von Phantasieerlebnissen, die den interpersonalen Bereich betreffen, und in der Beziehung dieser Phantasieerlebnisse auf Ereignisse der objektiven Realität wird die Entwicklung differenzierterer und integrierterer Ebenen der sozialen Beurteilung bei der Lösung eines hypothetischen interpersonalen Dilemmas fördern.

4. Die Schulung der Gruppe der *erlebnisgeleiteten Phantasie*, der *Phantasie-Diskussions-Gruppe* und der *Phantasie-Interessen-Gruppe* in Techniken interpersonaler erlebnisgeleiteter Phantasie wird die richtige Identifizierung nonverbaler auditiver Stimuli und visueller Kommunikationsinhalte fördern. Außerdem sollte es Personen, die die Fähigkeit haben, implizite Bedeutungen in verbalen Kommunikationen richtig zu identifizieren, auch möglich sein, nonverbale Hinweise richtig zu identifizieren.

Unterschiedliche Auswirkungen der Schulung auf den Inhalt und die Struktur von Gewohnheiten des Tagträumens wurden ebenfalls durch ein nach der Behandlung aufzuschreibendes Protokoll über Tagträume erforscht. Obwohl hierüber keine formale Hypothese aufgestellt wurde, bestand die Erwartung, daß die Schulung der Phantasie auch einen Einfluß auf die von den Probanden selbst berichteten Muster des Tagträumens haben würde.

3.3 Trainingsbedingungen für Empathie

Jede Trainingskonstellation umfaßte fünf kleine Trainingsgruppen, von denen jede aus ungefähr vier Studenten bestand. Auf zwei Trainingssitzungen von zwei Stunden Dauer folgten acht einstündige Trainingssitzungen. Das gesamte Training erstreckte sich über eine Dauer von fünf Wochen. Die sieben fortgeschrittenen Undergraduate-Frauen, die die Trainingsgruppen leiteten, hatten alle irgendeine akademische und klinische Ausbildung in Psychologie. Die Leiterinnen wurden ihren jeweiligen Trainingsgruppen so zugeteilt, daß eventuelle verwirrende Effekte, die sich durch unterschiedliche Führungsstile oder das Ausmaß der Blindheit einer Leiterin ergeben konnten, statistisch erfaßt werden konnten (vgl. *Frank 1977*).[3]

---

[3] Sechs Leiterinnen leiteten jeweils zwei Trainingsgruppen unter derselben oder zwei verschiedenen Bedingungen. Drei von ihnen waren blind für zwei der drei Trainingsbedingungen, und drei waren blind für eine der drei Trainingsbedingungen. Die Autorin leitete jeweils eine Gruppe in jeder der drei Trainingsbedingungen.

3.3.1 Verhaltensorientierte Trainingsbedingung

Das Konzept der verhaltensorientierten Trainingsbedingung war, die Teilnehmer anzuleiten, detaillierte Beobachtungen von Verhaltensweisen zu machen und verhaltensorientierte Prinzipien zur Modifikation von Interaktionen mit Gruppenmitgliedern anzuwenden. Das Training begann mit einer abgestuften Reihe von Übungen, die die Studenten in Konstrukte und Prinzipien von Verhaltensweisen[4] einführte und sie lehrte, wirkliche Ereignisse und interpersonale Ziele in detaillierte verbale und nonverbale Verhaltensweisen aufzugliedern. Dann wurden die Teilnehmer angewiesen, ein „Papier zur Problemlösung bei Verhaltensweisen" auszufüllen. Dieses Papier hatte die Funktion, aktuelle Verhaltensweisen in einer Interaktion mit einem Gruppenmitglied festzuhalten und neue Verhaltensweisen zu planen, die erwünschte Verhaltensweisen stimulieren bzw. unerwünschte Verhaltensweisen vermindern sollten. Die Aufgabe, angemessene Verstärkungen zu wählen und das Verhalten von Gruppenmitgliedern zu beeinflussen, stellte an die Studenten die Anforderung, genaue, auf die jeweiligen Verhaltensweisen gegründete Schlußfolgerungen über die andere Person zu treffen, um ihre Reaktion richtig vorherzusagen.

Nach der einführenden Trainingssitzung wurden die Studenten dann jede Woche mit einer anderen interpersonalen Situation konfrontiert, in der sie die verhaltensorientierten Prozeduren anzuwenden hatten, die sie gelernt hatten. Diese Situationen wurden durch eine allgemeine Beschreibung einer sozialen Interaktion mit Gruppenmitgliedern angegeben (z. B. „Versuch, einem Freund in Schwierigkeiten zu helfen"), für die sie ein Beispiel aus ihrer eigenen Erfahrung der jüngsten Vergangenheit zu liefern hatten.

Die Behandlungsstunden wurden in zwei sich ablösende Abschnitte unterteilt. In drei Abschnitten über „soziale Problemlösung" von 15 Minuten Dauer wurde die Prozedur des Arbeitspapiers zum Verhalten auf eine interpersonale Situation angewandt. In jedem dieser Abschnitte mußte jeweils ein anderer Student als „Sprecher" fungieren, der der Gruppe ein persönliches Beispiel zur interpersonalen Situation schilderte, die Thema der Woche war. Mit der Hilfe anderer Gruppenmitglieder benutzten die Sprecher den Bogen zur verhaltensorientierten Problemlösung, um ihr eigenes Verhalten und das ihrer Gruppenmitglieder zu analysieren und ein Programm zu entwickeln, um die Interaktion in Richtung auf ihre interpersonalen Ziele zu lenken.

---

[4] Übernommen von *Patterson* (1971)

Drei fünfminütige Abschnitte, in denen es um „kognitives Problemlösen" ging, wandelten den Verlauf der Sitzung ab, indem sie jede weitere Diskussion zwischen den Zeiträumen abschnitten, in denen es um soziales Problemlösen ging. In diesen kürzeren Zeiträumen arbeiteten die Studenten an einer zeitlich begrenzten kognitiven Aufgabe, die aus visuell-räumlichen Analogieproblemen bestand.

3.3.2 Trainingsbedingung der erfahrungsgeleiteten Phantasie

Diese Trainingsbedingung sollte die Teilnehmer dazu führen, interpersonale Vorstellungsbilder und Phantasien in Reaktion auf interpersonale Kommunikation zu beachten und intensiv zu erfahren. Nach einer kurzen Einführung in Entspannungsübungen (*Lazarus* 1971) begann das einleitende Training mit einer abgestuften Serie praktischer Übungen, die die Teilnehmer dazu führen sollten, interpersonale Vorstellungsbilder zu beachten und intensiv zu erfahren, wobei die Bilder und Phantasien in freier Assoziation und ungerichtet fließen sollten.

Die Behandlungsstunden waren wiederum in zwei Abschnitte eingeteilt, die sich abwechselten. In einem 15minütigen „Phantasieabschnitt" entspannten sich die Teilnehmer auf dem Boden. Sie wurden aufgefordert, die „Szene der Woche" zu visualisieren. Diese Szenen waren mit den Situationen sozialer Probleme identisch, die in der verhaltensorientierten Trainingsgruppe thematisiert wurden. Nachdem die Teilnehmer aufgefordert worden waren, ihre Aufmerksamkeit auf Vorstellungsbilder und Phantasien zu richten, die durch diese Szene hervorgerufen wurden, wählte die Versuchsleiterin einen „Sprecher" aus, der der Gruppe eine genaue Beschreibung seiner Phantasie geben mußte. Die Sprecher wurden aufgefordert, die Verhaltensweisen, Gedanken und Gefühle der Personen ihrer Phantasie zu beschreiben, sich selbst in jede Person der Szene zu versetzen und die Interaktion unter dem Gesichtspunkt jeder vorkommenden Person zu beschreiben. Dabei wurden die übrigen Gruppenmitglieder aufgefordert, sich vorzustellen, was der jeweilige Sprecher „sah" und „fühlte". Darauf folgte ein fünfminütiger „kognitiver" Zeitabschnitt, der mit dem identisch war, der in der verhaltensorientierten Gruppe angewandt wurde.

3.3.3 Die Trainingsbedingung der Phantasie-Diskussions-Gruppe

Diese Trainingsbedingung sollte die Teilnehmer dazu führen, interpersonale Phantasieerlebnisse zu machen, diese zu reflektieren und sie auf reale Verhaltensweisen und soziale Angelegenheiten zu beziehen. Die einleitenden Trainingsverfahren waren mit denen der Bedingung der erfahrungsgeleiteten Phantasie identisch, jedoch mit einer wichtigen Ausnahme. Die Teilnehmer der Phantasie-Diskussions-Gruppe hatten einen „Fragebogen zur Phantasieanalyse" zu verwenden, um über ihre Phantasieerlebnisse zu reflektieren. Eine Reihe offener Fragen (z. B. „Wie unterschied sich das Verhalten Ihres Freundes von Ihren Phantasien über ihn?") half den Studenten, die Widersprüche zwischen realen Interaktionen und Phantasieereignissen und zwischen ihren eigenen Phantasieerlebnissen und denen anderer Gruppenmitglieder zu erforschen. Die Leiterinnen dieser Gruppen wurden geschult, keine Reaktionen und Antworten vorzugeben und die Reaktionen und Antworten der Teilnehmer nicht zu hinterfragen oder zu interpretieren. Die Gruppenmitglieder konnten jedoch auf jeder Ebene diskutieren. In dieser Gruppe folgte jeweils ein zehnminütiger „Diskussionszeitraum" auf einen zehnminütigen „Phantasiezeitraum".

3.4 Meßverfahren

3.4.1 Meßdaten für Empathie

Nach dem Training wurden die Teilnehmer aller fünf Bedingungsgruppen nach ihren empathischen Fähigkeiten auf der verhaltensorientierten, subjektiven und kognitiv-strukturellen Ebene und nach ihrer Fähigkeit eingestuft, nonverbale Stimuli richtig zu identifizieren. Die Beziehung von Meßdaten für Empathie zu Empathieebenen und zu den diesem Experiment zugrundeliegenden Voraussagen wurde in Tabelle 1 dargestellt.

Die verhaltensorientierte Empathieebene wurde nach dem Maß für „richtige Vorhersagen von Einstellungen" eingestuft. Dieses Maß bestand aus einem Fragebogen, der aus 50 Items für richtige bzw. falsche Einstellungen bestand.[5] Die Studenten mußten die selbstdeskriptiven Reaktionen eines anderen Studenten auf jede der 50 Items nach einer einleitenden 15minütigen Begegnung vorhersagen.

Die subjektive Ebene der Empathie wurde mit Hilfe des Tests über implizite Bedeutungen (*Sundberg* 1966) eingestuft. Dabei handelt es sich um einen 20minütigen Test, der aus 40 auf Tonband aufgenom-

---

[5] Die Items wurden aus 9 Skalen der Personality Research Form (PRF, Form A, *Jackson* 1965) ausgewählt. Diese Skalen hatten sich in einer früheren Untersuchung als relativ effektiv zur Differenzierung einer großen Gruppe von Yale-Studenten erwiesen. Die Wahl differenzierender Items sollte die Auffächerung tatsächlicher Unterschiede in den Antworten der Studenten auf den Fragebogen erweitern, so daß richtige Vorhersagen ihrer Antworten nicht hauptsächlich auf einem globalen Stereotyp des „Yale-Studenten" beruhen konnten, sondern vielmehr von verhaltensmäßigen Indikatoren der Unterschiede abhängig sein mußten.

menen verbalen Botschaften besteht, wobei 20 Botschaften von Männern und 20 Botschaften von Frauen gesprochen werden. Der Zuhörer wird aufgefordert, eine von vier Auswahlmöglichkeiten zu möglichen impliziten Bedeutungen anzukreuzen.

Die kognitiv-strukturelle Ebene der Empathie wurde mit Hilfe des Tests zur sozialen Beurteilung (*Selman* 1974, 1976) gemessen. In diesem Test wird mit Hilfe eines Interviewbogens die individuelle Ebene der sozialen Beurteilung bei der Lösung eines sozialen Dilemmas eingestuft, wobei es sich in diesem Falle um einen Konflikt zwischen den Leistungsbedürfnissen zweier Freunde in einer Konkurrenzsituation handelte.

Die Genauigkeit der Identifizierung nonverbaler Stimuli wurde mit Hilfe des Nonverbalen Sensitivitätsprofils (*Rosenthal, Archer, DiMatteo, Koivumaki, Rogers* 1976) gemessen. Dabei handelt es sich um einen 45minütigen schwarzweißen Tonfilm, in dem 220 nonverbale Botschaften von 2 Sekunden Länge vorkommen. Der Zuschauer muß bei jeder Botschaft angeben, auf welche von zwei alternativen Situationen sie zutrifft (z. B. Sprechen mit einem verirrten Kind versus Zurückbringen eines Gegenstandes in ein Geschäft). Insgesamt werden 20 interpersonale Situationen dargestellt, alle von derselben Frau. Jede Situation wird in 11 verschiedenen Kanälen dargestellt, darunter drei rein visuellen Kanälen (Gesicht, Körper, Gesicht und Körper), zwei reinen Klangkanälen (Stimmlage und Intensität ohne Reihenfolge und Reihenfolge und Rhythmus mit gedämpfter Stimmlage) und sechs kombinierten Kanälen (Kombinationen von jedem Klangkanal mit jedem visuellen Kanal). Die 20 Situationen sind auch nach vier Inhaltstypen kategorisiert: nämlich nach positiv-dominanten, positiv-fügsamen, negativ-dominanten und negativ-fügsamen Botschaften.

3.4.2 Das Protokoll der Tagträume

Die Teilnehmer der drei experimentellen Gruppen und der Phantasie-Interessen-Gruppe führten nach Abschluß des Experimentes ein Protokoll ihrer Tagträume. Eine Woche lang schrieben sie ihre Phantasieerlebnisse nieder. Phantasie wurde weit als „jeder stimulusunabhängige Gedanke" definiert (*Antrobus, Singer, Goldstein, Fortgang* 1970), d. h. als jeder Gedanke, der nicht in direkter Beziehung zu einer Aktivität steht, der sich der Beobachter gerade widmet (z. B. eine Mathematikaufgabe lösen oder ein Auto fahren).

Durch schriftliche Anweisungen wurden die Teilnehmer angeleitet, zu sechs verschiedenen Tageszeiten eine „Stichprobe" ihrer drei intensivsten Phantasien zu machen; diese Stichproben mußten sowohl während sozialer Interaktionen als auch in einsamen Momenten gemacht werden. Nach einer vorgedruckten Indexkarte hatten die Studenten jede Phantasie in eine Reihe abgestufter deskriptiver Kategorien einzuordnen. Die Dimensionen umfaßten eine kurze Beschreibung des Inhalts der Phantasie, eine fünfteilige Skala für Intensität und einen Indikator der Modalitäten der Phantasie, worunter visuelle, klangliche und/oder körperliche Phänomene fielen. Desgleichen wurden acht Affekte für jede Phantasie auf einer fünfteiligen Skala eingestuft (Furcht, Verzweiflung, Erstaunen, Interesse, Scham, Freude, Verachtung und Zorn).

3.4.3 Verabreichung der Tests und Meßprozeduren

Ein Schaubild illustriert die zeitliche Reihenfolge und Dauer des Empathietrainings und der Verabreichung der Meßverfahren (Abb. 1). Da der Test zur richtigen Vorhersage von Einstellungen und der Test über implizite Bedeutungen am selben Abend verabreicht wurden, war es notwendig, eine Kontrolle für einen möglichen Effekt der Reihenfolge der beiden Tests einzuführen. Deshalb mußten 46 Studenten zuerst den Test zur Vorhersage von Verhaltensweisen und dann den Test über implizite Bedeutungen lösen, während 61 Studenten diese Tests in der umgekehrten Reihenfolge bewältigen mußten.

Mit Ausnahme der Versuchsleiterin waren drei weitere Interviewer, die die Interviews zur sozialen Beurteilung durchführten, blind für die Trainingsbedingungen, denen ihre Interviewpartner ausgesetzt waren. Eine sorgfältige Untersuchung der Antworten sollte die Möglichkeit ausschließen, daß verbale Gewandtheiten eine geringe Urteilskraft durch die Verwendung von Aussprüchen, die anscheinend auf eine höhere Stufe der Urteilskraft verwiesen, verschleierten.

Die Bewertung des Tests zur richtigen Vorhersage von Einstellungen und des Tests über implizite Bedeutungen basierte auf der Anzahl der richtigen Antworten. Beim Nonverbalen Sensitivitätsprofil erhielten die Teilnehmer Punkte für die Zahl der richtigen Antworten in jedem der 11 auditiven und visuellen Kanäle und der vier Inhaltsbereiche sowie einen Gesamtwert für alle 220 Items. Die Werte der jeweiligen Stufen beim Interview zur sozialen Beurteilung basierten auf *Selman*s (1974) Beschreibungen der fünf Entwicklungsstufen des sozialen Urteilens.[6] Die Protokolle der Tagträume wurden von der Versuchsleiterin blind bewertet.

---

[6] Da bis zum gegenwärtigen Zeitpunkt empirische Untersuchungen hauptsächlich mit jüngeren Kindern gemacht worden waren, arbeitete die Projektleiterin mit *Selman* zusammen, um spezifische Kriterien zur Bewertung höherer Stufen des sozialen Urteilens festzulegen.

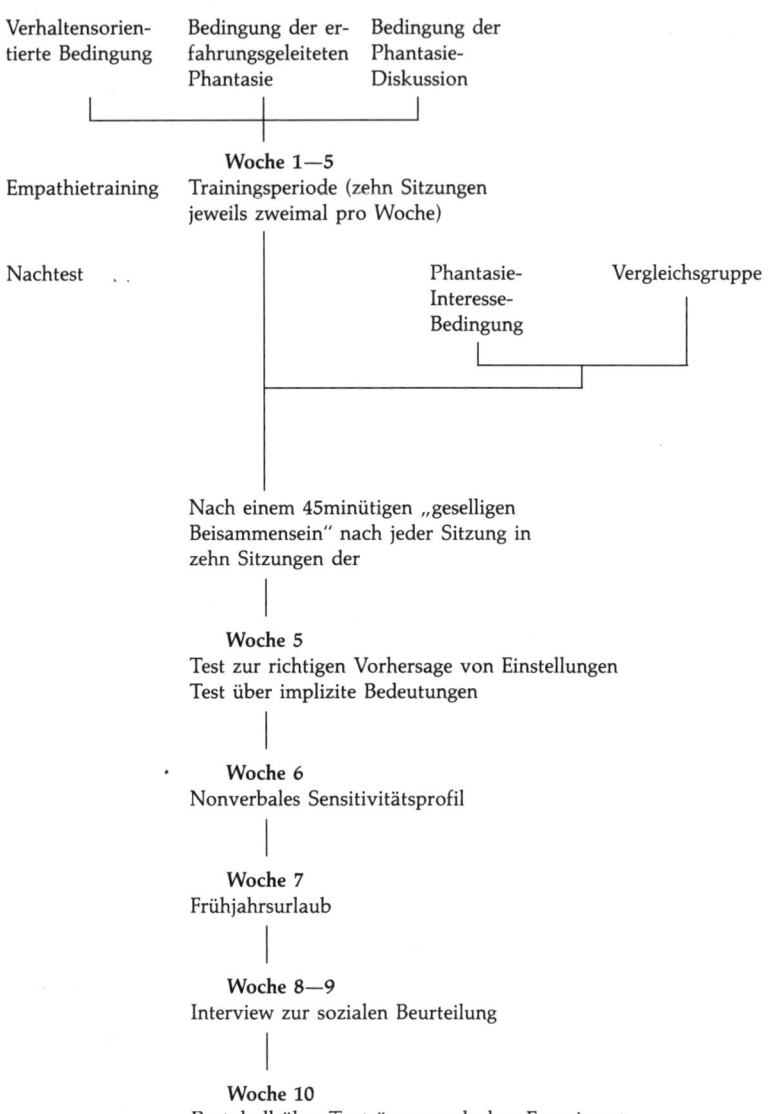

Abbildung 1: Reihenfolge und zeitlicher Ablauf des Empathietrainings und der Ermittlung der Meßdaten

4. Ergebnisse der Untersuchung

Die Ergebnisse der vier Maße für Empathie wurden mit Hilfe von Methoden der Varianzanalyse analysiert, wobei das Schema Geschlecht × Behandlung (× Reihenfolge) zugrunde gelegt wurde. Zur Intelligenzkontrolle wurden SAT-Werte mit Behandlungseffekten kovariiert, wenn es angebracht war.[7]

Bei diesen Varianzanalysen wurden die Teilnehmer als Individuen und nicht als Mitglieder spezieller Teilgruppen behandelt.[8]

Tabelle 2: Analyse der Kovarianz der Genauigkeitswerte für den Test zur richtigen Vorhersage von Einstellungen

Quelle	df	MS	F
Haupteffekte	6		0,91 a)
Behandlung	4	80,33	4,31
Geschlecht	1	17,01	0,69 b)
Reihenfolge	1	142,32	8
Zweifache Interaktionen			0,94
B × G	4	31,72	1,06
B × R	4	17,42	1,01
G × R	1	0,128	
Dreifache Interaktionen			0,19
B × G × R	4	35,95	2
In Parzellen	87	16,37	
Total	106	20,58	

a) $p < 0,01$
b) $p < 0,001$

---

[7] Bei allen SAT-Werten für Intelligenz wurden keine signifikanten Unterschiede zwischen allen Gruppen gefunden. Verbale SAT-Werte korrelierten signifikant mit der Richtigkeit der Identifikation von impliziten Bedeutungen in verbalen Kommunikationen ($r = 0,30$, $p > 0,001$) und mit der Stufe der sozialen Urteilsfähigkeit ($r = 0,22$, $p > 0,01$). Mathematische SAT-Werte wurden beim Nonverbalen Sensivitätsprofil auf die totale Sensibilität bezogen ($r = 0,19$, $p > 0,05$).

[8] Mit Ausnahme der Daten für soziales Urteilsvermögen waren Auswirkungen auf Teilgruppen, die behandelt wurden, nicht signifikant ($p > 0,10$; vgl. *Winer* 1971). Zusätzliche Analysen möglicher Störeffekte, die durch das Ausmaß der Blindheit oder der Effektivität der Gruppenleiterinnen verursacht sein konnten, ergaben Hinweise, daß andere Variablen (Geschlecht, Reihenfolge, Behandlung) die Untersuchungsergebnisse eher beeinflußten. Eine ausführlichere Besprechung dieser Probleme bei *Frank* (1977).

4.1 Wichtigste Ergebnisse

Auf der verhaltensorientierten und der kognitiv-strukturellen Ebene stützten die Ergebnisse der Tests die Voraussagen über die Auswirkungen des Empathietrainings. Die Voraussagen für die subjektive Ebene wurden teilweise gestützt. Im besonderen zeigten die Tests der Haupthypothesen folgende Ergebnisse (s. Tabellen 2—4):

4.1.1 Vorhersage von Verhaltensweisen

Wie vorausgesagt, machten die Teilnehmer der verhaltensorientierten und der Phantasie-Diskussions-Gruppe genauere Vorhersagen über die selbstdeskriptiven Verhaltensweisen ihres Partners auf dem Fragebogen zur richtigen Vorhersage von Einstellungen als Teilnehmer der Gruppe der erfahrungsgeleiteten Phantasie, der Phantasie-Interessen-Gruppe und der Vergleichsgruppe ($t=3,35$, $df=102$; vgl. $p<0,001$, Tab. 2, Abb. 2). Damit scheint erwiesen, daß die Schulung in objektiver, realitätsorientierter Beobachtung und in sozialem Schlußfolgern Empathie auf der verhaltensorientierten Ebene fördert. Ein unerwarteter Effekt der Reihenfolge zeigt, daß Personen, die den Test zur Vorhersage von Einstellungen vor dem Test über implizite Bedeutungen machten, richtigere Voraussagen in bezug auf das Verhalten machten ($p<0,01$).

4.1.2 Identifikation impliziter Bedeutungen

Die Vorhersagen für den Test über implizite Bedeutungen, der ein Maß für subjektive Empathie liefert, wurden durch die Daten teilweise gestützt (Tabelle 3, Abb. 3). Die fördernde Rolle des Phantasietrainings für die Identifikation von impliziten Bedeutungen in verbalen Kommunikationen wurde durch die Bewältigung des Tests durch Teilnehmer der Gruppe der erlebnisgeleiteten Phantasie und der Phantasie-Interessen-Gruppe bestätigt.[9] Sie wurde nicht durch die Testbewältigung der Teilnehmer der Phantasie-Diskussions-Gruppe bestätigt ($t=3,05$, $df=102$, $p<0,01$).[10] Die Genauigkeit schien sogar abzunehmen, wenn das Training in erfahrungsgeleiteten Formen der Phantasie

---

[9]) Dieses Untersuchungsergebnis bestätigt *Sundberg* (1966), der berichtet, daß schauspielerische Erfahrungen die Bewältigung des Tests über implizite Bedeutungen fördern.

[10]) Diese Gegenüberstellung der Gruppe der erfahrungsgeleiteten Phantasie und der Phantasie-Interessen-Gruppe auf der einen und der Phantasie-Diskussions-Gruppe, der verhaltensorientierten Gruppe und der Vergleichsgruppe auf der anderen Seite war nicht geplant.

mit einem Training von reflektiveren und analytischen Prozessen kombiniert wurde. Eine starke Gesamtüberlegenheit bei der Identifikation von impliziten Bedeutungen auf seiten der Frauen (p<0,001) ist mit der allgemeinen Annahme konsistent, daß Frauen „intuitiver" als Männer seien.

4.1.3 Stufen der sozialen Urteilsfähigkeit

Die Analyse der Daten aus dem Interview zur sozialen Beurteilung, das ein kognitiv-strukturelles Maß für Empathie darstellt, stützte die Hypothese, daß eine Schulung der Erfahrung und Reflexion von Phantasieerlebnissen und eine Beziehung dieser Phantasien auf objektive Ereignisse die Anwendung differenzierterer und integrierterer Stufen der sozialen Beurteilung bei der Lösung eines hypothetischen interpersonalen Problems fördern würden. Erwartungsgemäß benutzten die Teilnehmer der Phantasie-Diskussions-Gruppe höhere Stufen der sozialen Beurteilung als die Teilnehmer der anderen Trainingsgruppen (t=3,75, df=100, p<0,001; Tabelle 4, Abb. 4).[11] Darüber hinaus zeigte sich bei Teilnehmern dieser Gruppe die Tendenz zu einer häufigeren Bewußtheit der Stufe 5 („psychologischer Relativismus") bei der Beurteilung von interpersonalen Problemen (x=35,53, p<0,001, Tabelle 5).

Die Aussagekraft der Daten zur sozialen Urteilskraft wurde durch die scharf abweichende Testbewältigung einer Teilgruppe innerhalb der Phantasie-Diskussions-Gruppe eingeschränkt. Der Durchschnittswert für diese Teilgruppe stand in einem umgekehrten Verhältnis zum erwarteten Wert.[12] Dieses Phänomen wird im folgenden Abschnitt diskutiert werden.

4.1.4 Identifikation nonverbaler Reize

Wie vermutet, korrelierte die Genauigkeit der Identifikation nonverbaler Reize positiv mit der Genauigkeit der Identifikation impliziter Bedeutung in verbalen Kommunikationen (r=0,44, p<0,001). Die Gesamtwerte auf dem Nonverbalen Sensitivitätsprofil stützten jedoch die Hypothese nicht, daß die Schulung in Techniken erfahrungsgeleiteter Phantasie die richtige Identifikation nonverbaler Reize fördern

---

[11] Die Verläßlichkeit bei 20 nach dem Zufallsprinzip ausgewählten Protokollen, die von *Selman* noch einmal ausgewertet wurden, war zufriedenstellend (r=0,91, p<0,001).

[12] Da ein signifikanter „Effekt einer Teilgruppe im Behandlungszusammenhang" (F=2,61, df=12,35, p<0,05) eine Funktion dieser einen sehr abweichenden Gruppe war, wurden die Daten wie geplant analysiert, wobei die Bedingung eines „individuellen Irrtums im Behandlungszusammenhang" zugrunde gelegt wurde.

würde. Obwohl die Frauen der Grundgesamtheit sensibler als die Männer waren (p<0,01), war der Behandlungseffekt für die zusammengefaßte Punktzahl der beiden Geschlechter nicht signifikant (Tabelle 6, Abb. 5). Dennoch lassen einige unerwartete Untersuchungsergebnisse, über die später berichtet werden wird, eine vorläufige Stützung der ursprünglichen Hypothese zu.

4.2 Zusätzliche Untersuchungsergebnisse

Durch drei Arten zusätzlicher Untersuchungsergebnisse werden die ursprünglichen Voraussagen geklärt — und eingeschränkt:

4.2.1 Geschlechtsunterschiede

Unterschiede zwischen männlichen und weiblichen Teilnehmern als Gruppen bei der Bewältigung von Tests und in Hinsicht auf Trainings-

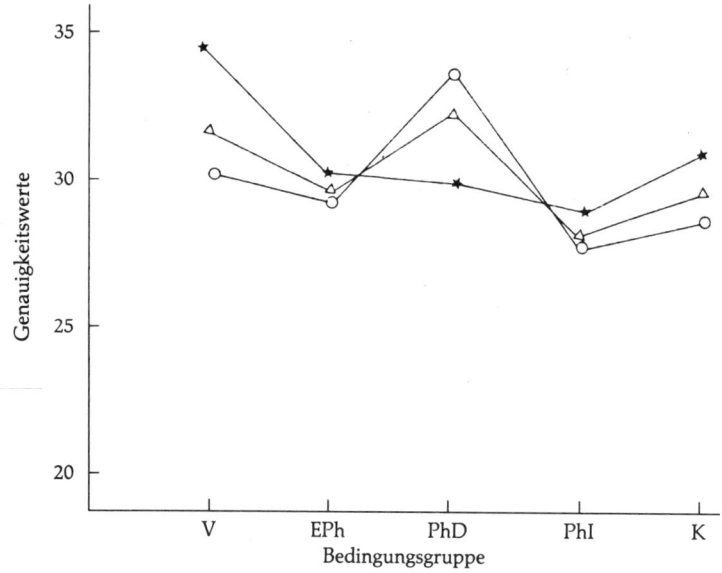

Abbildung 2: Darstellung der Genauigkeitswerte im Test zur richtigen Vorhersage von Einstellungen, differenziert nach Bedingungsgruppen und Geschlecht. V = verhaltensorientierte Gruppe; EPh = Gruppe der erfahrungsgeleiteten Phantasie; PhD = Phantasie-Diskussions-Gruppe; PhI = Phantasie-Interessen-Gruppe; K = Kontrollgruppe. Männlich O——; weiblich ★——; zusammen △——.

Tabelle 3: Analyse der Kovarianz der Genauigkeitswerte im Test über implizite Bedeutungen

Quelle	df	MS	F
Kovarianten			
Verbales SAT	1	211,44	13,44
Haupteffekte			
Behandlung	4	59,52	3,78[a]
Geschlecht	1	238,12	15,14[b]
Reihenfolge	1	0,36	0,02
Zweifache Interaktionen			
B × G	4	23,19	1,47
B × R	4	11,71	0,74
G × R	1	25,87	1,64
Dreifache Interaktionen			
B × G × R	4	1,36	0,09
In Parzellen	86	15,73	
Total	106	21,71	

a) $p < 0,01$
b) $p < 0,001$

effekte bei einer Reihe von Maßen für Empathie waren nicht vorausgesagt worden. Diese Unterschiede stellen sich so dar:

1. Die Frauen übertrafen die Männer bei der richtigen Identifikation von impliziten Bedeutungen in verbalen Kommunikationen und bei der richtigen Identifikation nonverbaler Kommunikationen; daraus könnte man ableiten, daß Frauen eine größere Fähigkeit als Männer besitzen, eine passive, imaginative Form der Aufmerksamkeit anzuwenden, von der angenommen wurde, daß sie die Bewältigung dieser zwei Aufgaben fördert.

2. Frauen in den drei phantasiebezogenen Gruppen zeigten eine sichtlich größere (wenn auch nicht signifikant größere) Genauigkeit bei der Identifikation nonverbaler Reize als Männer und Frauen der anderen Gruppen (Abb. 5).

3. Bei der Aufgabe, richtige Vorhersagen von Verhaltensweisen zu machen, bestand bei Frauen, die in objektiver Beobachtung von Verhaltensweisen geschult worden waren, und bei Männern, die in Techniken reflektiver Phantasie geschult worden waren, die Tendenz, am meisten von den Interventionen zu profitieren (Abb. 2).

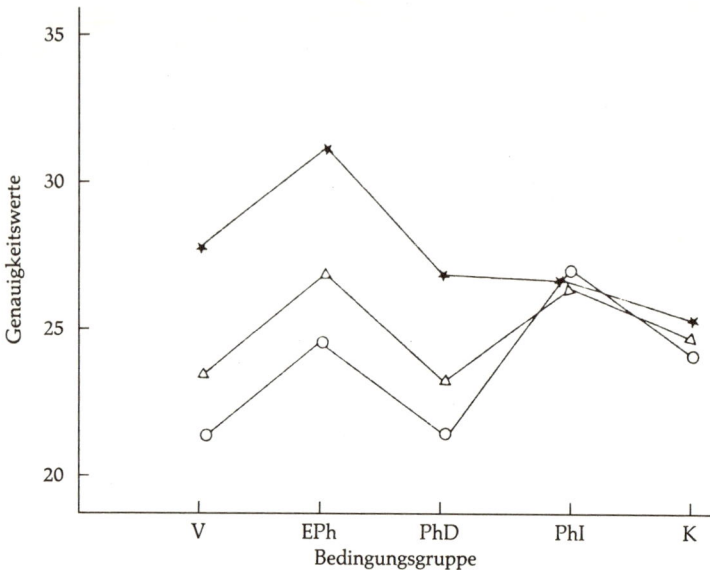

Abbildung 3: Darstellung der Genauigkeitswerte für den Test über implizite Bedeutungen. V = verhaltensorientierte Gruppe; EPh = Gruppe der erfahrungsgeleiteten Phantasie; PhD = Phantasie-Diskussions-Gruppe; PhI = Phantasie-Interessen-Gruppe; K = Kontrollgruppe. Männlich O——; weiblich ★——; zusammen △——.

4. Bei der Identifikation impliziter Bedeutungen in verbalen Kommunikationen (Abb. 3) bestand bei den Frauen eine Tendenz, am meisten von der Schulung in Techniken erfahrungsgeleiteter interpersonaler Phantasie zu profitieren, während bei den Männern die Tendenz bestand, negativ von den zwei Behandlungsprozeduren beeinflußt zu werden, die analytische, an der Realität orientierte Beobachtungsformen zum Gegenstand hatten.

4.2.2 Zusammengesetzte Botschaften versus reine nonverbale Botschaften

Neben den bemerkenswerten Untersuchungsergebnissen bei Frauen in phantasiebezogenen Gruppen (s. oben, Punkt 2) lieferte eine zusätzliche Untersuchung der Testergebnisse für „kombinierte" im Gegensatz zu „reinen" Kanälen auf dem Nonverbalen Sensitivitätsprofil einige weitere Hinweise für die ursprüngliche Hypothese, daß die Schulung imaginativer Fähigkeiten die richtige Identifizierung nonverbaler Hinweise fördern würde. Es stellte sich heraus, daß besonders die Schu-

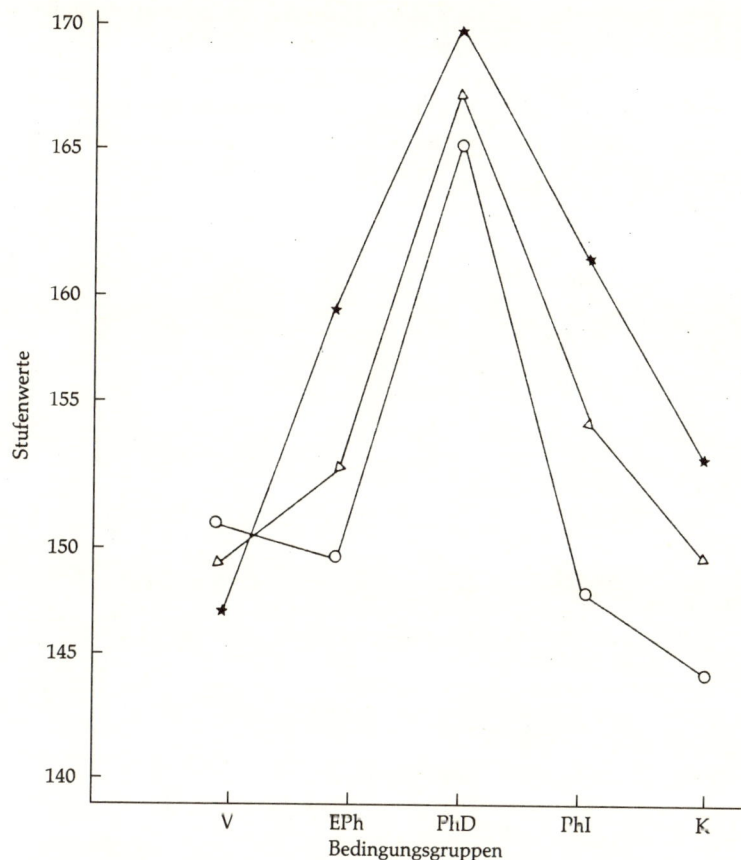

Abbildung 4: Darstellung der Stufenwerte im Test zur sozialen Beurteilung, differenziert nach Bedingungsgruppen und Geschlecht. V = verhaltensorientierte Gruppe; EPh = Gruppe der erfahrungsgeleiteten Phantasie; PhD = Phantasie-Diskussions-Gruppe; PhI = Phantasie-Interessen-Gruppe; K = Kontrollgruppe. Männlich O———; weiblich ★———; zusammen △———.

lung in den drei phantasiebezogenen Gruppen die Sensibilität gegenüber nonverbalen Stimuli steigerte, wenn die Botschaften *sowohl* auditive *als auch* visuelle Kanäle enthielten ($p < 0,05$, $F = 2,47$, $df = 4,105$; Abb. 6). Dies war aber nicht der Fall, wenn sie nur aus einem Klangkanal oder einem visuellen Kanal bestanden.

Dieses Untersuchungsergebnis ist ebenso fesselnd wie unerwartet. Vielleicht sind visuelle und verbale Darstellungen für die Identifizierung von einkanaligen Kommunikationen gleichermaßen effizient.

Man könnte die Überlegenheit visueller Bilder bei der Erleichterung der Identifikation von „zusammengesetzten" Botschaften damit erklären, daß sich mentale Bilder mit einer gleichzeitig ablaufenden Bearbeitung verbinden; diese Verbindung ermöglicht es dem geschulten Beobachter, die zusätzliche Information bei mehrkanäligen Kommunikationen zu benutzen.

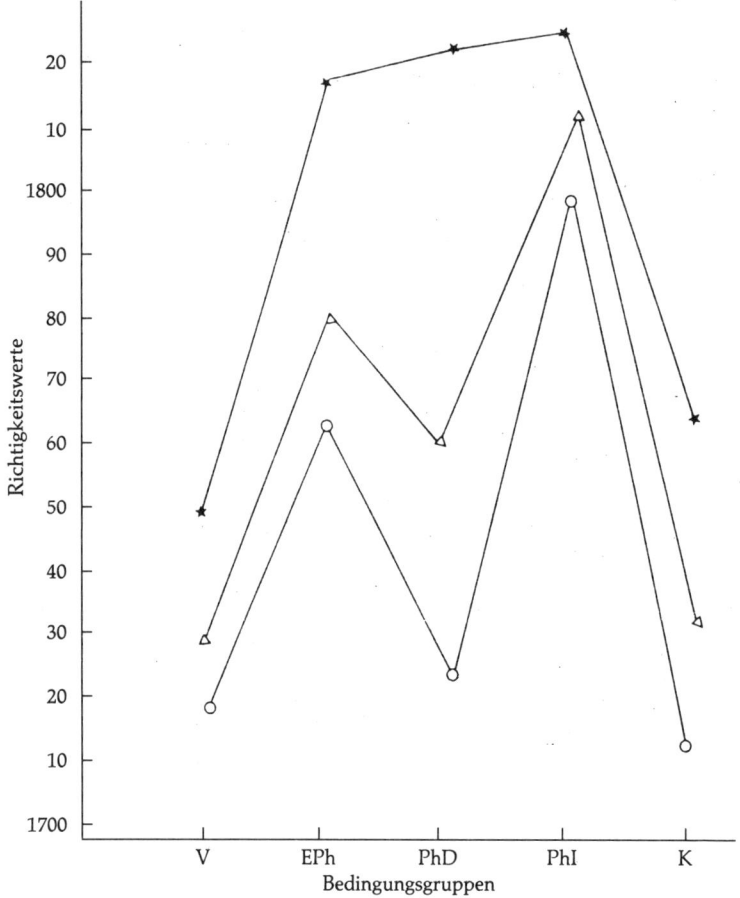

Abbildung 5: Darstellung der zusammengefaßten Genauigkeitswerte im Nonverbalen Sensitivitätsprofil, differenziert nach Bedingungsgruppen und Geschlecht. V = verhaltensorientierte Gruppe; EPh = Gruppe der erfahrungsgeleiteten Phantasie; PhD = Phantasie-Diskussions-Gruppe; PhI = Phantasie-Interessen-Gruppe; K = Kontrollgruppe. Männlich O——; weiblich ★——; zusammen △——.

Tabelle 4: Analyse der Kovarianz der Stufenwerte[b)] für den Test zur sozialen Urteilsfähigkeit

Quelle	df	MS	F
Kovarianten			
Verbales SAT	1	16,54	5,51[a)]
Haupteffekte			
Behandlung	4	10,35	3,44[b)]
Geschlecht	1	8,82	2,94
Zweifache Interaktion			
B × G	4	2,51	0,84
In Parzellen	94	3,00	
Zusammen	104	3,45	

a) $p < 0,05$
b) Ein gewichtetes Maßsystem wurde benutzt, um reine Stufenwerte und Stufenwerte mit Übergangscharakter in ordinale Werte zu übersetzen

Tabelle 5: Häufigkeitsverteilung der Stufen des sozialen Urteilens für jede Bedingungsgruppe

Bedingungsgruppe	Stufe der sozialen Urteilsfähigkeit			
	Stufe 3[a)]	Stufe 3/4	Stufe 4[b)]	Stufe 4/5 und 5[c)]
verhaltensorientiert	0	11	10	2
erfahrungsgeleitete Phantasie	0	5	16	0
Phantasie-Diskussion	1	4	6	10
Phantasie-Interesse	3	4	10	3
Kontrollgruppe	1	10	6	3

a) Stufe 3 bezeichnet das Einnehmen einer Perspektive des „generalized other".
b) Stufe 4 bezeichnet eine Perspektive „qualitativer Systeme".
c) Stufe 5 bezeichnet eine „relativistische" Perspektive.

4.2.3 Das Protokoll der Tagträume

Die Daten aus dem Protokoll der Tagträume lieferten einen dritten Satz zusätzlicher Ergebnisse. Obwohl keine speziellen Voraussagen gemacht worden waren, nahmen wir an, daß die Eingriffe in die Phantasietätigkeit Auswirkungen auf die Struktur und den Inhalt der folgen-

Tabelle 6: Analyse der Kovarianz der Gesamtwerte für Richtigkeit auf dem Nonverbalen Sensitivitätsprofil

Quelle	df	MS	F
Kovariante			
Mathemat. SAT	1	7492,39	4,24[a]
Haupteffekte			
Behandlung	4	17953,24	1,60
Geschlecht	1	97108,34	8,67[b]
Zweifache Interaktion			
B x G	4	3027,49	0,27
In Parzellen	105	12455,27	

a) $p < 0,05$
b) $p < 0,01$

den Tagträume haben würden. Um diese Hypothese zu überprüfen, wurden die Durchschnittswerte auf jeder der Dimensionen für Tagträume mit der „Mitgliedschaft" in einer Behandlungsgruppe korreliert.[13]

Die hauptsächlichen Untersuchungsergebnisse sind in Tabelle 7 zusammengefaßt. Die interessantesten betreffen Studenten der Phantasie-Diskussions-Gruppe. Deren Tagträume nach der Behandlung waren schmerzlicher und enthielten mehr Überraschungselemente; sie wiesen eine größere thematische Vielfalt auf, wobei Schuldgefühle, aber auch soziale und politische, romantische und mystische Motive auftauchten. Das wichtigste Ergebnis war jedoch, daß sie komplexere interpersonale Interaktionen enthielten. Allgemein gesprochen, hat es den Anschein, daß ein Training der Reflexion über Tagtraumerlebnisse zu einem größeren Gebrauch dieser Erlebnisse bei der Durcharbeitung und Assimilation von interpersonalen Konflikten und Themen führt.

Die auf die Behandlung folgenden Phantasien von Individuen aus der Gruppe der erfahrungsgeleiteten Phantasie hatten die Tendenz,

---

[13] Die Behandlungsbedingungen wurden als Scheinvariablen („*dummy*" *variables*) verkodet, so daß jede von ihnen mit den Mittelwerten auf jeder Dimension der Tagträume korreliert werden konnte. Die Mittelwerte basierten auf der Gesamtzahl der berichteten Phantasien. 78 der 86 Teilnehmer der drei experimentellen Gruppen und der Phantasie-Interessen-Gruppe lieferten Tagtraumprotokolle ab. Wegen der kleinen Grundgesamtheit und der geringen Breite der Korrelationen müssen die erhaltenen Daten als Ergebnisse eines ersten Auskundschaftens betrachtet werden.

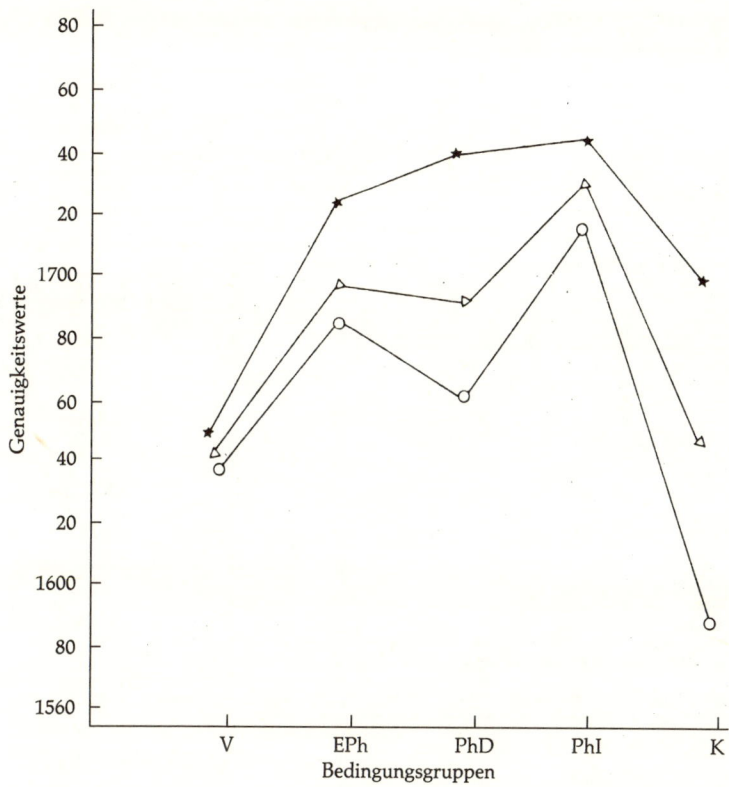

Abbildung 6: Darstellung der Genauigkeitswerte bei der Identifizierung nonverbaler Botschaften mit visuellen und auditiven (zusammengesetzten) Kanälen im Nonverbalen Sensitivitätsprofil. V = verhaltensorientierte Gruppe; EPh = Gruppe der erfahrungsgeleiteten Phantasie; PhD = Phantasie-Diskussions-Gruppe; PhI = Phantasie-Interessen-Gruppe; K = Kontrollgruppe. Männlich O———; weiblich ★———; zusammen △———

sich mehr um die Person selbst (z. B. persönliche Leistung und persönliches Versagen) als um die Beziehungen zu anderen zu drehen.[14]

Bei den Teilnehmern der beiden phantasiebezogenen Trainingsgruppen war es unwahrscheinlich, daß ihre auf die Trainingsperioden folgenden Tagträume unmittelbar auf den Körper bezogene Themen ent-

---

[14] Die negative Beziehung zwischen Intensität und Mitgliedschaft in dieser Gruppe könnte auf Klassifikationseffekte (labeling effects) zurückgeführt werden. Nach den intensiven Erfahrungen in den Trainingssitzungen mögen den Studenten die gewöhnlichen Tagträume farbloser erschienen sein.

Tabelle 7: Tagtraumvariablen: Signifikante Korrelationen mit Behandlungsbedingungen[a]

Tagtraumvariable	Behandlungsbedingungen			
	verhaltens-orientiert	erfahrungs-geleitete Phantasie	Phantasie-Diskussion	Phantasie-Interesse
Lebhaftigkeit		—0,27[c]		
Zukunft		0,24[b]		
Komplexität der interpersonalen Interaktion			0,29[c]	
Kummer — Qual			0,20[b]	
Verachtung — Ekel				—0,25[b]
Überraschung — Schrecken			0,28[c]	
Anzahl der Affekte				—0,25[b]
Leistung		0,20[b]		
Versagen		0,24[b]		
Schuld		—0,26[c]	0,19[b]	
Romantische Erlebnisse			0,23[b]	
Abenteuer				0,18[b]
Unmittelbare körperliche Belange	0,27[c]	—0,19[b]	—0,19[b]	
Soziale—politische Probleme			0,22[b]	
Einsamkeit		0,37[c]		
Mystische Erfahrungen			0,24[c]	—0,19[b]
Thematisierung des Selbst			—0,21[b]	
Freund — Freundin			0,19[b]	

a) N = 78. Eine vollständige Liste der Variablen findet sich bei *Frank* (1977).
b) $p < 0,05$.
c) $p < 0,01$.

hielten. Im Gegensatz dazu ergab sich bei der verhaltensorientierten Gruppe, daß eine positive Beziehung zu Körperthemen von einer Tendenz begleitet war, situationsgebundener zu sein ($r = 0,18$, $p < 0,06$). Damit schienen Personen, die in der Beobachtung von Verhaltensweisen geschult worden waren, im Vergleich zu Personen, die ein Phantasietraining mitgemacht hatten, weniger fähig zu sein, ihre gedankliche Aktivität von unmittelbaren Stimuli ihrer eigenen Körper oder der unmittelbaren Umgebung zu distanzieren.

Tabelle 8: Korrelationen zwischen Bildmodalitäten in Tagträumen und drei Maßen für Empathie [g]

Bildmodalität	Maß für Empathie		
	PONS[d] (nonverbale Sensibilität)	TIM[e] (Sensibilität für implizite Bedeutungen)	APA[f] (Vorhersage von Verhaltensweisen)
Visuell	0,21[b]	0,26[a]	0,18
Auditiv	—0,05	—0,01	—0,18
Körperbezogen	—0,15	—0,16	—0,20[c]

a) $p < 0,01$
b) $p < 0,05$
c) $p < 0,10$
d) PONS = Profile of Nonverbal Sensitivity Test
e) TIM = Test of Implied Meanings
f) APA = Accurate Predictions of Attitudes Test
g) $N = 78$

Tabelle 9: Signifikante Korrelationen zwischen positiven und negativen Tagtraumthemen über die Person selbst und andere Personen und der Sensibilität gegenüber positiven und negativen Inhalten in nonverbalen Kommunikationen [c]

Nonverbaler Inhalt	Phantasiethema			
	Positives Selbstbild	Positive Bilder von anderen	Negatives Selbstbild	Negative Bilder von anderen
Positiv-fügsam		0,27[b]		
Positiv-dominant		0,25[a]		—0,25[a]
Negativ-fügsam				—0,31[b]
Negativ-dominant				
Gesamtpunktzahl auf dem PONS		0,21[a]		—0,26[b]

a) $p < 0,05$
b) $p < 0,01$
c) $N = 78$

Zwei zusätzliche Analysen der Beziehung zwischen einigen Tagtraumvariablen und speziellen empathischen Fähigkeiten sind für die gegenwärtige Diskussion besonders relevant. Diese Ergebnisse sind in den Tabellen 8 und 9 dargestellt. Die signifikante Beziehung zwischen visuellen Bildern in auf die Behandlung folgenden Tagträumen und richtigen Identifikationen von impliziten Botschaften und nonverbalen Kommunikationen läßt den Schluß zu, daß dieser Typ geistiger Tätigkeit Empathie fördert. Während visuelle Bilder eine fördernde Rolle zu spielen scheinen, scheinen Bilder, die durch körperliche und klangliche Reize hervorgehoben werden, Empathie zu behindern oder nicht in Beziehung zu ihr zu stehen.

Die Untersuchungsergebnisse, daß Tagträume über positive Erfahrungen mit anderen mit der richtigen Identifizierung von positiven nonverbalen Kommunikationen verbunden sind, stützen die These, daß Tagträume Gelegenheit bieten, empathische Fähigkeiten zu üben. Die negative Beziehung zwischen der Sensibilität für nonverbale Botschaften und negativen interpersonalen Inhalten in Tagträumen ist mit den Untersuchungsergebnissen von *Gould* (1972) konsistent, die zeigten, daß feindselige Phantasien bei kleinen Kindern mit einem Defizit an empathischen Fähigkeiten verbunden sind.

5. Diskussion

5.1 Übersicht über die Ergebnisse: Einige „Wenns", „Unds" und „Aber"

Insgesamt stützten die empirischen Daten durchgehend die generelle Hypothese, daß Individuen geschult werden können, ihre imaginativen Aktivitäten zur Förderung ihrer empathischen Fähigkeiten nutzbar zu machen. Die Stützung der ursprünglichen Hypothesen war für Empathie auf der verhaltensorientierten und der kognitiv-strukturellen Ebene am stärksten. Eine weniger starke Stützung erhielten auch die Voraussagen auf der subjektiven Ebene. Auf der anderen Seite wurden die vorausgesagten Trainingseffekte auf jeder der drei Empathieebenen mehr oder weniger durch einige unerwartete „Wenns", „Unds" und „Aber" eingeschränkt. Ich habe drei dieser Modifikationen zur weiteren Diskussion ausgewählt: (a) die unterschiedlichen Trainingseffekte bei weiblichen und männlichen Teilnehmern, (b) den signifikanten Effekt der „Reihenfolge" bei den verhaltensorientierten und subjektiven Maßen für Empathie und (c) die Anfälligkeit der Trainingsprozeduren in der Phantasie-Diskussions-Gruppe für Unterschiede im Gruppenprozeß.

5.1.1 Geschlechtsunterschiede auf der verhaltensmäßigen und der subjektiven Ebene

Sowohl auf der verhaltensmäßigen als auch auf der subjektiven Ebene von Empathie schien das Training eine unterschiedliche Auswirkung auf Männer und Frauen zu haben. Bei der Voraussage von Verhaltensweisen schienen Frauen in der verhaltensorientierten Gruppe und Männer in der Phantasie-Diskussions-Gruppe tendenziell mehr von Trainingsverfahren zu profitieren als die jeweils andersgeschlechtlichen Gruppenmitglieder. Dieses Untersuchungsergebnis läßt die Vermutung zu, daß Phantasie richtige Empathie teilweise sogar auf der verhaltensmäßigen Ebene vermitteln kann und daß beide Geschlechtsgruppen eine Fähigkeit erworben haben, die sie vorher nicht hatten. Frauen, die in der Regel als einfallsreicher beschrieben werden, mit lebhafteren Phantasien und Bildern als Männer (vgl. *Marks* 1972), steigerten vermutlich ihre Fähigkeiten zu realitätsorientierten Formen der Beobachtung infolge des Trainings in verhaltensorientierten Techniken. Männer, die ihre Erfahrungen in der Regel eher analytisch und realitätsorientiert interpretieren, wurden durch das Training in reflektivem Tagträumen vielleicht fähiger zu imaginativen Formen der Beobachtung. Möglicherweise ist die Anwendung beider Formen der Schulung für richtige Voraussagen wirkungsvoller als die Anwendung von nur einer Form des Trainings.

Im Gegensatz dazu schien das Training in realitätsorientierten Formen der Beobachtung auf der subjektiven Ebene der Empathie in zwei der drei Empathietrainingsgruppen einen negativen Effekt auf die empathischen Fähigkeiten der männlichen Teilnehmer zu haben. Sowohl in der Phantasie-Diskussions-Gruppe als auch in der verhaltensorientierten Gruppe schien bei den Männern eine Tendenz zur Abnahme ihrer Fähigkeit vorzuliegen, implizite Bedeutungen in verbalen Kommunikationen richtig zu identifizieren, wenn man sie mit Männern und Frauen der anderen Gruppen verglich. Dieses Ergebnis stützt die Ansicht von *Berne* (1953) und anderen, daß zielgerichtete, analytische und realitätsorientierte Formen der interpersonalen Beobachtung intuitive Prozesse stören. Darüber hinaus könnte man vermuten, daß Männer besonders anfällig für diese Form der Störung sind. Wenn jedoch, wie oben vermutet wurde, die überlegenere Leistung bei Vorhersagen offener selbstdeskriptiver Verhaltensweisen bei Männern der Phantasie-Diskussions-Gruppe auf die Eingliederung imaginativer Formen von Beobachtung in die vertrauteren analytischen und realitätsorientierten Muster zurückgeführt werden kann, dann erhebt sich die Frage, was sie daran hinderte, diese neu gelernten Wahrnehmungsformen dazu zu benutzen, subjektivere Formen interpersonalen Wissens zu erwerben.

Eine mögliche kognitive Erklärung wäre, daß eine komplexe Interaktion zwischen den Trainingsverfahren in der Phantasie-Diskussions-Gruppe, den vertrauten Beobachtungsweisen der Teilnehmer und der

Natur der Empathieanforderung stattgefunden hat. Der Lernprozeß des Wechsels zwischen zwei radikal verschiedenen Ebenen der interpersonalen Beobachtung gestaltete die Trainingsprozeduren in der Phantasie-Diskussions-Gruppe besonders schwierig. Darüber hinaus ist vorstellbar, daß die Anforderung, zwischen einer vertrauten aktiven und realitätsorientierten Wahrnehmungsform und einer weniger vertrauten passiven und imaginativen Form der Wahrnehmung hin- und herzuwechseln, für die Männer in dieser Gruppe schwieriger, verwirrender und sogar angsterzeugender war als die Anforderung an die Frauen derselben Gruppe, zwischen einer vertrauten imaginativen und einer mehr realitätsorientierten Form der Wahrnehmung hin- und herzuwechseln.

Bei den Männern scheint der Mangel an Erfahrungen mit eher passiven imaginativen Formen der Wahrnehmung zu einer damit verbundenen Unfähigkeit geführt zu haben, das Eindringen neu erworbener und deshalb unstabiler bildhafter Erlebnisse in vertrautere Formen geistiger Tätigkeit und sozialer Wahrnehmung ausgeglichen zu bewältigen. Deshalb könnte die Überaktivierung eines Hemmfaktors, wie er von *Miller* (1972) beobachtet und beschrieben worden ist, der das Eindringen bildhafter Formen der Darstellung in abstraktes, gerichtetes Denken unterdrückt, teilweise für deren besonders schlechte Bewältigung einer Aufgabe verantwortlich sein, die sehr wahrscheinlich eine passive imaginative Form geistiger Tätigkeit erforderte.[15]

Im Gegensatz zum Test über implizite Bedeutungen, der hauptsächlich eine passive imaginative Form der Beobachtung erfordert, stehen die Anforderungen des Tests zu richtigen Voraussagen von Verhaltensweisen. Bei dieser Aufgabenstellung konzentrieren sich die Teilnehmer auf realitätsorientierte Angelegenheiten und diskutieren aktiv mit einem Partner, während sie beim Test über implizite Bedeutungen in einer ziemlich gedämpften Atmosphäre still einer Reihe von Botschaften zuhören, die auf Tonband aufgenommen sind. Es könnte sein, daß sich die Männer der Phantasie-Diskussions-Gruppe unter den erstgenannten Bedingungen wohler gefühlt haben und auch besonders darauf vorbereitet gewesen waren, ihre neuerworbenen Phantasiekräfte im Kontext einer strukturierten Interaktion anzuwenden. In diesem Kontext haben ihnen vielleicht Bilder von sich selbst, z. B. anstelle ihrer Partner während der Frühlingsferien in den Bergen herumzuwandern oder die

---

[15] Ein dynamischer Konflikt um das Aktivitäts-Passivitäts-Problem und im Zusammenhang damit um eine Verbindung zwischen Phantasie und Verweiblichungsvorstellungen könnte ebenfalls ein ausschlaggebender Faktor bei den Männern gewesen sein.

Zeit damit zu verbringen, überfällige Semesterpapiere fertigzustellen, dabei geholfen, differenziertere Stereotypen zu entwickeln, sorgfältigere soziale Schlüsse zu ziehen und damit zu genaueren Voraussagen von Verhaltensweisen zu kommen.

5.1.2 Einfluß von induzierten „impliziten Bedeutungen" auf die Genauigkeit von Voraussagen

Die relativ schwache Leistung von Studenten, die den Test zur Vorhersage von Verhaltensweisen nach dem Test über implizite Bedeutungen machten, liefert ein ähnliches (jedoch in einigen Punkten unterschiedliches) Beispiel einer Leistungsminderung, die mit der Schwierigkeit verbunden ist, eine kognitive Struktur aufzugeben. Die Leistungsminderung ist möglicherweise das Ergebnis einer speziellen Struktur, die durch den Test über implizite Bedeutungen hervorgerufen wurde, d. h. durch die Anweisung, implizite Bedeutungen aufzuspüren, und die gedämpfte, phantasieinduzierende Atmosphäre der Testsituation. Die Konzentration auf implizite Bedeutungen hat vielleicht schnell zu einer Verwirrung geführt, zwischen intendierten und unintendierten Bedeutungen zu unterscheiden. Diese Verwirrung beeinträchtigte vermutlich die Genauigkeit der Voraussage bei der Beurteilung, wie eine andere Person sich einer anderen, ihr relativ unbekannten Person gegenüber in einer Testsituation beschreiben würde.

Das Unvermögen, zwischen impliziten und manifesten Kommunikationen zu differenzieren, stellt immer eine Vernachlässigung von Anforderungen der Realität und/oder von Abwehrmechanismen dar. Oft kann man ein ähnliches Phänomen bei Ausbildungsprogrammen im Rahmen klinischer Psychologie beobachten. Wenn Studenten im ersten Jahr der Ausbildung immer mehr Verständnis für die dynamischen Bedeutungen in interpersonalen Kommunikationen gewinnen, vergessen sie oft die Warnung, die in einer Anekdote zum Ausdruck kommt, die man sich über *Sigmund Freud* erzählt. Als er nach der „dynamischen Bedeutung" seiner Vorliebe für das Zigarrenrauchen gefragt wurde, soll er gesagt haben: „Manchmal ist eine Zigarre eben nur eine Zigarre".

5.1.3 Die Auswirkung von Gruppenprozessen auf das Training auf der kognitiv-strukturellen Ebene

Die Hypothese, daß die Schulung der Erfahrung und der objektiven Reflexion von Phantasieerlebnissen Empathie auf der kognitiv-strukturellen Ebene fördern würde, wurde ein wenig durch die abweichenden und negativen Testergebnisse einer Teilgruppe in der Phantasie-Diskussions-Kondition eingeschränkt. In besonderen Fällen scheinen Trainingsprozeduren anfällig für Auswirkungen individueller Unterschiede auf den Gruppenprozeß zu sein. Eine kurze Beschreibung der Interaktion dieser Gruppe wird helfen, die offensichtliche Ineffektivität der Trainingsprozeduren für die abgestufte soziale Urteilskraft der Teilnehmer zu erklären und, was noch wichtiger ist, auch Einblicke in die Art und Weise vermitteln, in der diese Prozeduren bei der kognitiven Neustrukturierung der vier anderen Teilgruppen wirksam waren (wenn sie Wirkung zeigten).

Die erwähnte Teilgruppe wurde von mir geleitet und bestand aus vier Männern und einer Frau. Die Spannungen innerhalb der Gruppe hatten verschiedene Ursachen, darunter besonders eine sehr ausgeprägte Abwehrhaltung bei allen Teilnehmern, total verschiedene und oft zusammenstoßende Persönlichkeiten und eine Tendenz des Rückzuges bei drei Teilnehmern, die eigentlich gegen die negative Einstellung der zwei aggressiveren Gruppenmitglieder den Behandlungsprozeduren gegenüber ein positives Gleichgewicht hätten schaffen können. Darüber hinaus konnte die Gegenwart der Versuchsleiterin die bereits vorhandenen Spannungen eigentlich nur noch verstärken, da sie in einer Gruppe, deren hervorstechendste Themen Macht und Kontrolle waren, als eine Person mit besonderem Status und besonderer Autorität angesehen wurde. Eine kurze Beschreibung der Persönlichkeit eines jeden Gruppenmitgliedes, wie sie sowohl in ihren Phantasien als auch in der anschließenden Diskussion sichtbar wurde, soll die Natur einiger der erwähnten Schwierigkeiten deutlich machen.

Ein Gruppenteilnehmer war ein schwarzer Student aus dem Süden, der um einen Platz an einer weißen, angelsächsisch geprägten protestantischen Ivy-League-Universität kämpfte und dessen *modus operandi* im Umgang mit anderen weißen Studenten darin bestand, sich in mürrisches Schweigen zu hüllen. Ein weiterer Teilnehmer war ein sehr intellektueller, zwanghafter junger Mann, der dachte und ausdrückte, daß „Psychologie ein Haufen Schrott" sei und daß Verhaltensweisen im Grunde eine ganz klare Bedeutung hätten. Der dritte Mann, die einzige Person der Studie, die keine Zeichen einer intrapsychischen (Stufe 4) Perspektive zeigte, war ein etwas widerspenstiger, sich nach außen orientierender Mensch, mit dem man leicht eine warme und freundliche Diskussion über Sport führen konnte, der aber große Schwierigkeiten hatte, seine Gedanken und Gefühle zu betrachten. Seine Phantasien enthielten fast immer Themen der Macht und Kontrolle, in denen er als „underdog" heimlich die Fäden von scheinbar mächtigen Marionettendiktatoren in der Hand hatte. Er und der intellektuelle Student waren in ungefähr zwei Dritteln der Trainingssitzungen die informellen Führer. Der vierte Mann tendierte wie der schwarze Student dazu, sich aus der Interaktion zurückzuziehen. Während des Phantasieabschnittes wurde er sehr von seinen Erfahrungen absorbiert und schien zeitweise in seine eigene Welt zu entgleiten, wobei er oft Schwierigkeiten hatte, über seine Erlebnisse zu berichten. Und schließlich separierte sich die einzige Frau in der Gruppe, die schon durch ihr Geschlecht isoliert war, sowohl physisch wie sozial von anderen Gruppenmitgliedern.

Es war deshalb nicht überraschend, daß die Diskussionsabschnitte in dieser Gruppe oft wenig Interaktion brachten. Auf Fragen aus dem Fragebogen zur Phantasieanalyse wurde oft kurz und negativ geantwortet: „Meine Phantasie sagt mir nichts", oder: „Mein Freund ist genauso, wie ich ihn in meinem Tagtraum sah." Darüber hinaus versuchten die zwei Anführer der Gruppe oft, aus der Situation einen Scherz zu machen, während der schwarze Student ärgerlich dreinsah, aber wenig sagte, und die zwei anderen Gruppenmitglieder sich zurückzogen.

In dieser Situation war es interessant, daß überhaupt eine Entwicklung innerhalb der Gruppe stattfand. Hauptsächlich als Resultat des erfahrungsgeleiteten Phantasieaspektes (so hatte es den Anschein) fand allmählich eine Entwicklung statt. Bei einigen Gruppenmitgliedern schien die Einsicht in die Erfahrungen anderer Erkenntnisse über sich selbst voranzugehen. So bemerkte der intellektuelle junge Mann plötzlich, daß in den Phantasien der Frau immer architektonische Strukturen auftauchten, mit denen sie sich umgab, und daß diese selbstauferlegten Grenzen irgendwie mit dem Platz verbunden waren, an dem sie während der Sitzungen saß.

Der eindrucksvollste Wandel ging jedoch von dem schwarzen Studenten aus, der eine wachsende Einsichtsfähigkeit zu entwickeln schien[16]. Auf eine Szene reagierend, in der er sich „alleine in einer Menschenmenge" vorstellen sollte, sah er sich auf einer Party. Er saß in einer Ecke auf einem großen schwarzen Koffer und beobachtete verächtlich die Handlungen eines beliebten weißen Studenten. Er beschrieb diesen weißen Studenten als einen Snob, der sich niemals dazu herablassen würde, mit einem schwarzen Peon aus dem Süden zu

---

[16] Die Stufe sozialer Urteilskraft dieses Studenten nach der Behandlung, die einen deutlichen Übergang von einer dyadischen Perspektive der dritten Person zu einer Perspektive qualitativer Systeme (intrapersonale Perspektive) widerspiegelte, war vielleicht ein Ergebnis des Trainings.

reden, wie er einer war. Als er sich jedoch in die Rolle des weißen Studenten versetzte und sich mit den Augen dieses Studenten selbst beschrieb, schilderte er dessen Selbstbild als das eines Snobs, der zu sehr von sich eingenommen war, um sich der Gruppe anzuschließen und „die Weißen sowieso haßte". Der Ausdruck des Erstaunens und der Verwunderung auf dem Gesicht des schwarzen Studenten am Ende des Tagtraumsegments war ein wortloser Ausdruck der Bedeutung, die dieses Phantasieerlebnis für ihn hatte. Die anderen Studenten waren ebenfalls sichtlich bewegt und diskutierten später aktiv und abwechselnd über die verschiedenen Formen, in denen sie die verschiedenen Teilnehmer des Phantasiebildes sahen. In den zwei restlichen Sitzungen wurde der schwarze Student der Führer in den Gruppendiskussionen und half, einen wirklichen Wechsel der allgemeinen Gefühle herbeizuführen, die die Teilnehmer füreinander hatten. Bei weiteren Trainingssitzungen wären die Einsichten in alternative Perspektiven, die die Studenten endlich zu haben schienen, vielleicht in differenziertere Strukturen der Entwicklung von Perspektiven integriert worden.

Die Erfahrungen in dieser Gruppe, die hier kurz angedeutet wurden, führen zu einer wichtigen Frage. Vielleicht wäre für diese Personen, die a) ein hohes Maß an Abwehrhaltung zeigten und b) noch nicht in der Lage waren, objektive und subjektive Bedeutungen von Erfahrungen gleichzeitig zu berücksichtigen, das Setting der erfahrungsgeleiteten Phantasie eine weniger bedrohliche und wachstumsfördernde Erfahrung gewesen.[17] Vielleicht hätte aber das verhaltensorientierte Setting den einen Studenten, der übermäßig von seinen Phantasien absorbiert wurde, dabei geholfen, objektivere Aspekte seiner sozialen Realität zu berücksichtigen und ihnen den richtigen Stellenwert zu geben. Interessanterweise war dieser Student der einzige Gruppenteilnehmer, der ein klares Urteilsvermögen der Stufe 4 (qualitative Systeme) zeigte. Andeutungen aus seinen Phantasien von einigen interpersonalen Spannungen in seinem Leben wiesen darauf hin, daß die Überbetonung subjektiver Perspektiven in ihm ein Gefühl erweckte, abgelehnt zu werden, ihn verletzlich und besonders anfällig für jedes kleinste Anzeichen von Feindseligkeit machte, das er aus flüchtigen Äußerungen signifikanter Personen heraushörte. *Loevinger* und *Wessler* (1970) haben darauf hingewiesen, daß eine strukturelle Weiterentwicklung nicht un-

---

[17] Die relativ große Zahl von Teilnehmern der Gruppe der erfahrungsgeleiteten Phantasie, die auf der Stufe 4 urteilten (76 %, siehe Tabelle V) ist ein Hinweis darauf, daß vielleicht auch die Teilnehmer dieser Gruppe in einem geringeren Ausmaß von diesem Training profitiert hätten.

bedingt bedeutet, daß Menschen weniger Probleme haben, sondern daß die Art und Weise, in der sie interpersonale Probleme definieren und mit ihnen fertig werden, auf verschiedenen Stufen qualitativ anders ist.

5.2 Schlußfolgerungen für Forschung und Praxis

Bei jedem Forschungsunternehmen sind die aufgeworfenen Fragen genauso wichtig wie die Fragen, die beantwortet zu sein scheinen. Weitere Versuche der Verfeinerung des gegenwärtigen Projektentwurfs und der Beziehungen, die zwischen den Hauptvariablen gefunden wurden, müssen die Stärke und Stabilität der Behandlungsprozeduren, die Möglichkeit zur Verallgemeinerung und die klinischen Anwendungsmöglichkeiten der Ergebnisse berücksichtigen. Zwei Themen, die diese Problematik betreffen, sollen hier herausgegriffen werden.

Zunächst müssen diejenigen Faktoren des täglichen Lebens erforscht werden, die Individuen beeinflussen, wenn sie zu einem bestimmten Zeitpunkt oder an einem bestimmten Ort konstruieren, was es heißt, „empathisch" zu sein. Die Tatsache, daß die Genauigkeit der Vorhersage bei einer verhaltensorientierten Aufgabe abnahm, wenn Personen durch eine vorangegangene Aufgabe zu der Ansicht gekommen waren, daß Empathie bedeute, die impliziten Bedeutungen von Kommunikationen zu identifizieren, weist darauf hin, daß situationsbedingte Faktoren stark die Definition einer empathischen Aufgabe beeinflussen. So ist es z. B. unklar, in welchem Ausmaß Personen spontan implizite Bedeutungen ohne von außen auferlegte Konditionen beachten und welche situationsbedingten Variablen sie dazu bringen. Darüber hinaus ist es wichtig, die Auswirkung auf eine dyadische Beziehung zu verstehen, wenn Individuen in ihren jeweiligen Definitionen von Empathie übereinstimmen oder nicht übereinstimmen, d. h., wenn eine Person den Schwerpunkt auf die subjektiven Bedeutungen und die andere Person den Schwerpunkt auf die objektiven Bedeutungen der Kommunikationsinhalte legt. Wenn jeder Kommunikationsteilnehmer als „Informationsverarbeitungsstelle" gesehen wird (*Berne* 1953), dann ist vorstellbar, daß eine Unstimmigkeit in einer Interaktion entstehen könnte, wenn die „Geräusche" des einen zu „Informationen" des anderen werden.

Zweitens sind Untersuchungen notwendig, um die Bedeutung der Ergebnisse dieser Studie für die klinische Praxis zu klären. Trotz ausgedehnter Anstrengungen, die empathischen Fähigkeiten von Psychotherapeuten zu bewerten (vgl. *Bachrach* 1976; *Kagan* 1975; *Traux, Cark-*

huff 1967), haben klinische Psychologen die Implikationen ihrer Behandlungstechniken zur Verbesserung der empathischen Fähigkeiten ihrer Klienten vernachlässigt (vgl. *Fox, Goldin* 1964). Die Wahl von Behandlungstechniken innerhalb der Psychotherapie ist ein Prozeß, der Entscheidungen über die Empathieebene beinhalten sollte, die angesprochen werden soll.

Die Ergebnisse dieser Studie legen nahe, daß Techniken des Verhaltens sich an verhaltensmäßige Ebenen von Empathie wenden, aber vielleicht nicht die Fähigkeit des Klienten fördern, seine Beziehungen zu beurteilen oder mit reicheren und privateren Aspekten seiner Erfahrungen oder der Erfahrungen anderer in Berührung zu kommen. Auf der anderen Seite kann eine übermäßige Vertiefung in Phantasien und eine zu große Konzentration auf implizite und symbolische Bedeutungen — was man bei vielen der zunehmend populär werdenden imaginativen Therapien beobachten kann (*Singer* 1974a) — zu verzerrten Erwartungen über Verhaltensweisen von anderen führen und nicht genügend Gelegenheit zur kognitiven Neustrukturierung interpersonaler Ereignisse bieten. Obwohl analytische Therapien sowohl Techniken der freien Assoziation als auch eine aktive Reflexion über objektive und subjektive Ereignisse umfassen, müssen sie mit der offensichtlichen Schwierigkeit vieler Menschen fertig werden, abwechselnd eine an der Realität orientierte und eine imaginative Form der Beobachtung anzuwenden. Therapien, die diese Art der Flexibilität erwarten, ohne für ein formales Training in irgendeiner Form zu sorgen, können zu einer Verunsicherung des Klienten führen und einen rigiden Versuch seinerseits verursachen, an vertrauten Formen der Wahrnehmung festzuhalten. Die kognitive Grundlage dieser rigiden Haltung wird leicht durch ausschließlich dynamische Interpretationen des „Widerstandes" des Klienten übersehen.

5.3 Theoretische Implikationen: Die vierte Ebene der Empathie

5.3.1 Die Beziehungen zwischen den Ebenen der Empathie

Eine wichtige Frage, die noch diskutiert werden muß, ist die Beziehung zwischen verschiedenen Ebenen von Empathie. Die erwartete Beziehung zwischen empathischen Fähigkeiten auf der subjektiven Ebene und der Fähigkeit zur Identifizierung nonverbaler Hinweise stützt die Auffassung, daß „Intuition nie eine sensorisch deprivierte Erfahrung ist" (*Guiora, Bolin, Dutton, Meer* 1965, 120), d. h., daß sie durch objektive empirische Beobachtungen vermittelt wird. Es wurden jedoch keine weiteren Beziehungen zwischen den verschiedenen Maßen für Empathie gefunden. Deshalb hat es den Anschein, daß verhaltensmäßige, subjektive und kognitiv-strukturelle Ebenen der Empathie durch statistisch unabhängige Fähigkeiten definiert sind. Dennoch, die umfassendere theoretische Frage bleibt bestehen, ob man überhaupt über Empathie in einem vollständigen Sinne sprechen kann, ohne alle drei Ebenen zu berücksichtigen.

So kann z. B. der Fall eintreten, daß eine Person, die stereotype Verhaltensweisen gut voraussagen kann, aber die speziellen Bedeutungen dieser Verhaltensweisen für einen anderen nicht erkennt, nicht in der Lage ist, richtige Voraussetzungen zu machen, wenn es darauf ankommt. Stereotype Voraussagen gründen sich auf die Annahme, daß sich die meisten Menschen fast immer auf eine spezifische Art und Weise verhalten und daß es keinen Grund für die Annahme gibt, daß sie sich irgendwann einmal anders verhalten werden (*Chein* 1945). Es könnte z. B. einen Beobachter völlig überraschen, wenn ein Mensch, dessen dauernde Autoritätshörigkeit er kennt und als willentliche Anpassung interpretiert hat, plötzlich seinen Zorn in Form eines unverschleierten Wutausbruches zeigt. Auf der anderen Seite macht die übermäßige Versenkung in die Phantasie — neben der mit ihr verbundenen Verzerrung von Vorhersagen über Verhaltensweisen — Menschen für implizite Bedeutungsebenen und „Halbwahrheiten" anfällig, die, wenn sie aus dem Zusammenhang gerissen werden, auch zu negativen und/oder unangemessenen Selbsteinschätzungen und Beurteilungen von anderen führen können.

Die Entwicklung einer sozialen Perspektive, d. h. die Art und Weise, in der Personen ihre sozialen Erfahrungen kognitiv strukturieren, stellt eine begriffliche Brücke zwischen verhaltensmäßigen und subjektiven Ebenen von Empathie dar. Reifere Stufen der sozialen Beurteilung sind durch eine wachsende Fähigkeit zur Integration subjektiver und objektiver Perspektiven gekennzeichnet. Dennoch sagt die Fähigkeit der begrifflichen Differenzierung zwischen diesen beiden Bedeutungsebenen nichts darüber aus, wie sensibel Individuen gegenüber impliziten Kommunikationsinhalten anderer Personen sein werden oder in welchem Maße sie fähig sind, richtige Vorhersagen von Verhaltensweisen zu machen. Vielleicht müssen empathische Fähigkeiten auf verhaltensmäßigen oder subjektiven Ebenen geübt werden, und vielleicht kultivieren Individuen auf jeder Entwicklungsstufe diese Fähigkeiten in unterschiedlichem Maße. Auf der anderen Seite hängt die Verarbeitung des durch diese Fähigkeiten erworbenen Wissens vom Vermögen des Individuums ab, subjektive und objektive Bedeutungsebenen klar von einer Reihe anderer Perspektiven zu unterscheiden und sie zu integrieren.

Als Psychologen befinden wir uns in derselben Lage wie die Personen, die wir untersuchen. In der Hoffnung, ein Verständnis dafür zu gewinnen, wie Menschen andere Menschen verstehen, müssen wir verschiedene Ebenen von Empathie unterscheiden und über sie Wissen erwerben. Wenn wir untersuchen wollen, (a) welche Beobachtungen Menschen über andere berichten können (verhaltensmäßige Ebene der Beobachtung), dann müssen wir auch (b) die Bedeutung, die sie diesem Wissen über andere beimessen (subjektive Beobachtungsebene), und (c) die Art und Weise berücksichtigen, in der sie dieses Wissen organisieren und in andere Informationen integrieren, die sie über die Natur des Menschen und seiner Beziehungen erwerben (kognitiv-strukturelle Beobachtungsebene).

5.3.2 Die vierte Ebene der Empathie

Um es genauer auszudrücken: Als Kliniker, empirische Forscher und Theoretiker müssen wir uns auf unsere eigenen Fähigkeiten beziehen, um uns mit den Erfahrungen eines Einfühlenden einzufühlen. Diese Aufgabe könnte als eine „vierte Ebene der Empathie" bezeichnet werden. Darunter verstehe ich die Fähigkeit zu wissen, welche Ebene der Empathie zu einem bestimmten Zeitpunkt bei einem bestimmten Menschen am besten angesprochen werden kann. Als Psychotherapeuten müssen wir klarere Entscheidungsrichtlinien dafür entwickeln, wann es günstig ist, unsere Klienten zu ermutigen, sich tiefer in ihre privaten Phantasiewelten zu versenken, wann es hilfreich ist, ihren Blick auf allen Menschen gemeinsame soziale Realitäten zu richten, und wann es nützlich ist, sie aufzufordern, aus ihren Erfahrungsschemata herauszutreten und sich die Art und Weise anzuschauen, in der sie ihr soziales Umfeld wahrnehmen. Als empirische Forscher müssen wir uns fragen, ob unsere Meßinstrumente diejenige Empathieebene bestimmen, die für unsere jeweilige Intervention am geeignetsten ist. Und als Theoretiker müssen wir unsere eigenen Annahmen über die Natur der Empathie überdenken und einschätzen lernen. Bei allen drei Versuchen kann uns unsere Fähigkeit, uns in die Lage der Person zu versetzen, die wir untersuchen, dabei helfen, die Natur ihrer empathischen Erfahrungen zu klären. In dieser Hinsicht könnte sich die Kraft unserer eigenen Phantasien als eines unserer wichtigsten Hilfsmittel erweisen.

Literatur

Antrobus, J. S., Singer, J. L., Goldstein, S. L., Fortgang, M., Mind-wandering and cognitive structure, *Translations of the New York Academy of Science*, 1970, 32, 242-252.
Bachrach, H. M., Empathy: We know what we mean, but what do we measure? *Archives of General Psychiatry*, 1976, 33, 35-38.
Beres, D., Arlow, J. A.: Fantasy and identification in empathy, *Psychoanalytic Quarterly*, 1974, 43, 26-50.
—, Concerning the nature of communication, *Psychiatric Quarterly*, 1953, 27, 185-198.
Berne, E., The nature of intuition, *Psychiatric Quarterly*, 1949, 23, 203—226.
Blatt, S. J., The objective and subjective modes: Some considerations in the teaching of clinical skills, *Journal of Projective Techniques and Personality Assessment*, 1963, 27, 151-157.
Bronfenbrenner, U., Harding, J., Gallwey, M., The measurement of skill in social perception, in: *D. C. McClellan, A. L. Baldwin, U. Bronfenbrenner, F. L. Strodtbeck* (Eds.), Talent and society, Princeton: Van Nostrand, 1958, 29-111.
Chein, J., The logic of prediction: Some observations on Dr. Sarbin's exposition, *Psychological Review*, 1945, 52, 175-179.
Cline, V. G., Interpersonal perception, in: *B. Maher* (Ed.), Progress in Experimental Personality Research VI., New York: Academic Press, 1964, 221-281.
Dymond, R. F., A preliminary investigation of the relation of insight and empathy, *Journal of Consulting Psychology*, 1948, 12, 228-233.
—, A scale for the measurement of empathic ability, *Journal of Consulting Psychology*, 1949, 13, 127-133.
—, Personality and empathy, *Journal of Consulting Psychology*, 1950, 14, 343-350.
Fleiss, R., The metapsychology of the analyst, *Psychoanalytic Quarterly*, 1942, 11, 211-227.
Fox, R. E., Goldin, P. C., The empathic process in psychotherapy: A survey of theory and research, *Journal of Nervous and Mental Diseases*, 1964, 138, 323-331.
Frank, S. J., The facilitation of empathy through training in imagination. Unpublished dissertation, Yale University, 1977.
Gordon, R., A very private world, in: *Sheehan, P. W.* (Hrsg.), The function and nature of imagery, New York: Academic Press, 1972, 63-80.
Gould, R., Child studies through fantasy, New York: Quadrangle Books, 1972.
Greenson, R., Empathy and its vicissitudes, *International Journal of Psychoanalysis*, 1960, 41, 418-424.
Guiroa, A. Z., Bolin, R. K., Dutton, C. E., Meer, B., Intuition: A preliminary statement, *Psychoanalytic Quarterly Supplement*, 1965, 39, 110-122.
Harty, M. K., Studies of clinical judgment, Part II, *Bulletin of the Menninger Clinic*, 1972, 36, 279-301.
Horowitz, M. J., Image formation and cognition, New York: Appleton-Century-Crofts 1970.
—, Image formation: Clinical observations and a cognitive model, in: *Sheehan, P. W.* (Hrsg.), The function and nature of imagery, New York: Academic Press, 1972, 281-309.
Jackson, D. N., Personality Research Form, Goshen, New York: Research Psychologist Press, 1965.
Kagan, N., Influencing human interaction — Eleven years with IPR, *Canadian Counsellor*, 1975, 9, 74-97.

Kohut, H., Introspection, empathy and psychoanalysis, *Journal of the American Psychoanalytic Association*, 1959, 7, 459-483.
Lazarus, A., Verhaltenstherapie im Übergang (Behavior therapy and beyond, 1971, dt.), München, Basel: Reinhard, 1978.
Loevinger, J., Wessler, R., Measuring ego development construction and use of a sentence completion test, New York: Jossey-Bass, 1970.
Marks, D. E., Individual differences in the vividness of visual imagery and their effect on function, in: Sheehan, P. W. (Hrsg.), The function and nature of imagery, New York, Academic Press, 1972, 83-108.
Miller, T., Some characteristics of two different ways of listening. Unpublished doctoral dissertation, New York University, 1972.
Patterson, G. R., Families, Champagne, Illinois: Research Press, 1971.
Piaget, J.: Nachahmung, Spiel und Traum, Die Entwicklung der Symbolfunktion beim Kinde (La formation du symbole chez l'enfant, dt.), Stuttgart: Klett, 1969.
Piaget, J., Inhelder, B., Die Psychologie des Kindes (La Psychologie de l'Enfant, dt.), Olten: Walter-Verlag, 1972, Fischer Taschenbuch 6339, 1977.
Reik, T., Surprise and the psychoanalyst, New York: E. P. Dutton and Company, 1937.
Rosenthal, R., Archer, D., DiMatteo, M. R., Koivumaki, H. H., Rogers, P. L., Measuring sensitivity to nonverbal communication: The PONS test. Unpublished manuscript, Harvard University, 1976.
Sarbin, T. R., Imagining as muted role-taking: A historical-linguistic analysis, in: Sheehan, P. W. (Hrsg.), The function and nature of imagery, New York: Academic Press, 1972, 333-354.
Schafer, R., Generative empathy in the treatment situation, *Psychoanalytic Quarterly*, 1959, 28, 342-373.
Selman, R., The development of conceptions of interpersonal relations: A structural analysis and procedures for the assessment of levels of interpersonal reasoning based on levels of social perspective-taking. Unpublished manuscript, Harvard-Judge Baker Social Reasoning Project, Harvard University, 1974.
—, Toward a structural analysis of developing interpersonal relationship concepts: Research with normal and disturbed preadolescent boys, in: Pick, A. (Hrsg.), X. Annual Minnesota Symposia on Child Psychology, Minneapolis, University of Minnesota Press, 1976.
Sheehan, P. W., A functional analysis of the role of visual imagery in unexpected recall, in: Sheehan, P. W. (Hrsg.), The function and nature of imagery, New York, Academic Press, 1972, 149-174.
Shrauger, S. E., Altrocchi, J., The personality of the perceiver as a factor in person perception, *Psychological Bulletin*, 1964, 62, 289-307.
Singer, J. L., Daydreaming: An Introduction to the experimental study of inner experience, New York: Random House, 1966.
—, Imagery and daydream methods in psychotherapy and behavior modification, New York: Academic Press, 1974a.
—, Daydreaming and the stream of thought, *American Scientist*, 1974b, 2, 417-425.
Sundberg, N. D., A method for studying sensitivity to implied meanings, *Gawein (Journal of Psychology in Nijmegen University*, Netherlands) 1966, 15, 1-8.
Taft, R., The ability to judge people, *Psychological Bulletin*, 1955, 52, 1-23.
Traux, C., Carkhuff, R., Toward effective counseling and psychotherapy, Chicago, Aldine Press, 1967.
Westcott, M. R., Toward a contemporary psychology of intuition: A historical, theoretical and empirical inquiry, New York: Holt, Rinehart and Winston, 1968.
Winer, B. J., Statistical principles in experimental design, N.Y.: McGraw-Hill, 1971.

13 Imagination in der Gestalttherapie

Doris Signer-Brandau

Die Gestalttherapie wurde von *Friedrich S. Perls, Lore Perls* und *Paul Goodman* entwickelt. Perls verband seine Erfahrungen als Psychoanalytiker mit Erkenntnissen der Gestaltpsychologie sowie der Phänomenologie, der Hermeneutik und den philosophischen Grundannahmen des Existentialismus und des Zen. Gestalttherapie ist gekennzeichnet durch einen phänomenologischen, gegenwarts- und personenzentrierten Ansatz, mit dem Ziel, den Menschen in seiner Emotionalität, in seinen geistigen Strebungen und seiner Leiblichkeit zu erfassen (*Bünte-Ludwig* 1984). Die Technik der Imagination ermöglicht auf diesen Ebenen eine Gegenwärtigsetzung von Impulsen, Gefühlen, Ideen und Personen der Vergangenheit, Gegenwart und der Zukunft und ermöglicht eine erlebniszentrierte Auseinandersetzung. Die meisten Methoden der Gestalttherapie sind imaginativer Art: Der „leere Stuhl" vergegenwärtigt imaginativ Personen, Gefühle und Persönlichkeitsanteile usw. Die Arbeit im Hier und Jetzt, die Arbeit mit und am Widerstand, die Leibarbeit, die Arbeit mit kreativen Medien, sie alle verwenden die Methoden der Imagination.

1. Zur Systematik imaginativer Verfahren

In der Arbeit mit Imaginationen wurden zwei verschiedene Ansätze entwickelt:
1. Geführte Imagination
2. Freie Imagination
Die wichtigsten Vertreter dieser Ansätze, neben Gestalt, möchte ich kurz benennen.

a) Geführte Imagination

Hier wird der Klient in tief entspanntem Zustand in vorgegebene, z.T. standardisierte Bilder geführt. Die Technik des „gelenkten Tagtraumes" *(Rêve éveillé)* von *Désoille* (vgl. *Fabre* 1984) entwickelte sich aus der Hypnose. Der Klient wird suggestiv in ein vorgegebenes Bild eingeführt, in eine bildliche Bewegung (z. B. in die Vorstellung, in einen See hinabzutauchen, auf einen Berg zu steigen usw.). Spontane Bilder des Klienten werden in die gewünschte Richtung gelenkt.

Ein wichtiger Vertreter in der Arbeit mit Imaginationen ist der leider viel zu wenig bekannte Italiener *Roberto Assagioli*. In der von ihm entwickelten „*Psychosynthese*" (*Assagioli* 1978) bildet die Imagination von Idealbildern, seien es die des Klienten oder vom Therapeuten vorgegebene, einen entscheidenden Pfeiler in der schöpferischen Entwicklung des Klienten. *Assagioli* lädt die inneren Bilder ein wie gern gesehene Gäste und unterstützt den Prozeß der Integration abgespaltener Persönlichkeitsanteile (den Prozeß der Synthese) mit der Imagination von Idealbildern, z. B. dem eigenen Ideal eines Zieles, einer Eigenschaft, einer Rolle, die man erfüllen möchte. *Assagioli* kombiniert die Arbeit an von ihm vorgegebenen Bildern (immer ein Ausdruck positiver Lebenshaltung, z. B. Naturszenen, ein Leuchtturm im wogenden Meer usw.) mit der Arbeit an Bildern aus Lebensthemen des Klienten — abgespaltenen „Teilpersönlichkeiten", Lebenszielen und Idealen.

b) Freie Imagination

Hier ist vor allem die „*Aktive Imagination*" von *C. G. Jung* zu nennen. „Die aktive Imagination ist eine aktive Hervorrufung innerer Bilder. Sie ist eine eigentliche Denk- und Vorstellungsleistung, welche innere Gegebenheiten in Vorstellungen zu fassen versucht" (*Ammann* 1978, S. 1). *Jung* arbeitet vor allem mit aus Stimmungen und Gefühlen frei entstehenden Bildern. Sie tauchen gleichsam aus dem Nichts, dem Meer des Unbewußten auf. Die Aktivität des Klienten besteht darin, diesen „Bildblasen" nichts in den Weg zu legen. Der Therapeut leistet seinen Beitrag, indem er hilft, eine vertrauensvolle Atmosphäre zu schaffen, als Basis sowohl für das Aufsteigenlassen der Bilder als auch für deren Durcharbeitung.

Als weitere Vertreter sind *C. Happich* und in der Fortentwicklung das „*katathyme Bilderleben*" *H. C. Leuner*s (1970) zu nennen. Der Klient wird in diesem Verfahren vom Therapeuten mit Hilfe von vorgegebenen Vorstellungen (z. B. soll er sich ein Haus, eine Wiese, einen Hain oder einen Berg usw. vorstellen) in die Imagination geführt, die er seinem Befinden nach individuell bildet. Zum Schluß wird der Klient wieder zum Ausgangsbild zurückgeführt.

In der *Gestalttherapie* wird Imagination im Sinne beider Richtungen im therapeutischen Prozeß verwendet. Bevor ich näher auf den Einsatz von Imaginationsmethoden in der Gestalttherapie eingehe, möchte ich noch kurz auf die neueren Imaginationsforschungen in den USA hinweisen. Vor allem *Singer, Pope* und *Meichenbaum* (dieses Buch) untersuchen die nachweisbare Effektivität von Behandlungen mit Imaginationstechniken. *Schultz* (dieses Buch) berichtet von der erfolgreichen Behandlung depressiver Patienten mit Naturbildern. Und von *Simonton* (1982) sind uns gelungene Behandlungen von Krebskranken u.a. mit Imaginationsverfahren bekannt.

2. Imagination — zur Begriffsklärung

Bevor ich eine Begriffsklärung von Imagination gebe, ist es nötig, *Imagination* von *Phantasie* und dem *nächtlichen Traum* abzugrenzen. Die Übergänge zwischen diesen drei Begriffen sind fließend, dennoch ist eine Unterscheidung aus methodischen Gründen sinnvoll.

Die meisten Menschen haben *Phantasie*vorstellungen im Sinne von Ängsten oder Wunschträumen, Voreingenommenheit, d. h. „erfundenen Realitäten", die den Kontakt mit dem „realen Leben" verhindern. Phantasie (=Erfindungsgabe, Einbildungskraft) wird dann besonders nützlich, wenn man sich ihr mit bewußter Wahrnehmung hingibt und sie in die eigene Realität integriert, sie assimiliert. Ohne diese Integration lebt ein Mensch aber in verschiedenen Realitäten, in abgespaltenen Welten, z. B. in einer guten und einer bösen Welt oder in einem Luftschloß (= gute Welt). So lebte eine meiner Patientinnen 20 Jahre mit einem phantasierten Double, das immer all das lebte (in der Phantasie), was die Patientin nicht leben durfte oder sich nicht zu zeigen und zu leben traute. Erst als sie im Laufe der Therapie immer mehr lebbare Ausdrucksmöglichkeiten für ihre innere Welt fand, verschwand dieses Double allmählich. — Eine Aufspaltung von realer Welt und Phantasiewelt vermeidet die Konfrontation, Auseinandersetzung und sinnenhafte Konkretheit im täglichen Leben. Im *nächtlichen Traum* begegnet der Träumer — wie in der Imagination — Bildern, Figuren und Botschaften des Unbewußten. Der Traum unterscheidet sich aber von der Imagination dadurch, daß die Funktionen des (wachen) Ich-Bewußtseins durch den Schlaf ausgeschaltet sind.

Imagination dagegen ist eine Denk- und Vorstellungsleistung, also eine kognitive Funktion im bewußten, wachen Zustand, ein bewußtes Wahrnehmen innerer Bilder, wobei eine affektive Einfärbung charakteristisch ist. Imaginationen sind jedoch keine mit Willenskraft produzierten Bilder oder Erinnerungen. Grundlage der Imaginationsarbeit ist vielmehr eine tiefe Entspannung des gesamten Körpers, ein „Aufsteigenlassen" innerer Bilder, Stimmen, Melodien usw. Es findet eine Umschaltung vom sympathischen auf das parasympathische Nervensystem statt, was wiederum Auswirkungen auf die Gehirntätigkeit hat. In der Gehirnforschung stellte man fest, daß die rechte und die linke Gehirnhälfte unterschiedliche Funktionen haben (vgl. *Ornstein* 1976). So ist die linke Hemisphäre für das diskursive, analytische, praktische, logische Denken und für digitale Kommunikation zuständig (*Watzlawick* 1977). Die rechte Hemisphäre hingegen erfaßt komplexe Zusammenhänge, Konfigurationen, Strukturen ganzheitlich, rezeptiv, intuitiv. Dieses *ganzheitliche Erfassen* ist dem Wesen der Holographie verwandt, einem Verfahren zur Abbildung von Objekten mit Hilfe von gebündeltem (kohärentem) Licht, wodurch deren optische Rekonstruktion räumlich (dreidimensional) möglich wird (*Pribram* 1979). Das Besondere am Hologramm ist, daß sich das Gesamtbild auch aus einem beliebigen Teil der Holographie rekonstruieren läßt.

Aus *einem* wesentlichen Detail ist also das unmittelbare Erkennen einer Ganzheit möglich, d. h., ein typischer Geruch, ein Geräusch, ein Bilddetail, eine Erinnerung rufen *pars pro toto* in uns das Gesamtbild, das Gesamterleben wach. Das „Denken" in Bildern, Mythen, Landschaften, Farben, Naturerscheinungen basiert auf diesem Vorgang. In der westlichen Welt wird der linken Hemisphäre eine Dominanz zugesprochen (in Erziehung, Theologie, Wissenschaft usw.), und die Möglichkeiten des ganzheitlichen Erfassens der rechten Großhirnhälfte bleiben weitgehend unbeachtet.

Die Imaginationstechniken versuchen, diese Fähigkeit des Menschen ganzheitlich zu erfassen, für die Erforschung und Bearbeitung des Unbewußten nutzbar zu machen, bzw. sie helfen, die unbewußten Bilder dem digitalen, logischen Denken verfügbar zu machen. Imaginationen sind holographische Bilder. Ein Detail aus der erlebten Szene macht die ganze Szene sichtbar oder atmosphärisch erlebbar. Alle Erinnerungen, die zeitlich vor die Ausbildung sprachlicher Fähigkeiten fallen, sind zwar zerebral gespeichert, können aber später nicht digital abgerufen werden, sondern sie können bildlich, atmosphärisch evoziert werden. Deshalb spricht *Petzold* (1984) in bezug auf die individuelle Entwicklung bis ca. 12 Monate von einem präszenischen Gedächtnis, danach vom szenischen Gedächtnis und erst mit der Sprachentwicklung von einem Sprachgedächtnis.

Vor allem für die Arbeit mit „Frühgestörten" ist man auf innere Szenen, auf atmosphärische Anmutungen angewiesen, da im frühesten Bereich keine Außenszenen, sondern nur innere Szenen verfügbar sind.

Imagination vermag fehlende Erinnerungen und Bilder zu ersetzen, indem sie die atmosphärische Gestimmtheit in Bilder umsetzt und so dem Klienten Lücken und Brüche in seiner Lebensbiographie füllt. Die Ich-Funktionen greifen in der Imagination auf die „Archive des Leibes" zurück (*Petzold* 1982, 1984); indem sie alle Sinnenbereiche kombinieren (farblich, gedanklich, taktil, geschmacklich, motorisch), synthetisieren sie eine alte Szene zu einer neuen Szene, im Hier und Jetzt erlebbar. (Auf den Begriff der Szene möchte ich später näher eingehen.) Wir kennen dieses Synthetisieren von „Erinnerungsfetzen" zu einem Ganzen aus dem Dämmerzustand vor dem Einschlafen. Unsere *awareness*, unser Wachbewußtsein, läßt uns scharfe (innere) Bilder wahrnehmen. Je mehr wir dahindämmern, um so matter werden die Bilder, wir gleiten über das Mitbewußtsein in den Schlaf, ins Unbewußte.

3. Das Unbewußte

An dieser Stelle möchte ich in einigen Sätzen wiedergeben, was *Freud*, dessen großer Verdienst die Erforschung des Unbewußten ist, und später *Jung*, der *Freud*s Auffassung differenzierte, als das Unbewußte definieren. Das Unbewußte wird von verdrängten Inhalten gebildet, denen der Zugang zum Bewußtsein durch den Vorgang der Verdrängung verwehrt ist. Diese Inhalte (Triebrepräsentanzen) versuchen mit starker Energie, ins Bewußtsein und in Aktion zu gelangen (Wiederkehr des Verdrängten). Die unbewußten Vorstellungen sind in Phantasien, imaginären Szenarien enthalten, die echte bildhafte Darstellungen des Wunsches sind (vgl. *Laplanche, Pontalis* 1972). Diese unbewußten Kräfte gilt es durch Fokussierung ins Bewußtsein zu heben. Für *Freud* war der Traum der „Königsweg" zur Erschließung des Unbewußten.

Jung (1980) hingegen stieß bei seiner Bearbeitung von Träumen auf das Phänomen der Wachträume. Er veränderte das oft abschweifende Assoziieren um Trauminhalte in ein direktes Assoziieren, die aktive Imagination. Hieraus unterschied er zwei Stufen des Unbewußten: das persönliche Unbewußte und das kollektive Unbewußte. Das persönliche Unbewußte enthält verlorengegangene Erinnerungen, verdrängte, belastende Vorstellungen, unterschwellige Wahrnehmungen, die nicht stark genug waren, um das Bewußtsein zu erreichen, und schließlich Inhalte, die noch nicht bewußtseinsreif sind. Das persönliche Unbewußte stellt das Subjekt-Persönliche dar.

Das kollektive Unbewußte hingegen stellt das Objekt-Persönliche dar. Es ist vom Persönlichen losgelöst und allgemein menschlich; seine Inhalte können in allen Kulturen gefunden werden. Diese Inhalte nennt *Jung* „Archetypen". Er nimmt an, sie seien Niederschläge stets sich wiederholender Erfahrungen der Menschheit. Diesen Archetypen ist eine numinose, faszinierende, zum Handeln antreibende Kraft eigen. Das kollektive Unbewußte enthält die Präinfantilzeit, d.h. die Reste des Ahnenlebens.

Das Unbewußte ist demnach eine große Schatzkammer, in der gesammelt ist, was uns im Verborgenen prägt, leitet und treibt. Imaginieren ist der Vorgang des Hinabsteigens in diese Schatzkammer, begleitet von einer sichernden Instanz, dem Ich-Bewußtsein.

4. Imagination als gestalttherapeutische Methode

4.1 Vier Stufen in der Arbeit mit Imagination (Tetradisches Modell)

Frau M. (45 Jahre) leidet seit ihrem 5. Lebensjahr unter starker Migräne. Ihrer Mutter, Alkoholikerin, die sich in den Nachkriegsjahren bei amerikanischen Soldaten prostituiert, ist die Kleine nur Last. Sie wird herumgeschoben, sich selbst überlassen, in Heime gesteckt. Die Mutter sorgt sich nicht einmal um das tägliche Essen, auch das muß die 4—5jährige schon alleine besorgen, mit dem „schmutzigen" Geld der Mutter. Sie schildert sich als widerlich kratzbürstiges, unnahbares, verschlossenes Kind. Frau M. kommt in die Stunde mit einem starken Migräneanfall. Mir fällt ihr „böser" Blick auf. Ich teile ihr meine Wahrnehmung mit. Sie kann nicht nachempfinden, fühlt nur einen Druck in der Brust, „sonst nix". Ich schlage ihr vor, Form, Farbe und Konsistenz des Drucks zu erfühlen und sich dem Gebilde zu überlassen. Sie sammelt sich einen Augenblick, ihr Atem wird tiefer, Sehen und Hören gehen nach innen. „Das ist ein graues rundes Ding aus Eisen, mit Stacheln rundrum, so wie ein mittelalterliches Mordinstrument. Es liegt im Sand vor einem großen Gebäude, so was wie eine Burg."

Ich fordere sie auf, doch einmal zu lauschen, was ihr diese Kugel sagen will: Mit prahlerischer Stimme: „Wer's mit mir zu tun kriegt, dem zerschmettere ich den Kopf (!). Ich bin gefährlich. Ein Mordinstrument."

Sie stockt, die Stimme wird leiser: „Aber hier ist gar niemand. Niemand, der mich schleudert, niemand, dem ich den Kopf zerschmettern könnte. Ich liege hier rum." Sie weint. „Wie früher, als ich klein war. Da war niemand, wenn ich Angst hatte, niemand, wenn ich Ohrenschmerzen hatte. Ich hab' so oft alleine auf dem Küchenboden gelegen, auf einem Zeitungspapier." Ein kurzer Weinkrampf zieht durch ihren Körper, dann sucht sie ihre Fassung, setzt sich auf.

„Widerborstig, stachelig, gefährlich wie damals. Diese Kugel ist aus dem Mittelalter (!), die gehört ins Museum (!). Das ist keine Waffe mehr in unserer Zeit." Sie hebt die Kugel auf, hängt sie an einen Nagel. Zögernd: „Was mach' ich aber ohne dich? Mit dir fühl' ich mich stark, du beschützt mich." Dann: „Andere Menschen haben dann Angst vor uns und kommen uns nicht zu nah." Sie stockt, schaut mich an. In ihren Augen sehe ich einen inneren Krampf. Dieses Stachelding gehört der Vergangenheit an, gibt ihr aber Schutz. Sie entfernt sich langsam auf einem Weg, der gesäumt ist von Büschen. „Da kann ich mich verstecken und langsam rauskommen, wenn jemand kommt."

Sie löst sich von ihrem inneren Bild. In einer gemeinsamen Reflexion wird ihr klar, wieviel Haß sie mit sich rumträgt, wie viele Vorwürfe, die sie aber nicht rausläßt („sonst ist alles aus"). Diesen gefährlichen Haß will sie heute nicht mehr überall mit sich herumtragen, so hängt sie ihn ins „Museum", sie hebt ihn auf, denn er ist die einzige Verbindung zur Mutter. Aber sie schafft es, mir ihren Ärger über die lange Sommerpause mitzuteilen, ihre Wut und Enttäuschung, daß ich nicht für sie „total verfügbar" bin.

Die Arbeit mit Frau M. läßt sich nach dem „tetradischen Modell" (*Petzold* 1977a, 1979) in folgende vier Phasen gliedern:

Initialphase

Der erste Schritt in diese Imaginationsarbeit ist das Fokussieren, das Lenken der Awareness auf eine Körperempfindung, ein geballtes Körpergefühl. Die Außeneindrücke treten in den Hintergrund, die Körperempfindung wird eingebettet in Leere.

Aktionsphase

Im zweiten Schritt hört und sieht die Klientin nach innen und wartet auf das, was auf der inneren Bühne auftaucht und sich zu bewegen beginnt. Sie nimmt zuerst nur beschreibend wahr. Auch das Aufsteigen der Bilder und Gefühle ihrer Kindereinsamkeit ist ein passives (erleidendes) Wiedererleben.

Integrationsphase

Erst in einem dritten Schritt greift Frau M. aktiv verändernd in das Bild ein, indem sie die Kugel an den Nagel hängt, einen Weg mit Büschen einführt, der ihrem Bedürfnis nach Veränderung (sich auf den Weg machen) und Schutz zugleich auf symbolischer Ebene Ausdruck verleiht. „Die Ebene des Symbolischen beinhaltet Wirklichkeit in einer anderen Sprache" (*Petzold* 1977, S. 155). Der erlebniszentrierte Umgang mit Imagination ermöglicht eine Korrespondenz, ein wechselseitiges Durchdringen der Symbolsprache und der Sprache des Realen, Rationalen, — ein Durchdringen von Rationalität und Intuition, Analyse und Kreativität, Denken und Erleben (vgl. *Lückel* 1981, S. 50).

Neuorientierungsphase

In der vierten Phase verbindet sie reflektorisch die Bilder mit ihrer Realität. Die Imagination ist aus ihrem Hintergrund, ihrer Geschichte und ihrer Jetzt-Situation (auch der therapeutischen Beziehung zu mir) erwachsen „und kann deshalb auch nur in Bezogenheit auf diesen Hintergrund sich entschlüsseln und zu ihr sprechen. Dies bedeutet aber auch, daß die Imago, indem sie zu sprechen beginnt, ihr ihre existentielle Situation in ihrem gegenwärtigen und biographischen Lebenszusammenhang erhellt" (*Lückel* 1981). Sie durchbricht ihre Lebenseinstellung: „Wenn ich Wut zeige, ist alles aus." Mit mir riskierte sie, auszusprechen, was sie ärgert, und sie erkennt, daß es trotzdem weitergeht.

4.2 Andere Formen des Einstiegs und der Arbeit mit Imagination

Um mit dem imaginierten Material zu arbeiten, gibt es mehrere Möglichkeiten (vgl. *Petzold* 1977).

In diesem Fall ging die Imagination von einem Körpergefühl aus. Ausgangspunkt kann aber jede vorherrschende Wahrnehmung des Patienten sein, so etwa eine momentane Grundstimmung, eine innere Leere u. a. m.

Will ich die *Primärqualität* der Imaginationen erfahren, ihre Gesamtheit, ihre existentielle Botschaft als Ganzes, geschieht dies durch die Inszenierung der Imagination als Ganzes, als Psycho- oder Gestaltdrama (*Petzold* 1982). Identifikation mit Einzelteilen (z. B. im Hot Seat) ermöglicht ein Verständnis der einzelnen Teile, der *Sekundärqualität* der Imagination. Die Atmosphäre (*Tertiärqualität*), die über der Imagination liegt, ist gut mit kreativen Medien bearbeitbar, z. B. mit Farben, Ton, Tanz oder Musik. Hier werden „schöpferische Keime angerührt" (*Leupold* 1983), das Unbewußte findet hier eine Sprache, sich auszudrücken.

Die Arbeit mit kreativen Medien fördert die Integration des symbolhaften, unbewußten Materials in die wache Realität des Ich-Bewußtseins. Ziel der gestalttherapeutischen Arbeit mit den imaginierten Bildern ist nicht das Deuten und intellektuelle Zergliedern der Inhalte, sondern ein ganzheitliches und kontextuelles Erfassen und Erleben.

4.3. Das Hier-und-Jetzt-Prinzip

Ein Grundprinzip der Gestalttherapie ist, daß Konflikte im Hier und Jetzt erlebbar gemacht werden und auch im Hier und Jetzt bearbeitet und gelöst werden. Selbst Erinnerungen aus der Vergangenheit werden im Hier und Jetzt aktiv in Körperhaltung, Stimmveränderung, Gefühlen, Bildern, Tönen. Ausgehend z. B. von einem Impuls des Körpers, sich zusammenzurollen, steigt im Patienten ein Gefühl der Geborgenheit auf, und vor dem inneren Auge sieht und erlebt er, wie er auf dem Sofa zusammengerollt liegt, vom Vater liebevoll am Rücken gestreichelt wird, während draußen ein Gewitter tobt. Oder er erlebt die Bedrohung und die Schmerzen durch den Vater, der ihn mit einem Riemen züchtigt.

„In jedem Moment unserer Gegenwart tragen wir die Ereignisse unserer Vergangenheit und die Möglichkeit unserer Zukunft in uns" (*Continuum of awareness*). Ebenso hat die „aktuale, allgemeine Lebenssituation (Beruf, Familie, Freunde etc.) Geschichte und Zukunftsperspektive" (*Petzold* 1977a); d. h., das Hier und Jetzt darf nicht als ahistorisch verstanden werden, sondern ist ein Moment aus dem Kontinuum. Das ganze Leben bildet den Hintergrund für die gegenwärtige Erfahrung (*Petzold* 1981). Umgekehrt können gegenwärtige Erfahrungen Vergangenes hervorrufen. Manchmal verhindert eben dieses Vergangene die freie Fühlung des Gegenwärtigen.

Fallbeispiel

J., ein zwanghafter, ängstlich beflissener junger Mann möchte an einer Gruppe teilnehmen, weil er Schwierigkeiten im Kontakt und mit Beziehungen hat und völlig vereinsamt ist.

Im ersten halben Jahr bemüht er sich nachhaltig um die Zuneigung der einzelnen Gruppenmitglieder. Dabei werden seine Ansprüche immer größer und seine Forderungen immer starrer. Plötzlich will er mit einem Donnerwetter und großer Enttäuschung die Gruppe verlassen, weil alle rauchen und niemand auf ihn als einzigen Nichtraucher Rücksicht nimmt. J. reagiert verstockt und starr auf alle Einwände und Annäherungen der Teilnehmer und leidet zugleich unter dieser Situation. Ich schlage ihm vor, das Wort Zigarette zu hören, sich eine Zigarette oder ein Päckchen vorzustellen und den typischen Zigarettengeruch zu riechen und sich diesen Wahrnehmungen zu überlassen und zu warten, was geschieht. Schon bald krampft sich seine Muskulatur zusammen, Szenen mit seinen rauchenden Vätern (Vater und Stiefvater) tauchen auf. Beide waren ihm gegenüber gewalttätig, haben ihm „keine Luft zum Atmen" gelassen. Brutale Machtkämpfe und Prügelszenen spielen sich nochmals in J. ab, der Kampf um Leben oder Tod. „Der oder ich geht drauf." J. löste diesen Konflikt, indem er die Familie des Stiefvaters und der Mutter verließ. Er ging in die Familie des Vaters, um „sich zu retten". Beim rauchenden Vater wiederholte sich die Brutalität. Er verließ auch diese Familie.

Das Gruppenthema „Eigene Position in der Gruppe" als Hintergrund ließ die Figur Zigarette hervortreten. Mit Hilfe der Imagination konnte J. Szenen aus der Vergangenheit gegenwärtig setzen. „Die Ebene der Gegenwärtigsetzung oder Repräsentation stellt eine Erlebnisform von solcher Intensität dar, daß das erlebte Geschehen, auch wenn es bloße Vorstellung ist, Realitätscharakter annimmt" (*Petzold* 1982).

4.4 Das Experiment

Wir bezeichnen eine systematische Verhaltensveränderung, wenn sie aus dem Erleben des Klienten erwächst, als Experiment (vgl. *Schneider* 1979). Statt ein Erleben nur innerlich zu erkennen, fordern wir den Klienten auf, es verhaltensmäßig auszudrücken. Innere Bilder werden personifiziert, sprechen, bewegen sich, werden behandelt wie ein reales Du.

Das bekannteste Experiment in der Gestalttherapie ist die Arbeit mit dem „leeren Stuhl". „Das Experiment mit dem leeren Stuhl stellt eine Gelegenheit dar, die Verantwortung, z. B. für opponierende Kräfte in sich, zu übernehmen und sie kreativ zu integrieren. Der leere Stuhl soll es einem ermöglichen, mit einer Polarität in sich (schwach — stark, weich — hart usw.) in einen Dialog zu treten" (*Zinker* 1982, S. 150). D. h. mit all unseren Sinnen, dem ganzen Körper (Mimik und Gestik), der Sprache und Stimme versuchen wir, den Sinn von abgelehnten Persönlichkeitsanteilen oder inneren Bildern zu ergründen und zu verstehen.

Ebenso kann der leere Stuhl zu einem Menschen aus unserer Vergangenheit werden. Wir lassen innerlich ein Bild, z. B. von Vater oder Mutter, aufsteigen. Wir sehen die Person vor unserem inneren Auge wirklich in der Mimik und Gestik, die zu der gegenwärtigen Stimmung des Konflikts mit ihr gehört. Mit einem Menschen direkt zu sprechen macht die eigenen Gefühle intensiver erlebbar, als in seiner Abwesenheit über ihn zu reden. Jeder von uns kennt dieses Phänomen.

Wir können auch einen Gegenstand, eine Figur oder ein Abstraktum aus der Imagination oder einem Traum auf dem leeren Stuhl Gestalt annehmen lassen. Wir projizieren auf diesen leeren Stuhl eine Kraft, die wir (wieder) in uns integrieren, indem wir uns mit der Person, dem verleugneten, unliebsamen Anteil von uns, der Figur, dem Abstraktum identifizieren und es sinnenhaft in uns erfahren. Wir gewinnen zurück, was wir verleugnet und ausgegrenzt haben, und bereichern uns um etwas, das ursprünglich als unvereinbar und schwierig erschien.

Jede Inszenierung ist ein Experiment, das den Klienten fordert, selbst aktiv zu werden und der eigene Regisseur seiner Lernerfahrung zu sein. „Das kreative Experiment hilft der Person, zu neuen Ausdrucksformen vorzustoßen, oder zumindest stößt es sie auf ihre Grenzen, auf die Ecken, wo ihr Wachsen stattfinden muß (*Zinker* 1982, S. 129). Das Gestaltexperiment ist eine Art, laut zu denken, eine Konkretisierung unserer Imaginationen. Es kommt dabei nicht darauf an, etwas richtig oder falsch zu machen; sondern die Erfahrung des Klienten steht im Mittelpunkt, die Steigerung seiner Awareness.

4.5 Die Panoramatechnik

Eine besondere Form der geführten Imagination stellt die Gesamtschau auf das Leben oder ein sich durch das ganze Leben ziehendes Thema dar (Körperempfinden, Krankheit, Arbeit, Beziehungen, Sexualität usw.). Die Panoramatechnik, entwickelt von *Hilarion Petzold* (vgl. *Heinl, Petzold, Fallenstein* 1983), ist darauf gerichtet, Patienten mit bildnerischen Mitteln eine Überschau über ihr Leben, ihre Skripte zu ermöglichen.

In einer Einstimmungsphase wird der Klient (einzeln oder in der Gruppe) in körperlich entspanntem Zustand Jahr um Jahr innerlich zurückgeführt bis zum Tage seiner Geburt, bis zu seiner Zeugung. Er soll die Bilder seines Lebens vor seinem inneren Auge nochmals erleben, vom Anfang bis in die Gegenwart, ja er läßt auch Bilder von seiner Zukunft auftauchen, so wie er sie sich vorstellt. Erinnerungsspuren alter Szenen werden in dieser Besinnung aktiviert.

In der Aktions- bzw. Produktionsphase des „tetradischen Prozesses" gestaltet der Klient sein Lebenspanorama individuell mit Farben oder als Collage. In der dritten und vierten Phase wird das Erlebte bearbeitet und integriert und ein Transfer in die jetzige Lebensführung vorgenommen.

Die Panoramatechnik dient dem Therapeuten als diagnostisch-therapeutisches Instrument und dem Klienten, sich selbst im Lebensganzen zu erfahren und zu verstehen.

Eine analoge imaginative Technik ist die *Zukunftsprojektion* (vgl. *Petzold* 1979). Hier geht der Klient Schritt für Schritt in die Zukunft. Aus dem Unbewußten läßt er die Bilder seiner antizipierten Zukunft aufsteigen. Hoffnungen und geheime Wünsche, unklare Vorstellungen und nebelhafte Ahnungen werden konkretisiert und präzisiert und somit besser verfügbar. In diese Zukunftsprojektion fließen natürlich immer wieder Vergangenheitsdeterminanten mit ein, die in der folgenden Bearbeitung der Zukunftsprojektion berücksichtigt werden müssen.

Die Zukunftsprojektion dient der Erarbeitung von Zukunftsperspektiven, als Hilfe bei Entscheidungsfindung, als Auseinandersetzung mit dem Tod (vgl. *Lückel* 1981), als projektive Technik, als Methode der Krisenintervention (Existenzbedrohung, Katastrophenerwartung). Sie sollte bei infauster Prognose oder fataler Lebensperspektive (z. B. MS-Kranken, unheilbaren Krebspatienten, Siechtum usw.) nicht zur Anwendung kommen, es sei denn als Auseinandersetzung mit dem Tod. In diesem Falle gehört sie aber in die Hand eines speziell dafür ausgebildeten, mit Krisen erfahrenen Therapeuten. Kontraindiziert ist die Zukunftsprojektion bei psychotischen Patienten (vgl. *Petzold* 1979).

4.6 Arbeit mit dem Widerstand

Imaginationsverfahren wirken lösend, wenn der Klient im Zugang zu seinen Tiefenschichten vom Bewußtsein her blockiert ist, was in der

Psychotherapie Widerstand genannt wird. „Widerstand wird von uns definiert als ein Sich-Wehren gegen Veränderung der Identität" (*Petzold* 1980, S. 267; 1983). Was wir an Menschen wahrnehmen und Abwehrmechanismen oder Widerstand nennen, hat ihnen jedoch einmal als Überlebensstrategie gedient. Wenn wir also auf plötzliche Einfallslosigkeit stoßen, wenn jemand dumm spielt oder bockig wird, sich in seinem Tun als wertlos erlebt, Hilflosigkeit zur Schau stellt usw., so können wir dies als Rettungsmaßnahmen ansehen. Wahrscheinlich sind derartige Reaktionen inzwischen nicht mehr geeignet, mit einer Situation angemessen umzugehen, aber jeder Widerstand hat seine Geschichte, er war einmal sinnvoll.

Durch Widerstand gestaute Energie versuchen wir wieder verfügbar zu machen, indem wir geduldig verharren und den Klienten motivieren, selbst diese Blockierung ernst zu nehmen. Die eigene Form der Vermeidung kennenzulernen ermöglicht dem Klienten zu erkennen, wie und wann er sich in eine solche Situation bringt und welchen Nutzen er daraus zieht. Nur so kann er frei wählen, wie er mit schwierigen Situationen umgehen will. Anders als in der Psychoanalyse geht es also in der Gestalttherapie nicht in erster Linie darum, Widerstand zu überwinden, sondern ihn erlebbar zu machen und damit „re-sistance" in „as-sistance" umzuwandeln, wie *Perls* sagt (1980).

Mit der bildhaften Erfahrung des Widerstandes (z. B. als Grenze, Mauer, Graben, Zaun, Leere, Nebel usw.) ermöglichen wir dem Klienten eine leibhaftige Erfahrung der Blockierung.

Beispiel
Frau B., 42 Jahre alt, leidet seit 10 Jahren an MS. Sie ist psychisch in schlechtem Zustand, fühlt sich innerlich gehetzt und rasend, leidet unter permanentem Zeitdruck und der gleichzeitigen Angst, zu zerfließen und sich in Nichts aufzulösen, wenn sie stehenbleibt. Sie kommt in die Stunde mit Arbeitsstörungen, Hetze und Zeitdruck. Sie spürt eine Barriere, Stillstand. Irgend etwas drückt und schmettert sie an die Barriere. Ihr ganzer Körper fühlt sich zerschlagen und voll blauer Flecken an. Sie fühlt sich ausgeliefert, sieht keine Möglichkeit, dem Geschehen Einhalt zu gebieten.

Ich schlage ihr vor, sich doch mal die Barriere genau anzusehen. „Eine dicke Steinmauer, harte große Steine." Sie ist diesem Druck gegen die Mauer weiter ausgeliefert. Um die Matrix dieses panischen Grundgefühls des Ausgeliefertseins (es begleitet sie seit ihrer Kindheit und wird durch die MS verstärkt) zu durchkreuzen, frage ich sie, ob sie denn in der Imagination auf diese Mauer klettern könne. Sie greift den Vorschlag auf, klettert hinauf und setzt sich oben drauf. Sie wird langsam ruhiger, links von sich sieht sie ein graues Meer liegen, „wo viel unter der Oberfläche liegt", rechts sieht sie im Nebel ein schwaches Licht, das sie reizt, dessen Ungewißheit ihr aber Angst macht. Sie will da oben sitzenbleiben, ist seit Wochen und Monaten zum ersten Mal aus diesem inneren Druck „ausgestiegen".

Sie erkennt, daß ihr rasender Zeitdruck (voller Terminkalender) ihr Schutz ist, sich nicht mit der Krankheit und den inneren Verletzungen der Vergangenheit auseinanderzusetzen. „Das graue Meer, wo so viel unter der Oberfläche liegt, ist mein Leben." Sie weint. „Ich habe Angst vor allem. Vor dem, was war, und noch mehr vor dem, was jetzt kommt." Die feste Mauer, auf der sie sitzt, gibt ihr eine gewisse Sicherheit, mal von oben in die Vergangenheit, die Gegenwart und in die Zukunft zu schauen. Und sie weist mir den Weg, mit dieser Klientin vorrangig einen Boden zu schaffen, von dem aus sie sicher genug auf das zugehen kann, was sie so ängstigt.

In weiteren Schritten kann der angstbesetzte „Raum" hinter dem Widerstand imaginiert werden und so Stück für Stück in die Persönlichkeit integriert werden. Die Klientin schafft sich so einen Boden unter den Füßen.

4.7 Gruppenzentriertes Vorgehen

Das folgende Beispiel zeigt, wie eine Gruppe in aufsteigender Abschiedsstimmung ihr Thema klarmacht und zugleich durch gemeinsame Imagination eine Brücke baut zur lösenden Bearbeitung.

Ein 4wöchiges Intensivseminar im Rahmen der Ausbildung von Gestaltpsychotherapeuten: Es ist der vorletzte Tag mit dem Therapeutenpaar, mit dem die Gruppe zwei Wochen gearbeitet hat. Sie wird dann von einer neuen Therapeutin weitergeführt.

Die Gruppe ist gedämpft und zerfahren. Ein Mann, H., erzählt seinen Traum: Ein Kind, nackt und in einen unbequemen Käfig gesperrt, wird in der hintersten Ecke einer Straßenbahn abgestellt. Die Tram fährt in die falsche Richtung. H. bearbeitet einige Aspekte des Traumes. Statt eines Feedbacks fordern wir die Gruppe auf, den Traum weiterzuträumen, jeder für sich. Überall wird das Kind sterbenskrank oder stirbt. Die Gruppe zeigt bis in Körperhaltungen bedrohliche Verlassenheitsängste — bis B. als letzter erzählt: Eine Frau steigt ein, sieht den Käfig mit dem Kind, nimmt das Kind, wärmt und versorgt es. Leben kehrt ein in die Körper der Gruppenmitglieder. Eine neue Perspektive taucht auf. Die neue Therapeutin ist (erst einmal symbolisch) eingeführt. Es geht weiter. Auf diesem tragenden Hintergrund sind reinigende Abschieds- und Trauerarbeiten möglich, die den Blick freimachen für das Neue, das die Gruppe erwartet.

Das Arbeiten mit „Bildern" in der Gruppe bietet sowohl ein gutes Diagnosemittel als auch Möglichkeiten der kreativen Weiterentwicklung des Gruppenprozesses. Die Bilder der einzelnen Teilnehmer können als Ganzes oder als Details miteinander korrespondieren. Die Imaginationen der einzelnen können sich in Bewegung, Tanz, Malen oder Musik zu einem gemeinsamen Gesamtbild formen oder sich in einem Spiel dramatisch ausdrücken. Was wir von dem reichen Bildmaterial fokussieren wollen, ist (wie in der Einzelarbeit) abhängig davon, ob wir dem Ganzen, dem Detail oder mehr dem Atmosphärischen in der jeweiligen Situation den Vorzug geben wollen.

5. Integrierende Funktionen von Imaginationen

In der Gestalttherapie behandeln wir imaginierte Bilder, Töne und Atmosphären als existentielle Botschaften und gehen davon aus, daß sie Realitätscharakter haben, ähnlich wie nächtliche Träume. „Ich glaube, daß wir im Traum eine klare existentielle Botschaft von dem erhalten, was in unserem Leben fehlt, was wir zu tun und zu leben vermeiden. Wir müssen eine Menge Stoff wieder assimilieren und uns unsere entfremdeten Teile wieder zu eigen machen", wie *Perls* (1980) es formuliert.

In der Imagination werden diese entfremdeten Teile fühlbar, erlebbar, greifbar. Der Patient erlebt sich als Schöpfer seiner eigenen Bilder und als von den Bildern Geführter zugleich. „Er wird in die Bildwelt der Imagination von der Rationalität des Tagesbewußtseins begleitet, ohne daß dieses zensierend den Prozeß unterbricht, sondern sich vielmehr an ihn anlegt, ihn berührt, in ihn einfließt und ihn durchdringt" (*Petzold* 1977, S. 149). Die Arbeit mit Imaginationen hat deshalb eine integrierende Funktion.

5.1 Die Verarbeitung von Konflikten

Konflikt wird hier verstanden als das Aufeinandertreffen widerstreitender Impulse bzw. als der Widerstreit von Impuls und Hemmung (vgl. *Petzold* 1984).

Selten handelt ein Mensch von einem unerschütterlichen Standpunkt aus. Wir suchen vielmehr das erträgliche Gleichgewicht zwischen der Vielzahl von Ambivalenzen, Polaritäten und Widersprüchen. Die polare Spannung ist der menschlichen Natur inhärent; wir müssen lernen, nicht nur mit ihr zu leben, sondern sie als Bereicherung zu nützen. Diese widerstreitenden Impulse zu personifizieren, sich jeweils mit dem einen oder dem anderen zu identifizieren und ihnen imaginativ Ausdruck zu verschaffen, bietet die Möglichkeit, das Kräftepotential beider Impulse zu finden und beide sich dienstbar zu machen.

Beispiel
Eva fühlt sich innerlich zerrissen, zwischen ihrer Weichheit, Zartheit, ihrer Sehnsucht nach Hingabe und ihrer Stärke, Härte, dem Gefühl, alles aufrecht schaffen zu müssen. Ihr Zwiespalt ist körperlich wahrnehmbar, sie hat zwei unterschiedliche Gesichtshälften (vor allem in Mund und Augen), die rechte Körperseite ist spürbar verspannter, die Muskulatur härter. Auf zwei leeren Stühlen identifiziert sich Eva abwechselnd mit den beiden Seiten. Auf dem Stuhl der Weichheit erkennt sie ihren kindlichen Wunsch, sich verantwortungslos total fallenzulassen, sich gehenzulassen ohne Kontrolle. Und ihr wird zugleich angst und bange bei dieser Vorstellung. Auf dem Stuhl der Härte erlebt sie ihre ehrgeizige, verbitterte, hart gewordene Mutter, bzw. sie erlebt ihren eigenen Persönlichkeitsanteil, der der Mutter so ähnlich ist. In einem Dialog zwischen beiden Polaritäten erkennt Eva, wie notwendig sie zur Hingabe ihre Stärke braucht, um nicht hilflos und voll Angst zu sein. Und sie erkennt, wie sehr ihre Stärke die Weichheit braucht, um nicht verhärmt, bitter und hart zu enden wie die Mutter.

5.2 Assimilation von abgespaltenen Elementen

Abgespaltene, verdrängte, negierte Gefühle, Werte und Normen finden eine Möglichkeit der Artikulation in der Imagination. Nehmen wir ein von uns abgespaltenes negiertes Gefühl oder eine Eigenschaft, konzentrieren wir uns ganz darauf und lassen in unserem Inneren ein Bild entstehen, das dieses Gefühl, diese Eigenschaft darstellt: eine Person, ein Tier, eine Maske, eine Fratze, ein Fabelwesen, ein Gegenstand. Wir lassen diesem Wesen viel Zeit, sich in unserem Innern zu formen und aufzusteigen. Nun geben wir ihm Raum, sich zu offenbaren, sich zu bewegen, zu sprechen, sich zu verändern, und nehmen die Atmosphäre um das Wesen wahr. Wir können mit dem Wesen einen Dialog führen, ihm Fragen stellen, ihm einen Namen geben usw. Indem das Gefühl, die Eigenschaft Gestalt annimmt und für uns sinnenhaft erfahrbar wird, verliert es einen Großteil der ihr anhaftenden Ablehnung. Indem wir die Gestalt visualisieren, sie studieren, malen oder über sie schreiben, gewinnen wir die nötige Distanz, um sie als zu uns gehörig anzuerkennen. Statt die abgespaltenen Elemente zu entwerten, geben wir ihnen den Wert und den Platz, der ihnen gebührt. Oft entsteht daraus eine Aufwärtsentwicklung: ehemals von uns abgelehnte Anteile verwandeln sich zu einer Kraftquelle für uns, sie stehen uns zu Diensten.

In diesen Imaginationen werden häufig Notsignale gegeben, dort, wo eine Integration für den Klienten unmöglich ist und ein Krankheitsverlauf begonnen hat. Bei schwer Kranken zeigen Imaginationen oder Träume häufig den nahenden Tod, noch bevor der Kranke sein baldiges Sterben wahrhaben will. Die inneren Bilder geben ihm die Botschaft und die Chance, sich rechtzeitig mit dem Unvermeidlichen auseinanderzusetzen, sofern er es will! Es ist nicht die Aufgabe eines Therapeuten, die Botschaft zu deuten. Der Klient muß selbst innerlich bereit sein, zu hören und zu sehen, was ihm sein Unbewußtes zeigt. Er hat auch das Recht, es nicht sehen zu wollen.

5.3 Klärung von Konfluenz

Reizüberflutung des Organismus kann sowohl von außen wie auch von innen in belastenden Lebenssituationen auftreten. Häufig erlebt der Klient diese Überflutung als stark beängstigendes Chaos. „Hier besteht die therapeutische Intervention darin, die klärenden Funktionen der Bilder aufzugreifen und damit den Integrationsprozeß des Individuums zu stützen" (*Lückel* 1981). In diesen Situationen mit (wohl meist gelenkter) Imagination zu arbeiten setzt einen hohen Grad an Erfahrung beim Therapeuten voraus, um nicht die chaotische Bilderflut noch zu verstärken, sondern die Bilder für eine Stabilisierung des Klienten fruchtbar zu machen. Stabilisierende Pfähle in die Flut zu rammen, an denen der Klient sich festhalten kann, Boden finden kann, von denen aus er relativ sicher sich den bedrohlichen Gefühlen und Bildern nähern kann (vgl. das Beispiel mit Frau B.), ist hier Aufgabe des Therapeuten. Die Alltagssprache deutet in ihrer Bildhaftigkeit an, welche Bilder in diesem Prozeß heilsam sein können: wieder Boden unter den Füßen haben, wieder Licht sehen, Luft kriegen, eine Insel zum Ausruhen in der Stille haben, eine Oase im Sturm (in der Dürre), den Film anhalten, ein Baum des Lebens und vieles mehr.

5.4 Artikulation unerledigter Situationen

Perls (1980) setzte das *unfinished business* mit Neurose gleich. Verschleppte, unerledigte Situationen binden die Energie des Individuums und lassen es immer wieder in die „offene Situation" zurückkehren (*Freud* nannte dieses Phänomen Wiederholungszwang). Bei entsprechendem Hintergrund aktualisieren sich Defizite, Wünsche, Bedürfnisse, Konflikte in der Imagination. Sie artikulieren sich symbolisch oder offen und fordern so eine Änderung des Lebenszusammenhanges.

Beispiel:
Frau H. imaginierte aus ihrer zufriedenen Grundstimmung eine Höhle, in der ein Quell entspringt, der unterirdisch zum Rinnsal wird, als Bächlein aus der Erde austritt, weiter zum Fluß wird. Sie beschreibt diesen Werdegang lebendig und plastisch. Plötzlich stockt ihr Erzählfluß: Der Fluß teilt sich in einen stinkenden, toten Arm und einen Teil, der durch Gestrüpp und Abfall gestaut ist und nur langsam durch dieses Angestaute fließen kann. Das Bild erschüttert sie sehr. Ganz spontan fällt ihr ein: der stinkende tote Arm ist ihre Sexualität, der Engpaß mit all dem Angestauten ihre Beziehung zu ihrem Mann. Der (Lebens-)Fluß kann unter diesen Bedingungen nicht in alter Kraft fließen.

5.5 Die schöpferische Kraft

In der Imagination erlebt sich der Klient als Schöpfer innerer Prozesse, zwar beeinflußt von der Matrix seines Kontextes, aber dennoch aktiv. Aktiv auf der Seins-Ebene, aktiv im Zulassen. Er ist nicht mehr ausgeliefert, sondern lernt, verantwortlicher Schöpfer seines Lebens zu sein. Er lernt, Vertrauen zu haben in innere Impulse, lernt, sie anzuhören oder anzusehen, nimmt diese und damit sich selbst ernst. Je erfahrener ein Klient mit der Technik der Imagination wird, um so existentiell tiefer wird sein Erleben. Er lernt die Sprache der Imagination als die Sprache seiner Tiefe kennen, die sich mehr und mehr von der Biographie löst, um gleichsam seinen Urgrund zu erschließen (vgl. *Petzold* 1977). Diesen Weg nennt *Karlfried Graf Dürckheim* (1972) den „Ruf nach dem inneren Meister", nach der inneren Stimme, die uns durch die Anforderungen der Welt geleitet und uns bei der Beantwortung der Frage nach dem Sinn unserer menschlichen Existenz hilfreich zur Seite steht. Hier eröffnen sich uns die meditativen Dimensionen der Arbeit mit Imagination. Die Möglichkeit der Entwicklung bzw. des Freilegens dieser schöpferischen Kraft bei jedem Menschen (in welch individuell verschiedener Gestaltung auch immer) ist Grundannahme und Ziel der gestalttherapeutischen Arbeit mit Imagination.

6. Anwendungsbereiche

Abschließend möchte ich zusammenfassen, wann Imaginationstechniken in der Gestalttherapie vorteilhaft zur Anwendung kommen.

6.1 Imagination als lösender Impuls

Gestalttherapeutische Imaginationsverfahren verhelfen vor allem Patienten, die keinen Zugang zu ihren unbewußten Tiefenschichten und wenig Bewußtheit über sich zeigen, zu einem Einstieg in die Therapie. Ich denke hier an schwer Depressive, an Psychosomatiker, an Neurotiker mit starker Verleugnungstendenz.

6.2 Imagination als strukturierender Impuls

Gelenkte Imagination wirkt strukturierend im Umgang mit Bilderflucht und Schreckensbildern; wenn z. B. das Bewußtsein unaufhörlich von Bildern, Einfällen, Emotionen überschwemmt wird, dann kanalisiert die gelenkte Imagination psychische Energien, indem sie durch Fokussierung oder Konzentration nur eine einzige Bildfolge zuläßt.

6.3 Autonomieförderung

Imagination fördert in besonderem Maße die eigene Autonomie und innere Reife, da der Klient häufig überraschende Erkenntnisse und Lösungen aus sich wachsen sieht. Bei fortgeschrittener Therapie und einer gewissen Stabilität des Klienten wird er auch zeitweise alleine weiterarbeiten können mit dem Ziel, sein eigener Therapeut zu sein. Manchmal führt dieser Weg dazu, dem „inneren Meister" zu begegnen.

6.4 Bewußtheit (awareness)

Mit Hilfe von Imaginationen werden präverbale Erinnerungen, ungelöste, traumatische Situationen, abgespaltene Persönlichkeitsanteile,

Werte oder Normen, Defizite oder Wünsche bewußt und somit integrierbar. Die Bewußtheit des Klienten wird somit erweitert. Neu Entstehendes, oft Unfaßbares, Abstraktes wird mit Hilfe der Imagination ins Bewußtsein gehoben und dadurch „greifbar" und integrierbar.

6.5 Verantwortlichkeit

Der Klient lernt, „denselben Phantasiestoff zu integrieren, dem der Geisteskranke zum Opfer fällt, weil er ihn nicht integrieren kann, sondern von ihm verschluckt wird" (*Jung*, GW 16, 2, S. 306). Er führt aktiv Regie über sein inneres Leben. Mit der Zeit erfolgt eine verantwortliche Übernahme der Regie des äußeren Lebens, der zwischenmenschlichen Beziehungen. Die Verantwortung wird dialogisch. Die Arbeit an den inneren Bildern zieht Kreise in äußere Lebensbereiche, wie ein Stein, in den See geworfen, Kreise ziehend das gegenüberliegende Ufer bewegt.

6.6 Projektive Diagnostik

Gestalttherapeutische Imaginationsmethodik ist sowohl bei Einzelklienten als auch in der Gruppenarbeit als Mittel projektiver Diagnostik einsetzbar. In den Bildern wird der augenblickliche Stand der Person(en) deutlich. Geführte Imagination kann also als eine projektive Technik eingesetzt werden. Der von *Petzold* (1977a, 1985) geprägte Begriff „Theragnose" scheint hier geeigneter als „Diagnose", da der Prozeß des Imaginierens in sich schon rundend und heilsam für den Klienten ist. Im Diagnoseprozeß ist also schon ein Therapieprozeß enthalten.

6.7 Kontraindikation

Gestalttherapeutische Imaginationsverfahren sind bei den meisten psychischen und psychosomatischen Krankheitsbildern anwendbar. Eine Kontraindikation sind akute und latente Psychosen. In diesem Zustand sind die Ich-Funktionen (ein notwendiger Grund für Imaginationsarbeit) sehr brüchig, zerlaufen oder sind gar nicht vorhanden. Auch bei Borderline-, Asthma- und Colitispatienten besteht eingeschränkte Indikation.

6.8 Imagination als Realitätsflucht

Imaginieren kann auch Vermeidung und Rückzug vor direktem Kontakt und Auseinandersetzung mit der Realität sein. Vor allem bei

Menschen, die dazu neigen, vor der Realität in Tagträume und Phantasien zu flüchten, ist Wachsamkeit bei der Arbeit mit imaginativen Verfahren geboten. Die Arbeit an den inneren Bildern kann jedoch auch diesen Menschen helfen, ihre Traumwelten, in denen sie sich so zu Hause fühlen, zu erden und mit der Realität zu verbinden. Sie lernen, ein Stück „Heimat von oben" hier in der Realität zu verankern.

6.9 Innere Bilder des Therapeuten

Schließlich sind die persönlichen inneren Bilder, Ahnungen, Vorstellungen, Melodien und Impulse des Therapeuten während oder nach einer Sitzung ein sehr wichtiges Instrument. Die inneren Bilder können mitschwingende unausgesprochene Mitteilungen in der Arbeit des Klienten zum Nährboden haben und wichtige atmosphärische Details verbildlichen. Sie können helfen, Schwierigkeiten in der Beziehung zwischen Klient und Therapeut zu erkennen. Außerdem sind sie hilfreich im Umgang mit Gegenübertragung und bei der Klärung von Strukturen und Abläufen zwischen Klient und Therapeut.

Häufig schon haben mir meine inneren Bilder geholfen, die Implikate des explizit Geäußerten wahr- und ernst zu nehmen, — wie z. B. in einer Stunde mit Antje, als sie lang und breit klagte, ihr Freund zeige so wenig Selbstbewußtsein in der Beziehung, vor allem mit ihren Bekannten. Sie erzählte und klagte, ich fand keinen rechten Zugang zu ihr. Während ich sie beobachtete und ihr zuhörte, schob sich mir ein Bild (aus einer Sage meiner Heimat) dazwischen: Eine Frau versteckt ihren Mann in einer Truhe, in der sie ihn dann wegträgt. Ich verstehe das Bild selbst noch nicht, spüre aber, wie es in mir immer stärker wird. Ich entschließe mich, ihr dieses Bild mitzuteilen. Sie stockt, erstarrt betroffen. Unter Weinen erzählt sie, daß sie (eine Behinderte) zu Hause immer eindringlich vermittelt bekam, „so eine wie sie" kriegt nie einen Freund, darf sogar keinen haben. Antje erkennt sehr betroffen, daß ein Teil in ihr den Freund versteckt, verheimlicht, nicht zu ihm steht.

Wir sind als Therapeuten für unsere Arbeit selbst unser wichtigstes Instrument. Wir sind Resonanzkörper für die Töne des Klienten, und unsere Resonanz erzeugt bei ihm neue Töne. Wir sind ihm Spiegel, Projektionsfläche, aber auch Anregung, Bereicherung — nicht zuletzt durch den Reichtum an eigenen inneren Bildern, die wir ihm anbieten können, die er bei uns erspürt, in denen er sich finden kann und die zu seinem Klärungs- und Wachstumsprozeß beitragen.

Literatur

Ammann, A.N., Aktive Imagination, Walter, Olten 1978.
Assagioli, R., Psychosynthese Aurum, Freiburg 1978.
Bünte-Ludwig, Chr., Gestalttherapie — Integrative Therapie, in: H. Petzold (Hrsg.), Wege zum Menschen. Methoden und Persönlichkeiten moderner Psychotherapie, Junfermann, Paderborn 1984, S. 217-307.

Dürckheim, Graf K., Der Ruf nach dem Meister, Barth, Weilheim 1972.
Fabre, N., Der gelenkte Tagtraum nach Désoille (dieses Buch).
Ferrucci, P., Werde was du bist, Sphinx, Basel 1984.
Heinl, H., Petzold, H., Fallenstein, A., Das Arbeitspanorama, in: *Petzold, H., Heinl, H.* (Hrsg.), Psychotherapie und Arbeitswelt, Junfermann, Paderborn 1983.
Jung, C. G., Gesammelte Werke, Bd. 14 II, Mysterium Conjunctionis, Walter, Olten 1968.
—, Über die Psychologie des Unbewußten, Fischer TB 6299, Frankfurt 1980.
—, Erinnerungen, Träume, Gedanken, hrsg. von *Aniela Jaffé*, Walter, Olten 1981.
Laplanche, J. Pontalis, J.-B., Das Vokabular der Psychoanalyse, Suhrkamp, Frankfurt 1972.
Leuner, H.C., Katathymes Bilderleben, Georg Thieme, Stuttgart 1970.
Leupold, E., Aktive Imagination bei C.G. Jung, in: *H. Petzold* (Hrsg.), Psychotherapie, Meditation, Gestalt, Junfermann, Paderborn 1983.
Lückel, K., Gestalttherapeutische Traumarbeit in der Seelsorgebegleitung sterbender Menschen, *Wege zum Menschen* 1/2 (1981).
—, Begegnung mit Sterbenden, Köser, München 1981.
Maass, H., Der Therapeut in uns. Heilung durch aktive Imagination, Walter-Verlag, Olten/Freiburg 1981.
Ornstein, R., Psychologie des Bewußtseins, Fischer, Frankfurt 1976.
Perls, F., Gestalt, Wachstum, Integration, Junfermann, Paderborn 1980.
Petzold, H., Theorie und Praxis der Traumarbeit in der integrativen Therapie, *Integrative Therapie* 3/4 (1977) S. 147-175.
—, Integrative Bewegungstherapie, in: *H. Petzold* (Hrsg.), Psychotherapie und Körperdynamik, Junfermann, Paderborn, 2. Aufl. 1977a.
—, Psychodramatherapie, Junfermann, Paderborn 1979.
—, Rolle des Therapeuten und die therapeutische Beziehung, Junfermann, Paderborn 1980.
—, Das Hier-und-Jetzt-Prinzip in der psychologischen Gruppenarbeit, in: *C. H. Bachmann* (Hrsg.), Kritik der Gruppendynamik, Fischer, Frankfurt 1981.
—, Theater oder das Spiel des Lebens, Verlag für humanistische Psychologie, Werner Flach, Frankfurt 1982.
—, Dramatische Therapie, Hippokrates, Stuttgart 1982a.
—, Widerstand — ein strittiges Konzept in der Psychotherapie, Junfermann, Paderborn 1983.
—, Vorüberlegungen und Konzepte zu einer integrativen Persönlichkeitstheorie, *Integrative Therapie* 1/2 1984.
—, Leiblichkeit, Junfermann, Paderborn 1985.
Pribram, K., Hologramme im Gehirn, *Psychologie Heute* 10, 1979, S. 32-42.
Schneider, K., Das Experiment in der Gestalttherapie, *Integrative Therapie* 3 (1979), S. 192-207.
Simonton, Wieder gesund werden, Rowohlt, Reinbek 1982.
Stevens, J. O., Die Kunst der Wahrnehmung, Kaiser, München 1975.
Watzlawick, P., Die Möglichkeit des Andersseins, Bern 1977.
Zinker, J., Gestalttherapie als kreativer Prozeß, Junfermann, Paderborn 1982.

Teil VI
Zusammenfassung

Einführung

In dem abschließenden Kapitel betrachtet *Dr. Meichenbaum* noch einmal kritisch die unterschiedlichen Forschungsrichtungen, die sich mit imaginativem Erleben beschäftigen, und stellt dabei die simple Frage: „Warum funktionieren sie eigentlich?" Es wäre verfrüht zu behaupten, daß wir auf diese Frage eine Antwort geben könnten. Denn trotz der anekdotenhaften Erfolgsberichte, die alle Mitarbeiter dieses Bandes geben können, gibt es wenig systematische Beweise dafür, inwieweit manche Methoden besser als andere funktionieren. Ebensowenig gibt es Beweise für die unterschiedliche Wirkung bei verschiedenen Klienten oder verschiedenen Beschwerden und Symptomen. *Meichenbaum*, der aus der Perspektive eines innovativen Forschers auf dem Gebiet der kognitiven Verhaltensänderung schreibt, stellt uns in seinem Beitrag einige signifikante Möglichkeiten vor. Dieses Bemühen um Integration und Klarheit wird dem Leser nach der langen Reise durch dieses Buch willkommen sein.

Manche Leser und auch die Mitarbeiter dieses Bandes werden einige von *Meichenbaum*s Kommentaren oder seine Behauptungen über therapeutische Wirkung zu stark vereinfacht finden. Betrachtet man den komplizierten Überbau der Theorien in den hier beschriebenen verschiedenen Verfahren, mag es tatsächlich so aussehen, als ob *Meichenbaum* mit den Subtilitäten der Theorie generell kurzen Prozeß macht. Zugleich kann man aber auch argumentieren, daß die therapeutische Arbeit seit der Psychoanalyse zu stark mit Theorien überfrachtet ist und sich deshalb nur schwer mit der tatsächlichen Arbeit des Therapeuten in Einklang bringen läßt. Eine kühn vereinfachte Behauptung wie die, mit der wir diesen Band zum Abschluß bringen, bringt die einzelnen Imaginationstherapeuten in Zugzwang: Sie müssen zeigen, warum die Subtilitäten ihrer Theorie für die Erklärung der psychischen Wirkung ihrer Behandlung wesentlich sind. *Meichenbaums* Formulierung hat außerdem den Vorteil, Wege für nützliche Forschungsansätze aufzuzeigen.

Wir haben diesem Buch den recht anspruchsvollen Titel „The Power of Human Imagination" gegeben, und die Aussagen unserer Mitarbeiter, alles verantwortungsvolle Wissenschaftler, unterstützen diesen Anspruch. Da wir aber alle im wissenschaftlichen Bereich arbeiten, müssen wir gleichzeitig nach stärkeren Beweisen suchen und auch (wie in dem Beitrag von *Kazdin*) die Grenzen der menschlichen Imagination erkennen. Weil die Psychologen, besonders in der ersten Hälfte dieses Jahrhunderts, die Imaginationskraft als mögliche adaptive psychische Funktion und als Forschungsgegenstand weitgehend ignoriert haben, haben wir hier versucht, die positiven Implikationen dieser grundlegenden menschlichen Fähigkeit zu betonen. Es bedarf aber noch viel Zeit und sehr viel mehr gründlicher wissenschaftlicher Arbeit, bis man sagen kann, ob diese Betonung uns zu sehr in Bereiche der Phantasie geführt hat oder ob imaginatives Erleben wirklich ein noch relativ unberührtes Reservoir für die Verbesserung von fehlangepaßtem Verhalten oder verstärkter persönlicher Entwicklung darstellt.

14 Warum führt die Anwendung der Imagination in der Psychotherapie zu Veränderung?

Donald Meichenbaum

1. Die Notwendigkeit einer integrativen Orientierung

Desensibilisierung, emotives imaginatives Erleben, aversive Bilder, implosive Bilder, verdecktes Modellernen, „Tiefen"-Bilder, Psychosynthese, eidetische Therapie, gelenkte Tagtraum-Bilder ... man kann diese Liste leicht auf über 20 Möglichkeiten erweitern, bei denen Bilder in der Psychotherapie Verwendung finden. Jede Methode behauptet, Erfolg zu haben. Mittlerweile werden Sie beeindruckt, ja sogar überwältigt sein von der Fülle der in der Psychotherapie verwandten Imaginationstechniken. Es sieht fast so aus, als ob wir den Therapeuten eine kreative Aufgabe gestellt und sie aufgefordert hätten, den folgenden Punkt zu beantworten: „Nennen Sie sämtliche ungewöhnlichen Anwendungsbereiche der Imagination in der Psychotherapie". Anscheinend setzen nur die Imagination des Therapeuten und sein Grad an *Chuzpe*[1] die Grenzen für das, was er seine Klienten innerhalb der sogenannten logischen Grundlage der Psychotherapie imaginieren läßt. *Assagioli* (1965) hat Patienten imaginieren lassen, daß ihre Körper von Flammen verzehrt würden, um sie einen bestimmten Grad von Freiheit und das Gefühl des „spirituellen Wesens" erleben zu lassen. *Leuner* (1969) hat seine Klienten aufgefordert, Szenen zu imaginieren, in denen Wiesen, Berge und Bäche vorkommen (vgl. Kap. 5). *Wolpe* (1958) ließ seine Klienten phobische Szenen in einer gestaffelten Rangfolge imaginieren. Die Imaginationskraft ist in all ihren Variationen mit einer Leidenschaft als psychologisches Handwerkszeug aufgegriffen worden, die einer kritischen Einschätzung bedarf. *Birk* (1974) hat diese Leidenschaft *„furor therapeuticus"* genannt, d.h. einen uneingeschränkten therapeutischen Optimismus, der von einem Wust von Publikationen begleitet wird, die nicht durch sorgfältige empirische Aus-

---

[1] *Rosten* (1968) definiert das jiddische Wort „Chuzpe" als: ärgerlich, unverschämt, Anmaßung plus Arroganz; kein anderes Wort einer anderen Sprache entspricht ihm. *Chuzpe* ist die Eigenschaft eines Mannes, der, nachdem er Vater und Mutter umgebracht hat, die Barmherzigkeit des Gerichts anruft, weil er Vollwaise ist.

wertung beschränkt sind. Obwohl *Birk* diesen Begriff auf die Biofeedback-Therapien bezogen hat, kann man ihn doch genauso auf die um sich greifende Anwendung der Imagination in der Psychotherapie anwenden.

Dieser Aufsatz soll das Gefühl des Optimismus *nicht* dämpfen, sondern eher eine kritische Analyse der Unmenge von Imaginationstherapien ermöglichen und prüfen, wieweit die Imaginationsmethoden in den breiteren Kontext der Psychotherapie „hineinpassen". Das Ziel ist ein begrifflicher Rahmen, der uns hilft zu verstehen, warum und wie die therapeutischen Vorstellungsbilder des Klienten zur Veränderung beitragen. Gegenwärtig scheint es, als ob die Anzahl der Mechanismen, die den Imaginationstherapien zugrunde liegen sollen, genauso groß ist wie die Anzahl der vorhandenen Techniken. Konzepte wie Löschung, Anpassung, Katharsis, mentales Üben, verändertes Selbstbild, Selbstverstärkung, kognitive Neustrukturierung, unbewußte Entfaltung, Umgehen des Patientenwiderstandes usw. sind als Erklärung für den Wert der Imagination angeboten worden. Die Nachschlagewerke spiegeln die Breite der psychologischen Litanei, ob sie nun von *Freud, Jung, Perls, Wolpe* etc. abgeleitet werden. *Wilkins* (1974) ist der Meinung, daß in Ermangelung einer empirisch begründeten, einheitlichen Theorie des imaginativen Erlebens die psychotherapeutische Literatur die Verbesserung hauptsächlich dadurch zu begründen versucht, daß sie theoretische Konstrukte von anderen psychologischen Gebieten (z. B. Konditionierung, die Hullsche Theorie, psychoanalytische Formulierungen etc.) ausborgt:

„Diese Theorien können nicht nur theoretische Widersprüche bewirken, sie können auch die Aufnahme unnötiger methodischer Elemente in die psychotherapeutische Praxis begünstigen" (*Wilkins* 1974, S. 163).

Vielleicht können wir die unterschiedlichen Imaginationstechniken und die sie begleitenden logischen Grundlagen „aufschneiden" (oder uns „durchwühlen") und so gemeinsame Elemente feststellen. Eine Untersuchung dieser Ähnlichkeiten mag dann helfen, das Wesen der psychischen Mechanismen zu erhellen, die an der Verhaltensänderung beteiligt sind. Auf dem Gebiet der Psychotherapie werden solche theoretischen Spekulationen dringend benötigt, denn ohne sie werden wir nur die Fruchtbarkeit der Imagination feststellen — und eine Flut empirischer Studien erhalten. Diese Forschung wird sich im wesentlichen damit beschäftigen, für eine ganz bestimmte klinische Gruppe die Wirkung *eines* Imaginationsverfahrens im Unterschied zu einem anderen zu untersuchen, oder aber mit der Reihenuntersuchung der Komponenten eines bestimmten Verfahrens der Imaginationstherapie. „Technische" Fragen sind zwar keineswegs unwichtig, aber wir könnten vielleicht doch einige lästige und teure Vergleiche umgehen, wenn wir ein wenig theoretisieren, nach gemeinsamen Merkmalen suchen und prüfen, wo die Imaginationstechnik in den größeren Kontext der Psychotherapie hineinpaßt.

2. Imagination und der Kontext der Psychotherapie

Die Untersuchung einer bestimmten Therapiemethode wie die der Imagination versäumt es gewöhnlich, diese besondere Technik in einen größeren psychotherapeutischen Zusammenhang zu stellen. Vor der Anwendung irgendeiner bestimmten Behandlungsintervention gibt es eine Anfangsphase in der Psychotherapie. Dazu gehört: (1) die Beschreibung des Klienten von seinen Symptomen oder seine Gründe für eine Therapie, (2) eine historische und gewöhnlich auch eine Situationsanalyse des sich herauskristallisierenden Problems, und (3) die Beschreibung der Behandlung und die Rationale, die der Therapeut dem Klienten für seine Probleme und die vorgeschlagene Therapie anbietet. Die Therapierationale muß nicht ausgesprochen didaktisch erfolgen, sondern kann implizit aus der Intervention zwischen Therapeut und Klient hervorgehen. Die Art der Fragen des Therapeuten, die Tests, die er benützt, die Hausaufgaben, die er stellt, das alles trägt zu der nach und nach deutlich werdenden Rationale der Therapie bei.

Therapeuten bezeichnen diese Anfangsphase der Psychotherapie normalerweise mit Begriffen wie z.B. *nichtspezifische Faktoren*. Die Ereignisse vor der Anwendung einer bestimmten Imaginationstechnik werden gewöhnlich selten diskutiert. Gewöhnlich erhalten wir spezifische Details über Art, Inhalt und Dauer der jeweiligen Vorstellungsbilder, aber das Verständnis des Patienten von seinem Problem, seine Erwartungen an die Behandlung usw. werden selten oder gar nicht erwähnt.

Im Verlauf der Anwendung einer bestimmten Imaginationsmethode erfolgt eine Transferphase, in der der Klient die gelernten Fähigkeiten außerhalb des klinischen Rahmens anwendet. Der Erfolg des Klienten beim Einsatz der kognitiven und verhaltensmäßigen Bewältigungsfähigkeiten, die er in der Therapie erreicht hat, beeinflußt Aufrechterhaltung und Generalisierung der Wirkungen der auf Imagination basierenden Therapien.

Deshalb müssen also die mehr als 20 imaginationstherapeutischen Verfahren im Kontext eines Ereignisflusses gesehen werden. Solch eine Betrachtung mag sehr banal erscheinen, aber diese Erkenntnis ist ein erster Schritt zu einer kognitiven Theorie der Verhaltensänderung, die die psychischen Prozesse, die den Imaginationstechniken zugrunde liegen, erhellen können.

3. Kognitive Theorie der Verhaltensänderung

Ich habe an anderer Stelle (*Meichenbaum* 1977) die Abfolge der kognitiven mittelbaren Ereignisse, die die Verhaltensänderung nach psychotherapeutischen Interventionen begründen, detailliert dargestellt. Hier mag eine knappe Zusammenfassung genügen.

Meine kognitive Theorie postuliert einen Drei-Phasen-Prozeß, in dem Verhaltensänderung als Resultat unterschiedlicher Typen klinischer Interventionen beschrieben werden kann. Diese drei Phasen bilden eine flexible Folge (keine zwingende Reihenfolge), wobei mehrere psychische Prozesse und Umgebungsereignisse in ihrem Beitrag zur Veränderung interagieren.

3.1 Selbst-Bewußtheit

Beim ersten Schritt des Veränderungsprozesses wird der Klient zum Beobachter seines eigenen Verhaltens. Wenn Verhaltensänderung aus der Psychotherapie resultieren soll, muß der Klient durch erhöhte Bewußtheit und bewußte Aufmerksamkeit seine Gedanken, Gefühle, physiologischen Reaktionen und/oder zwischenmenschlichen Verhaltensweisen mit erhöhter Sensibilität kontrollieren. Durch Übung wird der Klient die Anzeichen für den Beginn seiner fehlangepaßten Reaktionen immer früher bemerken und Anzeichen für beginnende schwache Intensität feststellen. Diese Hinweise können intrapersonal sein, wie etwa die physiologischen Reaktionen des Klienten, seine Gedanken, Vorstellungsbilder, Gefühle; sie können aber auch interpersonal sein, also Situationszusammenhänge oder Verhaltensreaktionen von anderen. Diese *erhöhte Bewußtheit* wird im Verlauf der Therapie durch die Konzeptualisierung oder den Übersetzungsprozeß, der sich zwischen Klient und Therapeut entwickelt, gefördert.

Wenn der Klient die Therapie beginnt, vermittelt er gewöhnlich ein Gefühl von Hilflosigkeit, Hoffnungslosigkeit, die Angst, „den Verstand zu verlieren", oder ein Gefühl der Demoralisierung. Dies alles ist bei *Frank* (1974), *Meichenbaum* (1977), *Raimy* (1975) und *Strupp* (1970) beschrieben worden. Dieser Zustand spiegelt sich nicht nur in den Kommentaren des Klienten dem Therapeuten gegenüber, sondern auch in dem Inhalt seines inneren Dialogs (d. h. den automatischen Gedanken und Vorstellungsbildern, die seinem fehlangepaßten Verhalten vorausgehen, es begleiten und ihm folgen).

Ebenso wie der Therapeut versucht, in den Problemen des Klienten einen Sinn zu finden, so versucht auch der Klient, für sein Verhalten eine Bedeutung zu konstruieren. Das Begriffssystem, das zwischen Klient und Therapeut entsteht, hat die Funktion, diese notwendige „Bedeutung" zu erschließen. Das Sprachsystem dieser Begriffsbildung wird durch die Ausrichtung des Therapeuten, durch die Erwartungen des Klienten und durch die Ziele der Behandlung beeinflußt.

Das jeweilige Verhalten, auf das sich der Klient konzentriert, wird durch die Begriffsbildung während der Therapie beeinflußt. Der Klient beginnt die Therapie gewöhnlich mit irgendeiner Konzeptualisierung seiner Probleme (und auch seiner Erwartungen bezüglich der Therapie und der Rolle des Therapeuten), und diese Konzeptualisierung seiner Probleme muß sich verändern, wenn sich sein Verhalten ändern soll. Als Ergebnis des Übersetzungsprozesses entwickelt der Klient in der Therapie eine neue Art, sein fehlangepaßtes Verhalten oder seine Symptome zu betrachten. Aufmerksam zu sein für sein fehlangepaßtes Verhalten bekommt jetzt eine neue Bedeutung. Das ist wichtig, weil ein Charakteristikum mancher Klienten bereits vor der Therapie eine erhöhte Bewußtheit, eine zu starke Beschäftigung mit sich selbst ist. Vor der Therapie ist der innere Dialog des Klienten in bezug auf seine fehlangepaßte Verhaltensweisen sehr wahrscheinlich begrenzt, wiederholt sich ständig und ist unproduktiv, was denn zu dem Gefühl von Hilflosigkeit und Verzweiflung beiträgt. Um sich zu verändern, muß der Klient lernen, seine Gedanken, Vorstellungsbilder, Gefühle und Verhaltensweisen anders zu betrachten. Die Konzeptualisierung, die allen Therapien eigen ist, erleichtert diesen Übersetzungsprozeß.

Man kann z. B. eine Klientin, die mit zwangsneurotischen Verhaltensweisen in die Therapie kam, in gemeinsamer Therapie mit ihrem Ehemann betrachten, um die zwischenmenschliche Bedeutung und Funktion ihrer Symptome zu untersuchen. Auf diese Weise hilft der Therapeut dabei, die Bedeutung ihrer dargestellten Probleme oder das, was die Patientin darüber zu sich selbst sagt, zu „übersetzen". Anstatt die Symptome der Klientin als eine Spiegelung „ihrer" Probleme zu sehen, wird das Problem im Verlauf der Therapie jetzt mit einer anderen Konzeptualisierung oder in einem anderen Sprachsystem betrachtet. Das Sprachsystem ruft bestimmte Interventionsschritte und das Fokussieren auf bestimmte Verhaltensweisen oder eine erhöhte Bewußtheit hervor. Es wird hier behauptet, daß eine solche Übersetzung in sämtlichen therapeutischen Methoden geschieht und daß, wie wir noch sehen werden, eine Funktion der Imaginationsübungen die Erleichterung und Verstärkung dieses Übersetzungsvorganges ist.

Die anfängliche Phase einer kognitiven Theorie der Verhaltensänderung betrifft die erhöhte Bewußtheit, die sich aus dem Übersetzungsvorgang ergibt; zur Veränderung braucht es aber mehr als das.

3.2 Die Entwicklung neuer adaptiver Gedanken und Reaktionen

In dem Maße, in dem die Selbstbeobachtungen des Klienten sich auf die Anfangsaspekte schwacher Intensität einstimmen, lernt er in der 2. theoretischen Phase der Verhaltensänderung, anpassende Bewältigungskognitionen und Verhaltensweisen auszulassen, die in die fehlangepaßten eingreifen. Die Selbstbeobachtung signalisiert Gelegenheiten für die Produktion adaptiver Gedanken und Verhaltensweisen. Inhaltlich variiert das, was der Klient zu tun lernt, wenn er sein fehlangepaßtes Verhalten bemerkt, je nach der Konzeptualisierung während der Therapie. Wenn sich sein Verhalten tatsächlich ändern soll, muß das, was er zu sich selbst sagt und/oder imaginiert, neue Verhaltensweisen auslösen, die mit seinem fehlangepaßten Verhalten unvereinbar sind. Die Methoden der Verhaltenstherapie sind als Hilfsmittel für die Erlangung solcher Fähigkeiten besonders wertvoll.

Die Selbstbeobachtung ist also für den Klienten ein Anreiz, unvereinbare Gedanken, Vorstellungsbilder und Verhaltensweisen, die er in der Therapie besprochen, gelernt und geübt hat, auszuscheiden. Hier ist der Hinweis wichtig, daß die Selbstbeobachtung und der dazugehörige innere Dialog das fehlangepaßte Verhalten unterbrechen. Gewohnheitsmäßige Handlungen (d. h. nicht vorsätzliche) werden „entautomatisiert", das heißt, ihnen gehen bewußte Kognitionen voraus. Eine solche „erzwungene Vermittlung" verstärkt die Wahrscheinlichkeit, daß eine Abfolge von Ereignissen, die sonst zu fehlangepaßten Reaktionen führen würde, unterbrochen wird.

3.3 „In vivo"-Übungen

Dies führt uns zu der dritten Phase des Veränderungsprozesses, in der es darum geht, wie der Klient *in vivo* seine Probleme bewältigt und was er über die Ergebnisse dieser „persönlichen Experimente" zu sich selbst sagt und imaginiert. Wirkungsdauer und Generalisierung der Behandlungseffekte werden von dem inneren Dialog des Klienten und seinen Vorstellungsbildern in bezug auf seine eigene Verhaltensänderung bestimmt. Das, was der Klient über sein Verhalten oder über die

Reaktionen anderer darauf zu sich selbst sagt und / oder imaginiert (z. B. seine Bewertungen, Zuschreibungen, Selbsteinschätzungen), hat einen Einfluß darauf, in welchem Maße der Transfer der Behandlung in den Alltag gelingt. Die dritte Phase der kognitiven Theorie der Verhaltensänderung betrifft das Hervorbringen von angepaßten Verhaltensweisen in seinem Alltag und seine Einschätzung der Ergebnisse des Verhaltens.

Diese Drei-Phasen-Beschreibung der Vermittlungsprozesse des Klienten kann eine Hilfe für die Erklärung der Veränderungen sein, die sich aus den auf Imagination basierenden Therapien wie auch aus anderen Formen der Psychotherapien ergeben.

4. Imaginationstherapien

Man kann die vielen verschiedenen Imaginationstherapien sehr unterschiedlich begrifflich fassen und ordnen. Wir können uns z. B. auf die unterschiedlichen theoretischen Systeme konzentrieren, mit denen die jeweiligen Ansätze erklärt werden, seien sie lerntheoretischen, Jungschen, psychoanalytischen oder gestalttherapeutischen Ursprungs. Auf der anderen Seite können wir auch die sogenannten Theorien, den „wissenschaftlichen Schnickschnack", in den diese Verfahren eingebettet sind, ignorieren und ihre methodischen Ähnlichkeiten untersuchen. *Wilkins* (1974) hat unter diesem Aspekt gearbeitet. Wir wollen hier die psychischen Prozesse, die den Imaginationstherapien gemeinsam sind, bestimmen und danach die jeweiligen Imaginationstherapien unter dem Gesichtspunkt der kognitiven Drei-Phasen-Theorie der Verhaltensänderung untersuchen. Auf diese Weise können wir betrachten, wie ein bestimmtes imaginationstherapeutisches Verfahren die folgenden drei Punkte beeinflußt: (1) die für den Klienten wichtigen, spezifischen Verhaltensaspekte ; (2) was er zu sich selbst sagt und imaginiert, wenn er das fehlangepaßte Verhalten bemerkt, und (3) welche neuen, adaptiven Verhaltensweisen er wahrscheinlich hervorbringen wird und wie er die Folgen seiner neuen anpassenden Handlungen bewerten und auf sie reagieren wird. Imaginationstherapeutische Verfahren beeinflussen die Verhaltensänderung in jeder dieser Phasen, wobei einige Imaginationstechniken sich stärker auf eine oder andere dieser Phasen konzentrieren.

5. Psychische Prozesse, die den Imaginationstherapien zugrunde liegen

Zunächst ist zu betonen, daß bei der spontanen Imagination der Normalbevölkerung Phantasien vorherrschen. Nach einer Fragebogenuntersuchung von *Singer* und *McCraven* (1961) über Tagträume ergab sich, daß 96 % der Teilnehmer täglich in irgendeiner Form tagträumen. In diesen Tagträumen tauchen relativ klare Vorstellungen von Menschen, Gegenständen oder Ereignissen auf. Besonders häufig waren Tagträume, die sich mit Plänen für zukünftige Handlungen und speziell für zwischenmenschliche Kontakte beschäftigten, wobei der größte prozentuale Anteil der Tagträume eher praktische, unmittelbar betreffende Dinge behandelte. Bei den meisten Teilnehmern ging es dabei *nicht* um Vorstellungen der Wunscherfüllung. Es handelte sich eher darum, durch die Postulierung verschiedener Alternativen die Zukunft zu antizipieren, ohne daß positive Ergebnisse besonders im Vordergrund gestanden hätten.

Geht man von diesem weit verbreiteten Imaginationsverhalten aus, kann es nicht überraschen, daß eine Anzahl von kognitiven und Imaginationstherapeuten spontanen Phantasien eine zentrale Rolle für das fehlangepaßte Verhalten des Klienten zuschreiben. *Beck* (1970) hat z. B. festgestellt, daß angstbehaftete Patienten von häufig wiederkehrenden Tagträumen, die persönliche Gefahren zum Inhalt haben, berichtet haben. Interessanterweise haben dieselben Patienten diese Tagträume Ärzten gegenüber, die sie vorher befragt hatten, nicht erwähnt. Diesen Ärzten waren Fragen über den Beitrag von Vorstellungsbildern zu dem fehlangepaßten Verhalten der Patienten nicht wichtig erschienen. *Beck* berichtet von einer Frau, die Angst hatte, allein spazieren zu gehen. Sie hat dann herausgefunden, daß ihren Angstanfällen Vorstellungen vorausgingen, in denen sie einen Herzanfall hatte und hilflos und allein war. In einem anderen Fall ist eine Studentin darauf gekommen, daß ihre Angst vor dem Verlassen des Studentenwohnheims von visuellen Phantasien über Angriffe ausgelöst wurde. Solche charakteristischen Kognitionen (bildlich oder verbal) sind normalerweise sehr kurz und enthalten einen sehr ausgearbeiteten Gedanken komprimiert in wenigen Sekunden. *Beck* hat darauf hingewiesen, daß diese Kognitionen als automatisch und unfreiwillig erlebt werden und normalerweise eher plausibel als unrealistisch erscheinen. *Singer* und *Antrobus* (1972) haben Muster von Faktoren beschrieben, die auf großangelegten Tagtraumstudien basieren. Diese zeigen, daß ängstlich-verzweifelte oder schuldbesetzt-dysphorische Tagtraumstile eher mit emotionalen Störungen assoziiert wurden.

Auch *Feather* und *Rhoads* (1972) haben die Rolle, die imaginatives Erleben für fehlangepaßtes Verhalten spielt, hervorgehoben. Sie illustrieren das u. a. am Beispiel einer Phobie, indem sie die auf die phobische Situation des Klienten bezogenen Phantasien ans Licht bringen.

Der Therapeut kann an diese Phantasien herankommen, wenn er der Frage nachgeht: „Was ist das *Schlimmste*, das passieren kann, wenn der Klient mit dem phobischen Reizereignis konfrontiert würde?" Ein Patient mit Sprechangst berichtet von Phantasien, in denen er über sich und seine Zuhörer so wütend wird, daß er die Kontrolle verliert und jemanden verletzt. *Feather* und *Rhoads* haben den Klienten hinsichtlich der der Angst zugrundeliegenden Phantasien desensibilisiert. Die Desensibilisierungsbehandlung beruht auf der Annahme, daß die Klienten in vielen Fällen Angst vor ihren eigenen Gedanken haben und daß ein großer Teil ihres Verhaltens eine gelernte Vermeidung solcher Gedanken darstellt.

In den von *Beck* und *Feather/Rhoads* zitierten Fällen arbeitet die Therapie damit, daß der Klient sich der Rolle, die seine Bilder bei seinem fehlangepaßten Verhalten und seinen Gefühlen spielen, bewußt wird. Fast alle Imaginationstherapien versuchen, die Rolle, die das imaginative Erleben des Klienten bei seinen auftretenden Problemen spielt, zu bewerten. Bedenken Sie aber, daß es dabei weniger wichtig ist, ob solche Vorstellungsbilder tatsächlich für fehlangepaßtes Verhalten verantwortlich sind; wichtig ist, daß sowohl Therapeut wie Klient glauben, daß dies der Fall sei. Wenn der Klient bereit ist, den Gedanken zu akzeptieren, daß solche Vorstellungen zu seinem Problem beitragen, wird er auch die Therapie-Rationale und die daraus folgenden Interventionsschritte akzeptieren. Anders ausgedrückt: wir wissen nicht, ob nicht-klinische Fälle oder Nicht-Patienten ähnliche imaginative Erfahrungen haben. Haben Personen z. B. mit geringen Sprechängsten ähnliche Phantasien wie in dem Beispiel von *Feather/Rhoads*, und haben dann dieselben Vorstellungsbilder vielleicht (aus unbekannten Gründen) eher adaptive Folgen? Wie ist es in *Beck*s Beispiel von der Studentin und ihren Ängsten davor, angegriffen zu werden? Wann führen solche Vorstellungen zu angepaßten, angemessenen Vorsichtsmaßnahmen und wann zu hilflos machenden Ängsten und klinischer Symptomatologie? *Singer* (1975) meint, daß zwar fast alle Menschen erschreckende oder destruktive Phantasien haben, daß aber wahrscheinlich nur diejenigen neurotische oder psychotische Tendenzen zeigen, deren Phantasien überwiegend furchterregend oder destruktiv sind. Normale Personen haben unterschiedliche Phantasien, und dazu gehören viele spielerische, positive oder phantastische Wunschträume.

Kurz, man muß zwei Punkte festhalten: Zunächst ist es ein Fehler, eine kausale Rolle bestimmter Vorstellungsbilder in der Psychopathologie anzunehmen, ohne ihr Auftreten bei „normalen" Bevölkerungsgruppen zu untersuchen. Außerdem, und das ist im Rahmen dieses

Aufsatzes relevanter, erfüllt der Glaube von Therapeut und Klient an die Kausalität bestimmter Vorstellungsbilder eine sehr wichtige therapeutische Funktion. Ob solche Vorstellungen tatsächlich zu den fehlangepaßten Verhaltensweisen des Klienten beitragen oder nicht, ist weniger wichtig für die Erklärung von Veränderungen als die (dadurch) entstehende Konzeptualisierung des Klienten von seinen Problemen in Begriffen des imaginativen Erlebens.

Ich möchte nochmals klarstellen, daß mein Ziel hier die Aufstellung eines Erklärungssystems ist, in dem Verhaltensänderung als Folge unterschiedlicher Imaginationstherapien erklärt werden kann. Sobald Therapeut und Klient beginnen, auf das imaginative Erleben des Klienten zu fokussieren (entweder als Tagtraum, Traum und/oder den automatischen Vorstellungsbildern, die der fehlangepaßten Handlung vorausgehen, sie begleiten oder ihr folgen), fangen sie auch an, ein Erklärungssystem, eine Konzeptualisierung zu entwickeln, um Veränderung herbeizuführen.

Es gibt eine Anzahl von Hypothesen, die die therapeutische Bedeutung der Konzentration auf die Vorstellungen des Klienten erklären sollen. Es ist argumentiert worden, daß dies

(1) die Art der gegenwärtigen Probleme des Klienten klarstellen oder festlegen hilft;
(2) unangenehme Affekte durch Wiederholung der Phantasie reduziert;
(3) den Klienten lehrt, zwischen Realität und Phantasie zu unterscheiden;
(4) den Klienten lehrt, noch feinere Unterscheidungen zwischen impulsiven, motivationalen, kognitiven und Verhaltensaspekten seines Problems zu machen;
(5) den Klienten lehrt, die Phantasieszene zu kontrollieren;
(6) die Fähigkeit des Klienten verstärkt, die Irrationalität seiner Überzeugungen zu erkennen;
(7) die Erwartung von schlimmen Konsequenzen herabsetzt und eine realistische Einschätzung äußerer Probleme vergrößert;
(8) dem Klienten sein Unbewußtes bewußt macht.

Der zentrale Punkt bei vielen dieser Hypothesen ist folgender: die auf Imagination basierenden kognitiven Therapien funktionieren, indem sie den Klienten beibringen oder ihnen das Gefühl vermitteln, daß sie *ihre Vorstellungsbilder kontrollieren können*, und zwar in bezug auf Inhalt, Häufigkeit, Dauer und funktionelle Wirkung auf andere kontinuierliche Verhaltensströme wie Affekte, physiologische Reaktionen und zwischenmenschliches Verhalten. Vor der Therapie äußern viele Klienten das Gefühl, sie seien „Opfer" der Gedanken, Vorstellungen und Gefühle, die sie erleben. Bei vielen der vorgebrachten Probleme ist das Gefühl der Hilflosigkeit in bezug auf das eigene innere Leben eine wichtige Komponente. Alle Imaginationstherapien lehren Kontrolle über das imaginative Erleben. Um diese Selbstkontrolle zu erreichen, werden viele unterschiedliche therapeutische Techniken benutzt: sie reichen von der Kontrolle über fehlangepaßte Vorstellungsbilder bis zu Anweisungen an den Klienten, ihre Häufigkeit absichtlich zu steigern, das Vorstellungsbild unter eine bestimmte Reizkontrolle sowohl innerhalb der Therapie wie *in situ* zu bringen, die Bedeutung eines bestimmten Bereichs von Vorstellungsbildern mit Hilfe von Techniken wie Imaginationsvergrößerung (*blow-up*)[1] zu ändern versuchen.

Es wird also behauptet, daß die Imaginationstherapien zur Veränderung beitragen, weil sie (1) den Klienten zu der Auffassung „verführen", ihn davon überzeugen und ihn lehren, sein imaginatives Erleben trage zu seinem fehlangepaßten Verhalten bei; (2) dem Klienten beibringen, sich seiner Vorstellungsbilder bewußt zu werden, sie zu lenken und auf ihr Auftreten innerhalb des fehlangepaßten Verhaltens zu achten mit der Konsequenz, dieses unterbrechen zu können; und (3) das, was der Klient zu sich selbst sagt und tut, wenn er die Vorstellungsbilder erlebt, verändern. Als Folge davon wird dem Klienten ein Gefühl von Kontrolle über seine Vorstellungsbilder und sein „inneres Leben" und schließlich auch über sein offenes zwischenmenschliches Verhalten vermittelt.

Die Veränderung der Bedeutung eines bestimmten Vorstellungsbildes verdient noch einen Kommentar. *Pylyshyn* (1973) hat festgestellt, daß wir uns normalerweise sehr stark auf „Bildmetaphern" stützen, wenn wir über imaginatives Erleben sprechen:

„Das gesamte Vokabular des imaginativen Erlebens ist eine Sprache, die der Beschreibung von Bildern und der Bildwahrnehmung angemessen ist. Wir sprechen von Klarheit und Intensität der Vorstellungsbilder, von ihrer Beobachtung, von neuen Mustern in ihnen und von der Benennung der abgebildeten Objekte oder Eigenschaften" (*Pylyshyn* 1973, S. 8).

Das Problem bei der „Bildmetapher" ist, daß es das Bedeutungssystem, in das die Vorstellungsbilder eingebettet sind, nicht in Erwägung zieht. Die mentale Repräsentation oder die kognitiven Strukturen, die

---

[1] Vergrößerung (*blow-up*) ist eine Imaginationsmethode, bei der der Klient das vorgetragene Problem sehr übertrieben imaginieren soll. Sie ist vergleichbar mit Implosion und paradoxen Absichts-Techniken (intentional) (vgl. *Lazarus* 1971 für eine genauere Beschreibung).

zu dem Vorstellungsbild beitragen oder es bewirken, werden übersehen. Innerhalb der psychotherapeutischen Literatur hat die Sprache der Bildmetapher zu einer falschen Unterscheidung zwischen sogenannten „Imaginations"-Therapien und den „verbalen" Therapien geführt. Immer wenn wir unsere Klienten auffordern, bestimmte Imaginationsübungen durchzuführen, beeinflussen wir auch seinen inneren Dialog, das, was er zu sich selbst über das Vorstellungsbild sagt, das Bedeutungssystem, das dieses und seine fehlangepaßten Verhaltensweisen umgibt. Jede Imaginationstherapie, die in diesem Buch beschrieben wurde, funktioniert durch Einflußnahme auf den inneren Dialog des Klienten und auf die kognitiven Strukturen (d. h. seine Überzeugungen) seines fehlangepaßten Verhaltens. Durch die Fokussierung unserer Aufmerksamkeit auf die reinen Parameter des Vorstellungsbildes (wie Dauer, Häufigkeit, Inhalte) werden wir blind für die umfassendere Wirkung solcher Imaginationsübungen. Die jeweilige Konzeptualisierung des Klientenproblems in der Therapie wird in jedem Fall vermittelt, ob wir nun die imaginative Arbeit eines Verhaltenstherapeuten, eines Gestalttherapeuten oder eines Jungianers untersuchen. Wenn der Patient seine Probleme aus dieser Perspektive betrachtet, sofern ein Übersetzungsprozeß geschieht, dann folgt daraus eine Verhaltensänderung. Alle diese Techniken funktionieren durch die Verstärkung der Neukonzeptualisierung des Klienten von seinen Problemen. Die Übernahme dieser Konzeptualisierung führt zu einer Bedeutungsveränderung seines fehlangepaßten Verhaltens. Diese veränderte Bedeutung wird in seinem inneren Dialog evident, bzw. in dem, was er zu sich selbst sagt, wenn er sein fehlangepaßtes Verhalten bemerkt.

Es wird also behauptet, daß die Imaginationstherapien dadurch funktionieren, daß sie (1) dem Klienten ein Gefühl von Kontrolle über seine Imaginationen und andere Verhaltensweisen vermitteln, und daß sie (2) die Bedeutung des fehlangepaßten Verhaltens für den Klienten verändern. Ich habe bereits an anderer Stelle (*Meichenbaum* 1977) gesagt, daß das Auftreten „fehlangepaßter" Vorstellungsbilder oder irrationaler Überzeugungen an sich noch kein psychopathologisches Verhalten begründet. Ich bin eher der Meinung, daß Verhalten durch die Art der Bewältigungsmechanismen beeinflußt wird, die man ins Spiel bringt, wenn man eine Reihe fehlangepaßter oder der Aufgabe nicht angemessener Vorstellungsbilder, Gedanken, Gefühle und/oder Verhaltensweisen bei sich feststellt.

Die Untersuchung dieser Bewältigungsmechanismen führt uns zu der Erörterung des dritten psychischen Prozesses, mit dem man den Beitrag der Imaginationstherapien zur Verhaltensänderung erklären kann. Es handelt sich dabei um die mentale Vorbereitung oder das verdeckte Modellernen. Dies ist mit verschiedenen Termini beschrieben worden: als „mentale Übung" (*Richardson* 1971 1, b), „Sorgenarbeit" (*Janis* 1958, *Marmor* 1958) und „stummes Rollenspiel" (*Sarbin* 1972). Der Wert des imaginativen Übens wird z. B. in der Literatur über mentale Übungen betont. Dabei werden verschiedene motorische Fähigkeiten gelehrt, indem man die Klienten die jeweilige Handlung vor der tatsächlichen Ausführung imaginieren läßt. *Richardson* (1967a) hat festgestellt, daß der jeweils zu erwartende Gewinn der mentalen Übung um so größer ist, je vertrauter die Aufgabe geworden ist. Andere Variablen, die für die mentale Übung als wichtig angesehen werden, sind: Genauigkeit der antizipierten Ergebnisse, Klarheit und Kontrolle des imaginativen Erlebens, Ausmaß der Fertigkeiten, das die Aufgabe erfordert, die Zeitspanne, die für die Imagination zur Verfügung gestellt wird, und die Abwechslung zwischen mentaler und körperlicher Übung. Auch im Bereich der „Sorgenarbeit" hat die Forschung über verdecktes Modellernen einige Klarheit darüber hergestellt, wie die Imaginationstherapien zur Verhaltensänderung beitragen. Eine der untersuchten Variablen ist der Unterschied zwischen *Bewältigungs-* (*coping*) und *Meisterungs-*Modellen (*mastery*). Das Mastery-Modell demonstriert eine fehlerlose Vorführung ohne irgendein Anzeichen von Zögern, emotionalen Schwierigkeiten oder Selbstzweifel. Das Coping-Modell hingegen zeigt anfänglich Ängste bei der Ausführung, macht Fehler, bewältigt aber dieses Zaudern und demonstriert die kognitiven und Verhaltens-Strategien, die man braucht, um verschiedenste Hindernisse zu kontrollieren und zu bewältigen. *Kazdin* (1973, 1974) hat gezeigt, daß in den Fällen, in denen Klienten mit Hilfe von mentaler Übung oder verdecktem Modellernen die Überwindung ihrer Furcht oder ihrer Ängste imaginieren sollen, ein Coping-Modell effektiver ist als ein Mastery-Modell. Diese Ergebnisse stimmen mit anderen Studien zum Modellernen von *Meichenbaum* (1971) und *Sarason* (1975) überein, die ebenfalls nachgewiesen haben, daß das Coping-Modell effektiver ist. Mit anderen Worten: die Imaginationstherapien tragen zur Verhaltensänderung bei, wenn sie dem Klienten die Möglichkeit bieten, sich mit mentalen Übungen bzw. mit mentalen Problemlösungen zu befassen. Aus der Forschung über Coping-Modell vs. Mastery-Modell geht hervor, daß wir den Klienten die Gelegenheit geben, sich selbst mit einem Modell zu versehen, wenn wir sie auffordern, sich wie z. B. bei der Behandlung durch Desensibilisierung mit Vorstellungsbildern zu beschäftigen. Je näher dieses Modell seinen konkreten Erfahrungen ist, desto effektiver ist es.

Auf ein Nebenprodukt bei der Anwendung solcher Coping-Modelle innerhalb der Imaginationsbehandlung sollte noch hingewiesen werden. Bei der Arbeit mit dem Coping-Modell lehrt der Therapeut den Klienten, sein fehlangepaßtes Verhalten zu bemerken. Diese Erkenntnis ist dann der Schlüssel, der Auslöser dafür, die Bewältigungstechniken, die er in der Therapie gelernt und geübt hat, anzuwenden. Die Symptome des Klienten werden selbst zum Signal oder zum unterscheidbaren Stimulus für die Generalisierung der Behandlung. Vor der Therapie waren die Symptome des Klienten die Vorboten weiterer Verschlechterung, jetzt, als Resultat der Therapie, bekommt das fehlangepaßte Verhalten eine neue Bedeutung. Es wird zum Auslöser für die Bewältigungstechniken, die er in der Therapie mental geübt hat.

Um abschließend noch einmal zusammenzufassen: die drei psychologischen Vorgänge, die erklären sollen, warum die Imaginationstherapien zu Veränderungen beitragen, sind:

1. Das Gefühl von Kontrolle, das der Klient durch Kontrollieren und Üben verschiedener Vorstellungsbilder innerhalb der Therapie wie *in vivo* entwickelt.

2. Die veränderte Bedeutung oder der veränderte innere Dialog, der den Fällen von fehlangepaßtem Verhalten vorausgeht, sie begleitet und ihnen folgt. Imaginationsübungen, eingebettet in eine bestimmte Konzeptualisierung, tragen zu dieser veränderten Bedeutung oder diesem Übersetzungsprozeß bei.

3. Das mentale Üben von Verhaltensalternativen, die zur Entwicklung von Bewältigungsfähigkeiten beitragen.

All diese psychologischen Vorgänge beeinflussen die unterschiedlichen Phasen der Verhaltensänderung, die hier beschrieben wurden: das Gefühl von Kontrolle, die veränderte Bedeutung und das mentale Üben beeinflussen die Verhaltensweisen, auf die der Patient achtet, was er zu sich selbst sagt oder imaginiert, wenn er fehlangepaßtes Verhalten bemerkt, welche adaptiven Verhaltensweisen er benutzt, und schließlich, wie er die Folgen bewertet, die das Ausprobieren der neuen Verhaltensweisen mit sich bringt.

Ich habe zu Anfang von der *Chuzpe* gesprochen, die man braucht, um die Fülle von Imaginationstechniken in der Therapie zu entwickeln und zu benutzen. Vielleicht sollte man einen Teil dieser Energie und dieser „Frechheit" dazu benutzen, Theorien zu entwickeln, die erklären, warum Therapien zur Veränderung beitragen. Dieser Aufsatz soll damit beginnen. Im übrigen hat noch kein Mensch behauptet, daß es mir an *Chuzpe* fehlen würde.

Der Autor dankt *Sandra Bates* und *Myles Genest* für ihre redaktionellen Hinweise.

Literatur

Assagioli, R., Psychosynthesis: A collection of basic writing, Viking, New York 1965; dt.: Handbuch der Psychosynthesis, Aurum, Freiburg 1978.

Beck, A., Role of fantasies in psychotherapy and psychopathology, *Journal of Nervous and Mental Disease*, 1970, 150, 3-17.

Birk, L., Biofeedback: Behavioral medicine, *Seminars in Psychiatry*, 1974, 4, 361-367.

Feather, B., Rhoads, J., Psychodynamic behavior therapy: Theory and rationale, *Archives of General Psychiatry*, 1972, 26, 496-506.

Frank, J., Persuasion and healing, John Hopkins Press, Baltimore 1974.

Janis, I., Psychological stress, John Wiley and Sons, New York 1958.

Kazdin, A., Covert Modeling and the reduction of avoidance behavior, *Journal of Abnormal Psychology*, 1973, 5, 325-340.

—, Covert modeling, model similarity, and reduction of avoidance behavior, *Behavior Therapy*, 1974, 5, 325-340.

Lazarus, A., Behavior Therapy and beyond, McGraw Hill, New York 1971; dt.: Verhaltenstherapie im Übergang: Breitbandmethoden für die Praxis, E. Rheinhardt Verlag, München 1978.

Leuner, H., Guided affective imagery: A method of intensive psychotherapy, *American Journal of Psychotherapy*, 1969, 23, 4-22.

Marmor, J., The psychodynamics of realistic worry, *Psychoanalysis and Social Science*, 1958, 5, 155-163.

Meichenbaum, D., Examination of model characteristics in reducing avoidance behavior, *Journal of Personality and Social Psychology*, 1971, 17, 298-307.

—, Cognitive behavior modification: An integrative approach, Plenum Press, New York 1977; dt.: Kognitive Verhaltensmodifikation, Urban und Schwarzenberg, München 1979.

Pylyshyn, Z., What the mind's eye tells the mind's brain: A critique of mental imagery, *Psychological Bulletin*, 1973, 80, 1-24.

Raimy, V., Misunderstanding of the self: Cognitive psychotherapy and the misconception hypothesis, Josey Bass, San Francisco 1975.

Richardson, A., Mental practice: A review and discussion, Part I, *Research Quarterly*, 1967a, 38, 95-107.

—, Mental Practice: A review and discussion Part II, *Research Quarterly*, 1967b, 38, 263-273.

Rosten, L., The joys of Yiddish, McGraw Hill, New York 1968.

Sarason, I., Test anxiety and the self-disclosing coping model, *Journal of Consulting and Clinical Psychology*, 1975, 43, 148-153.

Sarbin, T., Imagining as muted role-taking: A historical-linguistic analysis, in: Sheehan, P. (Hrsg.), The function and nature of imagery, Academic Press, New York 1972.

Singer, J. L., The inner world of daydreaming, Harper and Row, Colophon, New York 1975.

Singer, J. L., Antrobus, J. S., Daydreaming, imaginal processes and personality: A normative study, in: *Sheehan, P.* (Hrsg.), The function and nature of imagery, Academic Press, New York 1972.

Singer, J. L., McCraven, V., Some characteristics of adult daydreaming, *Journal of Psychology*, 1961, 51, 151-164.

Strupp, H., Specific vs. non-specific factors in psychotherapy and the problem of control, *Archives of General Psychiatry*, 1970, 23, 393-401.

Wilkins, W., Parameters of therapeutic imagery: Directions from case studies, *Psychotherapy: Theory, Research and Practice*, 1974, 11, 163-171.

Wolpe, J., Psychotherapy by reciprocal inhibition, Stanford University Press, Stanford 1958.

Mitarbeiterverzeichnis

Doris Signer-Brandau, Psychotherapeutin in freier Praxis, Zürich.

Joseph R. Cautela, Department of Psychology, Boston College, Boston, Massachusetts 02109.

Nicole Fabre, Psychotherapeut in freier Praxis, Paris.

Susan J. Frank, Department of Psychology, University of Maryland, College Park, Maryland 20740.

Eric Greenleaf, Private Praxis, Berkeley, California.

Mardi J. Horowitz, Department of Psychiatry, University of California School of Medicine, San Francisco, California 94143.

Alan E. Kazdin, Department of Psychology, The Pennsylvania State University, University Park, Pennsylvania 16802.

Hanscarl Leuner, Abteilung Psychotherapie und Psychosomatik, Universität Göttingen.

Leigh McCullough, Department of Psychology, Boston College, Boston, Massachusetts 02109.

Donald Meichenbaum, Department of Psychology, University of Waterloo, Waterloo, Ontario, Canada.

Kenneth S. Pope, Brentwood Veterans Administration Hospital, Los Angeles, California 90073.

Joseph Reyher, Department of Psychology, Michigan State University, East Lansing, Michigan 48823.

K. David Schultz, Division of Psychiatry, Waterbury Hospital Health Center, Waterbury, Connecticut 06720.

Anees A. Sheikh, Department of Psychology, Marquette University, Milwaukee, Wisconsin 53233.

Joseph E. Shorr, Institute for Psycho-Imagination Therapy, Los Angeles, California 90048.

Jerome L. Singer, Psychology Department, Yale University, New Haven, Connecticut 06520.

Personenregister

Abraham, K. 354, 371, *383*
Abralsam, G. 176, *191*
Adelsson, U. 180, *191*
Ader, R. 317, *318*
Agras, W. S. 294, *318*, 341, *347*
Ahlborn, S. E. *191*
Ahsen, A. 231, 232, 234, 235-240, 241, 242, 243 f., 245 f., 247, 248, 250 f., 252 f., 255, 256, 257, 258, *259*
Altrocchi, J. 385, 386 f., 389, *430*
Ammann, A. N. 432, *449*
Anant, S. S. *318*
Antrobus, J. S. 369, *384*, 402, *429*, *468*
Arieti, S. *193*
Arlow, J. A. 388 f., *429*
Arnheim, R. 221 f., 223, 226, *228*
Ashem, B. *318*
Ashen, A. 147
Asher, L. M. 294, *318*
Ask, G. *191*
Assagioli, R. *194*, 432, *449*, 453, *467*
Attneave, F. 218 ff., 223, *228*
Auerback, A. H. *64*

Bachelard, G. *286*
Bachmann, C. H. *450*
Bachrach, H. M. 425, *429*
Balint, M. 167, 182, *191*
Balitsky, K. P. 317, *320*
Bandler, R. 206
Bandura, A. 25, 39, 40, 41, *46*, 298, *318*, 324, 325, 330, 331, 332, 333, 334, 335, 341, 343, 345, *346*
Barab, P. G. 331, *346*
Barber, T. X. 201, *228*
Barlow, D. H. 294, *318*
Barolin, G. 165, *191*
Baron, M. G. 293, 306, 308, 313, *318*, *319*
Barrett, C. L. 337, *346*
Barros-Ferreira, M. *286*
Barta, S. G. 366, *383*
Basch, J. A. 99, *115*
Bateson, G. 222, *228*
Beatty, J. 294, *319*
Beavin, J. H. 224, *229*
Beck, A. T. *46*, 61 f., *64*, 363, 365, *383*, 460 f., *467*

Becker, E. 124
Becker, S. S. *145*
Bellack, A. S. *346*
Benedetti, G. 170, *191*
Benoit, J. C. 270, 271, *286*
Benson, M. 294, *318*
Beres, D. 388 f., *429*
Bergin, A. E. *346*
Berne, E. 366, 388 f., 419, 425, *429*
Bernstein, D. A. 344, *346*
Berta, M. 270, 271, *286*
Biller, H. B. 256, *259*
Binet, A. 266
Birk, L. 453 f., *467*
Black-Cleworth, P. 294, *318*
Blanchard, E. 294, *321*, 341, 342, 344, *346*
Blatt, S. J. 354, 356, 371, 373, *383*, 388, *429*
Bogen, J. E. 16, *46*
Bolin, R. K. 426, *429*
Booth, B. 317, *318*
Borgotta, E. *46*
Bourne, L. E. 13, *46*
Boutilier, J. 345, *348*
Brengelmann, J. C. 177, *191*
Brengelmann, L. *191*
Breuer, K. 184, *192*
Bronfenbrenner, U. 386 f., *429*
Brownell, K. D. 294, *318*
Bruner, J. S. 20, *46*
Bühler, C. 170, *191*
Bünte-Ludwig, Ch. 431, *449*
Burns, B. 82, 105, 109, *114*
Burstein, E. 331, *346*

Cantor, J. R. 357, *384*
Capra, F. 200, 223, 225, *228*
Carkhuff, R. 425 f., *430*
Casey, E. S. 216, 217, *228*
Caslant, E. 265-268, *286*
Cautela, J. R. 18, 290, 292, 293, 294, 300, 301, 306, 308, 312 f., 317, *318*, *319*, 323, 324, 325, 328, 332, 342, *346*, *347*
Chaitin, G. J. 224, *228*
Chang, C.-Y. 213, *228*
Chein, J. 427, *429*

Chrzanowski, G. *193*
Cline, V. G. 386, *429*
Corbin, E. B. 311 f., *319*
Corson, S. A. 317, *319*
Crowe, M. J. 341, 342, *347*

D'Afflitti, J. P. 354, 356, 371, *383*
Dahlgren, H. 178, *191*
Darwin, P. L. 341, *347*
Daudet, L. 266
Davé, R. 113, *114*
Davidson, G. C. 16, *47*
Davidson, P. O. *47*
Davidson, R. *47*
Davis, D. 345, *347*
Davison, G. 291, *320*, 337, *347*
Delpech, J. L. 266 f., *286*
Desoille, R. 8, 18, 25, *145*, 147, 150, *191*, 250, *259*, 264-267, 268 ff., 273, *286, 287*, 432
Dienelt, M. N. 367, *383*
Disterhoff, J. F. 294, *321*
Dolan, A. T. 242, 247, 248, 249, 255, 257, *259, 261*
Dominowski, R. L. 13, *46*
Donner, L. *318*
Douglas, M. 225, *228*
Draper, D. O. 344, *346*
Dürckheim, K. Graf 446 f., *450*
Dufour, R. 268 f., 273 f., *287*
Dufour-Gompers, N. *287*
Dutton, C. E. 426, *429*
Dymond, R. F. A. 386, *429*

Edmundson, E. D. 294, *321*
Einstein, A. 226
Eisenstein, S. 14, *46*
Eisler, R. M. 294, *320*
Ekstrand, B. R. 13, *46*
Elder, S. T. 294, *319*
Eliade, M. 211-214, 215, 216, *228*
Ellis, A. 25, 38, 40, *46*, 104
Engel, B. T. 294, *321*
Erickson, M. 198, 200, 202
Escalona, S. K. 121, *145*
Evans-Wentz, W. Y. 209, 217, *228*
Eysenck, H. J. 177, *191*

Fabre, N. 9, 18, 263, 277, *287, 288, 450*
Fallenstein, A. 441, *450*

Favez-Boutonier, J. 271, *287*
Fayol, Y. *287*
Fayol-Crepy, Y. *287*
Feather, B. 460 f., *467*
Ferenczi, S. 26
Ferrucci, P. *450*
Feshbach, S. 363, 365, 371, *383*
Fisch, R. 206, 224, *229*
Fisher, S. *145*, 290, *319*
Flannery, R. B. 328, 342, *347*
Fleiss, R. 390 f., *429*
Flournoy 265, *287*
Foa, E. *318*
Fortgang, M. 402, *429*
Fox, R. E. 426, *429*
Frank, J. 456, *467*
Frank, L. 150, *191*
Frank, S. J. 38, 351, 398, 405, *429*
Frazer, J. G. 215, *228*
Freedman, D. X. 184, *193*
Freiwaldt, M. 166, *191*
Frétigny, R. 250, *259*, 271, *287*
Freud, S. 8, 15, 16, 18 f., 23 f., 29, *46*, 49, 54, *64*, 68, 84, 92, 101, 106, 109, 110, 111, 113 f., *114*, 150, 156, 158, 169, 170, 181-185, *191*, 214, 268 f., 314, *319*, 354, 371, *383*, 435
Friar, L. 294, *319*
Friedman, P. H. 342, *347*
Friedman, S. B. 317, *318*
Fromm, E. 118 f., *145*
Fusini-Doddoli, M. *287*

Gallwey, M. 386, *429*
Ganz, L. 106, *114*
Gardner, H. 218, 223, *228*
Garfield, S. L. *346*
Garfield, Z. H. 341, *347*
Gazzaniga, H. S. 16, *46*
Geller, J. D. 9, 18, *46*
Gendlin, E. T. 25
Gerrity, B. 257, *259*
Gerst, M. S. 335, *347*
Gill, M. 16, *46*
Ginott, H. 205, *228*
Glanz, L. M. 334, *346*
Goldfarb, C. 317
Goldfried, M. 291, *320*
Goldiamond, J. 294, *321*
Goldin, P. C. 426, *429*

471

Goldstein, A. *318*
Goldstein, S. L. 402, *429*
Goodenough, D. R. 40, *48*
Gordon, R. 388, 393, *429*
Gordon, W. J. 112, *114*
Gottschalk, L. A. *64*
Gould, R. 418, *429*
Gray, C. R. 235, *259*
Green, M. G. 30, *48*
Greenberg, R. 290, *319*
Greene, A. 317, *320*
Greenleaf, E. 147, 197, 199, 202 ff., *217*, 220, 223, *228*
Greenson, R. 388
Greer, S. 317, *320*
Grinder, J. 206
Grodin, J. 301, *319*
Grusec, J. E. 335, 346
Guggenbuhl-Craig, A. 195, *228*
Guilhot, J. 271, *286*
Guiora, A. Z. 426, *429*
Gummerman, K. 235, *259*
Guntrip, H. 119, *145*
Gur, R. E. 110, 114, *114*
Gur, R. L. 110, *114*

Haggard, E. A. 52, *64*
Hahn, P. *191*
Haley, J. 197, 200, 206, 213, 227, *228*, *229*
Hammer, M. 133, *145*
Hanley, E. 328, *347*
Happich, C. 150, 266, 432
Harding, J. 386, *429*
Hariton, E. B. 38, *46*
Haronian, F. 172, *191*, 258, *259*
Harrer, G. *192*
Harty, M. K. 388, *429*
Hay, L. R. 328, *347*
Hay, W. M. 328, *347*
Heinl, H. 441, *450*
Henderson, J. D. *347*
Henle, I. 180, *191*
Henry, Ch. 266, *287*
Hersen, M. 294, *320*
Hillman, J. 210, *229*
Hirsh, R. 294, *321*
Hoffman, L. 227, *229*
Holfeld, H. 180, *191*
Holmes, D. S. 333, *348*

Homme, L. E. 292, *320*
Horn, G. *193*
Horney, K. 92, 96, *114*
Horowitz, M. J. 17, 18, 19, 22, 24, *46*, 49, 51, 53, 55, 58, 60, *64*, 124, *146*, 290, 385, 388, 390, 393, 394 f., *429*
Houston, B. K. 333, *348*
Hughes, R. *115*
Hull, R. F. C. 210
Hurley, A. D. 344, *347*
Hutchins, H. *319*

Iker, H. 317, *321*
Inhelder, B. *145*, *430*
Isaacs 52, *64*
Izard, C. E. 356, *383*

Jackson, D. D. 224, *229*
Jackson, D. N. 401, *429*
Jacobsen, E. 32, 150, *191*, *320*
Jaensch, E. R. 236, *259*
Jaffé, A. *450*
James, W. 13 f., *46*
Janet, P. 266, 269
Janis, I. L. *46*, 356, *383*, 465, *467*
Jasper, H. H. 294, *320*
Jaynes, J. 19, *46*
Jellinek, A. 123, *146*
Jerison, H. J. 220 f., 223, *229*
John, E. R. *320*
Johnson, D. M. 13, *47*
Johnson, V. E. 176, *193*
Johnson-Laird, P. N. *46*
Jones, M. R. *47*
Jordan, S. 257, *259*
Joyce, J. 14
Jung, C. G. 8, 54, *64*, 95, 111, 147, 156, 159, 181, 185, *191*, 210-214, 215-218, 224, *229*, 270, 432, 435 f., 448, *450*
Jung, F. 175, 177, 187 f., 190, *192*
Jurgela, A. 314, *320*

Kagan, N. 425, *429*
Kanzer, M. 54, *65*
Kaplan, H. S. 38, *47*, 98, 106, 111, 112, *115*
Kastenbaum, R. 300, *319*
Katzenstein, A. 258, *259*
Kavetski, R. E. 317, *320*

Kazdin, A. E. 17, 36, 37, 290, 303, *320*, 328, 329 f., 331-334, 336, 338, 340, 344, 345, *347*, *348*, 452, 465, *467*
Kepecs, J. G. 54, *65*, 232, *259*
King, D. L. 293, *320*
Klein, R. M. 118, *146*
Klerman, G. L. 367, *383*
Klessmann, E. *193*
Klinger, E. 366, 368, 375, *383*
Koch, W. 180, *191*
Kohut, H. 388, *430*
Kornadt, H.-J. 158, *191*
Kornblith, C. L. 294, *321*
Kornhaber, R. C. 331, *348*
Kosbab, F. P. 163, 180, *191*, *192*
Kozak, M. J. 299, *320*
Kreische, R. 168, *192*
Kretschmer, E. 150, *192*
Kretzer, G. 184, *192*
Kris, D. M. 356, *384*
Kris, E. 16, *47*
Krojanker, R. J. 149, *192*
Krumboltz, J. D. *46*
Kubie, L. 242, *260*
Kulessa, C. 175, 177, 187 f., 190, *192*

Lacan, J. 269
Ladouceur, R. 345, *348*
Laing, R. D. 117, *146*
Lambert, W. *46*
Landau, E. 164, *192*
Lang, P. A. 299, 300, 301, 302, *320*, *321*
Laplanche, J. 435, *450*
Launay, J. 266, 268, 269, 275, 277, *287*, *288*
Lazarus, A. 38, *47*, 232, 256, 258, *259*, *260*, 291, *320*, 354, 364 f., *383*, *430*, 463, *467*
LeBaron, S. 80, *114*
Leitenberg, H. 294, *318*, 341, *347*
Leshan, I. L. 317, *320*
Leuner, H. 35, 133, *146*, 147, 149 f., 152, 155, 164, 165, 167, 168, 169, 171, 172 f., 175, 180 f., 183, 184, *191*, *192*, *193*, 250, *260*, 432, *450*, 453, *467*
Leupold, E. 438, *450*
Leuret, S. *287*
Levine, J. 277, *287*, *288*
Lewin, K. 40

Liedtke, R. *191*
Lillesand, D. 342, *348*
Lindenthal, J. J. 367, *383*
Lipkin, S. 232, *260*
Loevinger, J. 424 f., *430*
London, P. 345, *347*
LoPiccolo, J. 341, *348*
Luce, R. A. 231, 258, *260*
Lückel, K. 437, 441, 445, *450*
Luthe, W. *193*
Lynn, D. B. 256, *260*

Maass, H. *450*
Maer, F. 16, *47*
Mahoney, M. J. 291, *320*, 324, *348*
Mahoney, T. W. 366, *383*
Maier, H. W. 149, *193*
Marburg, C. C. 333, *348*
Marks, D. E. 419, *430*
Marks, I. M. 341, 342, 343, 345, *347*, *348*, *349*
Marlatt, G. A. 324, 330, *348*
Marmor, J. 465, *467*
Marshall, W. L. 345, *348*
Martin, D. G. 242, 244, *260*
Masters, W. H. 176, *193*
Maurey, G. 270, *287*, *288*
McBrearty, J. F. 341, *347*
McCartney, L. R. 202 ff., *228*
McCraven, V. 460, *468*
McCullough, L. S. 18
McFall, R. M. 342, *348*
McLemore, C. W. 345, *347*, *348*
Meer, B. 426, *429*
Meichenbaum, D. 34, 37, *47*, 290, 291, *320*, *348*, 366, 375, 376 f., *383*, 451 f., 456, 464, 465, *467*
Menlove, F. L. 333, 335, *346*
Metzler, R. 219
Miller, N. E. 293, *320*
Miller, T. 389, 420, *430*
Minnes, P. 345, *348*
Mischel, W. 13, *47*
Morgan, W. P. 319
Morishige, H. H. 84, 90, 104, 106, 109, 113, *114*, *115*
Morris, T. 317, *320*
Moss, M. K. 328, 332, 342, 345, *349*
Mowrer, O. H. 292, *320*

Murphy, G. 133, *146*
Myers, J. K. 367, *383*

Nadal, J. 273, 278, *287*, *288*
Nathan, S. 233, *260*
Natsoulas, T. 331, *349*
Neisser, U. 353, *383*
Nelson, R. O. 328, *347*
Nerenz, K. 168, *193*
Neumann, C. 317, *320*
Niemann, J. 294, *318*
Nissen, M. J. 118, *146*
Norman, D. A. 236, *260*

O'Connor, C. M. *260*
Odier, C. *229*
Olds, J. 294, *320*
Orne, M. 214, *229*
Ornstein, R. 434, *450*

Paige, S. 17
Paivio, A. 13, 19, *47*, 353, *383*
Panagiotou, N. 232, 238, 241, 243, 245, 248, 252, *260*, *261*
Papp, P. *383*
Patchen, M. 331, *349*
Patterson, G. R. 399, *430*
Paul, G. L. 344, *346*
Pavlov, I. P. 231, *260*
Paykel, E. S. 367, *383*
Pelletier, K. R. 317, *321*
Penfield, W. 240 ff., *260*
Pepper, M. P. 367, *387*
Perky, C. W. 233, *260*
Perls, F. 23, 24, *47*, *229*, 431, 442, 443 f., 446, *450*
Perry, M. A. 324, 330, *348*
Petzold, H. 434 f., 437, 438, 439, 440 f., 442, 444, 446, 448, *449*, *450*
Piaget, J. *145*, 224-227, *229*, 388, 393, *430*
Piers, E. 258, *260*
Platoni, K. 109, *115*
Plaum, G. 168, *193*
Pontalis, J.-B. 435, *450*
Pope, K. S. 7, 9, 17, 28, *46*, *47*, 290
Popplewell, J. F. 256, *260*
Posner, M. 118, *146*
Pribram, K. 434, *450*
Prindull, E. 157, *193*

Pudel, V. 175, 176, 178 ff., 186 f., 188 ff., *194*
Pylyshyn, Z. 463, *467*

Quinlan, D. M. 354, 356, 371, *383*

Rachman, S. 324, 342, *348*, *349*
Rado, S. 354, 371, *384*
Raimy, V. 456, *467*
Rapaport, D. 16, *47*, 106, 113, *115*
Rechenberger, H. G. 180, *193*
Redlich, F. C. 184, *193*
Reich, W. 24, 26, *47*
Reik, T. 389, 391, *430*
Renault, P. F. 294, *321*
Revers, W. J. *192*
Reyher, J. 25, 29, *47*, 49, 82, 84, 87, 90, 92, 96, 98, 99, 104, 105, 106, 109 f., 112, 113, *114*, *115*, 382, *384*
Rhoads, J. 460 f., *467*
Richardson, A. 44, *47*, 232-235, 236, 258, *260*, *261*, 302, 311, *321*, 465, *467*
Ritter, B. 341, 342, *346*, 348
Rizley, R. C. 41, *47*
Rock, I. 106, *115*
Rodin, J. 16, *47*
Rogers, C. R. 25, 109, 184, *193*
Rokeach, M. 96, 98, *115*
Roper, G. 342, *349*
Rosen, M. 294, *321*
Rosensteil, A. K. 294, 306, *319*
Rosenthal, R. 324, 330, *349*, 402, *430*
Rosten, L. 453, *467*
Roth, J. W. 166, 175, 176, 186, *193*
Ruiz, A. R. 294, *319*
Rychlak, J. 354, 365, *384*

Sachsse, U. 168, *193*
Sahakian, W. S. *318*, *346*
Salber, W. 154, *193*
Salzman, L. 63, *65*
Sarason, I. 465, *467*
Sarbin, T. R. 394, *430*, 465, *467*
Sarmousakis, G. 257, 258, *260*
Schachtel, E. 20 f., *47*
Schafer, R. 391, *430*
Schmale, A. 317, *321*
Schneck, J. M. G. 165, *193*
Schneider, K. *450*

Schnetzler, J. P. 277
Schofield, L. J. 109, *115*
Schroeder, H. E. 331, *348*
Schultz, J. H. 8, 38, 147, 150, *193*
Schultz, K. D. 353 ff., 365, 367, 369, 370, 377, 378 f., *384*
Schwartz, G. 13, 16, 34, 42, 44, 47
Schwartz, G. E. 294, *318*
Scobie, G. E. W. 258, *260*
Scott, R. W. 294, *321*
Sechehaye, M. *229*
Segal, S. J. 233, *260*, 294, *321*, 353, *384*
Seidman, J. M. 13, *48*
Seligman, M. E. P. *48*, 317, *321*
Selman, R. 391 f., 402, 403, 407, *430*
Shagass, C. 294, *320*
Shapiro, D. 34, 42, 44, 47, *48*, 294, *318*
Sheehan, P. W. 112, *115*, *146*, 390, *429*, *430*, *468*
Sheikh, A. A. 33, 147, 231, 232, 238, 241, 242, 243, 245, 247, 248, 252, 255, 256, 257, 258, *259*, *260*, *261*
Shepard, L. 219
Sherman, A. R. 341, *349*
Shorr, J. E. 35, 49, 121, *146*
Shrauger, S. E. 385, 386 f., 389, *430*
Signer-Brandau, D. 9, 351
Silberer, H. 150, *193*
Silvermann, L. H. 89, *115*
Simon, R. 334, *346*
Simon, W. C. M. *192*
Simonton, C. 13, *48*, 206, *229*, 317, *321*, *450*
Simonton, O. C. 13, *48*, 317, *321*, *450*
Simpson, O. J. 44, *48*
Singer, B. A. 341, *347*
Singer, J. L. 7, 8, 16, 17, 18, 19, 22, 23, 24, 29, 36 f., 38, 39-42, *46*, 47, *48*, 51, *65*, 121, *146*, 149, 160, *194*, 195, 202, *229*, 231 f., *261*, 290, 309 f., 312, *321*, 337, *349*, 353, 354, 365, 369, 374, 375, 378, 382, *384*, 385, 394, 402, 426, *429*, *430*, 460, 461, *467*, *468*
Smeltzer, W. 90, *115*
Sommerschield, H. 99, *115*
Spanos, N. P. 201, *228*
Sperry, R. 16, *48*
Spitz, R. 182 f., *194*
Stampfl, T. G. 292, *321*

Stanislavski, C. 201, *229*
Starker, S. 41, *48*, 365, 369, *384*
Stein, R. *229*
Stern, D. B. 75, 79 f., 82, 105, *115*
Stevens, J. O. *450*
Stewart, K. 199, *229*
Stierlin, A. 170, *194*
Stokvis, B. *192*
Stotland, E. 331, *346*, *349*
Strahley, D. F. 341, *349*
Strupp, H. H. 44, *48*, 375, 378, *384*, 456, *468*
Swartley, W. 152, 163, *194*
Swedenborg, S. W. 215, *229*
Sugerman, P. 40, *48*
Suinn, R. M. 13, 44, *48*, 312, *321*
Sullivan, H. S. 49, 67, 68, 69, 70, 92, 97, 101, 104, 109, 110 f., 113 f., *115*, 117, 124, *146*, 199, 205, *229*
Sundberg, N. D. 401, 406, *430*

Taft, R. 386, *430*
Tauber, E. S. 30, *48*
Taylor, J. A. 177, *194*
Thase, M. E. 328, 332, 342, 345, *349*
Thom, R. 226 f.
Thorensen, E. *46*
Tomkins, S. 20, *48*
Traynor, T. D. 365, 369, *384*
Traux, C. 425, *430*
Turk, D. 37, *47*, *48*
Turkevich, N. M 317, *320*
Tursky, B. 294, *318*
Twentyman, C. T. 342, *348*

Ulam, S. M. 20, *48*
Ullmann, L. P. *347*
Upper, D. 300, *319*
Urbantschitsch, V. 236, *261*

Violet-Contil, M. 287
Virel, A. 250, *259*, 271, *287*
Volkan, V. D. 181, *194*
von Franz, M.-L. 210, 211, 213, 217, *229*

Wachtel, P. 290, *321*
Wächter, H.-M. 167, 175, 176, 178 ff., 186 f., 188 ff., *193*, *194*
Wallen, R. W. 70, *115*

475

Walsh, K. 294, *319*
Wapner, S. 356, *384*
Wason, P. C. *46*
Watkins, M. *229*
Watson, J. P. 291, *321*, 341, 343, *349*
Watzlawick, P. 206, 222, 224, 225, *229*, 434, *450*
Weakland 206, 224, *229*
Weaver, R. 205, 217, *229*
Weinberg, N. H. 337, *349*
Weiner, H. 334, *349*
Weiss, T. 294, *321*
Weitzman, B. 337, *349*
Welgan, P. R. 294, *321*
Werner, H. 98, 106, 111, 112, *115*, 170, *194*, 356, *384*
Wesner, C. 294, *321*
Wessler, R. 424 f., *430*
Westcott, M. R. 388, *430*
Weyer, E. M. *319*
Whitehead, W. E. 294, *321*
Whorf, R. L. 223 f., *229*
Widlocher, D. *288*
Wilcoxon, L. A. 329, *348*
Wilkins, W. 454, 459, *468*
Wilson, E. 14, *48*

Wilson, G. T. 337, *347*
Wilson, J. G. 110, *115*
Winch, P. *230*
Winer, B. J. 405, *430*
Wish, P. 294, *319*
Wisocki, P. A. 306, 308, *319*
Witkin, H. A. 40, *48*
Wittgenstein, L. 217, 218, 220, *230*
Wolpe, J. 25, 35, 291, 292, 300, *321*, 323, *349*, 453, *468*
Wolstenholme, G. E. W. *260*
Woody, C. D. 294, *318*
Woolf, V. 14, 15, *48*
Worthington, R. E. 317, *320*
Wright, J. C. 342, *349*

Young, L. D. 294, *321*

Zaidi, S. M. H. 258, *261*
Zander, A. 331, *346*, *349*
Zaslove, M. 337, *349*
Zeeman, E. C. 226 f., *230*
Zepf, S. 155, *191*, *194*
Zillmann, D. 357, *384*
Zimmer, H. 212, *230*
Zinker, J. 440, *450*
Zucker, H. 201, 217, *230*

Sachregister

Alters-Projektions-Test 246 ff., 256 f.
Angst
— und Dystonie 99 ff.
— und Selbstoffenlegung 67-84
— und Tagtraum 460
Angst-Fragebogen 300
Begriff vs. Wahrnehmung 106, 221 f.
Biofeedback beim verdeckten Konditionieren 17, 37, 44 f., 293 f., 315-318
Depression
—, Abhängigkeitsfaktor der 360-362, 370 f.
—, fokussierte Imaginationstechnik bei 353-381
— und Phantasie 358, 359, 366, 369, 376 ff.
—, Selbstkritikfaktor der 360, 371 f.
—, Tagtraummuster der 360, 367, 370, 373 f., 377
—, verdecktes Konditionieren bei 298, 305-307, 310 f.
Dissoziation
— bei Dystonie 100
— vs. Repression 97 ff.
Dystonie 95-104, 106-109
Eidetischer Eltern-Test 246, 248-256
Einsicht 117 f.
Einstellungen, Vorhersage von 401, 405 ff., 421
Einstiegspunkte in der aufdeckenden Therapie 70-73, 82
Empathie
— Einflußfaktoren 425 f.
— und Phantasie 385, 388-391
— beim Tagtraum 385, 393 ff., 413-418
—, Therapie mit 426-428
—, Untersuchungsverfahren 396-425
Epilepsie und eidetische Therapie 242
Fragebogen zur Verhaltensgeschichte 300
Freie Assoziation
— bei Freud 23 f.
— im katathymen Bilderleben 164 f., 171
—, Reize für 118 f.
—, Zweck der 74 ff.
Gefühlsskala, differentielle 356
Gegenübertragung 30 f., 108 f.

Gesetz der visiosomatischen Fixierung und Dessoziation 237, 245 f.
Hemmungen, Interventionstechniken bei 57-64
Hypnose 201 f., 218
Imagination
— und Biofeedback 45
— der „Ein-Sicht" 118
—, Faktoren verdeckter Konditionierung für 299-305
—, sexuelle 38, 130-132
— und die Struktur des Denkens 218-227
— Typen der
— — allgemein 136 f., 144
— — affektive 233
— — aggressive 356
— — archetypische 181, 214-218, 227
— — eidetische 234
— — freie 356
— — Gedächtnis 235
— — Gruppenimaginationen 140-145
— — heiße 90 ff, 109
— — Illusion 233
— — kathartische 135 f.
— — Körperimaginationen 128 ff., 143
— — Mescalin-induzierte 235
— — Nachbilder 233, 234
— — positive 356
— — Selbstbilder 124 f., 143 f.
— — spontan-visuelle 68, 111 f., 122 f.
— — Tiefenimaginationen 136, 144
— — Trotzimaginationen 138
— — Voraussage von Imaginationen 132
— und Widerstand
— — in der eidetischen Therapie 253-256
— — im katathymen Bilderleben 167
— — bei der Psycho-Imaginationstherapie 137-140
Informationsverarbeitung
— analogisch-synthetisch 85, 105, 108, 111-113
— und Empathie 394
— semantisch-synthetisch 85, 108, 111-113
Intervention, 35-39, 168 ff.

—, Krisenintervention beim katathymen Bilderleben 175
—, Techniken bei Hemmung 57-64
—, Zwecke der 51, 55
Katastrophentheorie 226 f.
Kluft zwischen Bewußtsein und imaginativem Erleben 225
Mittel-zum-Zweck-Erkenntnis 40
Nonverbales Sensitivitätsprofil 402, 403, 407, 410 f.
Personality Research Form (PFR) 401
Phantasie
— und Depression 358, 359, 366, 369, 376-379
— und eidetische Bilder 125
— und Empathie 385, 389-395
— und verdecktes Konditionieren 310 f.
— als Verhaltensfaktor 460
Phantasien 16, 32, 54, 58, 460
Phobie
— und systematisches Desensibilisieren 18, 36, 62
— und verdecktes Konditionieren 302, 307
Placebo-Suggestion 36, 39, 40
Psychotherapie
— Anfangsphase der 455
— Konzepte der 375 ff.
— Repräsentationsweisen in der 18-25, 51-64
— aktive Imaginationstherapie
  — und archetypische Bilder 214-218, 227
  — und Katastrophentheorie 226
  — Realismus in der 202-205
  — Strukturalismus in der 209-214, 218-227
  — Techniken der 206-218
  — Transformation in der 206-209
  — und Traumbilder 195-205
— aufdeckende 29
  — und Informationsverarbeitung 84-87
  — Methoden der 69-84
  — Sicherheitsoperationen in der 67, 70-76, 93, 100-104, 107 f.
  — und spontane Bildvorstellung 67 f., 111 f.
— eidetische 147

— Alters-Projektions-Test in der 246 ff., 256, 353
— eidetischer Eltern-Test in der 246, 248-256
— und experimentelle Forschung 236
— in der Gruppentherapie 258
— Klassifizierung mentaler Bilder in der 232-235
— und ISM 235-240
— Methoden der 240 ff., 245-249
— und Strukturierung der Persönlichkeit 239-245
— Widerstand in der 253-256
— gelenkter Tagtraum
  — Regeln 272-275
  — Übertragungsbeziehung 275 f.
  — Vorläufer 264-270
  — Widerstand 276
— Gestalttherapie
  — Experimente in der 439 f.
  — Gruppenarbeit 443
  — Hier-und-Jetzt-Prinzip 438 f.
  — Imagination in der 436 ff.
    — Sekundärqualität 438
    — Tertiärqualität 438
  — Methoden 447 ff.
  — Panoramatechnik 440 f.
  — Widerstand 441 ff.
— Implosionstherapie 41
— Katathymes Bilderleben
  — Motive 156-163
  — Operationen am Symbol 168-174, 181, 184 f.
  — Statistische Studien 175 ff.
  — Übertragungsbeziehung 164, 182 ff.
  — Vorläufer 149 f.
  — Wandlungsphänomene 152 ff., 173
— Psycho-Imaginationstherapie 117 ff.
  — Gruppenarbeit 140-145
  — projektiver Test 145
  — Techniken 119 ff.
  — Widerstand 137-140
— systematische Desensibilisierung 202, 323, 465
  — Effektivität 41
  — Methoden des verdeckten Konditionierens 18, 36 f., 295, 332
  — und Phobien 18, 36, 62

— und verdecktes Modellernen 333
— verdecktes Konditonieren 58 f.
— Basis des 292 f.
— und verdecktes Modellernen
  — Bewertung 327-330
  — Beurteilen des imaginativen Erlebens 305, 336-340
  — Methoden 282-299, 324-327
  — Parameter 330-336
  — Verhaltenskategorien 292-294, 315-317
Quinlan-Janis-Selbsteinschätzungsskala 356
Reframing beim aktiven Imaginieren 206-209
Reize
— und Bilddenken 55 f.
— in der eidetischen Therapie 236, 240 ff., 249 f.
— beim freien Assoziieren 118 f.
— und Imagination 233, 234
Reizüberflutung 292, 341
Rêve éveillé 18, 147
Schizophrenie 108
— und eidetische Therapie 241
Selbstbewußtheit (awareness) 34, 43 f., 210
— und Verhaltensänderung 456-458
Selbsteffizienz (self-efficacy) 39-42
Selbstkontrolle 34, 44 ff.
— kognitive Theorie der 376
— Triade der 308 f.
Selbstoffenlegung (self-disclosure) 52-84
Selbstwertsteigerung 38, 69-76, 80, 81, 93-104
Sexualität
— Imaginationen zur sexuellen Erregung 38, 130 ff., 144
— verdecktes Konditionieren bei abweichendem Sexualverhalten 294
Shorr-Imaginativ-Test (SIT) 145
Sicherheitsoperationen 67, 70-76, 79-81, 100-104, 107 f., 117
Sport, verdecktes Konditionieren für 44, 311 f.
Streß-Impfung 37
Struktur
— in der aktiven Imagination
  — abstrakte 224-227
  — des Denkens 218-244
  — des Heilens 209-214, 215 f.

— kognitive der Rollenübernahme in der Empathie 391 f., 424
— der Persönlichkeit in der eidetischen Therapie 239, 242-245
Symbol
— beim aktiven Imaginieren 222
— Degenerierung der 212
— beim katathymen Bilderleben 168 ff., 174, 181, 184 ff.
Symptomreaktionsskala 82
Syntonie 95 f.
Transaktionsvorschriften 202, 216
Tagtraum
— und aktive Imagination 195, 200
— und Angst 460
— und Depression 360, 366 f., 369 f., 373 f., 377 f.
— und Empathie 394 f., 402 f., 413-418
— imaginative Modalität des 18 f., 86
— und katathymes Bilderleben 149-90
— verdeckte Einflüsse des 309-312
Tagtraum-Protokoll 209-212, 402, 413-418
Test der impliziten Bedeutungen 401 f., 403-407, 420
Test der sozialen Beurteilung 402, 407 f., 413
Tetradisches Modell 437 f., 441
Traum
— und aktive Imagination 195-205
— heiße Imagination im 90-22
— imaginative Modalität des 18 f.
— und katathymes Bilderleben 166
— verdecktes Konditionieren beim 312-315
Traumprotokoll 43
Verdrängung 98, 255
Verstärkungsfragebogen 300
Wahrnehmung
— Abruf von 105
— vs. Begriff 105, 221
— vs. Bilderleben 234 f.
— und Kluft zwischen Bewußtsein und imaginativem Erleben 255
— und Problemlösung 112
Wandlungen
— im Symboldrama 171-174
— synchrone 154
Wechselbeziehung von kognitiver und expressiver Dimension 18-23, 51-64
Wechsler Adult Intelligence Scale 15
World-Test für Kinder 151

479

Reihe
Innovative Psychotherapie und Humanwissenschaften
herausgegeben von
HILARION PETZOLD

Band 1: H. Petzold, Psychotherapie und Körperdynamik
Band 2: H. Petzold, Angewandtes Psychodrama
Band 3: H. Petzold, Die neuen Körpertherapien
Band 4: D. Rahm, Gestaltberatung
Band 5: M. Argyle, Körpersprache und Kommunikation
Band 6: G. Mandler, Denken und Fühlen
Band 7: C. Brooks, Erleben durch die Sinne
Band 8: F. S. Perls, Gestalt, Wachstum, Integration
Band 9: A. Mente/H.-D. Spittler, Erlebnisorientierte Gruppenpsychotherapie (Bd. I)
Band 10: A. Mente/H.-D. Spittler, Erlebnisorientierte Gruppenpsychotherapie (Bd. II)
Band 11: R. Bandler, J. Grinder, Die Struktur der Magie I
Band 12: J. Grinder, R. Bandler, Die Struktur der Magie II
Band 13: C. Steiner, Wie man Lebenspläne verändert
Band 14: J. Zinker, Gestalttherapie als kreativer Prozeß
Band 15: R. Assagioli, Die Schulung des Willens
Band 16: H. Petzold, Psychotherapie, Meditation, Gestalt
Band 17: J. Hall, Arbeit mit Träumen in Klinik und Praxis
Band 18: R. Bandler, J. Grinder, Neue Wege der Kurzzeit-Therapie – Neurolinguistische Programme
Band 19: D. Anzieu, Psychoanalyse und Sprache
Band 20: L. J. Bischof, Persönlichkeitstheorien – Darstellungen und Interpretationen (Bd. I)
Band 21: L. J. Bischof, Persönlichkeitstheorien – Darstellungen und Interpretationen (Bd. II)
Band 22: L. Cameron-Bandler, Wieder zusammenfinden, NLP – Neue Wege der Paartherapie
Band 23: H. Petzold/H. Heinl, Psychotherapie und Arbeitswelt
Band 24: J. L. Singer/K. S. Pope, Imaginative Verfahren in der Psychotherapie
Band 25: H. Petzold, Leiblichkeit
Band 26: R. Dilts u. a., Strukturen subjektiver Erfahrung, ihre Erforschung und Veränderung durch NLP
Band 27: R. Frühmann, Frauen und Therapie
Band 28: R. Bandler/J. Grinder, Reframing – ein ökologischer Ansatz in der Psychotherapie (NLP)
Band 29: D. Gordon, Therapeutische Metaphern
Band 30: C. M. Steiner, Macht ohne Ausbeutung
Band 31: D. A. Bakal, Psychologie und Medizin
Band 32: H. Petzold, Psychotherapie und Friedensarbeit
Band 33: G. A. Kelly, Die Psychologie der persönlichen Konstrukte
Band 34: G. Fatzer, Ganzheitliches Lernen – Humanistische Pädagogik und Organisationsentwicklung